S0-DUU-179

STUDIES ON VOLTAIRE AND
THE EIGHTEENTH CENTURY

244

General editor
PROFESSOR H. T. MASON
Department of French
University of Bristol
Bristol BS8 1TE

PQ
2105
A2
S8
v.244

ANDRÉ MAGNAN

Dossier Voltaire en Prusse (1750-1753)

THE VOLTAIRE FOUNDATION
AT THE TAYLOR INSTITUTION, OXFORD
1986

© *1986 University of Oxford*

ISSN 0435-2866

ISBN 0 7294 0340 8

British Library cataloguing in publication data

Magnan, André

Dossier Voltaire en Prusse (1750-1753). — (Studies on Voltaire and the eighteenth century, ISSN 0435-2866; 244)
1. Voltaire — Journeys — Germany — Prussia 2. Authors, French — 18th century — Journeys — Germany — Prussia
I. Title II. Voltaire Foundation III. Series
848'.509 PQ2106.P7

ISBN 0-7294-0340-8

Printed in England at The Alden Press, Oxford

A mes parents,

à Thierry et à François,

au collectif du *Voltaire en son temps*.

Remerciements

PRÉPARÉ en vue de l'obtention du Doctorat de Troisième Cycle de l'Université de Paris-IV, remanié et augmenté pour la présente publication, ce travail a bénéficié de la direction et des conseils de René Pomeau.

Je dois également remercier l'Université d'Ottawa et le Conseil des Arts du Canada pour l'aide matérielle qu'ils m'ont apportée dans les premiers temps de ma recherche.

Je sais enfin ce que je dois à tous ceux qui m'ont aidé, soutenu et encouragé, et particulièrement à Theodore Besterman, Simone Breton, Marie-Henriette Fichet, Paul Fichet, Claude Lauriol, Elisabeth Magnan, Christiane Mervaud, Michel Mervaud, H. J. Metselaars, Jean Nivat, Curd Ochwadt, Ute van Runset, English Showalter, David W. Smith, Paul Vernière et Charles Wirz.

Table des matières

Présentation

> Tant de détails pourraient rebuter un philosophe; mais la curiosité, cette faiblesse si commune aux hommes, cesse presque d'en être une, quand elle a pour objet des temps et des hommes qui attirent les regards de la postérité.[1]

AVANT de constituer en *récit* ce qu'il a pu comprendre d'une vie d'homme, le biographe s'efforce de connaître cet homme et cette vie. Ce que cet homme a fait de plus essentiel, ce qu'il a pensé, ce qu'il a senti – ce qu'il a voulu *faire* de sa vie surtout: le point de perspective du discours biographique. Mais les circonstances particulières, les incidents et les situations se présentent d'abord en succession linéaire. Le quotidien, l'instantané, le fugace, avant l'intuition unifiante d'un devenir et d'un projet. A l'histoire de la vie de Louis XIV, qui forme le premier volume de son *Siècle*, Voltaire ajoute le panorama d'un 'tableau' de l'état où le roi 'laissa l'Europe', après quoi il revient dans quatre chapitres, par un mouvement inverse, sur les 'particularités et anecdotes' du règne. C'est condescendre sans doute à la 'curiosité' du public; mais c'est reconnaître aussi que la 'philosophie' de l'historien sur son objet d'étude, sa compréhension de l'homme et du projet, s'est formée dans les longues patiences de l'investigation documentaire et même, quoi qu'il en ait dit par ailleurs, dans la minutie des témoignages privés.

Recherche des documents, examen critique des sources, établissement des faits et des circonstances: ces tâches positives s'imposent d'autant plus, dans le cas de Voltaire, que l'homme et son œuvre sont devenus devant l'Histoire, sans doute plus que Louis XIV et son siècle, des signes d'affrontement et de contradiction – et l'histoire même de sa vie, par contrecoup, le lieu d'une intense élaboration mythologique. Pour la période considérée du séjour en Prusse, les stéréotypes de l'imagerie frédéricienne s'ajoutent encore à ceux de la geste voltairienne: Voltaire y prêta sa plume un des premiers, comme on le sait, chantant ici le Salomon du Nord et le nouveau Trajan, raillant ailleurs Madame Alcine et le Grand Turc de Potsdam.

C'est justement à un aspect méconnu de ce travail mythologique que j'ai consacré la première partie de mon étude, en examinant la valeur documentaire des fameuses lettres où Voltaire *raconte* à madame Denis son voyage de Prusse, ses découvertes, ses chagrins, ses déboires, Frédéric et sa cour. Il n'est pas de correspondance peut-être qui n'offre au biographe des séductions trompeuses, avec les apparences du vécu le plus immédiat – alors que la vérité personnelle, dite pour l'autre, s'en trouve toujours altérée tant soit peu. Mais celle-ci est de l'espèce la plus dangereuse, parce que *réécrite*, et intentionnellement conçue, j'ai essayé de le montrer, pour proposer à la *postérité* une 'vérité' reconstruite.

Les deux parties suivantes présentent des notes de situation – datations et

1. *Le Siècle de Louis XIV*, chapitre 28, *in fine*.

commentaires – pour la correspondance de ces trois années prussiennes. La monumentale édition de Theodore Besterman laisse encore place à des contributions et à des révisions. Les lettres de Voltaire à la comtesse de Bentinck surtout étaient restées presque en vrac, et donc difficilement exploitables à des fins biographiques. J'ai eu la chance d'avoir accès à des archives familiales; et j'ai pu démêler d'autre part, à partir des archives diplomatiques, l'écheveau des intérêts et des affaires de la comtesse. La plupart des pièces de ce nouveau corpus deviennent ainsi datables et tout simplement *lisibles*: la deuxième partie présente ces dates et ces lectures nouvelles.

Pour la correspondance générale aussi, le travail de l'éditeur a pu être complété, par des notes de datation et d'identification, des éclaircissements sur les intentions et les circonstances, parfois des essais de décryptage et des discussions d'authenticité: c'est l'objet de la troisième partie de ce dossier.

La quatrième rassemble des textes et des documents oubliés ou inédits, tirés des papiers Bentinck, des archives diplomatiques françaises et de divers fonds d'Allemagne, de Suisse et de Grande-Bretagne: lettres de tiers relatives à Voltaire, témoignages souvent directs et immédiats sur les 'particularités et anecdotes' de son séjour en Prusse, et pièces diverses susceptibles d'éclairer cette période de sa vie, soit par rapport à la cour de France, soit par rapport à Frédéric II et à ses familiers.

J'ai cru pouvoir joindre enfin à ces ensembles critiques ou documentaires des fragments d'une étude proprement biographique consacrée à Voltaire et à la comtesse de Bentinck: on y trouvera l'origine au moins de la liaison que leur commun séjour à Berlin leur donna l'occasion de renouer, et de quoi dissiper un peu les brumes dont reste encore environnée cette nouvelle figure de la biographie de Voltaire.

Abréviations

Akakia — Voltaire, *Histoire du Docteur Akakia*, édition critique, avec une introduction et un commentaire, par Jacques Tuffet (Paris 1967).

Berlin Journal — 'Berlin Journal' de Charles Hanbury-Williams, ministre d'Angleterre à la cour de Prusse (7 juillet 1750-4 mars 1751), Newport Central Library, manuscrit original, 312 ff.

Besuche — Hans Droysen, 'Zu Voltaires letztem Besuche bei König Friedrich', *Zeitschrift für französische Sprache und Literatur* 41 (1913), pp.109-22.

Bh — Bibliothèque historique de la Ville de Paris.

BN — Bibliothèque nationale (Paris).

Briefwechsel — *Briefwechsel Friedrichs des Grossen mit Voltaire*, herausgegeben von Reinhold Koser und Hans Droysen (Leipzig 1908-1911) (*Publikationen aus den Königlich-Preussischen Staatsarchiven*, vols. lxxxi, lxxxii et lxxxvi). Les références sont toutes au deuxième volume du recueil.

Briefwechsel Maupertuis — *Briefwechsel Friedrichs des Grossen mit Grumbkow und Maupertuis, 1731-1759*, herausgegeben von Reinhold Koser (Leipzig 1898).

Cologne — *Gazette de Cologne*, 1752-1753.

Desnoiresterres — Gustave Desnoiresterres, *Voltaire et la société au XVIIIe siècle* (Paris 1867-1876). Toutes les références, sauf indication contraire, sont au quatrième volume, *Voltaire et Frédéric* (1870).

Dreissig Jahre — *Dreissig Jahre am Hofe Friedrichs des Grossen, aus den Tagebüchern des Reichsgrafen E. A. Heinrich von Lehndorff, Kammerherrn der Königen Elisabeth Christine von Preussen*, herausgegeben von Karl Eduard Schmidt-Lötzen (Gotha 1907). Même ouvrage, même éditeur, *Nachträge*, Band I (Gotha 1910).

Graffigny — Graffigny papers, Yale University, Beinecke Rare Book and Manuscript Library.

Journal de la librairie — BN, Ms. F 22156-22158.

MAE — Archives du Ministère des Affaires Etrangères (Paris). Lorsque cette abréviation est immédiatement suivie d'un nom de pays, la référence est à la série *Correspondance politique*.

MF — *Mercure de France*, 1750-1753.

Pol. Cor. — *Politische Correspondenz Friedrichs des Grossen*, herausgegeben von J. G. Droysen, *et al.* (Berlin 1879-1912). Volumes vii à x pour les années 1750-1753.

RAG — Rijksarchief in Gelderland (Arnhem), 'Familie-archief Bentinck'. Cette abréviation est directement suivie du numéro des liasses, selon un classement en cours.

Schaer — Friedrich-Wilhelm Schaer, 'Charlotte-Sophie Gräfin von Bentinck, Friedrich der Grosse und Voltaire. Mit einem Anhang:

	Handschreiben Friedrichs an die Gräfin Bentinck', *Niedersächsisches Jahrbuch für Landesgeschichte*, vol. xliii (1971), pp.81-121.
Souvenirs	Samuel Formey, *Souvenirs d'un citoyen* (Berlin 1789).
SV	*Studies on Voltaire and the eighteenth century* (Genève, Banbury, Oxford 1955-).
Tageskalender	Hans Droysen, 'Tageskalender Friedrichs des Grossen, von 1. Juni 1740 bis 31. März 1763', *Forschungen zur brandeburgischen und preussischen Geschichte*, vol.xxix (1916), pp.95-157.
Textes ou *Texte*	Cette abréviation renvoie au corpus de documents et de témoignages réuni dans la quatrième partie du présent travail.
Trapnell	William H. Trapnell, 'Survey and analysis of Voltaire's collective editions', *SV* 77 (1970), pp.103-99.
Utrecht	*Gazette d'Utrecht*, 1750-1753.

Les références à la correspondance de Voltaire sont à l'édition dite définitive procurée par Theodore Besterman, *Correspondence and related documents*, vols 85-135 des *Œuvres complètes* (Genève, Banbury, Oxford 1968-1977). Elles sont signalées, selon l'usage, par la lettre D suivie du numéro des lettres. Les numéros suivis de la lettre *a* se trouvent dans le *Supplément*, vol.130 des *Œuvres complètes*. Les numéros en italiques sont ceux des lettres à la comtesse de Bentinck, redatées dans la deuxième partie du présent travail.

J'ai cru pouvoir écrire *Besterman*, comme on écrit Beuchot ou Moland.

I

Une œuvre inconnue de Voltaire: les lettres de Prusse à madame Denis

> Les dernières gazettes disent que Voltaire a été arrêté à Francfort. Voilà la guerre rallumée, mais le combat est inégal. L'un des adversaires a le bras plus long que l'autre. Il faut s'attendre à voir paraître un jour, mais sans doute après la mort de Voltaire, le second tome de toute cette histoire, avec des anecdotes probablement inédites sur le protecteur de Monsieur Maupertuis.[1]

Il s'agit bien ici des lettres à madame Denis, telles que nous les connaissons pour la plupart depuis l'édition de Kehl. De la lettre des 'mais', de la rêverie sur la Sprée, des plaintes atterrées sur le mot cruel de 'l'écorce d'orange', du sarcastique 'petit dictionnaire à l'usage des rois'. La tradition biographique, pour cette période du séjour en Prusse, est essentiellement fondée sur ce corpus vedette. Je voudrais montrer que ce sont là de fausses lettres, des lettres que Voltaire écrivit après coup, et qu'elles forment ensemble une œuvre encore inconnue, déterminée par des conditions particulières de genèse et par des fonctions spécifiques. L'idée n'est pas neuve. Elle fut avancée comme une 'conjecture', il y a plus de trente ans, dans une étude consacrée aux 'lettres d'Alsace':[2] Jean Nivat proposait d'identifier la mystérieuse 'Paméla' dont il est question dans la correspondance de l'hiver 1753-1754 avec ces lettres de Prusse, 'arrangées' et 'remaniées' – je reviendrai sur cet aspect de l'hypothèse. Besterman releva cette proposition, mais ce fut pour l'écarter (D5535, n.2) – et j'aurai à revenir aussi sur ses raisons.

Il n'y a guère que deux moyens d'établir la fausseté d'une lettre ou d'une série de lettres. Le plus court est de produire les preuves matérielles de la fabrication ou de l'altération. Ce n'est pas possible dans le cas présent. En exposant ses doutes et ses soupçons, Jean Nivat regrettait la disparition des manuscrits utilisés par les éditeurs de Kehl: 'il faudrait savoir', écrivait-il, 's'ils avaient en main les originaux ou des copies, des papiers en vrac ou des paquets déjà classés' (p.462). Après les dernières recherches de Besterman, la question reste entière. Pour trente-neuf des quarante-et-une lettres, on possède maintenant au moins un manuscrit – les deux autres textes n'étant toujours connus que par la vulgate imprimée de Kehl (D4185 et D4269). Quatre de ces manuscrits sont holographes: ceux des deux lettres les plus récemment révélées,[3] celui d'un ancien billet retrouvé au siècle dernier[4] et celui du message que Voltaire ajouta,

1. Isaac Veselovsky à M. L. Vorontsov, Saint-Pétersbourg, 8 juillet 1753 (*Textes nouveaux de la correspondance de Voltaire*, éd. V. S. Lublinsky, Leningrad 1970, ii.220). Traduction Paul Fichet.

2. Jean Nivat, 'Quelques énigmes de la correspondance de Voltaire', *RhlF* 53 (1953), pp.459-63.

3. D4806 et D5159, publiées pour la première fois dans les *Lettres d'Alsace*, éd. G. Jean-Aubry (Paris 1937).

4. D4379, publié par Cayrol, *Lettres inédites* (Paris 1856).

en l'envoyant à sa nièce, sur l'original de la fameuse 'promesse de bonheur' qui emporta sa décision de rester en Prusse.[5] Deux copies de travail des éditeurs de Kehl ont été ramenées au jour (D5148 et D5233); deux autres manuscrits sont d'origine inconnue.[6] Le fait le plus marquant reste l'existence d'un recueil, conservé à Leningrad, où se trouvent réunies, et rangées dans l'ordre chronologique, les copies de trente-cinq de ces lettres.[7] Fernand Caussy, qui le découvrit, ne nous en a laissé qu'une description sommaire.[8] Peut-être tirerait-on d'une observation plus matérielle – papiers, formats, assemblage, etc. – des indications intéressantes sur l'origine et sur la destination de ce recueil. Les reproductions photographiques usuelles ne se prêtent guère à un examen de cette nature. L'une des copies est de la main de Collini, Besterman l'avait déjà noté (D4205); elle fut donc établie entre 1752 et 1756.[9] Les autres sont de deux mains différentes, que je n'ai pu identifier. Furent-elles dressées sous la direction de Voltaire, comme certains indices le feraient croire?[10] On ne saurait l'affirmer. Les rares variantes qu'elles présentent sont généralement préférables au texte de Kehl;[11] quelques-unes sont assurément moins bonnes.[12] Mais il est impossible d'établir des rapports entre tous ces manuscrits ou de supposer des filiations lorsqu'il s'en trouve plusieurs de la même lettre.[13] Bref, l'histoire matérielle des textes demeure obscure. Un préjugé d'authenticité s'attache bien naturellement aux quatre lettres qui nous sont connues par un manuscrit holographe – sans que le doute méthodique y perde cependant ses droits: il est des faux holographes. Mais dans son état actuel, le corpus n'offre guère de prise à un examen objectif d'authenticité.

L'autre méthode est plus lente et plus difficile. Elle n'est pas nécessairement moins sûre. Elle consiste à examiner si les textes ont vraiment pu être écrits *comme des lettres*, sous la forme où on les lit, à la date qu'ils portent, à vérifier leur exactitude, leur cohérence, leur pureté *épistolaires*. Une réécriture, si adroite et si attentive qu'elle soit, se trahit toujours quelque peu. L'anachronisme guette

5. D4195, publié dans les *Mémoires* de Longchamp-Wagnière (Paris 1826).

6. D4169, manuscrit 2, datant du siècle dernier, et D4379, manuscrit 3, datant du dix-huitième siècle.

7. Gpb VM, XIII, ff.126-91. A la suite se trouvent encore trois lettres relatives au séjour en Prusse, sur lesquelles je reviendrai: D5413, à Mme Denis, 9 juillet 1753; D5492, lettre de Mme Denis à Voltaire, 26 août 1753; et D5595, à Mme Denis, 20 décembre 1753. Dans l'apparat critique de D5233, il faut lire *XIII* au lieu de *XII*.

8. 'Inventaire des manuscrits de la Bibliothèque de Voltaire ...', *Nouvelles archives des missions scientifiques et littéraires*, nouvelle série, fascicule 7 (1913), pp.58-63.

9. Collini entra au service de Voltaire en avril 1752 et y demeura jusqu'en juin 1756.

10. La graphie 'voltairienne' en *-ai* s'y trouve systématiquement employée. Dans les copies de la main n° 2, au nombre de vingt-deux, les textes sont généralement dépourvus d'alinéas et surtout de majuscules, innovation dont Voltaire avait fait l'essai en 1751-1752 pour l'impression du *Siècle de Louis XIV*.

11. Voir l'apparat critique de D4175, D4334, D4426 et D4822. Quelques variantes ont échappé à l'attention de l'éditeur: les soldats de Frédéric II, par exemple, sont des 'géants tout velus' dans le manuscrit de D4175, et non 'court vêtus' comme dans le texte de Kehl.

12. Il faut évidemment préférer 'prémices' à 'premières' dans D4575, et surtout 'roquets' à 'perroquets' dans D4895.

13. Signalons un détail singulier: le manuscrit 3 de D4379, conservé à la Bibliothèque historique de la Ville de Paris, est de la même main que les premières copies du recueil de Leningrad, cette lettre se trouvant aussi dans le recueil, copiée de l'autre main. Les deux manuscrits sont d'ailleurs absolument identiques à l'holographe conservé à la Bibliothèque nationale.

la mémoire, les dispositions ne sont plus les mêmes, les faits sont interprétés à partir de leurs conséquences, la fonction de communication se trouve altérée par d'autres visées d'écriture. Pour apercevoir ces sortes d'écarts ou d'anomalies, on dispose ici, grâce au travail monumental de Theodore Besterman, d'un matériel abondant de contrôle et de vérification. A côté des fameuses lettres sont apparues des lettres de Mme Denis: elle confiait volontiers à ses amis ses nouvelles de Prusse et ce qu'elle avait répondu. Le corpus proprement voltairien de cette période, longtemps presque limité à la correspondance avec d'Argental, s'est aussi considérablement enrichi, et, entre autres, de lettres où Voltaire parle de sa nièce, des nouvelles qu'il lui mande, de celles qu'il a reçues d'elle, des rythmes, des retards, des intervalles de leur correspondance, des paquets qu'il lui adresse, des commissions qu'il lui donne, des affaires qu'il lui confie. Il s'agit donc d'abord de mettre les lettres à Mme Denis à l'épreuve de ces correspondances parallèles, de recouper les informations, de confronter les dates.

Mais d'où vient le premier soupçon? Quelques observations générales s'imposent. La première tient au nombre de ces lettres. Mme Denis se plaint souvent des terribles exigences de son oncle: elle est 'obligée d'écrir presque tous les jours à Mr de Voltaire', elle lui écrit 'des volumes', et encore n'est-il 'jamais contant'.[14] Faisons la part de l'exagération: le cher Cideville doit prendre en pitié la pauvre victime de cette tyrannie, lui pardonner ses négligences, et l'en aimer davantage. Mais elle lui écrit un autre jour, et cette fois sans plainte ni récrimination, comme une simple donnée de fait, qu'elle correspond 'deux fois la semaine' avec son oncle et que 'les réponces sont fort longues à venir'.[15] Il y avait bien deux ordinaires de poste entre la France et la Prusse – et même quatre en comptant les deux de la voie d'Amsterdam, plus lente que celle de Clèves.[16] Et tout indique en effet que leur correspondance se trouvait établie sur ce rythme bi-hebdomadaire, qui sera celui des lettres d'Alsace. Au printemps de 1751, se croyant soupçonné d'avoir violé le secret du *Palladion*, qui perce à Paris, Voltaire prend les devants: 'Je n'écris qu'à ma nièce', proteste-t-il; et il met sous les yeux du roi *six* lettres *toutes récentes* où elle lui 'parle de tout', 'de Dargens, de Potsdam, de Dammon etc.': 'Si je luy avois écrit un mot du poème elle en parleroit' (D4778, holographe). De même, quand d'Argental s'inquiète, en octobre 1752, d'une correction, qu'il faut absolument reporter sur le dernier état du *Siècle de Louis XIV*, Voltaire le rassure en ces termes: 'J'en parle dans *touttes mes lettres* à mad^e Denis.'[17] Mais l'indice le plus sûr de la continuité de leurs échanges se tire des formules courantes par lesquelles il prie ses amis de l'excuser auprès d'elle lorsqu'il s'est trouvé dans l'impossibilité de lui écrire. A Thibouville, par exemple, en février 1751: 'Je n'écris à personne cet ordinaire, pas même à mad^e

14. A Cideville, D4255, 5 novembre 1750, et D4337, [4?] janvier 1751, toutes deux holographes.

15. D4531, 31 juillet 1751, holographe.

16. Les départs pour la France avaient lieu le mardi et le samedi. Les courriers de France arrivaient à Berlin le dimanche et le mercredi matin, et le lundi et le jeudi après-midi. Voir *Description des villes de Berlin et de Potsdam* (Berlin 1759), pp.441ss. Dans les détails pratiques qu'il donne à l'abbé de Prades en juillet 1752, Voltaire ajoute à cette indication du courrier bi-hebdomadaire: 'Il y a d'ailleurs des voitures publiques qui vont journellement aux frontières de France' (D4949). De même, naturellement, pour les retours. Mme Denis pouvait donc bien, en cas de nécessité, 'écrir presque tous les jours'.

17. D5048, 28 octobre 1752, holographe.

Denis.'[18] A d'Argental, en août de la même année: 'Je vous prie, si ma nièce a le bonheur de vous voir, de lui dire que je ne lui écris point cette poste-ci' (D4541, 7 août 1751). A Thibouville, à nouveau, en avril 1752: 'Je n'ay pas le temps d'écrire aujourd'huy à ma nièce, la poste va partir. Ayez la bonté d'y suppléer en luy montrant ma lettre.'[19] A d'Argental encore, le 28 octobre de la même année: 'Je finis, la poste va partir et je n'aurai pas le temps d'écrire à mad^e^ Denis' (D5048, holographe). A raison de deux ordinaires par semaine, c'est donc quelque deux cents lettres au moins que Voltaire aurait adressées à sa nièce durant son séjour en Prusse. On a beau scruter le corpus constitué par les éditeurs de Kehl, on reste loin du compte. Même en ajoutant à ces quarante lettres les dix ou douze autres qu'elles annoncent ou auxquelles elles font référence, et dont on n'a pas trace,[20] même en supposant remplis les intervalles de quelques semaines ou de quelques mois qui les séparent quelquefois,[21] on ne pourra guère qu'en doubler le nombre tout au plus, en fonction même des normes de fréquence que l'on y trouve inscrites. En effet, chaque fois que ces lettres se présentent en série continue, l'espacement est de l'ordre d'une semaine au moins, et plus souvent de deux ou trois semaines. Les six premières, par exemple, qui paraissent directement articulées l'une sur l'autre, s'échelonnent déjà sur plus de deux mois.[22] Quatre mois plus tard, entre la lettre des 'mais' et la suivante, qui en dévoile en partie l'énigme, l'intervalle est de onze jours.[23] Trois semaines séparent la fameuse lettre de 'l'écorce d'orange' des réflexions de prudence que cette catastrophe aurait inspirées.[24] Plus loin, la mort d'un familier du roi de Prusse est annoncée avec trois semaines de retard (D4770, 18 janvier 1752). Pour les derniers mois du séjour, les intervalles s'allongent même encore: une lettre du 18 décembre 1752 réfère à des explications données le 1er novembre;[25] la grande nouvelle des 'étrennes' présentées au 'Salomon du Nord' au jour de l'an de 1753 – le renvoi des insignes de son service – est annoncée le 13 janvier (D5148); et la dernière lettre, datée du 15 mars 1753, couvre une durée de plus d'un mois.[26] Dès la fin de décembre 1751, il est vrai, on relève l'indication suivante: 'Je ne vous écris plus, ma chère enfant, que par des

18. D4372, 5 février 1751, holographe.

19. D4868, 15 avril 1752, holographe.

20. D4217 réfère à une lettre sur le carrousel de la fin d'août 1750; D4334 à une lettre sur le chambellan d'Ammon; D4606 à une lettre confiée à Chasot; D4874 et D4906 annoncent deux lettres prochaines; D5114 rappelle une lettre du 1er novembre 1752. Six autres lettres annoncent l'envoi de 'paquets': D4344, D4379, D4549, D4564, D4822 et D5148.

21. Cinq mois entre D4426 (20 mars 1751) et D4549 (24 août 1751); un mois entre D4606 et D4628 (14 novembre et 24 décembre 1751); un mois encore entre D4874 et D4895 (22 avril et 22 mai 1751); deux mois entre D5067 et D5114 (15 octobre et 18 décembre 1752); deux mois enfin entre D5159 et D5233 (16 janvier et 15 mars 1753).

22. Voltaire avait quitté Compiègne le 28 juin. D4169 et D4175, datées des 9 et 24 juillet, forment un récit continu de son voyage; D4185 s'articule sur D4175 par l'anecdote du mauvais accueil réservé aux compliments de Mme de Pompadour, D4187 sur D4185 par le rappel de cet incident, D4193 sur D4187 par la délibération sur le projet d'établissement en Prusse, D4205 enfin sur D4193, le 29 août, par l'attente d'une réponse sur ce projet.

23. D4256 et D4269, 6 et 17 novembre 1750.

24. D4564 et D4575, 2 et 20 septembre 1751.

25. D5114. La lettre du 1er novembre est inconnue.

26. D5233: 'Le roi m'a envoyé du quinquina pendant ma maladie'. Cf. D5200, datée du 10 février 1753.

courriers extraordinaires, et pour cause' (D4628, 24 décembre 1751); même explication de l'amenuisement du corpus, huit lettres plus loin, en juillet 1752: 'Je ne vous écris plus, ma chère enfant, que par des voies sûres, qui sont rares' (D4956, 24 juillet 1752). Mais il n'est absolument pas question dans les autres correspondances de cette contrainte des circonstances, ni de ce recours aux exprès. C'est aux mêmes dates, à peu près, que Voltaire parle de 'toutes les lettres' qu'il adresse à sa nièce et des 'ordinaires' qu'il laisse passer à regret. En vérité, le corpus de Kehl ne répond pas à cette idée que donne la correspondance générale d'un commerce épistolaire de près de trois années: ce ne sont ni les mêmes rythmes, ni le même régime, ni la même densité.

D'autre part, en quittant Paris, Voltaire avait chargé sa nièce du soin de ses affaires. Elle était logée dans sa maison, elle tenait son ménage, elle veillait sur ses intérêts. Elle fut, durant tout le temps de son absence, son 'fondé de pouvoir'. Le lieutenant de police qui emploie cette expression – c'est à l'occasion d'une saisie exécutée chez Longchamp – l'entend au sens strictement légal (D4461). Il faut en étendre l'application: aux rapports avec le petit conseil et avec les comédiens pour les affaires du 'tripot'; aux rapports avec les éditeurs et les bureaux pour les affaires de librairie; aux rapports avec les ministres et avec la favorite pour la sollicitation des faveurs et pour les délicates négociations du retour. Mme Denis se plaint souvent à ses amis d'être 'accablée de besogne'.[27] Le bon Cideville, qui ne désespérait pas d'épouser la nièce avec l'agrément de l'oncle, tremblait parfois pour sa santé. Dans une lettre du printemps de 1752, il remontre à Voltaire lui-même l'excès des travaux et des peines où la porte '[ce] zèle actif qu'elle met depuis deux ans à [ses] affaires': 'ses voyages à la cour, ses démarches à la ville, ses soins à découvrir les vols faits de [ses] papiers, ses mouvements pour les répétitions de Mahomet et de Rome sauvée, ses veilles pour [lui] écrire' (D4848, 24 mars 1752). Voltaire éconduit gentiment le galant (D4858, 3 avril 1752). Mais dans ses lettres à d'Argental, il n'a que des éloges pour 'l'activité et l'intelligence si singulières' qu'elle met 'dans toutes les choses qui [le] regardent' (D4760, 8 janvier 1752), pour 'la chaleur et la prudence' avec lesquelles elle soutient ses intérêts.[28] D'où un va-et-vient incessant, entre la Prusse et Paris, de commissions et de comptes rendus. Elle lui envoie des lettres qu'on lui a remises, elle remet des lettres qu'il lui envoie.[29] Elle cherche à sa demande, dans les armoires de sa bibliothèque, les manuscrits et les papiers dont il a besoin.[30] C'est elle qui transmet la recommandation des encyclopédistes en faveur de l'abbé de Prades[31] et les objections de Malesherbes sur le *Micromégas*.[32] C'est par elle que passent les exemplaires du *Siècle de Louis XIV* sur

27. D4543, à Cideville, 10 août 1751. Voir aussi D4576, au moment de la reprise de *Mahomet*: 'J'ai fait pour cela plus de pas que s'il s'étoit agy de ma fortune.' De même, dans D4601, à l'occasion d'un voyage à Fontainebleau: 'J'ai une furieuse besogne à consommer qui produit bien des branches.'

28. D4940, 11 juillet 1752, holographe.

29. Voir entre autres D4163, D4172, D4177, D4539, D4540, D4970. Une précieuse indication générale est apportée par une lettre à Lambert, qui passa sans doute aussi par Mme Denis: 'Peutêtre m'avez vous écrit, mais je vous avertis que j'ay refusé tous les gros paquets qui m'ont été adressez quand ils ne me viennent pas sous le couvert de ma nièce' (D4382).

30. Cf. D4201 et D4420 pour l'envoi de copies de *Zulime* et d'*Adélaïde*; D4430 et D4481 pour des papiers relatifs au *Siècle*; D4855 pour l'envoi d'un plan de la bataille de Fontenoy.

31. Voir D4990, d'Alembert à Voltaire, 24 août 1752, holographe.

32. Voir D4542, Malesherbes à Voltaire, 7 août 1751, holographe.

lesquels il attend les remarques des curieux[33] et c'est à elle que reviennent les 'doubles' des corrections qu'il adopte en vue de la réimpression de l'ouvrage.[34] Elle se voit encore chargée, tantôt d'une réponse verbale pour le chevalier de Mouhy, tantôt d'instructions pour Lambert, tantôt d'une consultation auprès d'un médecin de Paris, et toujours de messages divers pour Mme de Fontaine et pour les intimes.[35] Il n'est pas si sûr, à la réflexion, que Mme Denis ait beaucoup exagéré en disant qu'elle écrivait 'des volumes' à son diable d'oncle.

Par rapport à ces données positives de la correspondance générale, le corpus de Kehl paraît, au premier coup d'œil, d'une pauvreté singulière. Peu de commissions, peu d'ordres, et encore sont-ils souvent des plus vagues.[36] Des éloges et des remerciements, mais rares, et d'ailleurs exprimés dans des formules très générales.[37] De mystérieux 'paquets', pleins de choses essentielles: une lettre y réfère en passant, les suivantes n'y reviennent plus.[38] On reste confondu devant ce décalage permanent entre la complexité des situations biographiques et l'imprécision, l'indigence et la gratuité de ces lettres.

Une troisième anomalie, plus sensible peut-être, a été souvent remarquée. Elle tient à la représentation même du séjour, des réalités prussiennes, des relations avec Frédéric II. Il s'agit cette fois du contenu même des lettres, de leur fonction expressive. Elles disent toutes, et les premières déjà, l'incertitude de l'avenir, la nostalgie et le dépit, le désir et bientôt l'impatience du retour, la tristesse, le dégoût, la rancœur. 'A les lire,' écrit Jacques Tuffet, 'on s'étonne que Voltaire ait mis si longtemps à quitter la Prusse [...]. Les lettres aux d'Argental vantent au contraire les honneurs, la liberté et le bonheur de Potsdam.'[39] On ne saurait mieux dire. Mais d'où vient ce partage? On invoque les droits et les privilèges du cœur, qui devaient faire de Mme Denis la confidente idéale.[40] On invoque aussi, plus prosaïquement, la différence de sûreté des envois (*Akakia*, p.xliii). Ou bien on se résigne devant l'insondable mystère d'une versatilité protéenne.[41] Mais pourquoi Voltaire n'eût-il pas été quelquefois dans la même humeur en écrivant aux uns et aux autres? Comment n'eût-il pas trouvé quelques occasions sûres pour les avertir ensemble de ses vrais sentiments? Car l'écart, même s'il varie en amplitude, est constant, essentiel, irréductible. Et comment ses amis surtout ne se fussent-ils pas avisés de l'incohérence de ses discours? Ils se voyaient fréquemment, pour lire ses pièces et pour concerter leurs démarches. Voire *pour échanger leurs lettres* – et c'est ce qui rend cette

33. Voir entre autres D4605, D4885 et D4963.

34. Voir D5063, à Lambert, 7 novembre 1752, holographe.

35. Voir D4181, D4283, D4381, D4856 et D4839.

36. Voir D4269: 'Faites de la république romaine [*Rome sauvée*] tout ce qui vous plaira'; D4390: 'Faites tout ce qu'il vous plaira'; D4874: 'J'ai une autre affaire en tête et que je vous communiquerai à la première occasion.'

37. 'Ma chère plénipotentiaire' (D4549, D4597 et D4906); 'protectrice de l'Alcoran' (D4606).

38. Voir plus haut, p.4, n.20

39. *Histoire du Docteur Akakia*, éd. Jacques Tuffet (Paris 1967), p.xliii.

40. Voir par exemple Hugues Micha, *Voltaire d'après sa correspondance avec madame Denis* (Paris 1972), p.45: 'C'est à elle qu'il s'ouvre sans détours, comme au plus cher des êtres qu'il a laissés en France'; p.62: 'Elle seule a le privilège d'une confession sans détours.'

41. 'Tout se passe comme si Voltaire, animé de sentiments opposés, se livrait comme toujours à l'impression du moment, s'abandonnait plus facilement à l'un ou à l'autre suivant ses correspondants' (*Akakia*, p.xliii).

distorsion incompréhensible. On se réunissait chez lui, autour de Mme Denis. 'Je la vois le plus souvent qu'il m'est possible', lui écrit d'Argental, en évoquant ces longues soirées de confidence et d'amitié. On y recréait l'illusion de sa présence: '*On lit, on relit vos lettres*, on parle de vous sans cesse.'[42] Voltaire encourageait lui-même cet échange de ses lettres, surtout lorsqu'il n'avait pas eu le temps, je l'ai déjà noté, d'écrire à l'un ou à l'autre. C'est une donnée constante des lettres aux d'Argental. 'Vous devez savoir ce que j'ay mandé à ma nièce pour vous,' leur écrit-il le 1er septembre 1750, 'comme vous aurez eu la bonté de luy communiquer ce que je vous ay écrit pour elle' (D4207, holographe). De même le 31 janvier 1751: 'Mon cher ange, mon cher amy, j'ay écrit à ma nièce que tout ce que je luy disois étoit pour vous, et je vous en dis autant pour elle' (D4365, holographe). De même en septembre de la même année: 'Montrez luy ma lettre, qui est pour elle comme pour vous.'[43] En mars 1752, d'Argental s'inquiète de son étrange idée de publier l'*Histoire de la guerre de 1741*: c'est en lisant l'une de ses lettres à Mme Denis qu'il a cru deviner ce projet.[44] En mai 1753 enfin, lorsque Voltaire recommence à écrire à ses 'anges' après un long silence, son excuse est naturelle: 'Touttes mes lettres à madame Denis ont été pour vous.'[45] Comment eût-il pu, dans ces conditions, et pourquoi l'eût-il voulu, réserver à sa nièce seulement la confidence de sa véritable situation, de ses sentiments, de ses intentions, au risque de causer des quiproquos, de désunir son parti, de brouiller ses affaires?[46]

Ces doutes généraux ne suffisent pas. Ils se renforcent pourtant l'un l'autre. Et c'est ce qui m'a conduit à entreprendre d'abord une analyse critique des textes, en recoupant le plus systématiquement possible les informations et les indices qu'ils contiennent, à leurs dates respectives, avec les données de fait les plus sûrement établies: démarche lente, et peut-être fastidieuse, mais dont on ne peut faire l'économie si l'on veut éprouver un peu sérieusement, au-delà des soupçons et des impressions, l'authenticité de ces fameuses lettres de Prusse.

D4169. A Clèves, 9 juillet 1750

Voltaire relate en détail son voyage, depuis son départ de Compiègne: le pèlerinage aux champs de bataille de la dernière guerre, l'arrivée à Clèves, la visite des curiosités locales. Ce serait donc sa première lettre à sa nièce depuis

42. D4359, 22 janvier 1751, holographe.
43. D4577, vers le 22 septembre 1751, holographe.
44. D4843, d'Argental à Voltaire, 19 mars 1752, holographe.
45. D5284, mai 1753, holographe. La lettre précédente, D5217, est du 26 février.
46. Il apparaît d'ailleurs que la correspondance avec les d'Argental passait couramment par Mme Denis: voir D4163, 26 juin 1750; D4220, 14 septembre 1750; D4283, 28 novembre 1750; D4539, 6 août 1751 (d'après D4561); D4774, 18 janvier 1752 (texte publié par Philippe Teissier dans *SV*, vol. 176 (1978), pp.48-50); D4970, 5 août 1752, Inversement, il arrive que Voltaire les charge de messages ou de directives pour sa nièce: voir D4577, D4579, D4595, D4604, D4885, D4902, D5029 et D5082. Tout cela suppose à l'évidence, entre les deux séries de lettres, la coordination la plus étroite.

leur séparation de la fin de juin.[47] Or Mme Denis écrit à Cideville le 12 juillet qu'elle a déjà reçu deux lettres de son oncle, l'une du 3, l'autre du 8, toutes deux datées de Clèves (D4170, holographe). Voltaire était bien à Clèves le 3 juillet: il y arriva le 2 (voir D4166 et D4168). Aura-t-il attendu sa troisième lettre pour lui faire la relation de son voyage? Mais rien, absolument rien, ne fait ici écho à des lettres déjà envoyées.

Il lui avait demandé d'adresser ses lettres à Berlin (d'après D4170). Elle devait aussi lui transmettre les lettres des d'Argental.[48] Il se trouvait donc à Clèves sans nouvelle d'elle, de ses amis, de ses affaires: n'avait-il donc rien d'autre à lui communiquer que des impressions de tourisme, en vers et en prose?

Il lui avait également annoncé dans sa lettre du 8, toujours d'après la même lettre de Mme Denis à Cideville, qu'il s'attarderait quelques jours encore à Clèves. Or la fin de cette lettre porte au contraire que 'l'ordre du roi pour les relais' vient enfin d'arriver: 'Voilà mon enchantement chez la princesse de Clèves fini et je pars pour Berlin'. Départ brusqué, qu'il n'avait pu prévoir en écrivant la veille? Non pas, les faits parlent: il dut attendre plusieurs jours encore les équipages du roi de Prusse, et le 14, c'est de Clèves toujours qu'il écrivit à Conrad Walther.[49]

Date, matière, information: cette première lettre paraît proprement aberrante.

D4175. A Potsdam, 24 juillet 1750

Cette lettre, qui serait la première adressée de Prusse, s'articule immédiatement sur la précédente: elle en forme si bien la suite que les éditeurs de Kehl les avaient fondues ensemble pour en faire un 'Voyage de Berlin'. Mais Voltaire resta-t-il vraiment deux semaines sans écrire?

Sur les retards de Clèves et les lenteurs de la route, aucun détail. Il s'en explique pourtant aux d'Argental dans une lettre qui porte la même date (D4174, holographe). A son arrivée, il trouva sûrement plusieurs lettres de sa nièce. 'On' lui a mandé, écrit-il à ses 'anges', le succès de *Cénie* et des nouvelles du petit théâtre de son grenier. Qui donc, sinon Mme Denis? Mais pas un mot de tout cela ici, ni rien d'ailleurs qui marque une réponse. Et si elle avait manqué à lui écrire depuis un mois, en dépit des instructions de ses deux premières lettres de Clèves, ne s'en fût-il pas plaint à elle-même et aux d'Argental?

Il était enfin question de donner *Rome sauvée* à son retour, quelques semaines plus tard. Il avait promis de retoucher d'ici là le rôle d'Aurélie, dont le petit conseil n'était pas content. En écrivant aux d'Argental, ce même jour, il demande pardon de n'y avoir pas travaillé; il s'en justifie aussi, quelques jours plus tard, dans une lettre au marquis de Thibouville:[50] comment expliquer qu'il n'eût pas abordé ce sujet avec Mme Denis, qui se trouvait chargée, selon toute apparence, de tenir la 'copie', et de distribuer les 'rôles' le moment venu (voir D4248)?

47. 'Je partis de Compiègne le 25 juillet,' écrit-il. Il en partit en fait, Besterman l'a bien noté, le 28 juin.

48. Voir D4163, au comte et à la comtesse d'Argental, 26 juin 1750, lettre holographe.

49. Voir D4171, D4173 et D4174.

50. D4178, 1er août 1750, holographe.

D4185. Potsdam, 11 août 1750

Le 7 août 1750, Voltaire fit demander au roi son maître la permission de s'établir en Prusse – et Frédéric II ordonnait dans le même temps à son ministre à Versailles de solliciter sur cette affaire.[51] De ces démarches capitales, pas un mot ici. Voltaire n'en aurait informé sa nièce que le 14 août, dans la lettre suivante: 'Voici le fait, ma chère enfant; le roi de Prusse me fait son chambellan ...'. C'est faux. Deux raisonnements le prouvent. Le 20 août, dans une lettre perdue, d'Argental se plaignit à Voltaire de n'avoir appris qu'indirectement, par Mme Denis, la nouvelle de son établissement.[52] Il fallait donc qu'il eût annoncé sa décision à sa nièce le 10 au plus tard.[53] D'autre part, le 23 août, le 28 au plus tard, Frédéric II avait entre les mains une lettre dans laquelle Mme Denis faisait part à son oncle de ses craintes sur sa transplantation:[54] elle avait donc écrit cette lettre vers le 15 août, en réponse à une lettre envoyée de Potsdam dans les premiers jours du mois. On peut encore invoquer, dans le même sens, le témoignage de Mme de Graffigny écrivant à son ami Devaux, dès le 20 août, qu'on sait à Paris la demande de permission, mais qu'on dit aussi que Voltaire revient à Paris 'à la fin de septembre' et qu'il va faire 'le tour de l'Italie avant de revenir': 'et tout le monde, ajoute-t-elle, donne ces nouvelles contradictoires pour les tenir de Mme Denis et des amis de Voltaire' (*Graffigny*, LII, 65).

Voltaire écrit d'autre part que le roi de Prusse a mal reçu les compliments de la marquise de Pompadour: 'Il me répondit sèchement: *Je ne la connais pas.*' Réponse fort suspecte – et dont les historiens ne semblent d'ailleurs pas faire grand usage. Impressionné par l'accroissement du crédit de la favorite 'dans les affaires qui regard[aient] même les premières charges du Royaume', Frédéric II recommandait au contraire à son ministre à Versailles de bien 'éclairer' ses relations et ses mouvements, et de lui faire autant de politesses et de visites que l'exigerait l'intérêt du service.[55] On doute encore, ce mot eût-il été vraiment prononcé, que Voltaire l'eût confié à sa nièce, et surtout à cette date: imprudence à part, ce n'était sûrement pas le meilleur moyen de la rassurer sur les suites de son établissement ni de la convaincre de venir le rejoindre à Berlin.

Une dernière anomalie enfin: il faut renoncer, dit cette lettre, à donner *Rome sauvée*, que les frivoles parisiens sont incapables d'apprécier et dont il est impossible de diriger de loin la mise en scène. Toutes les lettres voisines à d'Argental contredisent cette directive: Voltaire travaillait à la révision de sa pièce, il comptait la voir représenter à son prochain voyage à Paris, il se préparait à 'essayer' le nouveau rôle d'Aurélie à la cour de Prusse.[56]

51. Voir D4182 et D4184, et le texte 13 de la quatrième partie.

52. Voir la réponse de Voltaire, D4207, 1er septembre 1750, holographe.

53. Les délais postaux, calculés sur une trentaine de cas, vont de dix à seize jours. En moyenne, il fallait donc compter sur un délai de trois semaines au moins pour un échange de lettres.

54. Cf. D4195, holographe: 'J'ai vû la lettre que Votre Niesse vous écrit de Paris ...'. La date de cette lettre se trouve discutée plus loin dans la troisième partie.

55. MAE, *Prusse*, vol.162, f.155, dépêche de Frédéric II à Le Chambrier, 26 décembre 1750. Le même souci se marque *passim* en septembre-octobre 1750.

56. D4180, 7 août; D4201, 28 août; D4207, 1er septembre; D4220, 14 septembre 1750, toutes holographes.

D4187. A Charlotembourg, 14 août 1750

Il est faux, je l'ai montré dans la discussion précédente, que Voltaire ait attendu le 14 août pour informer sa nièce de son dessein de rester en Prusse. Cette lettre aurait d'autre part servi à lui annoncer que Frédéric II lui faisait à elle aussi une pension, si elle voulait bien 'venir tenir [sa] maison à Berlin'. C'est également faux, la même lettre à d'Argental du 1er septembre le prouve encore. Il fallait bien que Voltaire lui eût parlé de cette pension dès les premiers jours du mois, puisque d'Argental lui reprocha le 20 août d'avoir fait à sa nièce 'des portraits flatteurs' de la cour de Prusse pour l'inciter à l'y rejoindre: 'Voudriez vous que je la dégoutasse,' répondit Voltaire, 'et que je me privasse de la consolation de vivre à Berlin avec elle, et d'y parler de vous?'[57]

Rien de 'flatteur', du reste, ni aucun enthousiasme dans cette lettre-ci. On s'étonne au contraire de la froideur et du détachement de la proposition: 'Vous avez bien vécu à Landau avec votre mari. Je vous jure que Berlin vaut mieux que Landau, et qu'il y a de meilleurs opéras. Voyez, consultez votre cœur.' Et sur le roi de Prusse, cette phrase accablante: 'Il égratigne encore quelquefois d'une main quand il caresse de l'autre, mais il n'y faut pas prendre garde de si près.' Belle façon, en vérité, de vaincre ses appréhensions et de l'attirer auprès de lui! Dans une autre lettre à d'Argental, datée du 21 août, il supplie ses 'anges' 'd'encourager madame Denis' à faire 'la bonne œuvre' qu'il lui propose, il leur proteste que Frédéric est 'le meilleur de tous les hommes' et que 'la philosophie a perfectionné son caractère'; il leur marque surtout que sa nièce aura 'une bonne maison où elle vivra dans la plus grande opulence' et que les reines 'l'honoreront des distinctions et des bontez les plus flatteuses' (D4192, holographe). Voilà le genre d'arguments auxquels Mme Denis devait être sensible. Mais pourquoi ne les eût-il pas fait valoir lui-même en lui écrivant directement? Il lui promet ici 'bonne compagnie' et 'bonne maison', mais c'est après lui avoir marqué qu'il ne faut pas compter absolument sur les 'caresses' de Frédéric. Et pourquoi cet éloge ironique de la supériorité des opéras de Berlin sur ceux de Landau? Tout cela cadre fort mal avec l'écho le plus immédiat que nous ayons de ses premières lettres de Prusse, dans une lettre de Mme Denis à Cideville: 'Il est présentement ivre mort de Berlin et me fait des tablos de ce païs là fort admirables.'[58] 'Des tablos admirables': 'des portraits flatteurs', écrivait d'Argental. On est loin du compte. 'Il n'y manque que la ressemblance,' ajoute Mme Denis. Soyons assurés justement qu'un détail comme celui de la main royale toujours prête à 'égratigner', si cette lettre lui avait été vraiment adressée, lui eût paru assez 'ressemblant'.[59]

57. D4207. Les nouvelles de Mme de Graffigny à Devaux attestent encore qu'on savait à Paris dès le 24 août les détails de la pension proposée par Frédéric II à Mme Denis (*Graffigny*, lii.75-76).

58. D4211, 3 septembre 1750, holographe.

59. Signalons encore deux écarts de détail entre cette lettre et celle que Voltaire adressa le même jour à d'Argental (D4186): à Mme Denis, il annonce qu'il va bientôt faire son 'pélerinage d'Italie' et qu'il ira la chercher au mois de mai; avec d'Argental, au contraire, le voyage d'Italie est incertain et il ne sera 'probablement' à Paris 'qu'au mois de mars'.

D4193. A Berlin, 22 août 1750

'Je reçois votre lettre du huit, en sortant de Phaëton ...'. Simple accusé de réception: le texte se développe ensuite d'une façon totalement autonome, sans qu'il soit possible de rien restituer ni deviner de la prétendue lettre du 8. Ce défaut d'articulation constitue en soi, par rapport aux usages et aux formes épistolaires, et tout simplement aux réalités de la relation, une anomalie inexplicable.

Le 22 août 1750, Voltaire attendait toujours de savoir comment sa nièce avait reçu son projet et d'abord si Versailles l'agréerait. Des inquiétudes et des plans qui remplissent sa lettre du 21 aux d'Argental (D4192), on ne trouve pas un mot ici: autre sujet d'étonnement. Le texte ne s'ouvre sur l'avenir que dans l'ultime phrase: 'Je veux essayer si je trouverai plus de repos auprès d'un poète couronné qui a cent cinquante mille hommes, qu'avec les poètes des cafés de Paris.' C'est peu, après une décision aussi fondamentale.

Mais l'anomalie la plus grave réside précisément dans la représentation même de la situation, qui se trouve en parfaite contradiction, et avec les lettres voisines aux d'Argental, et avec le projet de faire venir Mme Denis à Berlin. Ici, l'établissement n'est qu'un 'essai'; ailleurs c'est une 'résolution' sur laquelle 'il n'y a plus à reculer', c'est un coup de la 'destinée' (D4192 et D4201, holographes), et Berlin est 'un port' enfin trouvé 'après trente ans d'orages'.[60] Ici, Frédéric est 'un poète couronné', et la référence est aux 'poètes de café'; ailleurs il est 'le meilleur des hommes', 'un philosophe couronné', 'le premier homme de l'univers', et la référence est à Marc-Aurèle et à Trajan (D4192 et D4201). Croira-t-on que Voltaire confiait à sa nièce des appréhensions et des doutes qu'il n'osait avouer à ses 'anges'? En réalité, c'est Mme Denis qui eut la première ces doutes et ces appréhensions; trop ébloui par les promesses du divin Frédéric, Voltaire ne les regarda que comme 'un simple pressentiment' qui n'avait pas de raison d'être (D4201). Et puis d'Argental, répétons-le, vit de ses yeux les premières lettres de Prusse à Mme Denis, et il lui en reprocha les illusions et les embellissements. Où sont ces 'tablos fort admirables' et ces 'portraits flatteurs', où sont ces instances auxquelles sa nièce devait se rendre? Un faiseur d'opéras dopé au schnaps, des 'ouvrages tartares', *Phaéton* massacré: voilà bien des séductions pour tenter une parisienne – et quelle différence à présent de Landau à Berlin? Gageons que dans sa vraie lettre à Mme Denis sur *Phaéton*, il s'émerveillait au contraire, et peut-être avec plus d'enthousiasme encore que dans ses lettres aux d'Argental, des décors de glace et de la splendeur du spectacle.[61]

60. D4207, 1er septembre 1750, holographe.

61. D4192 et D4201. Notons que *Phaéton* fut bien représenté le 22 août à Berlin (*Tageskalender*, p.125).

D4195, textual notes

Besterman a relégué dans ces notes le texte holographe d'un bref message – ce n'est pas une lettre à proprement parler – qui présentait à Mme Denis, tracé sur l'original même, l'étonnante 'promesse de bonheur' à laquelle s'engageait le roi de Prusse.[62] Dans sa brièveté, ce texte dit l'enthousiasme du nouveau chambellan prussien: la lettre du roi est un 'monument précieux', elle a valeur de 'titre'. 'Que [Mme Denis] vous la montre, je vous en prie,' écrit-il aussi à d'Argental, 'et vous croirez lire une lettre de Trajan ou de Marc Aurèle'.[63] La concordance est cette fois parfaite: il n'y a pas lieu de douter de l'authenticité de ce message.

D4205. A Berlin, 29 août 1750

L'éditeur s'est étonné à juste titre, dans l'une de ses notes, que cette lettre ne fasse pas mention du grand carrousel des 25 et 27 août: la lettre du 28 aux d'Argental est toute vibrante du plaisir de ces fêtes. Autre silence aussi surprenant, quoi qu'en dise une autre note (D4195, textual notes): pourquoi Voltaire eût-il omis de revenir sur le 'titre singulier' envoyé quelques jours plus tôt?

Mais il y a plus grave. Des faits auxquels réfère cette lettre sont *postérieurs* à la date qu'elle porte. Voltaire se plaint de mauvais vers qu'on lui attribue, les uns de son secrétaire Tinois sur 'l'avanture d'un cu', les autres de Baculard d'Arnaud à la gloire des belles dames de Berlin. Les premiers, dit-il, circulent en manuscrit, les seconds sont déjà imprimés sous son nom dans les gazettes. En fait, la 'Montperniade' ne fut connue qu'un mois plus tard, d'après sa lettre du 23 septembre à d'Argental.[64] Quant aux stances de d'Arnaud, elles parurent le 15 septembre dans la 'gazette de Berlin' – et Voltaire en nia la paternité dans le numéro du 22.[65] Faudrait-il avancer la date d'un mois? C'est impossible, puisque le texte implique d'autre part que Mme Denis n'avait pas encore répondu sur les offres du roi de Prusse: 'J'attends vôtre première lettre pour fixer mon âme qui ne sait plus où elle en est.' Attente vraisemblable à la fin d'août, mais certainement plus à la fin de septembre: le 3 de ce mois, Mme Denis écrit à Cideville que son départ pour Berlin est fixé au printemps (D4211, holographe).

Ainsi suspendu entre deux dates incompatibles, ce texte accuse enfin la même anomalie que les précédents quant aux représentations du séjour en Prusse. Pour d'Argental, le 28 août c'est 'le pays des fées'; et le 29, pour Mme Denis, ce serait 'le païs des vandales'? Deux jours plus tard, Voltaire écrit à d'Argental que ses lettres à sa nièce sont aussi pour lui (D4207, holographe).

62. Sur la date de ce message, voir la discussion de D4195 dans la troisième partie.

63. D4201, 28 août 1750, holographe.

64. D4223, holographe. Si Voltaire avait eu vraiment désavoué ces vers scabreux dès la fin d'août dans une lettre à sa nièce, il n'aurait sans doute pas manqué de le rappeler à d'Argental pour mieux se dédouaner.

65. *Utrecht*, 22 et 29 septembre, 'Nouvelles de Berlin', rubrique alimentée, avec une semaine de décalage, par la *Spenersche Zeitung*.

D4217. Berlin, 12 septembre 1750

Des nouvelles d'un carrousel qui avait eu lieu le 25 et le 27 août, d'une pièce représentée les 26, 28 et 30 août (*Tageskalender*, p.125)? Curieux décalage: à la date où Mme Denis aurait reçu cette lettre, d'Argental savait tout cela depuis quinze jours.[66] La description du carrousel allait paraître dans le *Mercure* (octobre 1750, pp.176-80).

Voltaire dit attendre avec impatience la décision de Versailles et la réponse de sa nièce sur le projet d'établissement. On peut croire au contraire qu'il avait l'une et l'autre à cette date. Le 12 précisément, il écrit au ministre de la maison du roi pour surseoir à l'attribution de sa place d'historiographe:[67] c'est donc qu'il avait reçu les avis ministériels du 28 août (D4203 et D4204). Et puisque c'est après un long silence que Mme Denis avertit Cideville le 3 septembre de son départ prochain pour la Prusse, il est plus que probable qu'elle avait aussi marqué sa résignation à son oncle avant la fin du mois d'août.

Inquiet de la froideur des réponses du ministère,[68] Voltaire venait d'avancer le voyage qu'il projetait de faire à Paris et de renoncer à son voyage d'Italie: c'est ce qu'attestent ses deux autres lettres du 12 septembre.[69] Et il faudrait admettre qu'il n'ait pas confié ses embarras à sa nièce, qu'il ne l'ait pas chargée d'observer les dispositions de la cour, qu'il ne l'ait pas avisée du changement de ses plans, au moins, alors qu'il devait la ramener à Berlin avec lui? Sa lettre du 14 à d'Argental prouve au contraire qu'il l'avait informée de ses intentions et de son arrivée prochaine: '[Mme Denis] doit vous avoir dit que je vous sacrifie le pape, mais pour le roy de Prusse cela est impossible. Je n'iray point en Italie cet automne, comme je l'avois projetté. Je viendray vous voir au mois de novembre, j'auray la consolation de passer l'hiver avec vous ...' (D4220, holographe).

Ajoutons encore, et cette observation vaut très probablement aussi pour la lettre précédente, que Voltaire s'était chargé, vers cette date, d'une commission de la margrave de Bayreuth, qui souhaitait engager Mme de Graffigny comme dame de compagnie: plusieurs de ses lettres à sa nièce réitérèrent l'invitation, que Mme Denis transmit fidèlement à l'intéressée (*Graffigny*, lii.124, 21 septembre 1750). Et soulignons enfin la contradiction persistante des deux séries de lettres, celles qu'il écrit aux 'anges' et celles que nous connaissons pour adressées à Mme Denis, quant à sa vie en Prusse. Il entretient d'Argental de sa 'passion' pour Frédéric et du plaisir qu'il prend à jouer 'sans tracasserie' sa *Rome sauvée* devant la famille royale, tandis que la prétendue lettre de l'avant-veille à Mme Denis s'étend sur le mauvais goût des spectacles de Berlin ('Quinaut n'a plus à se plaindre. Racine a été encore plus maltraité que lui') et sur 'la médisance', 'la tracasserie' et 'les jalousies d'auteurs' qui font de la capitale prussienne 'un petit Paris'.

66. Voir D4201, 28 août 1750.

67. D4218, holographe. Voir aussi D4219 du même jour.

68. Voir D4233, à Darget: 'Les lettres de Versailles sont un peu à la glace.' Pour la datation de ce billet, voir la troisième partie.

69. D4218, à Saint-Florentin et D4219, à Tyrconnell, toutes deux holographes.

D4240. A Potsdam, 13 octobre 1750

'On m'a cédé, ma chère enfant, en bonne forme au roi de Prusse. Mon mariage est donc fait.' Soit, mais l'accord de Versailles datait déjà de *plusieurs* semaines. On peut douter que Voltaire ait attendu le 13 octobre pour faire cette réflexion. Dès le 28 septembre, il signait hardiment au bas d'une lettre publique: 'Voltaire, ancien gentilhomme du roy très crétien, et chambellan du Roy de Prusse' (D4228, holographe). Sur le bonheur de ce 'mariage', faut-il croire vraiment qu'il eut si tôt des appréhensions? 'Sera-t-il heureux?' écrit-il ici. 'Je n'en sais rien.' L'anachronisme est flagrant. Ou bien l'on devra supposer qu'il ment lorsqu'il écrit à d'Argental, le 15 octobre, que 'la nature' semble avoir fait naître Frédéric 'exprès pour [lui]' et que 'toutes [ses] heures sont délicieuses' (D4241, holographe) ou lorsqu'il écrit au marquis de Thibouville, le 24: 'C'est le paradis des philosophes. Cela est au dessus de toute expression' (D4248, holographe). Qu'il se fût menti quelquefois à lui-même, c'est fort possible, mais cela n'allait pas non plus sans quelque cohérence: ses amis et sa nièce se voyaient assez souvent pour qu'il dût éviter de les mettre dans l'embarras sur ses sentiments.

Le 5 novembre 1750, à une date où elle eût assurément reçu cette lettre, Mme Denis donne à Cideville des nouvelles fort différentes de celles-ci (D4255, holographe). Aucune crainte sur l'avenir: son oncle 'est toujours plus angoué que jamais de ses roys et de ses princesses'. Elle l'attend à la fin de novembre, alors que cette lettre n'apporte qu'une annonce vague et lointaine: 'Je compte venir cet hiver prochain vous rendre compte de tout.' Elle voudrait ne point aller en Prusse, mais se résigne pourtant à ses volontés, espérant 'qu'il changera peut être de sentiment' quand ils pourront s'expliquer – alors que Voltaire paraît ici excuser et justifier même ses résistances, comme s'il s'était déjà résigné lui-même à la séparation et à la solitude: 'J'ai bien peur que vous ne fassiez comme m^{de} de Rotambourg qui a toujours préféré les opéra de Paris à ceux de Berlin. O destinée comme vous arrangez les événements et comme vous gouvernez les pauvres humains!' On aura d'ailleurs l'occasion de remarquer, à propos d'autres lettres, que Voltaire ne renonça pas si tôt au projet de refaire son 'ménage' auprès de Frédéric. Le grand mot de 'douleur', sur lequel se ferme cette lettre du 13 octobre 1750, détonne décidément dans cette période euphorique de l'établissement.[70]

D4251. A Potsdam, 28 octobre 1750

A cette date, Voltaire venait de différer son voyage en France. Il l'écrit à d'Argental le 27: il viendra 'au mois de décembre', dès que les chemins redevien-

70. La *Gazette d'Utrecht* du 6 octobre 1750, sous le titre de 'Paris, 28 septembre', publiait cette nouvelle: 'Le Roi de Prusse aïant fait l'honneur à Madame Denis, nièce de Mr de Voltaire, de l'inviter à venir joindre son oncle à Berlin, cette Dame, connue dans le public par plusieurs ouvrages, se dispose à partir pour se rendre à la Cour de S. M. Pr.' Le temps n'était donc pas encore aux 'remords' et à la 'douleur'.

dront praticables – 'et s'il geloit plutôt,' ajoute-t-il, 'je partirois plustôt' (D4250, holographe). Il n'est guère concevable qu'il n'ait pas averti sa nièce dans le même temps de ce changement de plan. Il l'est encore moins que sa lettre ne s'inscrive pas dans cette perspective de la réunion prochaine. Sa lettre aux 'anges' est pleine des promesses de ces retrouvailles, du bonheur de pouvoir s'expliquer enfin en toute franchise, du plaisir d''histrionner' encore ensemble sur le petit théâtre de la rue Traversière. Celle-ci reste au contraire bornée au cercle le plus immédiat d'un horizon strictement prussien, sans ouverture aucune sur l'avenir commun que devait pourtant préparer ce voyage: 'Ma chère enfant, [mes] journées se passent loin de vous. Je ne vous écris jamais sans regrets, sans remords et sans amertume.' La contradiction est évidente.

Voltaire écrit d'autre part que le roi de France lui a 'conservé le brevet de son gentilhomme ordinaire'. Ce point mérite d'être éclairci. En s'établissant à Berlin, il avait espéré pouvoir garder son attache naturelle et sa qualité de domestique du roi très chrétien. Toutes ses démarches le prouvent: il avait même demandé la grâce d'une 'lettre patente' de permission qui lui confirmât son titre et ses droits.[71] Mais il ne l'obtint pas. Les réponses ministérielles lui rappelèrent la règle commune: s'il ne demeurait qu''absent' de la cour, au sens juridique du terme, l'exercice de sa charge pouvait être considéré comme suspendu – et encore cela dépendait-il naturellement du temps de son 'absence'; mais s'il s'attachait à un 'service' étranger, le brevet même se trouvait frappé de nullité.[72] En acceptant une pension du roi de Prusse, en recevant son ordre du mérite, en devenant son chambellan, Voltaire venait donc de perdre, de sa propre initiative, la qualité de gentilhomme ordinaire du roi de France. Certes, il conserva son brevet – il eût pu s'en défaire (voir D11049) – de sorte que, le temps passant, il se crut permis de reprendre le titre.[73] Mais il eût été abusif de prétendre que le titre ou le brevet *lui avaient été conservés* par le roi de France – et il le vit bien deux ans plus tard, au moment de l'*Akakia*, lorsqu'il demanda la protection diplomatique due à un sujet français et à un officier de la maison du roi: le ministre en poste à Berlin eut pour instruction de ne point se mêler de son affaire.[74] Bref, il est exclu qu'il se soit prévalu en octobre 1750 d'une grâce particulière dont sa nièce devait bien savoir qu'il n'avait pu l'obtenir. Aussi n'avance-t-il rien de tel en rendant compte de sa situation à d'Argental dans D4250, presque à la même date. Mme Denis aurait d'ailleurs eu beau jeu de lui remontrer, s'il s'était encore donné du gentilhomme ordinaire à cette date, qu'il venait justement, sans prendre garde aux appréhensions dont elle lui avait fait part, de publier dans les gazettes d'Allemagne une lettre fort imprudente qui valait renonciation.[75]

71. Voir D4182, D4183, D4188, D4197 et D4198.

72. Voir D4203, D4204, D4215 et D4243.

73. En juillet 1751 et en janvier 1752 dans des actes notariés (D.app.113-14), en septembre 1752 dans le contrat de rente avec le duc de Wurtemberg (D.app.120), au début de 1753 dans une requête adressée à la princesse d'Orange (D5144).

74. Cf. D5133 et D5138 d'une part, et D5168 d'autre part.

75. D4228, déjà mentionnée dans la discussion précédente. Cette lettre, qui passa aussitôt dans les gazettes de Hollande (*Utrecht*, 6 octobre 1750), fit assez mauvais effet en France: cf. D4249, *in fine*. De même le 10 novembre, dans une lettre au ministre de la maison du roi, le comte de Saint-Florentin, Voltaire se reconnaît 'ancien officier du roi' (D4261).

Deux anomalies peuvent encore être relevées. Voltaire trace une sorte de plan de travail pour le *Siècle de Louis XIV*. Cela paraît une construction *a posteriori*. En fait, il ne se mit au travail que le mois suivant, après avoir terminé la révision générale de ses œuvres pour l'édition de Dresde, et en s'apercevant qu'il ne ferait pas de si tôt son voyage de France.[76] Il aurait d'autre part été occupé, à la date de cette lettre, à 'corriger' la deuxième édition des *Mémoires pour servir à l'histoire de la maison de Brandebourg*. En réalité, comme Besterman l'a bien noté à propos d'une autre lettre (D4191, commentary), cette édition était déjà corrigée: on l'imprimait depuis la mi-septembre.

D4256. A Potsdam, 6 novembre 1750

C'est ici la lettre des 'mais', l'une des plus célèbres du corpus. On y lit depuis deux siècles la confidence à peine voilée des premiers désenchantements. La lettre suivante explique deux de ces 'mais': deux désillusions. Les huit autres (car cette lettre aligne dix 'mais') cacheraient donc autant de nouvelles peines. C'est beaucoup. On admettra que Voltaire n'était peut-être plus si sûr au fond de lui-même, après cinq mois de séjour à Berlin, d'avoir trouvé le port tranquille auquel il avait si longtemps aspiré. Mais ment-il donc lorsqu'il écrit à Thieriot, à la mi-novembre, qu'il jouit en Prusse 'd'un repos assez doux, de la faveur et de la société d'un des plus grands rois qui aient jamais été, d'un philosophe sur le trône, d'un héros qui méprise l'héroïsme, et qui vit à Potsdam comme Platon vivait avec ses amis' (D4266, holographe)? lorsqu'il écrit à d'Argental encore, quelques jours plus tard, qu'il a 'fort bien fait' de fuir les dévots et les folliculaires de Paris et que 'la nature a fait Frédéric le grand pour [lui]'?[77] Une telle contradiction de sentiments, il faut le redire, dans des lettres dont sa nièce et ses amis devaient se parler et qu'ils pouvaient se lire (il prie justement d'Argental de faire passer sa réponse par Mme Denis), est proprement inexplicable.

On relève ici, d'autre part, deux anachronismes flagrants. C'est vers la fin de novembre seulement que la nouvelle de la retraite du marquis d'Argens à Monaco parvint à Potsdam: Frédéric II en demanda aussitôt confirmation au baron Le Chambrier, son envoyé à Versailles.[78] C'est aussi vers la fin de novembre que le 'petit conseil' engagea Voltaire à donner *Rome sauvée* durant l'hiver: il n'est pas question de ce projet avant le 11 décembre dans la correspondance avec d'Argental (D4291, holographe).

D4269. A Potsdam, 17 novembre 1750

Autre lettre fort étonnante, à bien des égards. Elle écarte deux interprétations erronées des 'mais' de la précédente: 'Ces *mais*, ces éternels *mais* qui sont dans ma dernière lettre, ne tombent point du tout sur ce qu'on dit dans le monde, ni

76. D4273, à Walther, 18 novembre 1750, holographe.
77. D4283, 28 novembre 1750, holographe.
78. MAE, *Prusse*, vol.162, ff.110 et 114, dépêches du 30 novembre et du 5 décembre.

sur les reproches qu'on me fait en France d'être ici.' Il faudrait donc que Mme Denis eût essayé de percer l'énigme et proposé ces 'fausses clefs'. Or la lettre des 'mais' est datée du 6 novembre et celle-ci du 17: cet intervalle de onze jours exclut absolument que Voltaire pût avoir déjà la réponse entre les mains.[79]

'Ce qu'on dit dans le monde': il s'agit des mœurs du roi de Prusse. Mais c'est le seul euphémisme d'un texte par ailleurs assez gaillard. Il est difficile de croire que Voltaire et sa nièce – car il faudrait supposer qu'elle eût donné la première dans cet article scabreux – furent assez imprudents pour échanger aussi librement des plaisanteries sur le d'Assoucy couronné, sur ses mignons, sur son lointain cousinage avec Pasiphaé. On sait quel terrible interdit pesait sur les amours de Frédéric. Même en admettant qu'une telle lettre eût pu être confiée 'au courrier de milord Tirconel', comme le porte le texte, tout risque d'indiscrétion n'était pas écarté. A propos de ses 'mais', Voltaire écrit: 'Je vous expliquerai mon énigme quand nous nous verrons.' Quel insondable mystère faudrait-il donc imaginer pour concevoir qu'il eût plutôt livré au cabinet noir les secrets de l'alcôve royale?

D'autre part, à cette date du 17 novembre 1750, on était à Potsdam en pleine affaire d'Arnaud. Voltaire explique sa situation à d'Argental dans une lettre datée du 14 (D4262, holographe). Il est invraisemblable qu'il n'en ait pas averti sa nièce, qu'il ne lui ait pas demandé à elle aussi de s'informer de cette complicité de Baculard avec Fréron, de démentir dans Paris ce mauvais bruit d'une préface séditieuse qu'on lui attribuait, d'appuyer sa démarche auprès du lieutenant de police. Et c'est d'autant moins vraisemblable qu'un article de sa lettre porte justement sur les jalousies et les tracasseries des beaux-esprits du roi de Prusse: 'Où l'envie ne se fourre-t-elle pas, puisqu'elle est ici? Ah! je vous jure qu'il n'y a rien à envier. Il n'y aurait qu'à vivre paisiblement; mais les rois sont comme les coquettes; leurs regards font des jaloux, et Frédéric est une très grande coquette; mais, après tout, il y a cent sociétés dans Paris beaucoup plus infectée de tracasseries que la nôtre.' Discours topique, et non strictement 'situé': c'est l'un des indices les plus évidents de la réécriture épistolaire.

Il est enfin exclu que Voltaire ait écrit à sa nièce dès cette date que la Prusse n'était point faite pour elle et qu'elle devait 'toutes choses mûrement considérées' l'attendre à Paris. En fait, il ne renonça pas si tôt au projet de la faire venir à Berlin: je reviendrai sur ce point dans la discussion de D4334.

D4279. A Potsdam, 24 novembre 1750

Comparée aux autres récits de l'événement, cette relation de la disgrâce de d'Arnaud rend le son le plus faux. Pas un mot des ingratitudes de l'élève, de ses impertinences et de sa 'mauvaise conduite', de ses 'escroqueries', de ses 'perfidies', de ses 'calomnies', tous reproches qui remplissent les lettres à d'Argental, à Thieriot, à Morand.[80] Pas un mot surtout de l'alliance scélérate

79. Rappelons qu'il fallait au moins trois semaines pour un échange de lettres entre Berlin et Paris.

80. D4262, D4266 et D4270, cette dernière lettre également holographe.

formée avec Fréron, ni de cette rumeur d'une préface prétendument falsifiée, deux dangers contre lesquels Voltaire dut pourtant prier sa nièce de le garantir. 'On m'a mandé', écrit-il à ses 'anges', 'que cette affaire avoit fait du bruit à Paris, que M. Berrier avoit voulu voir cette lettre de Darnaud à Fréron, que cette lettre étoit publique'. 'On m'a mandé'? Qui donc, sinon Mme Denis? L'événement apparaît ici décanté, détaché de ses circonstances, et comme reconsidéré à distance.

Mieux encore: l'interprétation est radicalement différente.[81] D'Arnaud y paraît moins comme un coupable, en somme, que comme une victime. Sa disgrâce est un malheur, presque une injustice. 'Ce pauvre d'Arnaud', dévoré d'ennui, de dépit et de jalousie, a 'demandé son congé fort tristement'; il s'est vu chasser 'très durement', sans que le roi de Prusse ait eu la pensée généreuse 'de lui payer son voyage'. Loin d'être un admirable effet de l'équité du grand Frédéric et de son discernement, comme dans les autres lettres, la chute du 'soleil levant' semble présager au contraire le cruel destin réservé au 'soleil couchant': 'Mon enfant,' écrit Voltaire, 'mon triomphe m'attriste.' 'Bel exemple' des châtiments dûs aux 'barbouilleurs de papier', d'après une autre lettre à d'Argental,[82] la disgrâce de d'Arnaud alimente ici au contraire 'de profondes réflexions sur le danger de la grandeur'. Elle n'est en somme qu'une occasion d'allonger la liste des 'mais' commencée dans les deux lettres précédentes: 'On me fait plus que jamais patte de velours, mais ...'. Bref, toute cette relation me paraît commandée par l'évolution *ultérieure* des rapports avec Frédéric II.

On relève ici encore, d'autre part, sur le compte du roi de Prusse, des expressions qui semblent trop libres pour avoir été risquées dans une correspondance. Il ne s'agit plus des mœurs 'potsdamistes', mais des amusements de plume de 'sa majesté prussienne'. Autre sujet tabou, pourtant, car on sait que la vanité de l'auteur était fort susceptible aussi. D'Arnaud 'garçon poète du roi'? et donc pourvu 'd'une des plus belles places du royaume'? et gratifié de 'versiculets très galants' par 'le monarque bel esprit'? L'ironie paraît un peu forte, et l'on a peine à croire que Voltaire ait ainsi plaisanté son nouveau maître par la poste.

Signalons enfin qu'un article manque à cette lettre, ou peut-être à la précédente, quoique le texte de l'une et de l'autre paraisse évidemment complet. Il y est fait explicitement référence dans une lettre à d'Argental du 28 novembre: 'J'ai mandé à ma nièce qu'elle fît réponse [à Mouhy] pour moy' (D4283).

D4307. A Berlin, au château, 26 décembre 1750

Deux articles manquent dans cette lettre, qui alimentèrent pourtant la correspondance avec Mme Denis dès le début de l'hiver 1750-1751: celui des préparatifs de l'édition Lambert et celui de la recherche d'une dame de compagnie pour le

81. Robert L. Dawson a remarqué cet écart dans son étude sur *Baculard d'Arnaud: life and prose fiction* (*SV*, vol.141, pp.208-209). Mais le rapport qu'il établit entre le 'ton' inquiet de cette lettre et le cours de l'affaire Hirschel ('the great *philosophe* was involved in clearly illegal procedures') est anachronique.

82. D4283, 28 novembre 1750, holographe.

service de la margrave de Bayreuth. Pour le premier, voir dans la troisième partie la discussion de D4382 et de D4369, que j'ai cru pouvoir replacer en décembre 1750, et qui passèrent sans doute par Mme Denis; pour le second, voir D4291, que Voltaire adressa à la margrave de Bayreuth le 9 décembre: 'J'ay chargé ma nièce de chercher une dame de condition [...]. Je vous réponds madame qu'elle y fera tous ses efforts.'

D'autre part, l'article de *Rome sauvée* est anachronique. Donner 'la république romaine sur le théâtre de Paris'? D'Argental venait de le lui proposer. 'O mes anges,' avait-il répondu, 'Belzebut auroit il un plus damné projet?'[83] Ce n'est pas en décembre qu'il envoya sa pièce 'retouchée', c'est au printemps suivant, lorsqu'il reparla lui-même de la faire jouer.[84]

Pour le reste, cette lettre est déjà toute en remords et en nostalgie. C'est évidemment trop tôt, et même tout à fait invraisemblable si l'on en rapproche les lettres aux d'Argental. Le 11 décembre, il savoure le plaisir de se voir à l'abri des Frérons et des puissants qui les protègent, loin d'un pays où un Maboul, un Machault, un Maupeou sont au gouvernement. Le 9 janvier, répondant à une lettre pleine de 'reproches' et de 'rigueurs', il avoue ses torts et se dit 'pénétré de douleur' de remettre encore le voyage dont il parle depuis si longtemps; mais quant à revenir définitivement à Paris, il n'en est pas question: il est en Prusse pour y 'mourir'. On veut bien croire qu'il entrait un peu de dépit dans ces protestations. Mais il est un point sur lequel il refusait d'être démenti: Frédéric était 'un héros', 'un grand homme', un nouveau Salomon, auprès duquel l'ancien n'était qu'un 'pauvre homme'. Aussi le 'port tranquille' qu'on lui procurait était-il encore 'glorieux' (D4294 et D4342, holographes). Comment admettre qu'il ait pu écrire dans le même temps à sa nièce, après lui avoir vanté 'la belle voix de Mademoiselle Astrua', qu'il regrettait de l'avoir quittée 'pour un gosier à roulades et pour un roi'? Un plus grand dépit, et contraire, et *rétrospectif* selon toute apparence, lui inspira une pointe aussi venimeuse.

D4334. A Berlin, 3 janvier 1751

De la nostalgie, on passe ici à la 'douleur', à la 'tristesse' et à la 'crainte'. Encore une fois, c'est un peu tôt, assurément. Et pour la 'crainte', quelle étrange invraisemblance! Parce que le roi de Prusse se moquait hardiment dans son *Palladion* des puissances de l'Europe, Voltaire aurait dû craindre de se voir à son tour attaqué, lui qui 'n'[avait] point d'armée comme lui'? On ne conçoit pas cette imagination belliqueuse sans l'expérience à venir des combats de plume autour de l'*Akakia*.[85] A ses 'anges', il fait entendre le 9 janvier qu'il finira ses jours à Berlin (D4342). Et il aurait écrit à sa nièce qu'il ne 'vivait' plus que de 'l'espérance' de la revoir et de revoir sa patrie? Quels arguments ne lui eût-il

83. D4291, 11 décembre 1750, holographe.

84. Voir D4420 et D4480, à d'Argental, 15 mars et 25 mai 1751, toutes deux holographes. Cf. la discussion de D4252 dans la troisième partie.

85. Cf. D5114, 18 décembre 1752: 'Comme je n'ai pas dans ce monde-ci cent cinquante mille moustaches à mon service, je ne prétends point du tout faire la guerre, je ne songe qu'à déserter honnêtement.'

pas donnés d'ailleurs contre lui-même, avec ces appréhensions et ces plaintes! Car il est assuré qu'il n'avait pas renoncé au projet de la faire venir auprès de lui. Vers la même date, Mme Denis écrit à Cideville qu'elle ne veut pas aller en Prusse. Mais point d'assurance encore: elle se réjouit seulement de voir que son oncle 'commence à entendre raison'.[86] En février cependant, lorsque Voltaire fait demander au roi par Darget la permission de s'installer au Marquisat, l'ancienne 'campagne' de d'Argens, c'est pour y vivre avec sa nièce, qu'il ramènera de Paris au printemps. Mme Denis cédait donc à ses instances. Du moins ne s'opposait-elle plus aussi vivement à ses vues. Il écrit à Darget qu'elle 'consent enfin' à le rejoindre.[87] Ce plan n'eut pas de suite, mais on ne soupçonnera pas Voltaire d'avoir inventé ce consentement: il détaille à Darget d'autres articles de la lettre de sa nièce, et il devait d'ailleurs se tenir prêt à montrer cette lettre pour appuyer sa requête. Le calcul est vite fait, et la contradiction saute aux yeux: la lettre d'acceptation, arrivée à Berlin avant la mi-février, serait presque la réponse directe, compte tenu des délais de poste, à cette lettre de désillusion tout inspirée par le désir du retour.

Deux anomalies de date peuvent encore être signalées. Voltaire écrit que la *Pucelle*, si elle paraissait, jurerait trop 'avec [son] âge et le Siècle de Louis XIV'. Mais le *Siècle* n'avait pas encore paru, il n'était même pas fait! Sa lettre précédente, d'autre part, aurait contenu l'instruction de faire préparer son appartement pour le chambellan d'Ammon que Frédéric II envoyait en mission à Versailles. Il est exact que Voltaire avait offert sa maison à ce d'Ammon (voir D4342, *in fine*). Mais comme cet article ne se trouve pas dans D4307, qui précède immédiatement cette lettre dans le corpus de Kehl, Besterman a cru devoir réserver un numéro à une lettre perdue, entre le 26 décembre 1750 et le 3 janvier 1751.[88] Cependant, pourquoi Voltaire aurait-il attendu si longtemps pour donner ses ordres, alors que dès le 8 décembre d'Ammon était sur le départ et lui demandait des lettres de recommandation (D4287-D4289)? Il est à croire que la lettre manquante, si elle se retrouve un jour, ne devra pas être lue sans quelque défiance.

D4344. A Berlin, 12 janvier 1751

Deux éléments de situation sont vérifiables. Il est exact que d'Ammon quitta Berlin pour Paris le 12 janvier 1751: les sources diplomatiques le confirment.[89] Il est exact aussi que la famille royale représenta *Zaïre* au début de janvier.[90]

Le texte, en revanche, présente d'étranges invraisemblances. Des plaisanteries sur le bisaïeul du roi de Prusse, des échos d'un divertissement de cour, un portrait de milord Tyrconnell, des plaintes contre la destinée: tout cela valait-il les frais de poste? Il est vrai qu'un 'gros paquet' est annoncé, qui doit être

86. D4337, holographe. Le quantième n'est pas déchiffrable sur le manuscrit.

87. D4356 et D4386. La première de ces lettres doit être déplacée d'un mois: voir la discussion de ce numéro dans la troisième partie.

88. D4310, vers le 30 décembre 1750.

89. MAE, *Prusse*, vol.164, ff.62-63, dépêche de Tyrconnell datée du 12 janvier 1751.

90. Le 5, d'après D4340. Le 9, Voltaire écrit à d'Argental qu'il a tenu le rôle de Lusignan (D4342).

apporté par d'Ammon. Mais justement, pourquoi détacher une lettre d'un paquet qui part le même jour? Ce paquet contiendrait-il des choses importantes? Mme Denis devra le lire attentivement et donner '[ses] ordres' en conséquence par une voie sûre. Mais pourquoi ce mystère? Pour ne pas risquer par la poste des secrets peut-être compromettants? On s'étonne plutôt que Voltaire ait pu se fier à la discrétion d'un serviteur du roi de Prusse. Et l'on s'étonne encore davantage, pour cette lettre même, d'une prudence qui s'emploie à défendre le secret d'un paquet et qui s'égaie par ailleurs de la métromanie de sa majesté prussienne et du luxe miteux de son bisaïeul. Il semble difficile de donner à tout cela quelque vraisemblance strictement *épistolaire*.

Dans le paquet confié à ses soins, le chambellan d'Ammon portait à Paris des matériaux pour l'édition Lambert des œuvres qui allait paraître, dont le manuscrit de *Micromégas* (voir D4381). Il est absolument certain que cet article de l'édition Lambert revint souvent dans les lettres que Voltaire adressa à sa nièce en décembre 1750 et en janvier 1751. C'est par elle qu'il avait reçu une 'liste' des matières, qui le mit hors de lui.[91] C'est elle qui le tenait au courant des progrès de l'impression et des démarches de librairie.[92] A propos de *Micromégas* justement, je crois qu'il faut placer vers le 10 janvier la lettre où Voltaire avertit Lambert que d'Ammon l'apporte enfin,[93] lettre qui porte en tête, de sa main: 'Pour mr Lambert'. Par qui, sinon par Mme Denis, la lui fit-il remettre? Le 31 janvier, il se plaint à nouveau du mauvais travail de l'éditeur et de la sottise d'avoir demandé des examinateurs (D4365, à d'Argental, holographe). Tout cela suppose nécessairement, entre sa nièce et lui, des informations, des questions, des directives, dont on devrait trouver trace ici. Il me paraît franchement incroyable qu'il ait pu lui envoyer une lettre aussi gratuite tandis qu'elle se démenait pour son service entre les libraires et les censeurs.

Un autre article manque assurément, c'est celui de l'affaire Hirschel. Au début de février, Voltaire se plaint à Darget des peines que lui donne son 'chien de procès', des rigueurs du roi, de sa solitude. 'Ma nièce me mande', ajoute-t-il, 'que je dois trouver dans vous bien de la consolation, et elle a raison.' Quelques jours plus tard, nouvelles plaintes et nouvelles confidences: 'On me mande toujours de Paris que je ne dois compter que sur vous: on a bien raison.'[94] Il fallait donc qu'il lui eût confié sa mésaventure. Et comment ne l'eût-il pas fait alors que les gazettes d'Allemagne, alimentées en sous main par Frédéric lui-même, avaient commencé de publier des échos de ce vilain procès du chambellan von Voltaire et d'un juif,[95] et alors que Hirschel lâchait hardiment des mémoires accablants.[96] S'il écrivit vraiment à Mme Denis le 12 janvier 1751, on peut penser que Voltaire eut plus à cœur de l'engager à combattre ces mauvais bruits

91. D4382, à Lambert: 'je reçois une étrange liste que vous avez donnée à ma nièce …'. Pour la date, voir la troisième partie.

92. Voir D4354, d'Argental à Voltaire, 22 janvier 1751: 'Me Denis vous a mandé où l'on en est pour votre édition.'

93. Voir dans la troisième partie la discussion de D4381.

94. D4354 et D4374. Pour les dates, voir la troisième partie.

95. Voir D4333 et D4347 et la discussion de ces deux numéros dans la troisième partie. Dans le commentaire de D4347, Besterman cite un écho du 12 janvier.

96. Voir D4353 et la discussion de ce numéro dans la troisième partie. Voir aussi *Textes* 24 et 28.

que de louer les beaux yeux de lady Tyrconnell et de plaisanter sur le nom du chambellan d'Ammon.

D4379. A Berlin, 15 février 1751

Cette lettre ne se trouve pas dans l'édition de Kehl. Elle fut publiée pour la première fois par Cayrol en 1856. Besterman en a retrouvé le manuscrit holographe, ce qui ne laisse pas d'en imposer d'abord. Je ne la crois pas pourtant plus authentique que les précédentes.

Le manuscrit présente deux anomalies. L'indication du mois y est en surcharge: Voltaire avait d'abord écrit *mars*. D'autre part, la date est écrite en entier, année comprise. C'est un trait à peu près unique dans ses correspondances familiales ou amicales. Aucun des originaux des lettres aux d'Argental – on en possède une cinquantaine pour cette période du séjour en Prusse – ne porte l'indication de l'année. Il en est de même, à trois exceptions près sur un total de quatre-vingts, pour les 'lettres d'Alsace' à Mme Denis.

Mais c'est le contenu même de cette lettre qui doit surtout en faire suspecter l'authenticité. Il est faux que le marquis d'Adhémar eût déjà accepté à cette date la proposition d'entrer au service de la margrave de Bayreuth. Voltaire venait de lui écrire 'fortement' pour l'y engager.[97] Il attendait sa réponse. Il l'attendit plusieurs mois: le marquis ne pouvait rien décider, comme il le lui expliqua plus tard, sans l'agrément de son père, qui le lui refusait.[98] Mme Denis s'occupait bien de cette affaire, mais elle ne pouvait guère l'avancer: en mai, toujours sans nouvelles du marquis, Voltaire lui enverra encore 'une lettre fulminante'[99] pour la presser d'achever cette négociation. On supposera peut-être qu'elle put croire un moment la chose faite et lui en donner avis. Mais pourquoi ne l'eût-il pas écrit aussitôt à la margrave, qui s'impatientait? Pourquoi lui eût-il même donné, quelques jours plus tard, cette réponse dilatoire: 'M. d'Adémar me fait espérer tous les jours qu'il sera assez heureux pour venir auprès de votre altesse royale'?[100]

Voltaire venait d'autre part d'engager à nouveau sa nièce à le rejoindre à Berlin. Peut-être avait-il même déjà reçu une lettre où elle lui marquait enfin qu'elle entrait dans ses vues. Du moins 'consentait'-elle, comme il l'écrit à Darget.[101] Ce n'était donc plus le moment de lui 'demander pardon' d'être loin d'elle.

L'article de l'édition Lambert me paraît encore invraisemblable. Il joindrait l'impolitesse à la contrevérité. Il était faux que Lambert eût fait son édition 'sur d'anciennes copies très informes'. Voltaire pouvait bien le faire croire à Walther, pour l'encourager à en entreprendre une nouvelle,[102] mais non à Mme Denis

97. D4364, à la margrave de Bayreuth, 30 janvier 1751.

98. D4849, le marquis d'Adhémar à Voltaire, 25 mars 1752.

99. D4295, à la margrave de Bayreuth. Sur la date de cette lettre, voir la troisième partie.

100. D4409, 1er mars 1751. La margrave avait marqué son impatience dans ses lettres du 23 janvier et du 18 février (D4360 et D4387). Le 28 mai, Voltaire lui écrit que le marquis 'n'a pas encore pu se résoudre à quitter Paris' (D4479).

101. D4356, holographe, qu'il faut replacer vers cette date.

102. D4441, 13 avril 1751: 'C'est dit on une mauvaise copie d'Amsterdam.'

qui avait vu passer entre ses mains depuis trois mois des instructions, des changements, des additions et des corrections de toutes sortes.[103] Quant à se déclarer 'bien fâché' du résultat, le pouvait-il sans reconnaître en même temps les peines et le dévouement qu'elle y avait dépensés? Il se plaint aussi à d'Argental du mauvais travail de Lambert, mais c'est en le remerciant au moins 'tendrement' de ses démarches (D4365, 31 janvier 1751). Au lieu de ces réflexions vagues et détachées, on attendrait plutôt quelque curiosité sur *Micromégas* que le chambellan d'Ammon apportait à Paris – et cette omission est encore bien étrange.[104]

Enfin, l'absence de tout article sur l'affaire Hirschel est absolument inconcevable. Voltaire avait d'abord cru que son procès serait vite jugé et que l'on n'en saurait rien à Paris. Il avait essayé d'imposer silence au 'gazetier de Berlin': Frédéric l'avait 'envoyé promener' (cf. D4333 et D4336). Les échos de Berlin avaient été bientôt repris à Hambourg et ailleurs.[105] A la fin de janvier, il se plaint à ses juges des 'libelles' que Hirschel fait répandre jusqu'en France, il demande un 'certificat' qu'il veut envoyer à Paris pour rétablir 'la plus exacte vérité': on lui refuse ce 'certificat'.[106] De quels autres moyens disposait-il donc pour contrer cette campagne de presse et de plume? Des nouvelles à la main de l'obligeant baron de Marschall, à qui Darget soufflait avec adresse la bonne version des faits – mais l'obligeance du baron n'était pas si hardie: il attendit l'arrêt des juges avant de risquer bravement ce service.[107] Comment penser que Voltaire ait pu négliger, dans ce dénuement de moyens, d'employer sa nièce à répandre des vérités un peu décentes sur son aventure? A cette date précisément, il avait de meilleures nouvelles à lui mander: la sentence était proche, et tout indiquait qu'elle lui serait favorable.[108]

On objectera peut-être qu'un 'paquet' est mentionné à la fin du texte, et qu'il est ainsi permis de supposer que Voltaire y avait mis de nouvelles instructions pour Lambert et quelque mémoire sur son procès. Mais il écrit exactement: 'un gros paquet *sur nos affaires*', et il faut bien convenir que ni l'édition Lambert, ni surtout l'affaire Hirschel n'intéressaient assez personnellement Mme Denis pour que l'expression y fût bien propre. On reste assez perplexe, au contraire, devant ce nouveau cas de dissociation entre une lettre absolument insignifiante et un mystérieux paquet prétendument essentiel.

103. Voir D4369, D4381, D4382, D4443 et D4444, et les nouvelles datations proposées dans la troisième partie.

104. Voir la discussion précédente. Le 28 février, en recevant des nouvelles de d'Ammon, Voltaire écrit à Darget qu'il était 'fort en peine' à son sujet (D4404).

105. Voir D4347 et le texte 27 de la quatrième partie.

106. Cf. D4347 et D4357, au chancelier von Cocceji. Le commentaire de D4353 est complété ci-après dans la troisième partie.

107. Voir D4373 et la discussion de ce numéro dans la troisième partie.

108. Le 13, Pöllnitz écrit à la margrave de Bayreuth: 'On commence à connoître que le juif a tort. On assure que tout sera jugé définitivement mercredi ou jeudi prochain, et que M. de Voltaire sortira de cette affaire couronné des mains de Thémis' (D4377).

D4390. A Berlin, 20 février 1751

Pas un mot dans ce texte du jugement de l'affaire Hirschel, qui fut rendu le 18 février. Pourtant, Voltaire adressait aussitôt à Darget un bulletin de victoire, pour le faire insérer sans doute dans les nouvelles à la main du baron de Marschall.[109] Il chante aussi son triomphe dans une lettre à d'Argental le 22 février: 'J'ay eu bonne justice' (D4390, holographe). La comtesse de Bentinck chargea même sa mère de répandre la grande nouvelle autour d'elle – et la comtesse douairière fut bien étonnée de cette commission.[110] Il est inconcevable, encore une fois, que Mme Denis n'ait pas été intéressée à cette bonne œuvre, plus nécessaire assurément à Paris que dans les cantons reculés de l'Ostfrise.

La lettre roule entièrement sur les affaires du tripot: 'Votre intention est donc de redonner Mahomet avant Catilina. Nous verrons si vous réussirez [...]. Faites tout ce qu'il vous plaira. Je vous remets Rome et la Meque entre les mains.' Tout cela est anachronique, il suffit de parcourir les lettres à d'Argental pour s'en convaincre. A l'ouverture de la précédente saison, d'Argental avait proposé de mettre *Rome sauvée* à l'affiche, mais l'idée fut fermement écartée comme prématurée: 'Si on pouvoit me rendre un vrai service,' répondit Voltaire, 'ce seroit de faire jouer Sémiramis ou Oreste.'[111] Il ne fut plus question de *Rome sauvée* avant le 15 mars 1751, date où Voltaire avance lui-même ce titre, avec ceux d'*Adélaïde* et de *Zulime*, qu'il dit avoir également retravaillées.[112] Il faut croire que d'Argental ne goûtait plus autant l'idée de risquer *Rome*, car le 4 mai Voltaire ne propose plus que *Zulime* et *Adélaïde*, avec à nouveau *Oreste* et *Sémiramis* (D4458, holographe). On se décida enfin pour *Rome sauvée*, la seule nouveauté qu'il eût à offrir: il l'envoya 'toute musquée' à la fin du mois de mai, et le petit conseil se mit aussitôt à examiner les changements et à discuter des rôles.[113] Dans toute cette délibération, qui n'était pas si avancée en février, comme on le voit, il n'est pas question une seule fois de *Mahomet*. L'explication en est fort simple: ce n'est qu'après que les juges du petit conseil eurent trouvé *Rome sauvée* encore trop imparfaite pour être jouée, dans le courant du mois de juillet, que l'on se rabattit sur 'la Meque', en profitant des bonnes dispositions du duc de Richelieu, qui se chargeait d'obtenir l'autorisation. Mme Denis raconte la chose assez crûment dans l'une de ses lettres à Cideville, et d'Argental fit entendre raison à l'auteur avec son habituelle délicatesse.[114]

S'il est donc vrai que *Mahomet* fut repris cinq mois avant *Rome sauvée*, ni Mme Denis ne pouvait en avoir eu 'l'intention', ni Voltaire l'intuition en février 1751. Cette lettre des projets de théâtre tient évidemment de la prophétie rétrospective.

109. Voir D4389 et la discussion de ce numéro dans la troisième partie.
110. Voir le texte 30 de la quatrième partie.
111. D4294, 11 décembre 1750, holographe.
112. D4420, holographe: 'cent vers recousus à Rome sauvée, à Adélaïde, à Zulime'.
113. Cf. D4480, 29 mai, et D4512, vers le 1er juillet 1751.
114. Cf. D4531 et D4539, holographes.

D4426. A Potsdam, 20 mars 1751

Il est exact que Voltaire était rentré à Potsdam à cette date, qu'il soignait par le régime sa 'maladie scorbutique', qu'il avait repris après la longue disgrâce de l'affaire Hirschel ses fonctions de grammairien du roi, et qu'il travaillait de son côté au *Siècle de Louis XIV*.[115]

Mais la situation est représentée sous des couleurs fort sombres: isolement, rigueur du climat, absence de secours – 'je n'espère que dans le régime'. Le grand Frédéric? 'Un roi' dont il faut corriger les ouvrages en sacrifiant les siens. L'humeur s'étend aux éditions 'bâtardes' qu'on renie et aux 'mauvais livres' de la décadence moderne. Rebuté par l'hostilité des lieux – 'ce pays-ci' – l'esprit se fait machinal: 'J'ai repris mon petit train de vie.' Ou plutôt, il se tourne douloureusement vers la terre de France, vers le paradis perdu, vers le bonheur trahi: 'Adieu, adieu, quand je songe aux infidélités, je suis si honteux que je me tais.' Nouveau don Quichotte, Voltaire a quitté Dulcinée pour Maritorne.[116] En fait, rien de tout cela ne correspond aux réalités et aux intérêts du moment. L'heure était au contraire à ce qu'on a justement appelé 'les portraits-propagande'.[117] Les folliculaires de Paris venaient de s'en donner à cœur joie, deux mois durant, sur le procès du juif, sur les folies et les friponneries du poète, sur l'humiliante disgrâce du favori du roi de Prusse. Pour faire taire ces dignes 'successeurs de des Fontaines' – et de qui pouvait-il tenir d'ailleurs tous ces ragots, sinon de sa nièce? – Voltaire entonne le 15 mars, dans une lettre à d'Argental, de véritables litanies, auxquelles ses 'anges' et tous ses amis doivent évidemment donner le plus large écho: sa faveur reste entière et n'a jamais diminué, son existence est paisible, son bonheur parfait.[118] Entre ces deux lettres, cinq jours seulement? Gageons plutôt que des mois les séparent, des désillusions, des rancœurs, et tout le déchirement d'une revanche à prendre sur sa propre naïveté. Sur un point de détail, la contrevérité est flagrante. 'Me voici rencloîtré', écrit-il ici, 'dans notre couvent moitié militaire moitié littéraire.' En fait, il ne logeait plus qu'occasionnellement au château, il s'était installé aux portes de la ville, dans le Marquisat abandonné par d'Argens – 'une maison délicieuse', écrit-il à d'Argental dans le même temps.

Signalons encore quelques anomalies de détail. Le mépris affiché pour l'édition

115. Voir les lettres à Darget et à la comtesse de Bentinck, et en particulier D4402 et D4417.

116. Je ne puis partager l'interprétation de Besterman. Voltaire demandant pardon à la fringante Mme Denis d'une infidélité amoureuse – comme Candide à Cunégonde? Les 'remords' sont évidemment ceux de l'absence et la 'coquette' a nom Frédéric. C'est un des grands thèmes du corpus que celui de cette 'infidélité'; voir D4205, D4251, D4307, D4379, etc. Inversement, lorsque Voltaire envisage son retour à Paris, c'est comme une 'infidélité' à l'égard du roi de Prusse: voir D4525, D4840, D5236.

117. Christiane Mervaud, 'Portraits de Frédéric II dans la correspondance prussienne de Voltaire', *Voltaire und Deutschland*, éd. Peter Brockmeier, Roland Desné, Jürgen Voss (Stuttgart 1979), p.244.

118. D4420, holographe. Deux jours plus tôt, Voltaire écrit à Ximenès: 'les bontés extrêmes du grand homme auprès de qui j'ai l'honneur de vivre [...] me consolent tous les jours des bruits ridicules de Paris' (D4418). Il poursuivit cette campagne jusqu'en avril. Cf. D4450 à d'Argental, 27 avril 1751, holographe: 'Etre dans le palais d'un roy parfaitement libre du matin au soir ...'.

Lambert eût été une insulte, répétons-le, au dévouement de Mme Denis.[119] Parmi les 'plates niaiseries' reçues de Paris, faudrait-il compter le poème dont Voltaire venait de féliciter Ximenès? La sentence paraît un peu dure à l'égard d'un homme pour qui sa nièce avait quelque amitié (voir D4418). Et pourquoi eût-il omis de lui parler du petit voyage qu'il méditait toujours de faire à Paris? Il venait d'annoncer à d'Argental qu'il le remettait encore de 'quelques mois' pour remercier le roi de Prusse de toutes les bontés dont il se voyait comblé (cf.D4420).

D4549. A Potsdam, 24 août 1751

Il est exact que Voltaire envisagea en août 1751 de confier au maréchal de Löwendahl, qui venait de visiter le roi de Prusse, le soin de rapporter à Paris une copie de *Rome sauvée.*[120] Il est exact aussi qu'il ne le fit pas, Löwendahl étant reparti par Hambourg, et que milord Maréchal, qui se rendait en ambassade à Versailles, voulut bien se charger du paquet.[121] Pour les dates en revanche, ce texte présente un curieux mélange d'exactitude et d'anachronisme. 'Le milord maréchal est déclaré envoyé extraordinaire du roi de Prusse en France': il le fut en effet le 23.[122] 'Milord maréchal part incessamment': il quitta en effet Potsdam le 25 (ff.95 et 118). Mais Voltaire eût été bien en peine, le 24 août, de remettre son paquet à Löwendahl: il avait quitté Potsdam la veille (f.88). Et les manœuvres militaires annoncées comme prochaines se déroulèrent en fait du 19 au 21 août (f.88).

Sur la copie de *Rome sauvée*, aucun détail: c'est 'une liasse de vers alexandrins'. Ce détachement n'est pas vraisemblable. Voltaire retravaillait sa pièce depuis plusieurs mois.[123] Il avait reçu en juillet des remarques du petit conseil et des 'objections' de Mme Denis (cf.D4518 et D4535). Le rôle d'Aurélie surtout était entièrement réformé, plus tendre, plus intéressant que dans les premières versions: 'Vraiment, vous n'avez rien vu,' avait-il annoncé à d'Argental au début du mois, 'je vous enverrai une nouvelle Rome, avant qu'il soit peu'.[124] La distribution des rôles, d'autre part, restait pendante. Fallait-il donner le rôle de César à Drouin, à La Noue, à Grandval (voir D4512 et D4541)? Il est difficile d'admettre que Voltaire ait pu confier à sa nièce avec une pareille désinvolture le fruit de son travail et le soin de le faire valoir, sans aucune des explications

119. Voir la discussion de D4379. On s'étonne aussi de ne trouver aucune référence aux dernières instructions portées par d'Ammon. *Micromégas* était à Paris depuis le 15 février: Lambert allait-il le donner? Il semble que c'est vers cette date que l'interdiction de police frappa l'ouvrage: voir Martin Fontius, *Voltaire in Berlin* (Berlin 1966), pp.69-90.

120. Voir D4541, à d'Argental, 7 août 1751.

121. Voir D4557, à d'Argental, 28 août 1751, et D4561, à Richelieu, 31 août 1751, toutes deux holographes.

122. MAE, *Prusse*, vol.166, f.89.

123. Voir D4420, D4512, D4518 et D4535.

124. D4541, 7 août 1751. Il faut placer à la fin de juin une lettre à Frédéric II dans laquelle Voltaire parle des 'deux cent cinquante vers' qu'il vient de 'rapetasser' en huit jours: voir dans la troisième partie la discussion de D4550.

qu'il donna par exemple, à l'occasion de ce même envoi, à d'Argental et au duc de Richelieu quelques jours plus tard.[125]

En général, par rapport aux activités littéraires en cours, cette lettre est étrangement lacunaire – comme l'est aussi la suivante, à huit jours d'intervalle. Au lieu de ces anecdotes sur milord Maréchal et sur Maupertuis, on attendrait ici des détails sur la préparation de la nouvelle édition de Dresde,[126] des remerciements pour *Mahomet* dont le petit conseil avait sollicité avec succès la reprise prochaine (voir D4531 et D4557), des directives pour presser Lambert sur la nouvelle édition projetée des œuvres mêlées,[127] et surtout des nouvelles de l'impression du *Siècle de Louis XIV* à Berlin, peut-être même des confidences sur ce grand projet que Voltaire venait de former, de le faire imprimer aussi à Paris – belle occasion de tester la bonne volonté des gens en place.[128] C'est ici, compte tenu de la richesse et de la complexité relatives des faits biographiques, l'une des lettres les plus pauvres du corpus.

D4564. A Berlin, 2 septembre 1751

Autre lettre célèbre, ô combien: c'est celle de 'l'écorce d'orange'. Cinq autres lettres y réfèrent dans la suite du corpus[129] – mais de cette anecdote, sauf dans les *Mémoires*, il ne sera plus jamais question, ni dans les 'lettres d'Alsace', ni dans la correspondance ultérieure avec Frédéric II. Oserai-je avouer que ce mot fameux me paraît suspect? Il jure avec les longues patiences que Frédéric II avait dû déployer avant d'attirer son grand homme à Berlin, avec les énormes dépenses que son économie dut consentir pour l'y retenir, avec les pressions qu'il exerça pour l'engager à s'y établir définitivement, avec les refus qu'il opposa à ses demandes de congé, avec les manœuvres qu'il multiplia pour lui rendre impossible le retour en France, avec les offres qu'il devait renouveler pour le ramener auprès de lui.

Le récit même de l'aventure, tel qu'il s'élabore dans ce texte, beaucoup plus précis que celui des *Mémoires*, manque pour le moins de cohérence. La confidence de La Mettrie est donnée comme toute récente, le mot du roi aussi. L'incident a eu lieu 'ces jours passés'. Or Frédéric II quitta Berlin pour la Silésie le 25 août[130] – et La Mettrie l'accompagnait ordinairement dans ses tournées militaires. Voltaire aurait donc attendu plus d'une semaine avant de confier sa mésaventure à sa nièce? Toute la lettre se donne pourtant comme une effusion immédiate, dans l'abandon premier de la désillusion la plus brutale: 'Le croirez vous? dois je le croire? cela est il possible? ...' Le début du texte présente une autre anomalie, qui joue cette fois dans la chronologie interne du discours: 'J'ai encore le temps, ma chère enfant,' écrit Voltaire, 'de vous envoyer un autre paquet.' C'est donc qu'une autre lettre aurait été écrite le même jour, dont celle-

125. D4557 et D4561, 28 et 31 août 1751.
126. Il en parle à d'Argental dans D4541 et D4557.
127. Voir D4484, redatée ci-après dans la troisième partie.
128. Voir D4557 et D4561. Je reviendrai sur ce projet capital.
129. D4575, D4597, D4606, D4628 et D5114.
130. MAE, *Prusse*, vol.166, ff.88-89.

ci serait pour ainsi dire le post-scriptum, rajouté dans l'attente du départ de la poste ou du courrier. Mais pourquoi n'eût-il pas mandé *d'abord* la terrible nouvelle? Rien ne motive explicitement, dans un ordre de vraisemblances psychologiques ou épistolaires, cet écart aberrant entre le retard et la spontanéité de l'aveu.

A cette lettre eût été jointe, d'autre part, une lettre de La Mettrie au duc de Richelieu – 'Il implore sa protection. Tout lecteur qu'il est du roi de Prusse, il brûle de retourner en France.' Dans la lettre à Richelieu du 31 août, pas un mot de cette prétendue démarche. Il y est pourtant question de La Mettrie et de ses 'incohérentes hardiesses' (D4561, holographe). Peu de temps après, nouvelle lettre à Richelieu, et Voltaire intercède en effet en faveur de La Mettrie: 'Il demande s'il peut revenir en France, s'il peut y passer une année sans être recherché. Il prétend que quand on y a passé une année, on peut y rester toute sa vie.'[131] Mais pourquoi eût-il omis de rappeler la démarche directe de La Mettrie, si Mme Denis avait eu remis *déjà* une lettre confiée à ses soins? Pourquoi eût-il proposé à Richelieu de se charger de la réponse, d'une réponse indirecte et chiffrée?[132]

A cette date du 2 septembre 1751, quatre affaires étaient pendantes, dont le développement ou l'issue devait intéresser Voltaire au moins autant que le sort de La Mettrie. La nouvelle version de *Rome sauvée* que Milord Maréchal apportait à Paris aurait-elle l'approbation du petit conseil? 'S'il faut encor des coups de rabot,' écrit Voltaire le 28 août à d'Argental, 'ne m'épargnez pas'. Il s'inquiète aussi le 31 du jugement qu'en portera Richelieu (D4557 et D4561, holographes). On s'étonne de ne pas le voir revenir ici sur cet article. Allait-on d'ailleurs se décider enfin à donner la pièce ou la retarder encore contre sa volonté? Mme Denis s'était mise à la tête d'un petit complot pour lui signifier qu'on attendrait son retour, 'dix ans s'il le fallait'.[133] Il avait fait mine de se fâcher: 'Je veux en avoir le cœur net.'[134] Le 31 août, il remercie Richelieu 'de n'avoir point hazardé le Catilina', mais il réitère que sa pièce doit réussir si elle est 'bien représentée': 'Je l'ay travaillée de mon mieux [...]. Je m'en raporte à vos lumières et à vos bontez' (D4561, holographe). Le 25 septembre, il répètera à d'Argental que c'est pour lui 'un préalable nécessaire', sans lequel il ne faut point compter le revoir de si tôt (D4579, holographe). Il est clair que cette petite dispute se prolongea tout l'été. Comment expliquer qu'elle n'affleure ni dans cette lettre ni dans les lettres voisines? Voltaire n'avait-il pas à convaincre sa nièce? On observe justement qu'elle finit par se ranger à son avis: 'Il veut', écrit-elle à Cideville le 23 septembre, 'que son sciècle et Rome aient fait leur effet à Paris et je crois qu'il a raison' (D4576, holographe).

Tout le parti voltairien se trouvait mobilisé pour faire autoriser la reprise de *Mahomet*. Entreprise délicate, au milieu des troubles occasionnés par le projet

131. D4206, holographe, *in fine*. Il faut déplacer cette lettre d'une année: voir la discussion de ce numéro dans la troisième partie.

132. 'Je vous supplie, monseigneur, de vouloir bien me mander si *le vin de Hongrie se gâte sur mer*; s'il ne se gâte pas, la Métrie partira; s'il se gâte, la Métrie restera. Il ne vous en coûtera qu'un mot pour décider de sa fortune.'

133. D4531, Mme Denis à Cideville, 31 juillet 1751, holographe.

134. D4541, à d'Argental, 7 août 1751.

de réforme de Machault. On avait espéré 'en venir à bout' par l'influence du duc de Richelieu (D4531). Au début d'août, l'affaire paraissait près de réussir, d'Argental en informa Voltaire[135] – et Mme Denis aussi vraisemblablement vers la même date. Le 28, Voltaire remercie son 'ange' de ses démarches en faveur du 'profète de la Meque' (D4557). Le 31, il remercie également Richelieu d'avoir 'protégé la liberté de conscience' (D4561). Ne nous laissons pas abuser par le détachement apparent de ces formules. La levée de l'interdit, arrachée de haute lutte après bien des 'tripotages de Cours', comme l'écrit Mme Denis à Cideville,[136] pouvait être regardée comme un succès prometteur, ou du moins comme un présage favorable dans la perspective d'un retour en grâce: c'est l'interprétation qu'en donne d'Argental dans sa lettre du 6 août. En tout état de cause, comment croire qu'écrivant dans le même temps à sa nièce, qui avait animé cette 'conspiration', qui s'était donné 'une peine incroiable' pour diriger l'intrigue, et qui devait encore suivre les répétitions de la pièce,[137] il ait négligé de la remercier elle aussi de son dévouement pour la bonne cause?

Le *Siècle de Louis XIV* s'imprimait depuis quelques semaines à Berlin. Mais tout indique que Voltaire avait formé le projet d'éprouver à cette occasion les dispositions de la cour de France à son égard, soit en demandant l'entrée de l'ouvrage, soit en sollicitant la permission de la réimprimer à Paris. Dès la fin d'août, tout en s'étendant sur les difficultés de l'entreprise, il explique assez clairement au duc de Richelieu qu'il compte s'orienter désormais d'après la réponse de Versailles: 'S'il arrivait après tous les ménagements et touttes les précautions possibles que je parusse trop libre en France, jugez alors si ma retraitte en Prusse n'aura pas été très heureuse.'[138] Sans doute faut-il aussi rattacher à ce plan le renouvellement de sa correspondance avec le président Hénault, qu'il faisait déjà juge de quelques-unes de ses positions historiques, et qui allait devenir en effet l'examinateur officieux de son travail (voir D4525 et D4545). C'est évidemment par Mme Denis que devaient passer les épreuves envoyées de Berlin, à mesure qu'elles s'imprimeraient, c'est à elle qu'allaient être confiées les prudentes démarches de cette intrigue. Comment imaginer qu'il ne l'en avertit pas dans le même temps qu'il marquait à Richelieu son désir de faire lire l'ouvrage à la marquise de Pompadour? La lettre de Mme Denis à Cideville du 23 septembre atteste au contraire qu'elle approuvait cette idée de faire aussi du *Siècle de Louis XIV* un 'préalable' et d'attendre, avant de faire revenir son oncle en France, que le livre eût 'fait [son] effet' (D4576).

Voltaire retrouvait donc en Richelieu, un an après sa 'retraitte en Prusse', un appui essentiel. Sa nièce venait justement de l'éprouver dans sa négociation en faveur de *Mahomet*. D'Argental l'avertissait même que le roi, la favorite à tout le moins, souhaitaient son retour: 'On sent la perte qu'on a fait. On vous regrette sincèrement, on désire vivement votre retour, mais il faut saisir ce moment et ne pas risquer de perdre des dispositions favorables en différant d'en profiter. Vous êtes trop supérieur pour vouloir par mauvaise honte persister dans un mauvais parti. Vous sçavez si bien corriger vos ouvrages, il est beaucoup plus

135. D4539, d'Argental à Voltaire, 6 août 1751, holographe.
136. D4576. Voir la discussion de ce numéro dans la troisième partie.
137. D4595, D4601 et D4848.
138. D4561. Je reviendrai naturellement sur ce plan.

essentiel de corriger votre conduite. Vous avés fait une grande faute, vous ne sçauriés assez tost la réparer.'[139] Enfin, Richelieu lui-même venait de lui écrire deux lettres, deux lettres à la fois, pour le presser de revenir, deux lettres qui lui parvinrent très précisément le 30 août, avec celle de d'Argental, et ce par 'un domestique de [sa] nièce'.[140] Comment ajuster avec cette situation le constat d'impuissance et l'aveu de désarroi que lui auraient inspirés, trois jours seulement après la réception de ces lettres, la découverte de la duplicité du roi de Prusse et la confidence de ce mauvais mot de 'l'écorce d'orange'? 'Que faire? Ignorer que la Métrie m'ait parlé, ne me confier qu'à vous, tout oublier et attendre': Mme Denis n'aurait pas manqué de lui demander, en lisant ces lignes, s'il avait bien lu les lettres que son exprès venait de lui porter. En fait, les réponses à Richelieu sont là pour attester que Voltaire aperçut fort clairement les nouvelles perspectives de réflexion et d'action que lui ouvraient ses amis. Sans enthousiasme, sans illusion, sans précipitation dans ses démarches, il apparaît pourtant qu'il se mit à regarder plus souvent, à partir de cette date, du côté de Versailles et de Paris.[141]

D4575. A Potsdam, le 20 septembre 1751

Pas un mot ici non plus du plan formé avec le duc de Richelieu pour sonder les bonnes dispositions de Mme de Pompadour sur la possibilité et les conditions du retour. Il fallait bien pourtant que Mme Denis en eût été avertie, puisqu'il avait été convenu avec Richelieu que la réponse devait passer par elle: 'Ma nièce viendra recevoir vos ordres [...]. Elle m'instruira avec sûreté de vos volontés.'[142]

Avec cette lettre, Voltaire aurait d'autre part envoyé 'une douzaine de feuilles du Siècle de Louis XIV'; une lettre voisine à d'Argental rappelle l'envoi de trois feuilles seulement.[143] Mais il faut surtout relever l'étonnante pauvreté du texte sur ce point. Peut-être était-il 'juste' que Mme Denis eût 'les prémices' du *Siècle* – mais à quel titre, à la réflexion? Peut-être Voltaire devait-il souhaiter aussi que Malesherbes eût déjà communication de l'ouvrage – encore que cette directive paraisse bien prématurée à cette date. Il est plus probable cependant qu'il engagea sa nièce à communiquer le texte à mesure aux d'Argental;[144] elle devait le montrer aussi au duc de Richelieu;[145] et il est sûr encore qu'elle eut des ordres précis pour se prémunir contre les risques de fuite et de contrefaçon.[146]

139. D4539, 6 août 1751, holographe.

140. Voir les premiers mots de D4561.

141. C'est ce qu'indiquent ses trois lettres successives à Richelieu d'août-novembre 1751: D4561, D4206 et D4605. La seconde a toujours été mal datée; j'ai essayé d'autre part de décoder la troisième: voir la discussion de ces deux numéros dans la troisième partie.

142. D4206, septembre 1751, holographe.

143. D4577. Besterman a noté cette contradiction.

144. C'est ce qu'implique le début de D4577; le 16 octobre, dans D4595, Voltaire remercie d'Argental de ses premières remarques.

145. D4605, au duc de Richelieu, 13 novembre 1751: 'Je vous prie à vos heures perdues de parcourir ce que ma nièce doit avoir l'honeur de vous confier du siècle de Louis 14.'

146. Voir D4620, à d'Argental, 14 décembre 1751, holographe.

Enfin, écrivant vers la même date à d'Argental, Voltaire le prie de rappeler à sa nièce qu'elle lui doit réponse sur plusieurs 'petits articles' (D4577, *in fine*). Il est difficile de savoir de quoi il s'agissait. Mais il est étrange que l'on ne trouve trace ici, non plus que dans la lettre précédente, sur laquelle celle-ci s'articule pourtant d'une façon immédiate, sans solution de continuité, ni des questions qu'il avait pu lui faire, ni des commissions particulières dont il avait pu la charger.

D4597. A Potsdam, 29 octobre 1751

Il faudrait supposer, d'après cette lettre, que Voltaire avait déjà arrêté sa décision de rentrer en France, qu'il n'avait plus en tête que de 'se moquer tout doucement' du roi de Prusse et de le 'quitter de même', que plus rien ne le retenait à Berlin, qu'il guettait déjà les occasions d'en retirer ses fonds, et puis bientôt sa personne. Tout cela est faux. Il ne pouvait rentrer à Paris sans l'agrément de Mme de Pompadour et du roi, il voulait trouver d'abord des assurances pour la tranquillité de sa vieillesse: c'est de cette importante négociation qu'il venait de charger le duc de Richelieu (D4206). La stratégie du retour, qui se dessinait en effet depuis quelques semaines, comportait des variables, si l'on peut dire, et en tout cas des étapes. Voltaire s'en remettait aux efforts de ses amis et conservait sa 'retraitte en Prusse' comme une position d'attente. Le succès de *Rome sauvée* restait un 'préalable nécessaire' et la permission du *Siècle* un 'préliminaire indispensable' (D4450 et D4579); et si la marquise de Pompadour 'ne goûtait pas' les explications et les 'remontrances' qu'il lui faisait présenter, 'ce serait [l'] avertir' qu'il devait se 'tenir auprès du roi de Prusse' (D4206). Au fond, l'avenir demeurait indécis, et Mme Denis, pour sa part, loin d'avoir fait entendre raison à son oncle, comme on le croirait en lisant cette lettre, n'était pas encore tranquillisée sur la menace d'avoir à renoncer aux douceurs de la vie de Paris pour se transporter dans cet affreux pays de Prusse.[147]

Par rapport aux affaires du 'tripot', cette lettre présente d'autre part deux anomalies évidentes. Il y avait un bon mois que Mme Denis avait 'triomphé des cabales' du parti de Crébillon et fait jouer *Mahomet*: la reprise eut lieu le 30 septembre (voir D4577 et D4595). Des remerciements aussi tardifs auraient eu bien mauvaise grâce. Quant à *Rome sauvée*, loin de vouloir la 'laisser dormir quelque temps', Voltaire en pressait au contraire les représentations, en s'impatientant des lenteurs et des hésitations de ses amis: l'ensemble de ses correspondances particulières est à cet égard d'une homogénéité remarquable.[148]

D4606. A Potsdam, 14 novembre 1751

Des nouvelles, essentiellement, mais aussi quelques soupçons de plus sur la sincérité du roi de Prusse. La principale de ces nouvelles est exacte: La Mettrie

147. Voir D4601, Mme Denis à Cideville, 9 novembre 1751, holographe.
148. Cf. D4579, D4595, D4206, D4604 et D4605.

mourut le 11 novembre 1751. Celle de la maladie de Darget est plausible (cf. D4417 et D4859). Les trois autres, en revanche, sont fausses. 'Milord Tirconnel empire'? Non pas: le 4, Frédéric II le complimentait sur son 'rétablissement';[149] il reprit même ses activités le 8, et ce n'est que le 17, d'après les dépêches diplomatiques de Berlin, qu'il fut pris de rechute (ff.313-14 et 354). 'Le comte de Rotembourg se meurt'? Pas davantage. Il se portait même assez bien, d'après ses lettres à la comtesse de Bentinck, dont une du 9 et une autre du 15 novembre (RAG, 258). Quant à Chasot, il n'était pas à Paris, il ne quitta Potsdam que vers le 20 novembre.[150]

Quelle apparence, d'autre part, que dans le même temps, presque le même jour, Voltaire ait confié à sa nièce qu'il ne croyait plus aux protestations d'amitié du roi de Prusse, et vanté au duc de Richelieu, apparemment pour donner du prix à son retour éventuel, les délices de la société de Potsdam et la parfaite tranquillité de sa vie?[151] Et comment croire aussi qu'il eût été assez imprudent pour faire passer une telle lettre par la voie diplomatique prussienne, comme l'impliquerait la fin de ce texte?

Trois articles manquent enfin, dont on ne peut pourtant guère concevoir l'omission. Pour répondre aux vœux de son petit conseil, Voltaire venait de remanier encore le rôle d'Aurélie, de lui refaire 'le nez un peu plus à la romaine', comme il l'écrit le 13 à d'Argental (D4604, holographe). Il demande à Richelieu, le 13 également, de récompenser sa docilité en donnant enfin la pièce comme elle est: 'Je ne veux pas en avoir le démenty. Ce petit triomphe, si c'en est un, sera amusant' (D4605). Il presse d'Argental 'd'encourager madame Denis à donner Rome sauvée' (D4604). Comment aurait-il pu oublier, en lui écrivant à elle-même le lendemain, de lui marquer directement sa volonté?

L'impression du *Siècle* de Berlin était d'autre part assez avancée à cette date. Voltaire en envoyait les feuilles à mesure à sa nièce, pour qu'elle les montrât à Richelieu, à d'Argental, au président Hénault – et d'autres les virent bientôt.[152] Lambert lui écrit le 14 novembre que le premier volume est déjà connu et admiré dans Paris (voir D4607). D'où naturellement des avis, des conseils, voire des 'petites notes' – d'Argental en avait envoyé dès la mi-octobre (voir D4595). Il est invraisemblable que ces premières lectures soient restées sans écho dans ces lettres à Mme Denis.

Enfin, Mme Denis avait passé à Fontainebleau toute la deuxième quinzaine d'octobre. Difficile 'besogne', écrit-elle à Cideville. Elle avait cherché à voir Mme de Pompadour – sans succès. Au moins avait-elle 'parlé à bien des gens' (D4601, 9 novembre 1751). Voltaire était évidemment au courant, comme le prouvent encore ses lettres du 13 novembre – sa nièce eût-elle fait ce voyage sans le consulter? Il craignait, d'après sa lettre à d'Argental, que la fameuse 'entrevuë' qu'elle avait sollicitée ne fût prématurée. Mais il écrit aussi à Richelieu qu'il approuve ces intrigues qui tendent à terminer 'par un doux accord' son 'procez'

149. MAE, *Prusse*, vol.166, f.311, billet holographe.
150. MAE, *Prusse*, vol.166, ff.349-50.
151. D4605, 13 novembre 1751, holographe.
152. Cf. D4605, D4595, D4620 et D4618.

avec la favorite.[153] Comment admettre qu'il aurait pu négliger, dans une lettre du 14 à sa nièce, un article aussi essentiel?

D4628. A Potsdam, 24 décembre 1751

Cette lettre n'a pu être écrite de Potsdam: Voltaire, à cette date, se trouvait à Berlin depuis près de trois semaines.[154]

Le 25 décembre, Voltaire envoie à d'Argental un exemplaire corrigé du *Siècle de Louis XIV*, un exemplaire unique, car les corrections à la main sont devenues trop considérables pour être reportées plusieurs fois (D4630, holographe). Les 'anges', et 'mrs de Choiseuil et de Chauvelin' devront donc lire l'ouvrage 'fort vite', pour le passer ensuite à quelque érudit de leur connaissance qui soit capable d'apercevoir encore, s'il en reste, des erreurs à réformer. Et ce précieux exemplaire devra enfin être 'consigné entre les mains de made Denis'. On ne peut donc croire qu'il avait envoyé la veille à sa nièce '*six* exemplaires du Siècle de Louis XIV, corrigés à la main'. A quels lecteurs les eût-il destinés? Du reste, dans une lettre qu'elle écrivit à d'Argental le 18 janvier 1752, Mme Denis ne parle encore qu'au conditionnel de l'arrivée prochaine de quelques exemplaires.[155]

La suite du texte reprend largement des thèmes généraux, détachés de toute référence vérifiable: la duplicité du roi de Prusse, l'accusation de 'désertion', le désir du retour. Un article y manque, en revanche, dont l'omission est inexplicable à cette date, c'est celui de *Rome sauvée*, que l'on allait jouer enfin. Mme Denis avait entre ses mains la copie maîtresse, elle savait ses intentions quant aux rôles, elle devait diriger le jeu des acteurs (D4774). Voltaire revient dans presque toutes ses lettres sur 'l'horrible combat' qui allait se donner, sur les menées du 'party de Crébillon', sur le 'beau conflict de cabales' auquel il fallait s'attendre.[156] Comment concevoir que l'on ne trouve ici, ni dans les textes voisins, aucun écho de ses craintes ou de ses instructions?

D4770. A Berlin, 18 janvier 1752

Si l'on en croyait le début du texte, cette lettre aurait rompu un silence de trois semaines au moins: ce Rothenburg, dont la disparition est annoncée comme une grande nouvelle, ne mourut pas 'au commencement de l'année', mais le 29 décembre 1751.[157] Silence fort improbable: Voltaire ne s'en fût-il pas excusé? Il écrivit à d'Argental le 8 janvier: ne lui eût-il pas confié, selon son usage, s'il n'avait pu écrire à sa nièce dans le même temps, quelque message à lui

153. Voir D4605 et la discussion de ce numéro dans la troisième partie.
154. Voir la discussion de D4627 dans la troisième partie.
155. D4774. Le texte a été publié par Philippe Teissier, 'Une lettre de madame Denis au comte d'Argental sur *Rome sauvée*', *SV* 176 (1978), pp.41-50. Mme Denis écrit, *in fine*: 'Je vous envois une lettre de mon oncle que je resois dans la minute il me fait esperer quil marrivera bien tos des Siecles dont jaurai lhonneur de vous faire part.'
156. Voir D4620,D4760 et D4790.
157. Voir D4636, n.1.

transmettre? Enfin, Mme Denis reçut une lettre de lui le 18 janvier, une lettre du début du mois, selon toute apparence – ou la poste eût été bien lente (voir D4774).

Mais si l'on admet cet intervalle de trois semaines, la gratuité, l'insignifiance même de ce texte n'en eût été que plus aberrante. Ces premières semaines de l'année 1752 furent parmi les plus importantes de ces trois années prussiennes. On répétait *Rome sauvée*. Un succès ordinaire eût été un échec; il fallait un triomphe. C'était une véritable veillée d'armes, comme on le voit bien par les lettres que lui écrivirent ses amis après la bataille.[158] Il s'agissait de relever le théâtre de sa décadence, de venger l'honneur du grand homme après le succès honteux de la farce allobroge de Crébillon, de susciter chez tous les honnêtes gens le regret de son absence, et de faire ainsi pression, par une sorte de mouvement d'opinion, sur la cour. Et de cet 'horrible combat' qui allait se donner pour sa pièce et pour lui, comme Voltaire l'écrit lui-même à d'Argental le 8 janvier, il n'eût pas dit un seul mot à sa nièce?

Le sort du *Siècle* pouvait aussi se décider d'un jour à l'autre. Le 18 janvier, à la date même de cette prétendue lettre, Voltaire envoie à Malesherbes l'exemplaire qu'il destine à l'édition parisienne. Adroitement tournée pour ne pas le paraître, sa lettre de présentation est bien une demande officieuse de permission (D4771, holographe). C'est vers cette date aussi, sans doute, qu'il adressa à sa nièce un placet pour Mme de Pompadour en faveur de cette édition.[159] Comment concevoir, en tout état de cause, qu'il ne l'ait pas avertie, en lui écrivant le même jour qu'à Malesherbes, de cette démarche décisive, alors qu'il prie justement Malesherbes de 'remettre cet exemplaire à [sa] nièce' après l'avoir lu? Observons encore que la petite révolution orthographique du *Siècle* n'était certes pas la seule 'chicane' qu'il devait redouter. Il avait demandé à d'Argental de faire revoir son texte par une 'personne au fait de l'histoire moderne' pour en ôter les erreurs qui pouvaient subsister (D4630); il 'trembl[ait]' à l'idée des audaces qu'on ne lui passerait pas (D4620); et les remarques du président Hénault sur le premier volume, qu'il avait reçues le 8 janvier, lui avaient bien fait voir qu'il fallait s'attendre surtout au terrible reproche d'avoir mis trop de 'philosophie' dans l'histoire (voir D4761). On sent assez combien détonne, dans de telles circonstances, entre l'importante nouvelle de la mort du comte de Rothenburg et la docte 'dissertation' sur 'l'habitude barbare d'écrire avec un *o* ce qu'on prononce avec un *a*', cette jolie digression d'ethnologie comparée sur les hivers de Prusse, de France et d'Italie. Eût-elle eu le meilleur caractère du monde, on doute que Mme Denis eût bien pris la plaisanterie, au milieu des querelles d'acteurs et des démarches de librairie.

D4806. [A Berlin,] ce 19 au soir [février 1752]

C'est ici le second des trois textes holographes, et, je crois, l'une des deux lettres authentiques du corpus. Deux ordres d'arguments peuvent en convaincre.

158. Cf. D4813 (datée 'du champ de bataille'), D4814, D4818 et D4820.
159. Voir D4642 et la discussion de ce numéro dans la troisième partie.

D'abord, toutes les informations vérifiables sont exactes. Il est vrai que Voltaire était encore à Berlin le 19 février 1752 et que la maladie l'y retenait – du moins est-ce bien l'excuse qu'il invoquait pour différer son retour à Potsdam, où le roi était rentré le 26 janvier.[160] Il est vrai aussi, Besterman a bien relevé cette concordance, que Voltaire avait pris lui-même 'devant les anges' la responsabilité d'avoir 'affligé Melle Gossin' en lui retirant le rôle d'Aurélie.[161] 'Aprésent que je vous écris,' ajoute-t-il, 'Rome a eu probablement son arrêt': la première eut lieu le 24, et les délais de poste entre Paris et Berlin rendent tout à fait vraisemblable cette incertitude de quelques jours. Il est exact encore, je l'ai montré dans les discussions précédentes, qu'il attendait avec impatience l'autorisation de donner une édition de son *Siècle* à Paris. Il est exact enfin qu'il souhaitait pouvoir dédier *Rome sauvée* à Louis XV: il rédigea même, vers cette date probablement, l'épître dédicatoire qu'il voulait faire approuver.[162]

Le second argument est d'ordre stylistique. 'Votre n° 20', 'jeter le chat aux jambes', 's'excuser sur la Gossin', 'vrayment vous êtes bien bonne de ...': autant d'expressions familières, presque orales si l'on peut dire, voire négligées, dont on ne trouve l'équivalent nulle part ailleurs dans le corpus, sauf dans D5159 dont l'authenticité, on le verra, n'est pas douteuse. Notons d'ailleurs en passant que l'usage des références numérotées, que l'on attendait dans une correspondance aussi lointaine, et aussi dense que dut l'être celle-ci, ne s'est conservé que dans ce texte et dans celui de D5159.

D4822. A Potsdam, 13 mars 1752

La copie de Leningrad porte la date du 13 mars 1752. Les éditeurs de Kehl suivirent peut-être un autre manuscrit: ils placent cette lettre au 3 mars, date qui a été conservée par Besterman. En fait les indices chronologiques sont absolument *incohérents*. 'Milord Tirconnel mourut hier', écrit Voltaire. Cette lettre aurait donc bien été écrite le 13 mars, car c'est le 12 – et non le 2 comme l'affirme Besterman – que Tyrconnell mourut.[163] Mais il écrit aussi qu'il ignore encore si *Rome* 'sera sauvée ou perdue'. Or le 13, il aurait su à quoi s'en tenir: il annonce 'l'heureux succès' de sa pièce le 6 à Walther (D4826, holographe); le 10, il a reçu le bulletin de victoire de Cideville,[164] et le 11 celui de d'Argental.[165] Darget, qui allait partir pour Paris, ne pouvait certes arriver à temps pour voir la première! C'est ici l'un des textes où l'évidence de la réécriture est la plus sensible.

Une autre nouvelle importante parvint à Voltaire le 10 ou le 11, et très vraisemblablement par sa nièce. Sa requête au sujet du *Siècle de Louis XIV* n'était pas bien reçue. Mme Denis avait vu la favorite, ou du moins elle avait remis ou

160. Cf. D4805 et D4806. Voir aussi les textes 57 à 60 dans la quatrième partie.
161. D4787. Le texte publié de D4774 apporte de nouvelles précisions sur cet incident.
162. Voir D4845 et la discussion de ce numéro dans la troisième partie.
163. Son secrétaire particulier en informa aussitôt le ministère et la nouvelle fut connue à Potsdam le jour même (MAE, *Prusse*, vol.167, ff.106 et 114-15).
164. Cf. D4818 et D4827, holographes.
165. Cf. D4813 et D4828, holographes.

fait remettre son placet (voir D4837). On ne pouvait guère compter sur un succès, et peut-être fallait-il même s'attendre plutôt à voir interdire l'édition de Berlin. 'Franchement cela indigne', écrit Voltaire à d'Argental le 11 mars, en maudissant déjà les 'pédants' et les 'sots' (D4828). Il semble pourtant que tout espoir n'était pas perdu: sur les conseils du duc de La Vallière, Mme Denis devait revoir Mme de Pompadour, et le 19 d'Argental fait encore des plans sur le projet d'une édition parisienne.[166] En tout état de cause, on peut penser que dans sa vraie lettre à sa nièce, s'il lui écrivit en effet le 13 mars 1752, Voltaire s'étendait plus longuement sur l'affaire du *Siècle* que sur la grande émotion des soirs de première et sur les complexes d'infériorité de son valet picard.

D4836. [A Potsdam,] du 16 mars au soir 1752

Il est faux que Voltaire n'ait appris que le 16 mars le succès de *Rome sauvée*: voir la discussion précédente. Les deux décisions qu'il aurait prises, si l'on en croyait ce texte, en apprenant la nouvelle, sont tout aussi improbables. 'Demander très instamment au petit conseil' de 'ne point donner la pièce après Pâques'? Pourquoi ne l'eût-il pas écrit directement à d'Argental et au marquis de Thibouville dans ses lettres du 11 et du 14 (D4828 et D4834)? C'est d'Argental, au contraire, qui lui recommanda de prendre le temps de parfaire encore son ouvrage – avis auquel il se rangea au début d'avril (cf. D4843 et D4855). Quant à la dédicace, il est vrai, comme le note Besterman, qu'il l'avait promise, en 1749, à la duchesse Du Maine. Mais il venait d'engager sa nièce, le 19 février, à faire demander la permission de dédier sa pièce au roi.[167] On veut bien qu'il avait pu changer d'avis entre-temps, mais un contrordre ne va pas sans quelque explication. Eût-il même eu déjà reçu une réponse, au bout de trois semaines, sur sa première proposition? Ce n'est pas certain.

Relevons enfin, comme une anomalie inexplicable, l'absence de toute mention du *Siècle de Louis XIV*: voir la discussion précédente. Ce silence est d'autant moins concevable à cette date du 16 mars que Voltaire venait tout juste d'apprendre que des exemplaires de la mauvaise édition de Berlin risquaient d'entrer dans Paris et d'y être contrefaits (cf. D4832 et D4837).

D4874. A Potsdam, 22 avril 1752

Voltaire n'avait-il donc rien à mander de plus important à cette date que des plaisanteries sur une représentation de Sophocle dans son grenier du faubourg Saint-Honoré, des nouvelles de la goutte redoublée du roi de Prusse et des excuses sur le 'retardement' causé par une nouvelle édition du *Siècle de Louis XIV*? Ces informations sont vérifiables, encore qu'il soit difficile de les situer avec précision dans le temps. La représentation de *Philoctète* se trouve rappelée un an

166. D4843, d'Argental à Voltaire, 19 mars 1752, holographe.
167. Voir ci-dessus la discussion de D4806.

plus tard dans l'une des 'lettres d'Alsace'.[168] Il est question de la goutte du roi, avec la même anecdote du remède militaire, dans une lettre voisine à la margrave de Bayreuth – qui paraît cependant dater de la fin de mai.[169] Enfin le projet de l'édition de Dresde du *Siècle* apparaît bien à la fin d'avril dans la correspondance générale.[170]

Mais sur ce dernier point, le texte présente un anachronisme *flagrant*. Ces 'deux morceaux de la main de Louis XIV', ce 'trésor' dont il allait enrichir son ouvrage, Voltaire n'en soupçonnait pas l'existence en avril 1752: il les reçut trois mois plus tard, à la fin de juillet, du duc de Noailles.[171]

Mme Denis se trouvait chargée à cette date de deux nouvelles commissions dont il n'est guère douteux qu'une lettre du 22 avril lui eût rappelé l'importance. Voltaire avait demandé à Malesherbes, le 10 avril, d'interdire toute entrée à l'édition berlinoise du *Siècle*: il s'agissait d'éviter une contrefaçon qui eût évidemment compromis le projet d'une édition autorisée (D4863, holographe). Le 15 avril, il écrit au marquis de Thibouville: 'J'ay prié ma nièce de joindre ses sollicitations aux miennes pour obtenir le contraire de tout ce que les auteurs désirent, la suppression de mon ouvrage. Vous me rendrez mon cher monsieur le plus grand service du monde en publiant autant que vous le pourez mes sentiments. Je n'ay pas le temps d'écrire aujourduy à ma nièce, la poste va partir. Ayez la bonté d'y suppléer en luy montrant ma lettre' (D4868, holographe). Cette affaire lui tenait fort à cœur: il en parle à Lambert le 18, à Formont le 28, à La Condamine le 29, à d'Argental encore le 3 mai.[172] Il est difficile d'admettre qu'il eût omis de lui renouveler ses instructions en lui écrivant quelques jours plus tard.

D'autre part, une nouvelle bataille théâtrale se préparait à Paris, celle d'*Adélaïde*, que Voltaire voulait donner sous une forme entièrement remaniée – ce sera *Amélie*. Mais il craignait les caprices du public, après le grand succès de *Rome sauvée*. Il fallait donc s'arranger pour que la pièce ne parût pas sous son nom. Il demandait à ses amis d'agir en véritables conspirateurs.[173] Comment concevoir qu'il n'eût pas détaillé à sa nièce les termes de cette délicate mission en lui écrivant directement, quelques jours après lui avoir fait annoncer par le marquis de Thibouville l'arrivée prochaine du manuscrit.[174]

On objectera peut-être que le texte s'achevant sur un '&c', d'autres articles pouvaient suivre. Mais dans ce cas, l'importance relative des articles n'eût pas été respectée. Et cela paraît douteux à la réflexion, car l'annonce d'une lettre ou d'un paquet fonctionne partout ailleurs dans ce corpus comme une formule d'adieu.[175]

168. D5589, 11 décembre 1753, holographe.

169. D4891. Voir la discussion de cette date dans la troisième partie.

170. Voir D4879 et D4880. L'impression commença en mai, d'après D4899.

171. Voir D4960, lettre qui partit de Berlin le 30 juillet 1752 par le courrier diplomatique (MAE, *Prusse*, vol.167, f.313).

172. D4872, D4879, D4881 et D4885.

173. D4855, à d'Argental, 1er avril 1752, holographe.

174. D4868, 15 avril 1752, holographe.

175. Voir D4175, D4344, D4379 et D4906.

D4895. A Potsdam, 22 mai 1752

'Je vous écris par le jeune Beausobre, ma chère enfant, comme on écrit d'Amérique quand il part des vaisseaux pour l'Europe. Logez le chez moi le mieux que vous pourrez ...'. Il est exact que le jeune Beausobre quitta Berlin à la fin du mois de mai 1752 et que Voltaire le logea chez lui. D'après la lettre à l'abbé d'Olivet qui confirme ces deux données, il ne partit pas avant le 25 (D4898, holographe). Voltaire aurait donc écrit sa lettre plusieurs jours à l'avance? Aussi n'y trouve-t-on rien de bien urgent ni de bien actuel: une tirade contre la 'canaille' des libellistes, un premier rapport sur la condamnation académique de König. Mais c'est justement l'impersonnalité de ce texte, sa gratuité même, son défaut d'articulation sur les intérêts réels du moment, qui doivent le faire paraître suspect.

Mme Denis se préparait à donner son ancienne comédie de la *Coquette punie*. Pas un mot ici de ce projet ni de la pièce – et pas davantage dans la suite du corpus, alors que le sujet revient pendant plus de six mois dans la correspondance générale. Dès le 3 mai, Voltaire écrit à d'Argental qu'il redoute un échec, qu'il en a 'des battements de cœur' (D4885, holographe). Le 3 juin, il a le manuscrit entre les mains et peut juger des derniers travaux de sa virtuose de nièce. A son 'ange', il confie derechef ses doutes et ses appréhensions. Mais que dire à l'auteur? Elle est 'piquée' de son ouvrage, il craint 'd'affliger sa passion' (D4902, holographe). Tout cela suppose évidemment entre elle et lui, durant ce mois de mai, des consultations et des explications. Et comment ne lui eût-elle pas parlé très tôt de son projet? *La Coquette* allait paraître en même temps qu'*Amélie*, dont il lui envoya justement le manuscrit dans cette deuxième quinzaine de mai (voir D4902) – mais de cette ancienne *Adélaïde* non plus, tout aussi curieusement, il n'est pas question ici.

Quant aux libellistes à gages, Voltaire avait bien lieu, à cette date, de lâcher contre eux cette tirade vengeresse. Fréron venait encore de l'attaquer. Mme Denis avait sollicité et obtenu la suspension de ses feuilles. L'incident datait précisément de la fin d'avril ou des premiers jours de mai.[176] Comment ne l'eût-elle pas averti aussitôt d'une démarche faite en son nom? La généralité anonyme de cette sortie contre les clabaudeurs et les calomniateurs, dans ces conditions, manque absolument de vraisemblance.

On jugera peut-être que des observations sur la *Coquette punie* ou des compliments sur l'interdiction de Fréron n'avaient pas à entrer dans une lettre confiée à un tiers. Mais il y aurait plutôt lieu de s'étonner que Voltaire eût pu abandonner à la discrétion d'un protégé du roi de Prusse une lettre où il eût annoncé son dessein de revenir bientôt 'de son voyage au long cours'.[177] Au reste, on peut douter qu'il ait parlé dans ces termes, à cette date, de son retour à Paris. Le 17 juillet, Mme Denis se désole encore, au contraire, de ses incertitudes: 'Il me parle bien foiblement de son retour' (D4948, holographe).

176. Voir D4886 et la discussion de ce numéro dans la troisième partie.

177. C'est Frédéric II qui patronnait les études du jeune Beausobre et qui payait son voyage à Paris: voir D4898 et *Textes*, 76.

Quant à la sortie contre Maupertuis, elle cumule à elle seule les deux variétés de l'anachronisme. Il n'apparaît pas en effet que Voltaire se soit intéressé si tôt à la condamnation de König. Ce 'coup de tyrannie', comme il l'appelle, ne fit pas grand bruit à Berlin sur le moment. Mais surtout, il ne devait plus craindre à cette date les 'coups fourrés' ou les 'faux rapports' de son rival, ces 'mots' qui, jetés à propos, reviennent à l'oreille d'un roi. Car Maupertuis allait quitter la Prusse pour plusieurs mois. Il avait obtenu au début de mai la permission de se rendre en France.[178] Son départ était imminent. Le prince Henri, qui s'absentait lui-même quelque temps de Berlin, avait pris congé de lui le 17 mai.[179] Et Voltaire, qui annonce le 23 mai ce départ à Darget (D4941, holographe), aurait écrit le 22 à sa nièce qu'il craignait les effets de ses manœuvres sur l'esprit de Frédéric II? Il est vrai que Maupertuis remit son voyage et que bien des 'coups fourrés' allaient être portés de part et d'autre dans les mois qui suivirent. Mais comment Voltaire l'eût-il deviné?

D4906. A Potsdam, 9 juin 1752

Deux anachronismes ici encore. Cette fameuse épitre au cardinal Quirini, dont Voltaire raconte assez complaisamment la genèse, il faudrait supposer, d'après le début du texte, qu'elle était 'publique' à Paris dès le mois de mai. Tout indique en fait qu'elle ne fut connue qu'en juillet. Elle était encore dans sa première nouveauté le 12 de ce mois, date où Darget écrit à Voltaire qu''on se l'arrache'.[180] Du Resnel l'eut vers le 20 (voir D4951); c'est aussi vers cette date que le duc de Luynes l'envoya en copie à Compiègne où la duchesse ne l'avait pas encore vue.[181] De Paris, elle passa naturellement à Berlin, où elle ne fut connue qu'en août.[182] Du reste, les 'feuillistes', si alertes sur toutes les nouveautés, ne l'imprimèrent pas non plus avant l'été.[183]

Quant aux deux nouveaux volumes des 'mémoires de l'abbé Montgon', qui venaient d'être imprimés en Suisse, Voltaire les demanda à Walther le 31 mai: il ne pouvait donc les avoir lus à la date du 9 juin.[184]

'Je vous parlerai de nous deux à la première occasion', écrit-il en terminant. Etrange réticence. Etait-il donc moins dangereux, si cette lettre fut acheminée par la poste ordinaire, d'y plaisanter sur les patelinages du cardinal de Fleury, sur l'avarice du roi de Prusse et sur la simplicité du pape? Et cet 'adieu' à la 'chère plénipotentiaire'? C'est ici qu'on l'attendait. Mme Denis était chargée de la conspiration d'*Amélie* et de la délicate négociation du *Siècle*. Avait-elle reçu la nouvelle version de cette ancienne *Adélaïde*, envoyée deux ou trois semaines plus

178. *Briefwechsel Maupertuis*, pp.272-73, lettre de Frédéric II du 2 mai 1752.

179. A. Le Sueur, *Maupertuis et ses correspondants* (Paris 1897), p.95.

180. D4941. Voltaire soupçonna d'ailleurs Darget d'être à l'origine de cette publicité: voir D4991.

181. *Mémoires du duc de Luynes*, xii.76, lettre de la duchesse datée du 22 juillet 1752. Voir dans la troisième partie la note consacrée à D4759.

182. Voir D4941. On peut aussi placer en août une lettre de Maupertuis à Algarotti datée 'vendredi 25': 'J'ai lu son épître à cet imbecile cardinal, qui est charmante, quoiqu'on croye ici que le Roi ni le cardinal n'en seront contens' (*Opere del conte Algarotti*, xvi.230).

183. Voir dans la troisième partie la discussion de D4759.

184. Voir D4906. Voltaire renvoya ces tomes 6 et 7 à Walther le 25 août: voir D4994.

tôt? Le petit conseil en était-il content? Pouvait-on donner la pièce sans se compromettre?[185] Et où en étaient surtout les démarches en faveur du *Siècle de Louis XIV*? Le maréchal de Noailles avait-il enfin retiré son exemplaire, et n'allait-il pas envoyer les remarques annoncées (voir D4885 et D4907)? Le duc de Richelieu ne devait-il pas consacrer à la gloire de Louis XIV autant de soins qu'à l'histoire des campagnes de Louis XV? 'Trente deux pages' de notes sur la guerre de 1741, c'était à merveille – Voltaire les reçut le 8 juin – mais il fallait lui prêter l'un des exemplaires du *Siècle* 'chargez de corrections à la main' pour qu'il en fît la critique.[186] Et quel usage faisait donc le paresseux Lambert des 'doubles' de ces corrections, qu'il lui faisait tenir à mesure?[187]

Comment croire que Voltaire ait pu adresser à sa nièce, parmi toutes ces attentes et tous ces intérêts, une lettre toute en Quirini et en Montgon? Si l'on veut se faire une idée de leur correspondance vers cette date, il vaut mieux se reporter aux échos d'une lettre que Mme Denis écrivit à Cideville le 17 juillet: 'Je donne actuelement Adelaide sous le nom d'Amelie, piece de Mon Oncle que vous connoissez. J'ai encore eu bien des tracasserie pour la distribution des rôles. On doit faire cette semaine la p^{ère} distribution les rôles à la main. Je souaite de tout cœur qu'elle ait du succès et je l'espère. Il me parle bien foiblement de son retour, et je crains fort qu'il ne reviene pas si tos que je l'espérois. Il travaille à une nouvelle édition qui sera fort augmentée. Je voudrois bien qu'elle parût. Comme je me flate que vous prenez quel qu'intérès à ma Coquete je vous dirai que j'y travaille beaucoup. J'ai cessé pendand trois semaines à cause de mes étourdissemens mais je vais m'y remettre et je me flate que j'aurai finy dans quinze jours' (D4948, holographe).

D4956. A Potsdam, 24 juillet 1752

Pour les six derniers mois de 1752, on ne compte plus que six lettres.[188] Voltaire n'aurait plus écrit, dit-il ici, 'que par des voies sûres' – 'qui sont rares', ajoute-t-il. J'ai déjà relevé cette indication. Le début du texte implique aussi la réciproque. Tout cela n'est que reconstruction *a posteriori*. Le 22 juillet (c'est deux jours avant la date que porte ce texte), Voltaire écrit à d'Argental qu'il espère toujours que sa nièce sentira combien le succès de sa comédie est incertain: 'J'attends demain de ses nouvelles', ajoute-t-il (D4953, holographe). Pourquoi 'demain'? C'est que le lendemain était un dimanche, jour ordinaire de la poste de France.[189] Et ce n'est sûrement pas pour se faire écrire 'par des courriers extraordinaires' qu'il chargera d'Argental, à la fin d'une lettre écrite en novembre de Potsdam, de la petite commission suivante: 'J'ay oublié de mander à ma nièce qu'elle m'écrive désormais à Berlin où nous allons dans quelques jours. Je vous suplie de L'en avertir.'[190] Est-ce d'ailleurs 'par des voies sûres' qu'il lui

185. Cf. D4885 et D4902, à d'Argental, holographes.
186. D4907, à Richelieu, 10 juin 1752, holographe.
187. Voir D5063, à Lambert, 7 novembre 1752, holographe.
188. Sept, si l'on compte une lettre perdue du 1er novembre à laquelle fait référence D5114.
189. Voir ci-dessus p.3, n.16.
190. D5082, 22 novembre 1752, holographe.

communiqua, en juin et en juillet, ses observations sur *La Coquette*?[191] qu'il lui donna, en juillet, des nouvelles de ses travaux littéraires?[192] qu'il lui envoya pour le président Hénault le dernier état de son *Siècle*?[193] pour Lambert des 'doubles' des remaniements?[194] pour Secousse une consultation sur le mariage supposé de Bossuet?[195] qu'il lui recommanda 'dans touttes [ses] lettres', en septembre et octobre, de rayer l'épithète de 'petit' dont il avait affublé, dans l'édition de Berlin du *Siècle*, le concile d'Embrun?[196] 'Touttes [ses] lettres': rien n'indique, dans la correspondance générale, que les échanges se soient ralentis durant ces derniers mois.

Mais il faut encore s'étonner, et de ce que cette lettre contient, et de ce qu'elle ne contient pas. C'est essentiellement une sorte de mémoire sur Maupertuis, sur ses 'intrigues de cour', sur ses procédés avec König, sur son alliance avec La Beaumelle. 'Tous ces détails', Voltaire écrit qu'il vient tout juste de les apprendre.[197] En fait, il les ignorait encore à peu près tous à cette date. Il ignorait cette étrange démarche de Maupertuis allant rapporter à La Beaumelle qu'il avait 'dit au roi du mal de son livre et de sa personne': elle lui fut révélée en *janvier 1753*, par la copie d'une lettre de La Beaumelle lui-même, que lui transmit le pasteur Roques – dont la bonhomie confiante s'évertuait à les réconcilier ensemble.[198] Il se doutait bien que l'édition pirate du *Siècle* que La Beaumelle préparait depuis son départ de Berlin serait enrichie de 'remarques critiques' et de 'notes contre [lui]': il s'en plaignit au pasteur Roques quelques semaines plus tard.[199] Mais pour ces 'notes scandaleuses' contre la maison d'Orléans, il n'en découvrit l'existence qu'avec les autres lecteurs, lorsque le livre parut en *janvier 1753*.[200] S'il les avait connues plus tôt, il aurait au moins tenté de faire interdire l'ouvrage, au lieu de se résigner à le 'faire tomber' une fois publié.[201] J'ignore la date des deux lettres que Maupertuis adressa à la princesse d'Orange pour 'imposer silence' à König – démarches fort discrètes, naturellement – mais il est très improbable que Voltaire en ait eu si tôt connaissance. König donna la primeur de cet incident à Haller dans une lettre du 5 septembre,[202] et Voltaire lui-même écrit ailleurs qu'il eut la révélation de cette 'violence' en lisant l'*Appel au public* (D5076, 17 novembre 1752). Et comment aurait-il connu à cette date les circonstances de la séance académique de condamnation, l'absence de vote sur le jugement et l'opposition d'un académicien réfractaire aux procédures utilisées? König ignorait lui-même ces détails en

191. Cf. D4940, à d'Argental, 11 juillet 1752, holographe.
192. Cf. D4948, Mme Denis à Cideville, déjà citée.
193. Cf. D4963, Hénault à Voltaire, 1er août 1752.
194. Voir D5063, à Lambert, déjà citée.
195. Cf. D4970, à d'Argental, 5 août 1752, holographe.
196. Cf. D5029 et D5048, à d'Argental, 3 et 28 octobre 1752, holographes.
197. 'Je n'ai appris que d'hier tous ces détails dans ma solitude.'
198. La lettre de La Beaumelle est D5098, datée du 8 décembre 1752. D'après D5192, Roques la transmit à Voltaire le 17 décembre. Voltaire y répondit indirectement dans D5141 le 8 janvier, puis dans D5192 le 3 février 1753. Entre-temps, il avait tiré parti du récit de La Beaumelle dans son mémoire contre Maupertuis (D.app.121).
199. D5049, D5077 et D5112.
200. Voltaire lut ce *Siècle* de Francfort vers la fin de janvier: voir D5189 et D5192.
201. Voir D5079, à Walther, 18 novembre 1752, holographe.
202. Burgerbibliothek (Berne), Mss. hist. helv., XVIII, 11, 126.

composant son *Appel* en août 1752, puis sa *Défense* en janvier 1753: en les lui signalant en *février*, alors que probablement il vient à peine de les recueillir, Voltaire croit les lui apprendre (voir D5195 et D5203). Signalons encore que c'est en 1750 et non en 1751 ('l'année passée') que König avait fait le voyage de Berlin pour consulter Maupertuis sur les lettres de Leibnitz qu'il avait retrouvées dans les archives de Hanovre;[203] et que l'académicien Sulzer, qui avait osé contester les formes de sa condamnation, était philosophe et non 'géomètre' (voir D5195 et n.1). Cette accumulation d'anachronismes et d'erreurs atteste à l'évidence un travail de réécriture.

Voltaire n'avait-il donc rien d'autre à mander à sa nièce le 24 juillet 1752? Les articles se présentent en foule. Mme Denis avait été malade pendant plus de trois semaines (d'après D4948). Avait-elle remis sur le métier sa comédie? Huit jours plus tôt, Voltaire écrit que 'la Coquette [lui] tourne la tête', qu'il est 'entre la crainte et l'espérance'.[204] Et l'avant-veille encore, il attendait impatiemment de ses nouvelles, pour savoir sa dernière résolution.[205] Il avait aussi envoyé 'quelques légers changements' pour son *Amélie*: qu'en disait le petit conseil (voir D4940)? Les repétitions avaient même commencé, selon toute apparence, d'où les habituelles rivalités d'acteurs soumises à son arbitrage.[206] Il fallait aussi avoir l'œil sur les copies, pour éviter la mésaventure de *Rome sauvée* dont une édition furtive venait d'être faite sur la version jouée quatre mois plus tôt.[207] Quant au *Siècle*, les secours attendus étaient décidément bien lents à venir. Le duc de Noailles daignait-il enfin s'y intéresser? Le duc de Richelieu avait-il fait demander son exemplaire? Le président Hénault avançait-il dans la seconde révision du texte?[208] L'abbé de Prades allait quitter son exil de Hollande pour Potsdam – et d'Alembert, qui avait fait passer sa recommandation par Mme Denis, pouvait être content d'apprendre cet heureux dénouement (cf. D4949 et D4990). Et ce petit voyage enfin que Voltaire promettait depuis bientôt deux ans de faire à Paris, il comptait l'entreprendre peut-être au mois d'octobre – et l'on est bien loin, avec cette grande nouvelle qu'il mande le 22 juillet à d'Argental (D4953), de la 'vérité démontrée' sur laquelle se ferme l'étrange lettre qui aurait suivi à deux jours d'intervalle: 'Il faut s'enfuir de ce pays-ci.' Imagine-t-on les deux correspondants se retrouvant à quinze jours de là pour entendre une lecture d'*Amélie*, et échangeant leurs nouvelles de Prusse?

D4984. De Potsdam, 19 août 1752

Je ne ferai que cinq remarques sur cette lettre, que je crois également fausse:

1. A cette date, Voltaire était malade et alité – vraisemblablement depuis plusieurs jours. Et d'une maladie bien véritable, qui l'empêchait d'écrire: le

203. Voir les textes 15 et 17 de la quatrième partie.

204. D4945, au marquis de Thibouville, 15 juillet 1752.

205. D4953, à d'Argental, 22 juillet 1752.

206. Cf. D4948: 'J'ai encor eu bien des tracasseries ...'.

207. Voir D4958, à Hénault, 25 juillet 1752.

208. Voir D4907 et D4963. Voltaire reçut enfin des nouvelles du duc de Noailles à la fin de juillet: voir D4960.

lendemain, c'est par d'Argens qu'il donne de ses nouvelles à la comtesse de Bentinck.[209] Le 22 et le 23, il dictait encore ses lettres (D4988 et D4989).

2. Peut-être l'abbé de Prades était-il déjà 'arrivé à Potsdam du fond de la Hollande' – la date traditionnelle de son arrivée est fixée d'après cette lettre. Mais il est fort douteux que Voltaire ait pu être si tôt affirmatif sur le 'grave poste' de lecteur auquel il prétendait: en septembre, il n'était encore question que d'un bénéfice et d'une pension.[210] Au reste, ce long exposé sur la thèse et la condamnation du nouvel 'hérésiarque', cette mise au point sur sa position par rapport au système de Hobbes ont de quoi surprendre. Mme Denis ne devait-elle pas avoir eu vent du scandale? La recommandation de d'Alembert en faveur de l'hérésiarque avait passé par ses mains. Et s'intéressait-elle si fort aux disputes savantes?[211]

3. Le second article paraît répondre à la nouvelle de l'impression clandestine de *Rome sauvée*. En fait, à cette date, l'incident était vieux de deux mois.[212]

4. On venait de donner *Amélie*: le 17 exactement. Admettons que Voltaire pouvait l'ignorer. Il devait au moins croire cette première très proche, et marquer, même légèrement, quelque intérêt pour une affaire à laquelle sa nièce avait consacré bien des soins depuis plus de deux mois.[213]

5. Mme Denis avait encore fait un voyage à Versailles, à la fin de juillet ou au début d'août[214] – peut-être pour arracher à force de sollicitations la permission toujours espérée en faveur du *Siècle*, mais sûrement, dans tous les cas, pour soutenir les intérêts de son oncle, et avec son agrément. Qu'elle eût réussi ou non dans ses démarches, ce n'était pas sans doute un article à négliger.

D5012. A Potsdam, 9 septembre 1752

Il est faux que la négociation de rente engagée au début d'août eût été si peu avancée à cette date que Voltaire dût attendre encore 'quelques mois' avant de la voir 'consommée'. Il avait prié le duc régnant de Wurtemberg de lui faire donner réponse sur son offre avant le 1er septembre[215] – ceci naturellement dans l'idée de toucher le premier quartier en décembre. Et il faut bien en effet que la réponse ait été très rapide et les délais d'usage écourtés comme il le souhaitait, puisque les actes furent signés dès le 27 septembre. 'Nous aurons un beau et bon contrat,' écrit ici Voltaire. Ces actes du 27 septembre, dont la préparation devait être déjà fort avancée, valaient précisément contrat.[216] Pourquoi eût-il caché à sa nièce que l'affaire était déjà à peu près 'consommée'?

Il ne me paraît pas concevable, cependant, que Voltaire ait pu parler de son

209. Lettre publiée dans la *RhlF* 82 (1982), p.625.

210. Cf. D5004, D5005 et D5084.

211. D'après D4956, Mme Denis était censée ignorer jusqu'au nom de Leibnitz!

212. Voir D4918, à Walther, 17 juin 1752, holographe. L'édition est enregistrée dans le *Journal de la Librairie* à la date du 1er juin 1752 (BN, F22157, f.81).

213. Voir D4868, D4948, D4953 et D4970.

214. Voir D4992, à Chennevières, 25 août 1752: 'Je me flatte que ma nièce a passé quelques jours avec vous.' Cf. D4829.

215. D4971, 5 août 1752, holographe.

216. Voir D.app.120, document I.

départ de Prusse d'une manière aussi positive qu'il le fait ici.[217] Pour la volonté du retour, il l'avait sans doute. Mais il n'en était pas le maître. Il attendait toujours, comme il l'écrit le 5 septembre au comte de Choiseul, un 'signal' qui devait venir de Versailles[218] – c'est-à-dire l'assurance de protections un peu solides qui le missent enfin à l'abri des anciennes persécutions. C'est du reste un article constant, dans ses lettres de septembre, que celui des conditions de son retour.[219] Sa situation devait s'éclaircir, on le verra, quelques semaines plus tard. Mais à cette date, l'avenir restait aléatoire. Ithaque en vue déjà? Non pas, c'est à travers la sensation persistante d'un 'naufrage', comme l'atteste une précieuse lettre de confidence à d'Argental, qu'il continuait de vivre son odyssée prussienne. Le mot ne va pas sans quelque exagération, comme à l'ordinaire. Mais relevons au moins dans cette lettre l'aveu clairvoyant des incertitudes du présent et du lendemain. Loin d'être sûr de pouvoir 'faire voile de l'île de Calipso', 'le vieil Ulysse' s'abandonne à la fois à l'espoir de 'pousser [sa] petite barque' jusqu'à Paris pour y faire un court séjour, et au rêve opposé de pouvoir vivre '[ses] derniers jours' parmi ses amis.[220]

Deux articles manquent enfin, dont l'omission trahit encore la fausseté ou l'impureté du texte. Il s'agit des affaires du tripot, dont Mme Denis eut le gouvernement durant tout le temps du séjour en Prusse. On devait reprendre *Amélie* dans la saison. Voltaire désirait que des morceaux écartés des premières représentations fussent 'hazardés' à la reprise (D5007). Il venait d'ailleurs de recevoir de nouveaux 'conseils' de d'Argental et se montrait disposé à 'revoir' encore la pièce (D5011). On allait aussi reprendre *Rome sauvée*, et cette bataille s'annonçait plus difficile.[221] Le 5 septembre (et ce serait quatre jours avant cette prétendue lettre à Mme Denis), il écrivait à Choiseul: 'J'envoie une nouvelle fournée de Rome sauvée. Je ne sçai si à la reprise la gravité romaine plaira à la galanterie française.'[222] Mais pour donner plus de nouveauté au spectacle, il demandait surtout que l'on changeât la distribution des rôles, ce qui allait sans doute occasionner 'de terribles intrigues' (D5011). Tout cela suppose nécessairement, entre l'auteur et sa 'plénipotentiaire', des explications et des directives dont on devrait trouver trace dans cette lettre et dans les suivantes.

217. 'Je ferai voile de l'île de Calipso dès que ma cargaison sera prête.'

218. 'Je n'aime de signal que celuy au quel je reviendray voir mes amis' (D5007, holographe).

219. Voir D5007 encore: 'Si jamais ma mauvaise santé, qui me rendra bientôt inutile au roy de Prusse, me forçait de revenir m'établir en France, j'aimerais bien mieux y jouer le rôle d'un malade ignoré que d'un homme de lettres connu'. Cf. D5011, à d'Argental, 8 septembre: 'Mais moy habitant de Paris je serais dénoncé à l'archevêque, au nonce, au Mirepoix, au procureur général et à Fréron'; et D5020, à Mme Du Deffand, 23 septembre: 'Si [monsieur le comte d'Argenson] s'était un peu plus souvenu de moy lorsqu'il eut le ministère de Paris, peutêtre n'aurais-je pas l'espèce de bonheur qu'on m'a enfin procuré.' Ces trois lettres sont holographes.

220. D5029, 3 octobre 1752, holographe. La situation est ainsi résumée: 'Je ne sçai pas trop ce que je deviendray.'

221. Elle n'eut pas lieu. *Rome sauvée* ne fut reprise qu'en 1762.

222. D5007. A qui adressait-il donc cette 'fournée' de vers? Un mois plus tard, il écrit au marquis de Thibouville: 'Je demande sur tout qu'on ne change rien à la pièce que j'ai envoiée à Mme Denis.'

D5025. A Potsdam, 1er octobre 1752

'Je vous envoie hardiment l'*appel au public* de Koenig ...'. L'*Appel* parut dans les derniers jours d'août ou les premiers jours de septembre 1752.[223] Voltaire l'eut sans doute peu après, et il est vrai qu'il pouvait écrire à sa nièce, dès le 1er octobre, que 'l'innocence et la raison y [étaient] victorieuses'.[224] Il écrit aussi qu'il espère que 'Paris pensera comme l'Allemagne et la Hollande', et qu'à Berlin le persécuteur de König est déjà regardé 'comme un tyran absurde'. Je doute fort que les effets de l'*Appel* aient été aussi rapides, et surtout aussi évidents. Mais il serait plausible, après tout, que Voltaire eût exagéré les premiers signes d'un mouvement d'opinion ou pris ses désirs pour des réalités.[225]

En revanche, il est faux que Frédéric II eût déjà pris 'avec chaleur' le parti du président de son académie. Indifférence, hésitation, politique, on ne sait; mais il est sûr qu'il ne s'engagea dans la querelle qu'au début de novembre, alors que la bataille des gazettes et des opuscules battait déjà son plein. Le 18 octobre, répondant à une première lettre de plainte que Maupertuis lui adresse, il se dit 'indigné' de voir un mourant poursuivi par 'les cris de l'envie et de la haine', il gémit sur l'abus déplorable de la science et de l'esprit, il exhorte en terminant son 'cher Maupertuis' à traiter ces attaques par 'l'indifférence et le mépris'.[226] Il faut croire que cette belle leçon de stoïcisme n'édifia pas beaucoup Maupertuis, qui lui adressa quelques jours plus tard un opuscule où quelques excellents confrères avaient pris sa défense. Nouvelle réponse fort réservée le 25 octobre: ce n'est qu'un accusé de réception, agrémenté d'une noble méditation sur la mort, qui procure l'oubli parfait 'des folies et des misères humaines' (pp.279-80). En fait, le roi ne manifesta publiquement son soutien qu'en visitant Maupertuis chez lui le 4 novembre, à l'occasion d'un voyage à Berlin. 'Cette visite a désorienté touts les Konistiens', écrit aussitôt d'Argens à Algarotti:[227] il fallait donc que les 'Konistiens', dont Voltaire naturellement, se fussent cru jusqu'alors le champ libre. Et quelques jours passèrent encore avant que le protecteur de l'Académie sortît enfin de sa longue réserve en composant et en faisant publier sa *Lettre d'un Académicien de Berlin*. L'ouvrage parut à la mi-novembre.[228] Sur ce point donc, aucun doute possible: il est faux que Frédéric eût été 'de moitié' dès le début d'octobre avec le 'tyran philosophe' – l'anachronisme est patent.

Au reste, on ne peut qu'être surpris, une fois de plus, de l'étrange idée

223. König à Haller, 5 septembre 1752, lettre déjà citée.

224. Cf. D5021, à la comtesse de Bentinck, 25 septembre 1752, qui présente la première mention sûrement datée de l'*Appel*: 'L'ouvrage est convainquant, c'est tout ce qu'il faut. Il démontre les torts de Maupertuis en géometrie et en procédez, et il le couvre de confusion.'

225. Dans D5021, Voltaire traite Maupertuis de 'tiran ridicule', mais il ne prétend pas que tout Berlin pense déjà comme lui.

226. *Briefwechsel Maupertuis*, pp.278-79.

227. Voir dans la troisième partie la discussion de D5091.

228. *Briefwechsel Maupertuis*, pp.281-82. Frédéric II en envoie à Maupertuis le manuscrit le 7 et l'un des premiers exemplaires imprimés le 11. 'J'ai attendu jusqu'ici *dans le silence*', lui écrit-il le 7, 'pour voir ce que ferait votre Académie [...]; comme tout le monde est demeuré muet, j'ai élevé ma voix.'

qu'aurait eue Voltaire d'obséder sa nièce des manœuvres et des folies de Maupertuis – et elle seulement, car il n'en dit pas un mot à ses autres correspondants – en négligeant complètement de lui parler des intérêts qu'elle avait à défendre à Paris et des affaires dont elle était chargée. Le rapprochement avec les lettres qu'il écrivit à d'Argental le 3 octobre et au marquis de Thibouville le 7 est tout à fait éloquent. Rien ici de la reprise d'*Amélie* et de *Rome sauvée*. Rien des petites querelles d'acteurs sur les rôles de César et de Catilina. A d'Argental, il rappelle la nécessité de rayer la malheureuse épithète qui doit encore qualifier un concile dans le manuscrit du *Siècle de Louis XIV* destiné à l'édition parisienne: 'J'ay recommandé à ma nièce d'y avoir l'œil, et je vous prie de l'en faire souvenir.' Au marquis de Thibouville, il réitère l'instruction de ne donner *Rome* qu'avec les derniers changements: 'Je demande sur tout qu'on ne change rien à la pièce que j'ai envoiée à madame Denis. Qu'on la joue telle que je l'ai envoiée, et qu'on la joue bien.'[229] Quelle apparence qu'il n'ait pas donné directement ces commissions à sa nièce, au lieu de lui raconter par le menu, à quatre cents lieues, les mesquines intrigues de l'Académie de Berlin?

D5067. A Potsdam, 15 octobre 1752

Le manuscrit porte cette date du 15 octobre; c'est aussi celle de l'édition de Kehl. Besterman l'avance d'un mois dans son édition dite définitive,[230] en faisant observer, avec raison, que la 'brochure singulière' dont il est question dans cette lettre, la *Lettre d'un Académicien de Berlin*, ne parut qu'en novembre.[231] Ce déplacement ne suffit pas à sauver le texte de l'anachronisme. C'est la *réimpression* que décrit Voltaire, la seconde édition de la *Lettre*, celle qui porte au titre, comme il l'écrit, 'l'aigle, le sceptre et la couronne'.[232] Or cette seconde brochure ne vit le jour qu'à la fin de novembre, au plus tôt: la lettre par laquelle Frédéric II autorisa Maupertuis à la commander au libraire de l'Académie est datée du 22 novembre.[233] Au reste, comment 'les journalistes d'Allemagne' auraient-ils pu rendre compte avant le 15 novembre d'un opuscule publié en Prusse quelques jours plus tôt? Entre la publication et les recensions, il faut bien compter une ou deux semaines, et peut-être une autre semaine encore pour que l'écho de ces recensions fût revenu à Berlin.[234] Il est inutile après cela de se demander si l'ouvrage où il dit qu'il a lui-même 'tourné un peu Platon en ridicule sur ses géants, sur ses prédictions, sur ses dissections, sur son impertinente querelle avec Koenig' est la *Diatribe du docteur Akakia* ou l'*Extrait* des *Œuvres* de Maupertuis publié dans la *Bibliothèque raisonnée*: ce serait plutôt l'*Extrait*, quoi qu'en dise Besterman, si cette lettre avait bien été écrite le 15 novembre (car le texte paraît

229. D5029 et D5037, toutes deux connues par l'original.

230. Il avait conservé la date du 15 octobre dans la première édition (Best.4418).

231. L'impression était achevée le 11 (voir ci-dessus la note 228). Les gazettes de Berlin annoncèrent l'ouvrage le 14 (*Briefwechsel Maupertuis*, p.281, note 1).

232. Cette seconde édition est en 22 p. in-12, au lieu de 24 p. in-8° pour la première.

233. *Briefwechsel Maupertuis*, p.284. Sur la part que prit Maupertuis à cette réimpression, voir D5153 et D5203.

234. La première recension connue est du 24 novembre: voir D5008, note 3. Voltaire en cite une autre le 16 janvier dans D5159.

impliquer que la 'raillerie innocente' en question eût été déjà publique); mais c'est aussi bien, par un nouvel anachronisme, l'*Akakia* qui n'avait pas encore paru à cette date et qui n'était peut-être même pas encore écrit.[235]

Admettons pourtant que Voltaire ait écrit à sa nièce une lettre analogue à celle-ci, vers le 20 ou le 25 novembre par exemple, en lui racontant qu'il se trouvait engagé dans une guerre de plume avec le roi de Prusse, au point d'avoir à craindre désormais les représailles de 'l'amour propre' et surtout du 'pouvoir despotique'. Soyons assurés qu'il n'aurait pas manqué, dans ce cas, d'envisager les suites de cette aventure et de lui donner des directives sur ce qu'elle devait dire ou ne pas dire à la ville et à la cour. Ce mois de novembre 1752 apparaît en effet comme le tournant du séjour en Prusse. Après plus de deux ans de silence et de froideur, les liens se renouaient enfin avec les anciens protecteurs. Voltaire venait de recevoir, le 12 ou le 13 novembre, une 'lettre charmante' du comte d'Argenson, en réponse à l'envoi du manuscrit de l'*Histoire de la guerre de 1741* (cf. D5028 et D5066). Il allait lui répondre qu'il se sentait 'une vraie passion de venir être témoin de [sa] gloire' et lui demander la continuation de sa 'bienveillance' (D5083, 24 novembre 1752). Sans doute venait-il aussi de recevoir une lettre de Mme de Pompadour ou un message de sa part, puisque, le 13 novembre également, il avait tout prêt pour elle un paquet – une copie du même ouvrage, très vraisemblablement.[236] Le duc de Richelieu lui écrivait dans le même temps qu'il croyait que l'impression de cette *Histoire* serait 'aussitôt faite': entendons que l'air de la cour lui paraissait assez favorable pour qu'il n'y eût pas d'opposition à craindre.[237] Voltaire ne se reprenait-il pas à espérer une permission pour son *Siècle de Louis XIV*? Le 7 novembre, il presse Lambert de lui confirmer qu'il a bien reçu 'touttes les additions et tous les changements nécessaires'.[238] Il est évident que Mme Denis n'était pas étrangère à cette nouvelle tournure des choses, qu'elle y avait contribué au contraire par ses sollicitations, et donc qu'elle avait reçu de son oncle des instructions pour diriger ses démarches. Elle avait fait pour lui un nouveau voyage à la cour.[239] Quelques semaines plus tard, elle s'impatientera de voir les effets d'une 'promesse' que la favorite lui avait faite.[240] Tout cela reste malheureusement mystérieux, et il est sûr que des données importantes nous manquent encore sur ce retour en grâce dont Voltaire voyait se dessiner les premiers signes. Mais il n'est guère

235. Signalons en passant que cette lettre est traditionnellement considérée comme l'acte de naissance de l'*Akakia*. Les derniers éditeurs de cet ouvrage avaient d'ailleurs proposé la correction de date adoptée par Besterman (Charles Fleischauer dans *SV* 30 (1964), p.63, et Jacques Tuffet dans *Histoire du docteur Akakia*, Paris 1967, p.lxxvi, n.19).

236. Cf. D5066 et D5080. Voir *Histoire de la guerre de 1741*, éd. Jacques Maurens (Paris 1971), p.xxxii. Jacques Maurens signale dans ce manuscrit Pompadour une allusion assez courtisane au rôle que la marquise avait joué dans le rétablissement de la paix.

237. D5047, 27 octobre 1752, holographe. Il faut d'ailleurs remarquer que dans sa réponse, et pour la première fois depuis son départ de France, Voltaire envisage son retour sans y mettre aucun préalable (D5084).

238. D5063. Le 21 octobre, il avait aussi pressé Walther d'envoyer à Mme Denis quatre exemplaires de la dernière édition de ses œuvres (D5044): à qui les destinait-il?

239. Voir D4638: 'mon retour de Fontainebleau'. Cette lettre est à placer en 1752: voir la discussion de ce numéro dans la troisième partie. La cour fut à Fontainebleau du 26 septembre au 8 novembre (*MF*, décembre 1752, ii.189 et 191).

240. D5198, Mme Denis à Richelieu, 8 février 1753.

concevable qu'il ait pu s'ouvrir à sa nièce d'une 'aventure malheureuse' qui pouvait compromettre sa situation à la cour de Prusse, sans envisager avec elle les risques d'un scandale qui eût peut-être détourné de lui les bonnes volontés, et les précautions qu'il fallait prendre en conséquence afin de préserver les chances de la grande réconciliation si longtemps espérée.

D5114. A Berlin, 18 décembre 1752

C'est ici la lettre du 'petit dictionnaire à l'usage des rois', l'une des plus célèbres, l'une des plus brillantes du corpus. C'est aussi l'une de celles dont la fausseté est le plus manifeste. Deux anachronismes sautent aux yeux. Voltaire écrit qu'il envoie son testament. Il l'envoya, Besterman l'a bien noté, le 5 janvier, par la voie diplomatique.[241] Il envoie aussi, écrit-il, 'les deux contrats du duc de Virtemberg'. Comment l'aurait-il pu? Le second ne fut signé que le 31 janvier.[242]

Le 29 décembre 1752, Mme Denis fait demander par son ami Chennevières la permission d'utiliser la voie diplomatique pour faire tenir une lettre 'en main propre' à son oncle: elle le sait 'dans une position qui n'est pas soutenable' et veut le conseiller en toute sûreté.[243] Qu'aurait-elle pu savoir de sa 'position', par les lettres que nous possédons? Qu'aurait-elle pu y lire d'autre que la désillusion, la rancune et la lassitude, et quels conseils lui donner sur des états d'âme? 'Je vois bien qu'on a pressé l'orange,' écrit-il ici; 'il faut penser à sauver l'écorce.' Mais encore? Quels nouveaux dommages avait subis 'l'orange'? En quel lieu retirer 'l'écorce'? Après les patients efforts qu'il avait déployés pour se rétablir dans l'esprit de la marquise de Pompadour et dans celui du comte d'Argenson, sur le point de retrouver leurs bonnes grâces, alors que Mme Denis avait encore à manœuvrer dans cette délicate intrigue, comment ne l'eût-il pas informée de la malencontreuse saisie de la *Diatribe*, et avertie que le roi de Prusse cherchait à contrarier son jeu? Il venait de signer sous la menace, le 27 novembre, un engagement terriblement compromettant, par lequel il promettait de ne pas écrire 'contre le Gouvernement de France ni contre les ministres'. Besterman a fort bien marqué la gravité de cette péripétie (D5085, commentaire). Mais grossier ou non, et même adroitement évité sur le moment, le piège montrait évidemment que Frédéric ne regarderait pas aux moyens pour s'opposer au départ de 'l'orange' et de 'l'écorce'. On a peine à concevoir que Voltaire aurait pu se borner après cela, au moment de peser les difficultés de son retour, comme il le fait à la fin de cette lettre, à invoquer la dureté de l'hiver et à évoquer l'aventure du pauvre Pérard.

A cette même date du 18 décembre 1752 sont rangées enfin trois autres lettres: une à d'Argental, une au président Hénault, une au marquis de Thibouville.

241. Dans son commentaire, Besterman suggère d'abord que l'envoi fut simplement retardé. Mais en annotant D5138, il ne peut s'empêcher de trouver la chose étrange et se prend même à douter de la date de D5114. Il est question de ce testament de Berlin dans D5812 et D5821.

242. Voir D.app.120, document III. Il serait d'ailleurs étonnant que Voltaire eût attendu deux mois avant d'envoyer le premier contrat, qui avait été signé le 27 septembre.

243. D4638, à Chennevières, qu'il faut avancer d'une année. Voir aussi D5142, au même, 8 janvier 1753.

Comment expliquer que de toutes les affaires courantes qui s'y trouvent traitées, aucune ne soit ici abordée? Voltaire était 'très affligé' de ce que sa nièce, toujours entêtée de son ancienne comédie, se fût de nouveau 'compromise avec [le] tripot' pour la faire recevoir.[244] Il était mécontent de Mademoiselle Gaussin qui avait commencé, lui écrivait-on, de 'tuer' son *Amélie* à la reprise.[245] Mécontent aussi des comédiens qui disputaient sur la nouvelle distribution de *Rome sauvée* et même sur le texte. Mme Denis allait avoir à exercer dans cette affaire son dévouement et son autorité, une fois de plus. C'est à elle qu'il envoyait sa 'requête en forme' au duc de Richelieu (qui entrait en quartier), avec une lettre probablement assez ferme pour la direction des acteurs.[246] A quelle date? La 'requête' est conservée: elle est du 15 ou du 16 décembre.[247] Comment croire qu'il eût pu lui écrire le surlendemain sans faire allusion à ces instructions, sans l'encourager à les faire respecter? Au président Hénault, il promettait de retravailler son *Histoire de la guerre de 1741*, pour que 'les belles années de Louis XV se [fissent] lire comme le Siècle de Louis XIV': même promesse est faite à Richelieu le 16 (D5111 et D5115). Il s'avisait un peu tard que le ministère pouvait trouver l'ouvrage trop long, trop minutieux, trop imparfait. Comment n'eût-il pas chargé sa nièce de faire parvenir à la marquise de Pompadour ses excuses et ses remords?[248]

D5148. A Berlin, 13 janvier 1753

Il me paraît absolument invraisemblable que Voltaire ait attendu le 13 avant d'avertir sa nièce de sa démarche décisive du 1er janvier. Il est d'ailleurs faux qu'il fût resté plus de dix jours sans lui écrire: le 5 janvier, il remit au chevalier de La Touche un paquet contenant 'des affaires de famille pressantes' – un paquet adressé au fermier général de La Reynière, mais évidemment destiné à Mme Denis.[249] Admettra-t-on, d'autre part, que Frédéric avait pu lui écrire 'qu'il aimait mieux vivre avec [lui] qu'avec Maupertuis'? C'est à mon sens le comble de l'invraisemblance. On ne trouvera rien au moins, ni dans la correspondance générale, ni dans les lettres ultérieures au roi de Prusse, ni dans les diverses relations qu'il donnera des dernières semaines de son séjour, pour y apporter la moindre ombre de confirmation. Même dans les *Mémoires pour servir à la vie de M. de Voltaire*, on lira que Frédéric II 'protégeait Maupertuis, et se moquait de lui plus que de personne',[250] qu'il avait fait une satire pour

244. D5116. Cf. *Textes*, 83, 30 novembre 1752.

245. D5113 et D5116. *Amélie* avait été remise à l'affiche le 4 décembre. 'La vieille enfant', comme Voltaire l'appelle dans D5116, se vengeait sans doute d'avoir dû céder à la Clairon, quelques mois plus tôt, le premier rôle féminin de *Rome sauvée*. voir D4774.

246. D5116: 'Je luy [ai] envoyé [...] mes sentiments au tripot.'

247. La 'requête en forme' est D5103, datée du 15. Mais D5111, qui passa également par Mme Denis, puisque l'original porte ses commentaires au dos, est datée du 16.

248. On verra mieux, une fois confirmée l'authenticité de D5159, tout ce qui manque à cette lettre et à la suivante.

249. D5138. Voltaire utilisa le même couvert en avril: voir D5247.

250. Cf. D5217, à d'Argental, 26 février 1753, holographe: 'Son orgueil d'autheur piqué l'a porté à écrire une malheureuse brochure contre moy, en faveur de Maupertuis qu'il n'aime point du tout.'

railler ses élucubrations de science-fiction, qu'il en avait même communiqué le manuscrit à Voltaire, mais de cette prétendue lettre de reniement, aucune trace. Voltaire aurait eu trop beau jeu de l'invoquer pour qu'on puisse penser qu'il s'en fût privé.

Un détail véridique subsiste pourtant dans ce texte manifestment fabriqué: il est vrai qu'un certain du Bordier se trouvait à Berlin vers cette date, il est vrai que Voltaire le chargea d'un paquet à son départ et qu'il l'employa à 'raccommoder [son] cabinet de physique'.[251]

D5159. [A Berlin,] 'écrit le seize janvier [1753] partira quand il poura'

Le manuscrit est holographe. C'est ici le second des textes dont la publication du recueil des *Lettres d'Alsace*, en 1937, a enrichi l'ancien corpus des 'lettres de Prusse'. Il est facile d'établir qu'il s'agit bien d'une lettre authentique:

1. La date du manuscrit a été complétée par Mme Denis.

2. Voltaire veut '[se] laver du Tombeau de la Sorbonne': c'est l'objet principal de cette lettre. Il est exact que l'ouvrage lui était attribué depuis quelque temps à Paris, et l'on a d'autres traces de sa campagne de désaveu: voir D5139 et D5153.

3. Il demande à sa nièce d'engager Milord Maréchal et La Condamine à ne plus débiter dans Paris qu'il est l'auteur de ce 'libelle'. Le rapprochement s'impose encore avec D5139, où il écrit que le *Tombeau de la Sorbonne* a été envoyé en France par Maupertuis, qu'il y est parvenu 'par le courrier du cabinet' – entendons: du cabinet prussien, dans un paquet adressé à milord Maréchal – et que son ennemi le lui a attribué dans des lettres 'à Mr de la Condamine et à d'autres'.

4. Il se plaint que Mme de Fontaine ait mal choisi son moment 'pour [lui] envoyer des plaisanteries'. Allusion mystérieuse, mais une lettre directe à Mme de Fontaine confirme le fait: 'Je vous avoue que quand je reçus dans des circonstances aussi funestes la plaisanterie que vous m'envoyâtes ...' (D5209, 17 février 1753).

5. Il désire que Mme Denis donne la plus large publicité au dernier développement, plutôt honorable, de ses relations avec le roi de Prusse, qu'elle fasse bien savoir qu'il avait d'abord 'tout remis' et qu'on lui a 'tout rendu'. Et on le voit occupé, en effet, durant tout ce mois de janvier, à répandre cette nouvelle: il la fait passer à Versailles par la voie diplomatique, il l'envoie en Hollande à König, il la fait insérer dans les gazettes d'Allemagne et d'Angleterre.[252]

6. Il envoie 'l'histoire du procez de Maupertuis avec touttes les pièces'. Même envoi, quelques jours plus tard, de ces 'maupertuisiana' à König.[253]

251. Cf. D5070 et D5638. On peut replacer D5070 en janvier 1753: voir la discussion de ce numéro dans la deuxième partie.

252. Voir D5137, D5139, D5160 et D5161, D5183 et D5189. Le 6 février, La Beaumelle écrit à Maupertuis: 'Ses nouvelles du 17 janvier disent qu'il a renvoyé 3 fois au roi son cordon & sa clé, & que tout a fini par consentir à souper avec lui' (D5196a).

253. Voir D5183 et D5195, 29 janvier et 6 février 1753: 'ce qu'on vous a envoyé d'historique'. Cf. D5090, à Mylius, que je propose dans la troisième partie de placer aussi vers la mi-janvier.

7. Il avertit sa nièce que Frédéric II ne veut le retenir que 'pour l'accabler'. Même interprétation de la remise des insignes du service royal dans une dépêche diplomatique de La Touche, le 4 janvier.[254]

8. Il souhaite 'que la diatribe soit très publique, et qu'on voye que ce n'est pas là un libelle'. Même dénégation, et aussi forte, dans une lettre que lui adressa Cideville à la fin du mois, lettre 'ouvrable' sinon ostensible, et trop soigneusement argumentée pour que l'on n'y reconnaisse pas l'effet d'une amitié secourable alertée par Mme Denis (D5169, 26 janvier 1753).

9. Il met surtout sa nièce en garde contre les terribles dangers auxquels l'exposerait la divulgation du secret de la genèse du *Tombeau de la Sorbonne*: 'Vous risquez ma liberté et ma vie.' On est fort loin des réflexions burlesques sur le renvoi de la 'marotte' et des 'grelots' et des plaisanteries désinvoltes sur 'les cent cinquante mille moustaches' du vainqueur de l'Autriche. On est fort près, en revanche, des expressions d'effroi et presque de panique dont la correspondance générale est remplie durant la même période, des 'angoisses' et des 'terreurs' confiées à la comtesse de Bentinck et au chevalier de La Touche.[255]

L'authenticité de ce texte paraît donc inattaquable. Du coup, plusieurs constatations s'imposent, dont l'évidence affecte en retour les lettres précédentes et même *l'ensemble du corpus*. Il est clair, d'abord, que Voltaire se trouvait engagé, depuis plusieurs semaines ou plusieurs mois déjà, dans des démarches secrètes auprès de la cour et du ministère, en vue d'obtenir son rappel – ou du moins des sûretés pour son retour. Les travaux d'approche étaient avancés, le contact établi, les batteries dressées. En dernière analyse, ce n'est pas au comte d'Argenson, c'est au roi en personne qu'il souhaitait faire parvenir son désaveu du *Tombeau de la Sorbonne*.[256] Et à cette intrigue se trouvaient mêlées des considérations politiques, puisque Voltaire demande aussi à sa nièce de faire entendre à la marquise de Pompadour, 'à force d'esprit', tout le mépris que Frédéric II lui porte, dans l'espoir d'avancer plus vite ses affaires. Tout cela suppose nécessairement, entre elle et lui, des informations, des explications, des délibérations. Il se confirme ainsi que les lettres de l'automne 1752, à tout le moins, qui sont entièrement dépourvues de toute allusion à ces manœuvres et à ces calculs, ne peuvent être regardées comme authentiques.

D'autre part, cette lettre est en partie *codée*. Voltaire la commence tout uniment, puisqu'il allait faire poster son paquet à la frontière des états de Prusse. Maupertuis, Frédéric II, d'Argenson et le roi de France sont d'abord désignés en clair. Mais recevant une lettre de sa nièce avant de clore la sienne, il reprend en la terminant les codes dont elle s'est elle-même servie: Frédéric est Montjeu, d'Argenson Frémont, la Pompadour la Barios, etc. L'usage de ces chiffres – qui allait d'ailleurs se poursuivre dans les 'lettres d'Alsace' – remontait donc à plusieurs semaines au moins. Il est même assuré qu'il n'attendit pas la querelle

254. D5137, 4 janvier 1753: 'Il craint que ce ne soit pour sévir plus fortement contre lui [...], pour conserver le droit de souveraineté sur [lui].'

255. D5107 et D5137. Cf. D5105, à la comtesse de Bentinck: 'On veut achever ma mort qu'on a commencée'; et D5195 à König, 6 février 1753: 'J'instruirai le Roi, dussé je périr.'

256. 'Par là m^r^ Dargenson sera convaincu. Il poura certifier au roy que je ne suis pas l'auteur du libelle. C'est tout ce que je veux.'

de l'*Akakia* pour recourir à cette précaution du langage codé. Dès le mois de septembre 1751, lorsqu'il s'ouvrit au duc de Richelieu de son projet de retour, il écrivait: 'Ma nièce viendra recevoir vos ordres; elle a avec moi un petit chiffre d'autant plus indéchiffrable qu'il n'a point du tout l'air du mystère. Elle m'instruira avec sûreté de vos volontez.'[257] Peut-être s'agissait-il alors d'un code un peu moins voyant que celui des Montjeu, des Barios et des Frémont. Mais si 'indéchiffrable' qu'il pût être à force d'être anodin, un chiffre est un chiffre. Or, loin d'en relever la moindre trace dans tout l'ancien corpus de Kehl, on y trouve au contraire en maintes circonstances, je l'ai déjà noté, et alors même que l'insécurité des envois y est parfois explicitement marquée, des développements en clair sur les préparatifs du retour, des railleries à l'adresse du 'Salomon du Nord', voire des allusions perfides à ses mœurs. En vérité, la contradiction est trop manifeste: ou bien cette lettre prudemment chiffrée est fausse, ou il faut ajouter à toutes les raisons particulières qui font rejeter les autres cette anomalie *générale* d'une transparence souvent plus dangereuse que ne l'était ici la divulgation du 'secret' du *Tombeau de la Sorbonne*.

On remarque enfin que Voltaire et Mme Denis numérotaient leurs lettres. On s'en doutait un peu: comment s'entendre, sans cela, à trois ou quatre cents lieues de distance? Cette lettre porte donc le numéro 28 et répond en partie à une lettre n° 25 du 27 décembre; Voltaire y réfère aussi à un n° 19 encore récent.[258] En juin 1751, en communiquant au roi de Prusse les six dernières lettres de sa nièce, pour se laver du soupçon d'avoir violé le secret du *Palladion*, il écrivait: 'Elles sont touttes six numérotées de sa main' (D4463, holographe). Et on se rappelle aussi qu'en 1752, dans l'autre lettre révélée par la publication des *Lettres d'Alsace*, et dont je crois avoir établi l'authenticité, il se référait à '[un] n° 20' de sa nièce, daté du 3 février (D4806, 19 février 1752). Sur ces diverses données, trois observations au moins peuvent être faites. Il est clair que ce sont là les vestiges d'une numérotation non continue, c'est-à-dire qu'à deux reprises au moins, on repartit d'un numéro 1: si les six lettres du printemps de 1751 avaient appartenu à la même série que le n° 20 du 3 février 1752, le rythme des échanges n'aurait guère été que mensuel; et surtout ce n° 20 de février 1752 ne peut évidemment pas avoir été suivi dans la même série du n° 19 de novembre ou décembre dont il est question à la fin de D5159. Bref, il faut supposer *au moins* vingt lettres entre juin 1751 et février 1752, et vingt autres *au moins* pour les neuf ou dix mois suivants – et il est tout aussi clair qu'en estimant à une centaine le nombre total des échanges, on reste certainement au-dessous de la réalité. Il n'en est que plus évident, enfin, que le corpus de Kehl, formé d'une quarantaine de lettres non numérotées, n'a rien à voir avec la correspondance authentique des années prussiennes.

257. D4206. Il faut, je le rappelle, avancer cette lettre d'une année.

258. 'Ecrivez moy hardiment tout ce qui se passe dans le goust de votre n° 19.'

D5233. A Berlin, 15 mars 1753

Un long silence aurait précédé cette lettre. Voltaire écrit que Frédéric II 'voulait qu'[il] retourn[ât] à Potsdam' et lui a 'envoyé du quinquina pendant [sa] maladie'. Ces deux faits sont datables, l'ordre de retour à Potsdam du 27 janvier, l'envoi du quinquina du 10 février au plus tard.[259] Or il est faux qu'il soit resté six semaines sans écrire à sa nièce. Il lui écrivit le 26 février, pour lui expliquer, comme il l'explique à d'Argental le même jour, que le roi de Prusse lui refusait toujours son congé et prétendait même terminer sa mauvaise querelle 'par un acte de clémence'.[260] Il lui avait envoyé, à la fin de janvier ou au début de février, son 'mémoire' contre Maupertuis, pour qu'elle le fît circuler dans Paris.[261]

'Que voulez vous que je fasse?' écrit-il. 'Il faut bien aller à Potsdam. Alors [le roi de Prusse] ne pourra me refuser son congé.' Les faits sont manifestement déformés. Sa lettre au roi du 12 et son billet du 15 à l'abbé de Prades donnent une idée bien différente de la situation. Le 12, il demande au roi la 'grâce' de pouvoir aller 'chercher aux eaux de Plombières [sa] guérison', mais aussi la permission d'aller '[se] jetter à ses pieds à Potsdam avant [son] départ'. Il avait trop longtemps négligé l'invitation ou l'ordre de la fin de janvier pour pouvoir s'y rendre sans permission. Le 15, c'est-à-dire le jour même où il aurait écrit cette lettre à sa nièce, il reçut enfin son congé, mais pas un mot, dans la lettre de l'abbé de Prades, de la permission de revoir le roi: il renouvelle sa demande.[262] Berlin, lieu des fières résistances? Potsdam, lieu des désirs mortifiés? Il est clair que Voltaire s'invente après coup un beau rôle qui le dédommage des dernières humiliations de son séjour.

On peut encore douter qu'il ait envoyé dès le 15 mars à Mme Denis les *Lettres au public*. Dans la lettre qu'il lui adressa de Leipzig le 4 avril, et dont l'authenticité n'est pas suspecte, il lui annonce d'abord un 'énorme paquet', puis il enchaîne aussitôt: 'Donnez hardiment à Lambert les deux lettres au public.'[263] Il est ainsi plus naturel de penser que ces *Lettres* furent envoyées de Leipzig. D'après cette même lettre du 4 avril, et en la rapprochant de la lettre du 16 janvier, il n'est d'ailleurs pas trop difficile de reconstituer en partie une vraie lettre que Voltaire put écrire à sa nièce à la mi-mars: des questions et des réflexions sur les dispositions de la cour à son égard, des instructions pour contrer les manœuvres de Maupertuis et de son protecteur, des vues et des plans sur ce qu'il convenait de faire une fois sorti de Prusse, etc.[264]

259. Voir D5181, à La Touche, 27 janvier, et D5199, à d'Argental, 10 février 1753.

260. D5217, à d'Argental, 26 février 1753, holographe. A la fin de cette lettre, il écrit: 'J'exige de vous et de mad^e^ Denis que vous brûliez tout deux les lettres que je vous adresse par cet ordinaire, ou plustôt par cet extraordinaire.'

261. Voir D5220, La Beaumelle à Mme Denis, 3 mars 1753. Voltaire envoya le même mémoire (D.app.121) à d'Argental le 10 février, avec D5199.

262. D5231 et D5234, toutes deux holographes. Je laisse de côté le billet de Frédéric II que la tradition place au 16 mars: voir la discussion de ce numéro D5232 dans la troisième partie.

263. D5247, holographe. Je reviens plus loin sur l'authenticité des 'lettres d'Alsace'.

264. Voir D5247: 'On peut faire de belles retraites, et même remporter encore quelques victoires [...]. J'ay pris mon parti sur tout [...]. Mais que deviendrai-je? ...'. Depuis plusieurs semaines, il

Un article manque enfin certainement, c'est celui des conditions pratiques de leur correspondance même, dont son départ imminent allait modifier l'arrangement. 'J'ai envoyé tous mes effets hors du Brandebourg,' écrit-il ici. Peut-être l'avait-il déjà fait. Mais où cela, 'hors du Brandebourg'? En fait, il avait pris ses dispositions, dès le début de février, pour s'établir quelque temps à Leipzig.[265] Comment concevoir qu'il eût négligé, au moment de quitter la Prusse, et alors que les lettres suivantes de sa nièce pouvaient décider de ses marches, de lui indiquer ou de lui rappeler une adresse où il pût recevoir au plus tôt des nouvelles de Versailles, des conseils et des consolations?[266]

Les premiers doutes se trouvent donc confirmés par le détail de l'analyse. Trois seulement, je crois, de ces quarante-et-un textes sont des lettres authentiques.[267] Les autres n'ont pas leur place dans la correspondance de Voltaire. Fausses lettres, à l'évidence, mais c'est trop peu dire. Quel statut donner à ce nouveau corpus? C'est ici qu'il faut reparler de 'Paméla' – cette œuvre 'chère' que Voltaire composa au début de l'hiver 1753-1754, dans sa solitude désœuvrée de Colmar.[268] Depuis la publication des *Lettres d'Alsace*, on sait tout de cette 'Paméla', du projet qui l'inspira, de sa genèse, de sa forme. Il ne manque au dossier que l'œuvre elle-même. Le corpus de Kehl n'en rassemblerait-il pas au moins des vestiges? C'était déjà l'idée de Jean Nivat, je l'ai dit en commençant. Il ne s'agit que de la vérifier, en rapportant trait pour trait à l'image de cette 'Paméla', telle qu'elle s'inscrit en creux dans les lettres d'Alsace, la réalité des 'lettres de Prusse'.[269]

Les 'lettres de Prusse' sont le produit d'une réécriture. Or c'est bien comme d'une réécriture de ses lettres de Prusse que Voltaire parle de 'Paméla'. Nulle part ouvertement, cela va de soi, mais les allusions, même codées, sont faciles à recouper. Il demande ses lettres à sa nièce dès le mois d'août 1753, à peine installé à Strasbourg. Elle doit les lui envoyer avec des 'papiers' qu'il attend déjà: 'ayez la bonté d'y joindre *les lettres que je vous ai écrites*'.[270] Mme Denis se fait prier, d'où des réclamations de plus en plus pressantes – et, heureusement

voyageait en imagination entre Lausanne (voir D5244), la Hollande (voir D5195 et D5256) et l'Angleterre (voir D5160 et D5188).

265. Voir D5189, à Walther, 1er février 1753.

266. Voir D5247, *in fine*: 'Ecrivez toujours et très hardiment à m^r^ du Mont, banquier à Leipzik.'

267. D4806, D5159 et le mot d'envoi de D4195. On peut y ajouter encore D4252 et D4845, que Besterman donne, à tort me semble-t-il, comme adressées à d'Argental: voir les discussions de ces numéros dans la troisième partie.

268. Voir D5621, à Colmar, 9 janvier 1754: 'De ces occupations la plus agréable et la plus chère…'.

269. Je n'ai pas cru indispensable d'examiner en détail la question préjudicielle de l'authenticité des lettres d'Alsace. Il suffit de remarquer: 1. que les textes sont généralement holographes, et que la plupart des dates ont été complétées par Mme Denis; 2. que le rythme des échanges est très soutenu – bi-hebdomadaire en moyenne; 3. que la correspondance générale en recoupe largement les dates et les informations, sans jamais les contredire; 4. que Voltaire y emploie un langage codé, dont Jean Nivat a d'ailleurs montré la cohérence; 5. qu'il y exprime enfin, et parfois dans les termes les plus directs, des désirs et des sentiments qui pouvaient flatter Mme Denis, mais dont il ne devait certes pas souhaiter faire la confidence au public.

270. D5488, 22 août 1753, *in fine*.

pour nous, des précisions nouvelles. 'Envoyez moy je vous prie la malle aux papiers,' écrit-il, 'et ne manquez pas d'y mettre touttes mes lettres': il a 'une besogne en tête', qu'il veut 'faire en forme de lettres' (D5500, 3 septembre 1753) – on sent ici que la réécriture n'est pas une fin en soi. Puis il réduit ses exigences: 'si vous voulez ne m'envoyer parmy les lettres que celles qui regardent du Billon, Cernin et notre famille, envoyez les' (D5532, 29 septembre 1753). C'est désigner, sous trois de ses noms de code, le roi de Prusse.[271] Il s'impatiente des lenteurs et des atermoiements: 'Il faut un ouvrage dans le goût de Paméla. Jamais je n'aurai ny tant de loisir pour y travailler, ny les idées si présentes' (D5535, 1er octobre 1753). La 'malle aux papiers' enfin reçue, au bout de deux mois, il évoque à plusieurs reprises le travail même de la réécriture: il 'rédige' et 'met en ordre' ses lettres 'à une certaine madame Daurade' – c'est Mme Denis elle-même – il les 'ajuste', il en fait un 'recueil'.[272]

'Rédiger', 'mettre en ordre', 'ajuster', c'est là, sommairement décrit, le travail d'un compilateur: Voltaire a *compilé* le recueil de ses lettres de Prusse.

'Rédaction' vigoureuse: des 'énormes liasses' que contenait la fameuse malle reçue en novembre (D5573, 20 novembre 1753), 'papiers' et 'lettres' réunis, il a tiré, écrit-il en janvier, 'une cinquantaine de lettres'[273] il en manquerait apparemment une dizaine. On voit ici confirmé l'écart numérique que l'examen comparé du corpus de Kehl et de la correspondance générale avait fait soupçonner. Et l'on comprend aussi d'emblée, pour une part au moins, les anachronismes que l'analyse a révélés. En 'rédigeant' sa correspondance, Voltaire n'a pas seulement *supprimé* de nombreuses lettres. Il en a *refondu* plusieurs ensemble, et c'est ainsi, par exemple, que les effets de la tyrannie académique de Maupertuis et de la rancœur de La Beaumelle se sont trouvés résumés dans une lettre, et les développements proprement 'frédériciens' de la querelle condensés dans une autre, alors que les incidents de cette grande affaire s'échelonnèrent sur plusieurs mois.[274] En général, les 'lettres de Prusse' sont deux ou trois fois plus courtes que les lettres d'Alsace. Aucun détail ou presque, on l'a vu, de ménage, d'affaire ou de santé. Aucune de ces redites, ni de ces lenteurs des correspondances familières, où l'on s'abandonne, où l'on revient sans y penser sur les mêmes articles.[275] Aucune mention des arrangements indispensables à l'entretien même de la correspondance – changements d'adresse, voies et couverts à utiliser, précautions de l'acheminement. Partout le même dépouillement, la même

271. Voir Jean Nivat, pp.440-41. 'Notre famille' s'interprète comme un jeu sur l'homonymie Denis/Denys. Cf. 'votre beau-frère' (D5451, D5479 et D5505); 'le cousin de Denis' (D5529); 'nos papiers de famille' (D5532), etc.

272. D5594, D5621 et D5633, 20 décembre 1753, 9 et 24 janvier 1754. Pour l'identification de 'madame Daurade', voir entre autres D5519.

273. 'Une cinquantaine de lettres compose le receuil' (D5621). Je reviens plus loin sur cette indication de nombre.

274. D4956 et D5067, 24 juillet et 15 octobre 1752.

275. D5159, la seule des trois lettres authentiques qui soit assez longue pour se prêter à la comparaison, fait justement exception à cet égard, en particulier pour l'article du secret à garder sur la 'conviction' du *Tombeau de la Sorbonne*: 'Je vais vous confier le secret de ma vie [...]. Mais je vous avertis que vous risquez ma liberté et ma vie [...]. Il faut montrer à m^r^ Dargenson sous le sceau du secret [...]. Exigez de m^r^ Dargenson qu'il n'accuse jamais l'abbé de Prade [...]. Prenez bien garde à cette affaire délicate [...]. Personne sur la terre ne doit être instruit que m^r^ Dargenson [...].'

concentration. Incompréhensibles au regard des vraisemblances générales de la relation et des situations épistolaires, ces traits sont directement imputables aux contraintes fondamentales de l'aménagement en recueil.

Mais la 'rédaction' n'est que la basse besogne de la réécriture. Elle n'a de sens que par les choix qui la commandent. Ce n'est pas un simple 'extrait' de sa correspondance que Voltaire avait 'en tête', mais un véritable 'ouvrage'. Il est facile de constater l'importance des opérations diégétiques dans le discours de son travail. Il entend que l'ouvrage soit 'agréable', 'plaisant', intéressant'.[276] Occupé déjà à 'rédiger' ses lettres, il se soucie aussi de les 'mettre en ordre': 'On peut faire de ce rogaton [...] une espèce d'histoire intéressante et suivie' (D5594, 20 décembre 1753). 'C'est comme Paméla une histoire en lettres', écrit-il encore après les avoir 'ajustées': 'un recueil qui compose une histoire suivie, assez variée et assez intéressante' (D5621, 9 janvier 1754). Le mot clé est bien ici celui d'*histoire*: il résume la transformation radicale des modalités et des fonctions du discours, l'altération essentielle d'un texte de *communication* en œuvre de *représentation*.

Les 'lettres de Prusse' n'ont de lettres que l'apparence formelle. On y cherche en vain l'inscription de l'échange. Voltaire s'est efforcé de créer l'illusion d'une correspondance. Traces fugitives, échos assourdis, vagues accords: l'autre voix n'est qu'à peine audible. Deux lettres seulement présentent un accusé de réception – encore se développent-elles ensuite d'une façon autonome, sans référence précise aux articles des lettres prétendument reçues.[277] Quelques autres marquent l'impatience d'une réponse – mais les suivantes ne soutiennent pas cet effet de vraisemblance.[278] D'autres approuvent avec chaleur des avis ou des conseils supposés – mais si rapidement que l'accord n'en paraît que plus factice: ce n'est guère qu'une variante de l'accusé de réception.[279] Dans quelques autres, Voltaire semble satisfaire des curiosités de sa nièce sur la cour de Prusse et la vie de Berlin, répliquer aux mauvaises interprétations que l'on donne à Paris de son absence, ou s'expliquer plus avant sur ses sentiments et ses intentions[280] – et c'est là paradoxalement que se trahit la clôture du texte: la représentation se motive par l'artifice d'un désir ou d'une attente qui la rendrait nécessaire. Partout ailleurs, soit dans plus de la moitié des cas, les lettres ne se donnent pas même indirectement pour des réponses: elles se succèdent comme les pages d'un journal ou les tableaux d'une chronique. Tout se passe, en vérité, comme si Mme Denis n'avait rien eu jamais de personnel à écrire, comme si elle n'avait vécu pendant trois ans que pour lire les lettres de son oncle, pour recevoir de

276. 'Je tâcherai de rendre la chose sage, agréable, plaisante [...] Soyez sûre que ce recueil sera un jour plus intéressant que celuy de Rousseau' (D5500). Voltaire avait relu ce 'recueil' de Rousseau l'année précédente, à l'occasion de la publication du *Portefeuille*. Il trouvait que les lettres se contredisaient: 'Il loue & il déchire les mêmes personnes' (D4867, à Formey).

277. D4193: 'Je reçois votre lettre du huit'; et D4390: 'Je vous remercie tendrement de tout ce que vous m'envoyez.'

278. D4205, D4344, D4564 et D4575. Les annonces de paquets paraissent remplir la même fonction.

279. La répétition des mêmes formules accuse parfois le procédé: cf. D4597: 'Vous êtes de mon avis; cela me fait croire que j'ai raison', et D4956: 'Vous avez la plus grande raison ...'; D4269: 'Faites tout ce qu'il vous plaira', et D4390: 'Faites tout ce qui vous plaira.'

280. D4217, D4240, D4256, D4269, D4906 et D4956.

ses nouvelles et partager ses états d'âme.[281] Destinataire purement nominale d'une pseudo-correspondance, elle figure en fait une sorte de lecteur idéal, l'écoute attentive et sympathique du public anonyme auquel le recueil est réellement adressé.[282]

Cet effacement de l'autre voix est étroitement lié à la restriction du champ d'intérêt. D'un bout à l'autre du recueil la scène est principalement à Berlin et à Potsdam, comme si Voltaire avait soudain coupé, en quittant la France, des liaisons ou des relations de vingt ans et plus,[283] et surtout comme s'il avait subi la séparation et l'éloignement, sans rien pouvoir faire que les regretter et s'en plaindre. Pas la moindre trace des projets successifs de voyage et de retour, des démarches et des sollicitations de Mme Denis à Versailles, des adroites manœuvres en faveur du *Siècle de Louis XIV*, des plans soumis au duc de Richelieu, des 'promesses' de Mme de Pompadour et du comte d'Argenson: l'analyse a souligné ce décalage entre le texte et les faits. Deux images de la France coexistent. D'un côté, la maison du faubourg Saint-Honoré où il faisait bon vivre, les bords de Seine, le petit théâtre du grenier, le coin du feu;[284] de l'autre, les calomnies et les cabales, les tracasseries et les persécutions des 'écumeurs littéraires' et des dévots, toujours déchaînés après un 'pauvre homme' assez 'malavisé' pour avoir fait 'des poèmes épiques et des tragédies'.[285] Les rares nouvelles de Paris qui s'inscrivent dans le texte, et même les bonnes à l'occasion, trop incertaines pour balancer les mauvaises, semblent n'avoir pour fonction que de maintenir à l'horizon du récit prussien le rappel d'une destinée injuste et comme le présage d'un exil volontaire.[286] Patrie ingrate et chère à la fois. Mais la nostalgie et le dépit s'amortissent dans une sorte d'impuissance douloureuse. C'est au fond *la situation même de la réécriture* – l'insuffisance des plans et des manœuvres, l'impossibilité du retour, le manque de protections, devenus patents – qui commande cette fermeture de l'espace de l''histoire'.

Au centre de l'œuvre donc, la cour de Prusse, les familiers du roi, le roi lui-même – le roi surtout, dont le portrait donne au recueil sa plus grande unité.

281. Rappelons qu'il n'est question nulle part de sa santé, de son genre de vie, de ses amis, de ses occupations littéraires et autres. Elle ne lui confia sans doute pas ses aventures galantes, mais des échos, vrais ou faux, en parvinrent à Berlin: voir D4335 et D4793 pour la rumeur de son mariage avec le marquis de Ximenès, et la discussion de D4953, dans la troisième partie, pour celle d'une intrigue avec d'Alembert. Cf. *Textes*, 76.

282. La première lettre du recueil me semble presque trahir d'emblée ce disfonctionnement du discours épistolaire et ce travail des fonctions narrative et descriptive. Que signifierait, dans une vraie lettre, cette longue *adresse* en vers et en prose? Voltaire annonce '[le] récit de [son] long voyage' et son intention de 'peindre' le roi de Prusse. Mais 'il ne faut rien anticiper', ajoute-t-il en revenant à sa route de Compiègne à Clèves: 'Je veux de l'ordre jusque dans mes lettres' (D4169). Tout le morceau fonctionne en fait comme une *dédicace générale*.

283. D'Argental n'est nommé que deux fois dans tout le corpus (D4185 et D4217); de même le duc de Richelieu (D4390 et D4564); Mme de Fontaine une seule fois (D4181), comme le marquis de Thibouville (D4185).

284. Voir D4185, D4240, D4307, D4334, D4344, D4597, D4822, D4874, D4895.

285. D4193. Cf. D4185, D4217, D4240, D4251, D4269, D4390, D4549, D4597, D4628, D4822, D4895.

286. Voir D4240 ('Il semble qu'on soit fâché d'avoir perdu sa victime'); D4379 et D4426 (nouvelles des éditions de Paris et de Rouen – mais 'voilà trop de bâtards'); D4597 (succès de *Mahomet* – mais les dévots veillent toujours); D4628 ('Est il possible qu'on crie toujours contre moi dans Paris ...?'); D4770 ('chicanes' attendues sur le *Siècle*); D4836 (succès de *Rome sauvée* – mais une pièce aussi peu 'parisienne' ne peut plaire longtemps); D4906 (mauvais effet de l'*Epître au cardinal Quirini*).

Les 'lettres de Prusse' ou la vérité sur Frédéric: c'est le récit d'un dévoilement, d'une désillusion. Curieusement, et même au fond contre toute vraisemblance, la distance critique est également marquée dans l'ensemble du corpus: à l'aller comme au retour du voyage, le roi de Prusse est 'celui que j'ai appelé le Salomon du nord' (cf. D4169 et D5114). La décision de rester à sa cour n'apparaît pas comme un emportement d'enthousiasme, mais, par une distorsion qui affecte toute l''histoire', comme un choix raisonnable et presque résigné, comme une esquive aux poursuites de la superstition et de l'envie: 'Peut-être est il plus doux de mourir à sa mode à Potsdam que de la façon d'un habitué de paroisse à Paris [...]. Je veux essayer si je trouverai plus de repos auprès d'un poète couronné qui a cent cinquante mille hommes qu'avec les poètes des cafés de Paris' (D4187 et D4193). Les risques sont prévus et calculés. Le 'poète couronné' n'est sans doute pas le plus sûr des protecteurs: 'il égratigne encore quelquefois d'une main quand il caresse de l'autre' (D4187). Le thème du simulacre travaille d'ailleurs toute cette séquence de l'installation. Des fêtes magnifiques, pour accueillir le prince des poètes? 'On croirait presque, aux apparences', commente Voltaire, 'qu'on n'est ici que pour se réjouir'.[287] Une belle salle d'opéra, en vérité; mais 'on y joue des ouvrages tartares' (D4193). Et quelle tranquillité se promettre d'un pays où l'on découvre dès l'abord 'de la médisance, de la tracasserie, des jalousies de femmes, des jalousies d'auteurs et jusqu'à des brochures'?[288] En fait, l'avenir est d'avance constitué en *destin* – comme dans les autobiographies, et pour cause.[289]

Ce n'est pas dans les 'lettres de Prusse' que l'on verra le Salomon du Nord gouverner ses états, réformer la justice, établir des lois sages, garantir la liberté de conscience et veiller au bonheur de sujets qui l'adorent. Le grand Frédéric n'est vu que par le mauvais bout de la lorgnette.[290] Les vagues éloges qui subsistent ici et là sont encore réduits par l'ambiguïté des contextes.[291] Pour l'essentiel, le roi de Prusse ne paraît en scène que comme écrivain – comme 'auteur français né à Berlin', 'poète couronné', 'monarque bel esprit'.[292] On est constamment ramené, d'une part à ses productions, d'autre part aux soins et aux corrections qu'elles demandent. L'avantage est double. Cette activité littéraire devient d'abord le révélateur le plus parlant d'une duplicité foncière. Frédéric caresse d'une main: 'des petits vers très galants' pour son cher d'Arnaud, une

287. D4185. Cette phrase étrange reste en l'air – c'est la clausule de la lettre. Sa fonction référentielle est nulle. Elle n'a de sens que comme préparation dramatique.

288. D4217. Ces 'brochures' annoncent évidemment la guerre de l'*Akakia*. La lettre précédente fait déjà succéder 'l'inquiétude' au 'repos' (D4205).

289. 'Mon destin me suit partout ...' (D4205). Cf. D4240: 'O destinée, comme vous arrangez les événements, et comme vous gouvernez les pauvres humains.'

290. Christiane Mervaud, pp.248-52, a fort justement marqué ce trait spécifique des lettres à Mme Denis.

291. Voir par exemple D4205: 'Les Berlinois veulent avoir de l'esprit parce que leur roi en a' – mais ils prennent aussi, d'après la même lettre, le vinaigre pour de l'excellent vin. Dans D4564, Voltaire écrit encore: 'c'est un roi aimable'. Mais c'est juste après une allusion humoristique à la scène où Monsieur Jourdain loue Dorante, le grand seigneur qui d'une main 'fait des caresses' et qui de l'autre prend de l'argent qu'il ne rendra jamais.

292. D4187, D4193 et D4279. Cf. aussi D4344, D4564, D4628. Les insignes de la royauté ne reparaissent, symboliquement, que sur la page de titre de la 'brochure' lancée contre le défenseur de König: 'L'aigle, le sceptre et la couronne sont bien étonnés de se trouver là' (D5067).

épître pour immortaliser le cher Pesne, une 'lettre touchante' à son cher Darget sur la mort de sa femme (D4189, D4269 et D4564). Il égratigne de l'autre: il chasse d'Arnaud, il méprise le divin Pesne, il lâche aussi 'une épigramme contre la défunte' (*ibid.*), il ridiculise son secrétaire dans le *Palladion*, il 'grêle sur le persil' et sur les grands indifféremment.[293] Voltaire ne se met lui-même en scène, par rapport au 'monarque bel esprit', que comme son maître en belles-lettres: 'Je ne me mêle ici que de mon métier de raccommoder la prose et les vers du maître de la maison.'[294] Mais la tâche est rude. Corrections pour ses *Mémoires de Brandebourg*, corrections pour son 'œuvre de poésie', corrections pour son *Palladion*, corrections même pour une belle 'ode à Voltaire':[295] toutes les occasions sont bonnes pour souligner complaisamment le dévouement, l'abnégation, la fidélité du 'grammairien' de sa majesté. Cette vision réductrice a donc surtout pour fonction, on le voit, d'inverser les termes de la situation de fait, de représenter le protecteur comme l'obligé et le débiteur de son protégé. Quand enfin le disciple s'avise d'écrire contre son maître, il devient clair que c'est lui qui rompt le contrat, que tous les torts sont de son côté, que tous les malheurs viennent de lui.[296] Les dernières lettres du recueil renouent tous ces fils entremêlés de l'ingratitude et de la duplicité du roi, toute cette thématique des feintes caresses et des griffes cachées: 'Tout ce que j'ai vu est-il possible? [...] Dire à un homme les choses les plus tendres, et écrire contre lui des brochures! [...] arracher un homme à sa patrie par les promesses les plus sacrées et le maltraiter avec la malice la plus noire!' (D5114). Encore Voltaire insinue-t-il que Frédéric, par un raffinement de 'malice', déteste ce Maupertuis dont il prétend prendre la défense.[297] La désillusion enfin complète, les soupçons de la 'lettre des mais' pleinement avérés, le 'petit dictionnaire à l'usage des rois' vient déchiffrer l'ultime leçon qui sous-tendait le texte depuis ses premiers mots: 'Entendez par *je vous rendrai heureux: je vous souffrirai tant que j'aurai besoin de vous.*'[298]

La finalité première de l'œuvre ressort ainsi de l'analyse de son fonctionnement même. Voltaire a 'mis en ordre' et 'ajusté' ses lettres, il en a calculé 'l'histoire', pour apparaître comme l'innocente victime d'un 'prince pervers',[299] infidèle à ses engagements et fermé aux sentiments naturels de la reconnaissance et de

293. D4597. Les muses frédériciennes sont surtout satiriques, même dans l'histoire et dans le burlesque: des *Mémoires de Brandebourg*, Voltaire retient seulement que l'auteur y 'tombe sur son grand-père de toutes ses forces' (D4251); de même le *Palladion* 'se moque de plus d'une sorte de gens' (D4334).

294. D4251. Cf. D4269: 'Je suis *il pedagogo di sua maestà*.'

295. D4251, D4426, D4564 et D4606. Cf. aussi, dans la dernière lettre de Berlin, ironiquement appliquée, cette formule idéale de la réussite pédagogique: 'Je l'ai mis en état de se passer de moi' (D5233).

296. Et parallèlement, dans cette construction en réquisitoire, l'*Akakia* n'est qu'une 'innocente raillerie' (D5067).

297. D5067. Ce mot de 'malice' joue naturellement sur le fameux quatrain de la 'caresse' et de la griffe, deux fois rappelé dans la séquence d'ouverture (D4187 et D4279), où il apparaissait déjà.

298. D5114. Ce n'est pas ici le lieu d'étudier en détail les phénomènes de cohérence formelle, mais on peut au moins noter en passant: 1. que ce dernier passage réfère implicitement à la lettre pivot de 'l'écorce d'orange' (D4564); 2. que l''histoire' de Voltaire en Prusse est deux fois mise en abyme: dans la lettre sur le 'pauvre d'Arnaud' (D4279) et dans la mésaventure de du Bordier (D5148) – cf. D4279: 'Il [Frédéric] a oublié de lui payer son voyage', et D5148: 'On [Frédéric] le renvoie sans même lui donner l'aumône.'

299. La formule est de Christiane Mervaud, p.248.

l'humanité. Et sous cet aspect encore, on reconnaît bien, dans les 'lettres de Prusse', la réalisation du projet de la 'Paméla', en ce qu'il avait peut-être de plus excessif. 'Elle couvrira d'opprobre dans la postérité', écrivait-il à sa nièce en l'entreprenant, 'ceux qui vous ont fait traîner par des soldats et qui prétendent à la gloire parce qu'ils ont été heureux.'[300] Et en la terminant: 'Cernin n'y gagnera pas, et la postérité le jugera' (D5621, 9 janvier 1754). Un *Anti-Frédéric*: telle apparaît enfin la 'besogne' que Voltaire avait 'en tête' lorsqu'il se mit à compiler ses vraies lettres de Prusse.

Avant de revenir sur les circonstances de la réécriture, il convient de mieux cerner la réalité matérielle de l'œuvre.[301] Voltaire parle, on l'a noté, d'une cinquantaine de lettres.[302] L'analyse a permis d'en identifier trente-huit. L'écart peut être réduit, sinon comblé.

Rappelons-nous d'abord ces six références internes à des lettres dont on n'a pas trace. Quatre de ces lettres, et peut-être toutes les six, ont dû effectivement être écrites, et entrer dans le plan de 'Paméla'. Au début de septembre 1750, une description du carrousel de Berlin aurait complété la séquence des fêtes de l'arrivée.[303] Une lettre annonçant, en décembre 1750, l'ambassade du chambellan d'Ammon et donnant des instructions pour le loger, s'inscrivait assez probablement dans la thématique contrastée de l'ingratitude et du dévouement.[304] Celle que 'le major Chasot [avait] dû rendre' en main propre, en novembre 1751, pouvait évoquer librement l'incapacité du roi de Prusse à garder auprès de lui des familiers peu à peu dégoûtés de sa cour et lassés des humiliations qu'il leur infligeait (cf. D4606 et D4628). Il serait étonnant enfin que la référence très précise à une lettre du 1er novembre 1752 sur 'l'embarras de sortir' de Prusse (voir D5114) n'ait été qu'un simple effet de vraisemblance épistolaire. Pour les deux dernières mentions, un doute subsiste: ce ne sont que des annonces, de lettres apparemment importantes, mais sans aucune précision de contenu.[305]

Une autre lettre se trouve plusieurs fois mentionnée, dont la place est marquée au début du recueil. Non pas une lettre de Voltaire, mais du roi de Prusse: la fameuse lettre des promesses, cause première de l'établissement et du séjour. L'imprécision même de la première référence qui y est faite implique son

300. D5500, 3 septembre 1753. 'Ceux qui'? Pluriel évidemment rhétorique. La première des deux allusions militaires est à l'arrestation de Francfort, la seconde aux victoires remportées sur l'Autriche dans la guerre de 1741.

301. Je n'ai pas cru devoir le faire plus tôt: j'ai voulu rendre d'abord sensible l'existence même de l'œuvre, en montrant l'identité de la 'Paméla' et des 'lettres de Prusse'.

302. D5621: 'Une cinquantaine de lettres compose le receuil.'

303. Cf. D4217: 'Je voudrais que vous eussiez été au carrousel dont je vous ai déjà dit un petit mot.' D4193 s'ouvre sur la représentation de *Phaéton*; D4205 évoque les répétitions de *Rome sauvée*. Voir D4240: 'Le tumulte des fêtes est passé.'

304. Voir D4334: 'Je vous ai priée dans ma dernière lettre de faire préparer mon appartement pour un chambellan du roi de Prusse [...]. Puisqu'il me loge, il est juste que je loge son envoyé.'

305. Voir D4874: 'J'ai une autre affaire en tête et que je vous communiquerai à la première occasion,' et D4906: 'Je vous parlerai de nous deux à la première occasion.' S'agissait-il de préparer la négociation de rente avec le duc de Wurtemberg (D5012)?

insertion.[306] Voltaire pouvait-il d'ailleurs produire une preuve plus accablante de la 'malice' de Frédéric? Nul besoin de la falsifier, de la réécrire: elle parlait d'elle-même. Oui, le roi de Prusse avait reconnu le sacrifice d'un vieil homme qui abandonnait pour lui sa patrie et ses amis, il avait protesté de son éternelle gratitude, il avait écarté toute appréhension d'une 'inconstance de fortune', il avait promis que '[sa] Maison' ne deviendrait jamais 'une prison' pour 'un ami vertueux', pour '[son] Maitre en Eloquence et en savoir', pour 'le père des lettres et des gens de goût' (D4195). Les plaintes de la lettre de 'l'écorce d'orange' et le 'petit dictionnaire' des désillusions s'articulent directement sur ces belles promesses,[307] et l'œuvre entière est remplie d'allusions et de récurrences qui devaient en entretenir le souvenir au fil de la lecture.[308] Bref, on a peine à concevoir le recueil sans cette pièce à conviction: la 'Paméla' développe et dramatise justement la trahison d'un serment.[309]

Pour l'y faire entrer, il fallait, selon les usages épistolaires, que l'envoi en fût explicitement marqué: une lettre d'accompagnement serait donc encore à restituer.[310] Mais il apparaît surtout que Voltaire avait placé, dans le voisinage de la lettre du roi, une lettre au moins de Mme Denis. On se souvient que c'est elle qui par ses appréhensions occasionna ces promesses. La lettre même du roi référait à cette mise en garde en y répondant.[311] Ou bien Voltaire avait-il choisi de ne donner qu'un extrait de la lettre de Frédéric, en supprimant cette référence encombrante? Même dans ce cas, il me semble qu'une lettre de Mme Denis devait suivre, qui eût manifesté des soupçons sur la sincérité d'un serment de prince, des craintes sur les suites d'un établissement en Prusse. A deux reprises en effet il est fait mention de ses 'prédictions', vers la fin du recueil, c'est-à-dire quand le cours des événements eût paru vérifier ses sombres pressentiments.[312] Si le lecteur n'avait pas eu d'abord ces 'prédictions' sous les yeux, à quoi pouvait rimer ce double rappel? Ce n'eût été qu'un effet dramatique manqué. Une telle lettre devait au contraire, à la fin de la séquence d'exposition, nouer l''histoire', y inscrire les risques d'un mauvais destin, en jetant sur le 'mariage' du prince et du poète l'ombre douteuse des présages.

306. Voir D4217: 'J'attends avec impatience [...] ce que vous direz de la lettre du roi de Prusse.'

307. Voir D4564: 'Quoi, après seize ans de bontés, d'offres, de promesses, après la lettre qu'il a voulu que vous gardassiez comme un gage inviolable de sa parole', et D5114: '*Vous êtes philosophe*, disait-il, *je le suis aussi*. Ma foi, Sire, nous ne le sommes ni l'un ni l'autre.'

308. 'Berlin est un petit Paris,' écrit par exemple Voltaire dans D4217: c'était enchérir assez ironiquement sur la modestie du roi, qui venait d'avouer que Berlin ne valait pas Paris. Les réflexions générales de D4334 et D5012 sur les 'serments' ou les 'paroles' des grands ne sont sans doute pas innocentes non plus. Frédéric avait repoussé avec indignation l'idée qu'il pût jamais devenir 'un Tiran' pour '[son] ami vertueux', à quoi répond dans D5067: 'J'ai affaire [...] au pouvoir despotique.'

309. Les *Mémoires* et le *Commentaire historique* citent également en bonne place la 'lettre des promesses'. Rappelons que Voltaire, avant même d'écrire sa 'Paméla', l'utilisa contre Frédéric II en en communiquant des copies à la duchesse de Saxe-Gotha (voir D4195, textual notes), au comte d'Argenson (voir D5315) et même à l'Empereur (voir D5308).

310. D4217, déjà citée, y réfère implicitement.

311. Voir le début de D4195: 'J'ai vû la lettre que Votre Niesse vous écrit de Paris ...'

312. Voir D5114: 'votre ancienne prédiction que le roi de Prusse me ferait mourir de chagrin', et D5233: 'J'espère que votre ancienne prédiction ne sera pas tout à fait accomplie.' L''impatience' marquée dans D4217 peut être aussi regardée comme un indice de la présence d'une lettre de 'prédiction', qu'elle eût préparée.

Mais l'‘histoire’ ne s'arrêtait certainement pas aux dernières péripéties du séjour – au congé demandé, refusé, arraché de haute lutte. Après la retraite de Prusse, il y avait eu Francfort. C'est là que ‘Cernin’ avait mis le comble à son ingratitude et à ses injustices. La fin de ‘Paméla’ serait-elle perdue? Trois lettres attirent encore l'attention dans l'ancien corpus de Kehl – et il est remarquable que ce soit aussi sur ces trois lettres que se termine, dans le recueil manuscrit de Leningrad, la correspondance avec Mme Denis.[313]

La première est datée de Mayence, le 9 juillet 1753. Elle est de Voltaire et adressée à Mme Denis (D5413). Du moins faudrait-il croire qu'elle lui est adressée. Mais pourquoi cette évocation des ‘horreurs’ de Francfort, qu'elle avait partagées? Pourquoi ces réflexions amères sur la conduite du roi de Prusse, ce long rappel de ses ‘bontés séduisantes’ et des trois années de ‘soins’ employés à ‘perfectionner ses talents’? pourquoi cette justification de l'absence, ces protestations de patriotisme, cette confidence de l'espoir d'un retour prochain à Paris? Mme Denis connaissait sa situation et ses sentiments: ils s'étaient quittés la veille ou l'avant-veille. Cette belle lettre, touchante et pathétique à souhait, écrite avec des larmes dans les yeux, c'est au public qu'il la destinait. Aussi bien fut-elle aussitôt connue: il en répandit des copies, et Mme Denis, de son côté, ne fit pas trop de difficulté à la laisser circuler.[314] Elle n'a pas été écrite, à vrai dire, pour entrer dans la ‘Paméla’ – dont le projet formel, comme on va le voir, n'était sans doute pas encore arrêté. Mais c'est déjà une fausse lettre, une lettre ostensible au moins, premier degré de distorsion des fonctions épistolaires. C'est un texte de représentation, et non de communication, comme le sont aussi les ‘lettres de Prusse’. Et c'est enfin un réquisitoire contre Frédéric, auteur véritable des inhumanités perpétrées en son nom.[315] En reprenant ses ‘lettres à madame Daurade’, Voltaire eut-il même besoin de la réécrire? Il est sûr au moins qu'on ne peut la négliger dans un essai de reconstitution de l'œuvre.

La seconde lettre est de Mme Denis, ou plutôt elle est donnée sous son nom: ‘à Paris 26 août 1753’ (D5492). Car c'est, à coup sûr cette fois, une nouvelle page de la ‘Paméla’, un tissu d'écarts et d'anachronismes comme les trente-huit lettres déjà étudiées. Mme Denis malade et presque à la mort, des suites de ‘la barbarie exercée à Francfort’? ‘J'ai été saignée quatre fois en huit jours’! Voilà une situation fort émouvante, mais il n'en était rien. Dans sa lettre du 3 septembre, en réponse à des nouvelles du 27 août, Voltaire écrit à sa nièce: ‘Vous ne me parlez point de votre santé. Elle est donc bonne.’[316] Mme Denis

313. Voir plus haut, p.2 et n.7.

314. Voir D5444, D5459 et D5482. Elle fut imprimée, quelques semaines plus tard, à la suite de l'*Idée de la cour de Prusse* (*Z Beuchot 1897*, pp.7-8, impression qui a échappé à l'attention de Besterman). Voltaire protesta naturellement contre cette ‘violation des droits de la société’, mais en fut-il si mécontent? On peut penser qu'il avait concerté les termes de sa lettre avec Mme Denis, pour qu'elle pût en faire usage à Paris et à Versailles.

315. Les fonctions satirique et descriptive se conjuguent dans l'évocation des ‘atrocités’ de Freytag. Mme Denis ‘traînée dans les rues de Francfort par des soldats’; Mme Denis ‘aïant à sa porte quatre soldats la bayonnette au bout du fusil’; Mme Denis ‘contrainte de soufrir qu'un commis de ce Freytag, un scélérat de la plus vile espèce, passe seul la nuit dans sa chambre’: la lettre se fait estampe.

316. D5500. Mme Denis fut gravement malade quelques mois plus tard, en novembre et décembre 1753. A cette date, Voltaire composait sa ‘Paméla’: d'où vraisemblablement l'idée de cette touchante péripétie.

touchée des malheurs et de la solitude de son cher oncle, et prête à venir le rejoindre 'à Strasbourg ou à Plombières'? Admirable dévouement, et tel que l'oncle le rêvait sans doute, mais il n'en était rien non plus: elle le pressait d'accepter l'hospitalité que Cideville leur offrait en Normandie.[317] Et comment croire que 'le sieur Federsdorff' aurait pu être assez imprudent pour lui écrire ceci: 'Tout ce qui vous est arrivé à Francfort a été fait par ordre du roi'?[318] Je doute fort encore que 'la plupart des ministres étrangers' auraient pu ostensiblement, Mme Denis eût-elle été vraiment malade, 'envoyer savoir de [ses] nouvelles', au risque d'indisposer l'envoyé prussien. Cette lettre forme d'ailleurs, dans la série des *Lettres d'Alsace*, un corps étranger: elle ne répond à aucune autre, et aucune autre n'y répond. On voit en revanche assez bien quelles fonctions elle pouvait remplir dans le recueil des 'lettres de Prusse'. Elle ajoutait, au récit des événements de Francfort, des résonances pathétiques. Elle établissait définitivement, par le témoignage direct de son familier le plus intime, la responsabilité du roi de Prusse. Elle entourait les victimes innocentes de tous les attendrissements dus à la vertu persécutée. Elle leur promettait même la douce revanche de l'estime universelle – et donc à l'auteur de la nouvelle 'Paméla' le succès de son œuvre de justice. 'Le public juge les hommes sans considérer leur état, et vous gagnez votre cause à ce tribunal.'[319] Bref, c'est là presque une lettre de conclusion.[320]

Mais il faut chercher, je crois, le véritable épilogue de l'œuvre dans une bien curieuse lettre à Mme Denis qui se trouve placée au 20 décembre 1753 dans la correspondance générale – et dont l'étrangeté a d'ailleurs été reconnue (D5595, commentary). Elle détonne parmi les *Lettres d'Alsace*, à coté d'une autre lettre à Mme Denis de ce même 20 décembre, dont l'authenticité n'est pas douteuse (D5594). Lettre ostensible, assurément, et travaillée avec le plus grand soin.[321] Mais si elle avait été destinée à une publicité immédiate, comme Besterman semble l'avoir pensé, on devrait trouver, dans l'autre lettre du même jour, ou dans les lettres à Mme Denis qui suivent, quelque directive en ce sens, et ce n'est pas le cas. La destination, les fonctions sont à lire dans le texte. Voltaire passe en revue sa vie, sa longue carrière excédée de déboires et d'attaques de toutes sortes. Une adroite mise en scène assure la vraisemblance: il écrit tout en classant un 'fatras énorme' de vieux papiers que sa nièce vient de lui envoyer. Lettres de Desfontaines, de Baculard d'Arnaud, de Linant, de La Marre,

317. Cf. D5482, 17 août, et D5503, 8 septembre 1753.

318. Il est vrai que Fredersdorff écrivit à Mme Denis une lettre (inconnue) où Voltaire crut lire cet aveu de culpabilité, mais ce fut à la mi-septembre, et les termes n'en étaient sûrement pas aussi clairs. Cf. D5532, 29 septembre 1753: 'La lettre de Fredersdorff est étonnante. Est il possible que Le Roy de Prusse avoue *aujourduy* les violences qu'il vous a faittes après les avoir fait désavouer par mylord Maréchal?' Voir aussi D5535, *in fine*, 1er octobre 1753: 'Fredersdorff vous a écrit une drôle de lettre. C'est un plaisant que cet homme là.'

319. 'Nous faisons très bien tous deux de nous taire,' ajoute Voltaire: malice savoureuse, à la fin d'une satire fourbie en secret, qui doit un jour crier et faire crier.

320. Aux fonctions de récapitulation s'ajoutait un effet de symétrie, cette lettre renvoyant, par un dernier écho, à l'autre lettre de Mme Denis placée au début de recueil: 'Dieu veuille que mon ancienne prédiction que le roi de Prusse vous ferait mourir, ne retombe que sur moi!'

321. Le manuscrit de Kehl paraît porter en surcharge les variantes des 'deux minutes' utilisées, et surtout le manuscrit de Leningrad présente un état différent du texte, plus avancé me semble-t-il, que Besterman a curieusement négligé.

d'autres seigneurs de moindre importance. Lettres de demande, de prière, de remerciement – en fait 'des mémoires de la bassesse et de la méchanceté des gens de lettres'. Ceux qu'il a protégés l'ont trahi; ceux qu'il a secourus l'ont volé. Deux ou trois n'ont pas rendu le mal pour le bien: ils n'en ont pas eu le temps ou le talent. Et il y a pire encore que 'la canaille de la littérature': les dévots, 'espèce cent fois plus méchante' – mais ceux-là n'ont pas laissé de traces dans le 'fatras' des vieux papiers: la lettre évoque seulement leur implacable fanatisme.[322] De tous ses 'travaux', le vieil homme n'a recueilli 'que des amertumes et des persécutions.' Il ne lui reste d'autre parti à prendre que celui d'une retraite obscure où chercher enfin la paix, avec les consolations d'une amitié fidèle: 'Malgré les funestes conditions auxquelles j'ai reçu la vie, je croirai pourtant si je finis avec vous ma carrière qu'il y a encore plus de bien que de mal sur la terre; sinon je serai de l'avis de ceux qui pensent qu'un génie malfaisant a fagoté ce bas monde.'[323]

On voit combien cette lettre est différente de toutes ces lettres ostensibles sur les malheurs de la condition d'homme de lettres qui jalonnent la carrière de Voltaire. Elle est d'abord détachée de toute circonstance – et pourtant, à cette date très précisément, il se lançait dans une nouvelle campagne pour désavouer l'édition Néaulme de son 'Histoire universelle'.[324] Elle est surtout plus personnelle, plus touchante. Elle s'accorde ainsi, me semble-t-il, à la tonalité pathétique des dernières lettres de 'Paméla'. Elle s'inscrit d'autre part assez bien dans la thématique générale de l'œuvre. Ce thème des persécutions littéraires monte et s'amplifie tout au long du recueil, jusqu'à la guerre finale des brochures pour et contre Maupertuis: il trouvait seulement ici son expression la plus élaborée.[325] La méchanceté des gens de lettres n'effaçait d'ailleurs pas l'ingratitude du roi de Prusse, deux fois rappelée dans cette ultime lettre;[326] elle l'englobait plutôt, puisque aussi bien Frédéric n'avait été lui-même qu'un 'roi auteur'. Quant aux consolations de l'amitié, c'est aussi l'un des thèmes récurrents de l'œuvre, de plus en plus présent après la crise de 'l'écorce d'orange'.[327] La vocation de la retraite enfin s'y trouve aussi marquée, et très tôt. Dès la séquence de l'installation, dans une lettre que Voltaire a peut-être conçue à cet égard comme une pierre d'attente, le séjour en Prusse avait été placé sous le signe d'une recherche du 'repos': serait-il possible d'en trouver davantage 'auprès d'un poète couronné

322. En deux endroits: à la fin du quatrième et au dernier paragraphes. C'est que le texte comporte une 'fausse sortie', si l'on peut dire. Cf. le début du cinquième paragraphe: 'Je ne puis m'empêcher de continuer ma revue ...'

323. Cf. la fin du quatrième paragraphe: 'n'aspirant plus enfin qu'à une retraite, seul parti convenable à un homme détrompé de tout'.

324. Voir D5593, D5594 et D5600.

325. Voir p.57, n.285. Des expressions se font écho. 'Ce monde-ci est une guerre continuelle,' écrit ici Voltaire. Cf. D4193: 'Les mauvais auteurs [me] feront éternellement la guerre', et D4895: 'Ce monde est un vaste temple dédié à la discorde.' Il maudit 'la canaille de la littérature'; cf. D4895: 'cette canaille des greniers de la littérature'. Desfontaines, qui ouvre ces litanies de l'ingratitude humaine, était déjà apparu dans D4390 et D4895.

326. Et en bonne place: au début du texte et au quatrième paragraphe. Le manuscrit de Leningrad présente, pour la première référence, un trait plus acéré que dans la copie de Kehl: 'Les Rois ne sont pas les seuls ingrats; ils sont seulement des ingrats plus dangereux' – ce qui tendait à faire de Frédéric un Desfontaines au superlatif.

327. Voir D4564, D4597, D4628, D5012, D5025 et D5114.

qu'avec les poètes des cafés de Paris'?[328] Expérience manquée, les faits l'avaient prouvé. Cet épilogue ne tendait-il pas surtout à assimiler Frédéric aux faiseurs de brochures contre lesquels sa cour devait être un asile? Le retour oppressant des mauvais souvenirs anciens disait au moins l'échec de 'ce rêve de trois années' (D5114).

Avec ces dix ou douze lettres de plus, on est bien près de 'la cinquantaine de lettres' qui composaient 'Paméla'. On entrevoit les contours plus larges de l'œuvre, on en perçoit mieux peut-être la structure et le mouvement. 'Ce sera de tous mes ouvrages', écrivait Voltaire, 'celuy que je travaillerai avec le plus de soin et de scrupule' (D5580, 24 novembre 1753). Il est difficile d'en bien juger par une reconstitution sans doute incomplète, mais les parties conservées, et ces calculs et ces ruses de construction que l'on croit deviner, paraissent confirmer en effet qu'il n'y ménagea pas ses talents et ses peines.

L'acte de naissance de 'Paméla', c'est cette lettre du 22 août 1753 où Voltaire demande à Mme Denis de joindre *ses lettres* aux 'papiers' qu'elle doit lui envoyer (D5488). Mais le projet datait de plus loin. Les 'papiers' attendus, de toute évidence, s'y rapportaient déjà. En fait, il est question, dans cette lettre, de deux sortes de papiers: certains sont à Paris, dans '[une] petite malle'; mais il en avait 'rassemblé' d'autres, qui ont été 'malheureusement brûlez', comme Mme Denis le sait bien. Il a besoin de tout cela pour un 'arrangement' dont ils ont déjà parlé ensemble. Une malle, des papiers brûlés, un ancien 'arrangement', des lettres, et 'Paméla' pour finir. On peut au moins débrouiller sommairement l'histoire de cette genèse.

L'autodafé avait eu lieu à Francfort, le 20 juin très précisément, le jour de la fameuse tentative d'évasion. Le zélé Freytag en fit aussitôt son rapport à Potsdam. Ramené sous bonne garde à l'auberge du Lion d'Or, le dangereux évadé était parvenu à soustraire à la fouille d'un sous-officier une partie des 'écrits' qu'il emportait avec lui dans sa fuite et à les détruire.[329] Des papiers fort curieux, sans doute, sacrifiés à regret: 'les plus importants', comme Voltaire l'écrit un autre jour à sa nièce (D5508, 13 septembre 1753). Et les autres papiers, ceux de Paris, d'où pouvaient-ils venir, sinon de Prusse aussi? Pour alléger l'envoi, Voltaire propose de débarrasser la malle 'des Zulimes, des ducs d'Alençon, des histoires universelles et de la dernière guerre, et des brouillons de Louis 14 qui ne sont bons qu'à mettre au grenier': ce sont bien ses travaux des dernières années.[330] Voilà qui nous ramène plusieurs mois avant Francfort. Des 'papiers' rangés dans la 'petite malle' de ses manuscrits, d'autres 'rassemblés' avec soin et glissés dans les bagages de la route: il fallait bien que Voltaire eût destiné à quelque usage particulier, dès son départ de Berlin, ces restes de son naufrage. Et la correspondance des dernières semaines du séjour semble bien confirmer la présomption d'une longue préméditation.

Une lettre à d'Argental, écrite un mois avant le départ, laisse affleurer déjà

328. D4193. Cf. D4269: 'Il n'y aurait qu'à vivre paisiblement.'

329. D5531, Freytag à Fredersdorff: 'so vernahme von dem unter officier, dass Er eine parthie Scripturen zerrissen hatte'.

330. D5532, 29 septembre 1753. Il n'y manque que *Rome sauvée*.

la tentation d'une vengeance de plume. Lettre sans détours, d'une franchise risquée: Voltaire l'envoie par un exprès et 'exige' de son 'ange' qu'il la brûle après l'avoir lue.[331] Avec une sorte de sympathie douloureuse, il cherche à comprendre comment Frédéric a pu s'éloigner de lui peu à peu, jusqu'à l'opprimer, jusqu'à lui refuser son congé. La vanité piquée, la jalousie d'auteur, la rancune et la duplicité, le ferment des calomnies de Maupertuis, le soudain recours à la force contre l'innocente *Diatribe*, puis la mauvaise conscience et l'entêtement dans l'erreur: Voltaire comprend, il excuse presque. La solitude du roi, privé de toute conseil, lui inspire même un mouvement de pitié: 'Il faut qu'il se dise tout à luy même.' Mais soudain, dans cette âme royale dont il sonde les replis, Voltaire se plaît à projeter l'effroi d'une autre puissance: 'Et ce qu'il se dit en secret, c'est que j'ay *la volonté et le droit de laisser à la postérité sa condamnation par écrit*.'[332] On sent bien tout ce que cette agression simulée pouvait avoir de compensateur. D'où le pardon magnanime dont il accable pour finir le coupable: 'Pour le droit je crois l'avoir, mais je n'ay d'autre volonté que de m'en aller, et d'achever dans la retraitte le reste de ma carrière entre les bras de l'amitié, et loin des grifes des rois qui font des vers et de la proze.'[333] Admirable résignation, mais il est permis de la trouver suspecte. Pourquoi se fût-il contenté, une fois hors d'atteinte, des représailles platoniques de l'imaginaire? Vit-on jamais Voltaire renoncer à son 'droit'? C'est peut-être le cas de dire que la dénégation masque l'intention.

Aussi bien ne trouve-t-on plus rien de cette sublime mansuétude dans une autre lettre remarquable, la première qu'il adressa à sa nièce à sa sortie de Prusse: 'On peut faire de belles retraittes,' lance-t-il alors, 'et même remporter quelques victoires.'[334]A qui en a-t-il donc? Maupertuis était vaincu, écrasé sous le ridicule, à Paris, en Allemagne, et à Berlin même, sur son terrain. Restait le protecteur et le champion du pauvre président: son tour pouvait venir, au hasard des campagnes. C'est vraisemblablement devant les flammes du bûcher de l'*Akakia* que se forma le premier dessein d'un Anti-Frédéric, et sur la frontière des Etats de Prusse que l'idée s'en affermit.[335]

Les persécutions de Francfort en ravivèrent ensuite le désir et le besoin. C'est à Francfort, bien sûr, que Voltaire et sa nièce s'entretinrent de 'l'arrangement de [leurs] affaires': la vengeance, comme l'oppression, devenait commune. Mme Denis était pourtant venue au-devant de son oncle pour le calmer.[336] Les

331. D5217, 26 février 1753, holographe.

332. C'est moi qui souligne.

333. Il n'est peut-être pas sans intérêt de rapprocher de cette phrase la dernière image de l'épilogue de 'Paméla' (D5595): même retraite stoïque, même solitude résignée, même recours aux consolations pacifiques de l'amitié. Par un effet de leurre, l'œuvre nie ainsi jusqu'à la fin ses fonctions polémiques, et donc son existence même.

334. D5247, Leipzig, 4 avril 1753, holographe.

335. Autre témoignage concordant, me semble-t-il, celui d'un billet adressé à la comtesse de Bentinck au début de janvier 1753: 'L'idée que j'ay de votre divin caractère et la passion qu'il m'inspire sont aussi *durables* que ma haine et mon mépris pour les mauvaises actions et les mauvais livres' (D4692). La glose est facile: les 'mauvais livres' sont ceux de Maupertuis; mais dans l'ordre des 'mauvaises actions', la 'brûlure' de la *Diatribe* vient de rejoindre la persécution exercée contre König. Cf. peut-être aussi D5173, à Formey: 'Je ne cède *à personne*.'

336. Voir D5282, Mme Denis à milord Maréchal, 12 mai 1753: 'Je réponds du Cœur de Mr de Voltaire quand je Serais apportée de le calmer.' Voir aussi la réponse, D5304, 1er juin 1753.

violences de Freytag et de Schmidt la jetèrent dans la même révolte. Aucun doute possible sur ce point: Voltaire lui rappellera qu'elle lui avait elle-même 'proposé' cet 'arrangement', qu'ils en étaient 'convenus' ensemble, qu'elle le lui avait présenté comme un 'devoir essentiel'.[337] Beau dédommagement moral de leurs terreurs: au milieu de ces avanies, au nez et à la barbe des sbires du roi de Prusse, ils échafaudaient le plan de la revanche à prendre. Faire bonne justice de la tyrannie du nouveau Denys de Syracuse. Opposer à la brutalité soldatesque les droits supérieurs de l'esprit et du génie. Il y a quelque chose de hugolien dans ce projet. C'est à l'auberge du Lion d'Or ou à la Corne de Bouc qu'il se décida. Dans sa première lettre de Mayence, Voltaire n'a pas besoin de préciser l'usage qu'il veut faire des 'papiers' qu'il demande déjà, à peine sorti des griffes de Freytag: 'Envoyez moy je vous prie *la malle*', écrit-il simplement, 'par m^r Gayot qui me la fera tenir où je serai.'[338]

Il est clair qu'il ne s'arrêta pas d'abord à la forme épistolaire. C'est à celle des mémoires qu'il songeait probablement en quittant Francfort. Ses 'papiers' de Paris, à défaut de ceux qu'il avait fallu sacrifier, allaient lui en fournir la matière – et peut-être comptait-il en tirer aussi des pièces justificatives. Il avait déjà pris deux fois ce style après l'*Akakia*, pour s'expliquer sur ses démêlés avec Maupertuis: en janvier, dans le petit 'mémoire' qu'il avait répandu dans Berlin, et Mme Denis à Paris (D.app.121); en avril dans la préface du *Supplément au Siècle de Louis XIV*. A l'usage du ministère autrichien, il venait encore de dresser un 'journal' de sa détention, pour se faire rendre justice sur les exactions du résident prussien.[339] Ses ennemis le menaçaient d'ailleurs eux-mêmes de révélations historiques. Maupertuis, tout en lui déclarant sa préférence pour l'arme blanche, avait évoqué à regret les 'écrits' vengeurs que sa dignité lui défendait.[340] La Beaumelle lui avait fait annoncer fort galamment par Mme Denis 'une relation de l'affaire du Juif' – et cela pouvait n'être que le premier opuscule d'une série à suivre.[341] Et Frédéric lui-même ne l'avait-il pas un jour, dans un accès de colère, prévenu sans façon qu'il était prêt à 'faire tout imprimer' (D5096, fin novembre 1752)? S'il voulait que l'on 'vît clair' dans ses aventures prussiennes (D5488, déjà citée), Voltaire devait envisager lui aussi une relation suivie comme la forme la plus naturelle pour cette sorte de confrontation. Aussi

337. D5488, D5500, D5503, D5505, D5508, D5524 et D5532. On comprend qu'il lui ait 'dédié' sa 'Paméla', selon l'analyse proposée de la première lettre du recueil, ci-dessus p.57, n.282.

338. D5413, 9 juillet 1753. C'est le dernier post-scriptum, le plus anodin en apparence – et pourtant le premier indice matériel du projet. L'instruction est renouvelée dans les deux lettres suivantes, D5418 et D5429, 13 et 17 juillet.

339. D5423, au comte d'Ulfeld, 14 juillet 1753.

340. Voir le célèbre cartel du 3 avril 1753 (D5246). Maupertuis travailla d'ailleurs bel et bien à une 'histoire de Voltaire [à la cour de Prusse]': il en soumit le manuscrit à Frédéric II, qui en interdit l'impression. Voir sa lettre du 28 août 1753 dans *Nachträge zu dem Briefwechsel Friedrichs des Grossen mit Maupertuis*, éd. Hans Droysen *et al.* (Leipzig 1917), pp.7-8, et la réponse de Frédéric II, datée du 15 septembre, dans *Briefwechsel Maupertuis*, p.296.

341. D5220, La Beaumelle à Mme Denis, 3 mars 1753. En février, La Beaumelle demandait à Maupertuis un 'détail' des 'noirceurs' de Voltaire, pour nourrir 'un récit un peu circonstancié' (D5196). Le 'Voltaire à Berlin' retrouvé en manuscrit dans ses papiers (Claude Lauriol, *La Beaumelle*, Genève, Paris 1978, p.395 et n.529) pourrait avoir quelque rapport avec 'l'histoire de Voltaire' que Maupertuis présenta en août à Frédéric II.

bien n'est-il pas question de l'envoi de ses lettres avant son arrivée à Strasbourg.

Dans sa route de Francfort à Strasbourg, Voltaire n'entendit qu'une voix sur ses derniers malheurs. Chez les voyageurs, parmi les curistes de Wiesbaden, à la cour de Mannheim, c'étaient la même indignation et la même pitié.[342] De Mannheim, il ose écrire au ministre principal du roi de Prusse que l'indignation contre les 'atrocités' de Freytag et de ses acolytes est 'universelle'.[343] Mais c'est à Mme Denis surtout qu'allaient les sympathies, les larmes et les plaintes. La fille du comte de Stadion regrettait de n'avoir pu la consoler à son passage, et l'Electeur Palatin s'avouait 'très touché' des terribles épreuves où son dévouement l'avait enveloppée.[344] Voltaire constatait de ses yeux les effets de sa belle et pathétique lettre de Mayence, aussitôt répandue dans toute l'Europe, et qu'il retrouvait entre les mains de l'Electeur.[345] A Paris aussi, comme sa nièce et ses autres correspondants l'en informaient, on prenait parti avec feu pour la pauvre victime du roi de Prusse. 'M. Loyal' a voulu, commente Voltaire, 'décréter contre les femmes', mais 'les dames et les gens galants' ne sauraient souffrir de pareilles mœurs.[346] Milord Maréchal est obligé de l'avouer à sa majesté prussienne: 'on plaint Me Denis'.[347] Ravi de cet immense courant de sensibilité, de sympathie, de solidarité, Voltaire joue peut-être déjà, dans une lettre du 5 août, sur les prestiges du romanesque à la Richardson: 'Votre accident est d'un genre si noble', lui écrit-il, 'qu'il ajoute à votre merite. Souffrir pour une bonne action est une recompense pour un cœur comme le vôtre' (D5469). De là, on peut le penser, suggéré par les circonstances mêmes, et par le succès de sa première lettre ostensible, le choix d'une relation de forme épistolaire, d'une 'histoire en lettres', pour l'exécution de son projet.

Mme Denis goûtait sans doute le charme de ces compliments, mais plus du tout le projet. Voltaire eut beau lui rappeler, en arrivant en Alsace, leurs émotions de Francfort, et la décision commune de ne pas laisser impunies la barbarie et l'injustice des traitements de 'Cernin', elle fit la sourde oreille. Point de malle, point de lettres, point de papiers. Elle lui opposait cent raisons. Elle avait scrupule à se défaire de lettres qui lui étaient si chères – ou peut-être de lettres trop intimes? Il lui reprocha sa 'délicatesse'.[348] Elle lui prêchait la patience. 'Je peux mourir demain,' répliquait-il.[349] D'Argental approuvait sa résistance? C'était là 'un bien cruel service' de la part d'un ami (D5524, 22 septembre 1753). Elle agitait les risques de vol. 'J'aurai un coffre fort' (D5524). L'embarras de l'envoi? Il n'y avait qu'à garder à Paris les manuscrits inutiles; il ne voulait que '[ses] papiers d'affaires, et autres' – et 'les lettres surtout' (D5535, 1er octobre 1753). Au bout de deux mois, Mme Denis se rend, Voltaire

342. Voir D5413, D5429, D5451, D5469 et D5482.

343. D5470, au comte de Podewils, 5 août 1753.

344. D5469 et D5482, 5 et 17 août 1753.

345. Voir D5482. Besterman signale dix-sept manuscrits de D5413, dont une traduction italienne.

346. D5451, à Mme Denis, 25 juillet 1753.

347. D5463, 2 août 1753. Voir déjà son rapport du 19 juillet sur le passage de Mme Denis à Compiègne (D5435).

348. 'Je vous renverrai tout avec la plus grande fidélité' (D5505, 9 septembre 1753); 'n'ayez point de fausse délicatesse, envoyez moy ces lettres; je vous donne ma parole d'honneur de vous les rendre au bout d'un mois' (D5508).

349. D5519, D5524, D5532 et D5535.

se loue de sa docilité (D5537, 5 octobre 1753). Mais non, un dernier pressentiment lui est venu: et si la malle était ouverte en chemin? Cette fois, Voltaire éclate: 'Vous vous moquez avec vos rouliers qui déplombent des malles!' (D5551, 22 octobre 1753). Il eut ses papiers dans la troisième semaine de novembre – à Colmar, où il s'était installé entre-temps pour l'hiver. Le 20, lorsqu'il l'en remercie, il est déjà occupé à les examiner.[350]

Pourquoi toutes ces lenteurs d'un côté, toutes ces impatiences de l'autre? C'est poser enfin, d'une certaine façon, l'épineuse question de la destination de l'œuvre. Voltaire dit n'avoir en vue que la postérité, il le répète dans toutes ses lettres. Son impatience n'est due, dit-il, qu'à une défiance bien naturelle de sa mémoire,[351] et surtout à la crainte de mourir peut-être avant d'avoir rempli un 'devoir essentiel'.[352] Manifestement, Mme Denis n'était pas tout à fait rassurée par ses protestations. N'est-ce pas à propos de 'Paméla' qu'elle lui parle, dans l'une de ses lettres, 'd'abîmes et de précipices et de lutins'? Dans sa réponse, Voltaire fait semblant de ne pas comprendre, et lui jure ses grands dieux qu'il saura 'se résigner et attendre', en n'écoutant 'que [son] bon ange qui [lui] inspire la patience'.[353] On comprend les inquiétudes et les réticences de Mme Denis. Le rôle de 'la martire de l'amitié et [de] la victime des vandales', si touchant qu'il promît d'être, n'avait pas que des bons côtés. Milord Maréchal l'avait avertie plusieurs fois déjà qu'elle ne devait songer qu'à 'empêcher [son] oncle de faire des folies': 'les Rois ont les bras longs', lui avait-il écrit très amicalement au moment de son départ pour Francfort.[354] Sans doute avait-elle, dans l'horreur des baïonnettes apostées par Freytag à la porte de sa chambre, épousé les rancunes de son oncle. Mais de retour à Paris, elle s'était retirée des poursuites qu'il avait engagées auprès du magistrat de Francfort contre le résident prussien.[355] Elle avait même désavoué la publicité donnée à la lettre de Mayence.[356] Il est clair qu'elle redoutait, dans la situation d'impuissance et presque d'exil où elle le voyait acculé, une imprudence qui l'eût exposée elle aussi à bien des désagréments.

Et l'on peut douter en effet que Voltaire ait conçu absolument ses 'lettres de Prusse' comme des 'Châtiments' d'outre-tombe. Il les composa en quatre ou cinq semaines. Le 9 janvier, il écrit à sa nièce que l'ouvrage est achevé.[357] Sans doute ne pouvait-il raisonnablement le publier en son nom ou même le laisser paraître, comme il fit tant de fois, par une fausse indiscrétion dont il se fût plaint par la suite.[358] Mais il y a justement quelque chose d'irrationnel dans cette hâte

350. D5573. Le 13, il était avisé de l'arrivée de la malle à Strasbourg (D5569).

351. D5535, 1er octobre 1753: 'Jamais je n'aurai [...] les idées si présentes.'

352. D5532, 29 septembre 1753: 'Mon âme ne sera en repos que lors que j'aurai satisfait au devoir essentiel que vous m'avez imposé vous même.'

353. D5532. La lettre de Mme Denis est perdue.

354. D5304, 1er juin 1753. Cf. D5444.

355. Voir D5452 et D5453. Voltaire lui reprocha cette démarche: voir D5500, D5505 et D5508.

356. Voir D5459, 30 juillet 1753, Mme Denis à milord Maréchal: 'Je voudrais que la lettre fût ensevelie.'

357. D5621. Voltaire était au travail avant le 20 décembre (voir D5594). J'ai cité déjà plusieurs fois les lettres du temps de la composition. Elles ne présentent aucune indication datable sur les progrès du travail.

358. Il faut bien dire deux mots de la façon dont Besterman a cru réfuter, dans le commentaire de D5535, l'hypothèse de Jean Nivat. Qu'un recueil de lettres paraisse avoir été impubliable du

à terminer une œuvre posthume. On croit y lire, non pas seulement la violence du ressentiment et la tentation d'une revanche, mais la volupté d'en tenir l'arme prête, et peut-être surtout le vague espoir d'une occasion favorable. Il n'est pas possible de méconnaître, depuis la publication des *Lettres d'Alsace*, la haine personnelle, le mot je crois n'est pas trop fort, qu'il portait à Frédéric au lendemain de son arrestation de Francfort. 'Cernin' mérite, écrit-il, 'des soufflets' – 'de très grands et à tours de bras' (D5503, 8 septembre 1753). Pour lui nuire, il avait déjà demandé à sa nièce, au lendemain de l'exécution publique de l'*Akakia*, d'insinuer personnellement à Mme de Pompadour dans quel mépris on la tenait à Potsdam (D5159, 16 janvier 1753). De Francfort, il propose au ministère autrichien de se rendre à Vienne incognito pour communiquer des choses qu'on ne serait pas 'mécontent d'entendre'.[359] A Mannheim, il confie à l'ambassadeur de Saxe, pour qu'elles soient redites au comte de Brühl, ennemi juré de la Prusse, 'plusieurs particularités concernant le personnel du roi de Prusse' (D5472, commentary). A Strasbourg, tout en rongeant son frein, il rêve de pouvoir aller raconter aux ministres et à la favorite tout ce que Frédéric débite sur leur compte, il déplore que le roi de France soit allié à 'un aussi malhonnête homme' (D5488, 22 août 1753). On aimerait d'ailleurs savoir ce que c'était que ce 'papier' sur 'Lemery' (autre surnom de Frédéric II) qu'il envoie un jour à sa nièce au fond d'une tabatière, pour qu'elle en distribue des copies;[360] ce que c'était que cette 'lettre du moine' dont il prétend 'se laver les mains', mais qu'il est bien aise de faire circuler (D5547, 14 octobre 1753); à quoi tendait enfin ce 'mémoire' qu'il propose de dresser sur 'l'affaire de Dubillon', c'est-à-dire de Frédéric II toujours (D5541, 9 octobre 1753). Tout cela en quelques semaines! L'heure n'était certes pas encore à la réconciliation. Supposons un changement sur la scène politique européenne, l'alliance prussienne abandonnée à Versailles et la position du vainqueur de la Silésie soudain diminuée: il me semble que Voltaire eût été d'humeur à communiquer au moins à quelques lecteurs privilégiés un recueil de lettres qui l'eût soulagé sans risque d'un lourd ressentiment, et qui l'eût d'ailleurs blanchi du soupçon d'avoir été un 'prussien'.[361] Instrument d'une vengeance personnelle et produit de terribles déceptions privées, l'ouvrage pouvait aussi se lire comme le portrait d'un prince inconstant, parjure à la foi donnée, et tout occupé de ses seuls intérêts. Il ne me

vivant de l'auteur (mais ce n'est qu'une opinion) n'exclut pas qu'il ait été effectivement composé: Voltaire écrit justement que sa 'Paméla' sera 'curieuse pour le dixneuvième siècle' (D5594). L'objection que les anciennes lettres à Mme Denis, les 'lettres d'amour', étaient encore moins publiables, n'a aucun rapport avec les propositions discutées. Quant à l'hypothèse concurrente d'une ruse de Voltaire inventant une 'Paméla' qu'il n'aurait pas eu l'intention d'écrire, afin de décider sa nièce à lui envoyer les 'papiers' qu'il réclamait, elle ignore complètement les textes: c'est *au contraire* parce qu'elle ne voulait pas qu'il y travaillât que Mme Denis lui refusait ses papiers. Voir D5524: 'Est il possible que vous sentiez si bien l'importance de ce travail, et que vous m'en ôtiez les moyens?' La faiblesse inattendue de l'argumentation tient apparemment au caractère troublant, scandaleux si l'on peut dire, de l'hypothèse à réfuter. Il n'était pas facile à un éditeur de la correspondance d'en retrancher quelque quarante lettres parmi les plus célèbres du corpus – ce qu'il eût pourtant fallu faire.

359. Voir D5308, D5309 et D5311.

360. Voir D5424, D5535 et D5541.

361. Malesherbes, par exemple, put lire dès la mi-octobre 1753 un mystérieux 'testament' que Voltaire lui avait communiqué sous le sceau du secret: voir D5547.

paraît pas impossible que de telles arrière-pensées politiques soient entrées dans le plan et dans la genèse de 'Paméla': les œuvres posthumes ont ceci de bon, composées de longue main, qu'elles peuvent aider à vivre en attendant des temps meilleurs.[362]

On se défie d'une autobiographie, mais non de lettres qui paraissent coller aux circonstances et rendre les émotions et les impressions mêmes du moment. C'est sans doute la forme la plus captieuse du récit personnel, en ce qu'elle échappe au soupçon qui s'attache à toute reconstitution rétrospective. Celles-là sont 'naïves' à souhait, comme Voltaire s'en félicitait lui-même en jetant sur son ouvrage un dernier regard complaisant (D5621, 9 janvier 1754). Comment ne pas s'y laisser prendre? La spontanéité la plus intense et la plus immédiate: celle de la parole vive, du cri parfois, du *vécu* comme on dit. Des indices pourtant, ici et là, de recul et d'ironie; mais on n'y a pas pris garde: la distanciation entre aussi dans la relation habituelle de Voltaire au monde et à sa propre existence. Sans doute ne serait-il pas fâché du succès de ce vilain tour: on sait en quelle estime il tenait les érudits trop curieux de la vie des grands hommes. 'Je voudrais un jour', écrit-il encore de ses 'lettres de Prusse', 'revenir de l'autre monde pour en voir l'effet' (D5621). C'est le cas de dire qu'il a dû dormir content. Pendant près de deux siècles, on aura donné plus de crédit à sa 'Paméla' qu'à celle de Richardson – revanche piquante, pour un homme qui n'estimait pas fort non plus le genre de 'l'histoire en lettres'.

Publiées dès la fin du dix-huitième siècle, et dans la grande édition de Kehl, les 'lettres de Prusse' ont véritablement empoisonné les sources mêmes de la tradition biographique. Elles ont accrédité d'abord, par un raffinement peut-être imprévu, la version tout aussi spécieuse des *Mémoires*, où l'on retrouve le même découpage événementiel, le même schéma narratif, le même tempo, le même style.[363] Mais on pourrait suivre leur influence à la trace, sans la voir beaucoup diminuer, dans toute la lignée des 'Vies de Voltaire', depuis Condorcet jusqu'à Besterman, en passant par Desnoiresterres. D'autres sources documen-

362. Je ne puis développer ici cet aspect politique de la genèse de l'œuvre. Il faudrait expliquer la dégradation de l'alliance franco-prussienne en 1752-1753 et montrer que le 'parti autrichien' prenait quelque ascendant à Versailles, plus ou moins secrètement soutenu par Mme de Pompadour. Voltaire en eut sans doute l'intuition à la fin de 1752, lorsqu'il constata que l'on n'était pas pressé à la cour de voir paraître son *Histoire de la guerre de 1741*; il en eut vraisemblablement des échos par Chennevières, premier commis des bureaux de la guerre: voir D5509. Jean Nivat (p.488) a proposé d'identifier la 'très belle dame' ou 'la grand femme' que Voltaire voulait, après Francfort, aller voir et entretenir (D5505, D5508, D5524, D5537 et D5541), avec l'impératrice Marie-Thérèse. Je souscris entièrement à cette interprétation. Il écrit à sa nièce, dans D5505, que le 'mariage' du 'beau frere' – l'alliance avec Frédéric II – n'est pas bonne pour la France, et qu'il souhaiterait être à Paris pour 'se mêler' d'un autre 'mariage'. Observons d'ailleurs que la métaphore centrale de 'l'écorce d'orange' était susceptible d'une lecture *politique*: on tire des subsides, et on se moque des traités.

363. La partie des *Mémoires* qui regarde les années 1750-1753 n'aurait-elle pas été écrite comme dans la marge des 'lettres de Prusse'? Signalons que Collini, en réfutant l'attribution des *Mémoires* à Voltaire, dans une déclaration publique apparemment peu connue, insinuait que cette 'mauvaise rapsodie' avait dû être fabriquée à partir de *lettres* de son ancien maître (*Journal encyclopédique*, 15 mars 1785, pp.506-12). Songeait-il à cette 'Paméla' composée sous ses yeux trente ans plus tôt? On se souvient que l'une des copies du recueil de Leningrad est de sa main. De tous les anciens écrits biographiques, le sien est d'ailleurs l'un de ceux qui doivent le moins aux 'lettres de Prusse'.

taires, d'autres correspondances par exemple, ont été pourtant découvertes avec le temps, mais les écarts ou les contradictions qui n'ont pas manqué de se faire jour ont été constamment résorbés – essentiellement, on l'a vu, par l'*a priori* d'une nature 'protéenne' de l'homme Voltaire. Le préjugé d'autorité est resté si fort qu'on ne s'est pas étonné naguère, en découvrant que l'oncle et la nièce avaient été aussi amant et maîtresse, de n'en avoir rien su d'abord par une correspondance qui formait justement l'intervalle des *Lettres d'amour* et des *Lettres d'Alsace*. Effet compréhensible de la cohérence du recueil, de sa clôture si l'on peut dire. En réduisant le champ existentiel à l'étroit horizon de Berlin et de Potsdam, les rapports avec le roi de Prusse aux seuls aspects personnels et littéraires, le personnage de Mme Denis à un rôle purement passif de correspondante et de confidente, l'expérience prussienne elle-même enfin à une sorte d'apprentissage du 'vrai' Frédéric, Voltaire n'a pas seulement faussé l'information de ses biographes, il leur a imposé un cadre et un système interprétatifs qui n'admettaient guère, sauf à rompre avec cette logique conditionnante, d'autres données, d'autres explications, d'autres problématiques.[364]

Sans doute faut-il attribuer aussi à la cohérence de l'ouvrage, autant qu'à la qualité des techniques de l'illusion, l'effet de fascination du modèle narratif. 'Histoire suivie', 'histoire intéressante', les 'lettres de Prusse' ont perverti de tout temps les choix de l'écriture et de l'aménagement du récit. Leur construction rythme plus ou moins secrètement un récit archétype: la brève idylle de l'arrivée, l'approfondissement des regrets et des soupçons, puis l'illumination brutale de la duplicité du maître, les patients préparatifs du départ, les intrigues et les folies de Maupertuis, la dernière crise et l'adieu sans retour. Des scènes et des tableaux font estampe: le carrousel de Berlin, la rêverie des bords de la Sprée, la confidence innocente de La Mettrie, les leçons de poétique, le renvoi de l'ordre et de la croix. Et des formules, bien sûr, des traits, des mots s'offrent tout prêts, savoureux, tentateurs: le *mariage* après les coquetteries de seize années, les *repas de Platon*, les goguettes poétiques du *monarque bel esprit*, le *palais de madame Alcine*, le *tripot académique* du tyran philosophe, les *festins de Damoclès*, *les grelots et la marotte*. Ils imposent en retour, avec une certaine rhétorique, la vision même, ironique et dérisoire ici, indignée ailleurs, et toujours subjective, du texte palimpseste. C'est peut-être là l'influence la plus insidieuse, et celle dont il sera le plus difficile de se déprendre.

364. Les effets réducteurs sont particulièrement sensibles dès le début du récit de Desnoiresterres, qui trace d'emblée le petit cercle des 'soupers de confidence' (iv.1-77), puis prononce aussitôt l'exclusion de toute considération politique: 'Le roi de Prusse ne nous importe guère, c'est l'auteur de l'Anti-Machiavel et du Palladion, c'est l'ami de Voltaire, c'est le philosophe de Sans-Souci qui nous arrête' (p.100).

Appendice

J'AI tenté d'esquisser dans cet appendice, principalement à partir des indications de la correspondance générale, un calendrier des véritables lettres de Voltaire et de Mme Denis durant la période du séjour en Prusse. Il est impossible, dans l'état actuel du dossier, d'en remplir tous les vides. Et d'autre part, un certain nombre de dates sont plus ou moins hypothétiques. Tel qu'il est cependant, avec ses lacunes et ses incertitudes, cet essai de reconstitution peut donner une idée plus fidèle des intérêts de Voltaire à cette époque et du rôle que joua Mme Denis pendant son absence.

Les deux noms sont abrégés, sous les dates, en *V* et *D*.

3-VII-1750 *V à D*	Lettre écrite de Clèves: voir D4170.
8-VII-1750 *V à D*	Lettre écrite de Clèves: voir D4170. Il est en bonne santé; il lui demande d'adresser ses lettres à Berlin; il prolonge son étape de Clèves.
Début VII-1750 *D à V*	Nouvelles du tripot: succès de *Cénie*; représentation de *La Mort de César* sur le petit théâtre de la rue Traversière. Aucune nouvelle des 'anges'. Voir D4174.
VII-1750 *V à D*	Plusieurs lettres, avec des messages d'amitié pour Mme de Fontaine: voir D4181.
15-VII-1750 *D à V*	Envoi d'une lettre de Richard Rolt, à laquelle Voltaire répond le 1-VIII-1750 (D4177).
20-VII-1750? *D à V*	Envoi d'une lettre de Lekain: voir D4172. Nouvelles du tripot: voir D4180.
VII/VIII-1750 *V à D*	Plusieurs lettres, formant des 'portraits flatteurs' de la cour de Prusse: d'Argental les reprocha à Voltaire dans une lettre perdue, le 20-VIII. Mme Denis évoque ces 'tablos admirables' dans une lettre du 3-IX. Voir D4207 et D4211.
Début VIII-1750 *V à D*	Annonce du projet d'établissement en Prusse et présentation des propositions de Frédéric II. D'Argental lui marquait du dépit, dans sa lettre du 20-VIII, de ce qu'il avait négligé de l'en avertir: voir D4207. *Graffigny*, lii. pp.65 et 75-76, les 20 et 24 août 1750, mentionne cette lettre ou ces lettres du projet d'établissement à Berlin.
1-VIII-1750? *D à V*	Craintes et mauvais pressentiments sur les suites d'un établissement à Berlin: lettre mentionnée dans D4195 et D4201.
20-VIII-1750? *V à D*	La permission du roi de France n'est pas encore arrivée: voir D4211. Projet d'un voyage en Italie et en France au printemps suivant: voir D4186.
28-VIII-1750? *V à D*	Envoi de D4195: voir D4201 et la discussion de D4195 dans la troisième partie.
VIII/IX-1750 *V à D*	Exhortations pour que Mme de Graffigny accepte d'entrer au service de la margrave de Bayreuth (*Graffigny*, lii.124).

I-IX-1750? *V à D*	Instructions pour l'engagement de Heurtaud à Bayreuth et pour l'acheminement des paquets entre Paris et Berlin (voir D4082 et la discussion de ce numéro dans la troisième partie).
12-IX-1750? *V à D*	Il renonce au voyage d'Italie. Il viendra en France dès le mois de novembre: lettre mentionnée dans D4220. C'est vraisemblablement le 12, en recevant de Versailles des 'lettres à la glace', qu'il décida d'avancer son retour: voir dans la troisième partie la discussion de D4233.
23-IX-1750 *V à D*	Lettre mentionnée à la fin de D4224.
IX/X-1750 *D à V*	Lettres attestées par D4255, où Mme Denis s'excuse auprès de Cideville, le 5-XI, d'un très long silence (sa lettre précédente était vraisemblablement D4211, datée du 3-IX): 'J'ai été [...] obligée d'écrir presque tous les jours à Mr de Voltaire.'
IX/X-1750 *V à D*	Voltaire est 'toujours plus angoué que jamais de ses roys et de ses princesses'. Il viendra en novembre; il désire 'rejouer des tragédies' sur le petit théâtre de son grenier: voir D4255. Cf. *Graffigny*, lii.155, 8 octobre 1750: 'Il arrive à la fin de ce mois'.
X-1750 *V à D*	Annonce des nouveaux rôles de *Rome sauvée*: voir D4248.
Fin X-1750 *D à V*	Avis que d'Arnaud a écrit à Fréron qu'il n'était pour rien dans une préface des *Œuvres* de Voltaire que l'on dit séditieuse; l'affaire fait du bruit à Paris, la police enquête: voir D4262.
X/XI-1750 *V à D*	Instructions pour l'édition Lambert: voir D4381.
X/XII-1750 *D à V*	Envoi de 'paquets' confiés à ses soins: voir D4382.
24-XI-1750 *V à D*	Annonce de l'expulsion de d'Arnaud; message pour le chevalier de Mouhy: voir D4283. Instruction de demander à Lambert des nouvelles de son édition: voir D4382, où Voltaire accuse réception de la 'liste' des matières.
Début XII-1750 *V à D*	Commission: chercher une dame de condition pour la margrave de Bayreuth: voir D4291.
XII-1750 *V à D*	Lettres moins enthousiastes sur la vie en Prusse, et moins d'insistance à la faire venir à Berlin. Il promet toujours d'arriver bientôt et désire jouer des comédies durant l'hiver: voir D4337. Cf. *Graffigny*, l.404, 26 décembre 1750: 'La dame Denis [...] ne va plus en Prusse, le parti est pris et l'oncle y consens. Il ne revient qu'au mois de mars.'
Fin 1750/ début 1751	Demande et envoi des manuscrits de *Zulime* et d'*Adélaïde du Guesclin*: voir D4201, D4207, D4367 et D4420.
V à D *D à V*	Lettres sur les offres faites au marquis d'Adhémar par la cour de Bayreuth: voir D4291, D4360, D4409 et D4479.
XII-1750/I-1751 *D à V*	Nouvelles des progrès de l'édition Lambert: voir D4359.
Début I-1751 *V à D*	Détails sur les représentations de théâtre de la cour de Prusse: voir D4342.
I-1751 *V à D*	Plusieurs lettres mentionnées (sans détail) dans D4365. Quelques-unes sans doute sur l'affaire Hirschel: voir D4374.

i-1751 *D à V*	'Mauvaises nouvelles', en particulier sur la tracasserie d'un nommé André: voir D4372, D4374 et D4397. Conseils et consolations sur l'affaire Hirschel: voir D4354 et D4374.
Fin i-1751 *D à V*	Elle consent à le suivre à Berlin au retour du voyage qu'il doit faire à Paris: voir D4356.
15-ii-1751? *D à V*	Nouvelles de l'arrivée et de la réception du chambellan d'Ammon: voir D4404 et D4409.
18-ii-1751 *V à D*	Annonce du premier verdict des juges dans l'affaire Hirschel.
26-ii-1751 *V à D*	Annonce de la fin du procès contre Hirschel.
ii/iii-1751 *D à V*	Avis sur les difficultés que fait Malesherbes au sujet du *Micromégas* apporté par d'Ammon et que Lambert devait joindre à son édition: voir D4381 et D4542.
iii/iv-1751 *D à V*	Nouvelles du tripot: voir D4450.
Printemps 1751 *V à D* *D à V*	Demande et envoi de matériaux pour l'achèvement du *Siècle de Louis XIV*: voir D4430 et D4481. Plusieurs lettres attestées par D4458.
iv-1751 *D à V*	Avis sur l'affaire des manuscrits dérobés par Longchamp.
iv/v-1751 *D à V*	Six lettres attestées par D4463: il y était question de la cour de Prusse, de d'Argens, de d'Ammon, du projet de voyage de Voltaire à Paris.
iv/v-1751 *V à D*	Instructions et commentaires sur les démarches de police dans l'affaire Longchamp: voir D4473 et D4480.
15-v-1751? *V à D*	'Lettre fulminante' pour qu'elle presse le marquis d'Adhémar d'accepter les offres de la margrave de Bayreuth: voir D4295 et la discussion de ce numéro dans la troisième partie.
v/vi-1751 *V à D*	Envoi de changements pour *Rome sauvée*: voir D4518. Voir aussi dans la troisième partie la discussion de D4252, qui pourrait avoir été adressée vers cette date à Mme Denis.
15-vi-1751? *V à D*	'Paquet' envoyé avec D4611, vraisemblablement en rapport avec le projet d'une collection d'auteurs classiques proposée par La Beaumelle: voir D4542.
vi/vii-1751 *D à V* *V à D*	Discussion sur les derniers remaniements de *Rome sauvée*. Mme Denis envoie un 'plan suivi' pour le rôle d'Aurélie. Voltaire prend mal ses objections, puis il les adopte: voir D4518 et D4531.
vi/vii-1751 *V à D*	Voltaire envisage son voyage à Paris pour le mois de janvier: voir D4531.
vii-1751 *D à V*	Lettres pour le presser de venir en septembre, comme il l'avait d'abord annoncé: voir D4531.
vii/viii-1751 *V à D*	Lettres hésitantes sur la date du voyage projeté: Mme Denis se plaint dans D4543 de son 'incertitude continuelle'. Instructions pour la reprise de *Mahomet*: voir D4577. Correspondance très régulière à cette époque, puisque le 7 août Voltaire prie d'Argental d'avertir sa nièce qu'il ne lui écrit pas par 'cette poste-ci'.

20-VIII-1751? *D à V*	Lettre portée par un exprès, un domestique de Mme Denis, en même temps que D4539, D4540 et deux lettres du duc de Richelieu: on presse Voltaire de quitter la Prusse.
VIII/IX-1751 *V à D*	Diverses petites commissions. Dans D4577, à la fin de septembre, Voltaire prie d'Argental de rappeler ces 'petits articles' à sa nièce. Instructions pour les représentations de *Rome sauvée*: voir D4579 et D4595.
Fin VIII/début IX *V à D*	Annonce qu'il ne reviendra pas avant le printemps suivant: il veut que le *Siècle* et *Rome* aient d'abord 'fait leur effet' à Paris. Messages d'amitié pour Cideville: voir D4576.
IX-1751 *V à D*	Avis sur le projet de retour en France de La Mettrie, affaire confiée au duc de Richelieu: voir D4206 et la discussion de ce numéro dans la troisième partie. Avis sur les 'rapetassages' de *Rome sauvée* remis à d'Argental: voir D4595. Envoi des trois premières feuilles du *Siècle de Louis XIV*: voir D4577. Correspondance très régulière vers cette date: dans D4577, d'Argental est prié d'avertir Mme Denis qu'elle n'aura pas de lettre par 'cet ordinaire'.
IX-1751 *D à V*	Nouvelles du tripot, des répétitions de *Mahomet* et des démarches en faveur de *Rome sauvée*: voir D4595.
IX/X-1751 *V à D*	Envoi des feuilles du *Siècle*, à mesure qu'elles s'impriment, et instructions sur leur communication: voir D4605 et D4206.
Fin IX-1751 *D à V*	Nouvelles de la reprise de *Mahomet* (30-IX-1751): voir D4595.
X-1751 *D à V*	Nouvelles de son voyage de Fontainebleau et de ses démarches pour une entrevue qu'elle doit avoir avec la marquise de Pompadour: voir D4601 et D4604.
V à D	Instructions sur les changements et les corrections à porter sur l'exemplaire principal du *Siècle*: voir D4595. Correspondance régulière à cette date. Le 16-X, Voltaire avertit d'Argental qu'il n'écrira pas à sa nièce par 'cet ordinaire' (D4595).
Fin X-1751 *D à V*	Refus de faire jouer *Rome* telle qu'il l'a remaniée, le petit conseil demande des révisions: voir D4601. Elle le presse toujours de revenir: voir D4605 et la discussion de ce numéro dans la troisième partie.
XI-1751 *V à D*	Réponse sur la critique du rôle d'Aurélie. Envoi de nouveaux changements et instruction de donner la pièce sans plus tarder: voir D4604 et D4760. Envoi d'exemplaires du *Siècle de Louis XIV*: voir D4620.
XII-1751 *D à V*	Avis sur la permission d'utiliser le couvert de Malesherbes pour l'envoi d'un paquet: voir D4627.
8-XII-1751 *V à D*	Avis sur deux feuilles du 'catalogue' du *Siècle*, qu'il envoie au président Hénault, et que celui-ci devra lui remettre pour les joindre à l'exemplaire principal destiné à l'impression: voir D4618.
21-XII-1751 *V à D*	Envoi d'un paquet sous le couvert de Malesherbes: voir D4627. C'est probablement aussi de cet envoi qu'il est question dans D4630 et D4907.

Fin XII-1751/ début I-1752 *V à D*	Lettre et instructions sur les répétitions de *Rome sauvée*. Mme Denis les reçut le 18-I-1752: voir le texte de D4774, publié dans *SV* 176, p.50.
8-I-1752 *V à D*	Avis sur les dernières corrections pour *Rome*, envoyées le même jour à d'Argental, et qu'il faudra 'coudre à l'habit de Catilina': voir D4760.
15-I-1752? *D à V*	Avis sur le bruit qui court dans Paris qu'il est dans la disgrâce du roi de Prusse: voir D4778. Nouvelles des répétitions de *Rome sauvée* et des disputes entre les acteurs: voir D4779 et D4335 (cette dernière lettre est à replacer au 4-II-1752). Mauvaises nouvelles de ses démarches en faveur d'une édition parisienne du *Siècle de Louis XIV*: on lui fait là-dessus 'des chicannes révoltantes'. Elle l'informe du sentiment du comte d'Argenson. Voir D4780 et D4797.
18-I-1752 *V à D*	Envoi d'un exemplaire révisé du *Siècle*, sous le couvert de Malesherbes: voir D4771. Envoi de livres sous le couvert de Thiroux de Mauregard: voir D4772. Le même jour peut-être aussi, envoi d'un placet destiné à Mme de Pompadour en faveur du *Siècle*: voir D4642 et la discussion de ce numéro dans la troisième partie.
27-I-1752 *V à D*	Lettre confiée aux soins du duc de Richelieu: voir D4779. Avec un paquet aussi, d'après D4833.
I/II-1752 *V à D*	Envoi de nouvelles corrections pour le *Siècle*, selon les vues de Hénault: voir D4780 et D4784.
I-II-1752 *V à D*	Avis sur l'envoi à Hénault de deux 'petits morceaux' ajoutés au *Siècle* et qui lui seront remis: voir D4784 et D4795.
3-II-1752 *D à V*	Lettre 'n° 20': voir D4806.
6-II-1752? *V à D*	Envoi d'un projet de préface pour l'impression de *Rome sauvée*: voir D4787. Peut-être aussi d'un projet d'épître dédicatoire à Louis XV: voir la discussion de D4845 dans la troisième partie.
19-II-1752 *V à D*	D4806.
Fin II-1752 *D à V*	Nouvelles du succès de *Rome sauvée*: voir D4820. Avis sur la perte probable du paquet envoyé le 27-I-1752: voir D4833.
II/III-1752 *V à D*	Nouvelles de sa santé, mauvaise, puis rétablie: voir D4829.
II/III-1752 *D à V*	Envoi de remarques sur le *Siècle*, procurées par les premiers lecteurs: voir D4848 et D4872.
Début III-1752 *V à D*	Dans l'une de ses lettres, il parle d'imprimer 'l'histoire des campagnes du Roy': d'Argental s'en inquiéta dans D4843. Demande d'un plan de la bataille de Fontenoy: voir D4855.
14-III-1752 *V à D*	Lettre confiée à Darget, qui partit de Berlin le 14 ou le 15: voir D4834 et D4837.
15-III-1752? *D à V*	Avis sur l'échec prévisible des premières démarches faites en vue d'obtenir une permission pour le *Siècle de Louis XIV*: voir D4851. Réponse sur une consultation médicale: voir D4849 et D4856. Mme Denis est elle-même malade: voir D4858.

III/IV-1752 *D à V* *V à D*	Correspondance très régulière vers cette date. Le 15 avril, Voltaire demande au marquis de Thibouville de dire à sa nièce qu'il ne peut lui écrire 'aujourd'huy' (D4868).
10-IV-1752? *V à D*	Instructions pour faire interdire l'entrée dans Paris de l'édition du *Siècle* faite à Berlin: voir D4863 et D4868.
IV-1752 *V à D*	Envoi d'*Adélaïde* remaniée, avec des instructions sur la présentation de la pièce aux comédiens: voir D4868 et D4902.
IV-1752 *D à V*	Annonce de son intention de remettre aux comédiens sa comédie de *La Coquette punie*: voir D4885.
Fin IV/ début V-1752 *D à V*	Avis sur les attaques de Fréron et sur l'interdiction de ses feuilles: voir D4912.
IV/V-1752 *D à V*	Envoi de la recommandation des directeurs de l'*Encyclopédie* en faveur de l'abbé de Prades: voir D4990. D'après D4894, l'abbé de Prades écrivit directement à Voltaire le 19-V-1752.
15-V-1752? *D à V*	Envoi du manuscrit de *La Coquette punie*. Voltaire le reçoit dans les premiers jours de juin: voir D4902.
Fin V-1752 *V à D*	Envoi d'un 'Avertissement sur la nouvelle Histoire de Louis XIV', qui parut dans le second numéro de juin 1752 du *Mercure de France* (pp.196-97), volume qui porte une approbation datée du 19 juin. Voltaire fait référence à cet avertissement le 17 juin dans D4945.
VI-1752 *V à D*	Remarques et conseils sur *La Coquette punie*: voir D4902, D4940 et D4945.
VI-1752 *D à V*	Avis sur l'impression furtive de *Rome sauvée*: voir D4918 et la discussion de ce numéro dans la troisième partie. Nouvelles du tripot: la distribution des rôles d'*Amélie*, occasion de nouvelles 'tracasseries' entre les comédiens. Voir D4940 et D4948.
VI/VII-1752 *V à D*	Hésitations sur la date de son retour à Paris: voir D4948.
VII-1752 *D à V*	Nouvelles d'*Amélie*: elle a remis au marquis de Thibouville le soin de diriger les répétitions; d'Argental souhaite qu'on donne la pièce au plus tôt: voir D4953. Elle envoie aussi une lettre de Lekain: voir D4172, redatée du 19-VII-1752.
VII-1752 *V à D*	Envoi d'un nouvel exemplaire du *Siècle* pour le président Hénault: voir D4963.
5-VIII-1752 *V à D*	Paquet envoyé sous le couvert de Thiroux de Mauregard, avec un mémoire pour M. de Secousse: voir D4970 et D5002.
VIII-1752 *D à V*	Nouvelles de son voyage à Versailles: voir D4992.
Fin VIII-1752 *D à V*	Avis sur la rumeur d'une impression furtive d'*Amélie*: voir D5009 et D5082.
VIII/IX-1752 *V à D*	Envoi de changements et d'additions pour l'édition du *Siècle de Louis XIV*, avec des doubles à remettre à Lambert: voir D5063.
5-IX-1752 *V à D*	Envoi de changements pour la reprise de *Rome sauvée*, et instructions pour cette reprise: voir D5007, D5037 et D5103.
IX/X-1752 *V à D*	Instruction sur une correction indispensable à porter sur le manuscrit du *Siècle*: voir D5029. Rappel de cette recommandation dans 'touttes [ses] lettres' vers cette date: voir D5048. Envoi d'un avertissement à mettre dans le *Mercure* pour annoncer

	la nouvelle édition du *Siècle* qui va paraître à Dresde: voir *MF*, novembre 1752 (pp.149-53), volume approuvé le 30-x.
3-x-1752 *V à D?*	'Gros paquet' confié à Le Baillif: voir D5031.
21-x-1752? *V à D*	Avis sur les quatre exemplaires de la nouvelle édition des *Œuvres* faite à Dresde, que Walther doit lui envoyer: voir D5044. Et instructions, sans doute aussi, sur la destination de ces exemplaires.
Fin x-1752? *V à D*	Instructions pour l'édition d'*Amélie*: voir D5082. Leur correspondance reste régulière. Voir D5058, où Voltaire écrit à d'Argental, le 28-x-1752: 'Je finis, la poste va partir et je n'aurai pas le temps d'écrire à mad[e] Denis.'
Fin x/ début xi-1752 *D à V*	Lettre envoyée par le courrier diplomatique. Voltaire la reçut le 13-xi: voir D5066.
15-xi-1752? *V à D*	Lettre où Voltaire demande à sa nièce d'inciter d'Alembert à accepter la présidence de l'académie de Berlin. Voir *Correspondance complète de la marquise Du Deffand*, i.154.
20-xi-1752? *V à D*	Lettre où il oublie de l'avertir d'adresser désormais ses lettres à Berlin: voir D5082.
25-xi-1752 *V à D*	Envoi d'une copie de l'*Histoire de la guerre de 1741*, sous le couvert de La Reynière: voir D5084 et D6406.
Fin xi/ début xii-1752 *D à V*	Envoi d'une lettre de Mme Du Deffand. Voir *Correspondance complète de la marquise Du Deffand*, i.154 et 159.
Début xii-1752 *D à V*	Nouvelles des représentations d'*Amélie* (4-16 décembre 1752): voir D5113.
xii-1752 *D à V*	Lettre 'n° 19', mentionnée dans D5159. Puis lettres n°s 20 à 24.
xii-1752 *V à D*	Nouvelles d'une mauvaise 'aventure': voir D4638 et la discussion de ce numéro dans la troisième partie.
25-xii-1752 *V à D*	Lettre envoyée par Chennevières: voir D5121.
27-xii-1752 *D à V*	Lettre 'n° 25', reçue le 16-i-1753: voir D5159.
5-i-1753 *V à D*	'Paquet' envoyé par le courrier diplomatique: voir D5138.
10-i-1753? *D à V*	Lettre envoyée par le courrier diplomatique: voir D5142.
i-1753 *V à D*	Instruction d'engager Milord Maréchal et La Condamine à cesser de lui attribuer le *Tombeau de la Sorbonne*: rappel de cette instruction le 16 dans D5159. Une lettre à Mme Denis confiée à un Irlandais au service du roi de Prusse, et qui faillit être interceptée: voir *Textes*, 101.
16-i-1753 *V à D*	D5159.
Fin i-1753 *V à D*	Instruction de ne donner *Rome sauvée* qu'avec les remaniements qu'il a envoyés: voir D4790 et D5198.

I/II-1753 *V à D*	Envoi du mémoire sur Maupertuis (D.app.121): voir D5220. Il semble que Voltaire envoya ce même mémoire à d'Argental le 10-II-1753, avec D5199.
I/II-1753 *D à V*	Plusieurs lettres évoquées dans D5217, sans précision.
II-1753 *D à V*	Avis sur des 'libelles manuscrits' qui se répandent dans Paris et que l'on attribue à La Beaumelle: voir D5222.
26-II-1753 *V à D*	Lettre mentionnée le même jour dans D5217. Contenu semblable, selon toute apparence: impatience du retour et difficulté de partir.
III-1753 *D à V*	Avis sur les menaces directes de La Beaumelle et sur les démarches faites en conséquence: voir D5220 et D5228.
III-1753 *V à D*	Nouvelle de son départ prochain et instruction pour lui écrire à Leipzig: voir D5247.

II
Notes sur la correspondance avec la comtesse de Bentinck: datations et commentaires

Je compte bien aller demain rendre mes respects à la reine de Saba, après avoir vu Salomon (*D4664*).

L'UN des mérites essentiels des éditions Besterman restera d'avoir révélé la correspondance de Voltaire avec la comtesse de Bentinck. On ne pouvait guère s'attendre, après deux siècles, à pareille découverte. C'est un ensemble considérable: quelque deux cent cinquante lettres ou billets pour les trois années du séjour en Prusse. Aucune autre correspondance, pour la même période, n'est aussi essentiellement quotidienne. Santé, affaires, occupations et loisirs, rendez-vous et rencontres, attentions et cadeaux, prêts de livres et de gazettes, dîners et promenades, nouvelles de la ville et de la cour, inquiétudes, projets, intrigues – l'horizon de l'échange demeure constamment immédiat. L'étude et l'interprétation de ce corpus doivent évidemment renouveler la biographie du *séjour en Prusse*. On y a toujours fait sa part au Salomon du Nord; il faudra rendre la sienne à 'la reine de Saba'. Voltaire se fit d'emblée le 'procureur' de la comtesse de Bentinck, et il le resta, plus ou moins secrètement, même après que Salomon lui en eut signifié son mécontentement. Il se dit aussi '[son] pauvre malade', '[son] admirateur', '[son] courtisan'. Elle fut pour lui 'la belle âme', 'la consolatrice', et même 'l'ange tutélaire': tels sont les rapports marqués formellement dans leurs lettres.

'Un nouvel amour de Voltaire'? Dans l'enthousiasme de la découverte, on s'est trop pressé de conclure.[1] On ne savait presque rien de la comtesse de Bentinck. On se trouvait devant une masse confuse, informe même, de textes dont plus des trois quarts étaient sans dates. Mais on voyait enfin comblé l'intervalle entre la longue liaison quasi conjugale avec la divine Emilie et les tendresses retrouvées de la compagne des Délices. Une aventure berlinoise: l'attente et l'impatience tinrent lieu, rétrospectivement, de preuve. 'Cela allait de soi', jugea-t-on, 'cela était aussi nécessaire que le renversement des alliances.'[2] Ce qu'on croit qui a dû être devait être ce qui fut: une sorte d'*effet Pangloss* – 'il eût été surprenant', écrivit-on justement, 'qu'il en fût autrement' (Bellugou, p.30). Il est vrai que ces lectures hâtives trouvaient aussi quelque autorité dans la décision du grand éditeur de la correspondance, pour qui la liaison amoureuse

1. Voir Jean-Daniel Candaux, 'Un nouvel amour de Voltaire', *Journal de Genève* (3-4 juin 1956), p.5; et Henri Bellugou, 'Une amie de Voltaire', *Mémoires de l'Académie d'Angers*, 1963, pp.29-39. Jean-Daniel Candaux retrace l'histoire classique d'une 'aventure' où Voltaire a le beau rôle ('elle dut le pleurer plus qu'il ne la regretta'); la thèse d'Henri Bellugou est celle de la passion malheureuse: la vertueuse comtesse résista aux poursuites du vieux galant.

2. Jean-Daniel Candaux, p.5, col. A.

avait été, dès la publication du corpus, une évidence presque tangible.[3]

Mieux ordonné, le texte eût interdit l'intuition fulgurante et les séductions empoisonnées de l'amalgame. Situer, classer, commenter, identifier: nécessité première, urgente. A défaut, ces lettres, si riches et si précieuses qu'elles soient, restent inexploitables pour le biographe. On trouvera justement ici les résultats de ce traitement préalable, que Besterman n'avait pu effectuer faute de matériaux.

Les datations sont essentiellement fondées sur trois séries de documents:

1. les correspondances parallèles de la comtesse de Bentinck, qui fournissent à l'occasion des recoupements, peu nombreux, mais très sûrs: principalement ses correspondances avec le baron d'Arnim – le 'pauvre Darnheim', premier des 'malades' de la 'belle âme' – avec le comte de Rothenburg, la princesse d'Anhalt-Zerbst, le comte de Lynar (RAG 127, 258, 336, 467);
2. sa correspondance d'affaire avec Frédéric II, malheureusement réduite aux seules réponses du roi, mais d'où se tirent des indications précises sur certaines démarches que Voltaire, dans ses lettres, dirige ou commente: cette correspondance, en partie conservée dans les archives Bentinck (RAG 380, copies), a été publiée;[4]
3. et surtout les archives diplomatiques prussiennes et françaises: c'est seulement en démêlant ce fatras de dépêches, d'instructions et de mémoires que l'on pouvait, en reconstituant le cours général de l'affaire Bentinck, rapporter un bon nombre des lettres de Voltaire aux situations et aux incidents d'une négociation à laquelle il ne cessa de s'intéresser.[5]

Les lettres d'affaires une fois datées, le corpus se prêtait à des opérations de recoupement, de déduction et de confirmation. Le travail a fait boule de neige. A une quarantaine d'exceptions près, de très courts billets pour la plupart, tous les textes ont pu recevoir une date au moins approximative.

Il n'est peut-être pas inutile d'indiquer ici brièvement la nature et les enjeux de l'*affaire Bentinck*, puisque c'est par là principalement que cette correspondance se laisse ordonner. Lorsqu'elle gagna Berlin en août 1750 (elle y arriva vers le 20, un mois après Voltaire), la comtesse de Bentinck venait chercher dans la protection de Frédéric II un dernier recours contre le désastre total dont elle se

3. '[She] was almost certainly his mistress' (D.app.103; app. 57 dans la première édition). Des réserves furent exprimées à l'occasion de la recension de la *Voltaire's Correspondence*: voir par exemple R.A. Leigh dans *Modern language review* 52 (1958), p.436 et Henri Coulet dans *Studi francesi* 2 (1958), p.435. Dans l'appendice du *Voltaire* de Lanson (Paris 1960, p.231), René Pomeau parle d''intime amitié': il est difficile d'en dire davantage.

4. Friedrich-Wilhelm Schaer, 'Charlotte-Sophie Gräfin von Bentinck, Friedrich der Grosse und Voltaire', *Niedersächsisches Jahrbuch* 43 (1971), pp.81-121 (abréviation: *Schaer*). Les lettres de la comtesse au roi n'ont pu être retrouvées dans les archives de Merseburg, où elles devraient être conservées.

5. 'Il y a eu des volumes écrits sur cette question', notera quelques années plus tard le comte de Bernstorff, ministre principal du roi de Danemark (*Correspondance ministérielle du comte J.H.E. Bernstorff, 1751-1770*, publiée par P. Vedel, Copenhague 1882, ii.119). Les archives prussiennes ne me sont connues que par la *Politische Correspondenz Friedrichs des Grossen* (Berlin 1879-1912), volumes vii à x pour les années 1750-1753. Les archives françaises sont particulièrement riches, parce que Versailles eut à interposer ses bons offices entre les parties: elles ont été systématiquement dépouillées (MAE, *Correspondance politique*: Danemark, vol. 122-125, 1750-1753; Prusse, vol. 168-174, 1750-1754; Autriche, vol. 248-253, 1750-1754).

voyait menacée. Son mari le comte Willem, ministre influent des Provinces-Unies, lui disputait depuis leur séparation en 1740, comme créancier principal et tuteur de leurs deux enfants, les terres d'Aldenburg dont elle restait la dame souveraine, étant l'unique héritière et la dernière descendante de sa maison. Il avait obtenu d'abord, en 1746, le séquestre du domaine de Varel en Ostfrise, et la cour de Vienne avait confirmé la commission de régie que le roi de Danemark y avait établie à sa demande. Les démarches directes de la comtesse à Copenhague, puis ses réclamations à Vienne, étaient restées sans effet. Elle allait perdre maintenant sa plus belle terre, la seigneurie immédiate de Kniphausen. Un autre rescrit impérial, sollicité personnellement par le comte à Vienne même, venait en effet de confier au roi de Danemark la régie de tous les biens d'Aldenburg, avec pouvoir de prendre toutes les mesures utiles pour en assurer la conservation et la succession. Le roi de Prusse qui, deux ans plus tôt, refusait encore d'entrer dans le débat, écoutait cette fois les plaintes de la comtesse et lui promettait 'toute l'assistance possible' contre 'les poursuites marquées' dont elle se voyait accablée.[6] Quelques semaines plus tard, un détachement de soldats prussiens était installé à Kniphausen.

De la chicane domestique à la haute politique: ce fut désormais, pour quatre ou cinq chancelleries d'Europe, 'l'affaire Bentinck' – presque un *casus belli* dans les premiers temps. 'J'avoue que je n'avais point pensé être un si grand objet', écrira ingénument la comtesse, quatre ans plus tard, une fois tirées les dures leçons de la raison d'Etat.[7] De grands intérêts animaient en fait les puissances intervenantes, des ressorts plus ou moins cachés commandaient leur action, qu'elle ne pénétra bien, avec l'aide de son 'procureur', que peu à peu.

Le roi de Danemark agissait en sa double qualité de protecteur de la maison d'Aldenburg et de commissaire de l'empereur. Le contrat de mariage de la comtesse de Bentinck et le testament du dernier des Aldenburg avaient été garantis à Copenhague. Mais il avait aussi des prétentions sur les terres disputées, restes du démembrement du comté d'Oldenburg passé à la couronne danoise.

L'exclusivité de la commission impériale violait les prérogatives collégiales du Cercle de Westphalie, dont le roi de Prusse partageait la direction avec celui de Danemark. Ce fut le mobile déclaré de l'intervention de Frédéric II et de la protection qu'il accorda à la dame de Kniphausen. Mais il songeait aussi à contrecarrer la manœuvre danoise, comme prince d'Ostfrise, comme rival immédiat du comte d'Oldenburg. Il avait insensiblement étendu son influence dans cette région de l'Empire. Il ambitionnait d'établir à Emden, qu'il avait occupé six ans plus tôt, une compagnie des Indes qui fît enfin de la Prusse une puissance maritime. Il revendiquait à cette fin des droits territoriaux sur l'arrière-pays de la baie de Jahde, et le droit de domaine sur Kniphausen même, prétention alors pendante devant la cour impériale de Wetzlar, et dont des circonstances heureuses, adroitement secondées, pouvaient éviter les procédures et les frais. La protection prussienne offerte à la comtesse n'était pas plus

6. *Schaer* 3-6 (janvier-mars 1748) et 8 (13 juillet 1750).

7. RAG 75, lettre à Frédéric II, 26 avril 1754, copie autographe – la réponse manque dans *Schaer*. Mal soutenu par Versailles, Frédéric II dut retirer sa sauvegarde de Kniphausen et contraindre la comtesse à se soumettre aux conditions dictées par le Danemark.

désintéressée que l'assistance danoise dont le comte de Bentinck se prévalait depuis plus longtemps.

Quant à la cour de Vienne, ses décisions étaient en réalité d'inspiration politique. Le Danemark et la Prusse étaient unis à la France par des traités séparés, que Versailles devait aider à fondre en une alliance organique pour mieux assurer la paix dans le Nord, et que Frédéric II surtout espérait voir liés pour mieux défendre sa chère Silésie. En excitant ce différend, l'Autriche traversait ces vues et visait à isoler le roi de Prusse, devenu son principal ennemi. L'affaire Bentinck servit ainsi, dans ces années critiques de l'entre-deux-guerres, d'épreuve pour les alliances faites ou projetées, et elle contribua d'ailleurs à révéler les difficultés de l'union privilégiée de la France et de la Prusse et l'échec larvé du 'système d'Argenson'.[8]

Redatées pour une bonne part en fonction de ces références externes, les lettres à la comtesse de Bentinck ne sont certes pas strictement des lettres d'affaires. Elles dessinent aussi, une fois reclassées, une histoire personnelle dont les moments, les figures et les intérêts, dégagés de la confusion originelle du corpus, appellent désormais une interprétation biographique. Au fil des mois, de confidence en commission, de complicité en intrigue, une liaison personnelle se développa et s'approfondit, plus confiante, plus intime, que l'on devrait pouvoir déchiffrer avec plus de sûreté.

Les notes qui suivent portent généralement: à gauche, en haut, la date proposée par Besterman; à droite, en italique et complétée par l'indication du lieu, la nouvelle date proposée; au-dessous, précédés du signe (I) et d'un numéro d'appel, les passages retenus pour leur valeur d'indices; enfin, articulée sur ces citations, la datation proprement dite. Les passages commentés sont marqués du signe (C) suivi d'un numéro d'appel.

Pour ne pas alourdir la discussion, j'ai évité le plus souvent de citer les documents diplomatiques. On peut se reporter cependant, pour le détail d'une phase donnée de la négociation, aux résumés et aux références que j'ai cru plus commode d'insérer dans la chronologie générale placée en annexe à la fin de ce travail.

Je rappelle enfin que les numéros en italiques renvoient aux lettres redatées dans cette même partie.

D3248

à Paris 22 octobre (1745)

(C[1]) J'ay baucoup plus besoin de spécifiques que les vaches que vous honorez de votre attention.

(C[2]) Je voudrois avoir assez de santé et de loisir pour aprendre l'allemand afin d'entendre les vers que vous aprouvez.

La copie d'un 'préservatif contre le terrible fléau de mortalité des bestiaux' est

8. On pourra lire dans la quatrième partie (*Textes*, 52) un mémoire de décembre 1751 auquel Voltaire mit très probablement la main, où se trouvent clairement définis ces enjeux politiques.

conservée parmi les papiers de la comtesse (RAG 624), avec une lettre d'envoi à un personnage important dans le gouvernement des Provinces-Unies, datée de Varel le 7 septembre 1745. Le remède avait été proposé à la comtesse par 'un sujet d'une de [ses] terres dans la Seigneurie de Kniephause'. C'est probablement le même spécifique qu'elle communiqua à Voltaire, on ne sait dans quelle vue.

Le poète allemand dont il est question dans le second passage est sans doute Haller, auquel la comtesse vouait la plus grande admiration. Voir *Textes* 8.

D4212

(vers le 6 septembre 1750) (*Berlin, 10 septembre 1750?*)

(I[1]) Il faut que j'aille aujourduy à l'académie.

Cet indice permet une approximation plus vraisemblable, puisque l'Académie de Berlin tenait ses séances le jeudi. La présence de Voltaire à la séance du 10 est attestée par la *Spenersche Zeitung* du 12 (*Besuche*, p.110, n.3). La date du 17 n'est pas absolument impossible.

D4226

(vers le 24 septembre 1750) (*Berlin, 19 septembre 1750*)

(I[1]) Ne croyez point madame aux impertinentes gazettes de Berlin.

(I[2]) Voulez vous honorer donc de votre présence une répétition que nous faisons aujourduy?

L'incident auquel se rapporte le premier indice peut être daté avec précision. Le 15 septembre 1750, la 'gazette de Berlin' (probablement la *Spenersche Zeitung*) publia une pièce galante attribuée à Voltaire et en la donnant comme adressée à la princesse Amélie (*Utrecht*, 22 septembre 1750); Voltaire dut attendre le numéro du 22 de la 'gazette de Berlin' pour faire paraître un démenti (*ibid.* 29 septembre). Mais ce désaveu privé suivit sans doute de plus près l'incident.

'Une répétition' de *Rome sauvée* fut donnée le 19 septembre au château (*Berlin Journal*, f.164).

D4227

(26 septembre 1750) (*Berlin, le 8 janvier 1751*)

(I[1]) Votre malade madame vous est tendrement dévoué, et il tâchera de se bien porter demain pour brailler devant vous le rôle de Ciceron à six heures dans l'antichambre de madame la princesse Amélie.

A part celle du 19 septembre 1750 (voir la discussion précédente), trois représentations de *Rome sauvée* à la cour sont bien attestées, aux dates suivantes: 28

septembre 1750, 10 novembre 1750 et 9 janvier 1751.

L'analyse des codes épistolaires est ici déterminante. L'expression de la 'tendresse' ('tendre dévouement', 'tendre respect', etc.) n'apparaît qu'à la fin de novembre 1750 (*D4276, D4738*, etc.). Dans toutes les lettres de l'automne 1750, la seule expression du rapport personnel est 'votre procureur' (*D4258, D5016*, etc.). La comparaison avec *D4244*, autre billet d'invitation à une représentation de *Rome sauvée* paraît décisive: il faut rapporter celui-ci à la dernière des trois représentations.

D4231

(septembre-octobre 1750) (*Berlin, 8 ou 9 septembre 1750*)

(I[1]) Madame la markgrave a été fort mal madame, et àprésent est fort bien.

(I[2]) Le jour que je partis pour Sans Soucy, on avoit pris votre party très hautement chez la reine régnante. Je courus chez vous pour vous en informer. Vous n'y étiez pas.

La seule occasion, tout à fait exceptionnelle (voir le début de D4214), où Voltaire quitta Berlin pour Sans-Souci pendant le séjour de la margrave de Bayreuth en Prusse, peut être datée avec précision. La margrave se rendit à Potsdam le 5 septembre, en reprenant le chemin de ses Etats (MAE, *Prusse*, vol. 159, f.202); mais elle y tomba malade et revint à Berlin le 8 ou le 9 septembre (*ibid.*, f.219). Voltaire l'y avait accompagnée (d'après D4214) et le 10 il était lui aussi de retour dans la capitale (voir la discussion de *D4212*).

Il n'est pas concevable, d'autre part, qu'il ait beaucoup tardé, à son retour, à faire part à la comtesse de l'intéressante nouvelle qu'il n'avait pu lui communiquer sur le moment (I[2]): d'où la date proposée.

D4244

(vers octobre 1750) (*Berlin, 10 novembre 1750*)

(I[1]) Viendrez vous à Catilina madame? [...] J'aime mieux être votre procureur que Cicéron. Si j'avois son éloquence vous auriez gagné votre cause contre deux ou trois rois.

Autre billet d'invitation à *Rome sauvée*: cf. *D4227*. C'est au début d'octobre que Voltaire commença à jouer le rôle du 'procureur' de la comtesse auprès du roi (voir D4238), et c'est dans D4258, le 8 novembre, que pour la première fois le rapport personnel se trouve expressément marqué par ce terme. Il faut donc rapporter ce billet à la représentation du 10 novembre plutôt qu'à celle de la fin de septembre. Cf. D4258.

D4253

(octobre-novembre 1750) (*Potsdam, début décembre 1750*)

(I[1]) Je suis prest à lire le mémoire dont vous me faites l'honneur de me parler. [...] Je ne promets que de le lire; car je ne parle guères au Roy que de belles-lettres de philosophie, et de vous. Mais si le projet me paroit bon, et utile assez [*sic*] gloire, j'auray peutêtre la témérité de le présenter.

(I[2]) Vous pouvez avoir la bonté de l'envoyer quand il vous plaira.

Le second indice fixe le lieu; le style du rapport personnel ('vous me faites l'honneur', 'avoir la bonté') et la référence à des entretiens d'affaires avec le roi indiquent une date approximative: l'automne 1750.

Mais qu'est-ce que ce 'mémoire' que Voltaire accepte d'examiner et qu'il transmettra peut-être au roi? On peut en dire trois choses: il ne se rapporte pas au procès de la comtesse; il peut intéresser la 'gloire' du roi; et la comtesse, enfin, n'en est pas l'auteur – Voltaire douterait-il, si c'était le cas, qu'il soit 'bon'? – elle le patronne seulement. Sur ces données, il paraît indiqué de rapprocher le billet d'une circonstance trop oubliée, qui d'ailleurs ne fut sûrement pas sans effet sur les relations de Voltaire avec Maupertuis: la comtesse de Bentinck suscita ou soutint, en décembre 1750, un projet qui visait à créer une seconde académie royale à Berlin dont Voltaire aurait été le président. On en verra la preuve dans le texte 21 de la quatrième partie.

Un autre billet de Voltaire à la comtesse de Bentinck se rattache certainement au même plan: voir la discussion de *D5016*. Celui-ci est antérieur de quelques jours au moins, puisque Voltaire ne paraît pas connaître encore le sujet du 'mémoire'. La datation proposée tient compte, d'autre part, de la date du retour de la cour à Berlin (16 décembre 1750).

D4254

ce mercredy (octobre-novembre 1750) au soir

(Potsdam) ce mercredy (21 octobre 1750) au soir

(I[1]) Je m'intéresse si vivement madame à votre état, que je n'ay rien voulu hazarder sans avoir un second ordre de vous. Je tremblois de faire une fausse démarche. Je viens de recevoir votre ordre et d'obéir. J'ay porté le paquet au roy [...]. Il va à la gloire par tous les chemins, et il me semble qu'il y a de la gloire à prendre votre parti.

Tous ces indices (et d'autres détails du texte moins directement) marquent un moment décisif dans le cours des affaires de la comtesse: celui du premier pas, de la démarche qui peut engager l'avenir sans retour. Ils ne peuvent donc renvoyer qu'à une lettre du 18 octobre 1750 (connue seulement par la réponse, *Schaer* 9), où la comtesse annonçait au roi son intention de s'établir à Berlin et de négocier avec ses Etats de la Marche un emprunt qui lui eût permis de libérer ses terres: il s'agissait bien, si le roi entrait dans son projet, de 'prendre [son] parti'.

Le délai du 18 au 21 paraît certes un peu long, mais l'hésitation de Voltaire à 'obéir' au premier ordre reçu, et donc l'attente d'un second ordre, en fournissent une explication suffisante: voir d'ailleurs sur ce point la discussion de *D4277*.

D4276

à Potsdam ce samedy 21 (novembre 1750)

(I[1]) Votre procureur madame porta hier votre lettre au roy.

La date proposée par Besterman se trouve confirmée par une lettre de Frédéric II à la comtesse de Bentinck, datée du 22 novembre 1750 et répondant à une requête du 19 (*Schaer* 10): l'échange portait bien sur les matières financières que Voltaire discute ici en détail.

D4277

(? vers le 21 novembre 1750) (*Berlin, 18 octobre 1750*)

(I[1]) Je regarde comme une de mes belles années celle où j'ay eu l'honeur de vous revoir icy.

(I[2]) Votre lettre au roy est digne de luy et de vous.

(I[3]) Je voudrois avoir pu vous faire ma cour encor avant de partir. Adieu madame. Vous avez un sujet à Potsdam, aussi bien qu'un deffenseur.

Le premier indice fixe l'année, le troisième le lieu.

La comtesse de Bentinck écrivit deux fois directement à Frédéric II en 1750: le 18 octobre et le 19 novembre (les réponses sont *Schaer* 9 et 10). La seconde lettre correspond mal avec les données du texte: c'était une lettre d'affaires, qui n'appelait certes pas le commentaire cité en (I[2]) – et rien ne marque d'ailleurs, dans le rapport que Voltaire fit à la comtesse, le 21, de la remise de cette lettre, qu'ils avaient pu en parler d'abord à Berlin: voir *D4276*.

L'autre hypothèse, en revanche, ne présente aucune difficulté, et même elle permet d'insérer parfaitement ce billet entre D4238-*D4325* et *D4254*.

Le 12 octobre, de Potsdam, Voltaire promet son aide à la comtesse pour rédiger la lettre décisive où elle doit déclarer au roi son intention de s'établir à Berlin et son espoir de régler ses affaires sous sa protection: 'Le roy va jeudy à Berlin, j'auray l'honneur de l'acompagner. Je descendray chez vous. Vous aurez vos paperasses touttes prêtes, je seray absolument à vos ordres [...]. Tenez tout prest. Il faut que jeudy ou vendredy votre affaire soit faitte' (D4238). Le 16, il est toujours à Posdam (le roi ayant remis de jour en jour son voyage), mais il lui renouvelle son ardeur à la servir (*D4325*). Tout porte à penser, et d'abord les assurances qu'il donne de sa venue dans ces deux lettres, qu'il fut du voyage à Berlin des 17 et 18 octobre (*Utrecht*, 27 octobre). Il a donc pu connaître, et pour cause, à Berlin même, cette 'lettre au roy' du 18 octobre, et c'est de cette lettre aussi, bien plutôt que de la lettre de finances du 19 novembre, qu'il a pu dire, en quittant la capitale: 'Votre lettre au roy est digne de luy et de vous.'

Notons une difficulté apparente, qui confirme paradoxalement cette datation. Voltaire remit lui-même au roi, le 21 octobre, la lettre du 18 (voir *D4254*), alors que rien n'indique ici qu'il s'était chargé de cette commission en quittant Berlin. Mais on s'explique justement ainsi, que rentré à Potsdam et recevant 'le paquet' avec 'l'ordre' de le rendre au roi, il ait hésité et attendu 'un second ordre': 'je tremblois de faire une fausse démarche', expliquera-t-il (*D4254*) – non par rapport au fond de la lettre (le doute serait impertinent), mais par rapport à sa présentation, fort peu protocolaire en effet. Il s'apercevra que c'était bien 'une fausse démarche', lorsque Frédéric II lui reprochera, quelques mois plus tard, de '[s'être] mêlé des affaires de mad de Bentink' (D4400): 'Pardonez moy si je vous ay présenté des lettres de madame de Bentink,' répondra-t-il en avouant sa faute, 'je ne vous en présenteray plus' (D4401).

Le passage cité en (I[1]) appelle encore un mot de commentaire: c'est en fonction de son départ pour Paris, qu'il croyait très proche (voir D4241), que Voltaire pouvait ainsi regarder avec une sorte de recul, dès le mois d'octobre, la première année de son séjour en Prusse, et sans être certain par ailleurs de retrouver la comtesse à son retour à Berlin, maintenant que l'affaire qui l'y avait amenée paraissait en voie de règlement.

D4299

ce mercredy (vers le 15 décembre 1750) *(Berlin) ce mercredy (16 décembre 1750)*

(I[1]) Je suis arrivé icy un peu malade madame.

(I[2]) J'ay baucoup de choses à vous dire, mais la principale madame est de vous suplier de vous bien garder d'envoyer la lettre à m. le prince d'Orange.

Le mois et l'année peuvent être fixés par la date de la seule requête adressée par la comtesse au prince d'Orange durant son séjour à Berlin: c'est une lettre de sollicitation sur ses affaires, datée 'Berlin le décembre 1750' (*sic*) et qui ne fut apparemment pas envoyée (RAG 704). Il est facile de déterminer le jour d'après le déplacement indiqué en (I[1]): c'est le 16 décembre que la cour revint à Berlin pour les fêtes du carnaval (*Tageskalender*, p.126).

D4312

(1750-1751) *(Berlin, 20-25 mai 1751)*

(I[1]) Faut il tant de tourments pour être tranquile! Au nom de la raison tirez vous du précipice où vous êtes, vous le pouvez. Défiez vous des séductions d'une imagination brillante, des espérances trompeuses, et surtout de l'idée de pouvoir vaincre des puissances que vous ne pouvez combattre.

La tranquillité ou les risques d'une lutte de plus en plus hasardeuse – le 'précipice' ou le repos: c'est l'alternative qui s'imposait à la comtesse au début de mai 1751. Le discours conciliateur de Voltaire reprend ici, avec plus de rondeur et d'affabilité, les analyses du roi lui-même dans des lettres d'intimidation qu'il adressa à la comtesse les 9 et 11 mai 1751, pour la porter à un accommodement (*Schaer* 15-17). La date du 25 mai peut être retenue comme *terminus ad quem*: la comtesse signa ce jour-là la procuration qui devait la tirer, lui écrivit Voltaire, 'du fonds de l'abîme' (D4478). On ne peut guère remonter, d'autre part, au-delà du 20 mai, le billet paraissant bien avoir été écrit de Berlin.

D4313

(1750-1751) *(Potsdam, 14-20 novembre 1750)*

(I[1]) Soyez philosofe madame [...]. Je feray, je diray tout ce que vous voudrez [...]. Je vous souhaitte des garanties, mais je ne vous les garantis pas. Je ne suis sûr icy que de la bonne volonté du roy pour vous et du respectueux attachement que je vous ay voué à jamais. Je crois que ma mission est uniquement ces jours cy d'échauffer les sentiments de sa majesté, de fortifier s'il est possible son estime pour votre caractère, et son envie de vous obliger.

Le mot de 'garantie' convient en principe aux deux phases de l'affaire Bentinck. La comtesse rechercha d'abord des garanties *financières*, pour l'emprunt qu'elle négociait avec les Etats de la Marche (octobre 1750-mai 1751), puis des garanties *politiques* pour les suites de l'arrangement négocié entre les diplomaties danoise, prussienne et française (à partir d'avril 1751).

Mais les autres données du texte permettent d'exclure le second sens et même de réduire sensiblement le champ de la datation:

1. les garanties politiques, à la différence des premières, ne dépendaient pas essentiellement de la 'bonne volonté' du roi de Prusse;
2. de son côté, après la semonce de février 1751 (D4400-D4401), Voltaire renonça à toute 'mission' auprès du roi par rapport aux affaires de la comtesse;
3. du reste, 'les sentiments de sa majesté' à l'égard de la comtesse s'altérèrent au début de 1751: la garantie financière était plus qu'incertaine dès le mois de janvier (*Schaer* 11 et 12);
4. enfin, Voltaire passa très vite de la formule du 'respectueux attachement' à celle du 'tendre respect', dès novembre 1750 semble-t-il: voir la discussion de *D4227*.

Il faut donc rapporter ces vœux sur la 'garantie' au tout début de la première négociation. C'est le 13 novembre 1750 que la comtesse fut avertie secrètement par son ami d'Arnim (le propre fils du ministre que Frédéric II avait chargé de l'examen de sa demande) que les députés des Etats de la Marche désiraient voir le roi 'se charger de la Guarantie du capital en cas d'évenement, de procès et de chicane', et qu'elle devait donc s'employer à obtenir 'une déclaration formelle' en ce sens (RAG 127). Le 19 novembre, elle écrivit au roi pour sonder le terrain, et la réponse, peu favorable déjà, fut *Schaer* 10, datée du 22 novembre 1751: c'est dans cet intervalle, je crois, qu'il faut placer *D4313*. 'Je feray, je diray tout ce que vous voudrez', écrit Voltaire: peut-être s'agissait-il précisément de présenter la lettre du 19.

D4314

(1750-1751) *(Potsdam, 18 mai 1751)*

(I[1]) J'ay obéi aux ordres que vous m'avez donnez de la part de M[e] la princesse de Zerbts. N'esce pas Zerbts? Le mot seroit dur en vers.

(I[2]) Il n'y a madame dans votre lettre que le mot de respect que je trouve de trop, vous outrez l'honnêteté ainsi que la générosité. Je suis encor étonné de vos sacrifices, mais le motif en est sacré [...]. Je ne peux voir que demain mylord Tirconnel. Vous croyez bien que je luy parleray avec l'entousiasme que vos vertus inspirent. Vous voulez sans doute que je mette votre lettre dans le paquet p[r] mylord Tirconnel malgré ce mot de respect qui sera regardé comme un terme employé par une dame plus au fait de notre langue que de nos usages.

La correspondance entre la princesse Elisabeth d'Anhalt-Zerbst et la comtesse de Bentinck (RAG 336-337) permet de retracer la petite histoire de la commission dont Voltaire venait de s'acquitter (I[1]). Il s'agissait de faire une 'inscription' en vers pour un portrait de la reine Ulrique de Suède. La princesse avait commandé son 'inscription' le 27 avril 1751; la comtesse lui répondit le 11 mai qu'elle était près de réussir 'cet innocent larcin'; le 25 mai, la princesse avait reçu les vers, et même une lettre du grand homme. Voir *Textes* 36 à 38 et la lettre du 25 mai 1751 publiée dans la *RhlF* 76 (1976), pp.70-71.

On peut donc placer d'abord ce billet entre le 10 et le 20 mai 1751.

Le second passage cité se rapporte, d'autre part, à un moment tournant de l'affaire Bentinck. En mai 1751, l'échec de son projet de remboursement, la menace d'une cession forcée, la crainte de subir bientôt toutes les rigueurs de la raison d'Etat, réduisirent la comtesse à proposer elle-même une donation partielle de ses biens à son fils aîné (MAE, *Prusse*, vol. 165, avril-mai 1751, *passim*).

C'est de la 'genérosité' des 'sacrifices' de cette cession volontaire que Voltaire se dit 'encor étonné'. Or ce 'mémoire' de contre-proposition, adressé au comte de Tyrconnell, est daté du 17 mai 1751 (RAG 502). Pourquoi l'avoir fait passer par Voltaire? C'est que Tyrconnell était justement à Potsdam, les 18 et 19 mai, pour assister aux revues militaires à l'invitation du roi (MAE, *Prusse*, vol. 165, ff.200 et 209-210): la lettre et le 'paquet' devaient ainsi lui être remis d'urgence, l'occasion étant bonne, si le roi en avait connaissance, de faire valoir la docilité et les 'vertus' de l'infortunée comtesse.

D4315

Posdam lundy (1750-1751) *Potsdam lundy (9 août 1751)*

(I[1]) On m'a dit madame que vos affaires prenaient une tournure très avantageuse pour vous. Je dois être un des premiers à vous en féliciter, et je ne pourais avoir d'autre chagrin que d'avoir été des derniers à l'aprendre.

Le rapprochement de cet indice avec le passage cité en (C[1]) dans la discussion de *D4544* paraît concluant à lui seul; les deux lettres marquent aussi du dépit contre l'intimité qui parut alors se renouveler entre la comtesse et Maupertuis.

D4316

à Potsdam ce 24 (1750-1751) *à Potsdam ce 24 (octobre 1750)*

(I[1]) Vous devez madame recevoir aujourduy la lettre de sa majesté. Elle a recommandé votre affaire à Monsieur d'Arnim. C'est de tous les ministres celuy qui a le plus beau poste, puis qu'il vous servira.

La lettre du roi est *Schaer* 9, datée du 23 octobre 1750: 'J'ordonne', écrit Frédéric II, 'à mon ministre d'Etat d'Arnim, directeur des députés des états de la Marche, d'entrer en conférence avec vous sur l'emprunt que vous demandez'.

D4317

ce mardy (1750-1751) *(Potsdam) ce mardy (27 octobre 1750)*

(I[1]) Alexandre a écrit à Talestris dans le stile convenable à l'un et à l'autre. Il ne vous manque plus apresent que des lettres de change sur les états de la marche pour ajouter à la lettre du roy le seul mérite essentiel qui puisse luy manquer.

La négociation d'emprunt fut longue et ardue, et n'occasionna pas moins de cinq démarches personnelles de la comtesse auprès du roi. L'hésitation n'est cependant pas permise. Seule la *première* réponse de Frédéric II (*Schaer* 9) a pu appeler un commentaire aussi optimiste. Les quatre autres (*Schaer* 10-12 et 15) marquent de la réticence, puis de la mauvaise volonté. Il faut donc supposer que la comtesse communiqua à Voltaire, dès qu'elle l'eut reçue, la belle lettre pleine de promesses du 23 octobre.

D4318

(1750-1751) *(Berlin, janvier 1751)*

Datation vraisemblable, sinon probable, en l'absence d'indices plus précis. 'On' suscite à Voltaire une 'affreuse intrigue', qui l'oblige à voir certains 'messieurs', mais qui lui fait aussi éprouver la 'bonté généreuse' de la comtesse; il la verra demain, il souhaite que son 'conseiller privé' y soit aussi: toutes ces allusions concordent si l'on rapporte le billet aux premières démarches du procès contre Hirschel.

L'adresse du billet, à madame 'la comtesse d'Oldenbourg et non de Benting', permet encore de le rapprocher de *D4317* (redaté du 27 octobre 1750): 'madame d'Oldembourg, car je ne veux plus vous appeler Benting'. La même formule se lit aussi à l'adresse du numéro suivant.

Rappelons enfin que Voltaire arriva à Berlin avec la cour le 16 décembre.

D4319

ce dimanche (1750-1751) *(Berlin) ce dimanche (janvier 1751)*

'Ma petite affaire est peu de chose. Vous en avez de grandes qui m'intéressent davantage': quoique mince, cet indice (le seul qu'offre le texte) permet de placer ce petit billet de rendez-vous, assez sûrement je crois, dans les premiers temps de l'affaire Hirschel. Voir aussi D4328: 'Mes petites affaires ne sont pas plus avancées que vos grandes.'

A l'adresse, comme dans le numéro précédent, Voltaire joue sur l'identité de la comtesse, 'malgré elle, de Bentinck'. Mais l'ordre fut probablement inverse: 'ma petite affaire' (*D4319*); '[une] intrigue [...] affreuse' (*D4318*).

D4320

(1750-1751) (*Berlin, décembre 1750-janvier 1751?*)

Date purement hypothétique, fondée sur la possibilité de recouper le jeu d'esprit autour des origines lointaines des noms et titres de la comtesse ('je suis madame plus oldembourien que catholique': cf. *D4317* à *D4319*, *D4322* et *D4327*, tous billets de l'automne 1750) et sur les vraisemblances d'un séjour prolongé dans la capitale – le lieu en tout cas est certain.

D4321

(1750-1751) (*Berlin, janvier-février 1751*)

Autre petit billet de remerciement et de rendez-vous. 'Le président de Jarrige', écrit Voltaire, 'est venu chez moy immédiatement après m^r^ Muller': le premier fut l'un des principaux 'commissaires' dans le procès de Voltaire et d'Hirschel; le second est presque sûrement le 'conseiller privé' que Voltaire demandait à voir dans *D4318*, ce Müller chez qui logea la comtesse dans les premiers mois de son séjour à Berlin (cf. D4254 et *Textes*, 18).

D4322

(1750-1751) (*Berlin ou Potsdam, septembre-novembre 1750*)

(I[1]) Je vais apprendre ma leçon madame. C'est à vous seule qu'il apartient de vous bien servir. Si le zèle pouvoit tenir lieu d'intelligence et de pouvoir, je vous ferais souveraine de la comté d'Oldembourg toutte entière.

L'occasion de ce billet semble avoir été la communication d'un mémoire d'affaires, vraisemblablement relatif aux droits territoriaux de la comtesse, dont Voltaire se chargeait de rendre la teneur au roi ou au cabinet: c'est sur cet indice qu'on peut le placer dans le courant de l'automne de 1750, les seuls mois où Voltaire se soit mêlé directement des intérêts de la comtesse auprès de Frédéric II. La dernière phrase du passage cité se retrouve d'ailleurs presque mot à mot dans *D4327*, dont la date paraît assurée.

D4323

(1750-1751) (*Potsdam, 14-15 avril 1752*)

(I[1]) J'ay exécuté vos ordres, j'ay rendu compte de la situation nouvelle de vos affaires en Dannemark, j'ay dit au révérend père abbé qu'il vous portait bonheur partout.

(I²) Je vous répons encor une fois madame qu'il est très loin d'avoir reçu des impressions défavorables sur votre compte.

Dans l'histoire de l'affaire Bentinck, le premier indice ne peut renvoyer qu'à la nomination du comte de Lynar au gouvernement des comtés d'Oldenburg et de Delmenhorst, 'événement considérable' dont la comtesse donna aussitôt l'heureuse nouvelle à Voltaire, en même temps qu'au ministère prussien, le 12 avril 1752: voir la discussion de *D4440*. Comme Voltaire s'était proposé dès le 13, dans ce dernier numéro, de parler le soir même au roi, si l'occasion s'en présentait, des avantages que la comtesse se promettait de retirer de cette 'situation nouvelle', on peut présumer que *D4323* a dû suivre à un ou deux jours de là.

L'autre passage cité ci-dessus recoupe aussi le second indice retenu pour la discussion de *D4440*.

D4324

(1750-1751) *(Berlin, 18/20 décembre 1751)*

(I¹) J'enverray votre manuscript. Il est bien mieux que le tout soit de votre main. Cela est plus touchant, et a l'air plus vray.

(I²) Mille tendres respects.

(I³) Vous voudrez bien me rendre mon original.

En recoupant le premier et le troisième indice, il faut en inférer que l'occasion de ce billet fut la rédaction par Voltaire d'une pièce relative aux affaires de la comtesse, qu'elle n'eut qu'à recopier en y joignant une lettre (cf. 'le tout'). Il paraît d'abord naturel de penser que cette pièce était destinée au ministère prussien, ce qui porterait à placer le billet dans la période où Voltaire se fit le 'procureur' déclaré de la comtesse, à l'automne de 1750. Mais le cabinet prussien fut très vite accoutumé, dès l'été de 1750, à voir défiler les lettres, placets et mémoires autographes de la comtesse, et l'effet 'touchant' de sa 'main' fut sans doute bientôt perdu. Par ailleurs, la prudence que suppose la demande de restitution de 'l'original' semble devoir s'entendre par rapport à la défense royale de février 1751: 'Vous vous êtes mêlé des affaires de mad. de Bentink, sans que ce fût certainement de votre département' (D4400, 24 février 1751). Je ne vois qu'une circonstance où Voltaire fut à la fois le *rédacteur* et l'*expéditeur* d'une telle pièce, c'est à la fin de 1751: un 'mémoire' daté du 20 décembre fut dressé par la comtesse à l'intention du ministre Saint-Contest, il fut presque certainement composé par Voltaire lui-même, qui l'envoya par d'Argental le 25 décembre (*Textes*, 52 et D4630).

D4325

ce jeudy (1750-1751) *(Potsdam) ce jeudy (15 octobre 1750)*

(I¹) Le roy n'étant pas venu à Berlin madame, il faut que vos pancartes viennent à

> Potsdam [...]. Envoyez les paperasses [...]. Donnez moy une instruction bien nette [...]. Je craindrais que l'ardeur de vous servir me fît faire une fausse démarche.

(C[1]) Nous ne sommes jaloux l'un de l'autre [Maupertuis et moi] que pour vous servir.

Le rapprochement avec D4238 s'impose. Voltaire reprend en fait, terme à terme, le plan formé le 12 pour la rédaction de la lettre décisive que la comtesse se disposait à adresser à Frédéric II: 'Le roy va jeudy à Berlin, j'auray l'honneur de l'acompagner. Je descendray chez vous. Vous aurez vos paperasses touttes prêtes [...] et j'espère que nous ne ferons pas de fausses démarches [...]. Si le roy n'alloit pas à Berlin je vous le manderois, et en ce cas vous m'enverriez une instruction avec vos papiers.' La crainte de faire 'une fausse démarche' s'exprimera d'ailleurs encore, le 21 octobre, dans *D4254*.

Quant à l'autre passage cité, il s'éclaire par le rapprochement d'un billet inédit de Maupertuis à la comtesse de Bentinck, daté seulement '11 octobre', mais dont l'année se restitue sans difficulté: voir *Textes*, 18.

D4326

ce mercredy (1750-1751) *(Berlin) ce mercredy (2, 9 ou 16 septembre 1750)*

(I[1]) Le prince de Lokovits croira que j'ay une grande passion pour luy, j'ay été trois fois à sa porte croyant que c'étoit la vôtre. Mais je ne m'y méprendrai plus.

(I[2]) [adresse] à madame/ madame la comtesse/ de Bentink etc. / rue du chasseur/

L'adresse est celle du premier logement de la comtesse à Berlin: voir *D4254* et *Textes*, 18. Compte tenu de la date de l'arrivée de la comtesse (vers le 20 août), de la méprise dont Voltaire s'excuse, des déplacements de la cour entre Potsdam et Berlin, la date reste incertaine entre le 2, le 9 et le 16 septembre, la plus probable étant naturellement la première. Mais c'est là, sans doute possible, l'un des tout premiers billets de leur correspondance en Prusse.

Signalons d'autre part que l'expression de 'grande passion' (que l'on retrouve dans *D4325* le 15 octobre 1750) fait allusion aux bonnes fortunes du général autrichien.

D4327

(1750-1751) *(Berlin, 17 octobre 1750)*

> J'arrive madame. Je reçois vos ordres. Je viendrai chez vous vous remercier de me les avoir donnez. Si le succez dépendoit de mon zèle vous auriez la comté d'Oldembourg et le royaume de Dannemark.

C'est là le texte complet du billet. Voltaire arrive à Berlin et y reçoit, à peine arrivé, les ordres de la comtesse. La coïncidence même, en ce qu'elle paraît convenue, le rendez-vous au domicile de la comtesse, la proclamation de zèle, les connotations grandiloquentes autour d'une démarche importante à laquelle Voltaire prête son concours: autant d'indices qui permettent de rapporter ce petit billet au plan annoncé dans D4238 et *D4325*.

D4328

(1750-1751) *(Berlin, début janvier 1751)*

(I¹) On m'a fait jouer la comédie aujourduy dans le bel état où je suis.

(I²) Mes petites affaires ne sont pas plus avancées que vos grandes. Ma destinée me donne à peu près les mêmes ennemis.

Le second indice peut être rapporté presque sûrement au procès contre Hirschel, en raison d'une analogie stylistique avec la série des billets de janvier-février 1751 où se rencontre la même antithèse des '[petites] affaires' de Voltaire et des '[grandes] affaires' de la comtesse: cf. *D4319*, D4331 et D4362. Dans D4331, d'autre part, le 2 janvier, et dans *D4367*, que l'on peut placer entre le 6 et le 15 février, Voltaire avance aussi cette idée que leur 'destinée' commune et l'identité de leurs 'ennemis' doivent les rapprocher.

Divers recoupements fixent en janvier le premier indice: D4339, D4340, D4342 et D4344 mentionnent des représentations de théâtre auxquelles Voltaire participa au début du mois, tandis qu'après la mi-janvier, accablé d'affaires, et d'ailleurs en disgrâce, il ne parut presque plus à la cour: cf. D4346.

D4331

ce samedy (2 janvier 1751)

(C¹) Ce maudit juif qu'on a voulu faire l'instrument d'une cabale.

L'allusion vise très probablement Maupertuis comme instigateur de Hirschel. Cf. dans la troisième partie la discussion de D4354.

D4351

(janvier 1751) *(Berlin, début janvier 1753)*

(I¹) Je suis bien sûr que vous ne ferez pas prier le prince Henri de refuser des copies, luy qui n'en donne jamais, mais que vous chargerez quelqu'un de le louer baucoup de garder le secret, et de ne pas divulguer ce qu'il doit cacher.

(I²) Il est dur de ne pouvoir ny partir ny rester. Mais il sera bien affreux de vous quitter.

Il est exclu que le premier indice se rapporte au prétendu vol de la *Pucelle* par Tinois (D4334): la comtesse de Bentinck n'était pas assez liée avec le prince Henri, à cette date, pour se charger d'une telle commission auprès de lui. Ce billet doit se rattacher plutôt à l'incident des copies de la 'lettre à Koenig' répandues dans Berlin, au lendemain de la 'brûlure' de la *Diatribe*: voir D5104-5107.

Le second indice concorde avec cette hypothèse et permet de fixer la date peu après la demande de congé du 1er janvier. Voltaire ne peut 'rester' à Berlin après ses dernières mésaventures, et sa résolution est prise: 'il sera bien affreux de vous quitter'; mais il ne peut non plus 'partir', son congé ne lui étant pas encore accordé.

D4367

(janvier-février 1751) *(Berlin, 6-15 février 1751)*

(I[1]) Le jour qu'il vous plaira madame Catilina, Adelaide et moy nous serons à vos ordres et à ceux de M. le comte de la Lippe.

(I[2]) J'attends en paix un jugement qui ne peut que me justifier pour peu qu'il y ait un reste de justice sur la terre.

(C[1]) Des gens qui vous ont manqué bien indignement sont ceux là même dont j'aurais à me plaindre [...].

Ce billet datant évidemment du procès contre Hirschel, il ne s'agit que d'en serrer la date de plus près. C'est le 5 février que Voltaire remet au chancelier Cocceji son mémoire final, le 'Schluss Nothdurfft' mentionné dans le commentaire de D4371. A partir de cette date, la justice n'a plus qu'à suivre son cours, l'instruction étant terminée: Voltaire retrouve des loisirs, au point de laisser son amie libre de fixer elle-même le jour de la lecture à laquelle il s'est engagé (I[1]). Le *terminus ad quem* est d'autre part fixé par la date du jugement.

'Le comte de la Lippe' est Wilhelm, comte régnant de Schaumburg-Lippe, qui séjourna à Berlin du début de décembre 1750 au 25 février environ (d'après la correspondance de la comtesse de Bentinck avec sa mère, RAG 403). Sur ses relations avec Voltaire, on peut consulter Curd Ochwadt, *Voltaire und die Grafen zu Schaumburg-Lippe* (Bremen, Wolfenbüttel 1977), pp.66-97.

Parmi 'les gens' dont il est question dans le troisième passage cité, il faut sans doute compter, et tout principalement, Maupertuis, qui s'était vite désintéressé des affaires de la comtesse, si même il ne l'avait pas desservie, et que Voltaire considérait d'autre part comme l'instigateur des résistances de Hirschel: cf. *D4331* et la discussion de D4354 dans la troisième partie. Un autre billet à la comtesse, vers la même date, évoque leurs 'ennemis' communs (*D4328*).

D4368

(janvier-février 1751) *(Berlin, peu après le 15 janvier 1751)*

(I[1]) Mais madame, madame! ces états de la marche! La lettre que vous m'avez montrée, vous plaît elle si fort?

Il s'agit d'une lettre de Frédéric II à la comtesse, datée du 15 janvier 1751 (*Schaer* 11), qui porte en effet sur la négociation d'emprunt déjà évoquée (voir *D4313*). Lettre assez ambiguë: sans lever les obstacles techniques dont la comtesse lui avait fait part, le roi lui assurait qu'il serait 'charmé' de la réussite de ses projets. Les doutes de Voltaire allaient se trouver confirmés: voir *Schaer* 12.

D4394

(vers le 20 février 1751) *(Berlin, 20-22 février 1751)*

(I[1]) On exagère tout dans ce monde, madame. Le roy a été un peu indisposé, et on l'a dit très malade.

(I[2]) Mon procez est gagné [...].

Le second indice, le seul qu'a retenu Besterman, est très exactement recoupé par un écho diplomatique sur l'état de santé du roi: le 20 février, Tyrconnell reçut des confidences alarmantes du ministre Podewils et crut même devoir envisager, quoique à mots couverts, les conséquences d'une éventuelle succession (MAE, *Prusse*, vol. 164, f.266).

D4395

(vers le 20 février 1751) (*Berlin, vers le 22 février 1751*)

Ce léger déplacement découle de la datation précédente, les deux billets se suivant évidemment de très près: cf. 'Mon procez est gagné' (*D4394*) et 'J'ay certainement gagné mon procez' (*D4395*).

D4410

(vers le 5 mars 1751) (*Berlin, fin janvier 1752*)

(I[1]) Il est vray que je n'ay guères que des livres et des paperasses à transporter.

Dans son déménagement du château de Berlin au Marquisat, Voltaire eut bien d'autres choses 'à transporter': 'j'ai un peu de vaisselle d'argent, un peu de linge, des tables, des fauteuils et des lits' (D4393). Cf. la mention des meubles dans D4356, D4402 et D4413. Ce billet peut être placé plus vraisemblablement à la fin de janvier 1752, date où Voltaire dut quitter son appartement royal pour s'installer quelque temps 'chez madame Bok': voir D4793 et note 1, et D4802.

D4411

(vers le 5 mars 1751) (*Berlin, 24 octobre-24 novembre 1750: le 31 octobre?*)

(I[1]) Je pars avec des prussiens qui ne me donnent pas le temps de vous faire ma cour.

(I[2]) Je vous suplie de vouloir bien me mander à Potsdam si vous êtes aussi contente des états que du Roy. Vous me faites prendre party contre l'empereur, le roy de Dannemark et M. de Benting.

La seule période à laquelle convienne le second indice est délimitée par les deux dates retenues: le 24 octobre 1750, la comtesse reçut du roi la permission de négocier un emprunt avec les Etats de la Marche (*Schaer* 9); le 24 novembre, en réponse à une autre requête sur le même sujet (voir la discussion de *D4313*), elle reçut une lettre moins favorable qui, sans être tout à fait décourageante, ne levait pourtant pas la principale difficulté de la négociation (*Schaer* 10).

Dans l'intervalle, trois brefs séjours de Voltaire à Berlin sont bien attestés: voir l'*Annexe chronologique*, 29 octobre, 10 novembre et 23 novembre 1750. Compte tenu de l'aspect verbal de la dernière phrase citée, on serait porté à rapprocher le plus possible ce billet du premier moment où Voltaire s'engagea dans les intérêts de la comtesse, c'est-à-dire à le placer au 31 octobre 1750.

D4415

(vers le 9 mars 1751) (*Berlin, 28 mars 1752*)

Je reçois donc votre sainte bénédiction. J'espère qu'elle me portera bonheur dans le petit paradis terrestre où je vais, et où je me tiendrais damné si vous n'aviez pas pour moy des bontez toujours égales. C'est cette égalité qui met le comble à votre mérite. C'est la première vertu de la société etc. etc. etc. La belle chose que cette égalité d'humeur!

C'est là le texte complet d'un bien étrange billet d'adieu. Besterman le fixe au départ pour le Marquisat. Mais l'expression de 'paradis terrestre' convient aussi bien aux châteaux de Potsdam: cf. *D4524*.

En fait, ce texte fait l'objet d'un renvoi explicite dans une lettre du 12 avril 1752: 'En partant madame je vous fis l'éloge de cette égalité d'âme et de cette bonté ferme et constante qui fait votre caractère' (*D4865*). C'est de la fin de mars que datait le précédent séjour de Voltaire à Berlin: il y était encore le 28, et comme il écrivit à nouveau de Potsdam le 1er avril, il avait très probablement regagné Potsdam avec le roi le 28 même (*Tageskalender*, p.129).

Quant au fond, c'est là un texte codé, comme l'est encore le début de *D4865* le 12 avril. Une troisième lettre, du 13 avril, confiée celle-là à un domestique de la comtesse, reprend le message en clair: 'Je commence par vous assurer qu'il est très faux que Le roy ait conçu de vous la plus légère impression qui vous fût défavorable' (*D4440*). L'égalité d'humeur d'un monarque ne garantit pas contre les indiscrétions du cabinet noir.

D4416

(10 mars 1751) (*Berlin, peu après le 14 juillet 1751?*)

(I[1]) Hélas point de dîner madame, il faut partir pour Potsdam. Le roy avoit hier la fièvre à ce que la reine mère m'a fait l'honneur de me dire. Le devoir m'emporte.

Si l'on fixe le départ de Voltaire pour le Marquisat au 6 mars (voir la discussion de D4410), le recoupement signalé par Besterman n'est d'aucun secours. Il est d'ailleurs presque certain que Voltaire ne vit pas la reine mère entre janvier et mai 1751: voir la discussion de *D4742*. Compte tenu des données disponibles sur les déplacements respectifs de Voltaire et de Frédéric II, deux autres dates sont possibles: le 31 octobre 1750 ou peu après le 14 juillet 1751. La clausule du billet ('Je suis pénétré de vos bontez') me semble exclure la première.

D4421

ce lundy (15 mars 1751) (*Au Marquisat ou à Potsdam) ce lundy (17 mai 1751)*

(I[1]) Mon héroïne qui va voir des héros trouvera une tasse de mauvais caffé et si elle veut manger, quelque mauvais plat, chez son admirateur et chez son solitaire.

La date est fixée par celle des seules revues qui se déroulèrent à Potsdam au printemps de 1751: elles eurent lieu les 18 et 19 mai (MAE, *Prusse*, vol. 165, f.200).

D4423

(vers le 15 mars 1751) *(Au Marquisat ou à Potsdam, le 15 ou le 16 mai 1751)*

(I[1]) Les divinitez viendront donc mardy dans les chaumières [...]. Je ne sçais pas trop madame si j'iray à la revue, mais je sçai que je vous attendrai au marquisat [...].

La circonstance est la même que pour *D4421*, mais ce billet précède évidemment l'autre. La comtesse fut personnellement invitée aux revues, le 15 mai, par le comte de Rothenburg, lieutenant-général du royaume (RAG 258): elle dut en avertir aussitôt Voltaire, qui lui répond en confirmant le rendez-vous du mardi suivant (le 18, premier jour des revues, fut bien un mardi).

L'expression de 'divinitez' s'entend d'autre part, selon toute vraisemblance, de la comtesse elle-même et de sa dame de compagnie, mademoiselle Donop.

D4428

à Berlin ce 24 (mars 1751) *à Berlin (Potsdam) ce 24 (avril 1752)*

(I[1]) Je vous suplie madame de ne me pas oublier quand vous écrirez à madame la princesse de Zerbst. Je suis destiné à aimer ce que vous aimez.

(I[2]) Je compte faire un petit séjour à Berlin au mois de may.

(I[3]) Je n'ay pu venir à Berlin cette fois cy, le voiage n'étant que d'un jour.

(C[1]) Madame, il se peut faire que l'on m'ait déguisé ses sentiments, et que mon dévouement si décidé pour vous ait pu mettre en garde. Cependant le bien qu'on a dit de vous a paru bien naturel.

Le premier indice est déterminant. Voltaire n'eut pas la moindre relation avec la princesse d'Anhalt-Zerbst avant la mi-mai 1751 (voir la discussion de *D4314*). Quant à la comtesse de Bentinck, sa correspondance avec la princesse ne prit les termes de l'amitié qu'après son séjour à Zerbst de février-mars 1752 (RAG 336-337). A la date retenue, Voltaire venait de recevoir, sous le couvert de la comtesse, une lettre de la princesse (D4864).

Les deux autres indices sont concordants, quoique le voyage d'avril 1752 ait été de deux jours et non d'une journée seulement (*Tageskalender*, p.130).

Le dernier passage cité se rapporte enfin aux doutes que la comtesse nourrissait alors au sujet des intentions du roi à son égard: voir la discussion du second indice de *D4440*, replacé au 13 avril 1752.

D4431

(mars-avril 1751) (*Au Marquisat, 1-22 juin 1751*)

J'ay baucoup de choses à vous dire madame. Croyez moy, venez manger L'outarde au marquisat à une heure. Je ne peux avoir l'honneur d'être chez vous à onze, nous ferons comme nous pourons. Vous aurez à une heure un carosse de Mr le c. de Rothembourg qui vous mènera au marquizat et là nous parlerons, loin du monde et du bruit. Je me jette à vos pieds.

V.

C'est là le texte complet du billet. Les mêmes indices peuvent servir à dater trois billets: D4431, D4453 et D4490.

Voltaire loge au Marquisat, la comtesse est à Berlin. D'ordinaire, les quelques lieues qui les séparent sont pour ainsi dire infranchissables: on n'approche pas de Potsdam sans la permission du roi, et ses familiers, ses frères eux-mêmes, ne peuvent aller à Berlin sans son agrément. Les trois billets en question indiquent au contraire des allées et venues, des visites, des rencontres dont la maladie de Rothenburg fournit le prétexte ou l'occasion. Il est dès lors facile d'en recouper les données par les nouvelles officielles des gazettes et par la correspondance de la comtesse de Bentinck avec Rothenburg (RAG 258). Rothenburg passa l'hiver 1750-1751 à Berlin, gravement malade, presque mourant; il sembla se rétablir au printemps, et reprit sa résidence habituelle à Potsdam le 11 mai (*Utrecht*, 21 mai); mais il retomba malade au début de juin (*ibid.*, 16 juillet); la comtesse s'était liée avec lui à Berlin et l'avait habitué à ses visites (le 5 mai, il la remercie de lui avoir si souvent 'recréé l'esprit'); elle les lui continua quelquefois après son retour à Potsdam (le 6 août, il l'en remercie encore, en l'assurant qu'elles ont 'hâté sa reconvalescence'). Mais il faut réduire le champ de la datation à la seule période où le roi fut en tournée militaire, du 31 mai au 23 juin: le protocole et les usages de la cour de Prusse ne permettaient certes pas aux intimes du roi, fût-ce à un lieutenant-général, de faire venir dans leur carrosse à Potsdam les dames de la ville quand sa majesté s'y trouvait. Les trois billets impliquent une liberté de mouvement, de part et d'autre, qui n'est concevable qu'à ce moment.

D4440

à Potsdam, 13 avril (1751) *à Potsdam, 13 avril (1752)*

(I[1]) Je joints icy la lettre que Monsieur Algarotti devoit vous rendre hier.

(I[2]) Je commence par vous assurer qu'il est très faux que le Roy ait conçu de vous la plus légère impression qui vous fût défavorable.

(I[3]) En attendant je vous fais mon compliment et je bénis le roy du Dannemark.

Les deux indices relatifs à l'état des affaires de la comtesse, le second surtout, sont ici déterminants.

La diplomatie danoise, dirigée par le comte de Bernstorff, qui était lié personnellement au comte de Bentinck, resta intransigeante durant toute l'année 1751. En février-mars 1752, en revanche, le crédit de Bernstorff parut baisser –

on le disait même près d'être disgracié. Le 31 mars, son grand rival politique, le comte de Lynar, fut nommé gouverneur général des comtés d'Oldenburg et de Delmenhorst. La comtesse avait tout lieu de se réjouir de l'événement: Lynar était son parent, son ancien ami, il allait gouverner le pays même où se trouvaient les terres en litige. La nouvelle ne fut publiée que vers le 15 avril (*Utrecht*, 18 avril 1752), mais la comtesse en fut avertie plus tôt, et le 12 avril justement, elle la communiquait au ministère prussien, dans les termes les plus optimistes: '[C'est] un événement considérable, puisqu'il bouleverse nécessairement toute la situation de mes affaires à la Cour de Danemark' (RAG 502). C'est à la même annonce que réagit Voltaire en 'bénissant' le roi de Danemark.

La comtesse doutait cependant, vers la même date, et avec juste raison malgré les assurances de Voltaire, de la bonne volonté prussienne: Podewils ne lui donnait que de bonnes paroles et refusait de l'entendre, et le roi lui-même lui marquait des intentions moins favorables que jamais (MAE, *Prusse*, vol. 167, ff.146-48 et *Schaer* 18). C'est à ces données que correspond le passage cité en (I²); il ne correspondrait à rien en avril 1751. Cf. d'ailleurs *D4415*, *D4865*, *D4323* et *D4428*, de dates voisines, où Voltaire donne à la comtesse les mêmes assurances qu'ici.

Le premier indice est enfin recoupé par *D4865*, qui date du 12 avril 1752: 'M. le comte Algarotti qui vous rendra cette lettre ...'

D4453

(avril-mai 1751) (*Au Marquisat, 1-22 juin 1751*)

(I¹) Mr le comte de Rothembourg a été malade cette nuit, il a eu la fièvre [...]. J'auray l'honneur d'être dans votre cheni vers les onze heures; s'il fait beau à midy et que vous vouliez aller dîner au marquizat vous n'aurez qu'à ordonner. Je souhaitte d'ailleurs que tous vos voiages vous réussissent autant qu'ils me font de plaisir.

Voir la datation de *D4431*. La mention des nombreux 'voiages' de la comtesse à Potsdam porterait naturellement à placer ce billet-ci vers la fin de la période.

D4454

(avril-mai 1751) (*Au Marquisat, vers le 31 mai 1751*)

(I¹) Je reconnais madame votre politesse, et vos bontez au stile de madame la princesse de Zerbst.

Compte tenu des autres données du texte, qui étayent la datation approximative proposée par Besterman, cet indice doit être rapporté, soit aux compliments et aux éloges de D4477, soit aux termes également flatteurs dans lesquels la princesse Elisabeth parlait de Voltaire à la comtesse elle-même en lui confiant sa première lettre au grand homme (*RhlF* 76 (1976), pp.70-71): les deux lettres sont du 25 mai 1751.

D4455

(avril-mai 1751) (*Berlin, 20-21 mai 1751*)

(I[1]) Je supplie madame la comtesse de vouloir bien avoir la bonté de m'instruire de l'adresse qu'il faut mettre à madame la princesse de Zerbs. Esce altesse royale? sérénissime? ou autre chose?

La première lettre de Voltaire à la princesse Elisabeth d'Anhalt-Zerbst fut, sans doute possible, celle de la petite commission poétique dont il s'acquitta en mai 1751: voir *Textes* 36 à 38 et *RhlF* 76 (1976), pp.70-71. La princesse y répondit le 25 mai (D4477). Ce billet fut d'autre part écrit à Berlin, où Voltaire arriva le 20 mai avec le roi. D'où la date proposée, à un jour près.

D4465

(vers mai 1751) (*Au Marquisat, 6-8 mars 1751*)

(I[1]) Me voicy madame dans mon désert [...]. J'ay pris goust tout d'un coup à ma solitude.

(I[2]) Savez vous bien que cette petite terre dont vous avez eu la bonté de me parler me tante prodigieusement, et qu'il ne seroit pas mal de vous informer si elle est à vendre.

Le premier indice permet de dater ce billet des tout premiers jours de l'installation au Marquisat. Le second est tout à fait concordant. Il se rattache au projet d'achat de Hannen, terre sise en Ostfrise, dont la comtesse s'ouvrit à sa mère dans ses lettres du 6 et du 9 mars 1751: voir *Textes*, 31.

D4466

Potsdam 13 (vers mai 1751) *Potsdam 13 (mars 1751)*

(I[1]) Je ne sçais madame si vous avez reçu un petit billet [...] .

Le billet dont s'inquiétait Voltaire est D4465.

D4467

à Potsdam ce 14 (vers mai 1751) *à Potsdam ce 14 (mars ou avril 1751)*

(I[1]) Madame, les apartements du palais de Potsdam, les jolies maisons auprès de la ville ne me font point renoncer à l'envie d'avoir une petite terre dans les états de ce grand homme, et d'être votre voisin.

La référence est toujours aux pourparlers d'achat de Hannen (*Textes*, 31). On peut hésiter entre les mois de mars et d'avril. Il semble cependant que *D4471*, replacé au 26 mars, fait précisément allusion au présent billet: 'Quand je vous ay écrit par les couriers ordinaires la terre en question étoit en Ostfrise mais par votre courier elle sera où dieu l'a mise.'

D4468

(vers mai 1751) (*Au Marquisat, 6 mars-4 mai 1751*)

(I[1]) Il y a dans le monde un solitaire madame qui vous est plus dévoué que les états de la marche et ceux de l'empire [...]. Si vous voulez me rendre heureux dans mon hermitage mandez moy que vos affaires vont bien.

Les limites de cette datation sont marquées par l'installation au Marquisat, d'une part, et par le refus que le roi opposa définitivement, le 2 ou le 3 mai, à la demande toujours pendante d'une garantie financière pour l'emprunt négocié par la comtesse avec les Etats de la Marche (*Schaer* 15 et MAE, *Prusse*, vol. 165, f.165).

D4469

(vers mai 1751) (*Berlin, 1-22 juin 1751?*)

(I[1]) J'ai quitté pour vous mon hermitage. Il n'y a que pour le bonheur de vous voir que je puisse renoncer au bonheur de la solitude.

Ce billet d'arrivée, qui date évidemment de la période du Marquisat, ne peut être rapporté ni au voyage de mai, que Voltaire fit avec le roi en qualité de chambellan, ni au voyage de juillet, qu'il fit avec le congé du roi pour visiter Rothenburg. La date du 27 mars 1751 pourrait être proposée si quelque autre indice recoupait les *Souvenirs* de Formey, qui dit avoir reçu ce jour-là sa visite (i.244). La période la plus probable est celle de la tournée militaire de juin, durant laquelle l'ermite du Marquisat retrouva une certaine liberté de mouvement. Voir la discussion de *D4431*.

D4470

(vers mai 1751) (*Berlin, 20 mai 1751*)

Petit billet de rendez-vous, griffonné à la hâte au moment même d'un retour à Berlin: 'J'ay baucoup plus de choses à vous dire qu'au marquizat.' Mais le déplacement était prévu et le rendez-vous convenu d'avance, comme le marque le début abrupt du billet: 'Je n'ay point d'autre papier.' Il s'agit donc d'un voyage du roi, selon toute vraisemblance. La période du Marquisat ne permet guère d'envisager d'autre date que celle du 20 mai. Les 'choses à dire', à cette date, concerneraient l'importante démarche effectuée la veille auprès de Tyrconnell à Potsdam: voir la discussion de *D4314, in fine*.

D4471

(vers mai 1751) (*26 mars 1751*)

(I[1]) Le roy a été indisposé madame, et je crois qu'il poura demain aller à l'opéra.

(I[2]) Je loge tantôt au châtau, tantôt au marquisat.

(C[1]) Quand je vous ay écrit par les couriers ordinaires la terre en question étoit en Ostfrise [...].

Une seule soirée d'opéra fut donnée à Berlin pendant que Voltaire logeait au Marquisat: le 27 mars, à l'occasion de l'anniversaire de la reine mère. L'indisposition du roi est bien attestée, en particulier par une dépêche alarmiste de Tyrconnell (MAE, *Prusse*, vol. 164, ff.410-11). C'est d'ailleurs le prince Henri qui fit les honneurs de la fête à la place du roi (*Utrecht*, 6 avril 1751).

En (C[1]), il s'agit toujours de la terre de Hannen.

D4472

(vers mai 1751) (*Potsdam, mai ou juin 1751*)

Ce billet de rendez-vous au Marquisat ne peut dater que de l'époque des revues de Potsdam (17-19 mai 1751: voir *D4423*) ou de la tournée du roi vers Magdebourg (1-22 juin).

D4476

(25 mai 1751)

(C[1]) Une première signature imprudente m'a perdüe en 1740.

Il s'agit de l'acte de séparation conjugale du 15 avril 1740, qui avait laissé des avantages considérables au comte de Bentinck en tant que principal créancier de la maison d'Aldenburg. Voir *Schaer*, p.84.

Le 'pouvoir' recopié par la comtesse à la fin de sa lettre fut rédigé par Voltaire lui-même: voir *Textes*, 39.

D4490

(vers juin 1751) (*Au Marquisat, 1-22 juin 1751*)

(I[1]) Je vous attends à une heure, nous irons promener [...]. Nous passerons à la porte de M. de Rothembourg.

Voir la discussion de *D4431*.

D4493

à Berlin ce 24 (?juin 1751) *à Berlin ce 24 (février 1752)*

(I[1]) [J'ai reçu] votre lettre de Zerbst.

(I[2]) Je n'ay pu encor aller à Potsdam.

La comtesse séjourna à Zerbst du 17 février au 24 mars 1752, d'après sa correspondance avec d'Arnim (RAG 127). Voltaire regagna Potsdam le 26 février: voir *Textes*, 57-62.

D4504

(1751) (*Berlin, juin-septembre 1751*)

(I[1]) Vous adoucirez tous vos ennemis, vous les lasserez, et en gagnant du temps, vous gagnerez tout [...]. Vous avez mis le roy et mylord Tirconell dans la nécessité de vous deffendre. Tout ira bien.

(I[2]) Si vous êtes chez vous à six heures j'auray l'honneur de mettre à vos pieds votre malade.

Le premier indice, comme l'a noté Besterman, permet de placer ce billet après la procuration du 25 mai. Les effets favorables de cette démarche durèrent quelques mois tout au plus: en juin et en août, Voltaire rassure encore la comtesse à peu près dans les mêmes termes qu'ici (*D4804* et *D4527*); mais dès le mois de septembre, il fallut songer à ranimer les bonnes volontés de Versailles, en profitant du changement de ministre (*RhlF* 76 (1976), pp.71-73 et *Textes*, 52). Le second indice confirme ce *terminus ad quem*: Voltaire ne revint pas à Berlin entre le 16 septembre et le 5 décembre: voir l'*Annexe chronologique*.

D4514

(vers le 5 juillet 1751) (*Potsdam, 8 juin 1752*)

(I[1]) Je sortis de mon lit pour vous faire ma cour. Je m'y suis remis.

(I[2]) Mais vous madame n'allez vous pas passer les trouppes en revue à Stettin?

(I[3]) [adresse] à son Excellence / madame la comtesse / de Benting / née comtesse / d'Oldembourg / à / Berlin/

Le second indice permet une première approximation: la seule revue de Stettin, durant tout le séjour de Voltaire en Prusse, eut lieu le 13 juin 1752 (*Tageskalender*, p.130).

Mais Voltaire ne quitta pas Potsdam entre mars et décembre 1752. Le premier indice doit donc se rapporter à un voyage de la comtesse à Potsdam. Une lettre qu'elle écrivit le 10 juin 1752 à La Beaumelle présente ici un recoupement précieux: 'Je fus l'autre jour', lui écrit-elle, 'passer une journée à Potsdam avec [M. de Voltaire] pendant l'absence du Roy' (Claude Lauriol et André Magnan, 'Correspondance inédite de La Beaumelle avec la comtesse de Bentinck', dans *Recherches nouvelles sur quelques écrivains des Lumières*, ii, 1979, p.42). 'L'absence du Roy', c'est précisément sa tournée vers Magdebourg, entre le 1er et le 6 juin (*Tageskalender*, p.130).

L'adresse du billet indique enfin que Voltaire le fit passer par la poste royale. Le fait est exceptionnel en 1752: seuls *D4987* et *D5027* portent aussi l'adresse postale. C'est donc là l'un des billets dont Voltaire s'inquiète vers la fin de

D4893: 'J'eus l'honneur de vous écrire un mot le surlendemain de votre voiage à Potsdam. J'écrivis aussi à M. le Baillif [...]. J'ignore s'ils ont été reçus.' Comme le second billet ainsi exposé aux risques du cabinet noir n'est autre que D4905, le recoupement permet de placer celui-ci au même jour, le 8 juin 1752.

Il faut donc fixer au 6 juin le voyage de la comtesse de Bentinck à Potsdam; il en est aussi question dans *D4900* et *D4893*, et indirectement dans *D4920* et *D4921*, dont la datation peut ainsi être affinée d'après le même indice.

D4524

à Sans Souci 18 juillet (1751) *à Sans Souci 18 juillet (1752)*

(I[1]) Je vous suplie de faire passer à mon inconnu ces réflexions.

(I[2]) En vous remerciant d'avoir bien voulu protéger mes paquets.

A s'en tenir à l'indication de lieu, les deux dates sont également plausibles (*Tageskalender*, pp.127 et 130); mais les autres indices retenus doivent faire préférer la seconde.

La référence à ce dialogue par écrit avec 'l'inconnu' entre en effet dans la série des lettres où il est question de 'l'autheur inconnu' (D4893), c'est-à-dire d'Hancarville, dont Voltaire révisa et annota le manuscrit politique, cahier par cahier, en juin et juillet 1752 (*D4920-D4921*, *D4893*, D4924, D4932, D4935, *D4923* et *D4962*). De même la référence anodine à des 'paquets' confiés aux soins de la comtesse vient s'insérer exactement dans une suite de mentions similaires: il s'agit du manuscrit d'une des premières pièces lancées contre Maupertuis (voir D4932, D4935, *D4923*, *D4962* et D4978).

D4527

(vers le 20 juillet 1751) *(Potsdam, 19-20 août 1751)*

(I[1]) Vous avez très bien fait madame de ne point venir.

(I[2]) Je suis bien fâché d'être privé de l'honneur de vous voir jusqu'au vingt quatre du mois [...]. J'auray l'honneur de vous parler plus en détail à mon retour.

(I[3]) Soyez tranquille, ne vous effarouchez de rien, laissez dire, ne dites mot [...]. Je me trompe baucoup, ou L'on n'aime aucune de vos parties adverses et on sera bien aise de les mortifier touttes en vous faisant avoir ce qu'elles ne veulent pas vous donner.

Le dernier passage se rapporte à une phase caractéristique de l'affaire Bentinck, celle qui suivit l'échec de la négociation d'emprunt sur les Etats de la Marche, en mai 1751. A la fin de juin, les 'parties adverses', c'est-à-dire le comte de Bentinck à La Haye, et Bernstorff qui soutenait ses intérêts à Copenhague, repoussèrent la cession partielle proposée par la comtesse; en juillet et en août, ils réclamèrent à nouveau la cession de tous les biens, et refusèrent même à l'avance l'idée d'une garantie prussienne pour l'accord à établir. La comtesse était dans le même temps tenue à l'écart de ces tractations diplomatiques et 'effarouchée' par ses protecteurs mêmes, Tyrconnell et Podewils, réduite enfin à interpréter les allées et venues des courriers, les insinuations ministérielles et, par les yeux de Voltaire à Potsdam, les indices incertains de la prétendue bonne volonté du roi. Voir MAE, *Prusse*, vol. 165 et 166, *passim*. Mais cette période fut relativement courte: en septembre, la négociation diplomatique s'enlisa à nouveau, et la comtesse put retrouver l'espoir que Frédéric II lui procurerait un règlement gracieux.

Durant cet intervalle de deux ou trois mois, une seule occasion se présenta où la comtesse fût libre d'aller à Potsdam – ce qu'implique le premier indice retenu. C'est celle des revues d'été, qui se déroulèrent du 19 au 21 août (MAE, *Prusse*, vol. 166, f.88). Le 14 août, justement, Voltaire l'avertit que Maupertuis avait raillé devant le roi '[son] empressement à venir aux manœuvres de guerre' (*D4544*): c'est apparemment pour lutter contre ces mauvaises impressions qu'elle renonça à venir à Potsdam.

L'expression de 'retour' enfin, en (I^2), ne peut se concevoir que par rapport à l'attente d'un voyage de quelque durée à Berlin. Voltaire se promettait d'y séjourner pendant la tournée militaire du roi en Silésie – et il y séjourna en effet plus de trois semaines, à partir du 25 et non du 24 comme il le prévoyait. La même expression se trouve d'ailleurs dans *D4544* à la date du 14 août: 'Je crois qu'il serait mieux d'attendre notre *retour* à Berlin.'

D4544

ce samedy (14 août 1751) au soir

La date proposée par Besterman se trouve confirmée par le recoupement des nouvelles diplomatiques avec deux passages de cette lettre:

(I^1) Point de guerre lundy madame, du moins cela est ainsi résolu jusqu'à présent.

Les revues, d'abord fixées au 16 août, furent en effet remises au dernier moment par le roi: 'J'imagine', commenta Tyrconnell dans sa dépêche du 17, 'qu'il n'a pas voulû les faire devant notre Maréchal [le maréchal de Löwendahl]' (MAE, *Prusse*, vol. 166, f.80).

(I^2) S'il y avait quelque service à vous rendre d'ici au 21 du mois, envoyez moy un exprès.

Le retour du roi à Berlin était en effet fixé au 21; il fut ensuite arrêté au 24, les revues ayant effectivement eu lieu du 19 au 21 (*ibid.*, ff.66 et 88).

D'autre part, c'est Frédéric II lui-même, sans aucun doute possible, qui se trouve désigné dans le passage suivant, sur lequel a été fondée la datation de *D4315*:

(C^1) Quand je vous écrivis ces jours passez et que je vous fis mes compliments sur le succez de vos affaires, je ne parlais que d'après un homme qui doit être instruit de ce qui se passe en Dannemark, et qui probablement en sait plus que vous. Depuis ce temps il ne m'a point parlé de vous madame, mais je le croi très bien intentioné.

D4571

(septembre 1751) (*Potsdam, début août 1751*)

(I[1]) J'ay renoncé au marquisat, mais point du tout à l'espérance de venir me mettre à vos pieds.

(I[2]) Je voi bien que j'auray encor l'honneur de vous voir plus d'un mois de suitte à Berlin, vivez y heureuse, et n'en partez que triomphante.

Le second indice permet d'exclure absolument la date que Besterman a retenue sur les apparences du premier. En septembre 1751, la comtesse ne songeait nullement à quitter Berlin: la nomination de milord Maréchal et surtout le changement de ministre à Versailles la portaient à tabler de nouveau sur la diplomatie prussienne (voir *D4678* et *RhlF* 76 (1976), pp.71-72). Ses velléités de départ dataient du printemps, d'après sa correspondance avec le baron d'Arnim (RAG 127, 14 avril et 21 juin 1751). Le premier passage cité se rapporte d'autre part à l'annonce du prochain retour du marquis d'Argens, qui devait retrouver son cher Marquisat: voir *Textes*, 48.

C'est enfin à l'occasion de la tournée silésienne d'août-septembre que Voltaire pouvait se promettre de voir encore 'plus d'un mois de suitte' la comtesse à Berlin.

D4580

(septembre-octobre 1751) (*Potsdam, vers le 15 octobre 1751*)

(I[1]) Je vais lire l'héroïne que vous m'envoyez, je me flatte que vous n'abdiquerez pas comme elle.

(C[1]) Songez à vous madame, et point aux neals.

Il s'agit, dans le premier passage, des *Mémoires pour servir à l'histoire de Christine de Suède*, qui venaient de paraître (*Nouvelle bibliothèque germanique*, t. ix, première partie, p.149). Voltaire en avait terminé la lecture à la date de *D4599*, vers le 24 octobre. Voir aussi D4602. Ce billet doit être antérieur de quelques jours à *D4599*.

'Neals': 'perhaps a name?', suggère Besterman. Il s'agit en effet, d'après un recueil d'anecdotes sur le règne de Frédéric II, 'd'un original né en Ecosse, Américain de domicile, transplanté en Hollande et devenu député des Etats-Généraux', et qui s'était récemment établi à Berlin après avoir été accusé d'exactions diverses dans son premier pays d'adoption (*Frédéric-le Grand*, Amsterdam 1785, p.117). Le roi venait de le faire comte et chambellan (*Utrecht*, 27 juillet 1751). D'après Thiébault, on les appelait dans Berlin, sa femme et lui, 'leurs majestés surinamoises' (*Mes souvenirs de vingt ans de séjour à Berlin*, Paris 1827, i.132).

D4588

(octobre 1751) (*Potsdam, vers le 15 novembre 1751*)

(I[1]) Il n'y a pas d'apparence que j'aye l'honneur de vous faire ma cour avant le retour du roy [...]. J'auray au mois de décembre le bonheur de vous entendre.

(I²) Je ne crois pas que je meure de cette belle mort des cochons dont vous parlez.

(C¹) Je ne sçai ce que c'est que cette traduction allemande.

Associée à un projet de réunion en décembre, l'expression de 'retour du roy' ne peut s'appliquer, quoi qu'en dise Besterman dans une note assez obscure, qu'au séjour que la cour faisait chaque année à Berlin, à l'occasion des fêtes du carnaval. Le second indice paraît alors se rapporter, comme un écho assez immédiat, à la mort de La Mettrie (11 novembre 1751). 'Cette belle mort des cochons', c'est la mort des matérialistes et des gourmands, de ceux qui ont pris pour dieu le plaisir; c'est cette mort dont mourra, quelques mois après le médecin, le malade lui-même, 'ce gros cochon de mylord Tirconnel' (D4828). Cf. aussi D4839, *in fine*, les 'gros cochons' étant encore Tyrconnell et La Mettrie.

La traduction allemande de (C¹) pourrait être celle de 'petits écrits historiques de M. de Voltaire' annoncée par les gazettes comme devant paraître à Rostock (*Nouvelle bibliothèque germanique*, t. ix, deuxième partie, octobre-décembre 1751, p.453).

D4589

(octobre 1751) (*Potsdam, fin septembre 1751*)

(I¹) Je n'ay point vu la comtesse polonaise dont vous me parlez.

Il s'agit ici, comme dans les numéros suivants, d'une comtesse Poninska, qui séjourna à Potsdam du 23 au 27 septembre 1751 d'après *Tageskalender*, p.128. D'autre part, il ne semble pas que Voltaire répondait ici à l''Avis' fort précis que lui envoya la comtesse de Bentinck (*RhlF* 76 (1976), pp.72-73), mais à quelque insinuation antérieure de même sens, plus vague peut-être, qui dut lui être faite au moment même du retour à Berlin de la 'comtesse polonaise'.

D4590

(octobre 1751) (*Potsdam, début octobre 1751*)

Voir le numéro précédent.

Il semble que ce soit ici la première réponse à l''Avis' reçu. L'écart le plus probable par rapport à *D4592* est de deux ou trois jours. Cf.: 'J'ay eu le temps de m'informer madame' (*D4592*).

D4591

(octobre 1751) (*Potsdam, août-octobre 1751*)

(I¹) Quel singulier pays! qu'importe aux prussiens et prussienes, qu'une polonaise m'ait envoyé un pain polonais pour manger avec de mauvais beure de Berlin?

S'il s'agit bien ici encore, comme il est très probable, de la comtesse Poninska, il est douteux cependant que ce billet se rapporte aux mêmes rumeurs et au même incident que les numéros voisins. Les dates proposées sont celles du séjour de la comtesse polonaise en Prusse, telles que permettent de les fixer approximativement divers échos des correspondances de la comtesse de Bentinck: lettre du baron d'Arnim du 30 août 1751 (RAG 127), lettres de Rothenburg des 10, 22 et 25 octobre 1751 (RAG 258).

D4592

(octobre 1751) *(Potsdam, 8-9 octobre 1751)*

(I¹) Si j'avais un peu de santé j'aurais suivi le roy pour vous faire ma cour et pour vous remercier de vos bontez.

(I²) Mon secrétaire m'a juré qu'il ne luy a écrit [à la comtesse polonaise] que pour luy faire trouver un logement à Potsdam.

Le second indice impose le rapprochement avec D4586, daté du 9 octobre: il est question dans l'un et l'autre billet de l'interrogatoire du trop galant secrétaire chevalier servant de la comtesse Poninska. Le premier indice confirme ce rapprochement, à un jour près: le roi se rendit à Berlin le 8 et en revint le 9 (*Tageskalender*, p.128).

D4593

(octobre 1751) *(Potsdam, fin septembre 1751?)*

(I¹) Si je vous avais quittée pour quelque comtesse de Potsdam je serois un inconstant.

S'il s'agit bien ici encore de la comtesse Poninska, il faut supposer que Voltaire avait mal interprété un premier 'avis' trop vague de la comtesse de Bentinck, et donc placer ce billet dans le voisinage immédiat de *D4589*, peut-être même entre le 23 et le 27, durant le séjour de la 'comtesse polonaise' à Potsdam.

Mais il faut convenir que le rapport de ce texte avec *D4589-D4592* n'est rien moins qu'évident.

D4594

(octobre 1751) *(Berlin, janvier 1752)*

(I¹) Je suis indigne de dîner avec vous madame. Mais à quatre heures je vous ferai ma cour si je suis en vie.

(I²) Mylord Tirconnel était mal hier. Je ne vois que des malheureux et des mourants.

Le premier indice, en fixant le lieu, oblige à écarter la date proposée par Besterman: Voltaire ne quitta pas Potsdam entre le 16 septembre et le 6 décembre 1751. A cette dernière date, Tyrconnell, qui était tombé malade à la fin de septembre, semblait se rétablir un peu; c'est à la mi-janvier, puis à la fin de février, après de nouvelles rémissions, que survinrent les deux derniers accès du mal qui l'emporta le 12 mars 1752 (MAE, *Prusse*, vol. 166 et 167, *passim*). Il faut retenir la première de ces deux dates approximatives, puisque la comtesse de Bentinck quitta Berlin pour Zerbst le 17 février 1752.

D4599

(octobre-novembre 1751) (*Potsdam, vers le 22 octobre 1751*)

(I[1]) Est il possible que vous soyez malade comme une autre?

La date de ce billet peut être serrée de plus près par le rapprochement avec deux lettres de Rothenburg à la toujours bien portante comtesse: le 23 octobre, il s'inquiète de son silence; le 25, il la félicite sur son rétablissement (RAG 258).

D4609

(novembre 1751) (*Potsdam, 22-25 novembre 1751*)

(I[1]) J'attends le mois de décembre pour venir me fixer auprès de vous.

(I[2]) La Baumelle n'a point vu le roy à Potsdam.

(I[3]) Ma misérable santé ne me permet pas d'aller à Berlin pour revenir le lendemain après avoir couru les reines et les ministres.

(I[4]) Le discret et poli chambellan d'Italie n'a aucune part au projet d'enrôler sous nos drapaux le galant petit astronome baiseur de mains, dont vous me parlez.

Les deux premiers indices fixant le mois, la date peut être encore précisée par le recoupement des deux autres: le roi fit à Berlin le 22 un dernier voyage rapide avant le carnaval (*Tageskalender*, p.129); le 28, d'autre part, Voltaire revient sur la 'discrétion' d'Algarotti, à la suite d'un petit reproche que la comtesse lui en avait fait entre-temps (D4613).

'Le galant petit astronome baiseur de mains' est Lalande, et l'allusion au projet de l''enrôler' vise Maupertuis: arrivé à Berlin dans les derniers jours de septembre, Lalande fut reçu académicien le 19 janvier 1752 (*Utrecht*, supplément du 1er février 1752).

D4621

(décembre 1751) (*Berlin, été 1751*)

(I[1]) Mais si j'ay quelque crédit auprès de vous, traduisez l'épitre d'Aller sur la fausseté des vertus humaines. Je la montreray au roy.

(I[2]) Je viendray vous faire ma cour, dînant ou non dînant, sain ou malade, vif ou mort.

La datation de Besterman s'appuie sur le rapprochement avec D4631, où Voltaire accuse réception d'un morceau traduit de l'épître de Haller, que la comtesse venait de lui soumettre. Mais le second indice oblige à marquer un long intervalle entre le plan et l'exécution: le précédent séjour de Voltaire à Berlin datait d'août-septembre.

D4634

(29 décembre 1751) (*Berlin, 13 décembre 1752*)

Le plus attaché des malades de madame la comtesse est arrivé. S'il pouvait remuer, son premier devoir et sa plus grande consolation serait de venir se mettre à ses pieds.

Chez Francheville près de la place des gensdarmes, mercredy.

En décembre 1751, Voltaire était à Berlin dès le 7: il avait dû arriver le 6 avec le roi: voir l'*Annexe chronologique*. Le 6 fut d'ailleurs un lundi; Voltaire date ici: 'mercredy'.

L'année 1750 conviendrait pour le jour: le roi arriva à Berlin un mercredi, le 16. Mais Voltaire était logé 'au château' (cf. D4307 et D4333), et son billet d'arrivée à la comtesse est *D4299*.

Cette adresse 'chez Francheville' est déterminante. Voltaire descendit chez le père de son secrétaire en décembre 1752, après sa dernière disgrâce – et on ne connaît pas d'autre occasion où il ait pu le faire. Voir *D5102*.

Le 4 décembre, il écrit encore de Potsdam (D5095); le 15 et le 16, de Berlin (D5103 et D5111). Aucune lettre datée dans l'intervalle. Le voyage royal se fit le 8, mais il est invraisemblable que Voltaire ait pu en être, après l'éclat de l'édition furtive de la *Diatribe*. On peut donc avancer comme quasi certaine, en liant d'ailleurs cette discussion à celle de *D5102*, la date du mercredi 13 décembre.

Mentionnons encore que cette datation recoupe à peu près les données anecdotiques recueillies par Luchet: '[Le Roi] étant allé passer le Carnaval à Berlin, l'Auteur de la Diatribe n'eut pas la permission de l'y suivre comme à l'ordinaire, et ce ne fut que trois jours après qu'il quitta Potzdam pour aller demeurer chez M. de Francheville' (*Histoire littéraire de M. de Voltaire*, 1781, i.234).

D4639

(vers le 30 décembre 1751) (*Berlin, 6 ou 7 décembre 1751?*)

(I[1]) Je suis dans les horreurs de l'arrivée, de l'établissement d'un petit ménage et des plus grandes souffrances de corps.

En admettant que ce billet d'arrivée est bien celui de décembre 1751, ce qui est assez plausible, il faut l'avancer au 6 ou au 7: voir l'*Annexe chronologique*.

D4653

à Potsdam vendredy au soir (1751-1752)

à Potsdam vendredy (24 mars 1752) au soir

(I[1]) Votre retour est la plus agréable nouvelle que je pusse aprendre.

(I[2]) Je vais faire L'impossible madame pour ne pas partir demain aussitost que je le craignais. Nous allons tous demain à Berlin. Si je suis obligé de partir le matin je viendray vous faire ma cour le soir à Berlin dans votre petit entresolle.

La comtesse ne s'éloigna de Berlin qu'à deux reprises: en février-mars 1752 pour aller à Zerbst et en septembre 1752 pour aller à Oranienburg. Le 'retour' dont se réjouit ici Voltaire ne peut être que celui de mars, puisqu'il passa tout le mois de septembre à Potsdam (voir d'ailleurs D5021 pour ses félicitations sur le retour d''Orangebourg').

La comtesse quitta Zerbst le matin du 24 mars, d'après une lettre que la princesse Elisabeth lui adressa le 25 (RAG 336); elle ne pouvait donc compter être à Berlin le lendemain. Il se trouve qu'un voyage du roi à Berlin était fixé au 25 (*Tageskalender*, p.129) et que Voltaire en fut (d'après D4851-4853): c'est cette coïncidence qui permet de dater le billet avec une précision absolue.

De Zerbst à Berlin, la route passe par Potsdam. Il faut donc supposer qu'en quittant Zerbst ou en chemin, la comtesse avait adressé un exprès à Voltaire pour lui marquer son retour, et qu'il lui répondit en lui renvoyant son 'coureur'.

D4654

(1751-1752) *(février-mars 1751)*

Ce billet, que Voltaire a signé exceptionnellement de son nom, par plaisanterie sans doute, est une reconnaissance pour un emprunt de livres. Il eut quelque peine à se procurer l'un de ces ouvrages, les *Mémoires chronologiques et dogmatiques*: il les demande à la comtesse à deux reprises en janvier-février 1751 (*D4368* et *D4655*), et les trouva enfin dans la bibliothèque du pasteur Achard, vraisemblablement par son entremise, avant son départ pour le Marquisat (D4408).

D4655

(1751-1752) *(Berlin, février 1751)*

(I[1]) Un homme de dieu m'a aporté ce matin une partie des livres en question. Mais de mémoires historiques, point. Je me flatte demain de L'outarde tout indigne que j'en suis.

Voir la datation précédente. 'L'homme de dieu' est très probablement Achard: cf. D4408.

D4656

(1751-1752) *(Berlin, début d'août 1751?)*

(I[1]) C'est donc votre gozier que j'ay décrié [devant la reine], et comme hier il en sortit des propos horribles, et entre autres que vous n'avez point d'amitié etc. etc. etc., je me flatte que votre fluxion aura redoublé si dieu est juste.

Deux autres billets contiennent ce même reproche sur 'l'amitié' refusée: *D4315*, redaté du 9 août 1751 ('vous m'avez assuré bien positivement que vous n'aviez aucune amitié pour moy') et *D4527*, replacé au 19 ou au 20 août de la même année ('vous avez beau dire que vous ne m'aimez point'). D'où la datation proposée. La présence de Voltaire à Berlin au début d'août 1751 est attestée par une lettre du 3 (D4536) et par un billet du 5 à Formey (D4537).

D4657

(1751-1752) (*Berlin, 26 mars 1752*)

(I[1]) Tel vous m'avez laissé tel vous me retrouverez madame.

Cet indice doit être rapporté au voyage de la comtesse à Zerbst (voir *D4653*). Revenue à Berlin le 25 mars (voir le numéro suivant), elle ne peut avoir adressé que le lendemain l'invitation à laquelle répond Voltaire. C'est là, comme on disait alors, un billet du matin.

D4658

(1751-1752) (*Berlin, 25 mars 1752*)

Je présente mes respects à madame la comtesse. Je volerais chez elle à son arrivée, si je n'avais aporté de Potsdam un bon mal de gorge. Je me flatte que madame la comtesse est revenue en bonne santé.

Compte tenu des indications fournies dans la discussion de *D4653*, ce billet peut être daté en toute certitude du moment même où la comtesse arriva à Berlin, quelques heures après Voltaire. Le rendez-vous avait été manqué à Potsdam, Voltaire ayant dû suivre le roi sans attendre le passage de la comtesse à son retour de Zerbst.

D4659

(1751-1752) (*Berlin, été 1751*)

(I[1]) Si vous me promettez de ne point rire dans le voiage [...], ouy madame j'auray l'honneur de vous suivre chez la reine [...].

(I[2]) J'auray l'honneur d'être à vos ordres dans mon taudis royal à cinq heures et demie.

Le second indice fixe le lieu. D'autre part, c'est seulement dans les mois d'été qu'il fallait faire un 'voiage' pour aller rendre ses devoirs à la reine, dont la cour s'établissait à Schönhausen, à deux milles de la capitale. La familiarité du billet exclut l'année 1750, et Voltaire passa tout l'été de 1752 à Potsdam. La période la plus probable est celle du plus long des séjours que Voltaire fit à Berlin durant l'été de 1751, entre le 25 août et le 16 septembre, pendant la tournée silésienne du roi. On peut d'ailleurs observer que l'allusion finale à la 'sympathie' de leurs deux destinées sentimentales se retrouve presque dans les mêmes termes dans *D4527*, qui date du 19 ou du 20 août 1751. Cf. *D4527*: 'Il y a peu de plaisirs dans ce monde après ce que nous avons perdu tout deux'; et *D4659*: 'Après les pertes que nous avons faites l'un et L'autre, il n'y a que le mot de consolation qui nous convienne.'

D4660

(1751-1752) *(Berlin, 30-31 décembre 1752)*

(I[1]) Savez vous bien que vous êtes devenue icy mon ange tutélaire? Aussi c'est à vous seule et pour vous seule que j'adresse des vœux.

Dix billets sont nommément adressés à la comtesse de Bentinck sous ce titre de 'l'ange tutélaire': *D4660, D4681, D4698, D4716, D4727, D4737, D5069, D5070, D5108* et *D5127*. Le rôle est astreignant: l'ange doit faire des 'apparitions' au logis de son protégé, et surtout prendre 'sous ses ailes' ses lettres et ses paquets.

Tout indique, sans doute possible, que cette série appartient aux tout derniers temps du séjour en Prusse: Voltaire est à Berlin, seul, sans communication avec l'extérieur, renfermé chez lui après la catastrophe de l'*Akakia* (*D5069* et *D5127*), ne comptant plus guère que sur les 'bontez' de son ange gardien (*D4716*); la comtesse est 'dans le ciel des reines', et lui dans 'l'enfer' de la disgrâce et de la crainte (*D4727*).

Le présent billet paraît marquer, très précisément, le moment même de cette dernière incarnation de la comtesse: celui de l'imposition du nom. S'il ne s'agissait pas, en effet, de faire agréer le nouveau titre avec le nouveau rôle, si l'éloge avait été déjà donné et reçu, la formule serait assurément – et à la clôture du billet – d'une rare platitude.

La date proposée se déduit naturellement de l'offrande des vœux. On peut justement remarquer que cette nouvelle formule de 'l'ange tutélaire' ne se trouve ni dans les billets redatés du 29 décembre (*D4661-D4662* et *D5156*) ni dans la série des quatre billets replacés au 26 (*D5104-D5107*).

D4661, D4662, D5156

(1751-1752)
(1751-1752)
(janvier 1753?) *(Berlin, 26 décembre 1752)*

(I[1]) Je suis à vos pieds, il y a un autre paquet. C'est celuy d'hier, celuy que je vous envoyay par un laquais (D4661).

(I[2]) Pardonnez à ma douleur et à mon défaut de mémoire. Je ne peux assurer si c'était hier lundy ou dimanche que j'envoyay ce paquet. Je crois que c'est dimanche. Un de vos laquais s'en chargea [...]. Vous aviez déjà deux paquets. Celuy là est le troisième (D4662).

(I[3]) Ah mon dieu, voylà le plus horrible malheur qui pût jamais m'arriver. Certainement il y a trois paquets, deux que je vous ay donnez, et un que votre laquais a remis à votre valet de chambre (D5156).

(I[4]) Il se pourait que M. le prince Louis eût pris le tout (D5156).

Trois billets de lamentation sur la perte d'un 'paquet'. Le même assurément: la cohérence des trois premiers passages cités, la gradation des signes de l'affolement, la concordance des autres données, ne permettent guère le doute. La coïncidence du départ du prince Louis de Wurtemberg (I[4]) avec ce mouvement de paquets entre le domicile de Voltaire (chez Francheville: cf. *D4634*) et celui de la comtesse (au 'Palais Schulemburg': cf. *D4694*) fixe avec précision la date de ces trois billets: le prince quitta Berlin dans la nuit du lundi 25 au mardi 26 décembre 1752 (MAE, *Prusse*, vol. 168, f.330).

Les deux premiers paquets, confiés au prince Louis, contenaient vraisemblablement des pièces relatives à la négociation des rentes viagères. Mais c'est le troisième paquet qui inquiète Voltaire, et dont la perte le 'désespère' et le met 'en danger' (*D4662*): on peut conjecturer qu'il contenait, entre autres choses peut-être, la *Séance mémorable* ou quelque autre preuve matérielle de son coupable acharnement à soutenir contre Maupertuis le combat interdit. Cf. *D5156*: 'des choses plus importantes' que l'*Akakia* même.

D4664

(1751-1752) *(Berlin, 27-28 septembre/5-6 octobre 1750)*

Je suis aussi fâché que vous madame contre Potsdam. Si mon goust décidoit de ma conduitte, je vous ferois ma cour plus souvent. Si j'étois plus jeune Oreste et Catilina seroient farcis d'amour et quand vous êtes icy madame, ce ne seroit pas de l'indifférence qu'on me raprocheroit (*sic*). Je compte bien aller demain rendre mes respects à la reine de Saba, après avoir vu Salomon.

V.

Les indices ne sont qu'indirects, mais leur concordance paraît assez probante. Voltaire se trouve à Berlin, mais c'est à l'occasion d'un des petits voyages que le roi lui permet d'y faire avec lui, et non pour l'un des longs séjours qui y ramènent la cour au début de chaque hiver. La présence de la comtesse à Berlin, d'autre part, est désignée dans des termes qui supposent qu'elle n'est encore 'icy' que de passage, et comme en instance de départ, ce qui ne peut renvoyer qu'au début de son séjour en Prusse: le 12 octobre 1750, elle aura fait déclarer au roi son projet de se fixer à Berlin (D4238). La mention d'*Oreste* et de *Rome sauvée* convient encore à cette période – comme aussi cette série de graphies en -*oit*, forme qui tend à disparaître dès les premières lettres de 1751.

Compte tenu de la datation des autres lettres ou billets de l'automne 1750, celui-ci peut être placé au voyage de la fin de septembre (27-29) ou au premier voyage d'octobre (4-6).

D4665

(1751-1752) *(Berlin, décembre 1751-janvier 1752)*

Les dîners agréables ne sont plus faits pour moy: mais si ce rayon de soleil continue j'iray faire ma cour au seul être qui puisse faire du bien à mon corps et ensuitte au seul qui puisse donner du plaisir à mon âme.

C'est là le texte complet du billet. Voltaire se trouve à Berlin en même temps que le roi, et cependant, selon toute apparence, il n'est pas logé au château: indice unique, mais suffisant. La seule période convenable, les trois premiers mois de 1753 étant d'ailleurs trop évidemment exclus, est celle du séjour de l'hiver 1751-1752. Voltaire avait dû laisser son appartement de cour et se loger chez une dame Bock (voir D4802 et D4805). Le roi rentra à Potsdam le 26 janvier: c'est le *terminus ad quem*.

D4666

(1751-1752) (*Berlin, décembre 1751-février 1752?*)

(C[1]) Ce n'était pas assurément l'opium qui m'avait fait mal. Il n'y en avait pas le quart d'un grain dans ma drogue.

Peut-être s'agit-il ici de l'incident dont Frédéric II fit un jour la confidence à son lecteur de Catt: 'Il avait pris une fois de l'opium, à cause d'une amourette qui ne lui avait pas réussi. On eut bien de la peine à le faire revenir' (*Unterhaltungen*, p.491). Mais les indices manquent pour dater sûrement ce billet. On peut seulement noter que Voltaire prie la comtesse de passer 'chez [son] malade' en faisant '[sa] tournée de bonnes œuvres': si l'on peut en inférer qu'il ne logeait pas alors au château, la seule période convenable est encore celle où il habita 'chez madame Bock'.

D4667

(1751-1752) (*Potsdam, mai-octobre 1752*)

(I[1]) Je vais avoir un soin extrême de ma santé pour être en état de venir passer deux jours à Berlin. Je n'y viendray certainement que pour vous seule. Je n'ay d'autre chagrin dans ma vie que d'être si longtemps sans vous faire ma cour. Mais ce chagrin est violent et je veux y mettre ordre.

C'est la seule datation possible, compte tenu de la chronologie des séjours de Voltaire à Potsdam et de leur durée. Plusieurs lettres de ce séjour de mars-décembre 1752 conjuguent de la même façon, et parfois dans les mêmes termes, les regrets de la séparation, le souhait de se revoir et les plaintes sur la mauvaise santé: cf. D4896 (23 mai), *D4893* (19 juin), D4977 (11 août) et D5004 (4 septembre).

D4668

(1751-1752) (*Berlin, janvier-février 1751?*)

(I[1]) M. le comte de la Lippe, est venu aujourduy avec sa vertu et sa philosofie consoler un malheureux qui est pénétré pour luy de la plus respectueuse estime.

Le comte Wilhelm de Schaumburg-Lippe vint à Berlin à l'occasion des fêtes du carnaval en 1750-1751 et en 1751-1752. Les termes dans lesquels se marque le rapport personnel, dans ce petit message à l'intéressé, conviennent mieux à la première date: cf. D4367, D4368, *D4471* et D4438 pour d'autres mentions du comte en 1750-1751, et D4602, D4609 et *D4428* pour les mentions du second voyage.

A son premier voyage, le comte Wilhelm arriva à Berlin au début de décembre (d'après une lettre de la comtesse de Bentinck du 18, RAG 403) et en repartit à la fin de février (d'Arnim à la comtesse de Bentinck, les 21, 22 et 25, RAG 127). La situation paraît celle de l'affaire Hirschel ('consoler un malheureux').

D4671

(1751-1752) (*Berlin, 25 août-15 septembre 1751*)

(I[1]) Voylà une plaisante malade qui veut aller faire quatre milles. Parlez moy de gens qui ne peuvent pas faire deux pas. J'ay l'honneur d'être de ce nombre, et je triomphe dans l'absence de Mr Darnheim.

La correspondance très suivie de la comtesse de Bentinck avec le baron d'Arnim (RAG 127) permet de dater avec précision 'l'absence' du 'malade' préféré, soit de la fin de juin à la fin de septembre 1751, soit de juin à octobre 1752: d'Arnim quittait Berlin l'été pour contrôler l'administration de ses terres de Boitzenburg. La deuxième période doit être écartée, puisque Voltaire la passa tout entière à Potsdam. Dans la première, il faut retenir les dates de son seul séjour prolongé dans la capitale. C'est aussi l'époque où la reine résidait dans son palais d'été de Schönhausen et où il fallait donc 'faire quatre milles' pour aller à sa cour: la comtesse se plaint justement de ces 'courses royales' dans ses lettres à sa mère de l'été 1751 (RAG 404).

D4673

(1751-1752) (*Berlin, janvier-février 1751?*)

(I[1]) Il n'y a que vous dans le monde devant qui j'ose paraître dans l'état où je suis. Vous m'inspirez autant de confiance que vous me donnez de consolation.

Un seul indice, et assez fragile. Voltaire est à Berlin, il est malade, il vit en reclus, et accepte pourtant une invitation à dîner – avec des petites conditions qui supposent déjà une liaison assez familière. La période du procès contre Hirschel semble mieux convenir que celle du second hiver berlinois. Le passage cité se prête du reste à un rapprochement presque littéral avec celui qui se trouve relevé dans la discussion qui suit en (I[2]).

D4674

(1751-1752) *(Berlin, janvier-février 1751)*

(I[1]) Vos bontez me pénètrent l'âme, et me tirent les larmes des yeux. C'est donc assez d'être malheureux pour avoir droit à votre amitié et à votre attendrissement?

(I[2]) J'ignore si mon état ne me séquestrera pas à la fin de toutte société pour le reste de ma vie. Peutêtre encor oserais-je compter sur la vôtre, et me présenter devant vous dans un état qui me rend à charge à moy même.

Indices peu marqués, mais concordants. Le début du billet indique le moment même d'une sorte de révélation: l'affaire Hirschel fut assurément la première occasion où la comtesse put témoigner des 'bontez' à Voltaire en retour des services qu'il lui avait rendus d'abord en prenant la défense de ses intérêts. C'est vers la même date aussi que Voltaire se vit contraint par une 'humeur scorbutique' – et d'ailleurs par la disgrâce royale – de se retirer quelque temps de 'toutte société'. Cf. D4370, D4384 et surtout D4354: 'la maladie qui me séquestre de la société m'a achevé'.

D4675

(1751-1752) *(Berlin, début février 1752)*

Je suis bien fâché madame, que vous soyez engagée aujourduy pour toutte la journée, et que je ne puisse vous faire ma cour. Je suis moins fâché de ne pas être où vous croyez que je dois aller. J'ay écrit au roy que je serais à Potsdam lundy, et je ne suis pas de ces amants qui vont chez leur maîtresse avant l'heure de rendez vous.

C'est là le texte complet du billet.

Voltaire est à Berlin, le roi l'attend à Potsdam: il se fait désirer. Ces données ne conviennent qu'à deux périodes: février 1752 (voir la discussion de *D4764*) et janvier-février 1753. La seconde n'est certes pas susceptible de la métaphore amoureuse qui clôt le billet. Il est assuré, d'autre part, que la comtesse de Bentinck pressait Voltaire, en février 1752, de renoncer à sa mauvaise humeur et de ne pas prolonger trop son séjour à Berlin: voir *Textes*, 58.

D4782 et D4805 fournissent encore un recoupement de détail, puisque Voltaire y annonce deux fois pour un 'lundy' sa venue à Potsdam. Le premier de ces billets à Darget paraît être du 6 février, le second est daté du 18. A cette dernière date cependant, la comtesse avait quitté Berlin pour Zerbst.

D4676

(1751-1752) *(Berlin, janvier-février 1751)*

(I[1]) Je vous suis aussi attaché madame que je suis persécuté par la nature. C'est baucoup dire, et j'avais besoin d'une consolation aussi touchante que celle de votre amitié et de vos bontez.

Plaisir de dire et de redire, dans leur nouveauté, 'l'amitié' accordée et les 'bontez' qu'elle procure au milieu des 'persécutions' de la maladie: ce billet paraît suivre de peu *D4674*.

D4677

(1751-1752) *(Berlin, 25 août-16 septembre 1751)*

Voir la discussion du numéro suivant, *in fine*.

D4678

(1751-1752) *(Berlin, 23 août-16 septembre 1751)*

(I[1]) Je crois que vous feriez très bien d'engager mylord Maréchal à mettre m[r] de Puisieux dans vos intérêts.

(I[2]) Si vous voulez nous en raisonerons après votre dîné.

La datation est strictement déterminée par deux faits d'histoire diplomatique. Milord Maréchal fut nommé ambassadeur de Prusse à Versailles au début de juillet 1751; il ne fut 'déclaré' cependant que le 23 août, et il quitta Berlin le 25 août (MAE, *Prusse*, vol. 166, f.89). Le marquis de Puysieulx, de son côté, se retira du ministère le 11 septembre de la même année – et la nouvelle de sa retraite fut connue le 19 à Berlin (*ibid.*, f.196). Il faut recouper ces dates par le second indice: Voltaire ne séjourna à Berlin que durant le temps de la tournée du roi en Silésie.

Ainsi redaté, ce billet peut aussi servir de repère pour dater *D4677*, *D4679* et *D4680*, avec lesquels il présente plusieurs indices communs: celui d'une grande liberté de mouvement, caractéristique générale des périodes où le roi était absent de Berlin; celui d'une fréquentation assez assidue de la cour des deux reines; enfin, donnée pittoresque que l'on trouve encore dans *D4710*, Voltaire y célèbre les délices des 'kringel', qu'il vient de découvrir grâce aux attentions de son amie.

D4679

(1751-1752) *(Berlin, 25 août-16 septembre 1751)*

Voir la discussion de *D4678*, *in fine*.

D4680

(1751-1752) *(Berlin, 26 août-16 septembre 1751)*

Voir la datation de *D4678*, *in fine*.

D4681

(1751-1752) (*Berlin, après le 30 décembre 1752*)

C'est un petit billet de remerciement à 'l'ange tutélaire', au sujet de paquets qu'elle prendra sous son aile, et d'une 'apparition' qu'elle a promise. Voir *D4660*.

D4682

(1751-1752) (*Berlin, 25 août-16 septembre 1751*)

(I[1]) Vos maladies sont des passades, madame, et les miennes sont des affaires réglées [...]. Il faut savoir soufrir, et n'avoir point *l'illusion* de croire qu'il soit donné à un homme d'en faire digérer un autre.

On ne sait à quoi renvoie ce mot d'*illusion* que Voltaire a souligné. Mais il se trouve aussi dans *D4671*, avec cet écart de signification convenue, et dans le même contexte plaisant d'une sorte de concours de mauvaise santé: 'Défaites vous de touttes vos illusions (si vous pouvez) et surtout n'ayez pas la vanité d'oser parler de maladie devant moy. Voylà une plaisante malade qui veut aller faire quatre milles'. Le rapprochement paraît au moins plausible.

D4688

(1751-1752) (*Berlin, été 1751*)

(I[1]) J'espère encor que ma mauvaise santé ne me permettra pas de dîner à Montbijou, mais je voudrais bien qu'elle me permît d'aller souper à Shoenehouse puisque vous y allez.

Schönhausen était la résidence d'été de la reine, Monbijou la résidence d'été de la reine mère. Voltaire passa à Potsdam l'été de 1752. L'été de 1750 est d'autre part exclu par la familiarité de la clôture du billet: 'la simpatie qui est entre nos âmes'. Reste l'été de 1751. La période la plus probable est celle de la tournée militaire du roi en Silésie.

D4691

(1751-1752) (*Berlin, décembre 1752-mars 1753*)

L'absence de formes, la suppression de toute adresse en particulier, permet de ranger ce billet parmi ceux de l'hiver 1752-1753.

D4692

(1751-1752) (*Berlin, 2 janvier 1753*)

(I[1]) Ne laissez point prendre copie de la lettre d'hier. Il y en a eu bien d'autres depuis de part et d'autre. Dites seulement le fait à l'oreille, et mandez le de tous côtez.

(I[2]) Ne croyez pas que je puisse jamais être assez lâche pour changer de sentiment. L'idée que j'ay de votre divin caractère et la passion qu'il m'inspire sont aussi durables que ma haine et mon mépris pour les mauvaises actions et les mauvais livres.

(I[3]) Gardez vous encor de regarder comme des querelles d'amants, ce qu'il y a de plus cruel et de plus affreux.

Aucun de ces indices n'est déterminant à lui seul, mais l'ensemble ne laisse à peu près aucun doute. Cette tracasserie 'cruelle' qui n'a que les apparences d'une 'querelle d'amants'; cette correspondance que l''on' soutient, qu'il faut pourtant tenir secrète, si utile qu'il soit d'en propager le bruit; cet entêtement à ne rien relâcher de la 'haine' et du 'mépris' qui sont dus aux 'mauvaises actions' et aux 'mauvais livres': tout paraît bien renvoyer au moment qui suivit la 'brûlure' de l'*Akakia*, plus précisément à la célèbre journée du premier de l'an 1753, à l'incident de la démission donnée et refusée.

Il n'est certes pas assuré que plusieurs lettres aient été écrites 'de part et d'autre' à cette occasion. Le roi semble n'avoir répondu que verbalement aux deux lettres connues du 1er janvier (voir D5135); le 2 cependant, il écrivit bien, ou fit écrire, selon son usage, 'une lettre pleine de bonté', à laquelle Voltaire répondit en confirmant sa demande de congé (d'après la note de La Touche citée dans le commentaire de D5137). Un fait au moins est avéré, qui corrobore le premier indice, c'est que Voltaire remit à la comtesse de Bentinck une copie de sa première lettre au roi: cette copie, corrigée de sa main, est justement le texte de base de D5132 (RAG 182b-c).

La seconde partie de ce billet est tout à fait curieuse. Voltaire y passe du 'madame' au 'monsieur' et signe: 'votre très humble et très obéissante servante Camille' – alors qu'il a mis son initiale à la fin du premier message qu'il se préparait à clore. Plaisanterie plutôt que prudence, puisque le tout est de sa main, et que d'ailleurs le coureur de madame portera le pli sans risque d'interception. La petite guerre qu'il soutenait alors contre le roi a pu lui inspirer cet enfantillage – ou quelque badinerie de la comtesse elle-même dans le mot qu'il avait reçu d'elle. On sait que la gaieté lui parut toujours tenir de l'hygiène morale. Il laissa sans emploi, semble-t-il, le personnage de 'Camille', mais il redonna du 'monsieur' à son amie à deux reprises au moins: voir *D4694* et *D4752*.

D4694

(1751-1752) *(Berlin, début janvier 1753)*

Il y eut un Sphinx qui dévora une vieille fille et qui se baigna dans son sang, et on parle d'amour!

Voylà vos gazettes monsieur. Je voudrais bien pouvoir venir dans votre palais et vous y faire ma cour.

La mention d'un 'palais' où logeait la comtesse indique une date postérieure au 23 décembre 1752, jour où elle quitta le 'Spitelmarkt' pour emménager au 'palais Schulembourg' qu'elle venait de louer (lettre de la comtesse d'Aldenburg, 29 décembre 1752, RAG 395). Il est dès lors facile de rattacher ce fantasme de la dévoration sanguinaire à l'humiliation de la 'brûlure' de l'*Akakia*. Dès les premiers jours de janvier cependant, le bruit courait dans Berlin que le roi pardonnait au coupable (voir *Briefwechsel*, p.393): c'est à ces rumeurs d'un retour 'd'amour', auxquelles des gazettes avaient pu faire écho, que Voltaire réagirait ici.

D4695

(1751-1752) (*Berlin, début février 1752?*)

Il m'est absolument impossible madame de partir demain. Ny ma santé, ny mes affaires, ny la liberté que je préfère à tout ne me le permettent. Le plaisir de vous voir encore est de plus un assez puissant motif.

La dernière phrase citée fixe le lieu. Les autres données du texte paraissent renvoyer à la situation du début de février 1752, c'est-à-dire au seul moment du séjour en Prusse où Voltaire fut le maître (se crut le maître, plutôt) de répondre à son heure au désir que lui marquait le roi de le voir rentrer à Potsdam: cf. *D4675* et *D4764*.

D4696

(1751-1752) (*Berlin, août-septembre 1750?*)

(I[1]) On dit que vous êtes souvent chez vous jusqu'à sept heures. Je me flatte d'être assez heureux pour venir vous dire [...].

Ce billet de visite paraît marquer une fréquentation que les habitudes n'avaient pas encore réglée: date vraisemblable, sinon probable.

D4698

(1751-1752) (*Berlin, après le 30 décembre 1752*)

Autre billet à 'l'ange tutélaire', au sujet de 'paquets' qu'elle enverra par son 'valet de chambre à cheval' ... Voir *D4660*.

D4699

(1751-1752) (*Berlin, 26 août 1750*)

Les poulets que vous écrivez madame et ceux que vous permettez qu'on mange chez vous sont des choses bien agréables. Je n'ay pas l'art de plier les billets en poulet comme vous, mais je sens très bien le mérite de tout ce que vous écrivez. Je ne suis point étonné que le roy et vous ou vous et le Roy vous vous ennuyez au bal. Ce n'est pas là un plaisir pour des êtres pensants.

A demain madame, je seray vers les trois heures à vos ordres et à vos pieds.
ce mercredy V.

C'est là le texte complet de ce billet.

Les indices sont essentiellement d'ordre stylistique, assez minces en apparence, mais concordants: tous les signes d'une relation naissante ou à peine renouée. Facilité d'un jeu de mots, pour éviter les formes convenues de la réponse d'invité – mais en subsiste le tour 'que vous permettez que ...', inusuel dans la série des billets analogues. Fraîcheur de la réaction au pliage 'en poulet' du message d'invitation; spontanéité aussi du compliment sur les agréments du style, comme dans la première occasion d'une (re)découverte. Généralité encore de la flatterie sur les règnes égaux de la puissance et de la féminité – les variations en Talestris et Alexandre (D4238), en Salomon et Reine de Saba (*D4664*) semblent en découler. Bref, les plaisirs et les surprises d'une séduction mutuelle, mais avec des grâces un peu superficielles (accordées peut-être à celles du billet reçu?) qu'on ne retrouve guère dans l'ensemble du corpus. L'affiliation finale à l'élite des 'êtres pensants' leste pourtant quelque peu cette légèreté de tour et d'esprit. Ce 'bal' révélateur, dans l'hypothèse ainsi construite, serait celui qui suivit le superbe carrousel du 25 août 1750. D'après D4200, Voltaire n'y parut pas: d'où la nouvelle que la comtesse lui aurait donnée de l'air d'ennui que le roi avait pu y porter. Ajoutons que le 26 août 1750 fut bien un mercredi.

Ce serait là sans doute le tout premier billet de la liaison renouvelée à Berlin.

D4700

(1751-1752) (*Berlin, automne 1750?*)

Je suis de bien plus mauvaise humeur madame de ne pouvoir vous faire ma cour aujourduy mais très consolé par tout ce qu'on me dit hier avant qu'on vous parlât.

C'est là le texte complet du billet.

Datation conjecturale, fondée sur la supposition que ce 'on' est de majesté, comme souvent dans l'ensemble du corpus – le 'qui vous savez' de *D4724*. Ce billet appartiendrait alors très probablement à la période où Frédéric II s'entretint le plus volontiers avec Voltaire des affaires de la comtesse, celle de l'automne 1750.

D4702

(1751-1752) (*Berlin, décembre 1751-février 1752*)

(I[1]) Je suis bien malade, par conséquent triste et sot. Que ferai-je chez mad[e] Denhof? quel insipide plaisir que des conversations sans confiance! A quoy passe t'on son temps!

C'est durant l'hiver 1751-1752, d'après ses correspondances avec le baron d'Arnim (RAG 127) et avec Hochstatter (RAG 136), que la comtesse de Bentinck se lia assez étroitement avec la comtesse de Dönhoff, dame de compagnie de la reine mère. On croit comprendre ici que la comtesse avait pressé Voltaire de sortir de son isolement, de se montrer davantage dans le monde, ce qui permet de rapprocher ce billet de quelques autres qui appartiennent sûrement à cette période de réclusion volontaire: cf. D4765 et D4766 (janvier 1752, réponses à des invitations chez la duchesse de Brunswick, que la comtesse le pressait aussi d'accepter), *D4675* (début février 1752) et *D4764* (vers le 6 février 1752).

D4703

(1751-1752) *(Berlin, fin décembre 1750)*

(I[1]) L'académie des arts ne se porte pas trop bien madame, ny moy non plus.

(I[2]) Je serai jeudy à vos ordres.

Le second indice fixe le lieu – il s'agit d'une invitation à dîner. Le premier permet d'avancer une date probable, s'il renvoie bien au projet de fondation académique dont il est question dans *D4253* et *D5016*. On peut signaler, pour étayer le recoupement, que La Beaumelle, en dénonçant cette 'machination' de Voltaire contre le Président, parle précisément d'un plan d''académie des arts' (*Vie de Maupertuis*, 1856, p.169).

Les formules de ce billet jouent enfin sur les deux codes voisins de la civilité et de la familiarité, dans une sorte d'hésitation qui caractérise les lettres et les billets de l'automne 1750: cf. *D4316*, D4258, etc.

D4710

(1751-1752) *(Berlin, août-septembre 1751?)*

(I[1]) Où diable trouvez vous des ringels? J'aurai vécu vingt ans à Berlin sans connaître les ringels.

Voir la discussion de *D4678, in fine*.

D4712

(1751-1752) *(Berlin, 14 septembre 1751)*

Mon cocher est couché loin du châtau, sans cela madame je serais venu à vos ordres, et j'aurais bravé le mauvais temps. J'ay bien de la peine à croire que le roy puisse être icy demain mais sûrement je serai demain chez vous.

C'est là le texte complet du billet.

Deux indices se recoupent: Voltaire est à Berlin, et logé au château; le roi rentre d'une tournée militaire, à marches forcées selon son usage. Trois dates seulement sont envisageables: le 20 septembre 1750, le 22 juin 1751 ou le 14 septembre 1751. La première est à exclure, à cause de la familiarité du billet – qui se marque en particulier par la suppression de toute formule finale. La seconde est plausible, mais la présence de Voltaire à Berlin n'est pas absolument attestée, et en tout cas, d'après D4486, c'est au Marquisat, et non au château de Berlin, qu'il avait son logement assigné durant cette tournée de juin. La troisième date convient parfaitement: Voltaire demeura à Berlin, dans son 'taudis royal' (*D4659*), pendant toute l'absence du roi. Ajoutons, pour supplément de preuve, que Frédéric II ne repassait par Berlin ('icy') qu'au retour de ses tournées vers l'est. La tournée de juin fut vers le pays de Magdebourg, celle de septembre en Silésie.

D4716

(1751-1752) (*Berlin, après le 30 décembre 1752*)

Autre billet à 'l'ange tutélaire', pour le prier d''apparaître chez ce pauvre malade'. Voir *D4660*.

D4718

(1751-1752) (*Berlin, janvier-février 1751*)

(I') Mais c'est avec votre hôte que j'aurois voulu causer.

Datation conjecturale: 'l'hôte' de la comtesse, au moins pendant les premiers mois de son séjour à Berlin, fut 'le conseiller Müller', dont Voltaire utilisa plusieurs fois les services au cours de son procès contre Hirschel: cf. *D4318* et *D4321*.

D4719

(1751-1752) (*Berlin, janvier-février 1751*)

(I') Vous devinez bien madame qu'on a cent misérables détails sur les bras, qui ne laissent point de temps pour un dîner.

Cet indice ne peut guère être rapporté qu'aux procédures de l'affaire Hirschel.

D4720

(1751-1752) (*Berlin, septembre-novembre 1750*)

(I') Je pars pour la retraitte de Trajan madame [...]. Pardonnez à une vie si ambulante, la fautte que je me reproche de ne vous avoir point fait ma cour hier.

L'expression de 'vie ambulante' ne convient qu'à cette période, la seule où Voltaire accompagna le roi dans tous ses déplacements.

D4721

(1751-1752) *(Berlin, janvier-février 1751)*

(I[1]) Je sçais touttes vos affaires (et malheureusement mieux que vous), j'y suis plus sensible encore que vous ne pensez. Pour les miennes elles sont très heureuses car croyez qu'il est fort heureux d'être détrompé.

Ce parallèle des 'affaires' est caractéristique des billets du temps du procès contre Hirschel: voir dans la discussion de *D4328* le relevé des passages concordants.

D4724

(1751-1752) *(Berlin, septembre-novembre 1750)*

Madame j'ay obéi à vos ordres. J'ay été tête à tête plus d'une heure avec qui vous savez, et quand je pouray avoir l'honneur d'en passer autant auprès de vous, je seray au comble de ma joye.

Seul le plus grand des protecteurs de la comtesse est 'qui vous savez', quand il n'est pas 'on', ou le sujet seulement implicite des phrases les plus mystérieuses ou les plus adroitement codées: majesté oblige. C'est sur cet indice formel que l'on peut placer ce petit billet parmi ceux de l'automne 1750, la seule période où Voltaire ait eu permission d'entretenir le roi 'tête à tête' des affaires de la comtesse de Bentinck.

Voltaire était sans doute à Berlin. Ecrivant de Potsdam, il eût donné des détails sur un entretien aussi important. Un tel billet appelle en fait un rendez-vous.

D4726

(1751-1752) *(Berlin, début janvier 1751)*

Le fait est madame que je parle fort mal allemand, que je n'ay pas un moment à moy, que l'on dîne chez la reine mère, que je ne sçais pas ce qu'il faut faire, et que je suis à vos pieds.

Cet aveu d'incapacité semble pouvoir être rattaché à quelque procédure de l'affaire Hirschel: fait plus tard, il aurait plus probablement la forme d'un rappel. Cf. D4366, placé par Besterman en janvier-février 1751: 'je vous remercie madame de touttes vos bontez en allemand et en français'. Si l'hypothèse est bonne, l'incident doit être antérieur à la disgrâce qui empêcha Voltaire, à partir de la mi-janvier, de paraître à la cour (voir D4742).

D4727

(1751-1752) *(Berlin, après le 30 décembre 1752)*

Autre billet à l''ange tutélaire', pour lui demander de faire partir une lettre ou un paquet vers la Hollande: il pourrait s'agir d'une des cinq lettres que Voltaire adressa à König en janvier-février 1753. Voir *D4660*.

D4732

(1751-1752) (*Berlin, septembre-décembre 1750*)

Je suis obligé d'être à cinq heures précises chez le roy, de là j'iray chez m^e la comtesse, je luy présente mes respects.

Brève réponse à un billet de rendez-vous, évidemment portée en toute sûreté par un domestique de la comtesse. Le tour cérémonieux, dans ces circonstances, ne convient qu'aux commencements de leur liaison.

D4737

(1751-1752) (*Berlin, après le 30 décembre 1752*)

Encore un billet à 'l'ange tutélaire', sans autre indice de date que cette adresse même: voir *D4660*.

D4738

(1751-1752) (*Berlin, fin novembre 1750*)

(I[1]) Il y eut comme on sait madame des tracasseries entre les anges, il y en a eu à la cour du diable. Si les fourmis avoient une cour, il y auroit des intrigues de fourmis. Il y en a moins icy qu'ailleurs. Mais Federic le grand ne peut empêcher que les hommes ne soient hommes.

(I[2]) Ce qu'il y a de pis c'est que votre procureur ne peut guères vous être utile au milieu de trois ou quatre vents contraires qui souflent.

Les 'tracasseries' n'ont certes pas manqué parmi les familiers de 'Frédéric le grand' dans le cours des trois années que Voltaire passa à sa cour. Mais celle-là date évidemment des premiers temps du séjour: 'Il y en a moins icy qu'ailleurs'; et elle est, d'autre part, mesquine et brouillonne (cf. 'la bassesse des petits brouillons de cour', à la clôture du billet). L'affaire d'Arnaud paraît seule avoir pu appeler des commentaires aussi détachés. Le bestiaire frédéricien n'en est encore qu'aux fourmis: il passera aux 'taupes' (D4374), et finira par les tigres (*D5102*) et les sphinx dévorants (*D4694*).

Le second indice est concordant. C'est aussi aux mois de novembre-décembre 1750 seulement que Voltaire se donna le titre de 'procureur' de la comtesse. Cf. D4258 (8 novembre), *D4244* (10 novembre), D4276 (21 novembre) et D5016 (fin décembre).

D4742

(1751-1752) *(Berlin, 20-27 mai 1751)*

(I[1]) J'allay hier faire ma cour à la reine mère au bout de quatre mois. Je refusay insolemment de souper. Je ne me le reproche point, mais je me reproche de ne pas dîner avec ma consolatrice aujourd'huy.

Compte tenu des usages de la cour prussienne et du détail des déplacements de Voltaire, on ne peut placer ce billet qu'au printemps de 1751. La disgrâce royale du temps de l'affaire Hirschel engagea Voltaire à ne plus paraître à la cour de la reine mère (voir D4346, qui est justement un billet d'excuse à ce sujet, daté du 14 janvier 1751); même après le jugement du procès, il crut devoir s'en dispenser, d'après une lettre de la princesse Ulrique à sa mère: 'Le refus de faire sa cour à ma très chère Maman marque bien que sa conscience n'est pas tout à fait nette' (lettre du 5 mars 1751, citée dans le commentaire de D4412). Son premier séjour à Berlin, après l'installation au Marquisat, paraît avoir été celui de la fin de mai.

D4748

(1751-1752) *(Berlin, vers le 10 février 1753?)*

Je suis dans mon lit plus mal que jamais malgré L'extrait. Vous devriez bien venir ce soir. J'aurais la consolation de vous parler.

L'expression assez directe du rendez-vous, la suppression de toute formule, le mot de 'consolation', semblent indiquer la dernière période du séjour en Prusse, et apparenter ce court billet à ceux que le malheureux solitaire adresse à son 'ange tutélaire'. On peut même avancer avec quelque assurance la date approximative du 10 février 1753, à laquelle cette remarque apparemment anodine sur le peu d'efficience de 'l'extrait' se trouverait être une petite pointe contre le persécuteur de la *Diatribe*. Cf. D5200 et D5199: 'Le roy de Prusse m'a envoyé de l'extrait de quinquina.'

D4752

(1751-1752) *(Berlin, janvier 1753)*

Je vous prie monsieur de vouloir bien avoir la bonté de m'envoyer le second paquet que j'eus l'honneur de vous remettre [...]. J'espère que par votre moyen on poura avoir les petites pieces dont nous avons parlé. Je voudrais bien que ma santé me permît d'aller vous faire ma cour.

D'une édition à l'autre, Besterman a retranché ce billet (anciennement Best.4141) de la correspondance avec la comtesse de Bentinck, pour le donner comme adressé à un destinataire inconnu. Je crois ce changement malheureux. Si étrange que cela paraisse, Voltaire donna bien du 'monsieur' à la comtesse, par jeu selon toute apparence: cf. *D4692* et *D4694*, redatés de janvier 1753. Les 'petites pièces' qu'il demande ici sont très vraisemblablement des satires contre Maupertuis, du genre de la 'lettre à la marquise' mentionnée dans *D5128*.

D4764

(janvier 1752) (*Berlin, début février 1752*)

(I[1]) Le Roy sait mon état. Il a daigné m'écrire encor avant hier [...] que *je pouvais prendre à Berlin tout le temps nécessaire pour me guérir, et que je serais très bien reçu à Potsdam.*

(I[2]) Je pourais sur le soir m'empaqueter pour aller parler un moment à mylord Tirconnel en cas que mes maux le permettent.

Le roi est à Potsdam; Voltaire est à Berlin, avec son agrément, et prêt à le rejoindre – mais lorsque ses maux seront guéris. La seule période possible est celle de la fin de l'hiver 1751-1752. Frédéric II rentra à Potsdam le 26 janvier (MAE, *Prusse*, vol. 167, f.61). La lettre que cite Voltaire est perdue, mais il ne peut certes pas s'agir de celle à laquelle il répondit le 30 janvier par D4781, qu'il faut supposer dure ou malicieuse. A la fin de cette réponse, justement, il demande au roi des paroles plus humaines, une lettre qui le rassure et qui lui marque la continuation de ses bontés. Comme les lettres suivantes à Darget (D4782, que je crois du 6 février, puis D4786 et D4793) ne portent plus trace de son inquiétude sur les sentiments du maître, c'est en réponse à D4781 qu'il faut supposer qu'il reçut les marques de bienveillance qu'il communique ici à la comtesse. D'où la date proposée.

En tout état de cause, il faut retenir le 17 février comme *terminus ad quem*: à cette date, la comtesse quitta Berlin pour Zerbst.

D4767

(janvier 1752) (*Potsdam, 28 septembre 1751*)

(I[1]) Permettez moy de vous adresser madame ce petit paquet pour le politique Baillif, ou Bailly [...]. Je vous suplie de faire rendre mon paquet à Bailly en main propre.

(I[2]) Je voudrais de tout mon cœur aller voir mylord Tirconel, mais je marque à Bailly la part que je prends au sang qu'il a perdu.

Besterman a daté ce billet en le rapprochant d'un autre à Le Baillif (D4768), qu'il a cru pouvoir placer en janvier 1752 d'après la précision que le 'paquet' confié aux soins de la comtesse était destiné à Richelieu: un envoi à Richelieu est bien attesté à cette date (D4833).

Mais Voltaire passa tout le mois de janvier 1752 à Berlin, ce qui rend l'hypothèse caduque. Et l'envoi à Richelieu, en janvier 1752, n'était pas 'un petit paquet', mais 'un ballot de dix livres' (D4833).

Le rapprochement de D4767 et de D4768 s'impose cependant, mais il apparaît aussi que l'un et l'autre billet renvoient, autant qu'une lecture littérale puisse être évidente, à la *première* nouvelle de la maladie qui allait emporter l'ambassadeur. Cf. D4768: 'Mon cher camarade j'aprends que mylord Tirconell a perdu plus de sang que je n'en ay, et que je n'en aurai jamais. Je viendrais m'informer de l'état de sa santé si je n'étais pas malade moy même', etc. Il faut donc les dater du 'mardy' 28 septembre 1751, Tyrconnell étant tombé malade le 27 (MAE, *Prusse*, vol. 166, f.225).

D4783

(janvier-février 1752?) (*Berlin, 1751-1752*)

Rien ne permet, je crois, de dater ce billet aussi précisément que l'a fait Besterman.

D4804

(février 1752?) (*Au Marquisat, 27-28 mai 1751*)

(I[1]) Je resteray quelques jours madame dans cet hospice que vous avez honoré de votre présence [...]. Je n'aime que la solitude quand je n'ay pas l'honneur d'être auprès de vous.

(I[2]) Vous êtes instruitte à quel point on est content de vous; et combien votre démarche a réussi. Marchez toujours sur la même ligne, et vous n'aurez que des victoires. Vous voylà la maîtresse de la campagne.

Dans l'histoire des négociations de l'affaire Bentinck, cette 'démarche' importante de la comtesse, dont elle doit se promettre 'des victoires', ne peut être que celle de la procuration du 25 mai 1751, donnée conjointement à Podewils et à Tyrconnell (D4676). Frédéric II n'en fut pas seulement content, comme Voltaire l'écrit ici ('*on* est content de vous'); il s'en déclara 'charmé' dans une lettre du 30 à l'ambassadeur de France: 'J'envisage l'affaire de la comtesse de Bentinck comme finie, après la déclaration par écrit qu'elle vous a adressée. Je suis charmé que cette femme a plié, à la fin, et qu'elle s'est mise à la raison; aussi je ne doute pas qu'on ne finisse heureusement avec elle, conformément aux vues de la cour de France' (MAE, *Prusse*, vol. 165, ff.254-55, original autographe). Il fallait d'ailleurs à Voltaire une certaine naïveté pour imaginer que son amie était 'maîtresse de la campagne' après avoir cédé aux pressions du ministère prussien – mais la même illusion se trouve aussi nettement marquée dans *D4504*.

L''hospice' est alors le Marquisat – au lieu de la pension de 'Fraü Bock' à Berlin, dans la datation de Besterman. La comtesse y avait rendu visite à Voltaire le 18 à l'occasion des revues de Potsdam, il venait à peine d'y rentrer après un petit séjour à Berlin et devait y attendre 'quelques jours' encore le départ du roi en tournée militaire, fixé au 31 mai.

D4865

à Potsdam 12 avril 1752

La date est sûre. Il s'agit seulement de commenter les trois passages suivants:

(C[1]) En partant madame je vous fis l'éloge de cette égalité d'âme et de cette bonté ferme et constante qui fait votre caractère. Je crois que vous l'avez inspirée à une âme qui d'ailleurs est digne de la vôtre.

(C[2]) Nous avons icy un peintre en pastel qui s'est avisé de me peindre.

(C[3]) J'ay envoyé à votre illustre et digne amie un exemplaire du siècle de Louis 14 où il y a plus de manuscript que d'imprimé.

Le premier passage renvoie explicitement à *D4415*, dont la date a pu ainsi être inférée de celle-ci. Comme cette lettre-ci devait être confiée à Algarotti, Voltaire ne dit qu'en langage codé ce qu'il veut faire entendre à la comtesse: que le roi ('une âme qui d'ailleurs est digne de la vôtre') est toujours à son égard dans les mêmes dispositions de 'bonté ferme et constante'. Sa lettre du lendemain, *D4440*, répètera le message en clair.

Le peintre dont il est question en (C[2]) est probablement Sampsoy, comme dans D4846.

En plus de D4864, deux lettres de la princesse d'Anhalt-Zerbst se rattachent à l'envoi du *Siècle* mentionné en (C[3]): voir *RhlF* 76 (1976), pp.622-24.

D4893

Potsdam 19 may (1752) *Potsdam 19 may (juin) (1752)*

(I[1]) J'eus l'honneur de vous écrire un mot le surlendemain de votre voiage à Potsdam.

Il n'est pas concevable que la comtesse de Bentinck eût osé se rendre à Potsdam en mai, sans permission, alors que le roi s'y trouva jusqu'au 24 (*Tageskalender*, p.130). Aucune de ses correspondances suivies n'indique d'autre part qu'elle ait eu des occasions de s'y rendre sur invitation avant les revues des 17 et 18 mai. Voltaire s'est donc trompé de jour ou de mois en datant sa lettre. Les trois derniers des commentaires qui suivent montrent que la seconde solution est la bonne.

(C[1]) [La conversation] à laquelle vous forçâtes une fois à Potsdam un homme invisible.

Il s'agit très vraisemblablement d'un entretien que la comtesse avait réussi à se ménager avec le secrétaire de cabinet Eichel, l'éminence grise de Frédéric II, le 2 février 1751, après des instances réitérées qui firent le plus mauvais effet (MAE, *Prusse*, vol. 164, f.179; RAG 127, d'Arnim à la comtesse de Bentinck, 2 février 1751).

(C[2]) Il m'a semblé que [M. le Comte de Lynar] vous conseillait dans une lettre que vous m'avez montrée, d'accepter à peu près les conditions qu'on veut icy stipuler pour vous.

La lettre de Lynar est conservée, elle date du 14 avril 1752 (RAG 467).

(C[3]) J'ay pris une extrême liberté avec l'autheur inconnu du manuscrit.

Il s'agit du manuscrit de l'*Essay de politique et de morale calculée*, ouvrage du nommé Hugues, dit d'Hancarville, que la comtesse avait prié Voltaire d'examiner et de réviser. Il en reçut le premier cahier le 15 juin: voir *Textes*, 68.

(C[4]) J'écrivis aussi à M. le Baillif.

Le billet en question est D4905, daté du 8 juin 1752.

(C[5]) Oserai-je madame vous supplier d'envoyer à m[r] le Baillif ce petit billet tout ouvert [...]?

Il s'agit de D4919, daté du 19 juin 1752, qui se rapporte bien, comme Voltaire le précise, à l'envoi d'un paquet à Richelieu.

Bref, il est clair, par tous ces recoupements, que le 'voyage à Potsdam' de la comtesse était celui du 6 juin, fait 'pendant l'absence du roy' selon sa lettre à La Beaumelle citée dans la discussion de *D4514*.

D4900

(mai-juin 1752) (*Potsdam, 10-15 juin 1752*)

(I[1]) On est piqué de votre résistance et il m'a paru qu'on soupçonnait que le but de votre voiage à Potsdam avait été de venir vous affermir dans vos refus. Je ne vous dissimule point que ce voiage a fait un effet désagréable pour vous, et dangereux pour moy.

(C[1]) Si vous pouviez quelque jour venir à Charlotembourg chez mad[e] de Brant je tâcherais de m'y rendre.

(C[2]) La Metrie avait fait une espèce de sermon philosophique dont je crois qu'il avait tiré quelques exemplaires. J'aprends que cet ouvrage court imprimé et manuscrit, et qu'on a le front de me L'imputer. Cette calomnie pourait me perdre dans l'Europe et surtout en France.

Il s'agit encore ici du 'voiage' du 6 juin (voir *D4514*), et plus précisément du jugement que le roi ('on') en porta. Frédéric II rentra de sa tournée de Magdebourg le 6 même, et il repartit le 11 vers Stettin: ce sont les limites approximatives de cette datation. Le 26 juin, d'autre part, Voltaire remercie la comtesse d'avoir démenti dans Berlin les rumeurs qui lui attribuaient le 'sermon philosophique' de La Mettrie (*D4921*).

La dame désignée sous le nom de 'madame de Brant', dans le second passage cité, doit être en fait la comtesse de Camas – née comtesse de Brandt, et souvent appelée ainsi – une des rares femmes que Frédéric II estimait à sa cour. Voltaire avait bien connu son mari, en Hollande et à Paris, dans les missions diplomatiques que le roi lui avait confiées. Elle était devenue grande gouvernante de la reine Elisabeth en 1742. La comtesse de Bentinck cultivait avec soin son amitié (voir D4603 et D4679).

Enfin, le dangereux 'sermon philosophique' que Voltaire attribue à La Mettrie ne peut être *l'Anti-Sénèque*, qui n'a rien d'un 'sermon', et qui était d'ailleurs répandu depuis plus d'un an et connu dans toute l'Europe comme l'œuvre de La Mettrie – Voltaire n'aurait eu rien à craindre d'une pareille 'calomnie'. Ce pourrait bien être le *Sermon des cinquante*, comme l'a déjà proposé René Pomeau (*La Religion de Voltaire*, 1969, p.182, n.117). Sur la diffusion du *Sermon des cinquante* à Berlin, on trouvera deux témoignages inédits dans la quatrième partie de ce travail (*Textes*, 131 et note 1).

D4914

(vers juin 1752) (*Berlin, juin-juillet 1751*)

(I[1]) Je vous demande très humblement pardon madame des onze volumes [...]. Vous trouverez un *Micromegas* à la tête du Xe volume qui pourra vous amuser. C'est une sottise que vous ne connaissez pas.

A la date proposée par Besterman, *Micromégas* n'était plus une nouveauté: il en parut plusieurs éditions séparées à partir de février 1752. D'autre part ce conte ne figure pas dans l'édition des *Œuvres* en 11 volumes (51P). C'est là un billet d'envoi tout à fait déconcertant au premier abord, Besterman l'a justement noté. La solution de l'énigme, fort complexe, est précisément dans les aléas très curieux de l'histoire matérielle de *Micromégas*, tels que les a débrouillés David W. Smith ('The publication of Micromégas', *SV* 219 (1983), pp.63-91), dont les conclusions sont ici déterminantes. On en retiendra, comme utiles à une datation au moins approximative, les deux données suivantes: d'une part, il se débita bien quelques exemplaires de 51P dans lesquels *Micromégas* avait subsisté, et précisément en tête du tome x, malgré l'interdiction officielle opposée par Malesherbes; d'autre part, les deux premiers exemplaires au moins envoyés par Lambert à l'auteur, que Voltaire reçut peu avant le 25 juin (cf. D4494), étaient très probablement de ceux-là.

De la correspondance générale, on peut inférer deux autres éléments précis. D'une part, l'un de ces exemplaires fut aussitôt offert en hommage à Frédéric II: voir, dans la troisième partie, la discussion de D4913, qui paraît bien être, sauf erreur, le billet d'envoi lié à cette circonstance; d'autre part, au début d'août 1751, à la date de D4538, Voltaire avait disposé du second exemplaire reçu, puisqu'il demandait alors à Frédéric II la permission de consulter celui de la bibliothèque royale. Est-ce la comtesse qui en eut l'hommage? L'hypothèse est au moins plausible.

D4920

Ce jeudi (22 juin 1752) à 6 heures du soir

(Potsdam) ce jeudi (15 juin 1752) à 6 heures du soir

(C[1]) Je suis bien loin à présent de pouvoir gagner le prix de la course.

(I[1]) Je lirai le manuscript que vous avez la bonté de m'envoier lorsque mes souffrances seront passées.

Le manuscrit est celui de l'*Essay* de Hugues d'Hancarville, dont il est aussi question dans *D4514* et dans presque toutes les lettres de juin-juillet 1752. L'auteur le fit remettre à sa protectrice par son ami Chelli-Pagani le 15 juin 1752 (*Textes*, 69), et comme Voltaire écrit qu'il vient de le recevoir, cette même date doit être retenue ici.

L'allusion du premier passage s'éclaire par un rapprochement avec *D4514* et *D4921*: la comtesse avait plaisanté Voltaire sur l'agilité inattendue avec laquelle il avait vaincu à la course (dans quelles circonstances et pour quel 'prix', on ne sait) la jeune Donop, sa suivante, à l'occasion de la visite qu'elles lui avaient faite à Potsdam le 6 juin: voir la discussion de *D4514, in fine*.

D4921

à Potsdam ce vendredy (23 juin 1752?) *à Potsdam ce vendredy (16 juin 1752)*

(I[1]) [Je vais] achever la lecture du manuscrit que vous avez eu la bonté de m'envoyer [...]. L'ouvrage m'a paru au premier coup d'œil celuy d'un esprit supérieur, profond et cultivé.

(I[2]) Je luy demande la permission de garder son manuscript jusqu'à l'arrivée du roy.

Les circonstances peuvent être datées avec précision. C'est le 15 juin que Voltaire reçut à Potsdam le manuscrit politique de 'l'autheur inconnu' (voir la discussion précédente). Il n'y a encore jeté, écrit-il ici, qu'un 'premier coup d'œil'. Le roi rentra le 18 de sa tournée de Stettin (*Tageskalender*, p.130). Voltaire renvoya le manuscrit – c'est-à-dire les premiers cahiers de l'*Essay* – le 19 juin: voir *D4893*.

D4923

(vers le 27 juin 1752) (*Potsdam, vers le 6 juillet 1752*)

(I[1]) Vous pouvez en toutte seureté madame avoir la bonté de faire mettre à la poste les deux paquets que j'ay pris la liberté de mettre sous votre protection [...]. Je vous suplie de vouloir bien m'instruire si vous aurez fait partir ces paquets. Rendez moy ce petit service, je vous en prie.

Ces formes d'insistance obligent à placer cette lettre après D4932 (1er juillet) et à la suite de D4935 (datée approximativement du 3 juillet): c'est avec D4932 que Voltaire avait envoyé 'les deux paquets' à adresser à König et à Marc-Michel Rey; la lettre suivante précise l'adresse de Rey; celle-ci combat des appréhensions assez naturelles et renouvelle les instances des précédentes.

Les 'paquets' contenaient le manuscrit d'une pièce contre Maupertuis. Voltaire s'en inquiètera encore dans *D4962*; le 18 juillet enfin, dans *D4524*, il remerciera la comtesse d'avoir bien voulu les 'protéger'.

D4924

(vers le 30 juin 1752) (*Potsdam, vers le 26 juin 1752*)

(I[1]) Je passe ma vie dans mon lit, et suis très incapable de faire des vers sur ce qui se passe dans le lit de monseigneur le Prince Henri.

(C[1]) J'ai l'honneur de vous renvoier la lettre de madame de Réwentlau. Elle a cru qu'un livre dont vous faites les honneurs ne pouvait pas être mauvais.

La date approximative peut être déplacée de quelques jours, en fonction de celle du mariage du prince Henri (25 juin).

Le livre dont la comtesse de Bentinck 'fait les honneurs' est le *Siècle de Louis XIV*. Elle en avait envoyé, à la fin d'avril, un exemplaire à sa mère et un autre destiné à la comtesse de Reventlau, épouse d'un ministre danois. Mme de Reventlau marqua aussitôt à la comtesse d'Aldenburg que c'était là 'un chef d'œuvre dans son espèce', et elle exprima par la suite à la comtesse de Bentinck 'sa reconnaissance parfaite': voir *Textes*, 66. C'est cette dernière lettre, sans doute, que la comtesse de Bentinck venait d'envoyer à l'auteur.

D4962

(juillet-août 1752) (*Potsdam, vers le 10 juillet 1752*)

(I¹) J'ai l'honneur de vous renvoier madame Le cayer quatre qui m'a fait encor plus de plaisir que les autres.

(I²) Je me flatte que vous avez honoré de votre protection mes petits paquets.

Il s'agit toujours, dans le premier passage, du manuscrit de l'*Essay* d'Hancarville. Voltaire le lisait depuis le 15 juin (*D4920*). Il en avait renvoyé les premiers feuillets le 19 juin (*D4893*), puis quelques chapitres vers le 26 (D4924), deux cahiers encore le 1er juillet (D4932). Il en demande la suite dans D4935, vers le 3 juillet; il l'avait reçue à la date de *D4923*, vers le 6: ce billet doit avoir été écrit quelques jours après.

Le second indice permet de le placer avant D4942, qui est du 14 juillet, et plus sûrement avant *D4524*, qui est du 18: les 'bontez' dont la comtesse se voit remerciée dans D4942 paraissent se rapporter à l'envoi dont Voltaire s'inquiète ici, et dans *D4524*, il la remerciera plus explicitement d'avoir bien voulu 'protéger [ses] paquets'.

D4967

Potsdam samedy (4 août 1752?) *Potsdam samedy (5 août 1752?)*

La date proposée est tout à fait plausible. Il ne s'agit que de l'accorder avec l'indication du jour.

D4974

à Potsdam 11 aoust (1752)

(C¹) J'ay été si étonné madame du billet que vous avez eu la bonté de faire copier et de m'envoyer, qu'en vérité je ne sçai qu'y répondre.

Il s'agit probablement d'un billet plus ou moins ostensible de d'Hancarville, qui marquait l'incapacité où il se trouvait de dévoiler son identité et le regret qu'il en éprouvait: voir *RhlF* 82 (1982), pp.622-24.

D4978

(vers le 15 août 1752) (*Potsdam, 12-13 août 1752*)

(C¹) Il me semble madame que le premier mary de Madame la comtesse de Toulouze mourut à Versailles de la rougeole pourprée, et que ce fut son frère qui fut tué à Malplaquet. Je peux me tromper. Je n'ay icy que ma mémoire pour secours. Il y a bien loin d'icy à Paris. Si votre amy qui a bien voulu me faire parvenir sa remarque veut s'assurer du fait ce sera une nouvelle obligation que je vous aurai.

(C^2) On vend, à ce qu'on m'a mandé, à Berlin la détestable édition qu'on a faitte frauduleusement de Rome sauvée.

L'ami inconnu du premier passage est le comte de Lynar. Il signala la prétendue erreur de Voltaire à la comtesse dans une lettre écrite de Köstritz le 29 juillet: voir *Textes*, 75.

D'autre part, l'édition 'frauduleuse' de *Rome sauvée* (*Bengesco* 207) se vendait à Berlin dès les premiers jours d'août, peut-être même dès la fin de juillet: le 12 août, Lynar priait la comtesse de Bentinck de la lui envoyer comme elle le lui avait offert (RAG 467).

Ces recoupements porteraient à placer D4978 plus tôt en août, mais le 12 ou le 13 reste le *terminus a quo*, puisque Voltaire demande ici à nouveau l'*Eloge de La Mettrie* dont il est question le 11 dans D4974.

D4987

(vers le 20 août 1752) (*Potsdam, 21-22 août 1752*)

Cette correction vétilleuse n'est proposée que pour tenir compte d'une lettre du 20 août du marquis d'Argens à la comtesse de Bentinck (*RhlF* 82 (1982), p.625): c'est justement parce que Voltaire n'était pas encore en état d'écrire que d'Argens prit la plume à sa place. Voltaire ne tarda sans doute pas à écrire de nouveau: d'Argens ne dit plus rien de sa santé dans une autre lettre qu'il adressa à la comtesse le 22 août. En tout état de cause, le 25 est le *terminus ad quem*: voir D4991.

(C^1) [L'abbé de Prades] a été persécuté en France assez mal à propos par des fanatiques et des imbéciles, et il est triste qu'il ait pour nouveau persécuteur à Berlin un homme qui n'est ni l'un ni l'autre, mais qui est l'ennemi déclaré de tous ceux qui n'ont pas la bassesse de le prendre pour protecteur.

C'est Maupertuis, je crois, qui est ici visé. Voir dans la troisième partie la discussion de D4949.

D5015

(septembre 1752) (*Potsdam, fin juillet-début août 1752*)

(I^1) Si les monarques avaient le cœur fait comme nous autres, je réponds bien que Le roy de Dannemark serait très touché de votre lettre.

(C^1) Permettez moy de la garder [...] comme une pièce dont je pourai faire usage au retour de la Silésie. Il faut laisser passer àprésent une espèce de petit nuage [...].

Le 'petit nuage' s'était formé vers le 20 juillet, à la suite de D4947, comme le note Besterman. D'autre part, la lettre par laquelle la comtesse renouait avec la cour danoise, après plusieurs années de différends, paraît perdue; mais on peut la dater indirectement par les traces qu'elle a laissées dans certaines correspondances: le 31 juillet, le baron d'Arnim (qui se trouve dans ses terres, à trois jours de poste de Berlin) dit espérer la voir bientôt; dans une autre lettre, datée du 4 août, il presse la comtesse de lui en envoyer une copie (RAG 127). Le 8 août, la princesse d'Anhalt-Zerbst en a reçu une copie (RAG 336). On peut se demander si Voltaire ne vit pas la lettre même avant son expédition: l'approximation ne porte donc que sur deux ou trois jours.

Le passage cité en (C[1]) ne signifie pas que Frédéric II se trouvait déjà en Silésie, impression sur laquelle Besterman semble avoir fondé sa datation: Voltaire demande seulement un délai de quelques semaines pour exécuter la commission qui lui a été donnée de communiquer la belle lettre envoyée au roi de Danemark.

D5016

(septembre 1752) (*Berlin, fin décembre 1750*)

(I[1]) Je me garderay bien de vouloir élever autel contre autel! Moy président!

(I[2]) Je vais vous obéir et lire.

(I[3]) Vous savez que je ne veux être que votre procureur.

'Elever autel contre autel', est-ce bien briguer la place d'un président d'académie que l'on dit mourant? La formule résume d'autre part un *écrit* que Voltaire doit 'lire' pour 'obéir' aux ordres de la comtesse. Tout ceci s'éclaire par le rapprochement d'une lettre du baron d'Arnim à la comtesse de Bentinck, en date du 24 décembre 1750. Il s'agissait d'un projet tendant à la création d'une seconde académie à Berlin, dont Voltaire eût été le président: voir *Textes*, 21 et *D4253*.

Le dernier indice est concordant. Voltaire ne put conserver que deux ou trois mois, d'octobre à décembre 1750, son rôle de 'procureur' de la comtesse auprès du roi: voir *D4244*, D4258, *D4276* et *D4738*.

D5021

à Potsdam 25 septembre (1752)

(C[1]) Je vois madame que vous avez eu baucoup de plaisir et baucoup d'esprit à Orangebourg et ce qui rend la chose parfaitte c'est que vous en avez donné. Vous faittes les agréments de ce pays cy et vous les goûtez.

(C[2]) Vous ne me parlez plus de votre politique algébriste, je voi que votre goust n'a été qu'une passade.

Il s'agit, dans le premier passage cité, des fêtes données par le prince royal à Oranienburg, en septembre 1752. La comtesse de Bentinck en anima plusieurs divertissements, et ses talents y furent remarqués par le prince royal et par le prince Henri, dont elle se gagna même à cette occasion la protection particulière et l'amitié. Sa présence à 'Orangebourg' fut signalée par les gazettes (*Utrecht*, 15 septembre). Pour les dépenses 'd'esprit' qu'elle fit en cette occasion, et dont Maupertuis fit en partie les frais, voir *Textes*, 79.

C'est au post-scriptum de cette lettre (C[2]) que répond une longue lettre d'explication non recueillie par Besterman (*RhlF* 82 (1982), pp.625-27).

D5040

Potsdam 11 oct[b] (1752)

(C[1]) On prétend que la lettre que vous trouverez dans ce paquet est d'un M[r] Joncour, amy de Koenig.

(C[2]) Aparemment qu'on envoye à baucoup d'autres personnes des copies de cette lettre et de L'extrait de Cologne.

(C[3]) Je laisse Maupertui tiranizer, cabaler, voiager.

Une lettre de la comtesse de Bentinck à sa mère, en date du 13 février 1753, permet d'identifier l'écrit attribué à de Joncourt comme étant la *Réponse d'un académicien de Berlin à un académicien de Paris*, qui est en fait sûrement de Voltaire. Voir *Textes*, 106.

Le second passage cité équivaut naturellement à un souhait de large diffusion. 'L'extrait de Cologne' est donné ci-après dans la quatrième partie (*Textes*, 77).

Rappelons enfin, à propos du dernier passage, que Maupertuis avait obtenu dès le mois de mai 1752 la permission d'aller en France (*Briefwechsel Maupertuis*, p.272), mais que ses maladies l'avaient plusieurs fois contraint de remettre son départ. Il quitta Berlin en avril 1753.

D5065

(vers le 10 novembre 1752) (*Potsdam, 13-14 novembre 1752*)

(I[1]) Madame de Maintenon écrivait d'ailleurs comme vous, avec finesse et avec énergie.

Comme la réponse (D5068, datée du 15 novembre) s'articule très précisément, très immédiatement même, sur ce compliment, un intervalle d'un ou deux jours paraît des plus probables.

D5069

(novembre 1752) (*Berlin, janvier 1753?*)

(I[1]) Je vous supplie mon adorable ange tutélaire de m'envoyer ces papiers en question, avec le mauvais livre intitulé mes pensées, ou le qu'en dira t'on?

La datation retenue s'articule sur ce titre d''ange tutélaire' donné encore ici à la comtesse: voir *D4660*; elle tient compte, d'autre part, de celle de D5071, où il est également question de l'ouvrage de La Beaumelle.

Il est impossible de savoir quelle édition de *Mes pensées* demande ici Voltaire. Même s'il s'agissait de l'édition de Francfort, la datation de Besterman n'est pas assurée: Voltaire demande cette édition à Roques le 16 décembre, à Walther le 23; il ne l'a en main qu'en janvier (D5141 et D5162). Mais il peut s'agir aussi bien de 'l'édition de Berlin' qu'il cite dans son 'Mémoire' sur Maupertuis à la fin de janvier (D.app.121); ou encore de l'originale (Copenhague), qui devait aussi l'intéresser comme l'objet même des premiers démêlés. En fait, c'est à la *comparaison* des textes successifs, semble-t-il, que Voltaire voulait se livrer: voir D5162 et le *Supplément au Siècle de Louis XIV*.

Signalons en passant que l'un des deux exemplaires de *Mes pensées* conservés dans la Bibliothèque de Voltaire à Leningrad porte une dédicace de l'auteur 'A madame de Bentinck, comtesse du S. Empire etc etc' (*Bibliothèque de Voltaire: catalogue des livres*, Moscou-Leningrad 1961, numéro 1795). C'est la 'sixième édition': 'Londres, chez Nourse, 1752'.

D5070

(novembre 1752) (*Berlin, après le 30 décembre 1752*)

Autre lettre à 'l'ange tutélaire': voir *D4660*.

D5071

lundy (novembre 1752) (*Berlin) lundy (18 décembre 1752*)

(I[1]) Le prince Louis sort de chez moy, c'est une âme, bien noble et bien vraye, bien digne de la vôtre. Voylà comme sont faits les princes qui méritent qu'on s'attache à eux.

C'est dans les mêmes termes élogieux que Voltaire marquait à la comtesse, le 6 décembre, son impatience de voir le prince à Berlin avant son départ, d'admirer de près cette 'âme' qu'il ne connaissait pas bien encore (D5102). Il s'agit peut-être, ici et là, de beauté morale, mais aussi, comme on sait, de rentes et de contrats, et plus précisément de l'envoi d'un 'paquet très essentiel' que Voltaire tenait prêt à partir depuis la mi-novembre (D5089). L'entrevue ne pouvait avoir lieu à Potsdam, où il se trouvait en disgrâce après la découverte de l'*Akakia*. Le prince avait du reste lui-même indiqué Berlin comme lieu de ce rendez-vous de sympathie ou d'affaires (D5110).

Voltaire arriva dans la capitale le 13 (voir la discussion de *D4634*); le prince, de son côté, en partit dans la nuit du 25 au 26 (MAE, *Prusse*, vol. 168, f.330). Des deux dates possibles, celle du 18 décembre est la plus probable, puisqu'il n'est pas question ici de ce départ.

D5078

(vers le 17 novembre 1752) (*Potsdam, vers le 20 novembre 1752*)

Il s'agit de bien marquer que cette lettre répond immédiatement à D5068 (qui est du 15 novembre) et qu'elle suit *D5089*, comme on peut l'inférer des indices suivants:

(I[1]) Soyez tranquille. Je devrais ne pas l'être, et je le suis.

(I[2]) Mon dieu que votre lettre sur madame de Maintenon augmente L'idée que j'avais de votre esprit et de votre caractère!

Le premier passage est en effet une seconde réponse à un mystérieux 'avis' (perdu, et qui se rapportait sûrement à la querelle avec Maupertuis) déjà traité comme négligeable dans *D5089* ('Il n'y a qu'à rire'). Le second, à la clôture du billet, est un compliment renouvelé, une expression plus réfléchie de l'admiration déjà marquée dans *D5089*. Bref, entre les deux numéros, il faut supposer une lettre perdue de la comtesse.

D5089

(novembre-décembre 1752) (*Potsdam, 16-17 novembre 1752*)

(I[1]) Comment pouvez vous imaginer que je ne vous ai pas envoyé la sottise tragique en question?

(I[2]) Je vous suplie de vouloir bien me mander quand le prince Louis de Virtemberg compte partir. Cela m'est essentiel pour un paquet très essentiel.

Cette lettre répond directement, comme le note Besterman, à D5068, qui est datée du 15 novembre 1752. Il faut donc l'en rapprocher à un ou deux jours près: Voltaire a pu tarder un peu à se justifier du reproche de n'avoir pas envoyé à la comtesse un exemplaire du *Duc de Foix*; mais il a sûrement voulu éclaircir sans délai, vu l'intérêt immédiat qu'il devait y prendre, une indication ambiguë de D5068 sur les mouvements du prince Louis: 'Hochstatter n'est point ici, il est avec les princes, et il nous quitte en 15 jours à mon grand regret'.

D5093

(vers le 1er décembre 1752) (*Potsdam, octobre-novembre 1752*)

(I[1]) Mes maux me retiennent madame. Je désespère de pouvoir aller à Berlin avant le carnaval. Je viendray alors si je suis en vie, vous demander la continuation de vos bontez, et me mettre entre les mains de m^r de Librekins.

(I[2]) Maupertuis se porte mieux mais son livre est mort. Vous ne sauriez croire à quel point il est méprisé à Paris et combien on déteste partout la persécution qu'il a suscitée à Koenig dans une affaire où il a manifestement tort.

Le début du texte est d'abord l'indice d'une durée, d'une attente. Ce mot de 'désespoir' oblige à remonter dans le temps, à partir des premiers jours de décembre, date traditionnelle du retour de la cour à Berlin pour les fêtes du carnaval. On ne 'désespère' pas près du but. L'expression suppose au contraire que des occasions pouvaient se présenter, les petits voyages du roi naturellement, dont Voltaire craignait de ne pouvoir profiter. La date approximative d'octobre-novembre peut même être précisée dans l'hypothèse assez probable que l'occasion de ce billet ait été justement l'un de ces déplacements ordinaires. 'Mes maux me retiennent madame' devrait alors se lire comme un équivalent de: *Je n'ai pu faire ce voyage*, et les deux dates les plus plausibles seraient le 4 octobre et le 3 novembre (*Tageskalender*, pp.131-32).

En tout état de cause, les deux passages cités recoupent diverses lettres d'octobre et de novembre: D5039, par exemple, datée du 9 octobre, présente un article similaire sur Maupertuis, presque terme pour terme; et dans D5065, vers le 10 novembre, Voltaire envisage d'obtenir de Lieberkühn un certificat de complaisance qui hâterait son retour à Berlin. Aucun de ces recoupements ne paraît toutefois concluant.

D5102

mercredy (13 décembre 1752) à deux heures

(Potsdam) mercredy (6 décembre 1752) à deux heures

(I') Savez vous bien actuellement mon embaras madame? c'est de trouver une remise pour mon carosse à Berlin. Je loge chez le père de mon secrétaire qui n'a point de remise [...]. Je n'attends que cet arangement pour venir vous faire ma cour.

(C') J'ay écrit à M. le prince de Virtemberg Louis, je seray inconsolable s'il part avant que je puisse admirer de près cette âme qui ressemble à la vôtre, et que je ne connaissais pas.

Voltaire a son logement arrangé chez Francheville, mais il écrit de Potsdam. L'embarras de la 'remise' une fois réglé par les soins de la comtesse, il lui annoncera aussitôt son 'retour' comme très prochain (D5109: 'J'espère être en état dans peu de jours de vous entretenir'). Si l'on fixe au 13 le jour de son arrivée à Berlin (voir la discussion de *D4634*), on ne peut placer ce billet qu'au 6 décembre: le 29 novembre en effet – et il est évidemment impossible de remonter plus haut – loin d'être prêt à partir, Voltaire se trouvait dans les affres de la découverte de l'*Akakia* (D5067). Le roi, du reste, ne se rendit à Berlin que le 8.

Signalons d'autre part que la réponse du prince Louis à la lettre perdue mentionnée en (C') paraît être D5110.

D5104, D5105, D5106, D5107

(décembre 1752) *(Berlin) vendredy (29 décembre 1752)*

Ces quatre billets ne font qu'une seule supplique. La 'lettre à Koenig' (c'est-à-dire D5076) circule à Berlin en copie, Voltaire s'imagine aussitôt 'perdu' (*D5104*): Maupertuis l'a vue, le roi va sévir. Il faut 'en retirer tous les exemplaires' (*D5104*), 'employer sur le champ le prince Eugène [de Wurtemberg] à faire cette bonne œuvre' (*D5105*), il faut 'conjurer' le prince Henri de tenir sa copie sous clé (*D5106*). Seules des interventions ministérielles auprès du roi peuvent sauver le coupable: celle de La Touche (*D5106*), celle de Podewils même, que sa fille la comtesse de Marschall (amie de la comtesse de Bentinck) doit obtenir en 'se jetant aux pieds de son père' (*D5105-D5106*). Les signes d'une même urgence, d'une 'terreur panique' (quoi qu'en dise Voltaire dans *D5107*), de l'angoisse d'un châtiment immédiat, se lisent dans un même texte discontinu. Il est difficile de ne pas placer ces billets au même jour.

La marge de datation est très étroite. Le *terminus a quo* est fixé par la date du départ du prince Louis, qu'implique le texte de *D5107* (et aussi, moins directement, celui de *D5105* et *D5106*): le prince quitta Berlin dans la nuit du 25 au 26 décembre (MAE, *Prusse*, vol. 168, f.330). D'autres détails renvoient aussi à la 'brûlure' publique de l'*Akakia* comme à un événement très récent: '[la lettre à Koenig] fait autant de bruit qu'Akakia et peut avoir des suittes aussi affreuses' (*D5104*); 'on va achever ma mort qu'on a commencée' (*D5105*) etc. Mais dès les premiers jours de janvier, selon le mot de La Touche dans *D5137*, 'l'affaire de Mr de Voltaire se civilise'. Le 13 janvier, reprenant sa correspondance avec König, Voltaire lui insinuera même de donner aux gazettes cette fameuse lettre dont la circulation dans Berlin l'avait mis dans un tel état.

L'un des quatre billets portant l'indication 'vendredy matin' (*D5105*), on peut retenir comme à peu près certaine la date du 29 décembre 1752. Un recoupement externe vient encore l'étayer: c'est justement ce jour-là que Voltaire s'adressa au libraire Gosse à La Haye pour le prier, 'avec la plus vive instance', de ne rien imprimer de ce qu'il pouvait avoir sous son nom, dont en premier lieu 'une ancienne lettre écrite à monsieur Koenig' (D5124).

D5108

(décembre 1752) | (*Berlin, après le 30 décembre 1752*)

Autre petit billet à 'l'ange tutélaire': voir *D4660*.

D5109

(décembre 1752) | (*Potsdam, 6-7 décembre 1752*)

(I[1]) Et une remise encor! et sur le champ!

(I[2]) Ayez la bonté de me garder ce petit paquet jusqu'à mon retour. J'espère être en état dans peu de jours de vous entretenir.

Le second indice fixe le lieu; le premier ne permet qu'un intervalle d'une journée par rapport à *D5102*: voir la discussion de ce numéro.

D5127

(fin décembre 1752) | (*Berlin, peu après le 30 décembre 1752*)

Autre billet à 'l'ange tutélaire': voir D4660.

La mention du départ récent du prince Louis (voir la datation de *D5071*) incite à ne pas trop s'éloigner du *terminus a quo*; de même celle du 'grand régime' prescrit par 'le médecin Akakia': il s'agit de la retraite absolue que Voltaire s'imposa à la suite de la 'brûlure' du 24 décembre.

D5128

(1752-1753) (*Berlin, vers le 28 février 1753*)

(I[1]) [Je vous demande en grâce] de voir si vous ne pouvez point placer le petit Francheville soit à votre service soit à celuy de quelqu'un de vos amis.

(C[1]) Je vous supplie madame de bien vouloir m'envoyer la lettre à la marquise. Je vous la rendrai fidèlement dans trois heures.

La comtesse de Bentinck prit elle-même à son service 'le petit Francheville', le 2 mars 1753, d'après une lettre du 3 à un correspondant non identifié, où elle se félicite de cette 'acquisition' (RAG 453).

Quant à 'la lettre à la marquise', c'est un écrit satirique contre Maupertuis, intitulé: *Lettre de Mr le Marquis de L** N** à Mme la Marquise A** G**, sur le procès intenté par mr Moreau Maupertuis contre Mr Koenig devant l'Académie Royale de Berlin*, A Londres 1752. Voltaire se proposait évidemment de la faire copier. Dans son commentaire de l'*Akakia*, Jacques Tuffet signale incidemment une influence possible de cet écrit sur le *Traité de paix* (*Akakia*, p.94, n.147). Une copie manuscrite s'en trouve conservée parmi les papiers de la comtesse de Bentinck (RAG 63).

D5156

(janvier 1753?) (*Berlin, 26 décembre 1752*)

Voir D4661-D4662.

D5157

(janvier 1753?) (*Berlin, fin février-début mars 1753*)

J'ay arrangé touttes mes paperasses. Je suis encor entre l'espérance et la crainte. Mais je serai dans la joye si vous avez la bonté de venir.

Ce billet date évidemment, comme l'a bien vu Besterman, des derniers temps du séjour en Prusse: l'autre occasion que Voltaire eut d''arranger ses paperasses', qui fut le départ pour le Marquisat, ne se prêtait pas à une pareille dramatisation (voir d'ailleurs *D4410*). Mais en janvier 1753, Voltaire est dans la 'crainte' et n'a guère d''espérance'. Il faut plutôt placer ce billet, je crois, vers le temps du déménagement dans le faubourg Stralau, qui se fit le 5 mars 1753 d'après Collini (*Mon séjour auprès de Voltaire*, p.52), et dans le voisinage de *D5208* et de D5217, ou même de D5229 par laquelle Voltaire redemanda fermement son congé au roi (le 11 mars).

D5158

(janvier 1753?) (*Berlin, 17 mars 1753*)

(I[1]) Je verse des larmes d'attendrissement et de reconnaissance, et non pas de douleur [...]. Adieu, ma vie est entre vos mains, et mon âme est à vous seule, adieu vous qui êtes née pour les actions généreuses.

Une fois admis que ce billet appartient à la dernière période du séjour en Prusse, la date la plus vraisemblable est évidemment celle de l'ultime voyage de Voltaire à Potsdam.

D5207

(vers février 1753) (*Berlin 1750-1753*)

(I[1]) Vous ne sortirez point de chez la princesse de Prusse avant onze heures.

Il s'agit ici de l'épouse de Guillaume, le Prince Royal, et non de la princesse Henri. Le raisonnement de Besterman n'est donc malheureusement d'aucun secours: ce billet est de ceux qui paraissent défier toute datation.

III
Notes sur la correspondance générale

Ces notes proposent des datations et des éclaircissements pour la correspondance générale de la période prussienne, quelques corrections matérielles, quelques nouvelles identifications de destinataires. Elles se tiennent ainsi, comme les précédentes, dans l'en deçà de la biographie, étant articulées sur l'élément plutôt que sur la série. L'ensemble vise cependant à mieux définir, dans la succession des circonstances épistolaires, des situations et des relations d'existence. Mieux datées, quelques lettres manifestent par exemple l'attention qu'eut Voltaire, dans les premiers temps de son établissement en Prusse, de donner aux services français de Berlin tous les gages possibles de ses bons sentiments de sujet du roi de France (D4263, D4572 et D4574). Une autre fort curieuse, adressée au duc de Richelieu, laisse apparaître l'année suivante, une fois décrypté certain message anodin sur une hypothétique opération foncière, le désir du retour et les conditions qu'il croyait pouvoir y mettre (D4605). Des allusions perfides ou chagrines au président Maupertuis se laissent dépister ici et là (D4354, D4934, D4949), dont une peut-être même sous la plume de Frédéric II, dans une lettre à Voltaire qui pourrait être postérieure à la 'brûlure' de l'*Akakia*, et l'une des dernières de leur correspondance de cette époque (D4946). Adressée à Mme de Puisieux, et non plus à Mme Du Deffand, une autre lettre, où Voltaire salue un 'ami' qui honore son siècle, devrait entrer dans le dossier de ses relations avec Diderot (D5075). Et telle autre de Frédéric II, soumise à un examen un peu strict, se révèle être un faux, forgé par lui pour accabler à la face de l'Europe son 'grammairien' rebelle et disgracié (D5232) – 'Cernin' ne prit-il pas le premier la voie qui mène à fabriquer des 'Paméla'?

Toutes ces notes ne sont pas, loin s'en faut, bien agréables à lire. Un certain nombre – et par exemple les indications complémentaires de source que j'ai cru pouvoir y glisser à l'occasion – auraient eu plutôt leur place dans les éditions de la correspondance. J'ai du moins tâché de compléter le travail de l'éditeur, pour rendre plus précise et plus sûre l'exploitation biographique de cet important corpus.

D3953. *La princesse Ulrique de Prusse à Voltaire*

En fait, ce billet fut écrit, je crois, par la princesse Wilhelmine, margrave de Bayreuth, et pendant son séjour en Prusse en 1750: c'est la seule hypothèse, à mon sens, dans laquelle s'accordent les éléments de temps et de lieu qui déterminent le dernier paragraphe.

A propos de *Sémiramis*, voir D4237, D4248, D4252, D4302 et D4427: Voltaire adapta sa pièce, à la demande de la princesse, en 'opéra italien'. La date de septembre 1750 paraît s'imposer, par rapport à D4237, datée du 8 octobre, où Voltaire mentionne le projet et peut-être même son exécution déjà en cours.

D4065. *Voltaire à Algarotti*

Tout indique ici, et d'abord très directement l'adresse, la proximité et, si l'on peut dire, la convivialité: ce billet date du séjour en Prusse. La double allusion à une révision de *Rome sauvée* et aux travaux du *Siècle de Louis XIV* permet de réduire la marge, et de le placer plutôt vers le milieu de l'année 1751.

D4082. *Voltaire à Tinois*

La fin du texte, au verso du manuscrit, a été omise par erreur: 'S'il y avoit quelque gros paquet il faudroit ou l'adresser contresigné la reiniere, ou Mr Wheller directeur des postes a Wesel ou prier m le baron le Chambrier, envoyé de prusse de le mettre dans le paquet du roy' (holographe).

Ce billet date des tout premiers temps du séjour en Prusse: il y est encore fait mention des dépenses du voyage. 'J'ay engagé Heurtaud', écrit Voltaire. Entendons: pour être comédien à Bayreuth. Dans D4340, le 6 janvier 1751, Voltaire s'informe de l'exécution de cet engagement; dans D4360, le 23 janvier, la margrave lui répond: 'votre petit comédien est arrivé'. Comme il n'est pas autrement question de cette affaire dans leurs lettres de décembre (D4291, D4292, D4302 et D4306), il est clair que Heurtaud fut 'engagé' pendant le séjour même de la princesse à Berlin. D'où la datation large: août-novembre 1750. Voltaire se dit d'autre part très mécontent du 'procédé' de Lambert, à qui il fait passer une lettre jointe à ce billet: on peut penser, avec quelque vraisemblance, qu'il s'agissait de D4208, où il se plaint du non-paiement d'une dette et renvoie Lambert à Longchamp pour le règlement, et donc proposer la même date du 1er septembre 1750.

Le nom du destinataire est également à corriger: c'est évidemment Longchamp, alors chargé des affaires courantes à Paris, et non Tinois qui avait accompagné Voltaire en Prusse. La description que donne Longchamp, dans ses *Mémoires*, de ses fonctions à cette époque, est tout à fait conforme aux instructions du présent billet; et Longchamp connaissait personnellement Heurtaud (*Longchamp-Wagnière*, i.272 et 296).

Au troisième paragraphe, il faut lire enfin *vendu* au lieu de *rendu*.

D4172. *Mme Denis à Lekain*

L'année ajoutée à la date, qui est incomplète dans le manuscrit holographe, n'est pas correcte. En 1750, Lekain n'était certes pas en situation de présenter une pièce à ses camarades et de demander une répétition, ni de dire ou de s'entendre dire, à propos d'une actrice nouvelle, comme un ancien: 'notre nouvelle débutante'. Il débutait lui-même, ou plutôt il allait débuter, deux mois plus tard: voir D4211 et n.2. Il fut 'inséré sur le tableau de MM. les comédiens du roi', comme il écrit dans ses *Mémoires* (éd. de 1825, p.428), en février 1752. C'est presque sûrement l'année de cette lettre.

La pièce dont il s'agit serait *Amélie ou le duc de Foix*, qui fut créée le 17 août 1752. Une lettre de Mme Denis à Cideville datée du 17 juillet 1752, et qui donc aurait été écrite deux jours avant celle-ci dans l'hypothèse retenue, confirme qu'il était alors question d'une première répétition 'les rôles à la main' (D4948). On comprend aussi ces hésitations modestes de Lekain que suppose le texte, puisqu'il se chargea du rôle principal après que Grandval, successeur de Dufresne qui l'avait tenu en 1734 dans la pièce alors intitulée *Adélaïde*, l'eut refusé (*Mémoires de Lekain*, pp.6-8).

La 'nouvelle débutante' serait Mademoiselle Hus, qui eut son premier rôle dans une représentation de *Zaïre* le 6 juillet 1751, mais qui ne fut reçue que le 21 mars 1753 (Jean Fabre, éd. du *Neveu de Rameau*, Paris 1977, n.72). J'ignore cependant si elle joua dans *Amélie ou le duc de Foix*.

L'année 1751 ne paraît pas convenir: *Rome sauvée* fut 'retirée' par Mme Denis, à peine présentée, au début de juillet; et *Mahomet* ne fut annoncée qu'en août (*Graffigny*, LV, 6 juillet et 25 août 1751; *Journal de la librairie*, F 22156, f.92, 29 août 1751).

D4180. *Voltaire au comte et à la comtesse d'Argental*

'Le roy très chrétien ne vous a pas envoyé de statues dignes d'Athènes ...': allusion à l'un des présents personnels par lesquels le roi de France et le roi de Prusse célébraient alors ostensiblement leur alliance. Celui-là était tout récent. Louis XV venait d'envoyer au roi de Prusse, pour orner les allées du château de Potsdam, des répliques des plus belles statues du parc de Versailles; Frédéric II lui offrit en retour des chevaux du Mecklenburg (MAE, *Prusse*, vol. 159, juillet-août 1750, *passim*).

D4182. *Voltaire au marquis de Puysieulx*

Besterman a eu raison d'écarter l'identification du destinataire proposée par Koser. Mais celle qu'il propose n'est pas plus satisfaisante. On ne voit pas pourquoi Voltaire aurait prié Tyrconnell de 'rendre compte' à Puysieulx de son projet d'établissement huit jours après l'en avoir averti lui-même: cf. D4188; ni pourquoi il aurait encore pris la voie hiérarchique, après une telle démarche directe, pour préciser la forme des 'lettres patentes' qu'il demandait à cette occasion: cf. D4198 et D4199. On ne trouve d'ailleurs aucune trace de communication immédiate dans les réponses de Puysieulx, ni dans ses dépêches à Tyrconnell (D4194 et D4204), ni dans la 'lettre de permission' qu'il adressa directement à Voltaire (D4203). Il faut donc interpréter la présence de cette pièce dans les archives diplomatiques, et la mention de réponse qui s'y trouve portée (et qui réfère bien à D4203), comme de simples contingences administratives ou politiques.

En sa qualité de gentilhomme ordinaire, Voltaire pouvait aussi s'adresser en droiture au ministre de la maison du roi, le comte de Saint-Florentin, qui supervisa effectivement le règlement de la situation. Mais Voltaire attendit plus de quinze jours, à son arrivée en Prusse, avant de lui écrire (je réserve le cas de D4183, discuté ci-dessous); et sa première requête n'est que le *double* de celle-ci: c'est D4197. Même interprétation, 'patriotique' si l'on peut dire, des bontés du roi de Prusse, même attente d'une décision favorable, même espoir de pouvoir rester à Berlin le 'serviteur' et le 'sujet' du roi de France. Cette autre identification possible me semble à écarter.

A quel ministre Voltaire s'ouvrit-il donc *d'abord* de son projet, en lui remettant le soin délicat de le faire agréer? Car c'est à cette lettre, je crois, que s'applique le mot de D4197: 'J'ai fait pressentir le roy.' Au ministre principal la primeur? J'avancerai en effet le nom du *comte d'Argenson*, que Voltaire pouvait d'ailleurs considérer encore comme son premier protecteur à Versailles. Les termes de la lettre, à la fois très personnels ('En vérité je tremble à m'expliquer et j'ai le cœur déchiré') et pourtant marqués par une sorte de hauteur de vue politique ('rien n'est plus glorieux pour la France que de voir cette prédilection qu'on a icy pour les français'), la formule finale de 'l'attachement' et de 'la reconnaissance', enfin le post-scriptum d'offre de service, me paraissent concordants.

Dans cette hypothèse, il faut sans doute considérer la transmission de la lettre au ministère des affaires étrangères, le traitement *diplomatique* de la démarche de Voltaire, comme des indices du mécontentement personnel de Louis XV et Mme de Pompadour. On peut même douter que d'Argenson y ait répondu personnellement, sinon d'une manière toute formelle. Cf. D4233: 'les lettres de Versailles sont un peu à la glace'.

D4183. *Voltaire au comte de Saint-Florentin*

La date du manuscrit, qui est pourtant holographe, est à écarter. Il est évidemment impossible que Voltaire ait, le même jour, adressé une demande de 'lettre de permission' et connu le mauvais accueil qui lui était réservé. L'erreur est manifeste: cf. D4182 et D4183. L'étude de la séquence des lettres à Saint-Florentin, l'analyse des circonstances, permettent de replacer cette lettre vers le 25 septembre 1750:

1. *La requête.* C'est le 8 août que Frédéric II fit pressentir le ministère de France sur l'éventuel 'déplacement' de Voltaire (D4384). Voltaire adressait une requête parallèle, à d'Argenson sauf erreur: voir la discussion de D4182.

2. *La première lettre à Saint-Florentin.* C'est évidemment D4197, qui est datée du 25 août. Entre-temps, Voltaire avait écrit à Madame de Pompadour et sollicité les bons offices de Tyrconnell auprès de Puysieulx (D4188). Le même jour, il soumet à Tyrconnell le modèle d'une 'lettre patente', telle qu'il croit pouvoir l'attendre de ses protections (voir D4198 et D4199).

3. *L'accueil du ministère.* La requête fut étudiée à Versailles vers le 20 août. Le 22, Puysieulx avise Tyrconnell que le roi accède à la demande de Frédéric II (D4194); le 23, il communique cet agrément à l'envoyé de Prusse (D4196). La réponse directe adressée à Voltaire est du 28 août (D4203). Elle semble favorable, mais dans le même temps le ministre le fit prévenir par Tyrconnell que sa place d'historiographe ne pouvait lui être conservée, 'étant incompatible avec un homme qui est absent, et à un autre service' (D4204, 28 août).

4. *Seconde lettre à Saint-Florentin.* C'est D4218, datée du 12 septembre. A cette date, Voltaire n'avait pas encore reçu la réponse de Saint-Florentin à sa première lettre – cette réponse est en effet du 10 septembre (D4215); mais il savait déjà que ses 'places' étaient menacées: il supplie le ministre de faire 'suspendre' jusqu'à son prochain voyage à Paris 'les arrangements qu'on pourrait prendre'.

Il est clair qu'il avait reçu la réponse de Puysieulx et l'avis transmis par Tyrconnell: voir d'ailleurs D4219, du même jour.

5. *Troisième lettre à Saint-Florentin.* C'est précisément, me semble-t-il, cette lettre D4183, que Voltaire aura écrite en recevant la réponse tardive du ministre de la maison du roi. Comparée à la précédente requête, celle-ci est en effet moins considérable: Voltaire n'espère plus conserver son brevet d'historiographe, mais seulement l'ancienne pension 'placée' sur cette charge en 1745. On ne comprend cette différence qu'en rapprochant la réponse de Saint-Florentin (D4215) de celle de Puysieulx (D4203-D4204): alors que les réserves de Puysieulx pouvaient encore apparaître comme un simple avis ministériel, susceptible d'être modifié par l'effet de protections sollicitées sur place, la réponse de Saint-Florentin présentait enfin expressément la suppression du brevet comme une décision définitivement arrêtée. D'où la résignation de Voltaire – le projet de voyage à Paris semble abandonné. Dans l'intervalle, il pouvait d'ailleurs avoir reçu par la voie diplomatique une autre lettre de Puysieulx, qui lui confirmait que le comte de Saint-Florentin avait bien, et lui seul, les ordres du roi (D4216, 11 septembre).

6. *Le règlement final.* Une dernière lettre de Saint-Florentin recoupe la datation proposée. Il s'agit de D4243, datée du 15 octobre 1750, qui donnait satisfaction à Voltaire sur la conservation de son ancienne pension. Saint-Florentin y répond en effet à D4218, mais aussi à D4183: '[les] dernières lettres que vous m'avés écrites'.

L'erreur de Voltaire n'est pas sans vraisemblance. On suppose aisément que, recevant la première lettre de Saint-Florentin, datée du 10 septembre, il se sera reporté à ses copies de lettres pour démêler le sens des diverses réponses ministérielles, et qu'ayant sous les yeux la minute de sa requête initiale (D4182, dont il reprend justement ici certaines expressions), il en aura recopié la date par inadvertance.

Un mot de commentaire encore sur la fin de cette lettre. 'J'ay tout lieu d'ailleurs de me flatter', écrit Voltaire, 'qu'on ne me traittera pas plus mal que M de Maupertuis': cela s'entend naturellement, non pas des honneurs et de la pension dont Maupertuis jouissait à Berlin, mais du traitement de faveur que le roi de France lui avait accordé cinq ans plus tôt en lui conservant, malgré son établissement en Prusse, les droits et les avantages du sujet régnicole. Ce 'brevet de sortie du royaume', que Voltaire souhaitait voir pris pour modèle du sien, a été publié par *Desnoiresterres*, iii. 35, note 1.

D4184. *Frédéric II à Le Chambrier*

Le commentaire comporte une évidente erreur de fait: comment penser que Le Chambrier communiqua cette pièce à la diplomatie française, alors que son maître lui recommandait expressément, par une directive écrite de sa main, de ne pas '[le] commettre'? Pour le reste, je souscris, en gros, à l'interprétation de Besterman, qui me semble commander effectivement toute la situation biographique de la période prussienne.

Cette correction de détail me permet de signaler la présence, dans les archives du MAE, d'une *collection* à peu près complète des instructions de Frédéric II pour la direction de ses envoyés à la cour de Versailles entre 1750 et 1756 (MAE, *Correspondance politique*, Prusse, vol.161 à 163, 169-170, 175 à 178, 183 à 185). Des traces de lecture, quelques annotations du temps, particulièrement dans les endroits les plus durs pour le gouvernement français, pour le roi, pour la Pompadour, donnent à penser qu'il s'agit de pièces interceptées et déchiffrées *à mesure*, et probablement méditées en haut lieu: fait évidemment capital, s'il était avéré par des historiens de métier, pour comprendre ce qu'on appela le 'renversement des alliances'.

D4195. *Frédéric II à Voltaire*

En rapport avec la petite discussion ouverte dans le commentaire – sur la question de savoir si Voltaire, en présentant dans ses *Mémoires* comme une 'promesse de bonheur' cette lettre du roi, en a faussé radicalement la portée – il est intéressant de remarquer que dans deux lettres au moins adressées à Frédéric II en personne, et qui datent de son séjour en Prusse, il l'a expressément interprétée ainsi: '[Votre Majesté] m'a promis de me rendre heureux' (D4550); 'ayez du moins pitié d'un homme que vous avez promis de rendre heureux' (D4781). Cf. aussi, dans D4778, 'vos promesses sacrées', et dans D4356, lettre adressée à Darget, mais pour être montrée au roi: 'un grand homme qui m'a juré de ne pas me rendre malheureux'.

Il est d'autre part intéressant de noter les incidents les plus curieux de l'histoire matérielle de cette fameuse lettre. N'est-ce pas là 'l'engagement' que Frédéric II voulut à toute force recouvrer après le départ de Voltaire? Il le fit réclamer à 'la Denis' par milord Maréchal, son ministre plénipotentiaire à Versailles (voir D5258, D5275, D5277, D5282, D5286, etc.); il le fit même rechercher dans les bagages de l'oncle et de la nièce lorsqu'il les eut fait arrêter à Francfort (voir D5316, D5317, D5327, D5369, D5384) – mais en vain, et la conservation même du manuscrit, par ce qu'elle signifie de résistance à l'autorité, a valeur d'indice dans l'étude de leurs relations. De son côté, Voltaire ne manqua pas d'en envoyer une copie à Vienne pour étayer ses plaintes contre la séquestration illégale dont il était victime dans une ville impériale (D5308).

On peut enfin regretter que Besterman n'ait pas fait un numéro à part du 'message' holographe que Voltaire ajouta sur le manuscrit en l'envoyant à sa nièce. Frédéric Deloffre a eu raison d'en prendre l'initiative dans l'édition de la 'Bibliothèque de la Pléiade' (t.iii, 1975, p.220). Comment dater ce message? La date du 28 août me paraît plus plausible que celle du 23, compte tenu de l'écho de D4201: 'J'envoye cette lettre [à ma nièce], qu'elle vous la montre ...' (aux d'Argental, 28 août 1750, lettre holographe).

D4199. *Le comte de Tyrconnell au marquis de Puysieulx*

Le post-scriptum de cette dépêche a échappé à l'attention de Besterman: 'M. de Voltaire sort de chez moy et m'a confirmé les bruits publics sur le traitement que S.M.P. lui offre' (même source, f.171).

D4200. *Voltaire à Darget*

On peut placer ce billet au 26 août précisément. La seconde exécution du carrousel de Berlin, le 27, ne fut pas suivie d'un bal (*MF*, octobre 1750, pp.176-80).

D4201. *Voltaire au comte et à la comtesse d'Argental*

Evoquant le carrousel du 25 août, Voltaire écrit que la princesse Amélie en distribua les prix 'entourée des juges du camp': 'C'étoit Vénus qui donnoit la pomme.' Il fit à cette occasion un quatrain impromptu, dont la chute est justement: 'Et Vénus qui donnait la pomme.' C'est à tort que Moland a cru ces vers de 1743, on ne sait sur quel indice (M.x.549).

Ils furent insérés à la fin d'une relation intitulée *Journal historique des fêtes que le Roi a données à Potsdam, à Charlottenbourg et à Berlin, au mois d'août 1750* (Berlin, Henning, 44 p.), ouvrage rare et curieux, dont je n'ai vu qu'un exemplaire (Arsenal, 4° H 4285), et que l'on peut attribuer, contre la tradition qui le donne à Formey (Barbier *et alii*), au baron de Pöllnitz, sur la foi de l'inscription manuscrite ancienne portée sur cet exemplaire et d'après l'indication contemporaine de Bielfeld, *Lettres familières et autres* (La Haye 1763, p.278). L'impromptu de Voltaire se lit à la page 41. Il fut aussitôt repris dans les journaux: *Gazette de Hollande*, 8 septembre; *Gazette d'Utrecht*, supplément du 11 septembre.

'Nous allons avoir une compagnie des Indes': le projet d'une 'société de marchands' qui devait s'établir à Emden sous la protection du roi de Prusse fut annoncé dans les gazettes de Berlin le 1er septembre; son statut de 'compagnie royale asiatique' ne fut officiellement déclaré que le 22 (nouvelles reprises dans *Utrecht* le 29). Voltaire eut peut-être connaissance du projet par le chevalier de La Touche qui devait initialement prendre la direction de la compagnie. Sur ses premières relations avec La Touche en août-septembre 1750, voir la discussion de D4572 et D4574.

D4202. *Voltaire à la duchesse du Maine*

On peut se faire une idée plus précise de cette lettre perdue grâce au résumé qu'en donna Montesquieu à Mme Dupré de Saint-Maur dans une lettre datée du 6 novembre 1750: 'J'ai vu une lettre de Voltaire à la cour du Maine, qui dit qu'il a enfin succombé à une tentation de quinze ans, qu'il s'attache à une cour où les talens sont estimés sans envie & où l'on soupe avec une reine sans étiquette; il avertit les prudes à son exemple de se défier d'elles-mêmes. Moi qui aime l'étiquette, & qui n'ai rien à craindre de l'envie, j'aimerois bien mieux nos amis de Paris que les abbayes de Silésie' (*Œuvres complètes de Montesquieu*, éd. Masson, Paris 1950-1955, iii.1339, lettre n° 571). Il est curieux, soit dit en passant, que Montesquieu n'ait pas mentionné le projet de voyage à Paris dont Voltaire faisait également part à sa protectrice: voir D4221.

D4206. *Voltaire au duc de Richelieu*

Cette lettre est une des plus importantes que Voltaire ait écrites de Prusse: une longue confession de ses déboires d'homme de lettres et de courtisan – d'une amplitude biographique qui n'a d'égale que celle de ses *Mémoires*: on remonte ici aussi à cette fameuse rupture de l'année 1736; mais surtout l'exposé d'un *plan de rétablissement à Versailles*, et d'abord dans la faveur de Mme de Pompadour, dont Richelieu se voyait chargé de sonder les sentiments sur l'éventualité d'un retour de son 'Prussien'. 'Je mets ma destinée entre vos mains,' écrit Voltaire. C'est au fond l'échec définitif de ce projet qui détermina, après une dernière entrevue avec Richelieu, en novembre 1754, l'installation en Suisse. Lettre intime et politique à la fois, et d'une qualité rare. Il est dommage qu'elle ait toujours été mal datée.

Voici, dans l'ordre du texte, les trois principaux indices qui doivent la faire avancer d'*une année*:

1. 'Si vous voyez milord Maréchal,' écrit Voltaire à la fin du neuvième paragraphe, 'il peut vous dire comment tout cela [i.e. 'la vie philosophique de Potsdam'] se passe'. C'est en août *1751* que Frédéric II choisit milord Maréchal pour être son envoyé extraordinaire à Versailles. Il quitta Berlin le 25 août et arriva à Paris le 8 septembre (MAE, *Prusse*, vol. 166, ff.118 et 136).
2. 'Je n'ai achevé le siècle de Louis XIV,' écrit-il deux paragraphes plus loin, 'que pour me préparer les voies en méritant l'estime des honnêtes gens.' Le *Siècle* ne fut 'achevé' qu'en juin ou juillet 1751 – du moins l'impression de l'édition de Berlin commença-t-elle dans le cours de l'été: voir D4529, D4550 et D4557.
3. Au même paragraphe, il est encore question des *Mémoires pour servir à l'histoire de Brandebourg*. L'édition dite 'du donjon' parut au printemps de 1751. L'édition de Hollande, qui se trouve mentionnée dans le post-scriptum, fut publiée en juin ou juillet 1751: voir D4510.

En fait, cette lettre est étroitement liée à une autre lettre à Richelieu, D4561, qui est sûrement datée du 31 août 1751. Sur plusieurs points – les motifs du départ de Paris, les persécutions des confrères et des dévots, la difficulté de publier le *Siècle de Louis XIV* en France, le défaut de protection à Versailles – elles doivent se lire en parallèle. Elles répondent évidemment l'une et l'autre aux deux lettres perdues qui sont mentionnées au début de D4561, dans lesquelles Richelieu reprochait à Voltaire sa longue absence et le pressait de revenir dans sa patrie.

Mais la seconde en date est D4206. Plus détaillée encore, elle prolonge l'autre à loisir: 'cette lettre partira quand il plaira à Dieu', écrit Voltaire en la commençant. Il y développe d'ailleurs plus ouvertement l'espoir du retour en grâce auprès de la favorite, qui n'est qu'effleuré dans D4561. Et sur un article au moins, celui des *Mémoires de Brandebourg*, dont Richelieu souhaitait avoir un exemplaire, l'enchaînement est tout à fait net: dans D4561, Voltaire répond qu'il essaiera de se procurer un exemplaire de l'édition originale, mais qu'il doute d'y parvenir; dans D4206, il annonce qu'il enverra son exemplaire personnel. Sauf erreur, c'est justement à D4561, envoyée peu de temps auparavant, qu'il fait référence au début de D4206: 'Je ne vous parlerai *cette fois ci* ni de l'ancienne Rome, ni de Cicéron, ni de Louis XIV ...'.

On peut donc placer cette lettre au mois de septembre 1751. A la fin du mois, compte tenu de la nouvelle datation proposée pour D4768, Voltaire confia à la valise diplomatique 'un paquet pour le maréchal de Richelieu': ne s'agissait-il pas de cette longue confession? En tout état de cause, elle est au plus tard d'octobre 1751, puisque le 13 novembre, Voltaire y fait référence dans une autre lettre de la même série. Cf. D4605: 'une grande ennuyeuse lettre'.

Quelques notes peuvent encore être proposées pour le commentaire:

1. 'Puisque vous avez daigné entrer avec tant de bonté dans ma situation ...' (premier alinéa): cf. D4561, *in fine*, 'cette bonté avec laquelle vous daignez entrer dans mes erreurs et dans mes misères'.
2. 'J'ai eu [avec Frédéric II] un petit moment de bouderie' (neuvième alinéa): allusion à l'affaire Hirschel.
3. 'Rendez-moi la justice de croire que je n'ai point fait le parallèle de Louis XIV avec un électeur de Brandebourg' (onzième alinéa): ce fameux parallèle, morceau de bravoure des *Mémoires* que Frédéric II venait de faire paraître (pp.185-96 dans l'édition dite 'du donjon') fit quelque bruit en France: voir, par exemple, les *Mémoires de Trévoux*, octobre 1750, pp.2174-80 et *MF*, mars 1751, pp.80-82. Voltaire revient sur cet article dans une lettre au président Hénault au début de décembre 1751 (D4618).
4. 'Vous m'avez fait l'honneur de me mander que le roi et madame de Pompadour, qui ne me regardaient pas quand j'étais en France, ont été choqués que j'en fusse sorti' (quatorzième alinéa): ceci dans les deux lettres perdues auxquelles répond aussi D4561. Voir cette dernière lettre, treizième alinéa.

Il est au fond assez curieux que cette lettre n'ait pas été replacée à sa date par Beuchot, Moland ou Besterman. Les éditeurs de Kehl, qui la révélèrent, avaient en effet bien vu, selon toute apparence, qu'il fallait la rattacher à D4561: cette dernière lettre étant du 31 août 1751, on trouve l'autre placée, dans leur édition, à la date approximative du 31 août 175*0*, ce qui ne peut guère s'expliquer, semble-t-il, que par une erreur de transcription ou de classement.

Cette datation fautive a bien malheureusement obscurci, dans la tradition biographique, la cohérence des rapports de Voltaire avec le duc de Richelieu à l'époque du séjour en Prusse, et surtout la logique du véritable *plan de retour* que Voltaire mit en œuvre à partir de l'automne de 1751. En fait, on n'a guère lu cette lettre jusqu'à présent que d'une façon oblique, pour y puiser des anecdotes (*Desnoiresterres*, iii. 448 et iv.106 et 194) ou pour la poser en jalon rhétorique dans la perspective d'un récit paradoxalement téléologique (Theodore Besterman, *Voltaire*, London 1969, pp.308-309).

D4207. *Voltaire à d'Argental*

L'indication de source a été omise dans la note 3 du commentaire. Il s'agit des *Mémoires pour servir à la vie de M. de Voltaire*, M.i.10. La générosité de Frédéric II fut naturellement célébrée dans les gazettes (*Utrecht*, 15 septembre 1750, sous la rubrique 'Nouvelles de Berlin'). Voltaire nota aussi l'anecdote dans ses carnets, sous cette forme sibylline: '50m.^{tt} à m^{e} de Kniphauzen' (Voltaire 82, p.465).

D4210. *Voltaire au comte Heinrich von Podewils*

'J'ay amusé pendant deux ou trois heures celuy auprès de qui je voudrois m'instruire le reste de ma vie,' écrit Voltaire. Il s'agit d'une lecture de *Rome sauvée*, dont Tyrconnell rendit compte à son ministre le 5 septembre: '[Les margraves de Bayreuth] m'ont permis d'assister a la lecture que M. de Voltaire leur a fait de sa *Rome sauvée* ou ils n'ont admis que le Prince de Prusse, la Princesse Amélie, quelques Dames de leur suitte et moy seul d'etranger' (MAE, *Prusse*, vol. 159, f.202).

D4214. *Voltaire à Darget*

Les dates avancées par Droysen, que Besterman a eu raison de discuter vu l'incertitude des sources, peuvent être confirmées par les nouvelles diplomatiques (MAE, *Prusse*, vol. 159, ff.202 et 219). Cette lettre fut donc écrite entre le 5 et le 8 septembre.

'Les statues qui ornent les jardins ...': voir ci-dessus le commentaire de D4180.

'Ce chiffon arrivera à Stettin quand il pourra': Darget accompagnait en effet le roi dans sa tournée silésienne.

D4223. *Voltaire à d'Argental*

'Nous jouâmes avant hier Rome sauvée' – et Voltaire précise que 'l'envoyé d'Angleterre' était parmi les spectateurs. Le 'journal' inédit de cet 'envoyé' mentionne cette représentation privée à la date du 19 septembre 1750 (*Berlin Journal*, f.164). Il faut donc placer cette lettre au 21 septembre, ce qui cadre mieux aussi avec l'indication de lieu, puisque Voltaire rentra le 22 à Potsdam avec le roi (*Utrecht*, 2 octobre 1750).

Voltaire se plaint d'autre part que des vers de d'Arnaud aient été imprimés 'dans les gazettes' sous son nom et comme adressés à la princesse Amélie. Il s'agit d'une pièce galante ('Je viens abjurer mon erreur/ Aux pieds de l'Amour même...') qui lui fut attribuée par la *Spenersche Zeitung* de Berlin du 15 septembre; Voltaire démentit cette attribution dans le numéro du 22. Les vers furent reproduits dans la *Gazette d'Utrecht* le 22 et son démenti dans le numéro du 29. Entre-temps, voyant que l'incident trouvait un large écho à travers l'Europe, il avait adressé à Walther un démenti à mettre 'dans touttes les gazettes allemandes': cf. D4228 et D4229.

D4224. *Voltaire à Madame de Fontaine*

'Tout le monde me reproche qu'il [Frédéric II] a fait pour d'Arnaud des vers qui ne sont pas ce qu'il a fait de mieux': il s'agit naturellement de la célèbre épître du 'couchant' et de la 'belle aurore', citée dans la note 1 de D4166.

D4225. *Charles Hanbury-Williams à Henry Fox*

'Since my reading this Play I have seen it acted': le 19 septembre (voir la discussion de D4223). Les passages cités par Besterman dans le commentaire sont tirés du *Berlin Journal*, ff.160 et 162 (15 septembre 1750).

D4228. *Voltaire à Walther*

Cette lettre fut aussitôt publiée, sinon 'dans touttes les gazettes allemandes' comme le souhaitait Voltaire (D4229), du moins dans quelques-unes: dans la *Gazette de Cologne* par exemple, d'après un écho qui a échappé à l'attention de Besterman (D4249, *in fine*).

Je l'ai trouvée également dans la *Gazette d'Utrecht* du 6 octobre 1750, p.[iv]. Le texte présente une erreur d'impression ('entreprise' pour 'méprise') et une différence notable: 'jusqu'à quelques Editeurs' au lieu de 'jusqu'aux compilateurs hollandais'. L'original reproduit par Besterman a ces mêmes mots raturés. On peut supposer que, faisant copier son démenti plusieurs fois de suite pour l'envoyer en divers endroits, Voltaire aura ajouté la pointe contre les libraires de Hollande, pour faire plaisir à Walther, dans la copie destinée aux lecteurs allemands. Cf. D4222, au même: 'ces corsaires'.

D4230. *Voltaire à la margrave de Bayreuth*

Il faut élargir encore le champ de la datation: la margrave ne quitta Berlin que le 26 novembre, d'après la *Spenersche Zeitung* (nouvelle reprise dans *Utrecht* le 8 décembre). La date du 27 septembre me paraît assez probable: une représentation de *Rome sauvée* prévue pour ce jour-là fut reportée au lendemain (*Berlin Journal*, f.166).

D4233. *Voltaire à Darget*

On peut fixer la date de ce billet.

'La permission du roi de France est arrivée,' écrit Voltaire. Cette 'permission', on l'a vu dans la discussion de D4183, est D4203 – et non D4215, comme Besterman l'indique à tort. Voltaire la reçut le 12 septembre au plus tard: voir D4217a, D4218 et D4219. Darget se trouvait alors en Silésie avec le roi (voir D4214), depuis le 1er septembre. Le retour était fixé au 20 septembre (MAE, *Prusse*, vol. 159, f.194, dépêche de Tyrconnell datée du 1er septembre 1750). Il faut donc placer ce billet au 'samedy' [11 septembre 1750]: le 18, Voltaire n'aurait plus eu le temps d'écrire.

D4239. *Le comte de Saint-Florentin à Voltaire*

Ce numéro fait double emploi avec D4243. Il s'agit manifestement de deux brouillons de la même lettre. La mention de service 'Du 12 dud.' doit faire préférer le texte de D4243, qui est d'ailleurs plus complet: cf. la mention 'R. le

15 8bre 1750' portée sur le manuscrit de D4218, l'une des lettres auxquelles répondait Saint-Florentin.

D4241. *Voltaire à d'Argental*

'Je vous réponds que le roy mon maitre approuve infiniment le roy mon maitre': l'approbation donnée par Frédéric II aux mesures de rétorsion prises en France contre les évêques hostiles au projet de réforme des finances faisait en effet quelque bruit dans les milieux diplomatiques de Berlin. Dans une dépêche du 6 octobre, Tyrconnell fit rapport d'un petit incident à ce sujet: le roi de Prusse venait de louer Sa Majesté très-Chrétienne, 'devant trente personnes' réunies à sa table, d'avoir enfin renvoyé les évêques à leurs ouailles, et il prédisait qu'avant six mois, 'ces messieurs' feraient tout ce qu'on voudrait pour avoir la permission de revoir leurs maîtresses à Paris (MAE, *Prusse*, vol. 159, ff.291-92).

D4243. *Saint-Florentin à Voltaire*

'Le Roy', écrit Saint-Florentin, 'avoit disposé M. de la place d'historiographe de France en faveur de m. Duclos, lors que j'ay rendu compte à sa M^té^ des dernieres lettres que vous m'avés écrites à ce sujet.' C'est faux. Les deux lettres de Voltaire, vraisemblablement acheminées en toute diligence par les courriers diplomatiques, sont D4218, datée du 12 septembre, et D4183, que l'on peut placer vers le 25 septembre. Duclos ne fut nommé que le 11 octobre, comme l'attestent deux documents *ad hoc*: un billet de Mme de Pompadour annonçant à Duclos, son protégé et son candidat à cette place, la nomination à peine faite, et une confirmation officieuse de Saint-Florentin lui-même, en sa qualité de ministre de la maison du Roi (Jacques Brengues, *Correspondance de Duclos*, lettres 20 et 21, 11 et 13 octobre 1750, p.25). A cette date, la première au moins des deux lettres de Voltaire était évidemment parvenue à Versailles, la seconde aussi très probablement. Cette réponse de Saint-Florentin participe ainsi du système de la 'faveur', avec ses petites intrigues, ses petits arbitraires, ses petites ruses. Dans les formes de la plus exquise courtoisie, elle élude les raisons véritables de ce limogeage, tellement extraordinaire, d'un historiographe de France, en l'imputant à de vulgaires retards de poste. La mesquinerie, et au fond l'irresponsabilité, sont manifestes. Peut-être est-ce le lieu de rappeler, pour l'inscrire dans la même logique subalterne, le fait que le brevet de nomination de Duclos fut antidaté de trois semaines (*ibid.*, document F, p.290), Mme de Pompadour ayant d'ailleurs personnellement recommandé à l'intéressé, dans sa lettre du 11 octobre 1750, le plus grand secret sur cette anomalie autrement incompréhensible. Et l'on comprend mieux par là, comme une leçon donnée au pouvoir, et tout simplement comme un acte de dignité, l'achèvement si rapide du *Siècle de Louis XIV*, puis la composition de l'*Histoire de la guerre de 1741*: 'n'étant plus historiographe, écrivit bientôt Voltaire, je n'en serai que meilleur historien' (D4250).

D4245. *Voltaire au chancelier Cocceji*

Ce billet doit dater du 19 septembre 1750:
1. On donna ce jour-là chez la princesse Amélie une répétition de *Rome sauvée* (*Berlin Journal*, f.164).
2. Voltaire y tenait le rôle de Cicéron (voir D4225).
3. Le chancelier Cocceji y assista, d'après D4223, *in fine*.
4. Le 19 septembre fut bien un samedi.
5. Le roi était alors en Silésie, ce qui explique le tour assez dégagé de l'invitation: Voltaire faisait lui-même les honneurs de la représentation. Il faut seulement supposer que Darget revint à Berlin quelques jours avant le roi, qui rentra de tournée le 21.

La note 2 du commentaire peut être précisée: c'est au tome iv du *Petit réservoir* que fut publié ce dialogue (pp.3-9), avec le *Dialogue entre madame de Maintenon et mademoiselle de L'Enclos* (pp.10-16) et le *Dialogue entre un philosophe et un contrôleur des finances* (pp.17-28). Cette impression, inconnue de *Bengesco*, et sans doute l'une des toutes premières de ces trois pièces, n'est pourtant pas celle dont il s'agit ici, puisque le volume iv du *Petit réservoir* est de 1751. L'édition des *Œuvres* faite à Rouen (Trapnell, 50R), qui donne aussi les trois dialogues, n'avait pas encore paru, semble-t-il. Le texte même du billet paraît plutôt indiquer que Voltaire envoyait un exemplaire d'une édition séparée, qui resterait à découvrir.

D4247. *Voltaire à Maupertuis*

A propos de ce billet, et en rapport avec l'extrait de lettre cité dans le commentaire de D4246, on peut noter que l'avis de Voltaire prévalut auprès du roi contre les réserves de Maupertuis: Raynal fut élu à l'Académie de Berlin le 29 octobre 1750 comme associé étranger (*MF*, décembre 1750, ii.162). Ce fut l'un des premiers incidents remarquables de leurs relations à la cour de Prusse, comme Voltaire le rappela, deux ans plus tard, au moment de l'*Akakia*: voir D4970 et D.app.121, texte II.

D4249. *Hénault à Maupertuis*

Il faut évidemment lire, au début du texte: 'les nouvelles les moins *vraisemblables*'.

La dernière phrase de cette lettre est presque sûrement en rapport avec la publication de D4228.

D4250. *Voltaire à d'Argental*

La note 4 du commentaire est inexacte. Il s'agit de l'abbé Terrasson, mort le 15 septembre 1750. Le comte de Bissy, qui lui succéda, ne fit pas grand honneur au choix de l'Académie.

D4252. *Voltaire à d'Argental*

La date, et assez probablement le nom du destinataire, sont à corriger.

Pour la date, deux indices à retenir:

1. Le rappel d'une correction ou d'une addition à collationner, au quatrième acte, sur 'la copie' de *Rome sauvée*. Une copie laissée à Paris au moment du départ pour la Prusse? C'est ce qu'implique la datation adoptée par Besterman. Mais six mois après son installation à Berlin, Voltaire se refusait encore à retravailler sa pièce pour un public parisien trop ingrat. Abstraction faite des lettres à Mme Denis qui appartiennent en fait à la 'Paméla', c'est dans la lettre à d'Argental du 29 mai 1751 (D4480) que l'on trouve la première mention d'une révision: à cette date, une nouvelle copie avait été envoyée à Paris, sans doute depuis peu, et elle se trouvait très vraisemblablement entre les mains de Mme Denis (d'après D4518 et D4531). Voltaire poursuivit son travail, sur les avis de sa nièce et de ses conseillers habituels, et à la fin d'août, il adressa une seconde copie à Mme Denis (voir D4557, à d'Argental, 28 août 1751). Une ultime version fut envoyée, toujours à Mme Denis, au début de novembre (voir D4604, à d'Argental, 13 novembre 1751), puis des remaniements encore en décembre et peut-être même en janvier (D4620 et D4760), à quelques semaines de la première représentation, qui eut lieu le 24 février 1752.

La tirade du quatrième acte dont il est ici question n'étant pas mentionnée ailleurs dans les dizaines de lettres qui jalonnent cette genèse, il est impossible de se fixer sur ce seul indice. Tout au plus peut-on remarquer l'absence de tout signe de hâte ou d'urgence, et supposer ainsi que la période juin-septembre 1751 est la plus probable.

2. Le second indice, sans être décisif, paraît concordant. Voltaire écrit: 'On vient de faire un très bel opéra italien de ma Sémiramis. Pourquoy ne rejoue t'on pas cette pièce à Paris?' Autant qu'on en puisse juger raisonnablement, l'éloge du 'très bel opéra italien' doit s'appliquer à l'œuvre complète, livret et musique, car on voit mal Voltaire applaudissant à sa propre adaptation du texte (voir D4237 et D4248). Malheureusement on ignore dans quelles circonstances il put apprécier la mise en musique; mais ce ne fut pas avant mai, date à laquelle la margrave de Bayreuth, qui lui avait commandé ce travail, l'avertit que la composition du 'fameux Hasse' est encore inachevée (D4427, dont la datation est discutée plus loin). D'autre part, cette marque de dépit au sujet de *Sémiramis* a dû suivre une proposition de reprise faite à d'Argental au début de mai 1751, après une première suggestion déjà avancée l'hiver précédent (D4294 et D4458, toutes deux holographes).

Il me semble enfin très douteux que ce texte ait pu être adressé à d'Argental: 'les anges' y sont désignés à la troisième personne. Je pense plutôt à Mme Denis, dépositaire des copies successives de *Rome sauvée*, et qui s'en disait, d'après une lettre de Mme de Graffigny à Devaux, 'la maîtresse' (*Graffigny*, LV, 221, 6 juillet 1751). La marque finale d'une confidence exclusive ('Je ne dis cela qu'à vous'), l'insistance aussi du mépris manifesté pour la *Cénie* de Mme de Graffigny, rivale de l'auteur de *La Coquette punie*, me paraissent mieux cadrer avec cette hypothèse (pour le jugement de Mme Denis sur le succès de *Cénie*, voir D4170: 'Ou je suis une sote, ou le public se trompe'). Ce serait là l'un des très rares vestiges, un simple post-scriptum malheureusement, de leur véritable correspondance.

D4257. *Voltaire au comte de Wackerbarth*

L'identification du destinataire, reprise du *Voltaire in Berlin* de Martin Fontius, ne paraît pas bien fondée. Ce Wackerbarth était, dans le ministère de Saxe, un personnage moins important que le comte de Brühl, véritable premier ministre de l'Electeur. Or, à la date même de cette lettre, j'y reviendrai dans la discussion de D4290, Voltaire envoya à Brühl un exemplaire corrigé à la main de l'édition de Dresde de ses *Œuvres*. Il me paraît inconcevable qu'il ait fait en même temps à deux ministres de la même cour un présent 'presque unique dans son espèce'. Bref, je crois que c'est ici la lettre d'envoi au comte de Brühl. On peut d'ailleurs remarquer encore, à l'appui de cette identification, l'éloge donné à la 'belle bibliothèque' du destinataire: Brühl était un bibliophile avisé, et ses collections renommées dans toute l'Europe.

Au dernier alinéa de cette lettre, il faut corriger *place* en *pièce*.

D4261. *Voltaire à Saint-Florentin*

Cette lettre circula dans Paris, sans doute aussi à la cour, et dut y faire mauvais effet. C'est ce qu'atteste une lettre de Mme de Graffigny à Devaux, datée du 2 décembre 1750, qui la dit 'du plus grand ridicule'. Mme de Graffigny en donne le résumé suivant: 'Monseigneur, quoiqu'un chambellan du roi de Prusse ne vous doive pas ce titre de monseigneur je vous le donne pour ne pas deroger a l'usage ou sont les François de vous le donner.' Elle ajoute: 'J'ai oublié le reste qui n'est rien, car le beau c'est que ce n'est point une letre necessaire. Elle n'est absolument pour rien que pour faire une sotise. Elle finit par, Je suis avec des sentimens respectueux V. Coment trouve-tu cela?' (*Graffigny*, L, 363-64). Le commentaire me paraît, au fond, assez exact. Voltaire eut la 'sottise' de vouloir marquer qu'il était au-dessus des humiliations mesquines qu'on prétendait lui infliger à l'occasion de sa 'transplantation' à Berlin: voir la discussion de D4243. Cf. D4233, à Darget: 'Les lettres de Versailles sont un peu à la glace. On m'ote mes charges, à la bonne heure'; et D4250, à d'Argental: 'Je n'ay que des grâces à rendre'.

D4262. *Voltaire à d'Argental*

'Il [d'Arnaud] a fait de mauvais vers pour des filles': voir la discussion de D4223.

Vers la fin du même alinéa, il faut lire: '... il y en aura un qui fera quelque niche à l'autre'.

D4263. *Voltaire à d'Arnaud*

A bien lire les dernières phrases de ce texte, il paraît exclu que le destinataire en ait été d'Arnaud. Comment interpréter par rapport à la querelle en cours ces détails sur l'édition à paraître? On dirait que Voltaire *rendait compte de sa conduite*, qu'il dégageait à l'avance sa responsabilité pour le cas où la préface de d'Arnaud eût été reprise – et falsifiée peut-être: c'est là sans doute ce qu'il craignait. Je propose de regarder cette pièce comme la 'lettre' qu'il adressa à Tyrconnell, le 16 ou le 17 novembre, pour s'expliquer sur ses démêlés avec d'Arnaud, ou du moins comme un mémoire qu'il aurait joint à cette lettre: voir D4272. On ne peut comprendre qu'ainsi certaines expressions curieuses du texte, qui tendent à présenter l'incident sous un jour politique: Voltaire nie qu'il y ait eu dans l'ancienne préface 'quelques réflexions dont le gouvernement pût être mécontent', il invoque le témoignage du roi de Prusse, il assure avoir 'excusé' d'Arnaud 'non seulement auprès du roy, mais auprès de la nation, et des français qui sont icy'.

Notons encore que le texte de *Longchamp-Wagnière* n'est pas 'un brouillon incomplet', comme l'écrit Besterman dans le commentaire de D4262, mais une copie très fidèle du manuscrit.

D4265. *Voltaire à Frédéric II*

Il faut sans doute lire, à la ligne 16 de cette lettre, *sur tout* au lieu de *surtout*.

D4266. *Voltaire à Thieriot*

Des extraits de cette lettre se trouvent en copie dans le *Journal de la librairie* pour 1752, pièce non datée, communiquée aux bureaux le 8 juin 1752 (F 22157, f.85). La citation, limitée au passage relatif à Fréron, est accompagnée du commentaire suivant: 'C'est d'après la lecture de cette Lettre que fréron a fait l'article qui a occasionné la suppression de ses feuilles; article bien pardonnable dans un premier moment.' On peut se demander si ce n'est pas Fréron lui-même qui communiqua cette pièce pour se justifier de ses attaques de mars-avril 1752 (voir la discussion de D4886).

D4267. *Voltaire à Darget*

La mention de la 'résolution' prise de rester en Prusse incline à placer ce billet beaucoup plus tôt, en août ou en septembre. Cf. D4200, au même: 'chaque jour m'enchaîne par de nouveaux liens'; et D4214: 'Je ne veux plus tenir qu'à Frédéric le grand.'

D4270. *Voltaire à Pierre de Morand*

Cette lettre est évidemment adressée au chirurgien Sauveur François Morand. Cf. 'Vous guérissez monsieur des maladies qui sont moins cruelles et moins dangereuses que celles là'. Il avait logé quelque temps d'Arnaud dans son hôtel et se trouvait d'autre part lié à Fréron: d'où la démarche de Voltaire.

Mme de Graffigny évoque cette lettre dans ses nouvelles à Devaux du 2 décembre 1750: 'V ecrit des lettres qui le rendent plus que jamais la fable de

Paris [...]. Il écrit une grande lettre a Mr Morand le chirurgien qui voit souvent Freron, qu'il doit le chasser de chez lui [...]. Pour la lettre a Morand tu la veras car Freron recommence ces feuilles la semene prochaine et non seulement il l'y metra mais je crois que les commentaires n'y seront pas epargnés' (*Graffigny*, L, 383). Fréron s'abstint de l'insérer dans ses feuilles, mais il y répondit, ou fit du moins circuler une réponse plausible: c'est D4284.

D4271. *Voltaire à Tyrconnell*

La lettre que Tyrconnell transmit à Versailles le 17 novembre 1750 avec sa dépêche D4272 avait trait à l'aventure de d'Arnaud. Il n'en est pas question ici. A cette date, il faut placer, je crois, D4263.

Un autre écho diplomatique permet de dater sûrement cet autre billet à Tyrconnell. A sa dépêche du 30 octobre, l'ambassadeur ajouta le post-scriptum suivant: 'Je joins icy Monsieur, une lettre de Mr. de Voltaire pour Mad^{e} la Marquise de Pompadour et un petit billet qu'il m'a ecrit a ce sujet et qu'il m'a paru desirer que je vous envoyasse' (MAE, *Prusse*, vol. 159, f.414). Or ce billet-ci accompagnait une lettre à Mme de Pompadour; Voltaire y exprime d'autre part si vivement le souhait que ses sentiments français soient connus à Versailles que le plus simple était évidemment de le transmettre au ministre. On peut donc ignorer, je crois, la date qui fut portée sur le manuscrit dans les bureaux et le placer au 27 octobre 1750. Voir, à cette même date du 27 octobre 1750, le début de D4250 à d'Argental.

Il paraît d'abord étonnant, il faut l'avouer, que Voltaire ait pu ignorer que le roi se rendrait à Berlin le lendemain (*Berlin Journal*, f.196) et qu'il serait lui-même du voyage (cf. D4251, commentary). Mais on sait que ces déplacements n'étaient souvent décidés qu'au dernier moment et que les familiers eux-mêmes n'en étaient pas toujours informés. Tyrconnell qualifie celui-ci d''apparition' (MAE, *Prusse*, vol. 159, f.401).

D4272. *Tyrconnell à Puysieulx*

La 'lettre' communiquée par Tyrconnell pourrait avoir été D4263: voir la discussion de ce numéro.

D4273. *Voltaire à Walther*

Cette lettre constitue un jalon important dans la préparation de la nouvelle édition de Dresde (52 dans *Trapnell*). L'exemplaire que Voltaire redemande à Walther est celui qu'il lui avait adressé le 19 septembre avec D4222, c'est-à-dire un exemplaire corrigé et augmenté de la première édition de Dresde (*Trapnell* 48D). Entre-temps, le projet d'une édition 'réformée' avait été abandonné (cf. D4232 et D4235): il s'agissait maintenant de travailler à une édition vraiment 'nouvelle' – celle justement qui allait paraître en 1752.

D4275. *Darget à Voltaire*

Thiébault écrit plus exactement que ce billet fut trouvé, à l'heure de la promenade, dans 'la Chaussée', la plus fréquentée des allées de la capitale.

D4278. *Voltaire à Pierre Paupie*

Je ne sais sur quels indices Besterman a placé ce billet en 1750. Pourquoi Voltaire aurait-il, à cette date, fait présenter au comte de Saint-Florentin deux exemplaires de l'*Anti-Machiavel* et pourquoi en aurait-il ainsi pressé l'envoi? La chose ne se conçoit, me semble-t-il, qu'en 1740, alors que l'*Anti-Machiavel* venait à peine de paraître, imprimé justement par le destinataire de ce billet. Voltaire se trouvait bien à Berlin le 23 novembre 1740.

D4285. *Voltaire au comte de Brühl*

La lettre d'envoi du précieux exemplaire corrigé à la main n'est pas perdue: c'est D4257. Voir la discussion de ce numéro et celle de D4290.

D4290. *Le comte de Brühl à Voltaire*

La mention 'le 6 du p.' doit évidemment se lire, compte tenu des délais de poste: 'le 6 du p[assé]', ce qui me semble étayer plus solidement l'identification du destinataire de D4257.

D4291. *Voltaire à la margrave de Bayreuth*

Voltaire écrit à la margrave Wilhelmine qu'il a chargé Mme Denis de chercher pour elle à Paris 'une dame de condition, veuve, qui ait de l'esprit, des lettres et de la conversation'. C'est une commission que lui avait donnée la princesse pendant son séjour à Berlin (août-novembre 1750). Dès le mois de septembre, Voltaire fit pressentir Mme de Graffigny, qui déclina la proposition. Voici comment Mme de Graffigny raconta elle-même la chose à son ami Devaux, dans ses nouvelles du 21 septembre 1750: 'Les letres que Md Denis vouloit me montrer etoient de son oncle comme tu pense bien. Ce sont des sollicitations qu'il l'exorte de me faire pour aller a Bareitte. Il arrange notre voiage et cependant il croit que ma grosseur, ma santé, mes pensions de la cour de Viene et mon age m'empecheront d'y aller. Je lui ai dit de mander a son oncle qu'il avoit deviné toutes mes raisons et qu'elles etoient insurmontables' (*Graffigny*, LII, 124).

On aura relevé l'expression: 'Il arrange *notre* voiage'. Qu'est-ce à dire? Il faut comprendre, je crois: 'notre voiage [*à elle, Mme Denis, et à moi*]'. C'est-à-dire que Voltaire avait *aussi* imaginé de faire venir sa nièce à Bayreuth. Pour combien de temps? Dans quelle vue? Ici affleure, me semble-t-il, une virtualité importante de la situation d'existence, si l'on peut dire, de Voltaire à ce moment de sa vie. A défaut de le rejoindre à Berlin même, Mme Denis aurait pu s'établir à la cour de Bayreuth, y faire des séjours au moins, et lui l'y rejoindre quelquefois. Ce 'roman' du séjour en Prusse, avec tout ce qu'il eût impliqué de voyages et de partages, de liberté par rapport à Frédéric II, de réunions et de vie commune encore, en quelque façon, avec la chère nièce et maîtresse, Voltaire le détaille lui-même dans une autre lettre à la margrave, que je propose de placer quelques mois plus tard, vers la mi-mai 1751: 'Ah madame il me passe quelque fois des romans par la tête. Je me dis, si pendant les mois de novembre, de décembre, de janvier où le roy a assez de monde, on pouvoit aller rendre ses respects à la divine sœur, si pendant que j'y viendrois de l'orient ma nièce y venoit de l'occident! Et puis des opéra, des tragédies nouvelles; cela ne vaudroit il pas mieux que d'aller en Italie? Madame je vous préfèrerois à s[t] Pierre de Rome, à la ville sousterraine, au pape. Cela est il impossible? Je n'en sais rien [...] Mais je veux chasser de ma tête mon roman de Bareith, car rêver qu'on a un trésor, et se réveiller les mains vides, cela est trop triste' (D4295).

Cela ne *fut* pas possible – résistance de Mme Denis? refus du roi? hésitation de la princesse elle-même à entrer dans ce plan sans l'agrément de son frère? (on regrette ici, plus que jamais, la perte des *vraies* lettres à Mme Denis). Mais dans tous les cas, ce 'roman de Bareith' est à prendre en compte, précisément comme une virtualité 'impossible', dans une biographie de Voltaire.

Il traverse d'ailleurs *toute* la période. Sans doute fut-il conçu dès le début, durant l'automne 1750, entre la margrave et Voltaire, sur le mode confidentiel, au moins comme une variable du projet de faire venir à Bayreuth Mme de Graffigny. On remarque en effet que le portrait idéal de la dame de compagnie, cité au début de la présente note, convient aussi bien à Mme Denis, elle-même 'dame de condition, veuve, [ayant] de l'esprit, des lettres et de la conversation'. Comment interpréter la phrase précédente, sinon par des réticences d'abord exprimées par l'intéressée? 'Peutêtre que L'envie d'obéir à vos ordres', écrit Voltaire, 'luy fera trouver ce qu'il faut à votre altesse royale': ce 'peutêtre' serait assez impertinent s'il ne suggérait à demi-mot, sans que Frédéric II ou le margrave, autres lecteurs éventuels de la lettre, y pussent voir malice, des difficultés encore à vaincre. En janvier 1751, dans D4340, Voltaire évoque à nouveau le projet de repasser par Bayreuth avec Mme Denis et le marquis d'Adhémar, au retour d'un possible voyage à Paris, et ajoute, d'une façon assez insinuante: 'mais, ô adorable abbesse, si nous étions tous trois dans votre couvent, nous n'en voudrions jamais sortir'.

C'est le même 'roman' qui réapparaît, sauf erreur, sous une forme toujours aussi prudente qu'allusive, dans une autre lettre à Wilhelmine de la fin de mai 1751: 'Je voudrais chanter mes matines à Potsdam et mes vêpres à Bareuth' (D4479) – et entre-temps, il avait écrit: 'Il faudrait deux Grafigni' (D4295). Il resurgit peut-être enfin, bien tardivement, et devenu plus improbable encore après le départ de Voltaire, dans une lettre de la margrave elle-même à son frère, en avril 1753: 'Je suppose que peutêtre il a dessein de s'établir ici avec sa nièce, ce que je tâcherai d'éluder' (D5267) – formule assez étrange, qui paraît dire plutôt l'essai d'une idée soumise à la volonté royale ('je tâcherai') que la décision personnellement arrêtée de refuser un tel arrangement ('d'éluder').

Quant aux implications affectives de ce projet 'impossible' – besoin d'une liberté de mouvement, désir de vivre avec Mme Denis, jalousie contraire de Frédéric – Voltaire ne les laisse affleurer (au moins pour ce qu'on connaît de sa correspondance en son état actuel), que dans quelques lettres ultérieures à sa nièce, en août-septembre 1753: 'toutes mes querelles n'ont d'autre origine que le dessein de nous rejoindre' (D5496); 'ce coquin de Cernin écrivait à sa sœur, *il fait le malade à Francfort, et sa nièce fait semblant de le secourir en l'épuisant*' (D5500 – on ne sait rien d'une telle lettre de Frédéric II à Wilhelmine!); 'je n'ay essuié ses persécutions que parce que j'ay voulu vous revoir' (D5503). On pourrait y ajouter encore, selon les indications très judicieuses de Besterman (D4358, commentary, *in fine*) la jalousie particulière de Frédéric contre sa sœur aînée.

D4295. *Voltaire à la margrave de Bayreuth*

'Les ordres de votre altesse royale ont croisé mes hommages,' écrit Voltaire au début de D4302. 'Les ordres': c'était D4292. Mais ce ne sont pas ici les 'hommages' qui les croisèrent: il s'agissait de D4291. Cette lettre-ci doit être avancée de plusieurs mois. La comparaison détaillée des articles indique en effet sans doute possible que Voltaire répond à D4427:

1. 'Votre altesse royale a grande raison, il faut avoir du bon temps [...] Le grand Turc s'ennuye à Constantinople, c'est pourtant une belle ville'. Cf. D4427: 'Il est Impossible que nous puissions vivre plus long-tems Com̄e nous faisons, sans la moindre société, et dans un ennuy Inssuportable.'
2. 'C'est une idée bien raisonable de mettre quelques voix de plus dans votre concert'. Cf. D4427: 'Je veux bien vous dire en conffidence que le Marg. veut régler sa Cour sur un autre pieds, qu'il ce présante quelques bons sujets ...'
3. 'J'écris une lettre fulminante à ma nièce ...'. Cf. D4427: 'Je vous prie de me faire avoir une reponce positive.'
4. 'Madame je vous préfèrerois à s^t^ Pierre de Rome, à la ville sousterraine, au pape'. Cf. D4427: 'Il me semble que vous aviez rennoncé au voyage d'Italie [...] Quoiqu'il en soit votre chemin est de passer ici. Vous me l'avez promis et vous devez tenir parole.'

On peut serrer la date de plus près. Voltaire écrit 'au son du tambour et des trompettes, et de mille coups de fusil'. Les grandes manœuvres de Potsdam, dont la préparation durait quelques semaines, eurent lieu cette année-là le 19 mai (MAE, *Prusse*, vol. 165, f.200). Donnant d'autre part des nouvelles des 'frères' qui vivent dans leur 'cellule', il nomme Rothenburg, qui avait passé tout l'hiver à Berlin et n'était rentré à Potsdam que le 11 mai (*Utrecht*, avril-mai 1751, *passim*, 'Nouvelles de Berlin'). Il semble donc que l'on peut placer cette lettre vers le 15 mai. La lettre suivante de Voltaire à la margrave, D4479, qui est du 28 mai, s'articule immédiatement sur celle-ci.

D4301. *Voltaire à Frédéric II*

Pour étayer encore la date proposée par Besterman, on peut rapprocher la prose de ce billet de D4302: 'Le roi était un peu indisposé et ne vit point l'opéra.'

D4302. *Voltaire à la margrave de Bayreuth*

'Les ordres de votre altesse royale ont croisé mes hommages': il s'agit respectivement de D4292 et de D4291. Voir la discussion de D4295.

D4303. *Tyrconnell au marquis de Puysieulx*

Puysieulx répondit d'un mot à ce rapport, dans un post-scriptum à sa dépêche du 4 janvier 1751: 'Je me suis toujours attendu que le Roy de Prusse ne s'accomoderoit pas longtems de Voltaire' (MAE, *Prusse*, vol. 164, f.29). Il l'avait en effet prédit dans D4194.

D4306. *La margrave de Bayreuth à Voltaire*

'Le Philosophe Comique': La Mettrie. Cf. D4340.

D4308. *Voltaire à Carl Gottlieb von Hohmann*

Compte tenu des nouvelles datations proposées pour D4354 et D4350, la date de cette lettre perdue doit avoir été le 26 janvier 1751.

D4333. *Voltaire au comte de Podewils ou au comte de Finckenstein*

'Le gazetier de Berlin': Voltaire vise la *Spenersche Zeitung*. Mais les premières nouvelles berlinoises sur l'affaire Hirschel n'ont pu être retrouvées. C'était une gazette 'autorisée', c'est-à-dire stipendiée, alimentée et contrôlée par le pouvoir. Tout indique que Frédéric II s'en servit *personnellement*, de temps à autre, pour intimider Voltaire ou pour lui rendre plus difficiles ses démarches, et particulièrement son plan de retour en France. Le fait est prouvé pour le temps de la querelle de l'*Akakia*, puisqu'on a retrouvé un 'article pour mettre dans les gazettes' écrit de sa main et qui parut en effet dans la *Spenersche Zeitung* du 26 décembre 1752 (*Briefwechsel*, p.391). On peut donc conjecturer que Voltaire se plaignait ici ministériellement, par un tour d'adresse assez audacieux, non pas seulement du 'gazetier de Berlin', mais de l'échotier couronné. Voir du reste *Textes*, 27.

Cette lettre fut sans doute adressée au comte de Podewils. Cf. la formule finale du 'tendre attachement': Voltaire ne paraît pas avoir été en relation personnelle avec Finckenstein.

D4335. *Voltaire à Darget*

Il faut placer cette lettre en 1752. Il n'était pas question en effet de créer *Rome sauvée* à Paris au début de 1751; les rôles, en tout cas, ne furent distribués que dans les derniers mois de cette année: pour 'ce grand procès entre Clairon et Gaussin', voir précisément D4587, D4774 (*SV* 176 (1979), pp.41-50) et D4787. D'autre part, la rumeur d'un mariage entre Mme Denis et Ximenès, dont Darget venait d'avertir Voltaire, se trouve aussi évoquée dans D4793, qui date de février 1752.

Le mois est aussi suspect que l'année. Voltaire envoie à Potsdam 'un exemplaire et demi': 'cela fait deux', écrit-il, 'avec le premier tome que vous avez'. Il s'agit du *Siècle de Louis XIV*, dont le roi souhaitait avoir un exemplaire dans chacune de ses bibliothèques. Voltaire lui en envoya 'les prémices' vers le 27 janvier 1752, avec D4778; et le 11 février, le quatrième exemplaire était chez le relieur (D4793). On peut donc placer ce billet, en conservant au moins le quantième de l'ancienne datation, au *4 février 1752*, date que confirme par ailleurs la discussion de D4782.

Sur la rumeur d'un mariage de Ximenès avec Mme Denis, citons le *Journal de la librairie*, 13 janvier 1752, à l'article 'Nouvelles d'auteurs': 'On dit dans le monde que le marquis de Chymene va epouzer mad[e] Denis et qu'en faveur de ce mariage M. de voltaire fera cette niece Legataire universelle' (F 22157, ff.10-11).

Sur les habitudes de lecture de Frédéric II, on a le témoignage peu connu de Thiébault: 'Il avait cinq bibliothèques absolument semblables, l'une à Potsdam, la seconde à Sans-Souci, la troisième à Berlin, la quatrième à Charlottembourg, et la cinquième à Breslau. En passant d'une de ces résidences à l'autre, il n'avait besoin que de noter où il en était: en arrivant, il continuait ses lectures, comme s'il ne se fût pas déplacé. Ainsi il achetait cinq exemplaires de tous les livres qu'il voulait avoir' (*Souvenirs de vingt ans de séjour à Berlin*, Paris 1827, i.146).

Cette datation permet de comprendre la plainte de Voltaire sur les 'inégalités' plus pénibles que l'ennui et la maladie: celles des sentiments du roi, naturellement. Des traces subsistent en effet d'échanges épistolaires assez vifs entre Frédéric II et Voltaire à la fin de janvier 1752: voir D4778 et D4781.

D4338. *Voltaire au chancelier Cocceji*

Il s'agit là, comme l'ont noté les premiers éditeurs, d'un mémoire et non d'une lettre à proprement parler. On peut même douter qu'il ait été adressé *personnellement* au chancelier Cocceji.

D4339. *Voltaire au baron Friedrich Wilhelm von Marschall*

Les indications de D4344 ne sont pas claires quant à la chronologie des divertissements de cour du début de janvier. En revanche, D4340 donne une date précise pour la représentation de *Zaïre*: 'Nous jouâmes hier *Zaïre*'. Ce billet doit donc être daté 'mardy [12 janvier 1751]'. Notons aussi que par rapport au déroulement de l'affaire Hirschel, le rapprochement se fait plutôt avec D4345 qu'avec D4338.

D4346 et D4348.

On peut supposer avec quelque vraisemblance que le correspondant non identifié est le comte de Rothenburg. La démarche de conciliation attestée par D4370 pourrait avoir été amorcée par certaines expressions accommodantes de D4346: 'Je verrai avec plaisir la fin de votre affaire.'

D4347. *Voltaire au comte de Podewils ou au comte de Finckenstein*

Cette lettre, comme D4333, est presque sûrement adressée au comte de Podewils, avec qui Voltaire se trouvait en relation personnelle.

'L'article calomnieux' avait paru, d'après la note 3 du commentaire, 'dans la gazette de Hambourg du 12 janvier'. Mais sont à prendre en compte, à partir de cette date, les délais successifs de l'acheminement de la gazette à Berlin, d'un courrier de Berlin à Hambourg, des 'démarches' de Champeaux, enfin d'un retour de courrier de Hambourg à Berlin, puisque Voltaire communique au ministre la lettre qu'il vient de recevoir de son ami. On ne peut guère placer cette lettre avant le 22, et plus vraisemblablement le 29 janvier 1751.

Champeaux rendit compte de cette affaire au ministère le 22 janvier: voir *Textes*, 27.

D4350. *Christian Gottlieb von Hohmann à Voltaire*

Compte tenu de la nouvelle datation proposée pour D4354 et des délais de poste entre Leipzig et Berlin, cette lettre doit être avancée vers le 3 février 1751. La lettre 'du 26 du mois passé' à laquelle elle répondait, D4308, serait alors de janvier.

D4353. *Voltaire au chancelier Cocceji*

Le 'certificat' que demandait Voltaire n'est pas perdu: c'est la pièce n° 6, holographe, des documents publiés par James R. Knowlson et Harold T. Betteridge dans *SV* 47 (1966), p.45. Au dos du manuscrit, on lit ces mots biffés, écrits d'une autre main: 'Comme l'affaire n'est pas encore décidée'. On peut en inférer que la requête de Voltaire fut rejetée.

D4354. *Voltaire à Darget*

Cette lettre, dont Besterman a bien relevé l'intérêt (D4356, commentary), ne précéda que de quelques jours D4356. Il faut donc aussi l'avancer d'environ un mois: voir la discussion suivante.

On peut encore noter quelques rapports directs avec d'autres lettres ou billets de février 1751:

1. La nouvelle 'fraude' de Hirschel, dont Voltaire venait d'avoir connaissance, ne se trouve pas comptée parmi les 'huit faussetés criminelles' dont il l'accusait dans son mémoire du 5 février (D4371) – d'où la nécessité de déplacer aussi D4350.
2. 'Mon aimable ami, on me mande toujours de Paris que je ne dois compter que sur vous: on a bien raison.' Cf. D4374: 'Ma nièce me mande que je dois trouver dans vous bien de la consolation, et elle a bien raison.' Besterman a

placé ce dernier billet vers le 10 février, date qui me semble tout à fait plausible.

3. '[Ces] persécutions [...] que j'éprouve depuis quatre mois sans avoir proféré une seule plainte, et sans avoir jamais dit un mot qui ait pu offenser personne'. Cf. D4386 au même, où Voltaire renouvelle les mêmes protestations, et qui est datée sûrement du 18 février: 'Je voudrais enfin que [le roi] sût que je ne me suis plaint de personne, que je ne me plaindrai jamais.'

Cette lettre peut ainsi être placée vers le 12 février 1751, entre D4374 et D4356.

Le commentaire est à compléter sur quelques points:

1. Le début du texte comporte une allusion assez vive à Maupertuis. 'Je me garderai bien', écrit Voltaire, 'de détailler mon affaire à des gens qui écrivent sèchement sur le bonheur.' La référence est à l'*Essai de philosophie morale* (1749), dont une réimpression était en cours (BN, F 22157, f.73, 'Livres nouveaux', 27 mai 1751), où Maupertuis esquisse une méthode de quantification du bonheur. Le même trait figurera en bonne place dans l'*Histoire du docteur Akakia* (éd. Jacques Tuffet, Paris 1967, p.26).
2. L'allusion à d'Argens, que Besterman commente dans la note 2, n'est pas douteuse. Entre familiers du roi, on donnait à d'Argens le surnom de 'marquis de Menton' (D4393).
3. Il faut sûrement lire, au début du dernier paragraphe: 'jusqu'à la fin de *mai*' et non de mars: voir le premier point de la discussion suivante.

On n'a pas assez relevé, dans la tradition biographique, le rôle actif de Maupertuis dans la 'cabale' dont Voltaire fut évidemment l'objet à l'occasion de l'affaire Hirschel: il s'en plaint, sans nommer personne il est vrai, dans plusieurs lettres ou billets de cette période – à la comtesse de Bentinck: *D4318*, *D4328*, *D4331*, *D4367* et *D4368*; à Darget: D4332 et D4386; à Frédéric II en personne: D4388 et D4401. Signalons que Duvernet, l'un des premiers biographes, se verra renvoyer vers Darget en 1772, pour se faire informer des dessous de l'intrigue et des 'souffleurs' qui avaient inspiré Hirschel (D17974). Et citons surtout, pour la recueillir ici, la relation trop négligée du marquis d'Argens, alors absent de Prusse, mais qui put se documenter à bonne source, et dont le récit fut d'ailleurs publié à Berlin même, chez les éditeurs autorisés du roi de Prusse: 'Ce Juif fut d'abord protégé hautement par Mr de Maupertuis & par tous les Français de sa cabale. Mr de Voltaire fut à la veille de passer pour avoir volé des diamants, ses ennemis mandèrent à Paris cent mensonges. Enfin la vérité prit le dessus, le Juif fut condamné malgré tous ceux qui le protégeaient; & Mr de Voltaire reparut à la Cour, où il avait été obligé de cesser d'aller pendant la durée de ce procès. Malgré une justification aussi authentique, Mr de Maupertuis et ses partisans ne cessèrent de publier la même calomnie dans toute l'Europe: mais ils furent dans la suite réduits au silence, car le même Juif fut mis dans un cul de basse-fosse pour avoir fait six fausses lettres de change & plusieurs autres friponneries dans le goût de celle qu'il avait voulu faire à Mr de Voltaire. Il a été ensuite renfermé pour sept ans dans la Citadelle de Magdebourg, où il est encore aujourd'hui' (*Histoire de l'esprit humain*, Berlin 1766, iv.343). Sur les 'autres friponneries' de Hirschel, voir D4519.

D4356. *Voltaire à Darget*

Voltaire fait demander au roi la permission de se retirer au Marquisat '*à la fin de ce mois*' et '*jusqu'au mois de may*'. Il précise plus loin, dans la même lettre: 'Il s'agit de rétablir ma santé *pendant deux mois et demi* au marquisat.' Cette lettre est donc de février et non de janvier. On peut la placer vers le milieu du mois, entre D4354 et D4386: vers le 12, dans D4354, Voltaire demande la suppression de sa pension; il souhaite ici que le paiement au moins en soit suspendu; dans D4386, le 18, il prendra acte du refus opposé à ses demandes: 'Puisque le roi veut absolument que je jouisse de ma pension ...'

Les passages où Voltaire parle des 'générositez' dont le roi le comble à Berlin peuvent se commenter par le rapprochement avec D4377, datée du 13 février: 'Il continue d'être logé à Berlin au château, il est nourri, voituré, deffraïé de tout.'

D4357. *Voltaire au chancelier Cocceji*

'Le juif Hirschell inonde Berlin d'un libelle diffamatoire, en forme de requête': peut-être s'agit-il d'une pièce donnée ci-après dans la troisième partie (*Textes*, 24).

D4361. *Voltaire à Darget*

Ce n'est qu'en février, après l'instruction de son procès contre Hirschel, que Voltaire fit demander au roi la permission de s'établir au Marquisat: voir la discussion de D4354 et D4356. Il renouvelle ici sa demande, ou plutôt il prie Darget d'obtenir une réponse qui tarde à venir. 'J'ai absolument tout ce qu'il me faut', écrit-il d'autre part, 'et je partirai sans délai.' C'est donc évidemment que le procès était jugé, que plus rien ne le retenait à Berlin. Ce billet doit ainsi être avancé d'un mois environ – le quantième pouvant être conservé – pour être placé dans le voisinage de D4402, où Voltaire écrit à Darget dans des termes à peu près identiques: 'Je n'attends que la permission du roi [...] Demandez la lui donc pour moi, mon cher ami, et nous arriverons, mes petits meubles et moi.'

D4364. *Voltaire à la margrave de Bayreuth*

'Voylà un étrange sujet de comédie pour un prince de dixneuf ans': le prince Henri en avait en fait vingt-cinq.

D4365. *Voltaire à d'Argental*

Voltaire remercie d'Argental, à la fin du deuxième paragraphe, des 'démarches' qu'il a faites à propos de l'édition Lambert. Il pourrait s'agir, vu la concordance des dates, d'une intervention destinée à faciliter le règlement d'une affaire dont le *Journal de la librairie* donne la relation suivante: 'Les S. Lambert et Prault libraires ayant été en disension pour l'impression des œuvres de Voltaire qu'ils vouloient f^re tous deux, M. de Malesherbes qui a été instruit de cette dispute a donné guain de cause a Lambert qui va y travailler incessamment' (F 22156, f.19, 21 janvier 1751).

D4365a. *Formey à Voltaire*

Le 'beau morceau' est évidemment l'*Eloge historique de madame du Chastellet*. Deux billets de Voltaire à Formey se rapportent à ce prêt: D4802 et D4803. Ils sont de 1752. Il est clair que Formey a oublié le changement d'année en datant son billet, qu'il faut donc placer au 31 janvier 1752.

D4369. *Voltaire à Lambert*

C'est là une des quatre lettres qui subsistent de la préparation de *Trapnell* 51P. Aucune n'est datée. Il s'agit de D4369, D4381, D4382, D4432. Deux autres, dont le texte manque, sont attestées par des catalogues de vente: D4443 et D4444, dont les dates sont également inconnues.

Deux points de repère sont sûrs. Voltaire avait proposé cette édition à Lambert dans D4208 le 1er septembre 1750; elle fut achevée et mise en vente à la mi-mai 1751 (BN, F 22156, f.65, rubrique des 'Livres nouveaux', 13 mai 1751).

Mais les dates sont difficiles à rétablir. Ces lettres ressassent les mêmes critiques: le désordre des matières, la négligence des directives données, le nombre excessif des volumes; elles sont presque fermées sur elles-mêmes. Une seule référence extérieure, dans D4381, qui permet heureusement de dater ce numéro avec une certaine précision. A partir de là, l'analyse des rapports internes montre que l'ordre établi par Besterman n'est pas satisfaisant. Je propose la séquence suivante: D4382 (vers la mi-décembre 1750); D4369 (décembre 1750-janvier 1751); D4381 (vers le 10 janvier 1751); D4432, D4443 et D4444 (février-mars 1751). On en trouvera la justification dans les discussions particulières, selon l'ordre proposé par Besterman.

Dans D4369, Voltaire fait *expressément* référence à D4382: cf. D4369, alinéa 8 et D4382, alinéas 1 à 5. Les deux lettres, D4382 puis D4369, ont dû se suivre de près: Voltaire rappelle d'un mot, dans D4369, la nécessité d'écarter des pièces qui lui sont faussement attribuées ou qu'il ne veut pas voir réimprimées: c'est qu'on ne lui avait pas encore accusé réception des instructions plus détaillées de D4382. Il avait d'autre part demandé, et dans des termes fulminants, qui ne laissaient aucune échappatoire possible, un *répertoire*, une table complète et précise de l'édition (D4382, alinéas 9-10); il ne l'avait pas encore reçu à la date de D4369, puisqu'il donne ses directives d'après un vague descriptif qu'il vient de recevoir – 'un compte où il n'y a ny détail ny clarté'. Mais il ne se plaint pas qu'on ait négligé ses ordres. Bref, le courrier de Lambert auquel était joint ce 'compte' avait dû croiser sa première lettre. En fonction des dates proposées plus loin pour D4382 et D4381, celle-ci serait de la fin de décembre 1750 ou du début de janvier 1751.

D4370. *Voltaire au comte de Rothenburg*

La date peut être précisée. La 'lettre de change' que Hirschel, écrit Voltaire, 'retient frauduleusement depuis deux mois', lui avait été remise le 23 novembre ou peu avant, d'après D4386. C'est aussi à la situation judiciaire de la mi-janvier, approximativement, que se rattachent le litige sur la signature et l'accusation de faux serment: voir D4345 du 13 janvier et D4356 du 14 – toutes deux holographes. On peut donc avancer comme plausible l'approximation: 15-20 janvier 1751.

Cette lettre constitue un jalon important dans le déroulement de l'affaire Hirschel, car il faut supposer que Rothenburg, ancien ambassadeur et chargé de mission de Frédéric II, devenu l'un de ses familiers, n'eût pas proposé ses bons offices en vue d'un accommodement s'il n'avait eu de bonnes raisons de penser que le roi le souhaitait ainsi.

D4373. *Darget au baron Friedrich Wilhelm von Marschall*

Le passage relatif au procès sera repris presque mot pour mot par Marschall dans D4399 – mais *après* le verdict des juges. Il est tellement favorable à Voltaire qu'on peut se demander s'il n'avait pas été soufflé par lui. Tout indique d'ailleurs que Darget et Marschall servirent à Voltaire de *relais* pour acheminer et faire circuler à Paris, par le canal des 'nouvelles à la main', une version un peu décente des incidents successifs de son procès contre Hirschel: voir D4389. En revanche, la relation insérée dans le *Journal de la librairie*, qu'on lira plus loin (*Textes*, 28), émane évidemment du 'parti' anti-voltairien de Berlin et Potsdam.

D4376. *Voltaire à Walther*

Ce billet se date d'après D4385, par la référence commune à une commande de livres déjà faite. Le rappel me paraît ici plus pressant ('Il me faut absolument [...] [j'] attends réponse avec impatience ...'), plus précis aussi: il faut 'tous les tomes' du Nicéron. Il semble que Walther avait répondu qu'il ne pouvait disposer que d'une collection incomplète – et de fait, Voltaire lui renverra en août 1752 'Le Père Nicéron, 40 Tomes', alors que la collection compte quarante-trois volumes (D4994). On peut donc placer D4376 au 13 août ou au 13 septembre 1751.

D4377. *Pöllnitz à la margrave de Bayreuth*

La ponctuation paraît défectueuse vers la fin du premier paragraphe. Il faut sans doute lire: 'Je viens au poète. Quelque hué et baffoué qu'il soit, on commence à connaître que le juif a tort.'

'Moi qui suis comme les mineurs, qui ne peuvent point faire de lettres de change': Frédéric II lui avait en effet interdit tout emprunt par des instructions formelles en 1744 (*Œuvres de Frédéric le Grand*, éd. Preuss, xx.78-79).

'M. le comte Algarotti s'est enfin résollu de revenir à Potsdam': il était en disgrâce depuis plusieurs mois. Voir D4225.

Une correction peut être apportée à la note 3 du commentaire. Ce 'M. Torres', laudateur forcené des mérites de Maupertuis, avait nom Juan Manuel de Torres Castellanos. Membre de l'Académie de Madrid, il fut élu associé de l'Académie de Berlin le 24 septembre 1750 et prononça son discours de réception le 1er octobre (*Utrecht*, 2 octobre 1750, 'Nouvelles de Berlin').

D4381. *Voltaire à Lambert*

Cette lettre de directives pour Lambert – c'est une sorte de mémoire plutôt, que Mme Denis vraisemblablement devait lui transmettre – peut être rapprochée de D4369 et D4382. Voltaire a enfin reçu la *table* de l'édition: ses critiques sur la distribution des pièces, dans les alinéas 1 à 5, sont détaillées volume par volume. Il avait demandé cette 'liste' dans D4382; il ne l'avait toujours pas à la date de D4369. Il revient d'ailleurs en passant, au paragraphe 4, sur 'les choses étrangères' dont Lambert voulait 'grossir [son] recueil' – ces 'dépouilles' qu'il a rejetées dans D4382. Entre-temps aussi, son idée d'une nouvelle préface générale a été agréée: cf. D4382, alinéa 13; D4369, alinéa 7; D4381, alinéa 10.

Un indice assez mince, mais déterminant, je crois, permet de dater cette lettre avec une certaine précision. 'Ce n'est pas ma faute', écrit Voltaire, 'si les papiers dont mr Dammon étoit chargé ne sont pas arrivez. Mais le petit ouvrage intitulé *Micromégas* seroit une bien faible ressource.' Le chambellan d'Ammon, que Frédéric II envoyait à Versailles pour négocier un traité de commerce, devait d'abord quitter Berlin en décembre (cf. D4287-D4289), mais son voyage fut retardé. Il ne partit que le 12 janvier (MAE, *Prusse*, vol. 164, f.63). Il arriva à Paris le 14 février, après un détour par Amsterdam (*Politische Correspondenz*, viii.264 et note 1). Si Voltaire, en écrivant cette lettre, l'avait su déjà en route et près d'arriver, on lirait sûrement: 'dont mr Dammon [*s'est ou est*] chargé ...' et 'ce petit ouvrage [... *sera*] une bien faible ressource'. A cette phrase pourtant, avant de fermer sa lettre, il ajoute trois mots dans l'interligne: 'ce petit ouvrage intitulé Micromégas *qu'il aporte*'. J'interprète cette addition, qui vient d'ailleurs parasiter quelque peu le sens premier de la phrase, comme signifiant: *d'Ammon part enfin, je viens tout juste d'en avoir l'assurance.* Et le rapprochement me paraît ainsi s'imposer avec D4342, connue par l'holographe et datée du 9 janvier 1751, où Voltaire annonce d'abord aux d'Argental que d'Ammon 'ne part pas sitôt', qu'il espère même le devancer et revoir bientôt ses 'anges' à Paris, pour ajouter ensuite dans la marge: 'Non non vraiment, notre Prussien partira avant moi, et comptez mes anges que j'en suis pénétré de douleur.' Bref, c'est le 9 ou le 10 janvier, au moment de faire poster ses lettres pour Paris, que Voltaire apprit que le départ de d'Ammon était imminent: on peut placer D4381 à cette même date.

Signalons que le manuscrit autographe des 'instructions' mentionnées au paragraphe 7 – d'une partie au moins de ces instructions, car d'autres envois y sont annoncés *in fine* – se trouve conservé à l'Institut et Musée Voltaire sous la cote Ms. V 43/4 (33 feuillets, sans date, avec quelques corrections de la main de Voltaire).

Il faut encore noter que *Micromégas* n'entra pas dans l'édition 51P, Malesherbes s'étant opposé à sa publication par égard pour Fontenelle: voir l'étude de David

W. Smith, 'The publication of Micromégas', *SV* 219 (1983), pp.63-91.

D4382. *Voltaire à Lambert*

C'est là évidemment la première en date des lettres qui subsistent de la préparation de *Trapnell* 51P: Voltaire s'y plaint d'emblée de n'avoir encore aucune nouvelle directe (alinéa 1) et de n'avoir pas même eu communication de la 'liste des pièces' qui doivent entrer dans le recueil de ses œuvres (alinéas 9 et 10). D4369 réfère explicitement à cette lettre et dut la suivre de près, tandis que D4381 critique en détail la 'liste' reçue *en réponse*. On peut donc la placer environ un mois avant D4381, soit vers le milieu de décembre 1750, pour tenir compte des délais de poste entre Berlin et Paris.

Il est curieux de noter que parmi les 'jeunes gens' de l'alinéa 6, il faut compter un certain Jean-Jacques Rousseau, que le duc de Richelieu avait employé naguère à rapetasser le livret de *La Princesse de Navarre*: cf. D3269 et D3270.

D4383. *Voltaire à Le Baillif*

La datation paraît fragile: il est improbable que Le Baillif ait séjourné en février à sa 'campagne' des environs de Berlin. La référence à la 'mauvaise santé' de Tyrconnell, dépourvue de toute connotation alarmiste, incite à placer ce billet à la fin d'août ou dans la première moitié de septembre 1751, date à laquelle Voltaire se trouvait à Berlin comme l'implique aussi le texte.

La note appelle une correction. Le Baillif était alors *secrétaire de légation*. Il n'eut le titre de chargé d'affaires qu'à la mort de Tyrconnell et dans l'attente de l'arrivée du nouvel ambassadeur, le chevalier de La Touche (mars-août 1752).

D4384. *Voltaire au baron Friedrich Wilhelm von Marschall*

Il faut déplacer ce billet vers la fin de l'année 1751, d'après l'indice du mariage de Marschall, qui épousa la fille cadette de Podewils le 4 octobre 1751 (*Utrecht*, 12 octobre 1751). Comme Voltaire écrit de Berlin, où il ne revint que pour les fêtes du carnaval, le *terminus a quo* est le 6 décembre 1751. La restitution des livres est probablement liée à l'achèvement du 'Catalogue' que Voltaire joignit à la première édition du *Siècle de Louis XIV*: voir D4618, au président Hénault, 8 décembre 1751.

Quant au nom rayé sur le manuscrit, ce doit être celui du ministre principal du roi, le comte de Podewils, devenu le beau-père de Marschall. Deux autres billets à Marschall contiennent le même compliment: D4419 et D4436.

D4385. *Voltaire à Walther*

Ce billet est intéressant pour l'histoire de la publication de *Micromégas*. Voltaire y demande à Walther s'il n'a pas déjà 'un manuscrit intitulé Micromégas' – et aussi 'trois dialogues imprimez': sans aucun doute ceux qui sont mentionnés dans la discussion de D4245. La question est étrange, Martin Fontius l'a bien noté (*Voltaire in Berlin*, p.210, note 13), car on imagine difficilement que Walther eût pu perdre de vue des pièces nouvelles qui devaient justement donner du prix à son édition.

La date n'est marquée, comme pour D4376 qui semble étroitement lié à ce billet, que par le quantième du mois: 'Potsdam 13' et 'à Potsdam ce 16'. Besterman les avait placés, dans sa première édition, en mars 1751 (Best.3831 et 3839). Reprenant une correction proposée par Martin Fontius (*ibid.*, p.210, note 10), il les a reculés d'un mois dans l'édition dite définitive. Mais le mois de février est de toute façon exclu: Voltaire le passa tout entier à Berlin. L'examen de l''avertissement' destiné aux gazettes, qui se trouve inséré dans D4385, conduit d'autre part à écarter l'ancienne date.

Notons d'abord que ce billet appartient sûrement à l'année 1751, puisque le 15 janvier 1752, Voltaire *renvoie* 'le Micromégas' après l'avoir 'corrigé avec soin' (D4763).

Voici les arguments qui peuvent porter à le placer en juillet ou en août 1751:

1. Walther fit longtemps attendre sa réponse sur la proposition que Voltaire lui avait faite, en octobre 1750, dans D4235, de donner une nouvelle édition de ses œuvres. Le 13 avril 1751, Voltaire le presse encore de s'engager positivement et de commencer au plus tôt le travail. Walther donna enfin son accord, semble-t-il, peu de temps après, mais l'impression n'avait toujours pas commencé à la fin de mai (cf. D4459 et D4481). Dans D4973, qu'il faut replacer au 7 août 1751, Voltaire attend encore les premières feuilles.

Cet avertissement qu'il propose de mettre dans les gazettes pour annoncer que l'édition sera donnée 'incessamment' ne peut donc être antérieur au mois de juin ou de juillet 1751.

2. Parmi les nouveautés à annoncer pour disposer le public à préférer la nouvelle édition, Voltaire veut mentionner qu'on trouvera 'baucoup d'additions dans la Henriade'. Une autre lettre à Walther fixe à cet égard un *terminus a quo*. Dans D4481, le 29 mai 1751, Voltaire donne des instructions pour l'impression: 'Je vous conseille', écrit-il, 'de commencer par la Henriade parce que je n'y changerai certainement rien.' C'est en juin au plus tôt, et plus probablement en juillet, qu'il retoucha le poème: cf. D4492, du 22 juin, où La Beaumelle regrette de ne trouver dans l'exemplaire qu'il vient de recevoir de lui à Copenhague aucun changement qui puisse 'donner quelque supériorité' à l'édition qu'il prépare de ce 'classique'; et D4541, où Voltaire confie à d'Argental, le 7 août, qu'il vient de 'refaire cent vers à la Henriade'. Voir aussi D4973 et D4551, où il rappelle à l'attention de Walther ces 'changements' et ces 'additions' envoyés récemment (7 et 24 août 1751).
3. L'avertissement doit annoncer enfin la publication prochaine du *Siècle de Louis XIV*: 'Dès que cette édition paraîtra le même libraire se propose d'imprimer l'histoire du siècle de Louis 14'. On s'étonne d'abord de cette annonce. Voltaire avait bien offert son *Siècle* à Walther en octobre 1750, en même temps qu'il lui proposait la nouvelle édition des œuvres mêlées (D4235), et il l'avait entretenu depuis dans l'idée que l'ouvrage lui était réservé (D4430, D4441, D4459 et D4481). Mais il dut en commencer l'impression chez Henning à Berlin, en juillet ou en août 1751, à la demande du roi (cf. D4463,

D4494 et D4552). Cette anomalie apparente permet justement d'écarter une date trop avancée: l'annonce d'une édition Walther eût été déplacée, et d'ailleurs sans effet pour soutenir l'ardeur du libraire, dès lors qu'il eût été public que l'ouvrage s'imprimait à Berlin.

Compte tenu de tous ces indices, la date du 16 juillet 1751 paraît la plus plausible. Elle permet aussi de rendre compte, s'il est vrai que Walther n'avait donné que depuis peu son accord définitif pour l'édition projetée, de la référence initiale au manuscrit de *Micromégas* et aux 'trois dialogues imprimez'. Puisque ces pièces ne se trouvaient pas dans la première édition de Dresde (*Trapnell* 48D), on pouvait commencer l'impression par là, en attendant que le premier volume de l'exemplaire modèle eût été livré.

Cette nouvelle datation n'affecte en rien les conclusions de la remarquable étude que Martin Fontius a consacrée à *Micromégas* (*Voltaire in Berlin*, pp.69-90). Elle accuse peut-être encore davantage l'un des paradoxes de l'histoire matérielle de l'œuvre: en juillet-août 1751, alors que l'édition de 'Grangé et société' dormait sous scellés à Paris, *Micromégas* n'était encore, au fond, qu'un 'manuscrit' immédiatement exploitable pour un éditeur diligent.

D4386. *Voltaire à Darget*

'N'ai-je pas conjuré le roi de faire terminer la chose à l'amiable par m. de Kirkeisen?' (*in fine*): cf. D4304, qui contient en effet cette proposition d'arbitrage.

D4387. *La margrave de Bayreuth à Voltaire*

On peut regretter que les variantes des manuscrits 2 et 3 n'aient pas été recueillies. Pourquoi des brouillons faits à Bayreuth se trouveraient-ils à Merseburg? Ne s'agirait-il pas plutôt de *copies* envoyées par la margrave à sa famille – à Frédéric II lui-même? Il se trouve que Voltaire eut à s'expliquer sur cette lettre auprès du roi: cf. D4403. Les variantes, cette circonstance bien pesée, ne sauraient être indifférentes.

D4389. *Voltaire à Darget*

Voltaire écrit qu'il est 'débarrassé de [sa] querelle avec l'ancien testament'. Il précise, dans le post-scriptum, qu'il en a usé 'généreusement' avec Hirschel après l'avoir 'confondu'. Tout cela renvoie à l'accord du 26 février 1751, par lequel les deux parties se libéraient mutuellement de toute charge, Voltaire acceptant pour sa part de rendre contre douze cents écus des diamants qu'il estimait à trois mille. Cf. D4393: 'J'ai voulu tout finir *généreusement*' – mais Hirschel refusait encore à cette date, le 20 février, l'offre d'accommodement amiable; et D4402, juste après la signature de l'accord: 'J'ai mieux aimé en user *généreusement*.'

Il faut donc revenir à la date du 27 février proposée par Mangold. La lettre s'intègre alors parfaitement dans la série des lettres à Darget:

1. Voltaire exprime le souhait de pouvoir utiliser la bibliothèque de Sans-Souci

lorsqu'il sera au Marquisat: il en demandait la permission, très probablement la veille, dans D4402.

2. Il écrit qu'il a maintenant des chevaux pour ses déplacements entre le Marquisat et Sans-Souci: il écrivait, le 20 février, qu'il en aurait 'dans peu' (D4393).
3. Il envisage de quitter Berlin le 5 mars: il hésitait entre le 4 et le 5, deux ou trois jours plus tôt, dans D4398.

La note 1 doit être corrigée en conséquence. La lettre au roi confiée aux soins de Fredersdorff était D4403, qui est du même jour.

Reste une difficulté à résoudre à propos des deux derniers paragraphes. Il s'agit là manifestement d'un texte destiné aux gazettes, ou plus vraisemblablement aux nouvelles à la main envoyées à Paris par le baron de Marschall (cf. D4399). Mais tout s'y rapporte à la situation juridique du 18 février – et c'est d'ailleurs sans doute ce qui conduisit Besterman à écarter la datation de Mangold. En fait, l'interpolation est évidente, puisque c'est justement pour *éviter* la 'prisée' des diamants, annoncée comme prochaine dans ce bulletin, que Voltaire signa l'accommodement dont il se félicite dans le corps de la lettre: voir D4402. Il est probable que ce texte fut envoyé à Darget le 18 février avec D4386.

D4393. *Voltaire à Darget*

'Je vous prie de dire à m. le comte de Podewils l'autrichien, que je suis très podevilien; il y a longtemps que je lui suis tendrement dévoué.' Il s'agit du comte Otto von Podewils (1719-1781), neveu du ministre des affaires étrangères de Frédéric II. Rappelé de son ambassade de Vienne, il venait de rentrer à Berlin (le 4, d'après *Utrecht*, 16 février 1751) – ou plus vraisemblablement en droiture à Potsdam pour y rendre compte de sa mission. Voltaire l'avait bien connu à La Haye en 1743. Voir D2812, D4209 et les *Mémoires pour servir à la vie de M. de Voltaire* (M.i.26).

D4398. *Voltaire à Darget*

Voltaire n'a pas écrit ce billet *avant* de recevoir D4400. Il y mentionne au contraire sa *réponse* à la lettre du roi. Cf. 'j'ai demandé au roi qu'il daignât me laisser encore ici jusqu'au 4 ou 5 de mars' (D4398) et D4401: 'Permettez moy [...] de rester jusqu'au cinq ou six de mars dans votre château.' Il faut donc le placer au 24 ou au 25 février.

D4399. *Le baron de Marschall à Pierre Hilaire Danès*

Il est piquant de noter que l'éditeur des *Mémoires* de Longchamp présente cette lettre comme un témoignage impartial sur l'affaire Hirschel (*Mémoires*, ii.310-11, note 35). En fait, Marschall adopte sans réserve la version de Voltaire. Il reprend même presque mot pour mot un long passage de D4373, que Darget lui avait transmise. Voltaire fut très satisfait du bon usage que l'on faisait de ses bulletins de victoire. Cf. D4433: 'sa reconnoissance [...] par rapport à ce que vous avez, Monsieur, mandé en France touchant son affaire'.

D4400. *Frédéric II à Voltaire*

'Vous avez été chez le ministre de Russie lui parler d'affaires dont vous n'aviez point à vous mêler, et l'on a cru que je vous en avais donné la commission.' Un écho diplomatique inédit permet de dater cette démarche de Voltaire et de confirmer, semble-t-il, que les ministres ennemis ('on') crurent qu'il agissait sur ordre – interprétation qui revint naturellement au roi. L'incident remontait au mois de novembre. Le 25 de ce mois, Hanbury-Williams note dans son journal: 'Monsr Voltaire came to make me a visit in his way to Potzdam having that day been at Monsr Grosses in Order to discover the Reason of his Revocation' (*Berlin Journal*, f.234). Cette accusation refit apparemment surface dans des nouvelles à la main envoyées de Berlin à Paris dix-huit mois plus tard: voir la mention d''affaires d'Etat' dans *Textes*, 80.

La fin de cette lettre doit d'autre part s'interpréter par rapport à D4388, où Voltaire demandait la permission de s'établir au Marquisat. A s'en tenir au texte manifeste, il semble que Frédéric II laisse la requête en suspens. Mais l'alternative qu'il pose en terminant – 'venir ici [...], rester à Berlin' – est l'équivalent d'un refus, ou du moins une pression oblique dans le sens d'une parfaite réintégration dans l'ordre de la cour prussienne. C'est sur ce non-dit, me semble-t-il, que s'articule immédiatement la réponse de Voltaire (D4401).

D4401. *Voltaire à Frédéric II*

L'approximation n'est pas de mise ici. Il est clair que cette lettre est soit du 24, soit du 25 février 1751.

D4402. *Voltaire à Darget*

Cette lettre doit être du 26: D4389, envoyée dans la soirée du 27, y ferait sans doute référence si elle était du même jour.

D4403. *Voltaire à Frédéric II*

'J'apprends que votre majesté me permet', écrit Voltaire avant de clore sa lettre, 'de m'établir pour ce printemps au marquisat.' La permission attendue lui parvint, de toute évidence, non pas du roi directement, mais par le canal d'un familier – Darget sans doute: voir le post-scriptum ajouté à D4389, qui paraît le pendant de celui-ci.

Le déroulement des faits, dans ces derniers jours de février 1751, peut être reconstitué de la manière suivante, à partir des nouvelles datations proposées:

1. Le 26, Voltaire attendait depuis plus de dix jours la permission de se retirer au Marquisat. Il avait d'abord chargé Darget de la demander pour lui (D4354, D4356 et D4386). Il avait ensuite présenté directement sa requête, fort de la sentence favorable du 18, à la fin d'une lettre assez vive (D4388).

Sur une première réponse évasive (D4400), il venait encore de la renouveler, la veille ou l'avant-veille, dans une lettre à la fois pathétique et ferme (D4401). Ne recevant toujours pas de réponse, il prie Darget de réitérer ses prières, dans des termes plus tendres (D4402). Entre-temps, il avait signé l'arrangement amiable qui le délivrait définitivement des nouvelles procédures dont il était menacé.

2. Le 27, peut-être sur les conseils discrets de Darget (à qui il adresse le même jour D4389), il envoie au roi une nouvelle confession générale, plus soumise que D4401, presque humiliée – et il renouvelle encore sa demande de permission: c'est D4403, qu'il confie aux bons soins de Fredersdorff (d'après D4389, *in fine*). Au moment de fermer sa lettre, il reçoit de Potsdam une lettre (de Darget encore, vraisemblablement) qui lui permet de penser qu'il peut enfin aller s'établir au Marquisat: il ajoute à sa lettre le post-scriptum de remerciement. Mais on se demande s'il ne s'est pas mépris (en toute innocence?) sur un rapport encore ambigu. Ou bien Frédéric II revint-il sur sa décision?
3. Le 28, en effet, il reçoit du roi la permission de se rendre à Potsdam ('ici'); il élude, remercie et courbe à nouveau l'échine sous des humiliations plus dures – en attendant de pouvoir gagner le Marquisat où '[sa] maladie bien cruelle' a toujours besoin d'être soignée (D4405-D4406).

D4404. *Voltaire à Darget*

'Mon cher amy voicy une lettre pour le roy que je vous prie de luy remettre': non pas D4403, qui fut envoyée à Potsdam 'dans le paquet de m. de Federsdorf' (cf. D4389), mais D4406. 'Ma foy j'ay tort', ajoute-t-il, 'd'avoir voulu avoir publiquement raison contre un misérable': c'est le résumé de sa lettre au roi. Cf. D4406: 'J'ay eu la rage de vouloir prouver que j'avois raison contre un homme avec le quel il n'est pas même permis d'avoir raison.'

D4412-D4414. *Voltaire à Darget*

D'après une lettre de la comtesse de Bentinck au comte Wilhelm de Schaumburg-Lippe, publiée par Curt Ochwadt dans son étude sur *Voltaire und die Grafen zu Schaumburg-Lippe* (pp.68-69), c'est le 6 ou le 7 mars que Voltaire quitta Berlin pour le Marquisat, après avoir eu avec le roi à Berlin, le 4 ou le 5, un 'tête-à-tête' de réconciliation, d'où il sortit 'enthousiasmé'.

On peut essayer de redater, par rapport à cette nouvelle donnée, ces trois billets à Darget:

1. D4414, où Voltaire annonce son arrivée pour le lendemain, avec des 'coquetteries' pleines d'enthousiasme en effet, serait du 5 ou du 6 mars – mais il n'y est pas question précisément du Marquisat, et le doute est ainsi permis, d'autant plus que l'édition des *Œuvres* de 1788, d'où nous vient la date traditionnelle, se trouve très souvent en défaut dans le classement de la correspondance avec Darget. Ce billet pourrait aussi être placé, peut-être même avec plus de probabilité, vers la fin de février 1752, au moment où

Voltaire se disposait à regagner Potsdam après plusieurs semaines de semi-disgrâce et de maladie plus ou moins affectée.

2. D4413 peut être placé sûrement dans les derniers jours de février ou les tout premiers jours de mars 1751, mais en tout cas avant la réconciliation du 4 ou du 5: la discussion des arrangements à prendre pour les déplacements du Marquisat au château de Potsdam aurait évidemment permis quelque allusion au retour des bontés du roi si la rencontre avait eu lieu auparavant.
3. D4412 enfin est sans doute antérieur, et de plusieurs semaines peut-être, puisque Voltaire y donne au contraire des instructions pour le renvoi de son courrier de Potsdam à Berlin: on peut placer ce billet entre le 30 janvier, date du retour du roi à Potsdam, et la fin de février 1751. L'hésitation est cependant permise, comme pour D4414, entre ce mois de février 1751 et le mois de février 1752. Tant il est vrai que les deux situations de brouille et de disgrâce, d'une année à l'autre, sont au fond comparables.

Je récapitule ici l'ordre dans lequel je propose de ranger les douze lettres ou billets à Darget qui appartiennent, sans aucun doute possible, à cette période du procès contre Hirschel, et dont la séquence est si importante pour la compréhension de ce moment biographique: D4374 (vers le 7 février); D4354 (vers le 12 février); D4356 (vers le 15 février); D4386 (vers le 18 février); D4393 (vers le 20 février); D4396 (21 février); D4398 (24/25 février); D4361 (vers le 25 février); D4402 (26/27 février); D4389 (27 février); D4404 (28 février); D4413 (fin février-début mars). Il apparaît ainsi que leur correspondance de janvier, qui fut peut-être aussi dense, manque encore au corpus.

D4417. *Voltaire à Darget*

En rapport avec l'extrait de lettre du prince Ferdinand cité dans le commentaire, signalons une autre fausse nouvelle à laquelle donna lieu l'établissement de Voltaire au Marquisat, et qui pouvait être pour lui d'une plus grande conséquence. La *Vossische Zeitung*, l'une des gazettes autorisées de Berlin, annonça le 9 mars que le roi lui avait fait 'donation' de cette villa; la nouvelle fut reprise le 16 mars par la *Gazette de Hollande*, sous le titre 'Berlin, 9 mars': 'Le roi a fait présent à M. de Voltaire, chambellan de sa Majesté, d'une belle maison avec le jardin appelée le Marquisat et située à peu de distance du château de SansSouci' (cité dans *Briefwechsel*, p.333). On sait que Voltaire se garda soigneusement, au contraire, durant les trois années de son séjour en Prusse, de paraître y avoir *élu domicile*, pour éviter les incapacités de droit qui pouvaient le frapper dans le cas d'une 'naturalisation' présumée – son indignation constante contre le surnom de 'prussien' qu'on lui donnait à Paris comporte, entre autres, cette signification. Cf. D5413, lettre ostensible à Mme Denis, 9 juillet 1753: 'Il y aurait bien de l'injustice à ne me pas regarder comme français, pendant que j'ai toujours conservé ma maison à Paris, et que j'ai païé la capitation.'

D4427. *La margrave de Bayreuth à Voltaire*

Compte tenu de la nouvelle datation de D4295, on peut déplacer cette lettre vers le début de mai. Les premières phrases semblent indiquer que la margrave avait tardé à répondre à D4409.

A propos de l'opéra de *Sémiramis*, rappelons que Voltaire avait travaillé lui-même à l'adaptation de sa pièce pendant le séjour que la margrave avait fait à Berlin l'automne précédent. Voir D4237 et D4248.

D4429. *Darget au baron Friedrich Wilhelm von Marschall*

'Vous aurés pu voir que dans une de ses feuilles [Fréron] met un certain Poëme obscur sur le siège de Malthe au dessus de la Henriade': la référence est aux *Lettres sur quelques écrits de ce temps*, t. iii (1750), lettre 13, pp.297, 304, 317 et 322.

'[Le] Poëme sur la mort du maréchal de Saxe qui est assurément un ouvrage fort au dessous du médiocre'. Il s'agit d'un poème de d'Arnaud, la *Mort du maréchal comte de Saxe*, qui venait d'être publié à Dresde (in-4°, xiv p.).

D4432. *Voltaire à Lambert*

Cette lettre suit D4381, Besterman l'a bien vu, dans la série des lettres de direction de *Trapnell* 51P. Voltaire a en effet entre les mains la 'liste' des pièces recueillies par Lambert ('Je vois ...', alinéa 1). Tout en renouvelant ses plaintes sur le désordre des matières et sur le nombre excessif des volumes, il se montre plus résigné que dans D4381: 'enfin cela est fait' (*in fine*). Il ne s'agit plus que de mettre quelques 'cartons' indispensables. Compte tenu des nouvelles dates proposées pour les autres lettres de la même série, et de la place, au premier volume, du 'carton' demandé ici pour *La Henriade*, on peut élargir le champ de datation pour celle-ci à février-mars 1751.

D4433. *Algarotti au baron Samuel von Marschall*

Comme l'a déjà remarqué Ann Thomson (*Dix-huitième siècle* 7 (1975), p.11), le destinataire de ce billet est Friedrich Wilhelm et non Samuel von Marschall.

D4436. *Voltaire au baron Friedrich Wilhelm von Marschall*

On ne voit pas en quoi l'abandon du projet de prendre Fréron comme correspondant littéraire aurait pu constituer un 'succez' remporté 'à Paris'. Les seuls succès de Voltaire à Paris durant son séjour en Prusse furent celui de la reprise de *Mahomet*, à la fin de septembre 1751, puis celui de *Rome sauvée*, à la fin de février 1752. C'est à la seconde circonstance qu'il faut rattacher ce billet.

Le 19 mars 1752, dans D4843, d'Argental écrit à Voltaire: 'Dumolar n'a pas rendu un compte fidèle de la 1ère représentation, du moins quand au jeu des acteurs.' Or ce Dumolard était alors le correspondant littéraire du baron de Marschall à Paris: voir D4584. On doit donc supposer que Marschall avait communiqué à Voltaire ses 'nouvelles' à peine reçues, pour être des premiers à le féliciter du succès de sa pièce. Compte tenu des deux dates repères, celle de la première de la pièce (24 février) et celle des explications de d'Argental sur le jeu des acteurs (19 mars), ce billet de remerciement serait à placer entre le 5 et le 10 mars. Le rapprochement avec D4827, lettre à Cideville datée du 10 mars, apporte un supplément de preuve d'ordre stylistique: on y retrouve la même antithèse entre 'l'ivresse passagère du public' et le 'vrai succez', le 'vray bonheur' que procurent l'approbation et la 'sensibilité' d'un 'véritable ami'.

Le nom rayé, à la fin du billet, est très probablement celui de Podewils: voir la discussion de D4384.

D4437. *Darget au baron Friedrich Wilhelm von Marschall*

'Votre belle comtesse': Sophie-Dorothée, fille du ministre Podewils. Voir D4384.

'M. de Dewitz': l'autre gendre de Podewils.

D4443-D4444. *Voltaire à Lambert*

En fonction des dates de l'achèvement et du débit de l'édition 51P (voir la discussion de D4969), il est très probable que ces corrections, apparemment destinées à des 'cartons', furent envoyées en février-mars 1751. Les 'Instructions' manuscrites signalées dans la discussion de D4381 ne contiennent pas, pour le troisième volume (ff.16-24), de corrections à porter sur les deux *Discours en vers* dont il était question dans D4443.

D4463. *Voltaire à Frédéric II*

La fin de la note 5 doit être corrigée. Ce n'est pas le *Palladion*, mais les *Mémoires pour servir à l'histoire de Brandebourg* qui furent envoyés par Frédéric II à Louis XV en juillet 1751: voir la discussion de D4561.

Pour ce qui est du *Palladion*, on s'en montrait fort curieux à Versailles depuis 1749, mais Frédéric II se refusa à le communiquer (MAE, *Correspondance politique*, Prusse 157, ff.9-10 et 60-61; *Mémoires et documents*, Prusse 16, lettre autographe de Frédéric II à Valory, 27 mars 1750). Voir aussi les *Mémoires sur les négociations du marquis de Valori* (Paris 1820), i.283 et ii.309-14.

D4464. *Voltaire à Darget*

La tragédie de Ximenès dont Voltaire venait de recevoir le manuscrit doit être *Epicharis*: cf. D4418 et D4511.

D4477. *La princesse Elisabeth d'Anhalt-Zerbst à Voltaire*

Les circonstances de cette lettre sont éclairées par les *Textes* 36, 37 et 42, et par une lettre de la princesse à Mme de Bentinck publiée dans la *RhlF* 76 (1976), pp.70-71. La princesse avait demandé à Voltaire une 'étiquette en vers' pour mettre au bas du portrait de la nouvelle reine de Suède: c'est de cette 'Comission hardie' qu'elle s'excuse et de cette 'belle inscription' qu'elle le remercie. Quant au 'prétieux don' que Voltaire avait joint à l'envoi du quatrain, il s'agissait encore d'un exemplaire corrigé à la main de la première édition Walther (*Trapnell* 48D).

D4479. *Voltaire à la margrave de Bayreuth*

La date du 28 mai a été justement préférée à celle du catalogue de vente. D'après une dépêche de Tyrconnell, Cothenius quitta Berlin pour Bayreuth le 20 mai (MAE, *Prusse*, vol. 165, f.212).

'Un gentilhomme lorrain ... dont on répond': c'est Devaux qui lui avait recommandé ce Liébault. Cf. D4487.

Il faut lire, à la ligne 14: 'je vous parlerais'.

D4480. *Voltaire à d'Argental*

'La retraite d'un archevêque dans son archevêché': celle de Tencin, qui venait de se retirer à Lyon.

'Le roi de Prusse vient de donner trois ou quatre spectacles dignes du dieu Mars': les revues de Potsdam (19 mai) et de Berlin (22-26 mai).

'Je me suis fait ancien pour qu'on me rendît un peu plus de justice' (alinéa 3). L'expression est curieuse. Elle semble désigner, par un raccourci tendancieux, comme s'il s'était agi d'une démission volontaire, la perte des charges à Versailles – la retraite en Prusse. Cf. D4261, où Voltaire lui-même, peut-être, a souligné: 'un *ancien* officier du roy'.

D4481. *Voltaire à Walther*

'Vous n'auriez qu'à vous adresser au banquier Hauman ...': le même Hohmann, vraisemblablement, auquel Voltaire s'était adressé en janvier à propos de ses démêlés avec Hirschel (voir D4350).

D4482. *Voltaire à La Mettrie*

La Mettrie cite ces vers dans une lettre au baron de Marschall datée du 29 juin 1751. L'occasion n'en fut pas un départ en tournée militaire (Voltaire eût-il écrit, dans ce cas, qu'il restait à Potsdam 'entre Frédéric et l'étude'?), mais une partie de campagne offerte par le baron – et que La Mettrie manqua d'ailleurs. Voir sur ces circonstances Ann Thomson, 'Quatre lettres inédites de La Mettrie', *Dix-huitième siècle* 7 (1975), pp.15-18. En fonction des indications de la lettre de La Mettrie et de la date du retour de tournée, la marge de datation est très étroite: 24-27 juin 1751.

'Mes compliments à la cousine': c'était apparemment le surnom de Mademoiselle Le Comte, la maîtresse de La Mettrie. Cf. D4644: 'le cousin et la cousine'.

D4484. *Voltaire à Lambert*

Cette lettre est postérieure à D4494 et paraît dater d'août, peut-être plutôt de septembre 1751:

1. Dans D4494, Voltaire accuse réception de deux exemplaires de ses œuvres – le second fut offert au roi: cf. 'le roy a été très content de votre édition' (*in fine*). A la date de D4484, il a eu le temps de relire tous ses ouvrages dans cette édition (alinéa 4).
2. Dans D4494, la proposition d'une nouvelle édition à faire se fonde sur la nécessité d'éviter le 'double employ' du *Siècle de Louis XIV* qui va paraître et des 'chapitres' sur Louis XIV déjà recueillis. Dans D4484, un autre argument apparaît, et en première ligne: il a corrigé 'tous [ses] ouvrages', il a 'ajouté, retranché, corrigé, refondu partout', il a 'refait plus de cent vers à la Henriade'. Ce dernier indice fixe le *terminus a quo* au mois de juillet: voir la discussion de D4385, point 2.
3. Dans le post-scriptum, Voltaire demande à Lambert de lui 'déterrer' sa 'lettre au chapelain Norberg' – il allait la donner remaniée dans la nouvelle édition de Dresde. Il la demande aussi à Walther, à la fin de D4565, le 4 septembre. Demandes simultanées, ou s'adressa-t-il à Lambert après avoir reçu une réponse négative de Walther? La seconde hypothèse paraît préférable.

A la fin du texte, il faut probablement lire: 'Je vous demande en grâce de la [chercher] et de la trouver.'

D4486. *Voltaire à Frédéric II*

Les vers du début de cette lettre furent imprimés dans les *Mémoires pour servir à l'histoire de l'année 1789* (attribués au marquis de Luchet, 1790, 4 volumes), au tome i. p.21.

Il faut lire, à la ligne 3 du passage en prose: 'et *puisque* je vis seul'.

D4492. *La Beaumelle à Voltaire*

'Jetez les yeux sur cette liste' (dernier alinéa): celle des 'classiques français' qu'il projetait d'éditer. Voir Claude Lauriol, *La Beaumelle, un protestant cévenol entre Montesquieu et Voltaire* (Genève, Paris 1978), pp.247-48.

D4494. *Voltaire à Lambert*

Vers la fin du quatrième paragraphe, lire *trouveront* au lieu de *trouvèrent*.

D4498. *Voltaire à Algarotti*

On peut placer ce billet entre mars et juillet 1751: d'après sa correspondance avec la comtesse de Bentinck (RAG 258), Rothenburg ne quitta pas Potsdam entre la fin de juillet et le retour de la cour à Berlin en décembre.

D'après le journal de Lehndorff, Algarotti était à Berlin le 5 juin (*Dreissig Jahre*, p.19); un autre congé lui fut accordé pour quitter Potsdam le 6 août 1751

(*Œuvres de Frédéric II*, éd. Preuss, xviii.80-81): deux dates possibles.

D4505. *Voltaire à Frédéric II*

Dans la dernière strophe, lire: 'Que je souffre avec courage.'

D4508. *Voltaire à ?*

Voltaire n'a jamais craint, que l'on sache, d'avoir été trop prolixe dans le *Siècle de Louis XIV*; on ne voit pas qu'il ait jamais projeté de condenser cet ouvrage. Ne s'agit-il pas plutôt ici de l'*Histoire de la guerre de 1741*? Cette lettre pourrait dater de novembre ou de décembre 1752: voir D5083, D5111 et D5115, où il exprime le même regret d'avoir été trop 'verbiageur'.

D4509. *Charlotte Bourette à Voltaire*

On peut dater cet extrait avec une précision absolue, grâce à l'indication d'une fiche de police, qui porte que 'Madame Curé' adressa son *Ode* à Berlin le *15 décembre 1750* (n.a.f. 10781, f.131): c'est apparemment Voltaire qu'elle chargea de la présenter au roi.

L'*Ode* fut aussitôt publiée: elle est mentionnée parmi les nouveautés dans le *Journal de la librairie* à la date du 17 décembre 1750 (F 22156, f.7). Il y en eut des comptes rendus dans les *Lettres sur quelques écrits de ce temps* (iv.40-44, feuille datée du 12 décembre), dans *La Bigarrure* (vii.71-72, 31 décembre), etc. Le *Mercure de France* lui fit l'honneur d'une réimpression (mars 1751, pp.40-44).

Frédéric II agréa l'hommage de l'illustre 'Muse limonadière', maîtresse du Café Allemand: il lui fit remettre par son chambellan d'Ammon 'un étui en or et une lettre' (F 22156, f.78, 3 juin 1751).

D4510. *Voltaire à Frédéric II*

La référence au roi de France s'explique par le fait que l'ouvrage devait être lu à Versailles: Louis XV en avait fait demander un exemplaire par Valory. Voir la discussion de D4561.

D4511. *Voltaire au marquis de Ximenès*

La pièce de Ximenès dont il est question est *Epicharis*: voir D4418 et D4464. Elle fut représentée le 2 janvier 1753 et n'eut aucun succès.

Un ou deux mots manquent à la ligne 9. On peut restituer: 'dans celle du [*successeur* ou du *descendant de*] Vitikind'.

D4518. *Voltaire à d'Argental*

'Mon cher ange vous avez donc suivi le conseil du meilleur général qu'il y ait àprésent en Europe?'. Il ne s'agit pas de Richelieu, mais de Frédéric II. Cf.

D4550: 's'ils donnent bataille malgré l'opinion d'un général tel que vous'.

'On m'a fait des objections ... On m'a cité bien mal àpropos ...'. Il s'agit de Mme Denis. Cf. D4531: 'mes Conseils sur Orélie ont été assez mal pris; on m'as dit avec toute la politesse possible que je n'avois pas le sang commun'.

D4519. *Voltaire à Frédéric II*

'J'ay quitté la rive fleurie ...': non pas Sans-Souci, mais le Marquisat, qui était en effet bâti sur les bords d'un affluent de la Sprée, la Havel.

Cette lettre fut probablement publiée avant la première édition signalée par Besterman. On en trouve les six derniers vers cités dans les *Mémoires pour servir à l'histoire de l'année 1789* (1790, 4 vol.), au tome i, p.73.

D4523. *Voltaire à Devaux*

On peut serrer de plus près la date de cette lettre, qui est sûrement plus tardive. C'est la réponse à une lettre perdue, dans laquelle 'Panpan' demandait (pour son ami Liébault, vraisemblablement) une place à la cour de Prusse. Voltaire lui avait recommandé la patience dans D4487, alors qu'il était question de la cour de Bayreuth, en juin 1751 – et plutôt vers la *fin* de juin, puisque le temps d'un aller-retour de courrier entre Berlin et Bayreuth est clairement marqué par rapport à D4479. Devaux dut relancer l'affaire après quelques semaines, probablement en août; et Voltaire répond ici après un nouveau délai, de quelques semaines peut-être: il dit avoir employé son 'zèle' en vain, il s'excuse aussi sur une maladie qui l'a privé 'longtemps' du plaisir d'écrire. Un autre repère est à prendre en compte. Dans une lettre datée du 20 septembre, Mme de Graffigny écrit à Devaux: 'Ah, je ne crois pas que V. viene de si tot demander une place a votre accademie. L'air du bureau est trop mauvais ici pour lui' (*Graffigny*, LVI, 86). Il faut comprendre que Devaux lui avait fait part du projet que Voltaire exprimait ici de 'postuler fort et ferme' pour être de la Société Royale de Nancy 'au premier voyage' qu'il ferait en France. On peut ainsi placer cette lettre vers la fin d'août ou au début de septembre 1751.

D4525. *Voltaire à madame Du Deffand*

'Les saillies du présid[t] de Montesquieu': *L'Esprit des lois*, naturellement – discret hommage à la destinataire, dont on connaît le mot assassin sur l'œuvre.

D4530. *Le président Hénault à Voltaire*

Le début de cette lettre se rapporte à la mention élogieuse que Frédéric II avait faite de l'*Abrégé chronologique* de Hénault dans le 'Discours préliminaire' de ses *Mémoires pour servir à l'histoire de Brandebourg* ('Au donjon du château', 1751, pp.xviii-xix). Cf. D4561, *in fine*.

'Vous y étes nommé [dans 'la préface de l'Encyclopédie'] avec tous les titres qui vous sont dûs'. La référence est au 'Discours préliminaire', i.xxxii. Ce texte est fort curieux. Il ne pouvait passer inaperçu, car il s'inscrivait dans l'actualité immédiate du grand débat sur les mérites comparés de Crébillon et de Voltaire – débat 'politique' aussi bien, puisque Mme de Pompadour avait pris le parti de Crébillon et abandonné Voltaire lorsqu'il avait demandé la conservation de son brevet d'historiographe. A la fin du morceau, d'Alembert loue 'l'essai sur le siècle de Louis XIV', qui avait déplu à la cour, et insinue même, me semble-t-il, que la postérité jugera mal un roi qui n'aura pas soutenu la gloire de la nation en favorisant le plus grand écrivain du temps: 'Que ne puis-je,' écrit-il, 'en parcourant ici ses nombreux & admirables Ouvrages, payer à ce génie rare le tribut d'éloges qu'il mérite, qu'il a reçu tant de fois de ses compatriotes, des étrangers & de ses ennemis, & auquel la postérité mettra le comble quant il ne pourra plus en jouïr!'

D4536. *Voltaire à Richard Rolt*

Voltaire répond probablement à l'envoi du quatrième volume de l'ouvrage décrit dans la note 1 de D4177. Cf. D4189, second paragraphe.

D4538. *Voltaire à Frédéric II*

'L'édition corrigée à la main': *Trapnell* 48D. Cf. D4257, D4447 et D4474.

'L'édition de Paris': *Trapnell* 51P. Voir la discussion de D4913.

D4539. *D'Argental à Voltaire*

'Vous avés dans m^r de Richelieu un ami qui vous sert de la manière la plus vive, la plus essentielle et dont jusqu'à présent vous n'avés pas fait assez d'usage': c'est en partie sur cet avis, qui s'inscrit évidemment dans la perspective d'un retour en grâce à Versailles, que Voltaire résolut de confier à Richelieu ses déceptions et ses espoirs. Voir la discussion de D4206.

Il me semble d'autre part que cette lettre essentielle est malheureusement incomplète, et surtout qu'une lettre de Voltaire, dont la perte serait encore plus regrettable, a pu suivre D4557, où il ne fait qu'effleurer la grande question du retour en France. Averti 'qu'il n'y a[vait] plus d'acharnement ny d'animosité' contre lui – entendons: à la cour – qu''on le regrettait sincèrement' (il s'agit, je suppose, de Mme de Pompadour), que l''on désir[ait] vivement son retour', il serait étonnant que Voltaire n'eût pas saisi la première occasion sûre pour revenir confidemment sur des nouvelles aussi intéressantes. On peut justement observer que D4557 et D4577, les deux lettres qui suivent dans la même série, sont séparées par un délai de près d'un mois.

Relevons en tout cas, dans la seule réponse qui subsiste, si contrainte qu'elle paraisse – Voltaire n'y parle que de 'venir faire un tour en France' – cette phrase lourde de sens: 'Mon cher ange représentez vivement à M. le m. de Richelieu la nécessité indispensable où je me trouve de touttes façons, de rester encore quelques mois où je suis.'

D4542. *Malesherbes à Voltaire*

On peut se demander si la démarche dont il est question dans le second paragraphe de cette lettre, et peut-être dans celles que Besterman en rapproche dans son commentaire, n'est pas liée à cette 'entreprise' d'un 'recueil d'auteurs français' que La Beaumelle avait présentée deux mois plus tôt à Voltaire (voir D4492). Un projet soutenu par le ministère danois méritait quelque attention, et il est certain que Voltaire s'y intéressa. Un an plus tard, au plus fort de ses démêlés avec La Beaumelle, il écrira au pasteur Roques, qui voulait les réconcilier: 'Mon zèle pour l'honneur de ma patrie me fit travailler en conséquence' (D5077); et La Beaumelle de son côté, tout en contredisant cette allégation, précisera que Voltaire lui avait proposé un 'plan' et écrit plusieurs lettres à ce sujet (D5098). Il me semble naturel de penser, vu la concordance des dates, que la démarche effectuée auprès de Malesherbes entrait dans ce 'plan'. Il est vrai que la réponse de Malesherbes s'accorde assez mal avec l'idée que la cour danoise pouvait prendre intérêt au projet; mais on suppose aisément que Voltaire avait pu le présenter comme sien, pour ne compromettre personne. D4611 pourrait se rapporter à cette même affaire; voir la discussion de ce numéro.

D4543. *Madame Denis à Cideville*

A la note 3 on peut ajouter que 'la petite Hus' avait débuté dans *Zaïre* le 26 juillet.

D4550. *Voltaire à Frédéric II*

Voltaire écrit au roi que pour empêcher ses amis de Paris de donner trop tôt *Rome sauvée*, il vient d'invoquer son autorité: 's'ils donnent bataille malgré l'opinion d'un général tel que vous, ils seront battus'. Or, au début de D4518, il félicite d'Argental d'avoir décidé de 'bien prendre son temps' en suivant 'le conseil du meilleur général qu'il y ait àprésent en Europe'.

D4518 est du 13 juillet. Le délai moyen pour un échange de lettres entre la Prusse et Paris était de vingt jours. Cette lettre fut donc écrite peu de temps après que le roi fut rentré de sa tournée d'inspection des places de l'Ouest, le 23 juin.

D4557. *Voltaire à d'Argental*

'Je viens de lire Zares. L'imprimera-t-on au Louvre?' Allusion transparente à l'honneur insigne que le crédit de Mme de Pompadour avait fait accorder à Crébillon pour une édition in-quarto de ses œuvres. '*On* vous regrette sincèrement,' avait écrit d'Argental (D4539): la réponse marque quelque doute ou un reste de dépit.

D4558. *Voltaire à Balbi*

La date est douteuse: le même jour, Voltaire date D4557 de Berlin.

L'érudit allemand Varnhagen von Ense, qui signala ce billet à Beuchot et lui en communiqua une copie, écrit que ce Balbi était 'un vieux poète et radoteur qui vivait à la cour de Berlin'. Voir André Magnan et Christiane Mervaud, 'Lecture de deux nouvelles lettres de la comtesse de Bentinck à Voltaire', *RhlF* 80 (1980), p.7. On ne trouve pas le nom de Balbi dans *La Prusse littéraire* de Denina (Berlin 1790-1791).

D4561. *Voltaire au duc de Richelieu*

Au troisième alinéa, il faut lire: 'mais je crois que si elle étoit bien représentée ...'

'Je vous écrirai sur tout cela des volumes' (cinquième alinéa): Voltaire développa ses confidences dans D4206. Voir la discussion de ce numéro.

La note 2 du commentaire est erronée. L'ouvrage en question n'était pas le *Palladion*, mais les *Mémoires pour servir à l'histoire de Brandebourg*. Louis XV en avait fait demander un exemplaire par Valory, qui s'adressa à Darget. Voir *Œuvres de Frédéric le Grand*, éd. Preuss, xvii.314-15. Valory demanda en vain des exemplaires pour Puysieulx et d'Argenson (MAE, *Prusse*, vol. 166, ff.43-44, réponse de Darget, 31 juillet 1751). Hénault, qui s'était adressé à Maupertuis, venait aussi d'être éconduit; il n'eut pas l'édition dite 'du donjon', mais celle de Hollande publiée par Néaulme avec privilège (*Œuvres de Frédéric le Grand*, xvii.339, réponse de Frédéric II à Maupertuis, 16 août 1751).

D4566. *Voltaire à Hénault*

Au quatrième alinéa, il faut lire: 'et vous ferez ce qu'il aurait fait'; et au cinquième: 'c'est la supériorité ...'

D4568. *Voltaire à la duchesse de Brunswick-Wolfenbüttel*

Les princes de Brunswick arrivèrent à Berlin le 6 décembre pour y passer le carnaval; la jeune princesse tomba malade le 9; le prince reprit le chemin de ses états le 26; la duchesse et sa fille restèrent à Berlin jusqu'au 26 janvier (MAE, *Prusse*, vol. 166, ff.331, 394 et 411; vol. 167, f.61). Il faut donc avancer cette lettre de trois mois. On peut la placer, compte tenu de la discussion suivante, au 14 ou au 15 décembre 1751.

D4570. *La duchesse de Brunswick-Wolfenbüttel à Voltaire*

C'est la réponse à D4568. Les éditeurs de Kehl ont apparemment utilisé une copie mal datée, mais le quantième est vraisemblable. La date du 15 décembre 1751 peut être retenue comme à peu près certaine.

D4572. *Voltaire à Le Baillif*

'Je me flatte que vous avez bien voulu aussi ne me pas oublier auprès de M. le chevalier de la Touche.' Avant de succéder à Tyrconnell en 1752, La Touche séjourna en Prusse en mars-avril 1750, puis de juin 1750 à mars 1751, d'après le rapport de mission qu'il remit au ministère à son retour (MAE, *Prusse*, vol. 165, ff.91-101). Voltaire se loue d'autre part ici des 'bontez infinies' dont le roi de Prusse '[l]'honore' et il marque en même temps le vœu que Tyrconnell fasse 'quelque recommandation' de lui dans ses dépêches à Versailles. Ces deux dernières données portent à placer le billet à la fin d'août ou en septembre 1750, au moment où, craignant les suites de son projet d'établissement en Prusse, il s'appliquait à manifester en toute occasion les sentiments d'un bon Français. Cf. D4188, D4198 et surtout le commentaire de D4219.

D4574. *Voltaire au chevalier de La Touche*

La Touche n'était plus à Berlin en septembre 1751: voir la discussion précédente. La naissance royale dont un courrier extraordinaire apportait la nouvelle à Berlin n'est donc pas celle du duc de Bourgogne, mais celle de la première fille du dauphin (26 août 1750). D'après une dépêche de Tyrconnell (MAE, *Prusse*, vol. 159, f.200), le messager arriva à Berlin le 4 septembre: c'est la date de ce billet. On relève ici la même protestation de fidélité au roi de France que dans D4572.

D4576. *Mme Denis à Cideville*

Le passage relatif à l'approbation de *Mahomet* appelle un commentaire. Il est exact que Crébillon, comme censeur, refusa son approbation. Si l'on en croit une nouvelle de Mme de Graffigny à son ami Devaux, il le fit 'en conscience', et alors que 'le procureur général avoit promis' que la pièce passerait (*Graffigny*, LVI, 86). Détail moins connu dans cette affaire: c'est d'Alembert qui donna l'approbation indispensable, après avoir été requis d'office, par une procédure administrative assez exceptionnelle. C'est ce qu'indique un nouvelliste du temps, à la date du 29 septembre 1751: 'Sur le refus qu'a fait Crebillon d'approuver la Tragedie de Mahomet, m^de^ denis niesse de voltaire jointe a ses amis, à obtenu de M. d'argenson qu'il nommâ un censeur a dhoc pour approuver la Piece, et c'est m. dalembert de l'academie des sciences, qui s'est chargé de l'Evenement, elle a été annoncée ce soir au Public, pour la jouer demain' (n.a.f. 13711, f.115). De même Collé, généralement très bien informé des affaires de théâtre, et d'ailleurs ami intime de Crébillon, note dans son journal: 'M. le maréchal de Richelieu qui voulait que *Mahomet* fût joué, a engagé M. d'Argenson à nommer un autre que Crébillon pour l'examiner. D'Alembert a été choisi, et l'a approuvé' (*Journal et mémoires de Charles Collé*, Paris 1868, i.349-50). Ce double témoignage d'un bon procédé du comte d'Argenson n'est pas indifférent; Voltaire écrira d'autre part, plus tard il est vrai, que 'l'indigne manœuvre' de Crébillon contre la reprise de *Mahomet* 'déplut baucoup à mad^e^ de Pompadour' (D10069). Il semblerait ainsi qu'en cette circonstance délicate, les deux principaux personnages de la cour furent du côté de Voltaire, au moins pour laisser faire, sinon pour faciliter les choses. C'est cette implication au fond *politique* qui sous-tend l'interprétation un peu mystérieuse de d'Argental dans D4539: 'Ce qu'on a obtenu à l'égard de Mahomet doit vous prouver qu'il n'y a plus d'acharnement ny d'animosité contre vous.'

Citons encore le témoignage de Lekain, qui confirme la sensibilité de Voltaire à cette mauvaise action du 'visigot Crebillon' (D17614): 'Je lui ai entendu dire mille fois qu'il était au désespoir de n'avoir pu être l'ami de Crébillon; qu'il avait toujours estimé son talent plus que sa personne, mais qu'il ne lui pardonnerait jamais d'avoir refusé d'approuver *Mahomet*' (*Mémoires de Lekain*, Paris 1825, p.429).

D4577. *Voltaire à d'Argental*

Une fois bien établi que D4575, qui appartient à la 'Paméla', ne peut servir de repère, comme l'avait pensé Besterman, pour dater cette lettre, il me semble qu'il faudrait la placer quelques jours plus tard, après D4579 où il n'est pas question du *Siècle de Louis XIV*, et peut-être juste avant D4595 où il en est question à peu près dans les mêmes termes qu'ici. En tout état de cause, l'ancienne date de décembre est absolument à exclure, puisque Voltaire écrit que 'La Mecque', entendons la reprise de *Mahomet*, 'occupe' Mme Denis.

D4578. *Voltaire à Algarotti*

Il faut avancer ce billet à l'année 1752. Il se rapporte à la fameuse épître de Voltaire au cardinal Quirini, D4759, qui venait d'être imprimée et qui faisait quelque bruit en France et en Europe (voir la discussion de ce numéro). La lettre de Quirini dont parle Voltaire est D4983; la réponse qu'il annonce est D5024.

D4583. *Voltaire à Frédéric II*

Cette pièce de vers courut dans Paris en avril 1753, d'après un recueil de nouvelles à la main où elle se trouve en copie (F 22157, ff.128-29, 21 avril 1753). On la trouve également dans le recueil MS 651 de la Bh, ff.301-304, dans les recueils MS 2964, ff.165-66 et MS 6810, f.24 de l'Arsenal et dans le MS BN n.a.f. 25353, ff.188-89 et 398-99.

D4584. *Voltaire au baron Samuel von Marschall*

Le nom du destinataire est à corriger comme pour D4433: Wilhelm, et non Samuel.

'Je vous souhaitte dans votre nouvel établissement tout le bonheur que vous méritez': Marschall allait épouser la fille du comte de Podewils. Voir la discussion de D4384.

D4586. *Voltaire à Le Baillif*

Sur l'incident de la 'comtesse polonaise', voir 'Textes inédits pour la correspondance de Voltaire', *RhlF* 76 (1976), pp.72-73.

D4587. *Ximenès à Voltaire*

Le texte du manuscrit se termine aux mots suivants: 'avec plusieurs vrays amis et *une nièce unique*'. Les quatre paragraphes imprimés à la suite par Besterman appartiennent à une autre lettre d'où ils ont été interpolés par erreur. Cf. D13732, où on les retrouve à leur vraie place.

D4596. *Voltaire à Le Baillif*

Les dépêches diplomatiques de Berlin contiennent des informations très suivies de l'évolution de la maladie qui emporta Tyrconnell le 12 mars 1752, ce qui permet d'affiner les dates de plusieurs lettres ou billets de cette période: Voltaire en était lui-même 'instruit très régulièrement' (D4610).

Le 'nouvel accident' dont il est ici question survint le 10 octobre (MAE, *Prusse*, vol. 166, f.260). Il faut donc redater le billet ainsi: 'ce lundy [11 octobre 1751] à Potsdam'. Une lettre de Frédéric II à sa sœur Wilhelmine confirme que La Mettrie, qui avait été du voyage du 9, resta auprès de milord Tyrconnell (*Politische Correspondenz*, viii.473).

D4600. *Voltaire à Darget*

Le commentaire sur la mort du stathouder paraît être une réaction immédiate à la première nouvelle de l'événement. Je crois que l'on peut reculer ce billet de plusieurs jours.

'Durand se trouve là dans un beau moment'. Ce Durand (François-Marie Durand de Distroff, d'après le *Recueil des instructions diplomatiques*, vol. xvi, 'Prusse', Paris 1901, p.404, note 1) était alors l'un des principaux agents de la 'diplomatie secrète' de Louis XV. Il venait de passer par Berlin après un séjour à Dresde. Il se trouvait à La Haye où il demeura plusieurs mois. Voltaire l'avait sans doute rencontré à Potsdam, où Frédéric II le reçut le 14 octobre 1750 à son départ pour la Hollande (MAE, *Prusse*, vol. 166, f.269).

D4604. *Voltaire à d'Argental*

La note 4 est insuffisante. Si Voltaire prévoit qu'Astruc 'rira' des circonstances de la mort de La Mettrie – 's'il peut en rire', ajoute-t-il – c'est parce que La Mettrie avait naguère fort maltraité son confrère dans plusieurs de ses pamphlets contre la Faculté, sous les noms de Savantasse, de Chrysologue, d'Argenterius, voire nommément. Voir *L'Ouvrage de Pénélope* (Berlin 1750), ii.349; iii.43 et *passim*.

C'est ici que s'amorce la contribution de Voltaire à la grande *saga* de la mort de La Mettrie. 'Est il mort avec courage?', demandait-il à la comtesse de

Bentinck (D4603). Le 'brave athée' de la petite oraison funèbre qui termine cette lettre, et la primeur, au post-scriptum, de la prétendue dernière volonté du 'brave athée' d'être enterré dans un jardin, semblent répondre à la question. Mais l'ouvrage cité par Besterman en référence est nettement dépassé sur ce point. Il faut maintenant consulter l'excellente étude de Martin Fontius, 'Der Tod eines *philosophe*. Unbekannte Nachrufe auf La Mettrie', *Beiträge zur romanische Philologie* 6 (1967), pp.5-28 et 226-51. Je profite de cette note pour signaler quelques autres réactions ou témoignages contemporains, d'intérêt inégal, mais qui attestent plus amplement le double phénomène du retentissement historique immédiat et de l'intense élaboration idéologique et mythologique produite autour de l'événement:

1. une mention dans *Dreissig Jahre*, i.20, à la date du 11 novembre 1751.
2. une lettre de d'Arnim à la comtesse de Bentinck, datée de Berlin le 12 novembre 1751 (RAG 127).
3. une lettre de Rothenburg à la comtesse de Bentinck, datée de Potsdam le 15 novembre 1751 (RAG 258).
4. deux échos dans la *Gazette d'Utrecht*, suppléments du 19 novembre et du 31 décembre 1751.
5. un écho dans des nouvelles à la main adressées à Mme de Souscarrières (F 13711, f.137, 23 novembre 1751).
6. un écho du *Journal de la librairie*, à la date du 25 novembre 1751 (F 22156, f.142).
7. une lettre de Mylius à Haller datée de Berlin le 29 novembre 1751 (Burgerbibliothek, Berne, Mss. hist. helv. xviii.48).
8. une mention dans le 'Journal historique de 1715 à 1755, par le duc de Luynes', à la date du 1er décembre 1751 (Arsenal, Ms 4170, f.98).
9. un écho du *Mercure de France*, décembre 1751, ii.184.
10. une lettre de Jacques de Pérard à Haller, datée de Stettin le 7 février 1752 (Burgerbibliothek, Berne, Mss. hist. helv. xviii.47).
11. une lettre de la princesse Elisabeth d'Anhalt-Zerbst à la comtesse de Bentinck, datée de Zerbst le 28 mars 1752 (*Textes*, 64).
12. une lettre de Simon Pelloutier à Haller, datée de Berlin le 8 avril 1752 (Burgerbibliothek, Berne, Mss. hist. helv. xviii.11).
13. une lettre d'Elie Luzac à Haller, datée de Leyde le 1er août 1752 (*ibid.*, xviii.47).
14. une longue et très importante lettre du comédien Desormes, écrite de Berlin, publiée sans date dans les *Lettres sur quelques écrits de ce temps*, x.102-10, feuille du 13 juillet 1753.
15. une lettre du jésuite Menoux à la comtesse de Bentinck, datée de Nancy le 24 novembre 1758 (RAG 206).

Il est notable, en revanche, et très décevant, que la *Correspondance politique* de Prusse pour 1751, et en particulier le recueil des dépêches de Tyrconnell, chez qui mourut le 'brave athée', ne fasse pas mention de cette mort. Je suppose que l'ambassadeur envoya à Versailles en cette circonstance, selon l'usage, une 'lettre particulière', qui ne se trouve plus dans les archives.

D4605. *Voltaire au duc de Richelieu*

Autre lettre capitale à Richelieu, dans le droit fil de D4206 et de D4561 – et comme elles orientée vers le retour à Paris. J'interprète en ce sens trois passages restés sans commentaire:

1. 'Voylà, mon héros, une de nos farces achevées', c'est-à-dire: *voilà devenue inutile une des commissions dont je vous avais prié de vous charger, celle de voir si La Mettrie pouvait rentrer en France sans être inquiété.* Voir en effet la fin de D4206, que j'ai proposé de placer en septembre 1751: '[La Mettrie] demande s'il peut revenir en France, s'il peut y passer une année sans être recherché.' Cette 'farce' se trouvant 'achevée', une autre restait à jouer, dont Voltaire rappelle aussitôt le sujet.
2. 'Je vous importunais encor d'une certaine terre d'Assay qui est dans votre censive et pour laquelle il y a un procez que vous pourriez, dit-on, avoir la bonté de terminer un jour par un doux accord,' c'est-à-dire: *je vous priais aussi de me rétablir dans les bonnes grâces de la marquise de Pompadour.* Voltaire réfère en effet à D4206, sa 'grande ennuyeuse lettre', dont c'était l'objet principal. Cette 'terre d'Assay', objet du 'procez', représente son *établissement en Prusse,* que la favorite, comme Richelieu venait de le lui apprendre, ne pouvait lui pardonner – sa 'désertion'. Voir D4206: 'Vous m'avez fait l'honneur de me mander que le roi et madame de Pompadour, qui ne me regardaient pas quand j'étais en France, ont été choqués que j'en fusse sorti.' L'initiative même de Richelieu faisait de lui l'arbitre du 'procez' – et aussi bien, dans l'autre code métaphorique, l'ordonnateur de la seconde 'farce' restée inachevée. La phrase suivante précise par quel dénouement le 'doux accord' devait être obtenu.
3. 'Ma nièce veut qu'on vende cette terre. Hélas très volontiers. Vous êtes mon seigneur suzerain, et vous ferez de moy ce que vous voudrez,' c'est-à-dire: *sûr de votre protection et de celle que je vous demande de me regagner, je quitte Frédéric, je résigne mes charges en Prusse et je rentre à Paris.* Faut-il lire 'Assay' comme 'Assez'? En tout cas, sur cette 'terre' et sur la nécessité de la 'vendre', Mme Denis, qui voyait assidûment Richelieu, ne cachait pas son sentiment. Le 9 novembre, presque à la date de cette lettre, elle écrit à Cideville: 'Enfin à quel que prix que ce soit je veux ravoir mon Oncle et ne point aller en Prusse' (D4601). Notons encore que le fameux 'Hélas! très volontiers' que Voltaire emprunte au *Tartuffe* fonctionne dans tout ce passage comme le signal d'un double sens, comme une invite à la double lecture.

A la fin de D4206, Voltaire avait averti Richelieu qu'il avait 'un petit chiffre' avec sa nièce – et d'autant plus indéchiffrable, ajoutait-il, 'qu'il n'a point l'air de mystère'. Il lui avait aussi proposé un code pour répondre à la requête de La Mettrie: 'Je vous supplie, Monseigneur, de vouloir bien me mander si *le vin de Hongrie se gâte en mer*; s'il ne se gâte pas, la Métrie partira; s'il se gâte, la Métrie restera.' Ces expressions de D4605 ne sont pas aussi prudemment chiffrées, mais elles pouvaient du moins, si la lettre fut confiée à la poste, comme il semble, décourager les curieux.

D4607. *Lambert à Voltaire*

Il n'est pas impossible que ce soit là une lettre plus ou moins ostensible, écrite à l'instigation de Voltaire lui-même pour étayer une demande de permission tacite en faveur d'une impression parisienne du *Siècle de Louis XIV*.

Le bruit extraordinaire que fit le *Siècle* à peine parvenu à Paris, au moyen de quelques exemplaires rarissimes de l'édition de Berlin, la recherche générale d'une primeur de lecture, les sollicitations des libraires en vue d'une réimpression immédiate, les premières réticences des autorités, tout cela est attesté par plusieurs échos contemporains. Dès le 3 novembre, par exemple, Mme de Graffigny, qui avait vu Thieriot la veille, annonce à son ami Devaux la nouvelle d'une 'Histoire de Louis 14 de Voltaire que l'on dit estre delicieuse', et dont il n'y aurait encore à Paris que trois exemplaires: 'Je vais la faire gueter pour la primeur,' ajoute-t-elle, 'car on en aura bien tot tant qu'on voudras. Mr de Maleserbe prend un parti charmant. On lui a demandé d'en permettre l'impression. Il a dit "non, il faudroit donner un senceur qui pouroit bien la balafrer. Je ne prendrai pas garde a celles qui entreront a Paris". Cela n'est-il pas charmant?' (*Graffigny*, LVI, 144). Mot 'charmant' peut-être, mais les subordonnés de Malesherbes, plus zélés que mondains, étaient quant à eux en alerte, à preuve cette nouvelle du 4 novembre insérée dans le *Journal de la librairie*: 'Le bruit court que M. de Voltaire a fait imp. l'histoire veridique de Louis 14 qui est une satire de ce monarque, et qu'il y en avoit eu quelques exemplaires à Paris, cependant je n'ay pu en acquerir la preuve, ce seroit excellent a decouvrir.' Le 11 novembre enfin, le même nouvelliste patenté confirme la rumeur et note les premières démarches des libraires parisiens: 'Je suis sur a n'en point douter que voltaire a fait imp. a Berlin l'histoire veridique du Regne de Louis 14 2 vol. in 4° et qu'il en a fait venir a Paris quelques exemp. quelques lib. de Paris sollicitent M. de Malesherbes de leur accorder la p^on^ de la reimprimer ce qu'il ne veut pas leur accorder qu'il ne sache ce que le public pense de cet ouvrage' (F 22157, ff.137-38). A la fin de ce dernier texte, une rature disait, sans doute plus exactement: 'qu'il ne sache ce qu'on pense ...' – ce 'on' désignant à l'évidence la cour comme lieu de pouvoir: le roi, la favorite, les ministres.

D4608. *Voltaire à Frédéric II*

Si la mort de La Mettrie avait été l'occasion de ces strophes, pourquoi n'en serait-il pas fait mention? Il est aussi plausible de les rapprocher de l'*Ode* que Frédéric II avait envoyée à Voltaire au tout début d'octobre et dont il accusa réception le 3 de ce même mois dans D4583. Ce sont les mêmes thèmes et c'est le même mouvement.

'Faible réponse', disait Voltaire de ses premiers vers. On peut supposer qu'il aura composé ceux-ci pour les joindre au manuscrit de l'*Ode* en la renvoyant avec ses 'apostilles'. Ils dateraient également, dans cette hypothèse, du début d'octobre 1751.

D4610. *Voltaire à Le Baillif*

Voir la discussion de D4596. Les dépêches diplomatiques indiquent que dès le début de novembre Tyrconnell fut considéré comme rétabli (MAE, *Prusse*, vol. 166, f.311, lettre de Frédéric II à Tyrconnell datée du 4 novembre 1751). Il eut une rechute grave le 21 novembre, mais à cette date La Mettrie ('le docteur') était mort. Les éditeurs allemands de la correspondance de Frédéric II font état d'un 'Kabinettsorder' du 21 octobre, qui envoyait à nouveau La Mettrie à Berlin auprès de Tyrconnell (*Briefwechsel*, p.341, note 1). Ce billet pourrait être placé à la même date, qui fut bien un jeudi.

D4611. *Voltaire à Malesherbes*

La datation de Besterman n'est pas étayée. Ce billet pourrait avoir accompagné la lettre perdue à laquelle Malesherbes répondit le 7 août 1751 (D4542); le 'mémoire' qui s'y trouvait joint se rapporterait au projet d'édition des 'auteurs classiques' que Voltaire lui avait soumis. Il faudrait alors le placer vers le 15 ou le 20 juillet 1751.

D4616. *Voltaire à Formey*

Le baron d'Arnim avait entre les mains l'ouvrage de Formey dès le 14 novembre (RAG 127, lettre à la comtesse de Bentinck). On peut donc placer ce billet vers le 10.

D4617. *Voltaire au duc d'Uzès*

Au début de sa lettre, Voltaire mentionne 'deux genevois, qui s'étaient mis en tête d'entrer au service du roi de Prusse', qui lui ont, écrit-il, 'envoyé régulièrement de gros paquets de vers et de prose'. On peut les identifier assez probablement: Mallet (voir D4452); et La Beaumelle (voir D4402), que Voltaire crut longtemps genevois (cf. D5113).

D4618. *Voltaire à Hénault*

'Un officier poméranien qui a servi longtemps en Russie, et qui est actuellement à Potsdam ...' (alinéa 4): il s'agit de Manstein, dont les *Mémoires de Russie* devaient paraître en 1770, publiés en anglais par David Hume. Voltaire en révisa le texte français, et sans doute même y mit-il la main, vraisemblablement au printemps de 1752: voir D7455, D7937 et D8245. Voir aussi le *Commentaire historique* (M.i.94).

D4620. *Voltaire à d'Argental*

'Il y a plus d'un mois que je luy ay adressé [au président Hénault] un gros paquet avec une longue lettre' (*in fine*): la lettre est perdue, ainsi que la réponse;

le paquet contenait le premier tome imprimé du *Siècle de Louis XIV*. Voir D4641.

'Duclos fait fort bien d'écrire des romans', lit-on d'autre part au cinquième paragraphe de cette lettre. C'est une épigramme, sauf erreur, et sanglante, contre les *Mémoires pour servir à l'histoire des mœurs du XVIIIè siècle*, qui venaient de paraître (F 22156, f.140, 18 novembre 1751).

D4622-D4625. *Voltaire à Darget*

Ces quatre billets, qui intéressent l'histoire matérielle du *Siècle de Louis XIV* et qui tournent autour de la même affaire de 'piraterie' présumée, me semblent mal classés.

D4623 est évidemment le premier en date. La plainte ne porte que sur la traduction allemande irrégulièrement commandée par Henning; sur la 'perfidie' d'une édition furtive, Voltaire n'a encore que des soupçons. La parade envisagée est proportionnée au délit: il ne s'agit que de 'parler' au coupable, de le menacer de l'autorité du roi.

D4622 vient ensuite. Entre-temps, Voltaire a mené son enquête. Sur le premier point, sa plainte est plus précise: Henning a avoué, sa collusion avec le traducteur est découverte et vérifiée. Le second soupçon se confirme: un libraire de Breslau a annoncé le *Siècle* dans les gazettes. De fortes mesures s'imposent: il faut que Henning se porte garant des suites, qu'il signe un 'certificat'; il faut aussi qu'il fasse arrêter l'édition de Breslau.

D4624 apporte ensuite pour nouvelle preuve de 'l'infidélité' du libraire un témoignage formel sur une autre édition déjà faite, qui '[se] vend publiquement à Francfort sur l'Oder'. Cette fois les grands moyens sont envisagés: des ordres de saisie pour Francfort et Breslau, des perquisitions chez les libraires de Leipzig.

Il est plus difficile de placer D4625 dans la séquence. Voltaire ne traite avec Henning que par l'entremise de Francheville, son prête-nom pour l'édition de Berlin. Il prie Darget de 'faire écrire au sieur Henning qu'on pourrait se plaindre au roi' – simple mesure d'intimidation, semble-t-il, intermédiaire entre la réprimande verbale de D4623 et les coercitions de D4622.

D4624 est presque sûrement du 28 ou du 29 décembre. Le 29, en écrivant au roi, Voltaire dispose des mêmes informations, exprime les mêmes craintes, présente la même requête (D4635). Les trois autres billets paraissent s'échelonner sur quelques jours seulement, à partir d'une date vraisemblablement de peu antérieure à D4630, qui est du 25 décembre (cf. *in fine*: 'des compagnons imprimeurs ont des exemplaires').

L'incident paraît mineur, les réactions de Voltaire disproportionnées. Il faut pourtant se rappeler qu'il faisait imprimer cette première édition du *Siècle* à ses frais et qu'il se l'était entièrement réservée. Mais surtout il en préparait une autre qui devait s'imprimer à Paris. Il venait de soumettre son ouvrage à la censure officieuse du président Hénault, il se disposait à en assagir les audaces, il en faisait passer les feuilles à sa nièce par Malesherbes, il allait faire solliciter une permission au moins tacite. Bien accueilli par la cour et par le gouvernement, le *Siècle* pouvait faciliter son retour à Paris; un mauvais accueil confirmerait le bien-fondé de l'établissement en Prusse: voir D4561 et D4206 au maréchal de Richelieu. Au fond, Voltaire ne craignait-il pas que parmi ces éditions pirates d'Allemagne, on en vît bientôt paraître une tronquée ou falsifiée, chargée d'attaques contre les puissances, qui eût ruiné tous ses efforts? Sur la même affaire, il écrit vers la même date à la comtesse de Bentinck: 'Cela me perd en France' (D4631). Ce Henning était l'imprimeur du roi de Prusse: Voltaire soupçonna-t-il Frédéric d'avoir couvert ou toléré les infidélités du libraire? On sait dans quelles circonstances et dans quel état parut, deux ans plus tard, l'*Histoire universelle*, au moment où il espérait encore obtenir l'autorisation de rentrer en France.

D4627. *Voltaire à Malesherbes*

Il n'y a pas lieu de supposer une erreur de date. Voltaire était à Berlin dès le 7 décembre 1751, d'après un carnet holographe de La Beaumelle, qui eut avec lui une entrevue ce jour-là (BN, n.a.f. 10234, f.56). Sans doute y était-il arrivé le 5 avec le roi.

D4629. *Voltaire au marquis de Ximenès*

Réponse énergique, apparemment à une lettre bien attestée (D4587). Mais il est permis de douter que Voltaire ait donné ce tour à un billet envoyé de quatre cents lieues. N'est-ce pas là plutôt un 'extrait'?

La date du manuscrit a été mal lue. C'est: 20 décembre 1751 – date d'ailleurs répétée en tête de la page. Mais cette date est de toute façon aberrante: en quelle occasion 'mademoiselle Clairon' aurait-elle pu 'sauver Rome' *une première fois*, alors que la pièce ne fut représentée que le 24 février 1752? Je ne pense pas que ce soit là la réponse à D4587, comme Besterman l'a imaginé sur les apparences du texte. La date du 20 décembre 1752 convient parfaitement: il était alors question de reprendre les représentations en janvier ou février 1753. Voir, entre autres, D5002, D5048, D5103 et D5198. Plusieurs de ces lettres évoquent d'ailleurs une 'nouvelle distribution', qui suscita manifestement des résistances ou des rivalités parmi les comédiens, et à l'occasion de laquelle se ranima peut-être l'ancienne querelle de la Clairon et de la Gaussin au sujet du rôle d'Aurélie: cf. D4774 (*SV* 176, pp.41-50), D4335 et D4787.

Il faut lire, d'autre part: 'Votre Gaussin ne sait' et non 'ne fait'.

D4630. *Voltaire à d'Argental*

Le 'petit mémoire' sur le procès de la comtesse de Bentinck est la pièce 52 de la section *Textes*.

'Je me trouve dans le cas d'avoir presque forcé madame de Bentinck à prendre mylord Tirconnel pour son arbitre'. Voir D4476. Voltaire avait lui-même rédigé la procuration de la comtesse; il l'avait aussi remise lui-même à Tyrconnell: voir *Textes*, 39 et 40.

D4638. *Madame Denis à François de Chennevières*

Cette lettre est seulement datée: 'ce 29 10bre'. Il faut la placer, non en 1751, mais en 1752.

Quelle est cette 'dernière aventure' de Voltaire, qui donne à Mme Denis, écrit-elle, 'bien du chagrin'? Cet indice n'est pas net. L'échec de la reprise de *Mahomet*, propose Besterman à l'appui de sa datation. Mais il y eut huit représentations. Le *Mercure de France* parla d'un 'succès' malheureusement 'interrompu' par le voyage de la cour à Fontainebleau (*MF*, novembre 1751, p.142). Dans l'introduction du volume xx de sa première édition de la *Voltaire's correspondence*, Besterman notait plus justement 'the highly successful revival of *Mahomet*'.

'Les comédiens', écrit aussi Mme Denis, 'm'ont guéri de la fureur de rimer.' Autre indice précis, et déterminant à lui seul: c'est en 1752 que Mme Denis entreprit de faire jouer son ancienne comédie de *La Coquette punie*, malgré les avertissements de son oncle. Divers échos du *Journal de la librairie* permettent de suivre exactement ses démarches (F 22157, ff.97-98, 187, 189 et 191, 20 juillet, 24 et 30 novembre, 7 décembre 1752); et le dernier en date est très certainement le meilleur commentaire de ce passage. On le trouvera recueilli dans la section *Textes*, 86.

Voir aussi d'Alembert à Mme Du Deffand, 4 décembre 1752: 'Cette pauvre madame Denis a retiré sa pièce des mains des comédiens, après avoir été ballotée pendant trois mois: elle aurait mieux fait de ne pas la donner' (*Correspondance complète de Mme Du Deffand*, i.156). Et cf. D5142, de Mme Denis au même Chennevières, 8 janvier 1753: 'Les comédiens m'ont bien dégoûtée des pièces de théâtre.'

Quant à la 'nouvelle aventure' de Voltaire, il s'agit presque certainement de la découverte de l'*Akakia* et de la première 'brûlure', dont la nouvelle fut publique à Paris au plus tard le 21 décembre: voir *Textes*, 87. On comprend, dans cette circonstance, que Mme Denis ait eu recours à un couvert paraministériel.

D4640. *Voltaire à Podewils*

Voltaire donne comme adresse: 'Mittle Struass, chez Francheville, place des gendarmes'. C'est en décembre 1752, disgracié et privé de son logement en cour, qu'il dut descendre chez le conseiller Francheville à son arrivée à Berlin. Selon une tradition biographique bien établie, il demeura chez Francheville jusqu'au début de mars: voir D5102, note 1.

On peut serrer la date de plus près. Voltaire 'supplie' Podewils 'de se souvenir de ses anciennes bontez', il le prie de '[l]'honorer d'une visite consolante', il lui promet un attachement qui durera 'toutte sa vie'. Dans cette dramatisation du rapport personnel, dans cette rupture de la durée surtout, il est facile de lire, quoique non dite, la grande catastrophe de la fin de 1752: la flétrissure publique de la *Diatribe*, qui acheva la disgrâce, et même la demande de congé qui y répondit. Il fallait justement, me semble-t-il, que Voltaire ne se considérât déjà plus comme un officier du roi de Prusse pour prier ainsi son ministre, dans des termes strictement *personnels*, de venir le visiter.

Je serais porté à placer ce billet au 4 ou au 5 janvier 1753, juste avant D5138.

Voltaire venait d'apprendre, lorsqu'il adressa cette dernière lettre au chevalier de La Touche, qu'il ne pouvait compter que Podewils acceptât de faire au roi son maître des 'représentations' en sa faveur, s'il n'était d'abord reconnu comme un officier du roi de France: de qui, sinon de Podewils lui-même, pouvait-il tenir une interprétation aussi formaliste des ambiguïtés juridiques de son statut?

D4641. *Hénault au comte d'Argenson*

Hénault écrit qu'il a toujours entendu Voltaire 'déclamer contre le siècle de ce que l'on ne faisait rien pour les hommes célèbres', et il s'étonne de la 'jalousie' de Voltaire contre les honneurs et récompenses accordées à Crébillon par la faveur de Mme de Pompadour. On peut commenter très directement ce passage en citant la vingt-troisième des *Lettres philosophiques*: 'J'ai vu longtemps en France l'auteur de Rhadamiste prêt de mourir de faim'; mais il faut aussi remarquer que, malgré sa prétendue 'jalousie', Voltaire ne modifia jamais cette mention honorable.

D4642. *Madame Denis à la marquise de Pompadour*

Sollicitant, au nom de son oncle, une permission tacite pour le *Siècle de Louis XIV*, Mme Denis écrit: 'L'ouvrage a été remis nomément à m^{r} le presidand Henaud qui après l'avoir examiné a marqué à l'auteur plusieurs endroits à corriger, ce qu'il a fait sur le chant et ce qu'il offre de faire encor s'il en est besoin.' On peut, sur ces données, affiner la datation.

C'est au début de janvier 1752 que Voltaire reçut les remarques de Hénault sur le premier tome du *Siècle*: voir D4761. Le 28 janvier, à la date de D4780, il avait déjà renvoyé ce volume corrigé et venait de recevoir les observations sur le second tome. Le 1er février, l'ouvrage était entièrement corrigé (D4784): ce serait apparemment le *terminus a quo* de ce 'placet'. Mais on peut se demander, à bien lire les derniers mots du passage cité ci-dessus, si Voltaire attendit d'avoir *terminé* ses corrections, s'il ne chargea pas plutôt Mme Denis de pressentir la favorite dès le 18 janvier en lui faisant parvenir sous le couvert de Malesherbes un exemplaire déjà 'cartonné' de l'édition de Berlin, probablement corrigé en partie selon les avis de son censeur officieux: voir D4771.

D'autre part, c'est à la fin de février, selon toute apparence, que Mme Denis exécuta la commission: voir D4828, à d'Argental, et D4837, à Le Baillif, 11 et 16 mars 1752.

Il faut donc placer cette pièce en janvier-février 1752.

D4644. *Voltaire à Algarotti*

Deux indices mineurs sont utilisables en vue d'une datation. La mention du 'cousin' et de la 'cousine', s'il s'agit bien, comme on peut le penser d'après D4482, de La Mettrie et de sa compagne, oblige à exclure l'année 1752: La Mettrie mourut le 11 novembre 1751. La référence à la maladie de Darget fournit un point de repère plus incertain, mais permet d'avancer la date approximative du printemps 1751: cf. D4389, D4404 et D4413.

D4647. *Voltaire à Formey*

En dépit de l'apparence matérielle du manuscrit, je serais porté à réunir ce texte à D4821, comme dans les *Souvenirs d'un citoyen*: Formey n'est pas toujours fiable quant aux dates, mais sa pratique des citations, autant qu'on en puisse juger, est au-dessus de tout soupçon.

D4649. *Voltaire au baron Samuel von Marschall*

Il s'agit en fait de Friedrich von Marschall.

L'invitation s'adressant à Marschall seul, ce billet doit être antérieur à son mariage (4 octobre 1751, d'après *Utrecht*, 12 octobre 1751). Le texte suppose d'autre part une suite de divertissements de cour. Le mois de janvier 1751 est le seul à convenir. On joua, entre autres pièces peut-être, *Zaïre* le 5 janvier (d'après D4340), *Rome sauvée* le 9 (d'après *Tageskalender*, p.126) et *Andromaque* le 12 (d'après D4339) – après quoi Voltaire, absorbé par le détail du procès contre Hirschel, ne se mêla plus des plaisirs de la famille royale. On peut ainsi rapprocher ce billet de D4339 au même destinataire: la date du 9 janvier, qui fut bien un samedi, paraît assez probable.

D4753. *Voltaire à Lessing*

D4755. *Lessing à Richier*

C'est le 15 janvier 1752 dans D4763 que Voltaire avertit Walther de 'l'embarras' que lui donne un jeune étudiant de Wittemberg, 'un nommé Lessing', qui vient de partir de Berlin en emportant un exemplaire 'volé' du *Siècle* – l'ouvrage n'avait pas encore été débité, des cartons restaient à faire. Le jeune Lessing a pris sa route vers le sud. Il s'agit de rattraper cet exemplaire avant qu'il ne tombe entre les mains des libraires de Leipzig ou de Wittemberg, qui ne manqueraient pas de contrefaire l'édition de Berlin. Voltaire vient 'd'écrire et de faire écrire' au coupable pour le lui réclamer.

Cette lettre (D4763) est holographe et la date en est d'ailleurs confirmée par celles des lettres suivantes de la même série, D4773 et D4776. Il est évident, d'autre part, que Voltaire ne tarda pas à prévenir son éditeur de cette mésaventure. Walther était en effet 'sur les lieux', comme il le lui écrit ici, et pouvait être informé plus rapidement d'éventuelles impressions pirates. C'est sur ce repère très assuré, plutôt que d'après les reconstitutions tardives de la *Lessings Leben*, qu'il faut essayer de dater les deux lettres qui subsistent sur 'l'affaire Lessing'.

D4753 est justement la lettre de Voltaire au coupable. On peut la placer sans grand risque d'erreur au 14 ou au 15 janvier 1752.

D4755 est la réponse de Lessing à une lettre perdue du secrétaire de Voltaire – lettre que Voltaire avait évidemment soufflée ou dictée, et qui devait être de peu antérieure à D4753 où il en est fait mention. Lessing ne signale pas que

Voltaire lui ait écrit: sa lettre a dû croiser D4753. On peut donc la dater, à un ou deux jours près, du 17 janvier.

Les deux lettres suivantes à Walther recoupent ces hypothèses: le 18 janvier, Voltaire n'avait encore que des informations indirectes sur les projets de Lessing (D4773); le 22, l'exemplaire dérobé, que Lessing avait renvoyé à Richier en lui adressant D4755, était revenu à Berlin.

D4756. *Voltaire à Formey*

'Mandez-moi, je vous prie, quel était son nom de baptême, & l'année de sa mort': informations utiles pour ajouter un article au 'Catalogue' du *Siècle de Louis XIV*, où Beausobre figure en effet.

D4757. *La Condamine à Voltaire*

Cette lettre fut bientôt connue dans Paris (F 22157, f.155, copie insérée dans des nouvelles à la main, à la suite du *Journal de la librairie*, avec la date du 11 août 1752). On en trouve également copie dans le recueil Ms 650 de la Bh, ff.404-406.

D4759. *Voltaire au cardinal Quirini*

Il existe d'autres copies manuscrites de cette célèbre épître: Arsenal, Ms 2964, ff.130-31; Ms 6810, ff.49-50 et 72-73; Ms Bastille 11846, f.387; Bh, Ms 651, ff.164-68, et Ms 665, ff.177-80. Elle fut d'autre part immédiatement imprimée dans plusieurs 'feuilles' courantes à l'étranger: *Les Cinq années littéraires* de Clément (iv.124-27); la *Bibliothèque impartiale* de Formey (vi.154-56). Signalons aussi une impression séparée, qui paraît inconnue (6p. in-4°, s.l.n.d., RAG 382b-c).

Il est notable qu'elle commença à circuler dans Paris en juillet 1752. Les premières mentions relevées sont de la mi-juillet: 14 juillet dans des nouvelles à la main placées à la suite du *Journal de la librairie* (F 22157, f.144); 16 juillet dans un autre gazetin saisi par la police (Ms Bastille 11846, f.387). Voltaire crut à une indiscrétion de Darget: cf. D4941 et D4991.

Le scandale fut immédiat. Le nouvelliste du *Journal de la librairie* prend les choses en badinant: 'Cette épître ne fait pas fortune. On admire le grand jugement de L'auteur, qui s'adresse a un Cardinal pour se moquer de la Religion, et qui par une antithese aussi puerile qu'indecente met la grace de Jesus Christ vis a vis les trois graces d'homere' (F 22157, f.144). Mais l'abbé du Resnel, en bon ami, écrit plus sérieusement: '[Cette pièce] me persuade qu'il n'a plus aucune envie de revenir en France. S'il y pense réellement, il a grand tort d'écrire d'une façon qui le rend odieux à tous les bons citoyens' (D4951, à Cideville, 20 juillet 1752). L'animosité du parti dévot s'en trouva réveillée, en effet, si l'on s'en rapporte au jugement de la duchesse de Luynes écrivant à son mari: 'Je vous rends mille grâces de l'épître de Voltaire; j'avois un grand désir de la voir, mais je ne la montrerai pas à la Reine; elle en est furieuse, et dit que rien dans le monde ne la lui feroit lire' (*Mémoires du duc de Luynes*, xii.76, lettre datée de Compiègne, le 22 juillet 1752). D'où le vif succès d'une 'réponse' en forme de parodie, qui circula tout aussitôt, et dont on trouve de nombreuses copies manuscrites: F 22157, ff.160-61 (nouvelles du 24 août); Arsenal, Ms 2964, f.131-32 et Ms Bastille 11846, ff.402-403 (nouvelles du 27 août); Bh, Ms 651, ff.168-71 et Ms 662, ff.41-42.

La seconde édition signalée par Besterman doit être de 1753 et non de 1752, puisque D5081, qui porte la date du 21 novembre 1752, s'y trouve également imprimée. Fréron en rendit compte en août 1753 (*Lettres sur quelques écrits de ce temps*, x.254-67).

D4762.

Il me paraît assez probable que le texte signalé ici comme manquant est tout simplement D4346.

D4768. *Voltaire à Le Baillif*

Il faut lire, à la ligne 5: 'J'espère venir vous *voir* ...'.

Besterman a daté ce billet par rapport à D4832. Mais un 'paquet' n'est pas un 'ballot'. Ce 'ballot' de D4832 pesait, d'après D4833, 'environ dix livres': il est sûr que Voltaire se fût excusé de l'embarras qu'il donnait.

'Mon cher camarade j'aprends que mylord Tirconell ...' Il semble bien que Voltaire réagisse ici à la *première* nouvelle qui parvint à Potsdam de la maladie qui allait emporter l'ambassadeur. Cet accident peut se dater, d'après les dépêches diplomatiques, du 27 septembre 1751 (MAE, *Prusse*, vol. 166, f.225); et le 28 fut bien un mardi.

D4775. *Voltaire à Formey*

Les séances de l'Académie de Berlin se tenaient le jeudi; l'assemblée publique et solennelle de janvier avait lieu, en principe, le jeudi le plus proche du 24, jour anniversaire de la naissance du roi. D'où l'excuse de Voltaire au secrétaire, la séance de 1752 s'étant tenue, je ne sais pourquoi, un mercredi. 'Je n'ai point reçu de billet,' ajoute-t-il: les académiciens avaient-ils donc, comme le public, leurs billets d'invitation? En fait, il est difficile de croire à une véritable méprise, si retirée que fût alors la vie de Voltaire. Il avait apparemment dû déloger des appartements royaux pour les fêtes du carnaval, il habitait 'chez madame Bok' (D4802 et D4793); il passa ce deuxième hiver berlinois dans une semi-disgrâce, d'où sa mauvaise volonté à rejoindre Potsdam, à la fin de janvier, après le départ du roi. On se demande, au fond, s'il ne faut pas regarder cet incident, purement académique en apparence, comme un effet de son habileté coutumière à retourner les situations. Il est d'ailleurs notable que cette séance où il ne parut pas est précisément celle où Darget donna lecture de l'*Eloge de La Mettrie* composé 'de main de maître'.

D4777. *Voltaire à Fawkener*

'I direct them to our envoy at Hambourg': Lévesque de Champeaux. Voltaire était lié familièrement avec lui 'depuis plus de vingt-cinq ans' (voir *Textes*, 27) et faisait souvent appel à ses bons offices pour acheminer ses lettres et ses paquets (voir D4835, D4907 et D4966, entre autres).

D4778. *Voltaire à Frédéric II*

Nuance peut-être vétilleuse: il me semble que cette lettre fut adressée à Potsdam, où le roi retourna le 26 (*Tageskalender*, p.129); le raisonnement de Besterman par rapport à D4781 étant d'ailleurs satisfaisant, elle serait du 27, du 28 ou du 29 janvier 1752.

L'expression des 'assurances respectables' qui engageraient Frédéric II à l'égard de la 'famille' et des 'amis' de son chambellan Voltaire, réfère naturellement à D4195.

D4779. *Voltaire à Richelieu*

A la fin du premier paragraphe de cette lettre, l'insinuation d'une 'folie' qui se serait communiquée, comme une 'maladie épidémique', des ouvrages de 'l'enragé' La Mettrie à l'auteur de son éloge académique, Frédéric II en personne, mérite d'être relevée.

Quant au passage repris d'une lettre perdue de Mme de Pompadour, on peut le rapprocher de la lettre du président Hénault à d'Argenson datée du 31 décembre 1751, où le départ de Voltaire pour la Prusse se trouve également expliqué par sa jalousie contre Crébillon: Hénault fut apparemment de ces 'amis' qui accréditèrent cette interprétation. Il faut d'ailleurs remarquer que Voltaire y avait lui-même donné quelque apparence dans sa lettre à Hénault du 8 décembre, en appliquant aux faveurs accordées à Crébillon une phrase très générale du 'Discours préliminaire' de l'*Encyclopédie*: 'On nuit plus au progrès de l'esprit en plaçant mal les récompenses qu'en les supprimant' (D4618, alinéa 7).

Enfin c'est au sujet de cette lettre, du 'ballot' des *Œuvres* de La Mettrie expédié le même jour, et de la lettre à Mme Denis qui s'y trouvait jointe, que Voltaire s'inquiéta six semaines plus tard, en constatant que son envoi n'était pas parvenu à Paris: voir D4832 et D4833.

D4780. *Voltaire au président Hénault*

'On m'a dit qu'il [le comte d'Argenson] a été mécontent d'un parallèle entre Louis XIV et le roi Guillaume': le passage en question du *Siècle de Louis XIV* (chap. 17) appelle une lecture comparée – doublement parallèle, si l'on peut dire – avec un développement analogue des *Mémoires pour servir à l'histoire de Brandebourg*, par Frédéric II, qui avait déplu à Versailles, et dont il est à la fois le commentaire et le correctif, apparemment insuffisant au jugement de la cour de France: voir D4206, §11.

D4781. *Voltaire à Frédéric II*

'Tout le monde dit chez la reine mère que je suis dans votre disgrâce': moyen on ne peut plus *direct*, malgré l'apparence, de sonder les véritables sentiments du roi ou de lui reprocher des contradictions de discours, puisqu'on ne pensait et parlait 'chez la reine mère' que d'après lui. Citons un mot plaisant du baron d'Arnim à la comtesse de Bentinck: 'Cette Cour a été de tout temps l'Echo et le Barometre de celle de Potsdam' (RAG 127, 29 juin 1753).

D4782. *Voltaire à Darget*

Voltaire veut savoir si les exemplaires du *Siècle* que le roi lui a fait demander sont pour ses bibliothèques ou s'il les destine 'à quelqu'une de ses sœurs'. La même question, mais moins précisément formulée, apparaît dans D4335, que j'ai proposé de placer au 4 février 1752; elle se retrouve posée, avec plus d'insistance, dans D4815. Voltaire avait enfin la réponse à la date de D4786. Ces trois billets sont donc antérieurs au 9 février, date où il envoya le *Siècle* à la reine Ulrique de Suède, sœur de Frédéric II (D4791).

Celui-ci doit être placé au dimanche 6 février. Voltaire avait annoncé dans D4335 qu'il espérait être en état de revenir à Potsdam le lundi suivant, 7 février: c'est précisément sur cette annonce que s'articule le début du texte: 'Mon cher ami, je comptais pouvoir venir demain ...'

D4784. *Voltaire au président Hénault*

'Je compte aller prendre les eaux dès que le soleil fondra un peu nos frimas': c'est ici la première annonce du projet qui prit forme un an plus tard. Dans D4817 au même, le 25 février, Voltaire précise: 'les eaux de Plombières'.

D4785. *Voltaire à Formey*

La 'farce leibnitienne' qu'envoyait Voltaire est presque certainement le *Dialogue entre un Bracmane et un Jésuite*, que Formey publia dans la feuille du 5 février de son *Abeille du Parnasse* (v.41-47). Cette impression, l'une des premières selon toute apparence, n'est pas signalée par *Bengesco*.

Il n'y a aucune difficulté d'autre part à supposer que le discours de Formey avait pu être imprimé à l'avance pour le public choisi de l'une des deux grandes séances solennelles de l'Académie. La datation traditionnelle de ce billet me paraît tout à fait plausible. Celle que propose Besterman est sûrement trop tardive, compte tenu des délais d'impression de l'*Abeille*.

D4786. *Voltaire à Darget*

Ce billet doit être du 8 ou du 9 février: voir le premier point de la discussion de D4782.

D4787. *Voltaire à d'Argental*

Au premier des vers cités, il faut évidemment lire: 'J'ai vécu pour vous *seul* ...'

D4789. *Voltaire au baron Johann Hartwig Ernst von Bernstorff*

Bernstorff était comte, et non baron. Entré au conseil au début de 1751, il était devenu en quelques mois le ministre le plus écouté du roi Frédéric V. Dans les archives diplomatiques, il est 'le ministre principal de Danemark'.

D4790. *Mme Denis au duc de Richelieu*

C'est évidemment là le même texte dont un autre extrait se trouve donné sous le numéro D5198. Les indices chronologiques du second extrait, qui sont des plus précis, imposent la date de 1753.

D4793. *Voltaire à Darget*

'Un comte aveugle, qui vient, dit-on, de se marier': 'le comte Lepel, de Stettin', d'après Lehndorff (*Dreissig Jahre*, p.22). 'Excellente affaire pour sa femme,' ajoute Lehndorff, 'car elle est très laide.'

D4795. *Hénault à Voltaire*

'J'avois espéré un Exemplaire de l'histoire de Brandebourg et l'on m'avoit assuré que le roi de Prusse se souviendroit de moi': voir la discussion de D4561, *in fine*. Maupertuis ('on') n'avait apparemment pas envoyé l'exemplaire promis par le roi.

D4800. *Le Baillif à Voltaire*
D4801. *Voltaire à Le Baillif*

Les circonstances de cet échange ont été éclairées par Claude Lauriol, *La Beaumelle, un protestant cévenol entre Montesquieu et Voltaire* (Genève, Paris 1978), pp.277-80. Compte tenu des recoupements proposés, la date paraît devoir être reculée vers le 10 février.

'Je sçais très certainement comme on pense,' écrit Voltaire. Entendons: *Je connais les sentiments du roi de Prusse à l'égard de milord Tyrconnell, les plaintes de La Beaumelle ne peuvent les altérer.*

D4802 et D4803. *Voltaire à Formey*

Ces deux billets sont à rapprocher de D4365a, dont la date est sûre. On peut trouver curieux que Voltaire ait envoyé à deux reprises le même manuscrit. On remarque cependant qu'en le renvoyant, Formey ne parle pas, dans D4365a, de l'imprimer, mais remercie seulement Voltaire de lui en avoir procuré la lecture. Il me semble donc qu'il faut inverser l'ordre des deux billets: D4803 accompagna le prêt du manuscrit et D4365a y répondit; puis Formey aura demandé la permission d'imprimer l'*Eloge historique* et Voltaire le lui aura renvoyé avec D4802. Le premier billet daterait du 30 janvier, le second du début de février.

'[Le] libraire de Paris qui imprime la traduction de Neuton': Lambert. Cf. D4494, *in fine*.

D4806. *Voltaire à madame Denis*

Il n'est peut-être pas inutile de redire ici que l'on peut regarder cette lettre comme véritable, comme le seul vestige indiscutable, avec D5159 et peut-être D4252 et D4845, de la correspondance réelle et authentique de Voltaire avec sa nièce pendant son séjour en Prusse.

D4815. *Voltaire à Darget*

Il faut placer ce billet au 7 ou au 8 février, entre D4335 et D4782 d'une part, dont Voltaire reprend ici la question sur la destination des exemplaires demandés par le roi, et D4786 où il accuse réception de la réponse. Voir la discussion de D4782.

D4819. *Frédéric II à Voltaire*

Cette lettre répond à D4808, Besterman l'a bien noté. Il faut l'en rapprocher davantage, car elle est écrite de Potsdam, où Frédéric II dit aussi 'attendre [le] retour' de Voltaire. Le 25 février, le roi vint à Berlin et Voltaire rentra avec lui à Potsdam le 26 (*Textes*, 61 et 62).

D4821. *Voltaire à Formey*

Le mois de mars est à exclure, ce billet paraissant écrit de porte à porte, si l'on peut dire: Voltaire regagna Potsdam le 26 février 1752 – et c'est le *terminus ad quem*.

D'autre part, je pense qu'on peut rétablir le second paragraphe dont Besterman a fait un numéro à part: voir la discussion de D4647.

D4824. *Voltaire à Lekain*

La note est insuffisante: Lekain fut inscrit au 'tableau' des comédiens du roi en février 1752 (*Mémoires de Lekain*, Paris 1825, p.428) – d'où sa délégation au 'compliment de clôture' prononcé le 18 mars (*Textes*, 63).

D4825. *Voltaire à Le Baillif*

Tyrconnell mourut le 12 et non le 2 mars, 'à onze heures du matin' selon le rapport de son secrétaire (MAE, *Prusse*, vol. 167, f.106). Ce billet est certainement du même jour. D4832, le 14, y fait référence.

D4827. *Voltaire à Cideville*

Tant qu'à citer les anciens, Besterman aurait pu mentionner dans son commentaire la réponse d'Eugène Ritter à Delaruelle (*RhlF* 34 (1927), p.579).

D4828. *Voltaire à d'Argental*

'Il est doux de faire son entrée à Paris sur son âne mais au bout de huit jours on y est fessé': allusion plaisante aux récits évangéliques de l'entrée du Christ dans Jérusalem (Saint Luc xviii.41-44).

'Le petit verre qu'on a donné aux Montcriffes': cf. D4374, *in fine*. D'après le marquis d'Argenson, Moncrif avait ses entrées personnelles auprès de Louis XV: 'On n'y comprend rien, sinon pour l'espionnage' (*Journal et mémoires du marquis d'Argenson*, éd. Rathery, vi.229, 19 juillet 1750).

D4830. *D'Arnaud à Etienne de Prétot*

L'erreur de datation ou de lecture est évidente: Voltaire, écrit d'Arnaud, 'vient de s'accommoder à prix d'argent' avec Hirschel. Cet accommodement fut signé le 26 février 1751 (Wilhelm Mangold, *Voltaires Rechtsstreit mit dem königlichen Schutzjuden Hirschel, 1751*, Berlin 1905, pp.112-13, document 39). Il est clair que la lettre est du 12 mars 1751.

'Voilà où m'ont conduit les vers du roi ...': l'épître mentionnée dans la note 1 du commentaire de D4166.

D4831. *Voltaire à d'Argental*

L'ouvrage 'amusant et instructif' d'Algarotti est vraisemblablement les *Lettres* qu'il allait joindre à une réimpression de ses *Dialoghi sopra la luce* ..., nouveauté que Voltaire annonça lui-même peu après au public français, à la fin d'un 'avertissement' sur le *Siècle de Louis XIV* (*MF*, juin 1752, ii.198; M.xxiii.556).

D4832. *Voltaire à Le Baillif*

Ce 'm[r] Macmaon' du post-scriptum était un médecin que l'on avait envoyé de Versailles, à la fin de 1751, pour soigner Tyrconnell (MAE, *Prusse*, vol. 166, f.402). Voltaire lui adressa encore ses compliments à la fin de D4837.

D4833. *Voltaire à Richelieu*

'Le ballot pesait environ dix livres et contenait les volumes que vous m'aviez demandez': les ouvrages de La Mettrie et un exemplaire de l'édition originale des *Mémoires pour servir à l'histoire de Brandebourg*. Cf. D4206 et D4779. D'où les inquiétudes exprimées à la fin de D4837 sur les lenteurs ou les aléas de l'acheminement.

D4842. *Voltaire à Le Baillif*

Il faut lire 'dimanche [*19* mars 1752]'. Milady Tyrconnell quitta Berlin le 21 mars (MAE, *Prusse*, vol. 167, f.115), ce qui confirme l'hypothèse de Besterman.

D4843. *D'Argental à Voltaire*

'Dumolar n'a pas rendu un compte fidèle de la 1ère représentation [de *Rome sauvée*]': il paraît assuré que Du Molard avait été choisi par Marschall, sur la recommandation de Voltaire, pour succéder à Fréron dans sa 'correspondance littéraire' de Paris. Cf. D4584. La communication de son rapport sur la première de *Rome sauvée* fut très probablement l'occasion de D4436.

'Mrs de Maupertuis et Algaroti comptent faire un voyage. Ils peuvent attendre'. Maupertuis obtint de Frédéric II la permission de se rendre en France dès le mois de mai 1752 (*Briefwechsel Maupertuis*, pp.272-73); mais il retarda son voyage de mois en mois et ne quitta Berlin qu'en avril 1753, un mois après le départ de Voltaire. Algarotti devait voyager en Italie (voir D4859), mais il n'eut son congé qu'en février 1753 (*Œuvres de Frédéric le Grand*, éd. Preuss, xviii.86).

D4844. *Longchamp à ?*

On peut supposer que le destinataire de cette lettre a pu être Francheville, le secrétaire de Voltaire. Cf. le début de D4854: '[La lettre] que vous m'avez fait écrire par m[r] de Francheville'.

D4845. *Voltaire à d'Argental*

'Que votre majesté daigne agréer l'hommage d'un sujet, d'un officier de votre maison ...': ce projet d'épître dédicatoire n'eut pas de suite; mais il est bon de noter que le texte en était soigneusement calculé, à la fois pour renouveler l'allégeance et l'attache personnelles au roi de France, en effaçant pour ainsi dire les apparences du changement de service, et pour préparer l'opinion à l'éventualité d'un retour, en niant solennellement les accusations de 'désertion'.

La date proposée par Besterman me paraît trop tardive. Dès le début de février, Voltaire avait prévu de donner de *Rome sauvée* 'une édition particulière vers pâques' (D4788, à Lambert). Un projet de préface fut envoyé à Mme Denis dès le 6 février: voir D4787, à d'Argental. Il est vrai que ce n'est qu'en cas de succès qu'il pouvait la dédier au roi. Mais rien ne l'empêchait d'esquisser la dédicace avant de connaître l'effet des représentations. Et c'est même ce qu'implique, me semble-t-il, la fin du post-scriptum de ce billet: 'si on nous joue' – et non: si on reprend la pièce.

L'identification du destinataire enfin me paraît douteuse. Il n'est pas question de cette dédicace dans les lettres à d'Argental de février ni de mars – et il semble d'ailleurs que d'Argental n'était pas favorable à une impression aussi rapide: il ne répondit pas d'abord sur la 'préface' qu'on lui soumettait (cf. D4787 et D4828) et il conseilla ensuite de n'imprimer la pièce que remaniée (D4843, 19 mars). C'est Mme Denis qui avait la copie de *Rome* et le 'gouvernement' des acteurs (voir D4760 et D4779): le *nota bene* final de ce numéro D4845 n'avait guère de sens que pour elle; et c'est elle aussi que Voltaire chargea, dès le 19 février, du soin de faire demander la permission d'une dédicace au roi (D4806). Bref, je crois que ce projet et ces changements furent adressés à Mme Denis, peu de temps après D4806, et peut-être même avec cette lettre même.

D4850. *Formont à Voltaire*

Le *Parallèle de Catilina et de Rome sauvée*, qui fait l'objet de la note 3 de Besterman, apparaît parmi les 'livres nouveaux' à la date du 30 mars 1752 dans le *Journal de la librairie*, où il est attribué à un certain Dupuy; Formont a peut-être voulu parler d'un autre ouvrage, les *Observations sur Catilina et Rome sauvée*, signalées comme une nouveauté à la date du 16 mars et attribuées au fils du commissaire Le Comte (F 22157, ff.42 et 49-50).

D4856. *Voltaire à Jacques Bagieu*

Cette lettre fut publiée dès 1766 dans le *Journal Encyclopédique* (15 juillet, pp.131-34).

Au second paragraphe, il faut sûrement lire: 'après *en* avoir écrit l'histoire'.

D4857. *Voltaire à Walther*

'Il serait important pour vous que les anecdotes sur le Czar Pierre et les pensées sur le gouvernement parussent.' Les *Pensées* se trouvent bien dans *Trapnell* 52, mais non les *Anecdotes*: la censure russe prévalut sans doute.

D4860. *Voltaire à La Condamine*

Deux autres copies, limitées aux vers, peuvent être signalées: F 22157, f.155 (nouvelles à la main, relevant, à la date du 11 août 1752, que cette pièce court dans Paris) et Bh, Ms 650, ff.406-407.

D4861. *Voltaire à Conrad Walther*

Le mauvais accueil fait au *Siècle de Louis XIV* à la cour de Dresde fut bientôt connu à Paris, apparemment à l'initiative de d'Arnaud, et largement exploité par les nouvellistes, avec les enjolivements d'usage. Voici ce qu'écrivait, par exemple, un certain Hyacinthe Lacombe à ses abonnés, à la date du 7 mai 1752: 'M. de Voltaire avoit fait presenter le siécle de Louis XIV à la Reine de Pologne, relié avec soin et d'un goût infini; cette Princesse le reçut avec bonté; voulant luy en marquer sa reconnoissance elle fit faire une tabatiére d'or très riche avec deux médailles magnifiques. pendant que l'on y travailloit la Reine lisoit cette nouveauté. Elle changea bien de ton ayant vu ce que M. de Voltaire dit de l'Empereur Joseph son père; justement indignée d'une pareille insulte, elle en méditoit le châtiment, quand on luy representa que pour punir l'insolence il falloit donner à Darnaud Baccula [*sic*] le present destiné, ce qui fut fait; c'est ainsi que Darnaud l'ecrit icy' (Arsenal, Ms Bastille 11846, f.358).

D4864. *La princesse Elisabeth d'Anhalt-Zerbst à Voltaire*

Cette lettre se trouve donnée une seconde fois sous le numéro D7108. C'est naturellement ici sa vraie place. Voir 'Textes inédits pour la correspondance de Voltaire', *RhlF* 76 (1976), pp.74-75.

D4868. *Voltaire au marquis de Thibouville*

'On me mande', écrit Voltaire, 'que L'on va redonner au téâtre le Catilina de Crébillon.' On pourrait croire à une prétendue nouvelle inventée à plaisir pour soutenir la tirade qui suit contre le 'rinocérot' de Crébillon et la décadence des 'gots et vandales' de Paris. Ce n'est pas le cas, puisqu'on lit dans le *Journal de la librairie*, à la date du 30 mars 1752, l'étrange nouvelle que voici: 'Le S. Crebillon a Engagé les Comediens françois de Jouer Catilina a la rentrée, mais comme ils ne sont point dans ces sentimens, il les a menacés de leur faire faire par autorité ce qu'ils ne feront pas autrement' (F 22157, f.53) – anecdote que je n'ai pu recouper cependant.

D4869. *La Condamine à Voltaire*

La dernière phrase de cette lettre fait allusion aux attaques de La Mettrie contre la Faculté, et particulièrement à l'*Ouvrage de Pénélope ou le Machiavel en médecine* (1748, supplément et clef en 1750), où Sénac n'était guère plus épargné que ses confrères. Cf. D4604.

D4870 et D4871. *Voltaire à d'Argens*

L'ouvrage posthume de Boindin, à l'occasion duquel Voltaire refit les articles 'La Motte' et 'Rousseau' du *Siècle de Louis XIV*, parut dans la seconde quinzaine de juin (F 22157, f.86, 'Livres nouveaux', 15 juin 1752). Le débit en fut apparemment assez lent ou prudent: le compte rendu de l'*Abeille du Parnasse* se trouve dans une feuille de la fin d'octobre (vi.121-52). Voltaire ne le lut, semble-t-il, qu'en août, si l'on en juge par sa lettre à Hénault du 26 de ce mois: 'J'ai lu le Mémoire de Boindin. J'en parlerai à l'article La Motte' (D4997).

D'autre part, la révision du 'Catalogue des écrivains' s'étendit au moins sur tout le mois de septembre: voir D5011, *in fine*, D5020 et D5029. L'article La Motte, dont il est ici question, est signalé à l'attention de Lambert le 7 novembre parmi les 'additions', les 'changements essentiels' qui lui ont été envoyés récemment (D5063).

On peut ainsi placer ces deux billets à d'Argens en septembre ou en octobre 1752. L'exhortation à 'écraser l'erreur', à la fin du second billet, pourrait se rapporter aux premiers travaux du *Dictionnaire philosophique*.

D4879. *Voltaire à Formont*

Dans la note 2 du commentaire, la date de l'arrivée de La Touche est à corriger. Il se présenta à Potsdam le 24 juillet 1752 (MAE, *Prusse*, vol. 167, f.307).

D4882. *Voltaire à Le Baillif*

'La carrière agréable où vous entrez': Le Baillif venait d'être accrédité comme 'chargé d'affaires' en attendant l'arrivée du chevalier de La Touche.

D4886. *Fréron à Malesherbes*

Après avoir donné, dans sa feuille du 25 mars, un portrait satirique anonyme de Voltaire, Fréron venait de récidiver en l'accusant cette fois nommément de plagiat. Il affirmait que le célèbre madrigal pour la princesse Ulrique avait été volé à La Motte – accusation qu'un éloge ironique de la 'facilité' du soi-disant auteur aggravait encore en la généralisant: 'Il est naturel', écrivait Fréron, 'que son heureux génie produise sans effort les mêmes choses que les uns & les autres ont enfantées avec beaucoup de peine' (*Lettres sur quelques écrits de ce temps*, vi.40-42, feuille du 5 avril 1752). D'où la suspension qui venait de le frapper.

Citons sur cette affaire un rapport à d'Hémery, daté du 4 mai, qui note, après avoir signalé que Mme Denis ne parvient pas à faire recevoir sa *Coquette punie* auprès des comédiens: 'La dernière feuille de Fréron où son oncle est malmené a ajouté à sa mauvaise humeur. Elle a été se plaindre chez Mr de Malesherbes qui, par condescendance pour elle a supprimé les feuilles de Fréron. Il a écrit à David l'aîné adjoint d'avertir Duchesne qu'il n'eût plus à les faire paraître' (*Journal de la librairie*, BN, Fr. 22157, f.72).

D4891. *Voltaire à la margrave de Bayreuth*

'Le roi votre frère', écrit Voltaire, 'est allé faire la guerre dans les campagnes de Berlin'. Ces manœuvres de Tempelhof durèrent du 24 au 29 mai (MAE, *Prusse*, vol. 167, f.211). On peut placer cette lettre au 25 ou au 26, en observant qu'elle était parvenue à Bayreuth le 2 juin, d'après l'extrait cité dans le commentaire.

'[Les fêtes] que j'ai vues il y a deux ans': celles de la fin d'août 1750, alors que la margrave se trouvait elle aussi à Berlin.

Dans la lettre citée en note, la mention d'un silence d'un an de la part de Voltaire est tout à fait étrange: il avait écrit un mois plus tôt (D4862).

D4898. *Voltaire à l'abbé d'Olivet*

'Je le loge [Beausobre] chez moy à Paris': voir la section *Textes*, 76.

D4901. *Madame Denis au Mercure de France*

Comme le note Besterman, *L'Epilogueur moderne* fit écho à l'accusation de plagiat lancée par Fréron, mais en juillet seulement. La 'feuille périodique' visée est en fait les *Lettres sur quelques écrits de ce temps*: voir la discussion de D4886.

Cette lettre – c'est plutôt un 'avertissement', une mise au point comme nous dirions, qui avait aussi bien sa place dans un appendice – date sans doute de la fin d'avril ou du début de mai. Elle rend publics les motifs de la plainte à laquelle Malesherbes fit droit. Le volume du *Mercure* où elle parut porte en tout cas une approbation du 30 mai. Les *Observations sur la littérature moderne* de l'abbé de La Porte, feuille concurrente de celle de Fréron, publièrent une mise au point analogue au début de juin (viii.215-16, feuille 18).

Signalons que Fréron revint sur cette affaire et répondit indirectement au *Mercure* en reprenant, en novembre 1752, la publication de ses feuilles (*Lettres sur quelques écrits*, vi.130-34).

D4908. *Voltaire à Walther*

'Je l'ay fait annoncer à Paris augmentée d'un tiers'. La référence est à l'avertissement qui parut dans le *Mercure de France* en juin 1752 (ii.196-98). Cf. M.xxiii.555-56.

D4911. *Voltaire à Malesherbes*

Cette lettre se trouve en copie dans le *Journal de la librairie* (F 22157, ff.151-52). D'Hémery note par ailleurs, à la même date du 4 août 1752, que Du Molard et La Morlière la font circuler, et il ajoute le commentaire suivant: 'freron a porté cette lettre à M. de Malesherbes, qui lui a dit qu'elle etoit conforme a celle qu'il avoit effectivement reçue; mais que ce n'etoit pas lui qui en avoit laissé prendre copie; qu'il l'avoit trouvée si platte et si ridicule, qu'il n'avoit même pas osé, pour l'honneur de voltaire, la montrer à personne; qu'aureste il etoit bien etonné qu'il en courut des copies. fréron lui expliqua la chose, et lui dit que cela venoit de ches Madame Denys; que comme elle etoit fachée qu'on lui eut rendu les feuilles, elle vouloit dumoins faire croire dans le public qu'on ne les avoit rendues qu'a la sollicitation de voltaire. M. de Malesherbes a permis a freron de dire partout que les feuilles etoient rendues avant qu'il eut reçû la lettre de voltaire; ce qui est vrai.'

D4912. *Voltaire à Formey*

Ce billet paraît écrit comme dans la marge de D4909, dont Formey venait probablement de communiquer à Voltaire les articles qui pouvaient l'intéresser. Il faudrait l'avancer d'une semaine environ, vers le 25 juin, pour tenir compte des délais de poste. Les 'compliments' pour Moncrif semblent aussi dans le prolongement de la lettre que Voltaire lui avait adressée directement le 17 juin (D4917).

D4913. *Voltaire à Frédéric II*

Les derniers mots de ce billet d'envoi forment un sens assez déroutant: 'En arrivant et en croyant votre majesté à peine arrivée, *ainsi en me trompant d'un jour.*' Il semble que Voltaire ait eu à se faire pardonner un retard et qu'il ait voulu tourner l'excuse en flatterie. Mais la phrase est d'une concision qui frise l'obscurité. On en tire au moins l'indice du double retour presque simultané, qui se trouve suffisant pour fixer la date avec précision.

Le roi 'arrive' évidemment *d'une tournée militaire.* Si c'était de Berlin ou de Potsdam, Voltaire viendrait de faire le même voyage que lui: comment se serait-il 'trompé d'un jour' et pourquoi ignorerait-il l'heure de l'arrivée du roi? Ce premier point établi, une autre évidence s'impose: Voltaire 'arrive' *de Berlin*, car il lui eût été inutile de quitter Potsdam pour aller retrouver le roi à son arrivée à Berlin, alors que celui-ci, lorsqu'il rentrait de ses courses militaires par la capitale, n'y restait jamais plus d'une journée – l'ancienne historiographie prussienne est là-dessus d'une précision absolue. Bref, *le roi vient de rentrer à Potsdam sans passer par Berlin où séjournait Voltaire*, c'est-à-dire qu'il revient *de ses états de l'ouest.*

C'est en juin que Frédéric II visitait chaque année ces provinces. Deux dates sont à considérer:

1. juin 1751: Frédéric II visita les garnisons d'Emden, de Magdeburg, de Halberstadt; il rentra directement à Potsdam le 23 (*Tageskalender*, p.127);
2. juin 1752: Frédéric II dirigea les grandes manœuvres du pays de Magdeburg; il rentra directement à Potsdam le 7 (*ibid.*, p.130).

L'indication corollaire du déplacement de Voltaire permet d'exclure la seconde date: en 1752, il ne quitta pas Potsdam entre mars et décembre (voir D5023, D5029, D5036 et D5078; pour le début de juin, D4902, D4903 et D4905, qui sont datées sûrement, furent adressées de Potsdam). Aucune lettre ne subsiste, il est vrai, pour attester avec certitude qu'il se trouvait bien à Berlin vers le 23 juin 1751; mais aucun indice contraire ne vient infirmer cette hypothèse nécessaire – et Formey a au moins noté dans ses carnets qu'il le reçut le 12 chez lui (*Souvenirs*, i.244).

Quant aux 'écrits' que Voltaire présentait au roi en hommage, il ne peut s'agir, à cette date, que de l'édition Lambert de ses œuvres, qui venait de paraître (F 22156, f.65, 'Livres nouveaux', 23 mai 1751). Trois autres indices concordants apportent d'ailleurs à cet égard un supplément de preuve à la datation proposée:

1. Voltaire reçut de Lambert, en juin, deux exemplaires de la nouvelle édition: il l'en remercie dans D4494, le 25 juin.
2. Le roi se trouva en tournée du 31 mai au 23 juin. Mais il avait déjà vu l'édition le 25, lorsque Voltaire en accusa réception à Lambert: 'Le roy', lui écrit-il, 'a été très content de votre édition.'
3. En août, Frédéric II avait un exemplaire de cette édition dans sa bibliothèque

et Voltaire devait le lui emprunter pour y retrouver deux vers perdus de la *Henriade*: c'est 'l'édition de Paris' de D4538. Il est ainsi doublement naturel de supposer que l'un des deux exemplaires envoyés par Lambert avait été offert au roi à son retour.

D'après une dépêche de Tyrconnell, Frédéric II rentra de sa tournée de Magdeburg assez tard dans la soirée du 23 (MAE, *Prusse*, vol. 165, f.323). On comprend que Voltaire n'ait pas appris sur-le-champ son retour. Sans doute ne rentra-t-il lui-même de Berlin que le lendemain: d'où ses excuses. D'autre part, il avait alors son logement au Marquisat, aux portes de Potsdam, de là son incertitude, feinte ou réelle, sur l'heure de l'arrivée du roi: il n'avait encore vu au moment où il écrivit ce billet, aucun de ses intimes ou de ses officiers.

D4916. *Voltaire à madame de Fontaine*

'Le départ de plusieurs personnes qui avaient l'honneur d'être de la société du roi de Prusse': il s'agit de Chasot, qui avait reçu son congé en février; de Darget, parti au milieu de mars, et de Fredersdorff, qui avait quitté Potsdam à la fin de mai – les deux derniers pour se faire soigner à Paris. Maupertuis aussi venait d'obtenir la permission de voyager: voir la discussion de D4843.

D4918. *Voltaire à Conrad Walther*

La première édition pirate de *Rome sauvée*, dont on ne trouve pas trace dans Bengesco, est bien attestée. Elle est signalée parmi les 'livres nouveaux' à la date du 1er juin 1752 dans le *Journal de la librairie*, avec cette précision: 'Imp. sans permission par Bonin et la Marche qui ont acheté le manuscript au S. Moette fils libraire' (F 22157, f.81). Il en est également question, ainsi que de la contrefaçon berlinoise (Bengesco 207), dans *D4978*, D4989, D5009 et D5082. Clément en rendit compte dans ses *Cinq années littéraires* (iv.81-90, feuille datée du 15 juin 1752).

Signalons le désaveu cinglant inséré dans les *Annonces, affiches et avis divers* de Paris, vraisemblablement à la demande de d'Argental ou de Mme Denis, ou peut-être de Voltaire lui-même: 'Il se répand ici depuis peu une Impression furtive de *Rome Sauvée*, Tragédie de M. de Voltaire, qui fut jouée à Paris le Carême dernier. Comme nous nous sommes fait une loi d'annoncer les Livres nouveaux qui paroissent intéressants, il est juste aussi de préserver le Public des tromperies qu'on peut lui faire. Ainsi nous avons cru devoir avertir que cette Edition faite évidemment sans la participation de l'Auteur, fourmille de fautes de toute espéce, que la Piéce est mutilée en nombre d'endroits, & défigurée presque par-tout, au point qu'elle est à peine reconnoissable. Elle est imprimée sans Permission et sans nom de lieu' (48e feuille, du jeudi 22 juin 1752).

D4933. *Voltaire à Darget*

'D'Arnaud a envoyé un épithalame qui est un chef-d'œuvre de galimatias': c'est la pièce intitulée *Le mariage de S.A. Royale Mgr le prince Henri, frère de S.M. le Roi de Prusse*, Dresde, 1752, in-8° de 30 pages.

'J'attends avec impatience m Morand que vous nous procurez': l'auteur évidemment, non ses œuvres. Cf. D4970. Il est question du voyage de Morand en Prusse dès le 1er juin 1752 dans le *Journal de la librairie* (F 22157, f.82).

D4934. *Voltaire à Formey*

Il me semble que la datation proposée par Besterman provient d'une confusion entre deux éditions du *Siècle de Louis XIV*, celle de Berlin qui est mentionnée dans D4961 ('cette première édition') et 'l'édition de Dresde' dont il s'agit ici. 'Vous [l']aurez incessamment', écrit Voltaire. Walther en annonça le débit dans les gazettes à la fin de novembre (*Cologne*, 21 novembre; *Utrecht*, 1er décembre). Voltaire la distribua aussi vers cette date: voir D5076, D5086 et D5095.

Voltaire se moque d'autre part d'un 'coq d'Inde' qui veut passer pour un aigle et que son ignorance, son 'orgueil despotique' et ses ridicules commencent à faire reconnaître et estimer pour ce qu'il est dans 'l'Europe savante'. Il s'agit évidemment de Maupertuis, de sa querelle du 'minimum', et des remous causés par l'apologie de sa victime. *L'Appel au public* se répandit en septembre 1752. Le 17 novembre, Voltaire écrit à König que '[les] plaintes de tous les gens de lettres de l'Europe' se sont jointes aux siennes et que le 'procédé' de Maupertuis à son endroit est maintenant reconnu de 'toute l'Europe littéraire' comme 'un peu dur & fort inouï' (D5076). On peut donc replacer cette lettre, semble-t-il, entre D5014, où Formey se voit avertir, en termes encore assez neutres, que 'le public donne gain de cause' à König, et D5061, où Voltaire donne plus franchement dans la raillerie: 'Faites-vous couvrir de poix-résine; essayez de vous mettre de grandes épingles dans le cul ...' La datation traditionnelle – vers la fin d'octobre 1752 – me paraît, sur ces deux indices, tout à fait plausible.

D4936. *Voltaire au cardinal Quirini*

L'édition signalée est presque sûrement de 1753: voir la discussion de D4759, *in fine*.

D4944. *Voltaire à Gottfried Christian Freiesleben*

'[Les] beaux vers que vous faites en français ...': cette épître a été publiée par Martin Fontius, *Voltaire in Berlin*, pp.181-83.

D4946. *Frédéric II à Voltaire*

Il est à peu près assuré que 'la nouvelle édition de [ses] œuvres' que Voltaire venait de présenter au roi est bien la seconde édition de Dresde (*Trapnell* 52). Les critiques formulées – sauf peut-être pour l'ordre des matières – ne s'appliqueraient pas absolument à l'édition Lambert de 1751 (*Trapnell* 51P). Et la lettre répondrait aussi mal aux termes et à la situation du billet d'envoi de cette édition de Paris (D4913). Mécontent du travail de Lambert, Voltaire avait imposé à Walther ce format de l'in-12, ce petit caractère, cette réduction du nombre des volumes – de onze à sept (voir D4430 et D4441). 'Ce sont les cantiques de Luther', prononce le roi. Le jugement qui accable l'éditeur épargne-t-il l'auteur, qui avait dirigé lui-même cette impression à l'allemande? La lettre entière présente d'ailleurs le même mélange ambigu d'indulgence et de dureté, infiniment curieux à la date où il faut probablement la replacer.

L'édition parut en effet, non pas en juin ou en juillet, mais en octobre et même plus vraisemblablement en novembre (*Cologne*, 21 novembre; *Utrecht*, 1er décembre 1752). En août, Voltaire révisait l'errata et préparait encore des cartons (D4944). A la fin d'octobre, il prie Walther de lui en envoyer des exemplaires 'pour le Roy et pour les reines de Prusse' (D5044). Le 18 novembre, il avait enfin reçu le premier exemplaire et venait de le faire relire pour en corriger 'les fautes innombrables' (D5079). Avec ce *terminus a quo*, on est bien près des premiers incidents de la fameuse brouille qui mit fin au séjour de Voltaire en Prusse: l'impression clandestine de l'*Akakia* fut découverte à Potsdam le 27 et vraisemblablement brûlée le même jour (D5085 et D5087). On doute qu'il ait eu le temps de faire relier avant cette catastrophe l'exemplaire de ses œuvres destiné au roi.

Une indication spatiale se tire de la fin du texte, qui me semble même imposer une date plus tardive. Frédéric II écrit qu'il se délasse '*dans [son] trou*' à des amusements littéraires et qu'il 'espère *d'apprendre dans peu*' que Voltaire '[est] guéri et de bonne humeur'. Les implications d'éloignement, de distance et de séparation paraissent évidentes. Or jusqu'au 8 décembre, date à laquelle la cour se transporta dans la capitale pour les festivités habituelles de l'hiver, Voltaire eut son logement à Potsdam dans le château, juste au-dessous du roi: 'vingt marches' séparaient les deux appartements (D5082). L'*Akakia* était découvert, mais il conservait encore, des lettres de Frédéric II lui-même l'attestent indirectement, ce privilège de la commensalité la plus intime – sauf à redouter les effets de la puissance souveraine, et les mêmes lettres l'en menacent, s'il récidivait dans la 'maison' du roi (D5085, D5087 et D5100). Les deux expressions ci-dessus ne correspondent manifestement pas à cette étonnante situation.

Il me semble qu'on peut placer cette lettre, avec une probabilité raisonnable, en février 1753:

1. Le 'trou' d'où écrit le roi, c'est presque sûrement le château de Potsdam. Le carnaval de Berlin, où s'étalaient toutes les pompes de la cour de Prusse, interrompait pendant six à sept semaines ses loisirs littéraires. Il cessait alors d'être 'Horace et Salluste' pour 'donner des plaisirs' à ses sujets et remplir les devoirs fastueux de la royauté (D4298). C'est à son retour à Potsdam qu'il reprenait ses délassements de plume: voir D4401, *in fine*, et D4402 pour le mois de février 1751; D4782 et D4792 pour le mois de février 1752. En 1753, Frédéric II rentra à Potsdam le 30 janvier, tandis que Voltaire restait à Berlin: c'est la situation spatiale du texte. Il y était certes retourné deux fois dans l'intervalle, mais ces deux dates sont absolument exclues, le premier voyage (du 25 au 29 décembre) coïncidant avec la 'brûlure' publique de la *Diatribe*, le second (du 1er au 9 janvier 1753) suivant de trop près la demande officielle de congé.
2. Le roi écrit à Voltaire que ce n'est pas là la dernière édition de ses œuvres et qu'il tuera ses lecteurs et ses éditeurs: il fallait que Voltaire la lui eût

présentée comme la production d'un homme près de mourir. 'Voilà ce que vous prophétise', ajoute-t-il, 'non pas Nostradamus, mais un homme qui se connaît en maladies.' L'insinuation est transparente: les maux incurables qui retiennent Voltaire à Berlin ne sont que de mauvais prétextes. La lettre s'inscrit ainsi dans la logique d'une situation connue, celle du refus que Voltaire opposa à la fin de janvier 1753, en invoquant des raisons de santé, à l'ordre de regagner Potsdam: voir D5181 et D5190. Dans un billet à La Touche, qui est daté sûrement de février 1753, il se plaint justement de ce qu'on dit à Potsdam que ses maladies sont 'de commande' (D5194).

3. La lettre répondrait enfin, quoique indirectement, à l'obstination que mettait Voltaire à demander ou faire demander son congé. 'Vous ferez après notre mort', lui écrit le roi, 'le panégyrique ou la satire de tous ceux avec lesquels vous vivez': c'est lui marquer que sa place est en Prusse, qu'il ne faut plus songer au départ, qu'il doit se ressouvenir de son ancien projet de finir ses jours auprès du 'Salomon du Nord'. L'aveu final d'une infériorité de talent me paraît même atténuer la dureté du refus, en l'assortissant du plus séduisant des motifs: puisque le royal élève a repris ses exercices littéraires et n'est pas content de ce qu'il a fait, c'est donc qu'il a toujours besoin des leçons et des corrections de son maître en poésie.

D'après un passage curieux d'une lettre de Voltaire à d'Argental, datée du 26 février 1753, Frédéric II voulut, après s'être donné 'l'air d'avoir fait un acte de justice' en soutenant contre lui la cause de Maupertuis, prendre celui de faire 'un acte de clémence' en le retenant à sa cour (D5217). Cette lettre du roi me paraît être le seul témoignage *personnel* qui nous soit parvenu – le cas de D5152 étant assez différent – de cet essai de la clémence et de la bonhomie. Les fautes sont pardonnées, presque oubliées, les satires permises – du moins après la mort des victimes; la lecture même 'légère' d'une édition pourtant mal faite a réveillé l'ancienne admiration pour les œuvres 'brillantes' de l'inimitable Voltaire; l'auteur relaps et flétri de la *Diatribe* se voit souhaiter longue vie, santé et 'bonne humeur' – et ainsi discrètement invité, si l'on interprète bien cette formule presque rituelle, à reprendre sa place aux petits soupers de Potsdam. On se demande même si cette image du 'trou' de Potsdam, et surtout cette référence à Nostradamus, ne sont pas des allusions complices aux élucubrations de Maupertuis, dix fois raillées dans l'*Akakia*, sur le 'trou' qu'il fallait percer 'jusqu'au centre de la terre' pour connaître la structure du globe et sur 'l'exaltation de l'âme' qui devait donner à 'tout le monde', au prix d'un entraînement graduel, la faculté de 'prophétiser' (*Akakia*, pp.15-16).

A la date proposée, l'envoi de l'édition Walther peut sembler tardif. Sans doute Voltaire avait-il tenu l'exemplaire en réserve pendant les semaines les plus chaudes de son aventure. Il est facile de supposer qu'il aura vu ensuite dans la présentation de cet hommage une occasion décente et naturelle de sonder directement les intentions du roi à son égard. Un an plus tôt, dans une situation analogue de disgrâce, il avait usé du même stratagème – l'envoi du quatrième exemplaire du *Siècle de Louis XIV*, qui pouvait pourtant se faire sans une lettre personnelle, puisque les précédents étaient passés par Darget – pour exprimer ses plaintes et présenter ses vœux (D4808).

D4947. *Le comte de La Puebla à Voltaire*

Avec une discrétion toute diplomatique, La Puebla glisse adroitement sur les difficultés de la commission dont Voltaire l'avait chargé. Les exemplaires du *Siècle de Louis XIV* lui avaient été remis cinq mois plus tôt, et il les avait aussitôt envoyés à sa cour, le 15 février. Le 3 mai, il avait pris l'initiative de rappeler à son ministre cette affaire restée pendante, en insinuant qu'il était délicat de laisser sans réponse une démarche d'un officier du roi de Prusse, d''un de ses favoris les plus influents'. On se demande si les lenteurs de Vienne ne s'expliqueraient pas justement par le fait que l'auteur du *Siècle* se trouvait être aussi l'un des chambellans de la cour de Prusse. Voir les extraits de dépêches cités dans *Briefwechsel*, p.367, note 1. Inversement, Frédéric II fut mécontent de cette démarche de Voltaire auprès d'une cour ennemie: voir D5015.

Un an plus tard, lorsqu'il s'adressera de Francfort au comte d'Ulfeld pour obtenir la protection de l'empereur contre le roi de Prusse, Voltaire s'autorisera de ces 'bontez' et de ces 'marques de la bienveillance de leurs majestez impériales' que l'hommage de son *Siècle* lui avait attirées (D5309).

D4948. *Madame Denis à Cideville*

'Il travaille à une nouvelle édition qui sera fort augmentée': il s'agit de l'édition du *Siècle* de Dresde.

D4949. *Voltaire à l'abbé de Prades*

Voltaire s'en prend, au début de cette lettre, à des gens 'qui prétendent au nom de philosophes' et qui le sont 'rarement'. Le pluriel est purement rhétorique, selon toute apparence. C'est Maupertuis qui se trouvait ainsi visé, plus précisément dans ses procédés à l'égard de La Mettrie – 'un homme à la vérité fort au dessous de vous'.

Il ne paraît pas que Maupertuis eût jamais 'persécuté' La Mettrie. Mais il est vrai qu'il 'se défend[it] par des écrits publics d'avoir eu la moindre part à son établissement auprès du roi de Prusse'. L''écrit' auquel Voltaire fait allusion – car ce pluriel aussi semble polémique – est une lettre ostensible que Maupertuis avait adressée à Haller, le 15 novembre 1751, pour l'aider à se tirer honorablement du célèbre 'canular' par lequel La Mettrie avait terminé sa carrière, lettre qui venait tout juste d'être imprimée (ou réimprimée, peut-être) à la suite de l'*Eloge du sieur de La Mettrie* (voir D5008, note 2). Rapportant les circonstances de la venue de son 'compatriote' à Berlin, Maupertuis écrivait qu'il avait cessé de s'intéresser à lui après son exil de France et qu'il ne l'avait fait venir que sur un 'ordre' exprès du roi de Prusse: 'Un Roy qui pardonne les fautes et qui met en valeur les talens, voulut le connoître, et m'ordonna de luy écrire de venir. Je reçus l'ordre sans l'avoir prévu; je l'exécutay; Et la Mettrie fut bientôt ici' (Burgerbibliothek, Berne, Mss. hist. helv., xviii.10, original, signature autographe). Peut-être Voltaire sollicite-t-il un peu le sens du passage, mais n'est-ce pas *cela* que Maupertuis voulait faire entendre: qu'il n'avait été pour rien dans l'établissement en Prusse d'un Français banni de sa patrie, d'un esprit factieux, d'un libertin? Il racontait aussi dans la même lettre qu'il lui avait souvent reproché ses impiétés et ses licences, qu'il avait toujours tâché de les refréner, qu'il lui avait même fait jurer 'cent fois' de ne plus s'y livrer: de là peut-être l'accusation de 'persécution' portée par Voltaire.

A mots couverts, l'abbé de Prades se voyait donc averti qu'il ne devait compter, après un tel précédent, ni sur le crédit ni sur l'aide de Maupertuis. Sans doute Voltaire savait-il à quoi s'en tenir, car il est sûr que Maupertuis ne cachait pas ses sentiments sur le nouvel arrivant. Au moment de la fuite des deux théologiens de l'*Encyclopédie* en Hollande, il avait écrit à Algarotti, d'abord dans un billet qui paraît dater du 16 février 1752, qu'on le sollicitait de Paris en leur faveur, mais '[qu'il] n'aim[ait] pas à se mêler de pareilles affaires'; puis, dans un autre billet qui doit être du 12 mars, qu'il regardait la thèse de l'abbé de Prades comme une bravade inutile, et que l'auteur n'était à ses yeux 'ni un philosophe, ni une tête', mais 'un homme médiocre' en mal de célébrité (*Opere del conte Algarotti*, s. l. 1791-1794, xvi.224-27). On peut bien penser que des jugements aussi tranchés n'avaient pas manqué d'être ébruités. Il semble que d'Alembert en eut des échos à Paris, puisque dans une lettre à d'Argens, datée du 16 septembre 1752, il écrit qu'on lui a mandé que Maupertuis a 'cherché à nuire à M. l'abbé de Prades' – et que si cela est, il le lui pardonne en considération de sa mauvaise santé (*Correspondance complète de la marquise du Deffand*, i.149).

On n'a peut-être pas assez tenu compte, soit dit en passant, dans l'étude des relations de Voltaire avec Maupertuis, de ces antipathies de caractère et de procédés. Cf. D4987, à la comtesse de Bentinck: '[L'abbé de Prades] a été persécuté en France assez mal à propos par des fanatiques et des imbéciles, et il est triste qu'il ait pour nouveau persécuteur à Berlin un homme qui n'est ni l'un ni l'autre, mais qui est l'ennemi déclaré de tous ceux qui n'ont pas la bassesse de le prendre pour protecteur'.

D4952. *Voltaire à d'Argens*

Trois indices portent à avancer cette lettre de plusieurs mois:

1. Voltaire a mené à bien la petite négociation d'une rente viagère souscrite à Paris par l'épouse du marquis. L'opération 'a pris du temps', mais elle est terminée: 'Vous aurez votre contrat dans un mois'. On peut rapprocher de ce passage une autre lettre à d'Argens qui doit être replacée à la fin de décembre 1752, où Voltaire demande: 'Avez vous reçu votre contrat?' Voir la discussion de D5088. Même en supposant des lenteurs d'écriture et de poste, un intervalle de plus de trois mois paraît excessif.
2. Voltaire se plaint de ce que d'Argens a pris en mal, au petit souper de la veille, 'une plaisanterie innocente sur Haller': 'Etait-ce de vous dont on pouvait rire? Peut il vous entrer dans la tête que j'aie voulu vous déplaire?' On peut rapprocher cet incident des railleries lancées par Voltaire, dans sa lettre à Frédéric II du 5 septembre, contre 'la pesante lettre de Haller'. A cette dernière date, les pièces du 'canular' monté par La Mettrie n'avaient apparemment pas encore servi de thème aux joyeuses conversations des soupers de Potsdam. Le roi se trouvait alors en Silésie. Il est tout simple de

supposer que le sujet vint sur le tapis à son retour de tournée, après le 20 septembre.

3. 'Songez', écrit enfin Voltaire, 'que vous me reprochiez à table, avec véhémence, d'aimer ma pension, dans le temps même que j'offrais de sacrifier mille écus pour travailler avec vous.' Ce projet de collaboration, auquel Voltaire proposait en effet au roi de contribuer de ses deniers, est celui du *Dictionnaire philosophique*. Voir D5057, qui date vraisemblablement de la fin de septembre ou du début d'octobre 1752.

D'après ces trois indices concordants, on peut placer vers cette même date cette lettre à d'Argens.

D4953. *Voltaire à d'Argental*

Voltaire se justifie de ne pas se rendre encore aux prières et aux plaintes de ses 'anges' qui voudraient le voir déjà revenu à Paris. Il craint toujours, malgré leurs assurances, les persécutions adroites des 'fanatiques', l'envie haineuse des 'gredins du Parnasse', l'ingratitude et l'hostilité d'un public trop facilement prévenu: s'il avait un fils qui dût connaître les mêmes 'traverses' que lui, il lui tordrait le cou 'par tendresse paternelle'. Thèmes rebattus, qui remplissent toute sa correspondance avec les d'Argental durant les trois années du séjour en Prusse. Mais il y a plus grave à cette date, car il ajoute aussitôt: 'Je vous ay parlé encor plus *à cœur ouvert* dans ma dernière lettre mon cher et respectable ami.'

La référence est à D4940, envoyée dix jours plus tôt, dont tous les articles sont ici repris: la continuité est évidente. L'aveu essentiel ne s'y découvre pas d'abord, mais le passage en question est sûrement celui-ci, le seul qui soit expressément marqué des signes de la plus intime confidence: 'Cette extrême confiance en monsieur d'Alembert pourait bien d'ailleurs justifier un peu mon absense. Vous voyez *si je vous ouvre mon cœur*'.

Il s'agissait de madame Denis. Voltaire se plaignait de ce que sa nièce fût 'entièrement déterminée' à donner son ancienne comédie de *La Coquette punie*, sans rien vouloir entendre de ses avis contraires ni de ses sombres prédictions. Il se plaignait surtout de ce qu'elle suivît trop bien d'autres conseils que les siens, ceux de 'monsieur d'Alembert'. Mais qu'y avait-il donc là qui pût 'justifier un peu [son] absense'? En quoi cette 'extrême confiance' devait-elle retarder ou anéantir son projet de retour? L'expression doit évidemment se lire comme une litote, et je ne vois en tout cas pas d'autre interprétation que celle-ci: Voltaire avait appris ou cru comprendre que Mme Denis avait une liaison avec d'Alembert – sur quel rapport, on ne le sait.

Trois indices me semblent soutenir cette interprétation:

1. Dans le post-scriptum de D4940, Voltaire recommande à d'Argental de garder sa lettre 'absolument' pour lui seul, et même de la 'brûler'. On n'y trouve pourtant rien, hormis ce passage ainsi décodé, qui puisse expliquer une mesure aussi prudente.
2. En revenant allusivement sur ces confidences, il en souligne lui-même le caractère inouï, dans D4953, avec une gravité autrement incompréhensible:

'Je ne vous ay jamais donné une plus grande preuve d'une confiance sans bornes.'

3. Sur le manuscrit de D4940, les éditeurs de Kehl marquèrent la mystérieuse phrase de 'l'extrême confiance' vouée par Mme Denis à d'Alembert comme devant être omise à l'impression – et de fait, Besterman est le premier à la rétablir. A défaut de supprimer la lettre entière, comme Voltaire l'avait souhaité, ils en ôtaient le passage le plus compromettant.

On sait que les rares échos du temps, d'ailleurs souvent ambigus, qui pouvaient donner l'idée d'une liaison entre l'oncle et la nièce, n'ont été directement confirmés qu'après deux siècles. Mais il est évident, ces deux lettres en sont une preuve, que les intimes au moins connaissaient leurs amours secrètes. D'Argental *savait*, qui devait comprendre à demi-mot les douleurs de l'amant trahi. Quant aux éditeurs de Kehl, qu'ils aient été sûrs ou non du sens de tels passages, on relève ailleurs des effets semblables de leur discrétion, dans D5706 par exemple, et surtout dans D5742.

Mais sur cette infidélité présumée de Mme Denis, on ne sait à quoi s'en tenir. On peut seulement remarquer qu'elle était liée assez familièrement avec d'Alembert à cette date: c'est par elle que passa la recommandation des Encyclopédistes en faveur de l'abbé de Prades (voir D4990); c'est par d'Alembert que Mme Du Deffand faisait remettre à Mme Denis ses lettres pour Voltaire (*Correspondance complète de la marquise Du Deffand*, i.154 et 159). Voltaire lui-même, à l'automne de cette même année 1752, écrivit plusieurs fois à sa nièce pour presser d'Alembert d'accepter la succession de Maupertuis que Frédéric II lui faisait proposer par d'Argens (*ibid.*, p.154).

Dans les lettres suivantes à d'Argental, il n'est plus question des relations de Mme Denis. Peut-être Voltaire fut-il rassuré par son 'ange'? Dans D4953, après lui avoir marqué sa 'confiance sans bornes', il ajoutait en effet: 'Je mérite que vous en ayez en moy' – ce qui pouvait s'interpréter comme une discrète invite à éclaircir des craintes peut-être mal fondées.

D4957. *Voltaire à Darget*

'Il est vrai que j'ai damné notre révérend père, mais au moins c'est en bonne compagnie ...' La référence est à l'épître au cardinal Quirini (D4759). Darget venait d'avertir Voltaire qu'elle était publique (D4941).

D4959. *Voltaire à Frédéric II*

Un écho diplomatique permet de préciser le *terminus ad quem*: la manœuvre du 'fort Balby' fut exécutée le 29 juillet (MAE, *Prusse*, vol. 167, f.308, dépèche du 30 juillet 1752).

D4960. *Voltaire au duc de Noailles*

Cette lettre partit le 30 par la voie diplomatique, sous le couvert d'une lettre du chevalier de La Touche au duc de Noailles (*ibid.*, f.313).

D4961. *Voltaire à Formey*

Besterman a supposé, en commentant D4934, que Formey avait envoyé à Voltaire des 'notes' sur le *Siècle de Louis XIV*. Cela paraît douteux. Voltaire le remercie seulement de ses 'politesses' – des compliments assez vagues selon toute apparence. Formey ne dit rien de tel non plus en présentant ce billet dans ses *Souvenirs*.

D4963. *Hénault à Voltaire*

Au quatrième paragraphe, il faut lire *Périgny* au lieu de *Peregrini*: cf. D4997.

D4965. *Voltaire à Formey*

La seconde édition de Dresde ne parut qu'en octobre ou novembre 1752: voir la discussion de D4946. Mais cette date serait trop tardive, puisque Mallet fut nommé à l'académie de Lyon au début de septembre 1752 (cf. D4964, commentary).

L'édition offerte à Formey ne peut donc être que celle que Lambert fit paraître en mai et la date à laquelle Formey lui-même a placé ce billet dans ses *Souvenirs*, à la fin d'août 1751, semble tout à fait plausible. Le rapprochement s'impose avec D4537, daté du 5 août 1751, qui accompagna l'envoi d''une assez mauvaise édition de force rapsodies': les mêmes expressions se retrouvent ici. Il est d'autre part assuré que Voltaire séjourna à Berlin, comme l'implique le texte, pendant la tournée silésienne de 1751, entre le 22 août et le 15 septembre.

Le rapprochement immédiat que Besterman établit entre D4965 et D4964 n'est pas fondé. Voltaire promet seulement ici de faire 'tout ce qu'[il] pourra' en faveur de Mallet. Il n'est pas difficile de supposer que des obstacles ou des lenteurs retardèrent l'effet de ses recommandations. C'est même ce que paraît indiquer la lettre de Mallet citée dans le commentaire de D4964: 'Voltaire m'a *enfin* tenu parole ...'.

D4966. *Voltaire au duc de Belle-Isle*

La note 2 est à corriger. Le mot est néerlandais: cf. *Le Siècle de Louis XIV*, chapitre 10.

D4968. *Voltaire au chevalier de Mouhy*

La place que le maréchal de Belle-Isle avait sollicitée en faveur de Mouhy était celle de correspondant littéraire du roi de Prusse à Paris, et non celle de lecteur. Cf. D4970: 'la place de gazetier des chaufoirs, des caffez et des boutiques de libraires'. On la croyait sur le point d'être vacante par l'engagement de Morand comme lecteur. Notons aussi que la recommandation de Belle-Isle, dont Voltaire fit sans doute part au roi, n'eut pas d'effet: voir D4941, note 1.

D4972. *Voltaire à la margrave de Bayreuth*

Cette lettre est mal placée. Il faut la mettre en relation avec D5045:

1. D4972 accompagna l'envoi d'une 'tèse' théologique, D5045 celui d''un petit ouvrage de dévotion'. La 'tèse' est annoncée comme la suite ou le complément d'un précédent envoi: 'Frère Voltaire, comme le voit votre altesse royale, n'écrit que de dieu.' D5045, au contraire, rompait un silence de plusieurs mois.
2. En envoyant D5045, Voltaire ignorait encore si le marquis d'Adhémar, qu'il essayait depuis deux ans de placer auprès de la margrave, était enfin arrivé à Bayreuth. A D4972, il joignit 'une lettre pour m[r] Dademar'.

Il est ainsi doublement évident que D4972 *suivit* D5045.

Le 24 octobre 1752, Voltaire adressait donc à la margrave de Bayreuth 'un petit ouvrage de dévotion'. De quel ouvrage s'agissait-il? Le 1er novembre, dans D5059, la margrave le remercie de son 'Poème sur la loi naturelle'. Nul doute possible: l'intervalle de huit jours correspond bien aux délais ordinaires de poste entre Potsdam et Bayreuth. Pour tenir compte des 'réflexions' que Frédéric II lui avait faites, à son retour de Silésie à la fin de septembre, 'sur le fond & la conduite du 4me chant', Voltaire avait dû retravailler son poème en octobre: voir D5008 et D5013. '[Son] très reverendissime père en Dieu' de Potsdam en est enfin content, il peut le présenter à la 'révérence royale' de Bayreuth. Besterman n'a ignoré cette évidence et cet enchaînement que parce qu'il a cru que le *Poème sur la Religion naturelle* avait été déjà envoyé, et que c'était la 'tèse' de D4972.

La margrave à son tour fit des objections sur le *Poème*. Du moins confia-t-elle à l'auteur ses 'doutes' quant à l'innéité du sens moral et du sentiment de justice: voir D5059. Or, en lui adressant sa nouvelle 'tèse', Voltaire écrit dans D4972: 'C'est à votre Révérence royale à prononcer.' Tout paraît indiquer encore, entre les deux lettres, l'enchaînement le plus immédiat: la margrave le prenait pour 'oracle' (D5059), il la faisait en retour son 'abbesse' en lui soumettant sa thèse sur la 'question' qu'elle lui avait proposée (D4972). Cette réponse daterait ainsi du 10 novembre approximativement. Quelle 'tèse' s'y trouvait jointe? L'hypothèse la plus plausible est qu'il s'agissait d'un article du *Dictionnaire philosophique*, auquel Voltaire travaillait activement depuis plusieurs semaines.

Il est vrai que la séquence D5045-D5059-D4972 ne paraît pas entièrement satisfaisante. Deux articles au moins de D5045, celui de l'arrivée du marquis d'Adhémar et celui du projet de voyage en Italie, ne trouvent pas réponse dans D5059; plusieurs articles de D4972 n'ont pas non plus leur point d'articulation dans D5059: celui de la commission faite à Pöllnitz, celui du projet de voyage à Bayreuth, celui de la santé de Montperny. Mais on peut penser que le texte de cette lettre intermédiaire de la margrave, dont l'original n'a pas été retrouvé, n'est pas complet dans son état actuel.

Le second article de D4972 appelle encore un mot de commentaire. Voltaire offre un 'lecteur' à la margrave. Point de nom, mais c'est '[un] teologien ne croyant pas en dieu, savant comme la Croze, aussi gros que luy, mangeant tout autant, très serviable et peu cher'. Je ne crois pas qu'il s'agisse du chevalier de Mouhy. Ne serait-ce pas l'abbé Yvon? Voltaire avait d'abord voulu le faire venir à Potsdam avec l'abbé de Prades; puis il avait suggéré au roi, mais en vain, de l'engager pour travailler au *Dictionnaire philosophique*: voir D4949, D4977 et D5051.

D4973. *Voltaire à Walther*

Etourderie de Voltaire ou plus probablement erreur de lecture (car on sait à quel point ses *1* et ses *2* sont souvent difficiles à distinguer): ce billet auquel il a mis exceptionnellement une date complète est sans aucun doute du 7 août *1751*.

1. Voltaire s'impatiente de voir enfin *commencer* l'impression de ses œuvres: elle était presque *terminée* en août 1752. Voir D4975. La même instruction de 'commencer sans tarder' se trouve au contraire répétée dans les billets du printemps 1751: voir D4441, D4459 et D4481.
2. Pour la révision de l'édition de 1748 (*Trapnell* 48D), cf. D4481, datée du 29 mai 1751.
3. Pour les 'changements' faits à la *Henriade*, voir encore D4481 et D4551. Voltaire vient d'apporter quelques changements 'essentiels' au poème: cf. D4541, datée du même 7 août 1751, où il écrit à d'Argental qu'il vient d'en refaire cent vers. Il demande d'ailleurs ici à en voir 'les cinq premières feuilles'; le 27 août 1751, il attend celles du cinquième chant (D4551).

D4976. *Gottfried Christian Freiesleben à Voltaire*

La note liminaire du commentaire est à corriger: l'épître de Freiesleben était antérieure à D4944, qui y répondit.

D4994. *Voltaire à Walther*

'Tâchez aussi', demande Voltaire, 'de me faire prêter un dictionnaire de Bayle dont j'ai un besoin pressant.' C'est ici peut-être l'un des tout premiers indices du projet qui devait aboutir au *Dictionnaire philosophique*. Voltaire renouvela sa demande le 6 septembre dans D5009; le 5, il écrit à Frédéric II que d'Argens, l'abbé de Prades et lui ont 'de beaux projets pour l'avancement de la raison humaine' (D5008).

D4998. *Voltaire à Formey*

La datation proposée est à écarter: Voltaire ne quitta pas Potsdam entre mars et décembre 1752 (voir la discussion de D4913). L'avertissement qu'il voulait 'mettre dans les papiers publics' ne peut donc être celui dont il est question dans D4496. Une autre date peut être proposée par hypothèse: *L'Abeille du Parnasse* annonça en février 1752 la première édition du *Siècle de Louis XIV* (v.57ss., feuille du 19 février). Voltaire se trouvait à Berlin au début de février 1752.

D5000. *Voltaire à d'Argens*

'[Le] digne homme qui aime mieux ennuyer son prochain que le pervertir': on ne voit pas pourquoi cette épigramme tomberait sur l'abbé de Prades.

D5002. *Voltaire à d'Argental*

'Pour les comédies, je ne m'en mêleray pas' (*in fine*): Voltaire fait allusion aux démarches entreprises par sa nièce auprès des comédiens en vue de faire représenter *La Coquette punie*. Cf. D4940 et D4953.

D5003. *Voltaire à Darget*

'[Morand] envoie souvent dans ses feuilles de petits lardons contre moi'. Ces 'feuilles' sont naturellement les nouvelles à la main que Frédéric II se faisait envoyer de Paris, correspondance littéraire et politique à la fois. Morand en avait été chargé après le départ de d'Arnaud pour Berlin. Il est évident, cette lettre l'atteste, que Voltaire y avait accès et pouvait ainsi suivre le cours de l'actualité française. On le voit d'ailleurs assez souvent, dans ses lettres aux d'Argental par exemple, jouer au nouvelliste, à quatre cents lieues de Paris, comme s'il habitait encore le faubourg Saint-Honoré: c'est vraisemblablement la lecture de ces 'feuilles' qui lui permettait cette petite coquetterie.

D5026. *Voltaire à d'Argens*

König vient 'de donner le dernier coup' à Maupertuis. La référence n'est pas à l'*Appel au public*, qui donna au contraire le signal des coups dans toute l'Europe savante, mais à la *Défense de l'Appel*, que König présenta lui-même comme son dernier mot dans la querelle. Il faut donc avancer ce billet de plusieurs mois. La date traditionnelle de février 1753 paraît tout à fait plausible. Voltaire attendait encore la *Défense* à la fin de janvier (voir D5186); il en reçut la première feuille dans les tout premiers jours de février, d'après D5191; il l'avait lue en entier vers le 10 février: cf. D5195 et D5203.

Autre indice concordant: '[l']histoire complète de toute cette étrange aventure', que Voltaire signale à l'attention de d'Argens (et naturellement à celle du roi, puisqu'elle 'ne fait pas d'honneur à ce pays-ci'), n'est pas l'*Appel* de König, mais un recueil de 'Maupertuisiana'. Cf. D5185, lettre adressée à König le 29 janvier 1753: 'une petite histoire de toute l'aventure'.

'Excepté Euler et Mérian,' écrit encore Voltaire, 'tout le reste des académiciens lève les épaules.' Ce n'est qu'au début de février qu'il eut connaissance de ces mouvements de dissidence. Cf. D5195: 'Les académiciens pensionnaires n'osent pas se parler [...] et je n'ai su tout cela que d'hier.'

La référence initiale de ce billet est à la septième des *Lettres* publiées en recueil en octobre 1752, lettre intitulée 'Sur les systèmes'. Maupertuis y écrivait: 'Locke passa sa vie à chercher quelques vérités: & tout son travail aboutit à trouver l'excuse de nos erreurs' (*Œuvres de Maupertuis*, éd. Giorgio Tonelli, ii.261).

D5028. *Voltaire au comte d'Argenson*

Cette lettre répond au message indirect transmis par Chennevières, que Voltaire reçut vraisemblablement vers le milieu de septembre: voir D4992, commentary. Après deux ans de silence et de disgrâce, il se voyait enfin encouragé à renouer avec son ancien protecteur. Vers le même temps, la marquise de Pompadour lui manifesta à nouveau des signes de bonne grâce: cf. D5066 et D5080. C'est le tournant du séjour en Prusse, Voltaire le rappellera, un an plus tard, dans ses lettres aux d'Argental et à Mme Denis. Voir par exemple D5496: 'Quelque chose qui arrive je vous conjure, ou de bien dire ou de bien écrire aux Garins, aux Frémonts, que c'est sur la confiance en leurs bontez, sur leur parole, que je me suis préparé depuis un an à revenir' (à Mme Denis, 30 août 1753); et D5706: 'Je ne pouvais deviner qu'en revenant en France sur la parole de mad^e^ de Pompadour, sur celle de m^r^ d'Argenson, j'y serois exilé' (à d'Argental, 3 mars 1754).

D5031. *Voltaire à Le Baillif*

D'après les archives diplomatiques, Le Baillif quitta Berlin pour Paris le 6 ou le 7 octobre 1752 (MAE, *Prusse*, vol. 168, f.107). La Touche ('monsieur l'envoyé') était arrivé à Potsdam le 24 juillet (*ibid.*, vol. 167, f.307).

D5033. *Voltaire à François de Chennevières*

La datation paraît improbable. Ecrivant à Chennevières quatre jours plus tard, Voltaire ne fait pas référence à ce billet. D'autre part, sa lettre à d'Argenson du 3 octobre n'avait pas à passer par Chennevières, puisque Le Baillif, qui la portait à Paris, devait voir personnellement les ministres pour rendre compte des affaires dont il avait été chargé depuis la mort de Tyrconnell (voir D5028 et D5035).

La date du 24 novembre peut être avancée avec quelque vraisemblance: voir D5083.

D5036. *Voltaire à François Etienne Devaux*

La date n'est pas probable, elle est certaine. Le projet du voyage aux eaux de Plombières n'apparaît qu'en 1752 (D4817) et la mention du long séjour de 'huit mois entiers' passés à Potsdam se retrouve dans de nombreuses lettres de date voisine, D5023 et D5029 entre autres.

D5041. *Voltaire à La Condamine*

Les références bibliographiques de la note 2 ne semblent pas pertinentes: les remarques de Deslandes, ces 'particularités' annoncées par La Condamine, devaient sans doute parvenir à Voltaire sous la forme d'un petit mémoire *manuscrit*.

Au risque de tomber dans le même travers, je saisis cette occasion pour signaler un incident très curieux des rapports de Voltaire avec Deslandes. Il s'agit de marginalia que je crois oubliés et dont il est douteux que l'on puisse jamais retrouver la trace directe. Dans son *Histoire de la philosophie*, publiée à Amsterdam en 1760, chez J.H. Schneider, Formey raconte qu'il prêta à Voltaire cette *Histoire critique de la philosophie* de Deslandes et qu'il eut la surprise de se voir retourner son exemplaire surchargé de remarques manuscrites. Je cite l'anecdote d'après le compte rendu que le *Journal Encyclopédique* donna de l'ouvrage de Formey (t. viii, 15 décembre 1760, pp.4-5): 'Pendant le séjour de Mr de Voltaire ici [à Berlin]', raconte Formey, 'je lui ai prêté divers livres de mon Cabinet, & entr'autres celui dont je parle ici. Ce célèbre Ecrivain, au jugement duquel on peut bien s'en fier en fait de stile, fut si dépité de celui de mr Deslandes, qu'il chargea le titre & les marges de mon exemplaire de plusieurs traits de ce dépit, qui sont tout-à-fait réjouissans, & que je conserve avec plaisir; quoique ce ne soit d'ailleurs guères l'usage de rien écrire sur les livres qu'on emprunte. Mr de Voltaire a donc mis sur le feuillet du titre, (c'est l'Edition de Changuion 1757 [1737]) à la place de par Mr D***, le nom entier accompagné d'une qualification expressive, de la maniere suivante: *par Mr Deslandes, vieil Ecolier precieux*. Joignons une ou deux des notes répandues sur les marges. Vers le bas de la page 87 du Tome I, Mr Deslandes, en parlant de la langue des Chinois, dit: *cette espece d'immobilité de la langue* ... Mr de Voltaire a mis à côté, *d'immutabilité*; & a ajouté: *au moins dans ton stile fade & précieux, sers-toi du mot propre*. La tirade suivante finit la page 290, & commence la page 291 du même Volume: *Suivant quelques Philosophes approuvés de Ciceron, tout le Polythéisme Poëtique, tout ce qu'il y a eu* de Divinités parmi les Grecs, tout ce qui entre dans le détail de leurs généalogies, de leurs familles; de leurs domaines, de leurs aventures, n'est autre chose que la Physique *mise sur un certain ton, & agréablement tournée*. Mr de Voltaire, après avoir souligné ce que nous venons de mettre en caractère italique, s'écrie: *quel stile du plat Bel esprit Provincial*!'

D5042a. *La Beaumelle à Maupertuis*

La lettre que La Beaumelle soumettait à Maupertuis avant de l'envoyer au roi de Prusse est du 9 décembre 1751: on en trouve le brouillon, à cette date, dans l'un de ses carnets (BN, n.a.f. 10234, f.57). Ce billet est donc du 'vendredi' 10 décembre. D'autre part, Le Sueur avait correctement identifié l'ouvrage envoyé par La Beaumelle à Frédéric II: il s'agissait bien d'appeler du jugement que Maupertuis disait que Voltaire avait prononcé contre *Mes pensées* – 'un livre que j'ai composé en Dannemarc', précise sa lettre au roi. Notons encore que c'est de La Beaumelle lui-même, qui en expliqua le détail dans une lettre ostensible, que Voltaire apprit cette démarche concertée avec Maupertuis: voir D5098 et D5162. Cf. D.app.121.

D5043. *Voltaire au chevalier de La Touche*

Ce billet fut écrit de Berlin, puisque Voltaire y marque son regret de n'être pas en état de faire ses visites. Il faut donc le placer entre la mi-décembre 1752, date de son retour de Potsdam, et le 17 mars 1753, date de son départ de Berlin. Deux indices peuvent soutenir une datation assez voisine du *terminus a quo*:

Voltaire semble libre de ses mouvements, alors qu'il se contraignit à une prudente réclusion après que la *Diatribe* eut été publiquement brûlée sur les places de Berlin, le 24 décembre; le rapport personnel se trouve d'autre part exprimé dans les formes les plus cérémonieuses ('Monsieur de Voltaire présente ses très humbles respects à Mr le chevalier de la Touche'), expressions qui ne se rencontrent plus dans la suite de cette correspondance après la demande de congé du 1er janvier.

D5045. *Voltaire à la margrave de Bayreuth*

Le 'petit ouvrage de dévotion' envoyé avec cette lettre ne peut être que le *Poème sur la Religion naturelle*, puisque la margrave en remercia Voltaire dans sa réponse (D5059). Voir la discussion de D4972.

D5052. *Frédéric II à Voltaire*

Frédéric II accuse réception du *premier* article de 'l'encyclopédie de la raison' – le futur *Dictionnaire philosophique*; il impose d'autre part aux rédacteurs pour tâche *préalable* de terminer la 'table alphabétique' de tous les articles: deux indices qui doivent permettre de serrer de plus près la date de ce billet.

Il est assuré que la première idée de l'ouvrage remonte à la fin d'août ou au début de septembre 1752: Voltaire en évoque le projet dans D5008 le 5 septembre, en écrivant au roi pendant le voyage de Silésie. Plusieurs recoupements donnent à penser que la rédaction allait déjà bon train à la fin de ce mois. Dès la fin d'août, Voltaire avait commandé un Bayle à Walther (D4994, commande renouvelée le 6 septembre dans D5009); le 29, il demande à la comtesse de Bentinck de lui procurer un Dom Calmet (D5023). Le 3 octobre, il écrit à d'Argental qu'il s'est 'affublé' d'occupations nouvelles, fort éloignées de 'toutte idée de poésie': 'je compile àprésent', précise-t-il (D5029). Les 'beaux projets pour l'avancement de la raison humaine', selon l'expression de D5008, durent prendre forme dès les derniers jours de septembre, quand le roi rentra de sa tournée silésienne: c'est la date qui paraît la plus plausible pour ce billet de direction et d'encouragement.

D5054. *Frédéric II à Voltaire*

'Vous vous êtes moqué de Pascal, qui se sert de la même figure': la référence est à la vingt-cinquième des *Lettres philosophiques*, remarque 5. Voltaire ne tint pas compte de l'objection: voir M.xvii.455.

D5055. *Voltaire à Frédéric II*
D5056. *Frédéric II à Voltaire*

Avec l'article 'Baptême', Voltaire présente au roi 'L'apologie de mylord Bolingbroke'. Manuscrite ou imprimée? Imprimée, plus vraisemblablement, car il n'eût sans doute pas manqué de souligner la nouveauté de l'ouvrage et d'en expliquer l'intention si le roi n'en eût pas déjà vu le manuscrit – et la réponse de Frédéric II (D5056) ne relève même pas cette partie de l'envoi. D'après une indication fournie par Koser-Droysen, la *Défense* sortit des presses de Potsdam vers le 20 novembre 1752 (*Briefwechsel*, p.385). C'est très probablement aussi la date approximative de ces deux billets.

Sur la date de l'impression berlinoise de la *Défense de milord Bolingbroke*, voir aussi D.app.118, texte 2. D'Alembert avait lu l'ouvrage à la date du 4 décembre 1752 (*Correspondance complète de la marquise Du Deffand*, i.165), peut-être dans une réimpression française (F 22157, f.192, 'Livres nouveaux', 7 décembre 1752).

D5057. *Voltaire à Frédéric II*

'Je mets à vos pieds Abraham, et un catalogue.' La lettre roule entièrement sur la préparation de 'l'encyclopédie de la raison': distribution des tâches de rédaction, définition des normes de l'article (par rapport à Bayle, en particulier), et surtout gestion financière de l'entreprise. Il est difficile de supposer que le 'catalogue' présenté par Voltaire ait pu être l'appendice du *Siècle de Louis XIV*. Autant qu'une évidence puisse être sensible, il doit s'agir de la 'table alphabétique' de cette 'Encyclopédie de la raison', que Frédéric II demandait dans D5052. Tout indique d'ailleurs que l'entreprise venait seulement d'être lancée, qu'elle avait à peine reçu l'agrément du roi: Voltaire n'envoie qu'une 'ébauche' d'article, il manque encore de livres (il a cependant un Bayle: il en demandait un à Walther dans D5009, le 6 septembre) et il se résignera si 'l'ouvrage proposé' est abandonné. Bref, on peut placer cette lettre, sans grand risque d'erreur, à la fin de septembre ou au tout début d'octobre 1752.

Parmi les rédacteurs que Voltaire voulait recruter, il faut sans doute compter l'abbé Yvon: cf. D5051, où il fait l'éloge de son style et de son audace de pensée.

'Chérisac coulerait à fond les s^ts^ pères': il me semble que l'on peut rapprocher ce pseudonyme du surnom donné au marquis d'Argens, autre collaborateur du *Dictionnaire*. Cf. D4952 et D5088. Faut-il lire 'Cher Isaac'?

D5061. *Voltaire à Formey*

La date du catalogue de vente paraît suspecte: la *Défense de milord Bolingbroke* ne parut que vers la fin de novembre (voir la discussion de D5055 et D5056). Formey plaçait cette lettre à la mi-décembre, et cette date semble en effet très plausible – quoique à la limite, puisque Voltaire écrit ici de Potsdam et qu'il se trouvait de retour à Berlin le 15 décembre (voir D5103). On peut encore remarquer qu'une autre lettre de la même série, D5172, que Formey datait du 23 décembre (voir la discussion de ce numéro), fait expressément référence à celle-ci, et dans des termes qui supposent un intervalle assez rapproché: 'le moins malade ira voir l'autre', écrit ici Voltaire en songeant à son arrivée prochaine à Berlin; et dans D5172: 'il vaudrait mieux, comme je vous l'ai mandé, que le moins malade allât voir l'autre'.

Relevons encore que c'est d'après cette lettre, peut-être à tort, que l'on date traditionnellement la genèse de l'*Akakia* (*Akakia*, pp.lxxiv-lxxv).

D5064. *Voltaire au Conseil de Berne*

Cette lettre fut assez rapidement connue à Paris dans les bureaux de la librairie, et donc vraisemblablement aussi dans le ministère et à la cour, ce qui n'est pas indifférent si elle y fut aussi interprétée comme une demande d'hospitalité. On inventa même une réponse négative et humiliante: 'On dit qu'il a écrit au Canton de Berne en Suisse pour demander un azile a cette Republique, et que les Magistrats lui ont repondu qu'il etoit le maitre de s'y refugier, a une condition qui est qu'il n'ecriroit contre Dieu, ni contre les Rois, ni contre qui que ce soit. Cette condition est trop dure pour Voltaire' (*Journal de la librairie*, F 22158, f.119, 11 janvier 1753).

D5074. *Frédéric II à Voltaire*

Ce billet répond à l'envoi d'un exemplaire d'*Amélie ou le duc de Foix* (édition Walther, Dresde 1752: voir D5095, note 2, *in fine*). Le *terminus ad quem* peut être fixé au 15 novembre, d'après D5068 où la comtesse de Bentinck se plaint de n'avoir pas encore reçu son exemplaire tandis que les princes royaux ont déjà les leurs. Voir aussi D5076, commentary: la reine mère reçut l'ouvrage avant le 17 novembre.

'Ce bon sens est ce qu'il faut pour se conduire dans la vie commune': on peut se demander si tout ce passage n'est pas à double sens. La *Réponse d'un académicien de Berlin à un académicien de Paris*, première attaque publique de Voltaire contre Maupertuis, avait paru dans le courant d'octobre. Frédéric II venait d'y répondre par sa *Lettre d'un académicien de Berlin à un académicien de Paris*, qui sortit des presses de Potsdam le 11 novembre (*Briefwechsel Maupertuis*, p.281). Ces modestes éloges du 'bon sens', de la mesure et de l'art 'd'éviter un précipice', qui se donnent comme *pro domo*, sont peut-être plutôt *ad hominem*. Frédéric avait-il eu vent de la préparation de l'*Akakia*? Dans une autre lettre de date voisine, il avertit plus clairement Voltaire, avec le même air d'humilité, de veiller à ne pas laisser dégénérer les 'querelles pour & contre Leibnitz' (D5054).

D5075. *Voltaire à madame Du Deffand*

On peut rapprocher cette lettre de D4799. Je la crois adressée à Mme de Puisieux; elle daterait de la fin de janvier ou des premiers jours de février 1752: D4799 me paraît y répondre sur tous les points. L''ami' en qui Voltaire écrit qu'il voit illustrée 'la liberté de penser' ne serait autre que Diderot.

D5076. *Voltaire à König*

Cette lettre circula en copie à Berlin dans les jours qui suivirent la 'brûlure' de la *Diatribe*, d'après *D5104-D5107*, qui sont à déplacer vers cette date (voir la discussion de ces numéros dans la seconde partie). Aussi Voltaire s'empressa-t-il, dans la crainte d'un redoublement de rigueur, d'en arrêter l'impression commandée en Hollande: voir D5124. La première édition signalée est celle de *La Querelle*, mais on peut penser qu'il y en eut une séparée dès le mois de janvier:

cf. D5185. Cette lettre ne se trouve pas dans les gazettes de Hollande, quoique Voltaire ait ensuite encouragé König à l'y mettre (D5149).

'On m'apporte un volume de lettres que Maupertuis a fait imprimer il y a un mois.' Ces *Lettres* parurent en effet à la fin d'octobre, mais la dix-neuvième, la fameuse *Lettre sur le progrès des sciences*, avait été imprimée à part dès le mois de mars (F 22157, f.37, 'Livres nouveaux', 9 mars 1752). Le *Mercure de France* en avait aussitôt donné un compte rendu très détaillé (*MF*, mai 1752, pp.114-18; la publication fut également signalée dans *Utrecht*, 23 mai 1752). Dès septembre, dans une fête de cour donnée à Oranienburg, la comtesse de Bentinck se permit d'en plaisanter certains 'projets' d'anticipation scientifique (*Textes*, 79). Je doute que Voltaire, qui devait étendre et perfectionner dans l'*Akakia* les plaisanteries qu'il esquisse ici, ne l'ait pas connue avant la réimpression d'octobre.

D5077. *Voltaire au pasteur Roques*

'Mais il partit quelques jours après pour Leibzik': en fait La Beaumelle revint à Berlin le 8 février et partit pour Leipzig le 30 avril 1752 (Claude Lauriol, *op. cit.*, pp.278 et 294).

'Les amours de Berlin, et les dégouts des plaisirs'. Je dois l'identification de cette brochure à Vivienne Mylne, qui en a retrouvé un exemplaire dans la 'private case' de la British Library (P.C. 17. b. 22). Il s'agit d'un ouvrage à clefs sur quelques aventures galantes ou scandaleuses de Berlin. Le titre exact est: *Les Degouts du plaisir: Frivolité* (Lamzaque [La Haye?], 1752). On y trouve une dédicace datée du 12 juillet 1752 et signée 'M. de la B***' – d'où l'attribution dont Voltaire se fait ici complaisamment l'écho. La bibliothèque de l'Arsenal en possède également un exemplaire sous la cote Réserve 21541.

D5080. *Voltaire au chevalier de La Touche*

Le 'rogaton' envoyé était *Amélie ou le duc de Foix* dans l'édition Walther (Dresde 1752). Cf. D5082 et D5095, note 2.

D5084. *Voltaire au duc de Richelieu*

Richelieu prétendit plus tard qu'il n'avait jamais reçu le 'gros paquet' joint à cette lettre: cf. D6406 et D6445.

D5085. *Voltaire à Frédéric II*

Besterman a eu tort, me semble-t-il, de minimiser, dans le commentaire de cette pièce, les conséquences de l'événement dont elle est la trace. Il est vrai que Voltaire parait aux risques d'une exploitation *matérielle* de la déclaration compromettante qu'il se voyait contraint de signer, en y ajoutant (au verso?) des protestations de soumission au roi et au gouvernement de France. Mais il suffisait, pour la réussite du plan de Frédéric II, que la simple *rumeur* d'un tel aveu de rébellion parvînt à Paris et à Versailles, plus ou moins soutenue par les signes convenus d'une autorité quelconque, diplomatique ou autre. Et c'est bien ce qui se produisit, comme l'atteste l'écho suivant du *Journal de la librairie*: '[On prétend], et cela est mandé de Berlin, que le Roy de Prusse a exigé de [Voltaire] une déclaration, une promesse solemnelle par écrit, par laquelle il s'engage à ne point écrire contre le Roy ni contre les Ministres de france. Il faut apparemment qu'il ait fait quelque ouvrage pour ce païs ci' (F 22158, f.119, 11 janvier 1753). Tout l'effet pervers de la manœuvre est précisément manifesté par ce dernier glissement de l'*apparence* au *faire*; et l'on peut supposer qu'une nouvelle aussi importante ne resta pas confinée dans les bureaux de Malesherbes: c'est là, à mon sens, un élément majeur du processus qui aboutit un an plus tard à l'exil tacite de Voltaire. Il faut d'ailleurs rattacher ce coup de ruse et de force du nouveau Machiavel de Potsdam à la stratégie générale, fort ancienne (voir D2613), qui tendait à discréditer Voltaire auprès de ses maîtres naturels pour se l'attacher en l'isolant: cf. la discussion de D5232.

D5087. *Frédéric II à Maupertuis*

'Après bien des perquisitions et un détail asséz enuyeux je me suis amparé du Kaiaka que j'ai brûlé ...' *Le* 'Kaiaka', écrit Frédéric II. C'est donc que Maupertuis connaissait déjà l'existence et le titre du pamphlet que Voltaire faisait imprimer secrètement à Potsdam. On donnerait volontiers quelque crédit, sur cet indice, à une relation assez tardive, mais peut-être trop négligée, de l'incident – et qui nous vient d'ailleurs d'un témoin direct de la vie de Potsdam. D'Argens écrit en effet dans son *Histoire de l'esprit humain*: 'Un officier qui faisait imprimer un ouvrage sur la fortification des places surprit chez son éditeur plusieurs feuilles de l'*Akakia*; il avertit M de Maupertuis qu'il allait bientôt paraître une satire sanglante contre lui. M. de Maupertuis eut recours au roi, pour en empêcher la publication' (*Histoire de l'esprit humain*, 1765-1768, iv.351). L'informateur de Maupertuis pourrait bien avoir été un certain Lefèvre, l'une de ses relations familières, un officier français passé au service de la Prusse après un jugement déshonorant, et qui l'accompagna quelques mois plus tard dans son voyage en France (MAE, *Prusse*, vol. 167, f.41 et vol. 171, f.222). Cf. aussi *Textes*, 124. Notons que le roi, d'après la fin de ce même billet, n'avait pas vu Maupertuis dans son voyage du 27 à Berlin: le recours du président prit donc vraisemblablement la forme d'une lettre ou d'une plainte portée par un tiers.

La note 1 du commentaire est très insuffisante. Cette première 'brûlure' de l'*Akakia* est bien attestée. Voir par exemple la lettre de Sulzer à Haller du 19 décembre (D5117, commentary) et la lettre de Frédéric II à sa sœur de Bayreuth du 12 avril 1753 (D5255). On lira plus loin une relation oubliée de ce curieux incident: *Textes*, 87.

D5088. *Voltaire à d'Argens*

On peut serrer de plus près la date de ce billet. La *Diatribe* est déjà 'débitée', c'est-à-dire que les premiers exemplaires en sont déjà répandus dans Berlin. Ceci fixe le *terminus a quo* vers le milieu de décembre: voir D5096, commentary. La lettre de directives à l'éditeur, que Voltaire communique à d'Argens pour qu'il la montre 'tout coup vaille' au roi, doit évidemment dégager sa responsabilité et lui épargner ainsi des sanctions prévisibles – il ne veut point 'mettre sa tête dans la gueule'. Cet indice paraît fixer le *terminus ad quem* au 24 décembre, date de la 'brûlure' publique. La démarche se rapporte vraisemblablement à l'incident dont l'académicien Sulzer fit confidence à Haller le 19 décembre: '[Le roi] a obligé Voltaire de donner ordre de remettre [les exemplaires de Hollande] à Mr. de Hellen, Résident de S.M. à la Haye' (D5117, commentary).

D5090. *Voltaire à Christlob Mylius*

Deux indices permettent de serrer de plus près la datation:

1. Voltaire promet 'une copie de la lettre à Koenig'. Or, à la fin de décembre encore, cette lettre n'était guère connue que de la comtesse de Bentinck, et il s'efforçait, par crainte de nouvelles représailles, '[de] retirer les copies' qu'elle en avait données (D5105 et D5107). Le 29 décembre, il écrit en Hollande pour en retarder l'impression (D5124). C'est vers le milieu de janvier qu'il changea de tactique et se décida à la laisser paraître comme un gage de sa 'candeur' et de son innocence (D5149).
2. Voltaire demande d'autre part à Mylius de lui 'déterrer' d'urgence certaines 'pièces nécessaires' pour constituer un recueil du genre *Maupertuisiana.* On peut rapprocher assez sûrement cette indication, semble-t-il, de la lettre à Mme Denis du 16 janvier, avec laquelle il envoya justement, en vue d'une impression à faire à Paris, 'l'histoire du procez de Maupertuis avec touttes les pièces' (D5159).

Ce billet semble donc pouvoir être placé, sans grand risque d'erreur, vers le 12 janvier 1753. Ce serait là peut-être la 'commission' dont Mylius parle à Haller dans une lettre datée du 21 janvier: voir *Textes*, 95.

D5091. *D'Argens à Algarotti*

Trois indices permettent de dater cette lettre avec une certitude absolue:

1. Elle est antérieure au 8 décembre 1752, date où débutèrent les fêtes du carnaval à Berlin: on travaille encore au 'récitatif' et aux 'intermesses' de l'opéra.
2. Le roi vient de rentrer d'un voyage à Berlin, au cours duquel il a fait à Maupertuis une visite qui a 'désorienté touts les Konistiens'. Frédéric II fit trois voyages à Berlin en novembre et en décembre, avant de s'y installer comme chaque année pour les festivités du carnaval. A son voyage des 2 et 3 novembre, il visita Maupertuis, le jeudi 2, et les gazettes, vraisemblablement 'par ordre', rendirent compte de cet 'honneur distingué' qu'il avait fait au 'Président de l'Académie des Sciences'. Les indications de ces gazettes concordent bien avec celle du second paragraphe de cette lettre: il resta 'plus d'une heure' auprès du malade (*Utrecht*, 10 novembre) – 'une grosse heure' dit la *Gazette de Cologne* (même date, sous le titre 'Nouvelles de Berlin', 4 novembre). A son voyage suivant, le 27, il n'eut pas le temps, c'est du moins ce qu'il écrivit lui-même à Maupertuis, de lui renouveler cette marque ostensible de son soutien: voir D5087, *in fine*. A son voyage des 2 et 3 décembre,

il envoya seulement Fredersdorff, son premier valet de chambre, prendre de ses nouvelles (*Utrecht*, 15 décembre, sous le titre 'Berlin, le 9 décembre').

3. Impressionné par cette marque de faveur, d'Argens écrit: 'voillà de quoy mettre au néant toutes les brochures'. Ce dernier indice lève tout doute. Le 11 novembre, on le sait, Frédéric II se lança à son tour dans la guerre des brochures, en faisant paraître sa *Lettre d'un académicien de Berlin* (voir D5067, note 1). S'il avait écrit *après* cette date, d'Argens n'eût pas seulement opposé à 'toutes les brochures' des 'Konistiens' une visite dont le roi venait d'honorer leur victime: comment n'eût-il pas chanté, dans une lettre dont Algarotti pouvait parler à son retour à Potsdam, la victoire promise à l'avance au généreux champion d'une aussi noble cause?

Compte tenu de l'indication de jour marquée au début du texte, on peut placer cette lettre au *4 novembre 1752*.

Quelques passages appellent encore un mot de commentaire:

1. 'Cette visite a désorienté touts les Konistiens': comme cette lettre est écrite de Potsdam, il faut compter au premier chef, parmi ces 'konistiens', Voltaire lui-même, dont d'Argens avait pu constater l'embarras ou la perplexité.
2. 'Que dit votre chère ami [*sic*] l'ingénieusse comtesse?': la comtesse de Bentinck, ennemie déclarée de Maupertuis.
3. 'J'ai veu ici, l'infâme brochure où la Denis est maltraitée si indignement [...]': il s'agit encore des *Dégouts du plaisir* (voir la discussion de D5077). Cette dame Denis ('Auguste' dans l'ouvrage) était danseuse étoile de l'opéra de Berlin. Après avoir été la maîtresse du prince de Lobkowitz ('le duc de L***'), elle s'était galamment consolée de l'abandon où l'avait laissée l'éclatante conversion de son amant en avril 1752 (Lehndorff, *Dreissig Jahre*, p.23).
4. 'Donnés moy, je vous prie des nouvelles de la réception de l'opéra': il doit s'agir de l'*Orphée* de Graun, qui fut donné le 8 décembre pour l'ouverture du carnaval.

D5092. *Voltaire au marquis de Ximenès*

Ce billet fut publié par Ximenès lui-même, dès 1761, dans son *Essai de quelques genres divers de poésie* (s.l. 1761), in-8°, 36 pages. Il s'y trouve à la page 17, sous le titre de 'lettre de Mr. de Voltaire à Mr. de *****', immédiatement suivi d'une traduction de la *septième* élégie d'Ovide. On lit, au début, 'Monsieur' au lieu de 'm. le marquis'. Le texte est donné *sans date*. On peut douter que ce billet ait été écrit durant le séjour en Prusse.

Le *Mercure de France* le cita tout au long en rendant compte du recueil (*MF*, mai 1761, p.77). C'est vraisemblablement là que le trouvèrent les éditeurs de la *Troisième suite*, qui était alors sous presse.

D5094. *Voltaire à Darget*

'Je me flatte que madame votre sœur a trouvé par vos soins l'établissement que vous désiriez tant pour elle': Darget avait cherché à placer sa sœur, une certaine madame Dangeville, au service des enfants du Dauphin; il avait plusieurs fois sollicité pour cela les bons offices de milord Tyrconnell (MAE, *Prusse*, vol. 160, f.196 et vol. 165, f.206).

'Mademoiselle le Comte': la compagne de La Mettrie.

D5095. *Voltaire à la Gazette de Cologne*

L'indication de Bengesco était exacte. Cette lettre se trouve à la fin du numéro (cote BN: 8° G 15989), précédée de l'annonce suivante: 'La poste nous a apporté la lettre suivante pour la communiquer au public.' Bengesco a modernisé l'orthographe et la ponctuation.

L'avertissement reproduit par Besterman dans la note 2 avait déjà paru dans la *Gazette de Cologne* du 21 novembre.

D5096. *Frédéric II à Voltaire*
D5097. *Voltaire à Frédéric II*

Ces deux billets sont évidemment du même jour: ils furent échangés d'un étage à l'autre du château de Potsdam.

'L'éditeur est Interrogé,' écrit le roi, 'il a tout Declare.' A quoi Voltaire répond en demandant la confrontation de 'tous [ses] gens'. Son secrétaire Francheville fut en effet soumis à un interrogatoire et dut signer sous serment une déposition qui accablait son maître. L'enquête fut dirigée à Potsdam même, par Fredersdorff, l'homme de confiance de Frédéric II: voir D.app.118. Compte tenu de la date du premier procès-verbal, on peut placer ces deux billets au 30 novembre 1752.

Cinq mois plus tard, Frédéric II fit remettre à Maupertuis une copie de son billet accusateur, avec permission d'en faire publiquement usage à son gré: voir D5257. Le baron de Scheffer en eut une copie à Stockholm, qu'il communiqua au président Hénault le 15 mai 1753 (*Mémoires du duc de Luynes*, xii.466).

D5098. *La Beaumelle au pasteur Roques*

'Je vous prie de m'instruire de ce que c'est que ce libelle': *Les Dégouts des plaisirs*. Voir la discussion de D5077.

'Maupertuis me conseilla d'envoyer mon livre au roi en droiture, avec une lettre qu'il vit et corrigea lui même': voir la discussion de D5042a.

'Je les brûlai, pour en faire le sacrifice à la comtesse de Bentinck': non pas les *six* premières feuilles, mais, d'après la lettre de La Beaumelle lui-même à la comtesse, la quatrième et la cinquième. Voir Claude Lauriol et André Magnan, 'Correspondance inédite de La Beaumelle avec la comtesse de Bentinck', *Recherches nouvelles sur quelques écrivains des Lumières (II)* (Montpellier 1979), p.45.

'Je serai obligé pour me justifier de faire imprimer l'histoire du Juif': allusion évidente à l'affaire Hirschel. Même menace peut-être, vers la même date, sous la plume de Frédéric II: 'si Vous poussez L'affaire à bout je ferai tout Imprimer' (D5096).

Signalons encore que Voltaire eut aussitôt communication de cette lettre par le pasteur Roques: il y répond indirectement dans D5141.

D5099. *Voltaire à Hénault*

Besterman a eu raison de douter de la date de cette lettre apparemment perdue. Mais il ne l'a cru perdue que parce que Seymour de Ricci l'avait mal datée. Il s'agit évidemment de la lettre déjà donnée sous le numéro D4618.

D5110. *Le prince Louis de Wurtemberg à Voltaire*

Le *terminus ad quem* peut être fixé au 8 décembre 1752, d'après la référence à l'arrivée prochaine du roi à Berlin. C'est ici, très probablement, la réponse au billet dont il est question dans D5102: Voltaire avait à confier au prince Louis 'un paquet très essentiel' (D5089), sans doute des pièces relatives à son contrat de rente avec le duc régnant de Wurtemberg, et il craignait de ne pas pouvoir le lui remettre avant son départ. On peut placer ce billet dans les tout derniers jours de novembre ou les tout premiers jours de décembre 1752.

D5113. *Voltaire à d'Argental*

'Mais, quinze jours après, mon prédicateur arriva avec un plumet à Potsdam'. La mémoire de Voltaire, par une déformation qui lui est naturelle, comprime les événements. La Beaumelle arriva à Berlin peu avant le 7 novembre 1751 (Claude Lauriol, p.261), plusieurs mois après les échanges de lettres relatifs à son projet d'édition des 'auteurs classiques français' (D4492).

D5116. *Voltaire au marquis de Thibouville*

'Je suis très affligé', écrit Voltaire, 'que madame Denis se soit compromise avec le tripot ...': voir *Textes*, 83 et 86.

D5117. *Voltaire à Jacques Bagieu*

Le rapprochement avec D4856 s'impose: cette lettre, et la consultation médicale qui en fut l'occasion, s'inscrivent dans la stratégie du congé de Prusse et du retour en France. C'est ce que Mme de Graffigny explique à Devaux dans une nouvelle de date voisine, en suggérant même, donnée invérifiable, que les consultations furent multipliées dans cette vue pour plus de sûreté: 'Enfin V n'a d'autre finesse a present que celle ci. Il vient d'envoyer un memoire sur sa santé a quatre ou cinq de nos plus fameux medecins. Il se donne toutes les maladies qui demandent l'air natal, entre autres le scorbut. Il dit qu'il n'a plus ny cheveux ni dents. Avec l'ordonnance qu'il espere de la il compte qu'on lui permettra de revenir en France' (*Graffigny*, LVII, 270-71). Voltaire mentionne son 'affection scorbutique' dans D4354, D4397 et D4897. L'argument médical reparaît, un an plus tard, dans les lettres d'Alsace.

D5119. *Voltaire à Walther*

'L'avertissement que vous devez mettre dans touttes les gazettes': peut-être celui qui se trouve imprimé dans la *Bigarrure* du 4 janvier 1753 (xx.10-12). C'est en tout cas, semble-t-il, le dernier qui se rapporte à l'édition Walther du *Siècle de LouisXIV*.

D5121. *Voltaire à François de Chennevières*

'[Ma lettre] pour M. de Bussi contient une petite recommandation que je luy demande et que je vous supplie d'apuyer en cas que vous soyez lié avec luy': il est probable que Voltaire demandait que le chevalier de La Touche reçût instruction de le protéger contre les rigueurs dont il se voyait près d'être accablé. Cf. D5125.

D5122. *Voltaire à Hochstatter*

'Si vous voyez cette respectable dame à qui je dois tant, et à qui touts les malheureux doivent ...': la comtesse de Bentinck, dont Hochstatter était l'un des familiers.

D5123. *Le chevalier de La Touche au marquis de Saint-Contest*

L'article de la *Spenersche Zeitung* dans lequel Voltaire se trouvait 'nommé auteur' de la *Diatribe* ne fut pas seulement publié 'par ordre', comme le rappela ensuite la *Gazette de Cologne* (*Textes*, 91). Il reprenait et traduisait un 'projet' que Frédéric II avait rédigé de sa main, et ce *la veille* de l'exécution publique: voir *Briefwechsel*, p.391.

D5124. *Voltaire à Pierre Gosse*

'Une ancienne lettre à monsieur Koenig': D5076.

D5126. *Maupertuis à Moncrif*

'His letter having driven Voltaire to despair ...' Le texte du catalogue est en effet énigmatique. Mais ce 'his' renvoie sans doute à Frédéric II, et cette 'letter' qui avait de quoi chagriner Voltaire doit être la *Lettre d'un académicien de Berlin à un académicien de Paris*. Elle était déjà publique à cette date à Paris, imprimée chez Durand par les soins de La Condamine, à qui Maupertuis l'avait communiquée à cette fin (F 22157, f.196, 21 décembre 1752; *Graffigny*, LVII, 270-271, 27 décembre 1752).

D5129. *Voltaire au chevalier de La Touche*

La Touche ne revint à Berlin en qualité d''envoyé' qu'à la fin de juillet 1752. De son côté, Voltaire ne quitta pas Potsdam de tout l'été, et n'arriva à Berlin qu'après le roi, vers la mi-décembre. La marge de datation se réduit ainsi aux toutes dernières semaines du séjour en Prusse. L'hypothèse avancée par Besterman à la fin du commentaire me paraît des plus plausibles, car le tour cérémonieux du billet se conçoit mieux aussi à une date voisine du *terminus a quo*.

D5130. *Voltaire au chevalier de La Touche*

Ce billet doit être rapproché de D5138. Il date des toutes dernières semaines du séjour à Berlin. Le 5 janvier, Voltaire ne voyait 'aucun risque' à faire poster un 'paquet' à Cologne. Il envoie ici 'encor' une lettre pour Mme Denis, mais il demande que '[ses] paquets soient remis en mains propres', parce qu'il a appris que la voie de Cologne n'est pas sûre. On est tenté de placer ces deux billets au même jour, tant ils paraissent étroitement liés. Il faudrait alors supposer que Voltaire s'est trompé dans ses indications de jour ou de date, car le 5 janvier 1753 fut un vendredi et non un jeudi.

D5131. *Voltaire à Titon Du Tillet*

Cette lettre me semble antérieure à D4938, où Voltaire, sauf erreur, y fait justement référence: 'Je crois vous avoir déjà mandé autrefois que je ne suis point *dignusque numismate vultus*' – c'est en substance ce qu'il écrit ici. Rien n'autorise d'ailleurs à rapporter à la seule année 1752 la référence à Pérard: membre de l'Académie de Berlin, collaborateur de Formey, chapelain de Frédéric II, ce Pérard se trouvait à Berlin depuis 1722 (MAE, *Prusse*, vol. 174, ff.525-26). L'intervalle implicitement marqué dans D4938 incite à placer cette lettre en 1750 ou en 1751.

D5132. *Voltaire à Frédéric II*

Cette lettre fut confiée à Fredersdorff: cf. D5134a. Signalons ici que le fameux quatrain cité dans le commentaire de cette lettre fut connu à Paris dès le mois d'avril (F 22158, f.128).

D5137. *La Touche à Saint-Contest*

La Touche écrit, à propos du 'libelle brûlé', le 4 janvier 1753, qu'il ignore 'si les exemplaires de cette brochure sont arrivés à Paris'. Le premier indice que j'ai pu trouver à ce sujet est une nouvelle du 21 décembre 1752 insérée dans le *Journal de la librairie*, qui fait état d'exemplaires envoyés par Voltaire lui-même (*Textes*, 87). Mais le débit parisien de l'*Akakia* reste mal débrouillé. C'est seulement à la date du 11 janvier 1753 que le *Journal de la librairie* en relève la publication dans les *Œuvres meslées d'un celebre auteur qui s'est retiré de France*, 60 p. in-12 (F 22158, f.1). Voltaire écrit de son côté à Formey, dès le 17 janvier semble-t-il: 'On a vendu à Paris six mille Akakia en un jour' (D5163). S'agissait-il d'une impression hollandaise? Cf. D5143, de l'abbé Le Blanc à Ruffey, lettre adressée à Dijon le 10 janvier: 'vous avez sans doute vû la Satire infâme ...'

D5139. *Voltaire à ?*

Au dossier fort complexe de la genèse et de l'attribution du *Tombeau de la Sorbonne*, on peut joindre l'écho diplomatique inédit et les nouvelles de la Librairie qu'on lira plus loin dans la section *Textes*, 85.

D5140. *Voltaire à Formey*

'Votre feuille périodique': il s'agit ici de la *Nouvelle Bibliothèque germanique*. Formey ne suivit pas entièrement les conseils de Voltaire. Il n'inséra qu'un des 'fragments de la main de Louis XIV', et conserva un extrait de 'l'histoire des couplets de Rousseau' – c'est-à-dire de l'article La Motte-Houdart du 'Catalogue' (*Nouvelle Bibliothèque germanique*, t. xii, janvier-mars 1753, pp.311-32).

D5144. *Voltaire à la princesse d'Orange*

Besterman semble avoir raisonné, pour dater cette 'requête', comme si la lettre de Louis Racine qu'il cite dans son commentaire était du 20 janvier, alors qu'elle est du 20 mars. Le rapprochement de D5144 et D5256 paraît s'imposer. Cf. D5256: 'la calomnie atroce qu'ont lancée contre Vous un Auteur détestable et son libraire'. On peut en inférer que Voltaire adressa d'abord sa plainte à König pour la faire remettre – sous une forme peut-être différente. Mais compte tenu de la provenance matérielle du manuscrit, qui est sûrement attesté quoi qu'en dise Besterman (Ed. 1, pp.13-14), il est facile de conjecturer que le présent texte est celui-là même du 'mémoire' adressé le 3 mars 1753, avec une lettre aujourd'hui perdue, à Charles Louis de La Fontaine, le secrétaire de légation à La Haye: voir le début de D5256.

Il est question de cette démarche de Voltaire dans les nouvelles du *Journal de la librairie*, à la date du 16 mars 1753 (ce qui constitue un autre indice de datation): 'Dans une des dernieres feuilles de l'ouvrage periodique qui s'imprime a la haye sous le titre de la Bigarrure, il y a un memoire d'un Libraire hollandois contre Voltaire. Ce libraire l'accuse de lui avoir vendu un Manuscrit, qu'il avoit deja vendu a deux autres de ses confreres. La feuille est parvenue a Berlin, et Voltaire furieux a adressé ce placet a Koenig; mais Koenig, qui est las des etourderies de Voltaire, et qui commence a se repentir de s'etre associé avec lui contre Maupertuis, n'a fait aucun usage du placet, et a meme protesté qu'il ne le presenteroit pas a la Princesse. Voltaire demandoit que son Altesse fit punir le Libraire, ou que dumoins elle exigeat de lui qu'il se retractat dans la feuille suivante. Ce qu'il y a de bien singulier, et en meme tems de bien impudent, c'est qu'il a l'effronterie de dire dans cette Requête qu'il n'a jamais vendu de manuscrit a aucun Libraire, qu'il a toujours fait present de ses ouvrages, et qu'il n'en a jamais retiré une obole. On m'a promis une copie de ce placet; ce doit etre une piece curieuse. Koenig en a laissé prendre des copies a tous ceux qui en ont voulu' (F 22158, f.120. L'attitude de König paraît ici mal interprétée: cf. D5256).

Quant à l'origine de cette affaire, elle se trouve bien dans la 'feuille' mentionnée par Voltaire et citée par lui très exactement: *La Bigarrure*, xx, 13, 'feuille' no 2. Signalons enfin qu'il obtint du libraire Gosse une réparation publique, dans une feuille ultérieure du mêmc rccucil, sous la forme d'un 'Avertissement du libraire' ainsi libellé: 'L'autheur de la Bigarrure ayant inséré dans les précedentes feuilles plusieurs choses contre M. de Voltaire que nous avons imprimées par inadvertence, nous saisissons cette occasion de lui faire la reparation que nous lui devons' (*La Bigarrure*, xx, 1753, texte non paginé, à la suite de la table dans l'exemplaire Z 24554 de la BN). C'est vraisemblablement ce feuillet que La Fontaine joignit à sa lettre D5256: 'très mince réparation', en effet, comme il l'écrit, aussi vague que formelle.

D5152. *Frédéric II à Voltaire*

Il serait plus juste de mettre ce billet sous le nom de l'abbé de Prades. Certes Frédéric II l'a *dicté*, et l'abbé de Prades n'en est que le *scripteur*. Mais le roi a pris soin d'inscrire dans la *forme* du message cette *médiation*, si transparente qu'elle fût – vraisemblablement pour marquer au coupable, déjà presque pardonné, qu'il n'était pas encore tout à fait digne d'entendre directement 'les paroles du souverain pontife'. A moins de raffiner sur la théorie de la communication, c'est en fonction des modalités personnelles de l'*énoncé*, plutôt que par l'analyse de l'*énonciation*, que paraît devoir s'établir le classement d'un corpus épistolaire. Même inspirée, pour reprendre la métaphore prophétique de la fin du texte, l'Apocalypse n'est pas de Dieu.

D5153. *Voltaire à Jean François Du Resnel*

'[Maupertuis] a envoyé partout la lettre apologétique où il est tant loué ...': il s'agit de la *Lettre d'un académicien de Berlin à un académicien de Paris*, que Frédéric II avait fait paraître en novembre. D'après D5199, Maupertuis l'avait fait imprimer en italien et en allemand 'avec les aigles prussiennes à la tête' (à d'Argental, 10 février 1753). La traduction allemande au moins est attestée par une lettre de Mylius à Haller datée du 28 novembre 1752 (Burgerbibliothek, Berne, Mss. hist. helv., xviii.47, f.118), et presque sûrement aussi par une lettre de Frédéric II à Maupertuis datée du 20 novembre: 'Je n'entends pas assez l'allemand pour vous dire si la pièce que vous m'envoyez est bien traduite ou non, je crois que vous la pouvez faire imprimer, si cela vous fait plaisir' (*Briefwechsel Maupertuis*, p.283).

D5154. *Voltaire au chevalier de La Touche*

La date du 28 décembre 1752 proposée par le premier éditeur, quoique ses raisons ne soient pas connues, paraît tout à fait plausible. L'exécution publique de la *Diatribe* pourrait bien être ce 'malheur horrible' encore vivement ressenti – ce serait trois jours après – pour 'une bagatelle'. Il serait aussi très naturel que Voltaire eût senti son 'malheur' augmenter entre-temps: la circulation de copies manuscrites de sa 'lettre à Koenig' (D5076) lui faisait redouter, avec des 'terreurs' que la comtesse de Bentinck trouvait même 'paniques', des sanctions plus sévères encore (voir *D5104-D5107* et D5124). Notons aussi que le 28 décembre fut bien un jeudi.

D5155. *Voltaire au chevalier de La Touche*

A quelle date Voltaire reçut-il une lettre de Mme de Pompadour? Le 13 janvier, il s'inquiétait encore d'un paquet qu'il lui avait envoyé en novembre (D5150). Le 16, il était toujours sans nouvelles de Versailles et craignait d'en recevoir 'de très mauvaises' (D5159). Ces deux lettres fixent, semble-t-il, le *terminus a quo*.

La dernière phrase du premier paragraphe, d'autre part, semble faire allusion à l'ordre que Voltaire reçut, à la fin de janvier, de suivre le roi à Potsdam, invitation qu'il déclina en prétextant sa mauvaise santé: cf. D5181, D5190 et D5194.

Il est probable enfin que Voltaire avait en vue, en faisant ainsi valoir sa correspondance avec la favorite, de combattre les réserves que l'ambassadeur avait pu exprimer en réponse à ses sollicitations: 'Je ne veux', écrit-il, 'ny choquer le roy de Prusse, ny compromettre le roy notre maître.' On peut rapprocher cette donnée des instructions de prudence et d'abstention que La Touche reçut au début de février: cf. D5168 et D5200. Compte tenu de ces indices, la date de ce billet peut être avancée vers le 10 février 1753.

Ce 'Mr. de B...', de qui Voltaire venait aussi de recevoir une lettre, est sans doute M. de Bussy: il lui avait écrit le 25 décembre (cf. D5121) et Mme Denis se servait alors de son couvert pour acheminer sûrement ses lettres (cf. D4638 et D5142).

D5161. *Voltaire à Charles Hanbury-Williams*

Le 'petit papier' destiné aux gazettes se trouve imprimé dans *Utrecht*, 20 février 1753, parmi les 'nouvelles de Berlin', avec la date du 13.

D5162. *Voltaire à Formey*

'Maupertuis est fort lié avec lui [La Beaumelle]; il l'alla voir à Berlin ...': Voltaire reprend ici, comme il le fit dans le *Mémoire* sur Maupertuis qu'il composa vers la même date (D.app.121), les termes mêmes de La Beaumelle dans sa lettre au pasteur Roques datée du 6 décembre 1752 (D5098).

D5165. *D'Alembert à madame Du Deffand*

Cette lettre fut publiée par Lescure dans sa *Correspondance complète de la marquise Du Deffand*, i.162-63.

Les lettres dont Mme Du Deffand se disait contente et que d'Alembert lui permit de garder en copie, sont celles que d'Argens lui avait récemment écrites pour lui proposer, de la part du roi de Prusse, la présidence de l'Académie de

Berlin (*ibid.*, pp.145ss.). D'Alembert déclina l'offre, d'où sa réflexion que ses lettres doivent le rassurer contre '[la] peur de devenir riche'.

D5168. *Le marquis de Saint-Contest au chevalier de La Touche*

La Touche suivit à la lettre ces directives de réserve et d'abstention, sauf peut-être durant la séquestration de Francfort, lorsqu'il prit sur lui de remettre au ministère prussien les duplicata des suppliques de Voltaire et de Mme Denis (voir D5415). Aussi Saint-Contest lui adressa-t-il en juillet, sitôt terminée 'l'affaire de M. de Voltaire', l'expression de la satisfaction du roi: voir *Textes*, 141.

D5172 et D5173. *Voltaire à Formey*

Il est évident que Formey n'a pas rendu la tâche facile à l'éditeur en portant sur le second manuscrit une date qui ne correspond pas au classement et au récit de ses *Souvenirs*. Une chose est sûre, c'est que ces deux billets sont du même jour. Voltaire exige en effet, dans le second, que de Bourdeaux soit tancé vertement: c'est pour le punir de la faute qu'il a dénoncée au début du premier, et dont Formey, dans sa réponse, aura naturellement rejeté la responsabilité. Ils sont d'autre part, d'après les implications de lieu, postérieurs au 15 décembre, date approximative de l'arrivée de Voltaire à Berlin.

Il me semble que la date du 23 décembre peut être conservée, et qu'elle doit être en tout cas préférée à celle du 23 janvier 1753 qui se trouve rajoutée en surcharge sur le second manuscrit:

1. D5172 fait expressément référence à D5061 ('il vaudrait mieux, *comme je vous l'ai mandé* ...'), et ce dernier billet réfère lui-même à la *Défense de milord Bolingbroke*, publiée à la fin de novembre, comme à un ouvrage encore récent. Voir la discussion de D5061.
2. Dans D5173, Voltaire avertit Formey que certains de ses articles depuis plusieurs mois, et surtout son prosélytisme, ont déplu à Potsdam. Il présente sa *Défense de milord Bolingbroke* comme une bonne œuvre, propre à apaiser le courroux du roi en l'amusant. Il insinue même à Formey qu'il pourrait lui être autrement utile à l'avenir – auprès du roi, cela s'entend. Tout cela se conçoit encore le 23 décembre 1752, alors que Voltaire pouvait espérer peut-être que Frédéric II finirait par abandonner Maupertuis, par rire avec tout Berlin des plaisanteries de l'*Akakia*, par se rallier au bon sens et au bon droit – 'les choses ne sont pas comme vous le pensez', écrit-il mystérieusement dans D5172. Mais quels services et quel soutien proposer après l'éclatante disgrâce du 24 décembre et après la demande de congé du 1er janvier?
3. Ces deux billets ont surtout en commun l'affirmation d'une pugnacité encore intacte – et que l'autorité même du roi ne saurait entamer: 'je combats gaiement contre tout le monde' (D5172); 'je ne cède à personne, mais je suis un bon diable, et je finis par rire' (D5173). Voltaire écrit en champion, non en victime. Ces cris de guerre ne se conçoivent pas davantage après l'humiliante 'brûlure' du 24 décembre, au lendemain de laquelle il se démènera pour rattraper les copies manuscrites de sa 'lettre à Koenig' (*D5104-*

D5105) et pour retenir l'impression de la *Séance mémorable* (D5124). Rien ici des 'angoisses' qu'il confiera à l'ambassadeur de France (D5137), ni des airs de moribond et de crucifié dont il soutiendra sa demande de congé.

Bref, on a là, semble-t-il, les seuls témoignages qui subsistent, dans l'état actuel de la correspondance, de l'incroyable présomption de vaincre d'où sortit, la *Diatribe* à peine débitée, le grand renfort de rogatons qui devait écraser définitivement l'ennemi.

D5174. *Voltaire à Formey*

Ce billet est-il bien du même jour que les deux précédents? Loin de renouveler ses invitations compromettantes, Voltaire annonce sa visite 'en bonne fortune'. A la provocation a succédé la discrétion. Il ne s'agit plus de 'rire', mais de 'raisonner'. La continuité n'est rien moins qu'évidente.

Formey a inscrit sur l'original la date du 23 décembre 1752, et sur le manuscrit de D5173 celle du 23 janvier 1753. Je suppose qu'il a pu intervertir les deux feuillets en voulant y reporter des dates qu'il avait peut-être consignées dans ses carnets – il tint journal en effet pendant près de cinquante ans, et nota par exemple, au fil de ces années 1750-1753, toutes les visites qu'il reçut de Voltaire (*Souvenirs d'un citoyen*, Berlin 1789, i.177 et 244). Ce billet serait alors du 23 janvier. Mais on pourrait aussi bien le placer au 30 janvier, en observant que Formey relate justement dans ses *Souvenirs* une visite que lui fit Voltaire le 1er février 1753 et qui aurait été leur première rencontre de cet hiver 1752-1753 (*ibid.*, pp.290-93). Quoi qu'il en soit de ces hypothèses, qu'il faut bien avouer assez fragiles, ce billet paraît devoir être placé en janvier ou en février 1753 plutôt qu'en décembre 1752.

D5181. *Voltaire au chevalier de La Touche*

La Touche se prêta à la commission dont Voltaire le chargeait. Dans sa dépêche du 30 janvier, il écrivit au marquis de Saint-Contest: 'Mr de Voltaire m'a mandé avant hier par un billet, que le Roy de Prusse l'avoit invité de retourner aujourd'huy à Potsdam, mais je doute que sa santé puisse le lui permettre' (MAE, *Prusse*, vol. 171, f.89).

D5182. *Voltaire à Frédéric II*

'L'édition de la Baumelle': l'édition annotée du *Siècle de Louis XIV*, imprimée à Francfort. Ce billet est certainement de janvier 1753: le *Siècle* annoté parut vers le milieu de ce mois (Claude Lauriol, p.338) et Voltaire l'eut aussitôt, puisque dès le 1er février, il envoyait à Walther le manuscrit du *Supplément* (D5189). Mais il ne paraît pas indiqué de prendre comme repère la date du 27 janvier qui se trouve portée sur l'un des manuscrits du 'mémoire' dont Besterman a recueilli deux versions dans l'appendice 121, d'abord parce que les autres manuscrits conservés ne sont pas datés, et surtout parce que ce 'mémoire' n'a aucun rapport avec 'l'édition de la Baumelle'. La datation peut ainsi être élargie à la seconde quinzaine de janvier.

D5183. *Voltaire à Louis Ange de La Virote*

Il ne me paraît pas assuré que cette lettre ait été vraiment *adressée* à La Virote. Le rapport personnel semble très faiblement marqué. On se demande si ce n'est pas là plutôt un autre de ces mémoires d'explication et de justification dont Voltaire inondait alors Paris: cf. D5139 et D5153. On peut supposer qu'une copie en fut adressée le même jour au marquis de Thibouville: D5184 présente plusieurs expressions analogues.

D5185. *Voltaire à König*

Voltaire écrit: 'On dit qu'on y vend [à Paris] le bon docteur *Akakia* avec une petite histoire de toute l'aventure.' Il s'agit bien de *La Querelle*, mais selon son usage, Voltaire anticipe ici la publication: il venait à peine d'envoyer à sa nièce cette 'histoire du procez de Maupertuis avec touttes les pièces' pour la faire imprimer secrètement par Lambert (D5159). Ce recueil de *La Querelle* figure parmi les 'livres nouveaux' à la date du 15 février 1753 dans le *Journal de la librairie*: 'La Querelle 63 p. in-12 imprimée sans p^on^. C'est Mairobert qui a eté chargé par mad. Denis de faire imprimer cet ouvrage qui contient la querelle de Maupertuis et de Voltaire' (F 22158, f.10). On y trouve bien un 'Précis' de la dispute (pp.iii-vii) – et la lettre à König (D5076) ici annoncée également comme déjà imprimée (pp.25-37).

D5187. *Jean Rigail à Voltaire*

D'après les indications portées sur le manuscrit de D5150, cette lettre doit être du 26 janvier – l'une des deux inscriptions pouvant s'interpréter comme une mention de *réponse*.

D5189. *Voltaire à Walther*

Il apparaît que l'avertissement de la fin ne fut pas publié. On peut supposer que les auteurs de gazettes, et peut-être Walther lui-même, ne voulurent pas se compromettre: la petite insinuation sur les termes impayés de la pension prussienne était des plus impertinentes.

D5190. *Voltaire au chevalier de La Touche*

Le témoignage direct de La Touche permet de clore définitivement la discussion développée dans le commentaire. Le 3 février, La Touche écrivit à Saint-Contest: 'Mr de Voltaire est encore à Berlin, mais je crois que dès que sa santé sera entierement rétablie, il se rendra à Potsdam où il doit occuper son ancien appartement dans le chateau' (MAE, *Prusse*, vol. 171, f.100).

Quant à la fausse nouvelle publiée par la *Spenersche Zeitung*, on peut se demander si elle ne fut pas imprimée 'par ordre', pour impressionner les étrangers et pour forcer au silence les 'Konistiens' de Berlin: le roi magnanime avait pardonné, le coupable s'était soumis, tout rentrait dans l'ordre. Resté dans la capitale, et cependant 'officiellement' *déjà* à Potsdam, Voltaire se trouvait dans une position assez fausse, comme en sursis d'obéissance – et d'ailleurs passible de sanctions plus lourdes, en cas de récidive, puisqu'il était redevenu, bon gré mal gré, le commensal du souverain. Cf. la déclaration qu'il avait été contraint de signer à la fin de novembre: 'Je promets à Sa Majesté que tant qu'elle me fera la Grâce de me loger aux châtaux, je n'écrirai contre personne...' (D5085).

L'annonce de la gazette 'autorisée' de Berlin fut naturellement reprise en écho dans les journaux d'Allemagne (*Cologne*, 3 février). Dès le 28, Lehndorff notait dans son journal: 'J'entends dire que Voltaire accompagnera le roi à Potsdam et que tout est arrangé. Voilà bien la constance humaine! On jurait que l'offenseur et l'offensé ne se réconcilieraient jamais, et voilà la paix conclue' (*Dreissig Jahre*, p.48, traduction Paul Fichet).

D5191. *Voltaire à König*

'Je vous écris par Rotterdam sur une autre affaire': il pourrait s'agir de sa plainte contre le libraire Gosse. Cf. D5144 et D5256.

D5192. *Voltaire au pasteur Roques*

Voltaire écrit que Maupertuis 'désavoue' La Beaumelle. Non pas publiquement, semble-t-il – du moins n'a-t-on pas trace d'un désaveu imprimé. Ce démenti suivit sans doute la diffusion dans Berlin du 'mémoire' où Voltaire citait La Beaumelle lui-même à l'appui de ses accusations (D.app.121). Il est assuré, en tout cas, que Maupertuis demanda des explications à La Beaumelle sur ce point: voir le début de D5215.

La lettre de Roques mentionnée au second paragraphe ne peut avoir été du 17 décembre, puisqu'elle répondait, d'après les explications fournies par Roques lui-même (D5112, commentary), à D5112 qui est du 16 décembre 1752. Sans doute faut-il lire: 'votre lettre du 27 décembre'. Autre indice concordant: c'est par D5141, le 8 janvier, que Voltaire répondit à cette lettre perdue.

L'auteur de la lettre citée dans le commentaire était sans doute la femme de Simon Pelloutier, bibliothécaire de l'Académie de Berlin (1694-1757).

Il n'est peut-être pas inutile de donner ici *in extenso*, en dépit de sa longueur, une relation oubliée que donna plus tard le marquis d'Argens, acteur et témoin des faits, des débuts de 'l'affaire La Beaumelle'. Texte curieusement négligé par la tradition biographique, et qui confirme assez largement le récit de Voltaire esquissé ici et développé dans le 'mémoire' de D.app.121:

Mr de la Beaumelle en revenant de Copenhague, ayant passé à Berlin, se flata de pouvoir entrer au service du Roi. Il chercha auprès de Mr de Voltaire une protection, pour obtenir ce qu'il souhaitoit: mais celui-ci qui avoit déjà essuyé tant de chagrin des François, ne crut pas devoir en multiplier le nombre à Berlin, & ne se conduisit pas avec beaucoup de Chaleur pour faire réussir les desseins de Mr de la Beaumelle. Cependant les liaisons que ces deux personnes avoient eues ensemble alarmèrent Mr de Maupertuis, qui commença à cabaler contre la Beaumelle: mais ayant appris qu'il étoit assez froidement avec Mr de Voltaire, il conçut le dessein de le rendre son Ennemi. Le hasard favorisa son projet, peu de tems après. Dans un des soupers du Roi, où l'on étoit de très bonne humeur, Mr de Voltaire dit tout doucement au Marquis d'Argens, qui étoit auprès de lui: Frère, moderez votre Gaieté: un Auteur vient de nous comparer dans un ouvrage nouveau à des fous & à des nains. Cette idée fit rire le Marquis d'Argens. Le Roi s'étant apperçu que Mr de Voltaire avoit dit quelque chose tout bas, fut curieux de savoir de quoi il s'agissoit. Le Marquis, qui ne connoissoit ni l'auteur ni l'ouvrage, se contenta de répondre que c'étoit une plaisanterie qui ne valoit pas la peine d'être redite. Mais le Roi ayant insisté avec empressement, le Marquis lui répondit: Sire, Mr de Voltaire m'a dit, qu'un Auteur avoit comparé les Gens de Lettres qui ont l'honneur d'être auprès de Votre Majesté, à des Fous & à des Nains. Le Roi ayant paru trouver cette plaisanterie assez mauvaise, demanda quel étoit cet auteur. Je ne connois, Sire, répondit le Marquis, ni l'Auteur ni le Livre, & je n'en sais que ce que vient de me dire Mr de Voltaire. Le Roi ayant demandé alors à Mr de Voltaire comment on appelloit cet Ecrivain, il se trouva malgré lui obligé, de nommer Mr de la Beaumelle. Voila comment s'est passée cette affaire, que Maupertuis rendit le lendemain avec les Couleurs les plus Noires, à un homme déjà disposé à ne pas aimer Mr de Voltaire. Dès ce moment, Mr la Beaumelle entra dans toutes les vûes de Maupertuis, & publia ces invectives qui ont été refutées par d'autres invectives, & qui ne sont dans la republique des Lettres d'aucune autre utilité, que de montrer jusqu'à quel excès la haine & la Vengeance peuvent porter les Gens de Lettres les plus estimables par leurs Talens (*Histoire de l'esprit humain*, iv, 1766, pp.346-49).

D5195. *Voltaire à König*

'Personne n'a signé, personne n'a délibéré, personne n'a parlé à l'exception de mr Sulzer, qui a élevé la voix pour protester contre ce brigandage'. On peut citer le témoignage de Sulzer lui-même, qui écrivit à Haller, en octobre 1752: '[J'ai] toujours soutenu la cause de M. K. même dans l'assemblée où le fameux jugement fut porté (quoique le protocolle en garde un silence absolu)' (Berne, Burgerbibliothek, Mss. hist. helv., xviii.11). Mais Maupertuis arracha bientôt un démenti au rebelle: voir *Textes*, 116.

'Réservez je vous en prie ce qu'on vous a envoyé d'historique, pour le mois de mars': il s'agit presque certainement des pièces du 'procès' contre Maupertuis, que Voltaire venait d'envoyer également à Mme Denis pour les faire paraître en recueil à Paris (D5159). Cf. D5230, où il propose à König un plan pour 'une histoire de l'injustice qu'on [lui] a faite', avec une 'partie historique' sage et éloquente.

D5196. *La Beaumelle à Maupertuis*

La Beaumelle propose sa plume pour rédiger 'un écrit un peu circonstancié' à partir d'un 'détail' que lui fournirait Maupertuis sur l'histoire de Voltaire en Prusse: le manuscrit d'un 'Voltaire à Berlin' a effectivement été retrouvé dans ses papiers et signalé par Claude Lauriol (*La Beaumelle*, p.395 et note 529).

D5198. *Madame Denis au duc de Richelieu*

Besterman a donné cette lettre sous deux numéros différents: D4790 et D5198. C'est bien ici qu'elle a sa place. Desnoiresterres en avait publié un passage qui ne se retrouve pas dans les catalogues de vente, et qui manque donc ici: sans doute en avait-il vu le manuscrit. Voir *Desnoiresterres*, iv.269.

Le résumé de Besterman indique d'autre part que Mme Denis s'inquiétait de savoir si la marquise de Pompadour avait fait ce qu'elle lui avait *promis*. Cette allusion malheureusement mystérieuse paraît d'une importance capitale. Un an plus tard, après que son exil lui aura été officieusement signifié, Voltaire écrira à d'Argental qu'il n'était revenu en France que 'sur la parole de mad[e] de Pompadour' (D5706, 3 mars 1754).

D5202. *Voltaire à d'Argens*

Besterman a daté ce billet d'après la mention du 'quinquina du roi', qui permet de le rapprocher de D5199 et de D5200. Mais il est douteux, compte tenu des usages de la cour de Prusse, que d'Argens se soit attardé à Berlin après le retour du roi à Potsdam. Le roi revint à Berlin le 1er mars – et il repartit le 2 (MAE, *Prusse*, vol. 171, f.152). Cette date me paraît plus plausible.

D5203. *Voltaire à König*

Il faut sûrement lire, vers la fin du texte: 'mr Sulzer, qui protest*a* contre la violence ...', car il est évident que personne à Berlin ne pouvait plus protester contre la 'tyrannie' de Maupertuis. Voir D5195 et *Textes*, 116.

D5208. *Voltaire à d'Argens*

'J'ai voulu me vaincre et venir à Potsdam'. Il me semble que Voltaire n'a pas pu écrire cela en février 1753: il s'obstinait au contraire à demeurer à Berlin jusqu'à ce que le roi lui eût envoyé son congé. On peut reculer ce billet d'une année, en le rapprochant des lettres de février 1752 où Voltaire se plaint de sa solitude et de son abandon, annonce incessamment son arrivée à Potsdam et s'excuse toujours sur ses maux de rester à Berlin: cf. D4782, D4786, D4793, D4798 et D4808. 'Je suis seul,' écrit-il ici, 'sans aucune consolation à quatre cents lieues d'une famille en larmes à qui je sers de père. Voilà mon état': la même phrase se lit, presque mot pour mot, dans un billet à Darget du 20 février 1752 (D4807).

D5212. *La comtesse de Bentinck à Haller*

Trois erreurs de lecture ou d'impression sont à corriger: il faut lire *enrolé* et non *envolé* au cinquième paragraphe, *un aussi grand bien* au lieu de *un aussi grand Lien* au dernier, *Aldenburg* enfin à la signature.

Quelques commentaires paraissent nécessaires:

1. La 'commission' dont Haller avait chargé la comtesse était à la fois toute simple et assez délicate. Il désirait faire parvenir au roi l'expression de son profond respect, mais surtout s'assurer que son récent refus de venir s'établir à Berlin (voir la note 3 ci-dessous) ne lui avait pas tout à fait aliéné une

bonne volonté dont il pouvait se promettre beaucoup si Maupertuis, que l'on disait mourant, venait à disparaître. D'Alembert, que Frédéric II avait fait pressentir par d'Argens, avait décliné l'offre de la présidence de l'Académie de Berlin. Un long développement assez éclairant a été supprimé à la fin du neuvième paragraphe de cette lettre: l'intrigante comtesse mit en œuvre de savantes batteries et crut gagner le ministre Podewils aux intérêts de Haller – mais inutilement puisque la succession ne fut pas ouverte si tôt.

2. 'Le départ de Mr Mylius ...': il se rendait à Göttingen pour arrêter certaines dispositions d'un projet d'expédition scientifique aux Amériques. Haller était l'un des 'patrons' de l'entreprise.
3. 'L'illustre fanatique qui prêchoit la Croisade parmi nous [...] n'estoit pas extrêmement de vos amis.' La comtesse était bien renseignée. Lorsqu'en 1749-1750 Haller fut invité à entrer au service du roi de Prusse pour prendre part à la renaissance de l'Académie de Berlin, Maupertuis, qui avait été chargé de cette négociation, présenta au roi sous le jour le plus défavorable ses lenteurs, ses hésitations, et la décision qu'il prit enfin de conserver sa situation à Göttingen (*Briefwechsel Maupertuis*, octobre 1749-janvier 1750). Dans une lettre écrite de Berlin à la fin de septembre ou au début d'octobre 1750, König expliqua longuement à Haller ces mauvais procédés du président (Burgerbibliothek, Berne, Mss. hist. helv., xviii.9).
4. 'J'estois presque la seule dans toute la Cour, qui ne faisoit jamais Les voyages à la Terre Sainte': le roi de Prusse ayant visité, au début de novembre, son président d'académie (voir la discussion de D5091), l'usage s'établit durant tout l'hiver de se rendre au chevet du malade pour le consoler des persécutions des 'Konistiens'. Le journal de Lehndorff atteste à plusieurs reprises cet empressement de courtisanerie (*Dreissig Jahre*, pp.28, 32, 33, 37 et 53; supplément, p.12). Cf. l'allusion aux 'visites en domino' dans *Textes*, 97.
5. 'Mr de Voltaire forma le dessein de rendre en vers une partie de vos ouvrages': il est vrai que la comtesse rêvait depuis fort longtemps d'intéresser Voltaire aux poésies de Haller (voir *D3248* et *Textes*, 8) et qu'elle essaya de le faire travailler à une traduction de quelques épîtres (voir D4621 et D4631), mais il ne semble pas que Voltaire s'y soit prêté avec bonne grâce. Le bruit de ce projet se répandit-il dans Paris? Signalons au moins une insinuation malicieuse de Fréron qui pourrait s'y rapporter: 'Il est probable que [M. de Voltaire] profite du loisir glorieux dont il jouit en Allemagne, pour se mettre en état d'enrichir sa Muse des belles idées d'un Poëte [M. Haller] si estimé' (*Lettres sur quelques écrits de ce temps*, v.209-10, feuille datée du 15 janvier 1752).

D5217. *Voltaire à d'Argental*

'On m'écrit de tous côtez, partez, fuge crudeles terras fuge littus iniquum': c'était là le conseil de Cideville et de Thibouville, entre autres. Voir D5179 et D5184.

'Maupertuis, que vous avez si bien défini ...': voir la lettre de d'Argental retrouvée après l'achèvement de l'édition dite définitive, *RhlF* 82 (1982), pp.628-29.

D5219. *Voltaire à d'Argens*

Cette date paraît sans fondement. Le texte implique, de toute évidence, que Voltaire et d'Argens se trouvaient ensemble à Potsdam. C'est là un billet envoyé de 'cellule' à 'cellule', entre 'philosophes' réunis au service de la bonne cause. D'Argens vient de faire un 'extrait' de Gassendi; Voltaire cherche, jusque dans les 'vieux magasins', des 'épées' pour 'percer les sots'. Je crois qu'il faut replacer ce billet vers le mois d'octobre 1752, au temps où les 'frères' travaillaient ensemble hardiment au grand projet du 'dictionnaire philosophique'. Cf. D5026 pour l'exploitation de Locke et D5053 pour l'expression de 'théologien de Belzébut'.

D5220. *La Beaumelle à madame Denis*

'Je vous le renvoie avec la réponse'. La Beaumelle 'répondit' en effet au 'mémoire' qui se trouve imprimé dans la section II de l'appendice D.app.121, en le publiant avec des notes sous le titre de *Mémoire de M. de Voltaire apostillé par M. de La Beaumelle*. Voir Claude Lauriol, pp.346, 385 et 396. C'est très probablement dans l'édition séparée de ce *Mémoire* (s. l. 1753) que cette lettre à Mme Denis ('madame D.' dans l'imprimé) parut d'abord.

Claude Lauriol signale aussi que le trait: 'Il manque un tome à la Voltairomanie' fut soufflé à La Beaumelle par La Condamine (p.390, n.498).

D5223a. *Le marquis d'Adhémar à Voltaire*

'Notre malheur': l'incendie qui avait détruit, le 26 janvier, le château de Bayreuth.

D5227. *La Beaumelle au pasteur Roques*

'Vous savez sans doute que le Voltaire a fait imprimer un fragment de la lettre que je vous écrivis': cette lettre est D5098, dont Voltaire reprit en effet un passage dans le 'mémoire sur Maupertuis' qu'il rédigea en janvier 1753 (D.app.121). Il paraît douteux cependant que ce mémoire ait été *imprimé*. Une semaine plus tôt, La Beaumelle reprochait à Mme Denis de l'avoir 'répandu' (D5220).

D5230. *Voltaire à König*

'Le Libraire Luzac avait promis plusieurs fois de retrancher de la Diatribe une raillerie concernant une maladie qu'on a eu à Montpellier': cf. *Akakia*, p.6 et note 24.

D5232. *Frédéric II à Voltaire*

Cette lettre parut dans les gazettes trois semaines après le départ de Voltaire. On la trouve par exemple dans la *Gazette de Hollande* du 17 avril et dans la *Gazette d'Utrecht* du 20, flanquée ici d'une 'lettre particulière' ('de Berlin, du 10 avril'), où König se voyait accusé de vouloir écrire contre le roi de Prusse et Voltaire d'avoir averti le roi de ce mauvais dessein, et là d'un commentaire apparemment neutre qui brouillait pareillement les cartes en accablant les deux alliés l'un par l'autre. Voir *Desnoiresterres*, iv.416ss., dont Besterman n'a pas utilisé toutes les données. *L'Epilogueur moderne* y fit également écho dans une feuille du 23 avril (Martin Fontius, *Voltaire in Berlin*, p.131).

Voltaire et König réagirent l'un et l'autre: voir D5269a et D5270.

Impossible de s'y tromper, ce coup de haute stratégie, 'lettre particulière' et commentaire compris, partait 'de main de maître', selon l'expression consacrée. Mais une autre évidence me paraît presque aussi sensible, c'est que cette lettre de congé n'est pas authentique: Frédéric II la fabriqua *après* le départ de Voltaire, et précisément *en vue de cette publication.*

Voici les principaux arguments qui peuvent servir à soutenir cette thèse:

1. Une contradiction saute aux yeux, dont Desnoiresterres a bien posé les termes par rapport à l'arrestation de Francfort: 'Mais aussi pourquoi [Voltaire] emportait-il les lettres, et les insignes de l'Ordre, et l'œuvre de poésie? Puisqu'il tenait à tout cela au point de ne reculer devant un tel éclat [*sic*] pour les recouvrer, pourquoi, de son côté, Frédéric avait-il laissé partir l'auteur de la *Henriade* sans lui rafraîchir de nouveau la mémoire, sans exiger qu'il lui rendît ces dépouilles avant de sortir de Potsdam?' (iv.449). L'échec patent de la reconstitution psychologique rend d'emblée suspectes les informations de base.
2. Les éditeurs de la correspondance ont essayé, au moyen de diverses corrections de dates, d'articuler ensemble D5232 et D5234, mais toujours en vain: il reste que Voltaire n'a pu prêter à l'abbé de Prades le 'stile' d'une lettre de Frédéric II, ni répondre au roi en s'adressant à son lecteur, ni traiter aussi négligemment une lettre de rupture et de congédiement. Les deux lettres voisinent et ne s'accordent pas: autre indice d'une anomalie qui tient à la constitution même du corpus.
3. Voltaire quitta la Prusse avec une permission du roi, et non congédié par lui, comme cette lettre le faisait croire. Il devait aller prendre les eaux de Plombières et revenir au bout de quelques mois – les apparences étaient sauves. Il portait même encore, à son départ de Potsdam, les insignes du service prussien, qui lui furent repris à Francfort. Ces faits bien connus ne sont pas seulement attestés par les dernières lettres de Voltaire, D5236 par exemple, où il écrit au duc de Richelieu que Frédéric lui a rendu 'son portrait', D5240 adressée à d'Argens, où il ne parle que d'une 'absence' prochaine, alors qu'il lui eût été évidemment impossible de cacher une disgrâce définitive, D5241 au chevalier de La Touche, à qui il se vante du retour 'des bontez et des bienfaits du roy'; ils le sont, aussi sûrement, par des lettres de Frédéric II lui-même: D5255 à sa sœur Wilhelmine et D5358 à milord Maréchal, entre autres.
4. Veut-on supposer que ce congé brutal à peine signifié, Frédéric II se ravisa, attendri peut-être par les retrouvailles de Potsdam? On ne comprendrait toujours pas qu'il eût négligé par la suite de faire valoir auprès de sa sœur un tel acte de générosité, pour mieux noircir Voltaire à ses yeux, ou d'en

orner la version officielle qu'il fit répandre dans Paris. Mais on s'étonnerait surtout qu'il eût omis, en deux occasions précises, d'*utiliser* cette lettre après l'avoir livrée au public. Au début du mois de mai, milord Maréchal fit quelque difficulté sur des instructions qu'il venait de recevoir: on lui ordonnait de présenter le départ de Voltaire, à Versailles et à Paris, comme un départ forcé, mais il lui paraissait délicat de dire expressément que Voltaire avait été 'chassé', puisque l'on savait bien en France qu'il avait demandé lui-même 'à se retirer' (D5277). Quel plus beau témoignage invoquer, pour confirmer la version infamante, que cette lettre de congédiement? Frédéric II n'en fit rien, il approuva au contraire les ménagements d'expression que lui proposait son envoyé (D5286). Par la suite, en juin, l'affaire de Francfort faisant quelque bruit, il crut devoir donner des apparences un peu décentes aux ordres auxquels Freytag et Schmid obéissaient si bien. C'était encore une belle pièce à citer pour charger le coupable: si Voltaire s'était vu redemander dès le 16 mars 'le contrat d'engagement, la clef, la croix, et le volume de poésies', s'il avait négligé de les remettre lui-même à son départ de Potsdam, il s'était donc mis volontairement dans le cas de se les voir reprendre par la force. Ce raisonnement tout simple n'apparaît pourtant dans aucune de ses lettres d'explication (D5323, D5329, D5372, D5378). Tout se passe, très curieusement, comme si Frédéric II avait lui-même disqualifié sa lettre après l'avoir publiée. Pourquoi cela?

5. Sans doute essentiellement à cause de la réaction même de Voltaire, réaction immédiate, et d'une rare violence: 'Sire, ce que j'ai vu dans les gazettes est il croyable? On abuse du nom de v. m. pour empoisonner les derniers jours d'une vie que je vous avais consacrée' (D5270, 28 avril 1753). A la face du roi, il écarte solennellement toutes les allégations de la fameuse lettre et des pièces qui s'y trouvaient annexées: il nie avoir écrit contre ses ouvrages ('Je ne vous ai jamais manqué'); il nie avoir été le délateur de König ('V. m. sait ce que je lui en ai écrit'); il nie avoir été congédié ('Je reviendrai au mois d'octobre à vos pieds'). '*On abuse du nom de v. m.*': l'accusation de *faux* est patente. Pouvait-il croire vraiment à l'existence d'un faussaire assez audacieux pour *fabriquer* une lettre du roi de Prusse? N'était-ce pas plutôt insinuer qu'un roi avilit par de tels procédés la majesté de son nom? Je ne crois pas que Voltaire se soit souvent trouvé dans une situation plus délicate. Il fit passer sa lettre par la margrave de Bayreuth: c'était *la prendre à témoin* de ses soupçons et de ses plaintes – et c'est sans doute aussi, on peut le supposer, avec les réticences de milord Maréchal, ce qui retint Frédéric II d'exploiter à fond son stratagème.

6. Voltaire démentit encore au début de juin, et publiquement, l'allégation de la 'lettre particulière' de la *Gazette d'Utrecht*, en niant qu'il eût jamais donné avis 'à un auteur illustre' que König voulait écrire contre ses ouvrages: voir D5307, treizième paragraphe. Et peut-être même faut-il encore rattacher à cette affaire une leçon assez vive qu'il se permit de donner, tout aussi ostensiblement, à son royal émule, une fois tiré des griffes de Freytag: 'Je ne saurais lui imputer les lettres qui courent contre moi sous son nom. Il est trop grand et trop élevé pour outrager un particulier dans ses lettres. Il sait

trop comment un roi doit écrire, et il connaît le prix des bienséances' (D5413, à Mme Denis, 9 juillet 1753).

Que signifiait cette fausse lettre? Qu'en attendait Frédéric II? On peut formuler à ce sujet quelques hypothèses. C'était d'abord rompre, de la manière la plus éclatante, avec un serviteur indigne – de nouveaux rogatons satiriques contre Maupertuis venaient encore d'inonder Berlin et l'Allemagne (voir D5246, commentary, et D5253). Il fallait alors antidater ce congé brutal, pour qu'il contredît mieux les apparences favorables dont Voltaire pouvait se prévaloir et se prévalait en effet, pour démentir surtout qu'il eût offert en vain sa démission (voir *Desnoiresterres*, iv.416). La publicité de la rupture devait d'autre part mettre le rebelle au ban de l'Europe, en dissuadant les princes de le secourir ou de l'accueillir à leur cour – le roi de France lui-même pouvait-il reconnaître pour son sujet un homme aussi ignominieusement 'chassé' d'une cour alliée?

S'il est vrai que milord Maréchal n'en fit pas un usage officiel à Versailles, cette lettre publique n'en eut sans doute pas moins d'effet à la ville et à la cour. On en trouve une copie dans le journal du duc de Luynes (*Mémoires*, xii.464 et note 2). Et le commentaire suivant, tiré du *Journal de la librairie*, atteste très directement le double impact, dévoilement et 'authentification', de la manœuvre: 'Voici des nouvelles bien interessantes au sujet de Voltaire. La meche est enfin decouverte, et tandis que Lui par ses Lettres et sa niece par ses discours faisoient courir dans tout Paris le bruit, qu'il ne pouvoit obtenir son congé, et que le Roy de Prusse vouloit absolument le garder, il est bien averé que ce Prince vien de le chasser ignominieusement de ses Etats [*Suit le texte de la prétendue lettre*] Cette lettre aureste est tres authentique. Le Gazetier de hollande ne seroit pas assés impudent pour inserer une fausse Lettre sous le nom d'un Roy, et d'un Roy de Prusse' (F 22158, f.128).

Ajoutons que la communication de D5096 à Maupertuis, vers la même date, s'inscrit très probablement dans la même stratégie offensive.

Mais on se demande surtout si l'opération n'entrait pas directement dans les préparatifs du guet-apens de Francfort. La lettre fut imprimée, rappelons-le, dans le numéro du 17 avril de la *Gazette de Hollande*. L'ordre d'insertion partit donc de Potsdam vers le 10 (et c'est d'ailleurs la date de la 'lettre particulière' de la *Gazette d'Utrecht*). Or les célèbres instructions données à Freytag sont datées du 11 avril (D5254). Ces mêmes effets précieux qu'on allait saisir sur la personne de Voltaire à son passage à Francfort, une lettre publique du roi de Prusse les présentait comme irrégulièrement détenus par un ex-chambellan, presque un fugitif. Cela ressemble fort à ces manifestes par lesquels les princes affichent leurs prétentions au moment d'entrer en campagne. Il semble que Voltaire pressentit vaguement ce qui l'attendait en chemin. Tout en protestant contre la fausseté des accusations, il écrit à Frédéric II, juste après lui avoir rendu compte de ses marches: 'Je vous serai toujours tendrement dévoué, *quelque chose que vous fassiez*'. Le nouvelliste du *Journal de la librairie*, tout émoustillé par cette déclaration de guerre, termine d'ailleurs ainsi son article: 'Les Rois ont les bras longs, et le pauvre Voltaire tremble toujours dans sa peau.'

Une précision encore, cette fois sur la lettre de Frédéric II citée dans le commentaire de D5232. Cet 'extrait' semble n'être qu'une paraphrase assez grossière d'une lettre à Darget, qui aurait été datée, d'après la copie que Fréron en communiqua à d'Hémery, du 10 avril 1753: voir Jean Balcou, *Le Dossier Fréron* (Paris 1975), p.58.

D5236. *Voltaire à Richelieu*

'J'ay repris son portrait que je luy avais rendu': il faut entendre par ce 'portrait', par référence au fameux quatrain du 1er janvier 1753 (D5132, commentary), la clé de chambellan et le cordon de l'ordre pour le mérite.

D5239. *D'Argental à La Condamine*

L'identification proposée par Besterman peut être confirmée. Il n'est pas difficile de reconstituer les faits à partir de la lettre du 18 janvier où d'Argental se portait au secours de Voltaire dans ses démêlés avec Maupertuis (*RhlF* 82 (1982), pp.628-29). Voltaire ayant fait circuler cette lettre, Maupertuis avait chargé son ami et agent à Paris de s'en plaindre à d'Argental. La lettre de La Condamine à laquelle répond celle-ci est citée par Claude Lauriol avec la date du 20 mars (*La Beaumelle*, p.385 et n.467).

D5240. *Voltaire à d'Argens*

La note 1 du commentaire est erronée. C'est le 26 mars 1753 que Voltaire quitta Potsdam. La date traditionnelle (Collini, *Mon séjour auprès de Voltaire*, Paris 1807, p.57) est confirmée par les témoignages directs de la comtesse de Bentinck et du chevalier de La Touche: voir *Textes*, 120 et 122.

J'ajoute une dernière note de datation pour une lettre tout récemment découverte et publiée par Robert Condat (*Littératures* 11, automne 1984, pp.115-19). Cette lettre fut écrite alors que l'impression du *Siècle de Louis XIV* était en voie d'achèvement à Berlin, l'ouvrage étant cependant déjà connu à Paris par quelques trop rares exemplaires dont Voltaire envoyait les feuilles à mesure: d'où la curiosité et l'impatience de la destinataire. Il faut donc compléter ainsi la date du manuscrit: 'a Berlin 3 janvier [1752]'.

IV
Textes, documents et témoignages oubliés ou inédits

La plupart des textes rassemblés dans cette partie proviennent des archives Bentinck. Les correspondances de la comtesse, en particulier, sont remplies d'échos du séjour en Prusse, de traces des travaux littéraires du grand homme: entre Berlin et Zerbst ou Köstritz ou Varel, c'est un va-et-vient de nouvelles et de questions, de commissions et de compliments, d'ouvrages prêtés, quelquefois de manuscrits communiqués sous le grand serment du secret. Les archives diplomatiques recélaient également plusieurs articles qui ont échappé à l'attention de Besterman, dont certains fort curieux sur les rapports avec le roi de Prusse (*Textes* 13, 27, 33 et 101). Quelques pièces tirées d'autres fonds, les lettres si intéressantes de König et de Mylius par exemple (*Textes* 15, 17, 95, 97, 98 et 126), ont pu être utilisées déjà par l'érudition allemande, mais elles paraissent oubliées, et sont en tout cas négligées, dans la tradition biographique.

Il n'était pas question de tout recueillir, le moindre témoignage, la moindre mention, en donnant dans la dévotion maniaque de l'abbé Trublet pour son héros Fontenelle. Des lettres de Voltaire lui-même, ou à lui adressées, et donc les pièces les plus précieuses du fonds familial Bentinck d'Arnhem, ont été publiées dans la *RhlF* (1976, pp.68-76; 1982, pp.622-38). Mais j'ai ici réservé leur place à un quatrain pour le portrait d'Ulrique de Suède (37), et surtout à deux mémoires qui devraient entrer également dans le grand corpus voltairien, l'un sur les premières procédures de l'affaire Hirschel (23), l'autre sur les affaires de la comtesse de Bentinck et sur la situation diplomatique de 1750-1751 (52).

Pour les autres textes, leur choix répond à quelques critères simples. J'ai retenu d'abord, sans trop regarder à la qualité des auteurs ni à la pureté de leur style puisque cet aspect de la biographie n'était à peu près pas documenté jusqu'à présent, toutes les traces directes des relations de la comtesse de Bentinck et de Voltaire: quelques lettres ou narrations de la comtesse elle-même, en petit nombre malheureusement (54, 58, 106, 118, 130); et un grand nombre de lettres de tiers, citées en extraits, lorsqu'on les lui adressa comme à l'amie, comme à l'alliée quelquefois de Voltaire: pour lui donner de ses nouvelles (54, 58, 132, 137), pour s'associer aux attentions qu'elle avait pour lui (21, 31, 43-44, 84), pour l'avertir d'intrigues ou de rumeurs dont il pouvait avoir lieu de s'inquiéter (46, 48, 53, 115). On la charge aussi parfois de messages pour lui, et j'ai cru bon de recueillir encore ces extraits, qui entrent dans le champ le plus large de la correspondance de Voltaire, articles ostensibles ou lettres à relais: c'est à lui que l'on s'adresse au fond, faute de l'oser directement quelquefois, en parlant de lui à la comtesse (14, 64, 68, 84).

Un ensemble assez important concerne la querelle de la moindre action, puis de l'*Akakia*: une trentaine de textes, qui attestent surtout l'extraordinaire retentissement des mesures de rétorsion prises par le roi de Prusse. On y verra que l'Académie des sciences de Paris désavoua les procédés de Maupertuis à l'égard de König (109), que la comtesse elle-même fut tentée d'intervenir dans le grand combat de plume (79 et 91), que la bonne société de Berlin s'égaya fort aux dépens du 'Seigneur Moreau' (110), que Frédéric II utilisa les gazettes à son ordinaire pour effrayer Voltaire, mais qu'il commit aussi un mystérieux *Akakia* de sa façon (93 et 124), et que, somme toute, les diplomates français suivirent l'affaire comme politique (90, 92, 94, 113, 123, 139-141).

J'ai cru devoir admettre dans ce corpus divers documents, même vagues ou frustes à l'occasion, se rapportant directement à la diffusion et à la réception des œuvres: la *Voix du sage et du peuple* (*Textes* 9-11), le *Siècle de Louis XIV* (51, 65, 66, 71, 73, 74), le *Sermon des cinquante* (131), le *Tombeau de la Sorbonne* (85), la *Diatribe du docteur Akakia* (87, 97, 110, 111, 122 et 126 entre autres).

Les huit premiers textes recueillis sont antérieurs au séjour en Prusse; mais leur importance capitale pour la connaissance et l'étude des premières relations de Voltaire avec la comtesse de Bentinck devait les faire admettre ici.

L'orthographe et la ponctuation des originaux ont été conservées, sauf exceptions motivées dans l'apparat critique. Pour faciliter enfin la lecture et l'utilisation de cette partie du dossier, j'ai systématiquement restitué les dates en tête des textes.

I

La comtesse de Bentinck à Maupertuis

[Bückeburg, le 13 octobre 1740]

Monsieur,

Je n'ay eu rien de plus pressé apres vostre depart d'ici[1] que de m'informer des titres, qualitez, faits, et gestes, du mécanicien auquel je dois l'heureuse occasion d'entrer en correspondance avec vous.

L'on me mande que cet homme, est, comme j'avois eu l'honneur de vous le dire, Prussien de naissence. Son nom est (soit dit sans choquer votre oreille Françoise) Johan Nathan Lieberkihn.[2] Il est parti de Leyde l'année passée, pour l'angleterre, ou il s'est arresté pendent longtemps. Voila jusqu'ou les nouvelles sont positives. On ajoute un on dit, c'est qu'il est allé de la en france. C'est tout ce que j'en puis decouvrir.

Apres m'estre aquitée docilement et sans raisonner des ordres qu'il vous a plu me donner, m'est il permis de vous faire une question? Qu'estce que le Roy veut faire d'un inventeur de microscopes, pendent qu'il est peutestre le seul prince au monde dont les qualitez, et les actions, n'ont pas besoin de ce secours? Voila tout ce qui m'embarasse.

Scavez vous bien, Monsieur, que l'on se plaint furieusement de vous ici? Depuis que vous vous estes avisé de faire le monde oval,[3] l'ordre des temps et des saisons est entierement boulversé. S'il vous avoit pu convenir de le laisser Rond, nous ne serions pas enrhumés des le mois d'octobre.

Vous voulez bien, Monsieur, que je n'abuse pas plus longtemps de vostre patience. Je dois d'ailleurs nessesairement encore ecrire aux gazetiers d'Amstredam et de Hamburg, pour les avertir que le 13 D'oc. 1740 j'ay osé risquer d'ecrire à Monsieur de Meaupertuis. Il n'y a rien de tel que de s'illustrer un peu dans sa patrie.

Les maistres de ce lieu[4] me chargent tres expressement de vous offrir leurs tres humbles compliments. Ils ont esté tres sencibles a la complaisence que vous avez tesmoignée pour leurs empressements.

J'ay l'honneur d'estre avec une parfaitte estime

Monsieur

vostre tres humble et tres
Obeissante servante

a Buckburg le 13 d'oc. 1740 CS de Bentinck, née D'Aldenburg

BN, n.a.f. 10398, f.144. Holographe.

1. Frédéric II avait fait halte à Bückeburg le 17 septembre, sur la route de son retour à Berlin. Maupertuis se trouvait dans sa suite depuis Wesel.

2. Lieberkühn avait déjà une réputation bien établie en mécanique et en optique (voir D2119, Frédéric II à Voltaire, 10 décembre 1739). Il devait entrer comme médecin au service de Frédéric II.

3. En perfectionnant la mesure de la terre, au cours de l'expédition en Laponie (1736-1737).

4. Albrecht-Wolfgang, comte régnant de Schaumburg-Lippe, son épouse la princesse Amélie, sa mère Johanne-Sophie: voir ci-dessous, Ve partie, chap.2.

2

Maupertuis à la comtesse de Bentinck

[Rheinsberg, le 27 octobre 1740]

Madame,

Ceux qui viennent à Berlin ne devroient jamais passer par Bückburg; et ceux qui iront en France feront bien aussy de s'ecarter de leur chemin pour l'eviter: il n'y a qu'un seul cas ou un homme raisonable, doive passer par ce lieu charmant, c'est celuy ou il pourroit se flater d'y faire quelque sejour; pour cela Madame, je ne connois point de peril auquel on ne dust s'exposer. Mais partir de la pour aller faire le philosophe ailleurs c'est etre bien malheureux; et je ne vois plus rien dans l'etablissement de l'Academie, que d'y placer un home en qui vous prenez quelqu'interest, dont vous avés prononcé et ecrit le nom. Le plaisir que je prennois à Buckburg pensa de plus d'une maniere me retenir en Westphalie. Ceux qui conduisoient les Relais ne s'imaginoient pas que quelqu'un laisseroit partir le Roy pour s'arrester à contempler des personnes qu'il n'avoit jamais vues et qu'ils pouvoient croire qu'il ne reverroit jamais.

Votre reflexion Madame est bien juste: que le Roy est le prince de l'europe dont les qualités et les Actions ont le moins besoin de Microscopes. Pour moy je ne demanderois à Lieberkühn aucun de ces instruments avec les quels on découvre jusqu'aux plus petites parties de la matiere: ma curiosité ne seroit pas plus flattée de voir ce qui se passe dans les Globes immenses de jupiter et de

Saturne: je luy demanderois une lunette qui puisse porter ma veue jusqu'à Buckburg.

Quant aux changements que vous vous plaignés que j'ay faits au Monde, si j'en eusse eté le maitre, j'aurois creé la Terre telle qu'il vous eust plu; mais je n'y aurois pas mis d'Adam.

Me permettrés vous de vous prier de marquer aux maitres du beau lieu ou vous etes, le respect que j'ay pour eux et la reconnoissance infinie que meritte l'honneur de leur souvenir. Dans mes beaux songes je resve que je retourneray quelque jour à Buckburg. Oserois je Madame vous demander si vous y passerés l'hiver ou si vous irés à Oldenburg? J'ay trouvé ce lieu sur la carte, et un voyage que je feray au plus tard au printemps prochain, m'en approchera beaucoup. Faudra t il encor Madame vous demander des nouveaux eclaircissements sur Liberkuhn pour obtenir une Lettre de vous, et refuserés vous de faire scavoir de vos nouvelles à l'home du monde qui s'y interesse le plus, et qui est avec le plus grand respect

Madame

Votre tres humble et tres
obeissant serviteur
Maupertuis

De Reinsberg 27 octb 1740

RAG 351a. Holographe.

3

La comtesse de Bentinck à Maupertuis

[Bückeburg, le 1er décembre 1740]

Monsieur,

Je n'ay pas osé m'emanciper plustost a me donner l'honneur de vous repondre. On dit qu'il faut respecter jusqu'au loisir des Grands hommes. C'est ce qui m'a retenue, et nulement aucun motif de paresse ou de negligence.

Vous dites les choses du monde les plus flateuses et les plus obligentes par raport au sejour de Buckburg. Je laisse au maistre de ce lieu[1] le soin d'y repondre et de vous en marquer sa gratitude. Il se propose d'avoir bientost cet honneur de bouche quand il ira se mettre aux pieds de sa majesté.

S'il estoit permis d'estre d'un autre avis que vous, je vous dirois monsieur que je serois bien plus curieuse de scavoir tout ce que fait vostre jeune monarque et cela mesme est chez moy, une suite de mon goust pour la contemplation des astres.

De grace, Monsieur, Epargnez vous la paine de construire ce nouveau monde dont vous semblez me faire feste. Cette idée ne me rit point du tout. Que ferions nous d'un monde ou il n'y auroit point d'Adam, les femmes n'auroient donc personne a gouverner, et a duper? Quelle misere! Je ne connois rien de pire que l'oisiveté.

Continuez Monsieur, a etudier la Geographie, si elle doit vous aprocher de nos climats. Je conte d'aller chez moy en une 15^{ne} de jours ou tout au plus en trois semaines. C'est alors que bien me prendroit d'estre aussi philosophe que je la suis peu. Varel[2] n'est point Buckburg. Il s'en faut bien. Je n'y ai d'autre compagnie que mon marguillier et d'autres plaisirs que la lecture de quelques mauvais livres proportionnez a mon triste genie; Jugez par conséquent Monsieur quelle satisfaction ce seroit pour moy, et quelle generosité de vostre part si j'avois l'honneur de vous y voir.

En attendent, je vous avertis que posé que vous persistiez dans la vellehité de me faire quelque fois le sacrifice d'un quardheure de vostre temps, employé a m'ecrire, je pretends tirer aventage de ce comerce. Il ne sera pas dit qu'une westphalienne abjecte aura eu la prerogative honnorable d'estre en correspondence avec m^r^ de maupertuis, sans y avoir apris quelque chose. Il faut absolument me parler raison, Monsieur. Quoi que je n'y entende rien, je n'en feray pas le semblant, et je retiendray au moins les mots que vous emploirez, car j'ay bonne memoire, et ces mots semez ensuite dans les conversations d'un air un peu assuré, m'illustreront pour jamais parmi mes compatriotes; voila mon plan. Voyez, Monsieur, si vous voulez bien estre l'arc boutant de la statue que l'on doit m'elever dans mes fumiers.

Comme vous vouliez une lunete d'aproche pour scavoir ce qu'on fait ici, je crois devoir vous en dire un petit mot avent de finir. Nous venons de faire une lecture d'un livre devent lequel nous avons esté a genoux d'un bout à l'autre. C'est la refutation du prince de Machiavel. Mr de Voltaire (qui par parantese n'a pas voulu venir ici quoi qu'on l'y ait attendu tres impatiament) dit que c'est un jeune homme qui en est l'auteur.[3] Il nous permettra de n'en rien croire. Cette façon de penser porte des carracteres qui surement sont presque au dessus de l'humanité; Quel dommage que ce jeune Philosophe ne soit qu'un simple particulier, avec ces sentiments la il meritoit le sceptre de tout l'univers, puisqu'il avoit seul des principes veritables sur la façon de le porter dignement. Pour moy j'avertis Mr de Voltaire que si son heros, quelqu'il puisse estre, devient jamais Roy (ce qui ne peut manquer d'arriver s'il y a des peuples au monde qui aiment leur bonheur et leur veritable liberté) qu'en ce cas fustce aupres de vostre montagne en laponie,[4] je viens m'établir dans son Empire, je viens faire une Colonie, pour participer a la felicité d'avoir un tel maistre.

Voila, Monsieur, tout ce que je puis vous dire presentement et tout ce qui s'est passé ici de digne de votre attention.

Si je puis vous rendre quelque service dans les deserts ou je vais, je vous suplie de disposer toujours de moy comme d'une personne qui penetrée d'estime pour vostre merite, s'en fera toujours un tres reel d'avoir l'honneur de se dire

Monsieur

vostre tres humble et tres
obeissante servante

Buckburg le 1 Dec. 1740 CS de Bentinck née D'Aldenburg

Les maistres d'ici m'ordonnent de vous offrir leurs tres humbles compliments.

BN, n.a.f. 10398, ff.150-51. Holographe.

1. Albrecht-Wolfgang, comte régnant de Schaumburg-Lippe.
2. Nom d'une des terres principales de la maison d'Aldenburg, en Ostfrise, où résidait la mère de la comtesse.
3. La deuxième édition de l'*Anti-Machiavel* avait paru en octobre. Voltaire y présente en effet l'auteur, dans une 'Préface de l'Editeur', comme 'un jeune étranger' (éd. Charles Fleischauer, *SV* 5 (1958) p.165). Sur le voyage remis de Voltaire à Bückeburg, voir ci-dessous, Ve partie, chap.2.
4. Le mont Avasaxa, dans la région de Torneo, que la relation du voyage en Laponie avait rendu célèbre.

4

La comtesse de Bentinck à Maupertuis

[Varel, le 11 février 1741]

Monsieur,

Je suis obligée absolument de vous Ecrire malgré le profond silence que vous avez gardé depuis un temps immémorial. C'est a l'occasion d'une decouverte que j'ay faitte, et que je crois de vostre departement. Vous avez employé mille soins a bien connoitre le monde en general, et moy qui n'ay point d'aussi vastes lumieres que vous, je me suis bornée a faire quelques recherches sur des objets plus particuliers.

J'ai donc un peu approfondi le monde françois; depuis deux ou trois mois que je l'examine voici ce que j'ay cru decouvrir.

Cette nation la plus aimable, la plus sociable, la plus brillante de l'univers, est douëe d'une legereté qui vange un peu les autres peuples des aventages dont Elle est ornée a leur prejudice. Rencontrez vous un françois? Il ne vous faut qu'un jour, qu'une heure, qu'un moment pour former avec luy des liaisons de connoissence, qui ressemblent presque a l'amitié. Rien de plus empressé, rien de plus prevenent. Vous estes enchanté, surpris, boulversé, de son esprit, de sa politesse, il vous accable pour ainsi dire de son merite, de ses talends, de ses manieres, et vous prenez pour argent comtent toutes les promesses qu'il vous fait, d'estre vostre ami jusqu'au jour de la chute des astres, et jusqu'au retour du mauvais ange de nostradamus. Qu'arrive t il? Vostre homme vous echape. Il part. Mais comment est il parti? En vous demendent dans les termes les plus gratieux la continuation d'une liaison et d'un souvenir que vous vous croyez trop heureux d'avoir eu occasion de former. A l'entendre il n'a jamais vu et connu d'honnestes gens que vous. C'est un coup du Ciel, c'est une simpatie, qui vous a du faire rencontrer touts deux, affin de prouver au siecle ou nous vivons, qu'il y a encore des pilades et des Orestes. Vous le perdez de vüe. Ce n'est plus cela. D'abord, au bout des premieres semaines, il vous honnore a la verité, d'une lettre dont le stile elegant et flateur, vous confirme dans vos sentiments de gratitude pour le destin, dont la bonté vous a fait rencontrer un carractere aussi digne d'estre recherché.[1] Mais ce temps est a paine ecoulé, que vous aprenez a vos depends, que d'avoir recherché la piere philosophale, ou bien un françois toujours le mesme, c'est avoir perdu egallement son temps et ses paines. Ne croyez pas, Monsieur, que j'avence ceci sur des supositions vagues, ou sur des autorités frivolles. Ce n'est point pour avoir jugé de quelque françois desavoué par sa patrie, et confondu dans le vulgaire, pour avoir donné contre un petit maistre, ou pour avoir frequenté un fort grand seigneur de la nation. Tout cela ne prouveroit rien: ils pourroient estre tels sans qu'on s'en etonnast, c'est leur vocation unique et dirrecte. Mais pour decider il faloit quelque chose de mieux, de plus convainquant.

Le croiriez vous, Monsieur? J'ay du mes decouvertes a un examen bien rigide. C'est d'un des plus grands hommes de France que j'ay jugé. C'est d'un de ces genies respectez, aplaudis, admirez, dont l'Europe ne parle apresent qu'avec veneration (puisqu'il vit encore), mais dont, en quelques siecles, Elle ne parlera qu'a genoux. Ce n'est point par des memoires problematiques, par des anecdotes douteux, que j'ay esté persuadée. C'est mon Experience qui m'a instruite, c'est a moy mesme que je dois ma mortifiente decouverte.

Quel dommage, Monsieur, que tant de merite tant de belles qualitez soient obscurcis par une legereté qui en fait perdre le fruit. L'allemagne estoit confondue, elle estoit aneantie, s'il avoit paru dans ses climats un etranger qui eust joint a touts les talends de la nation la plus policée, les qualitez solides qu'elle croyoit s'estre reservée. Nous ne sommes point brillands, nous ne sommes point capables de forcer les sufrages, par une vicacité irresistible. Un pauvre Almand eust esté 6 mois occupé a former la liaison que le françois avoit etabli en 3 heures. Mais le premier l'eust conservée; et le second ne s'en souvient deja plus.

Voila, Monsieur, ce qu'il m'a eté impossible de m'empecher de vous communiquer. Apres avoir fait le tour du monde, apres avoir apris a le connoistre si bien, qu'il seroit digne de vous de le reformer! Si par hazard vous pouviez rencontrer quelque part mon grand homme, je vous suplie de le faire rougir de sa conduite. En le corrigent, vous corrigerez toute la nation, car tout le monde voudroit estre ce qu'il est.

J'ay encore (apropos de grands hommes) une grace a vous demander. C'est de me dire en quel coin du monde se tient Monsieur de Voltaire. Si vous ne me repondez point, je lui ecriray[2] pour luy demander ou vous estes.[3]

J'ay l'honneur de me dire avec une parfaitte estime

Monsieur

votre treshumble et tres
Obeissante servante

Varel le 11 Jan. 1740[4] CS de Bentinck nee C. D'Aldenburg

BN, n.a.f. 10398, ff.161-62. Holographe. Des extraits de cette lettre ont été publiés par Léon Velluz, *Maupertuis* (Paris 1969), pp.76-77.

1. La comtesse n'avait reçu qu'une lettre de Maupertuis (*Textes*, 2).

2. Deux mots sont ici rayés: *a luy*.

3. Maupertuis était encore à Berlin, mais la comtesse le croyait de retour en France: voir la lettre suivante. Voltaire se trouvait à Bruxelles avec madame du Châtelet.

4. L'erreur d'année est évidente. L'erreur de mois s'infère du texte suivant. Cette lettre ne parvint à Maupertuis qu'après un long détour: la comtesse l'avait envoyée à Larrey, son agent, qui par La Haye l'adressa à Néaulme à Paris; elle refit le chemin inverse et Larrey la retourna à Bückeburg le 3 mars: 'Néaume m'a renvoié la lettre à Maupertuis, en me disant qu'il est à Berlin. La voicy' (RAG 398a).

5

La comtesse de Bentinck à Maupertuis

[Bückeburg, le 16 février 1741]

Monsieur,

Une gazette impertinente, seule ressource des campagnards, m'avoit annoncé vostre retour en France. Je me suis mise aussitost a vous ecrire une grande lettre, ou pour mieux dire un libele, contre vous et contre la legereté françoise. Desolée de vostre silence, almande fiefée, et par consequent estre des plus tenasses, je me suis flattée que revenu dans vostre patrie vous auriez un peu oublié le tumulte d'une Cour qui vous avoit empeché de continuer un comerce que vous aviez etabli assez subittement, et qui avoit tent flatté ma vanité.

J'aprends 8 jours apres que vous estes encore dans nos climats, et je risque de vous y relancer, quoi que peut estre mon nom que vous avez apris si vite, sera deja oublié et efacé de vostre esprit.

Je ne vous demande point monsieur de vous priver en ma faveur d'une grande partie d'un temps trop pretieux au monde pour en pouvoir prodiguer les instents. Non, je suis trop attachée au bien public, pour exiger de tels efforts de vostre part. Je vous demande seulement un seul mot pour me dire, que si vous n'estiez pas né françois vous n'auriez pas oublié si tost une pauvre Almande, que vous aviez bercée de l'espoir d'une liaison d'amitié qu'elle avoit crüe sincere et par consequent durable; en un mot qu'elle s'estoit representée telle que nous l'entendons ici, c'est a dire dans toute la force du terme, sans aditions ni diminutions de vostre païs.

Voila tout ce que je vous demande, apres cet aveu sincere, je vous laisseray en paix et ne vous persecuteray de ma vie, mais il me faut cette declaration de vostre part pour pouvoir rester en sureté dans mon païs. On me baniroit et l'on me degraderoit surement si je ne pouvois prouver que ce n'est pas moy qui ay rompu la liaison. Tout ce qui porte ce nom, est sacré parmi nous. Les germains sont les fidelles Adorateurs du Temple de l'amitié. Il n'est pas permis d'en profaner le nom, et j'aime mieux que vous soyez atteint et convaincu que moy. Vous ne courrez aucun risque. On n'y regarde pas de si prest aux bords de la Seine, qu'a ceux du Rein.

J'ay l'honneur d'estre avec toute cette estime que vous meritez si parfaittement malgré ma rancune

Monsieur

vostre tres humble et tres
obeissante servante

Buckburg le 16 Fev. 1741 — CS de Bentinck née D'Aldenburg

M[e] la Princesse Monsieur le Comte et Madame leur mere vous assurent de leurs tres humbles obeissences.

BN, n.a.f. 10398, f.143. Holographe.

6

Thomas Isaac de Larrey[1] *à la comtesse de Bentinck*

Varel ce 21e février 1741

[...] Je viens d'écrire à Néaulme, qui est encore à Paris. Il parlera à Voltaire et fera la Commission de livres.[2] Vous pouvez compter là dessus Madame.

Je demande aujourd'hui toutes les oeuvres de Voltaire pour Madame la Princesse de La Lippe [...].[3]

RAG 363c. Holographe.

1. Principal officier et homme de confiance de la maison d'Aldenburg.
2. Une autre lettre de Larrey (*RhlF* 76 (1976), p.69) permet de supposer que la comtesse de Bentinck, ayant appris que Voltaire songeait à donner 'une belle édition' de ses ouvrages, suggérait à Néaulme de s'associer à cette entreprise.
3. La seconde épouse du comte Albrecht-Wolfgang, née princesse de Nassau-Siegen.

7

Maupertuis à la comtesse de Bentinck

[Berlin, le 3 mars 1741]

Madame,

Il faudroit etre plus aimable ou plus philosophe que je ne suis pour risquer votre commerce. Ne ferois je pas bien de me retirer d'un peril que je n'ay pas eu la prudence d'eviter d'abord? ne devois je pas voir que vos lettres ne seroient capables que de troubler mon repos? Mais le danger est si doux, je suis si flatté de recevoir de vos lettres, que je m'y expose encor, quelque mal qui m'en puisse arriver.

Apres cela Madame vous me reprochés de vous avoir oubliée: il suffit de vous avoir vue un moment pour s'en souvenir toute sa vie; et comme on s'en souvient d'autant mieux qu'on a plus de discernement, mon esprit et mon coeur ont egalement à se plaindre du reproche que vous me faittes. Je vais vous parler à coeur ouvert Madame; jamais les charmes de votre esprit et de votre personne n'ont fait de plus vive impression que sur moy: mais ce seroit une grande folie à moy que de me livrer à cette impression; et parce que vous etes la persone la plus charmante que j'aye jamais vue, de devenir moy l'home le plus malheureux. Je n'etois point fait pour vous connoitre; selon le cours ordinaire des choses, je ne devois jamais vous voir: une fortune singuliere m'a fait passer par Buckburg; et voila l'home qu'un Roy emmenoit pour fonder une Ecole de sages, devenu fou. Laissés moy en paix Madame, laissés moy du moins m'occuper de mes absurdités sans vous les dire. Il vous a eté trop facile de me charmer pour que vous en puissiés etre flattée.

Puis que vous voulés savoir ou je suis; mon corps est encor à Berlin, mais je ne scay s'il y demeurera lontemps; ny si ce sera en Silesie, en Islande, ou en France qu'il ira.[1] Ce ne sera pas ou il voudroit aller. M'est il permis à mon tour de vous demander si vous restés a Buckburg ou si vous allés à Oldenbourg?

Je suis avec autant de respect que d'admiration

Madame

Votre tres humble et
tres obeissant serviteur

De Berlin 3 mars 1741 Maupertuis

Osé je vous prier Madame de vouloir bien faire ma cour à Madame la princesse, à Monsieur le comte de la Lippe; et à Madame sa Mere. J'ay souvent eté temoin de l'estime que la Reyne Mere a pour Elle. Sa Majesté en parloit encor aujourd'huy en disnant, Elle la citoit pour son esprit, et disoit que ses lettres etoient charmantes. Je n'ay peu m'empecher de repondre que toutes les lettres qu'on ecrivoit de Buckburg etoient de mesme.

RAG 351a. Holographe.

1. Maupertuis suivit le roi en Silésie et y fut fait prisonnier par les troupes autrichiennes.

8

Johann Heinrich Meister[1] *à Haller*

[Bückeburg, le 16 avril 1746]

[...] Comme je ne saurois tirer grand parti de vos doctes productions Botaniques, anatomiques, et medecinales, sans rien rabattre pour cela de leur prix et de leur merite proportionné à leur influence sur le Bien public, vous ne trouverez pas mauvais, Monsieur, que je souhaite fort, que les sollicitations intéressées des libraires, l'empressement de vos disciples, et le desir louable de faire honneur à vôtre Faculté et à vôtre Emploi,[2] vous laissent assez de liberté et de loisir pour ne pas negliger tout-à-fait vos beaux et doux amusements Poëtiques. J'en ai vû encore un échantillon, que Mr Werlhof vous a sans doute engagé à faire en faveur d'une Personne, qui avoit eû recours à vous pour faire sa cour au Roi de Danemarc.[3] Je sai que cette Dame se fait une gloire d'être tellement admiratrice de vos Poësies qu'elle voudroit les pouvoir faire habiller en beaux vers François pour les faire lire à Voltaire comme un modele à lui proposer;[4] Je sai aussi que cette Dame s'est emploiée à faire mettre une bonne partie de vos Poësies en Musique pour avoir le plaisir de les entendre chanter dans de magnifiques Concerts. Je souhaiterois qu'elle y trouvât des Leçons salutaires sur le plus digne usage qu'on peut et doit faire des qualitez les plus brillantes de l'Esprit [...].

Burgerbibliothek, Mss. hist. helv., xviii.6. Holographe.

1. Meister était alors le prédicateur en titre de la cour de Schaumburg-Lippe.
2. Celui de professeur à l'Université de Göttingen.
3. Des traces de cette commande poétique sont conservées (RAG 214, lettres de Haller datées

des 9 et 23 août 1745). La 'personne' en question est naturellement la comtesse de Bentinck.
4. La comtesse avait déjà envoyé à Voltaire des poésies allemandes – de Haller, presque certainement. Voir D3248, 22 octobre 1745.

9

Joseph d'Hémery à Nicolas René Berryer de Ravenoville

[Juin 1750]

J'ay l'honneur de vous addresser un exemplaire imprimé d'un remerciement sincere a un homme charitable a l'occasion du Livre de L'Esprit des Loix et la voye du Sage au peuple. Ce premier ouvrage vous avoit été presenté par Du Molard a qui vous aviez refusé la permission, cependant Il l'a fait imprimer avec le second, qui sont Je crois de Voltaire dont il est l'ame damnée.[1]

BN, n.a.f. 1214, p.2, minute ou copie. Mention à la marge: 'a M. Berryer / Du Molard'.

1. Ces détails de 'librairie' paraissent inconnus. On sait d'ailleurs que *la Voix du sage et du peuple* soutenait l'autorité royale contre les anciens privilèges fiscaux de l'Eglise de France; mais cet écrit fut désapprouvé, et Voltaire aussitôt pris à partie par les plumitifs cléricaux: des gazettes du temps donnent même son 'exil' en Prusse comme une suite de cette mésaventure. Voir 'La voix du poète et du lévite', dans le *Recueil des voix* (1750), pp.79-94.

10

La Marche à [Malesherbes]

[Paris, le 17 juillet 1750]

Monseigneur,

Comme vous ne m'avez point défendu expressément de ne point faire *La Voix du peuple et du sage* lorsqu'il se débite, je supplie Votre Grâce de nous le laisser faire. Il nous importe peu qu'il soit saisi: ayant été fait, on ne saura point que c'est nous qui aurons fait celui-ci. C'est ce que j'attends de votre bonté, Monseigneur.

Le 17 juillet [1750] L. M.[1]

Arsenal, Ms Bastille 10302, original autographe, non folioté. La main est la même que pour le texte suivant, mais la signature différente. Graphies très fautives, texte peu lisible: la transcription est ici modernisée. Annotation des bureaux, au haut de la pièce: 'Bon a condition d'imiter le Caractere et faire page pour page. 25 juillet 1750'.

1. L'identification est garantie par d'autres pièces des mêmes archives; celle du destinataire est très probable: voir le texte suivant. Les La Marche, imprimeurs à Paris, apparaissent souvent dans des circonstances analogues, où le ministère devait interdire officiellement un écrit, tout en en favorisant clandestinement la diffusion.

11

La Marche à [Duval?]

[Paris, le 30 juillet 1750]

Quand M. Duval[1] nous a avertis de cesser *La Voix du peuple*, on était allé le livrer alors à Ratillon relieur. Voyant qu'il n'y avait point de remède, mon mari est retourné chez le Sr Ratillon, pour lui dire qu'il n'en fasse point paraître aucun. Il l'a promis d'honnête homme. Il a aussi assuré qu'il ne nous compromettrait jamais. Mais comme c'est la première affaire que nous faisons avec lui, ne le connaissant point assez pour en être sûrs, nous avons craint que cela ne lui fît point assez d'impression. M. d'Hémery sachant que le dit Sieur en avait déjà vendu, j'ai été le trouver pour le prier de l'envoyer chercher, pour lui dire amicalement de n'en point débiter.

On apportera les feuilles du clergé quand on les livrera. Il y en aura trois, et je ferai de mon mieux pour m'informer du reste.

Ce 30 juillet 1750 Femme L. M.

Arsenal, Ms Bastille 10302, original autographe, non folioté. Graphies très fautives, texte peu lisible: la transcription est ici modernisée.

1. Premier commis de la 'Librairie'.

12

Fredeking[1] à la comtesse de Bentinck

[Bückeburg, le 3 septembre 1750]

[...] Il me désole que dans la penible situation ou V. E. se trouve, Elle n'ait pas du moins la satisfaction d'avoir un homme auprès qui ait plus de monde et de capacité pour une telle negociation.[2] Il se trouveroit bien sur le lieu quelqu'un qui accommoderoit mieux à V. E., mais il est dangereux de confier à ces sortes de gens le secret d'une affaire, du moins en faut il user avec beaucoup de menagement [...].[3]

RAG 106. Holographe.

1. Ce Fredeking, dont on trouvera plus loin d'autres extraits de lettres, était l'homme de confiance du comte Wilhelm de Schaumburg-Lippe. La comtesse le consultait couramment sur ses affaires.

2. Il est question, au début de la lettre, d'un 'M.C', conseiller ordinaire de la comtesse.

3. Si ce passage se rapporte bien à Voltaire, comme il semble, on en infère aisément que la comtesse envisageait déjà de le mettre dans ses intérêts ('le lieu' doit être Potsdam).

13

Frédéric II de Prusse au baron Le Chambrier

[Glogau] 4 septembre 1750

[...] Remerciés Mons. de Puyzieulx avec toute l'onction possible du plaisir que le Roi son Maître vient de me faire et marqués lui combien j'en suis reconnoissant.[1]

MAE, *Prusse*, vol.162, f.6. Copie du XVIIIe siècle.

1. La seule affaire immédiate dont Le Chambrier se trouvait alors chargé était celle du changement de service de Voltaire: voir D4184 et D4196. Ce volume d'archives contient des dépêches prussiennes interceptées. Un employé du chiffre a porté, dans la marge de ce post-scriptum, la mention suivante: 'de la main du r. de Prusse'. Le 4 septembre 1750, Frédéric II se trouvait en Silésie (*Tageskalender*, p.125).

14

Le comte de Tyrconnell au marquis de Puysieulx

[Berlin, le 29 septembre 1750]

[...] Le roy de Prusse est venu icy dimanche l'apres midy et est retourné a Potsdam ce matin; il a veu hier representer *Rome sauvée* de M. de Voltaire. Cette représentation s'est faitte sur un petit theatre particulier qu'on avoit fait dresser dans l'antichambre de la Princesse amelie, et on n'y a admis que fort peu de personnes; S. M. P. m'a fait dire d'y venir avec ma femme et M. de Volfenstierna,[1] aucuns des autres ministres etrangers n'y ont été admis [...].[2]

MAE, *Prusse*, vol.159, f.273. Original, signature autographe.

1. L'ambassadeur de Suède.
2. D'après un écho de la *Gazette d'Utrecht* (6 octobre, supplément), Voltaire tint le rôle de Cicéron et d'Arnaud celui de Catilina.

15

Konig à Haller

[Berlin, vers le 1er octobre 1750]

[...] Quant au reste,[1] il est sans doute vray que le R... donne dans les systemes de Voltaire et de la Mettrie tête baissée. Mais Maupertuis et Algarotti s'en lavent les mains. La mettrie sur tout, dogmatise hautement, Le materialisme, l'Atheisme, et ce qui pis est que tout cela l'immoralité pretendant que toute morale n'est qu'une chimère, qu'une invention des esprits faibles, dont on peut se passer très bien aujourdhui dans ces tems eclairés. Le voila donc nouveau Confucius qui veut nous desaprendre ce que le 1er[2] a taché d'aprendre à sa nation, et qui lui a valû l'immortalité. Lorsqu'il s'ennuie à Potsdam, il se promene comme un furieux ou un poëte inspiré de toutes les muses à la fois dans sa chambre, et dicte a un soldat de la garde sa nouvelle doctrine, qui est obligé d'ecrire comme a tire d'aile, l'impetuosité des pensées étant si grande, qu'elles etouferoient la Machine pensante, si elle ne s'en pouvoit evacuer au plutôt. Ces travaux nous ont valu le 1er volume du nouvel Alcoran, ayant pour Titre *Œuvres philosophiques*, avec la devise Deus nobis haec otia fecit en grand 4to beau papier:[3] livre qui par sa hardiesse, où plutot sa fureur, efface tout ce que les Athées ensemble ont jamais publié sur ce point. Le Heros marche a tête levée et visage demasqué, nommant les choses sans deguisement, tous les croyans dussent ils en mourir de scandale. Il y a un article a la fin de la preface où il maltraite le ministere de france, d'avoir mis Diderot et autres hardis confesseurs de la verité à la Bastille; c'est pour celui la que le Roy a trouvé a propos de deffendre le livre, en faisant savoir en même tems à Bourdeaux le libraire,[4] qu'il pouvoit le vendre contre la defense tant qu'il voudroit. Ce qui lui a fait vendre le livre a un plus haut prix. C'est dans ce beau livre que vous entrés aussi d'une maniere qui vous fait honneur, c.a.d. d'une maniere qui fait voir que vos sentimens ne sont pas ceux de la mettrie. Il se plaint dans la preface que vous n'aves pas voulu agréer ses hommages, il s'etonne que 50 ans ne vous ont pas encore pû guerir des prejugés de l'enfance. Et comme il trouve sa dedicace un chef d'oeuvre, qui a eu l'approbation de ses confreres, il dit qu'il l'a faite reimprimer devant l'homme Machine, cum venia savantissimi, et Pedantissimi Professoris &c. Vous pouves croire ce que les gens sensés pensent de cette ecartate [*sic*]; Pour vous, vous feindres d'ignorer l'impertinence, l'adversaire est non verbis et rationibus sed virgis et loris repellendus. Cependant je voudrois que vous fissies venir le livre, que formey vous procurera, et que dans quelque journal, vous voulussiés [le] peigner d'importance, et lui faire voir sa crasse ignorance dans le metier qu'il veut professer, et qu'il est le Medecin ane plus que tout autre chose: je vous prie très fort de faire cela.[5] L'impertinence de ces gens ne peut plus se souffrir: ils sont ignorans comme des moines, et decident comme des Papes. Que Mr Formey vous envoye aussi les Epitres de Mr d'arnaud, avec les notes où verrés de belles choses sur les allemands;[6] un blanc bec qui ne sait pas les rudimens d'aucune chose [...].[7]

Burgerbibliothek, Berne, Mss. hist. helv., xviii.9. Holographe.

1. König était à Berlin depuis le 20 septembre. Le début de sa lettre porte sur les espoirs que Haller pouvait conserver de se faire un établissement en Prusse, malgré les mauvaises dispositions de Maupertuis.

2. Le texte est raturé et cette lecture n'est pas sûre. König avait d'abord écrit: 'qui veut nous desaprendre ce que l'on a taché de nous aprendre'.

3. *Œuvres philosophiques de M. de La Mettrie* (Londres [Berlin] 1751), lvi-364 p. in-4°.

4. Etienne de Bourdeaux, imprimeur du roi.

5. Haller ne suivit pas ce conseil. La Mettrie ayant mis le comble à ses plaisanteries, l'année suivante, en publiant le célèbre *Petit homme à longue queue*, le grave professeur de Göttingen s'en plaignit à Maupertuis en sa qualité de membre de l'Académie de Berlin. Voir Achille Le Sueur, *Maupertuis et ses correspondants*, pp.197-203.

6. Les 'épitres' se réduisent à une seule, 'Les avantages des beaux-arts' (Berlin 1750), dont quelques notes froissèrent assez vivement le sentiment national allemand. En privé, d'Arnaud disait volontiers, d'après un correspondant de Gottsched, 'que les Allemands étaient des bestiaux qui il y a quarante ans marchaient encore à quatre pattes' (*Briefwechsel*, p.320, lettre datée du 20 novembre 1750, sans mention d'auteur).

7. König a daté sa lettre, après l'avoir reprise à son arrivée à Hanovre, du 3 octobre 1750. On lit à la fin: 'Brulés cette lettre', ce qui s'entend naturellement par rapport aux indiscrétions sur la 'philosophie' du roi de Prusse et sur ses beaux-esprits – et c'est aussi ce qui m'a engagé à la citer longuement, quoique Voltaire ne soit nommé qu'au début de l'extrait.

16

La comtesse d'Aldenburg à la comtesse de Bentinck

Varel, 2 octobre 1750

[...] Je vous felicite de L'elevation de Mr de Voltaire. Marqué luy combien je suis sensible pour tout ce qu'il fait pour vous. Le bondieu L'en recompense.[1]

RAG 403. Holographe.

1. La lettre de la comtesse de Bentinck à sa mère n'a pas été retrouvée.

17

König à Haller

[Deventer, 10 octobre 1750]

[...] Eh bien que dites vous de nos François de Berlin? Ferés vous venir le livre de la Mettrie?[1] Si tous les Journalistes vouloient s'entendre de n'en pas faire mention, ils lui joueroient un mauvais tour. Aprenes le moi, quand vous publieres vos reflexions sur le livre de Buffon.[2] J'ai oublié de vous mander que la Sorbonne s'est elevée une de foy [*sic*] contre ce livre, et qu'on en a arreté la continuation, ce qui occasione de grands debats en france; si un tiers pouvoir survenir et montrer à la Sorbonne, non tanti esse l'ouvrage ne valant rien, la comedie seroit complette. J'en demanderai des nouvelles à Mr de Reaumure, et vous manderai ce que j'en saurai. Maupertuis est extremement entêté du merite de Buffon, et je serois charmé qu'on lui fit comprendre qu'il n'y entend rien. Vous aures vû l'Epitre de D'arnaud, où il dit que les Allemands ne sont bons qu'a faire de gros volumes &c, et dans un autre endroit, que *Leibnitz etoit presque aussi savant que Bayle*.[3] Je ne conçois pas comme tous les allemands ne sont pas en armes contre de si insignes impertinences. Je ne sai si je vous ai dit dans ma precedente, que Voltaire est aujourdhui le mignon du Roy mais je ne crois pas qu'il tienne bon long tems: il me semble que la façon de vivre de Berlin, l'ennuoit deja. C'est un bon homme, mais etourdi et ayant des principes fort dangereux. Il travaille tous les jours avec le Roy, sans doute a corriger ses œuvres, qu'il a eu la bonté de faire deja imprimer en 2 gros volumes in 4to, avec le Titre œuvres du Philosophe de Sans Soucis il a confié ce Tresor a 4 où 5 personnes, qui tiennent les exemplaires sous la Clef; j'en ai vu un chez Maupertuis.[4] Malheur à la raison, si la philosophie qui y est contenue, prend le dessus. Algarotti et Maupertuis après avoir à ce que je crois deliberé ensemble, prennent de concert le parti de l'Eglise, ils vont regulierement à la messe, font le careme, et ont des chapelets chez eux: ils se lavent les mains, de tout ce qui se dit ou se fait contre la morale où la religion, ne voulant point être plus sages que leurs compatriotes. Le Roy les traite souvent de vilains hypocrites qui n'osent pas professer la verité, mais ils ne se departent pas de leurs systemes pour cela. S'ils ne sont pas plus religieux que les autres, ils sont plus politiques, ils ne veulent pas s'enfermer en prusse, en se fermant l'accès à tous les autres pays chretiens. Tous les autres suivent le grand systeme, et Dieu sait ce que cela deviendra; d'autant plus que la debauche italienne se met de la partie qui ne manquera pas de s'etendre peu à peu. Maupertuis se seroit presque brouillé avec le Maitre à cause de son Essay de Morale, qu'on a traité de fichu livre, de capucinade, parce que dans le dernier chapitre, il a recours au secours que nous presente la religion.[5] Enfin, c'est un assortiment de Philosophes tel qu'on n'a jamais vû. Je finis et vous embrasse cordialement Mon cher.

V. T. S.

à Deventer le 10 8bre 1750

SK

dechirés cette lettre
s.v.p.
et la precedente aussi

Burgerbibliothek, Berne, Mss. hist. helv., xviii.9. Holographe.

1. Voir *Texte* 15.
2. Ces 'Réflexions sur le système de la génération de M. Buffon' furent publiées en 1751 (impression signalée dans le *Journal de la librairie*, F.22156, f.12, 14 octobre 1751) et reprises en 1752 dans la *Bibliothèque impartiale*, v.323-53.
3. Voir *Texte* 15, note 6.
4. Cette édition de 1749-1750 comporte *trois* volumes. Elle est fort rare, en effet, mais pas à ce point. Voir Jeroom Vercruysse, 'L'œuvre de *Poéshie* corrigée: notes marginales de Voltaire sur les poésies de Frédéric II', *SV* 176 (1979), pp.51-62.
5. Tout en posant le principe d'une liberté d'adhésion à 'la vérité de la religion', l'*Essai de philosophie morale* présentait la foi comme le degré le plus élevé des bonheurs accessibles à l'homme (*Œuvres*, Dresde 1752, pp.396-402).

18

Maupertuis à la comtesse de Bentinck

De Potzdam 11 oct. [1750]

Ce n'est point Madame tout ce que vous avez l'injustice de dire sur l'inutilité de votre Lettre, qui m'a empeché d'y repondre plutost. Un papier blanc que votre main a touché devient dés la pour moy une chose fort interessante, mais s'il s'y trouve une Ligne, il ne manque jamais d'etre rempli d'esprit. C'est donc aux embarras dans les quels j'ay eté depuis mon retour icy[1] que vous devés pardonner mon silence. Chassé du chateau par les Maçons, il m'a fallu chercher Asyle ailleurs, un petit demenagement est pour moy, grande affaire, et ce n'est que depuis hier que j'ay retrouvé ma plume et mon encre.

Voltaire nous a appris une nouvelle que je suis jaloux de n'avoir pas sceue le premier, que vous acheptés la maison de m. Miller.[2] Il ne falloit plus que cela pour me faire preferer Berlin à toutes les villes du monde.

M.

A Madame / Madame la comtesse de Bentinck / chez M. le conseiller Miller / Dans la Jägerstraass a Berlin.

Fitzwilliam Museum (Cambridge), 'Clarke Papers'. Holographe.

1. Sans doute était-il rentré de Berlin le 29 septembre avec le roi (*Tageskalender*, p.125).

2. La comtesse se préparait à soumettre à Frédéric II, par l'entremise de Voltaire, un projet de règlement de ses affaires, dans lequel entrait une sorte d'engagement de se fixer définitivement à Berlin: voir la discussion de *D4254*. Elle fit part à Voltaire de ce mouvement de 'jalousie' de Maupertuis. Cf. *D4325*: 'Nous ne sommes jaloux l'un de l'autre que pour vous servir.'

19

La comtesse d'Aldenburg à la comtesse de Bentinck

Varel, 13 novembre 1750

[...] Je voudrois que Mons. de Voltaire, estant votre ami si intime, vous presta sa veine poétique, pour s'expliquer [*sic*] en vers a la Reyne ce que je voudrez qu'elle se dit Elle meme, d'un coeur reconnoissant comme le mien. Il dira si joliment et amusera la Reyne [...].[1]

RAG 403. Holographe.

1. La reine mère Sophie-Dorothée de Prusse avait invité la comtesse d'Aldenburg à rejoindre sa fille à Berlin à l'occasion du carnaval. D'où ce projet de commande poétique, qui n'eut apparemment pas de suite. Je ne donne ces extraits des lettres de la comtesse d'Aldenburg que comme des échos des lettres de la comtesse de Bentinck, dont la trace est malheureusement perdue.

20

Joseph d'Hémery à Nicolas René Berryer de Ravenoville

Du 26 9bre 1750

M^{r}

J'ay l'honneur de vous rendre compte que j'ay vû Freron a qui J'ay deffendu de votre part de ne faire aucun usage de la Lettre que Darnaud luy a ecrit contre Voltaire, au sujet d'une préface qu'il avoit fait pour ses œuvres; il m'a promis de le faire en m'assurant qu'il n'avoit jamais eu d'envie de la faire imprimer. Je l'ay aussi engagé a ne point se faire de scene avec l'abbé de Marsy en luy faisant entendre que vous ne vous en melleriez nullement que pour le punir s'il faisoit quelque sottise.[1]

BN, n.a.f. 1214, p.4, minute ou copie. Mention à la marge: 'a M. Berryer / Freron'.

1. Cf. D4262, Voltaire à d'Argental, 14 novembre 1750: 'On m'a mandé cependant que cette affaire avoit fait du bruit à Paris, que M. Berrier avoit voulu voir la lettre de Darnaud à Freron, que cette lettre étoit publique.' Voir aussi D4263 et D4266. La lettre de d'Arnaud à Fréron n'est pas connue.

21

Le baron d'Arnim à la comtesse de Bentinck

[Berlin, le 24 décembre 1750]

Je ne doute point que vous n'ayez passé hier la plus aggréable journée du monde, avec deux Personnes d'un esprit supérieur quoique très différent dans la manière de le rendre et dans la façon de penser. Ce contrast même, a dû rendre la scène d'autant plûs interessante, et ces deux gens auroient peut etre été moins contens l'un de l'autre, en se trouvant la même èspece d'èsprit et par consequent de l'uniformité, au lieu, qu'il me semble, que leur imagination a été infiniment plûs frappée, à se réconnoitre réciproquement, du grand et du sublime, avec un sistème tout à fait different. Pour moi, Madame, si j'avois eû le bonheur d'assister en qualité de spectateur à cette societé charmante, je ne doute pas, que la Personne de la Mediatrice, auroit absorbée la plus grande partie de mon attention; très persuadé qu'elle aura mit a cette occasion en usage, avec beaucoup de dexteritée et de finesse, l'art de modérer les talents, et de mèler agréablement le petillant de l'un,[1] avec le sens rassi de l'autre,[2] pour en composer et réproduire un total accompli. Je me flatte au rest, Madame, que ma discretion, de ne point interrompre des momens si doux, ni par mes billets ni par mes messages, malgré la forte passion d'avoir tous les jours de vos nouvelles, m'obtiendra auprès de vous d'autant plus facilement le pardon sur la liberté que je prens aujourdhui, et que vous me permetterez bien, de vous dire, que privé de l'honneur de vous voir je eû au moins la grande satisfaction, de me trouver en compagnie de Mrs Hochstater[3] et Kiess[4] avec deux gens qui paroissent absolument determinés à ne vouloir point me ceder en respect en zèle et en véneration pour votre personne. Le petit Kiess apres quelque legér combat, à sur la fin parfaitement réconnu la justesse de vos idées par rapport à la Presidence de V.[5] et comprennant, que c'est la l'unique moyen de faire passer l'affaire, et de procurer les fonds necessaires pour l'entretien de l'Academie, il fera traduire aujourhuit par une main assez habile le plan qu'il à fait; il y joindra quelques idées que je lui est fourni, pour proposer quelques moyens peu onereux pour la subsistance des Academiciens, et aura tout de suite l'honneur de soumettre son ouvrage et la fortune qu'il s'en promets à vos decisions.[6] [...]

ce 24 Dec. 1750 d'A

RAG 127. Holographe.

1. Voltaire?
2. Maupertuis?
3. Secrétaire de légation du duc de Wurtemberg.
4. Johann Kies (1713-1781), astronome et mathématicien, membre de l'Académie de Berlin.
5. Il s'agit sûrement, cette fois, de Voltaire: voir la discussion de *D4253* et de *D5016*. On croit comprendre, d'après le refus opposé par Voltaire dans *D5016* à l'idée d'une présidence 'autel contre autel', qu'il s'agissait de revoir le 'plan' sans faire mention de lui, afin de donner au projet une apparence plus neutre.
6. D'après La Beaumelle, le plan de cette 'académie des arts' fut en effet dressé: 'M. le comte de Rottembourg devait le présenter au roi; mais ce démembrement de l'Académie des sciences n'eut pas lieu, parce que ce seigneur n'osa pas se brouiller avec M. de Maupertuis' (*Vie de Maupertuis*, p.169).

22

La comtesse d'Aldenburg à la comtesse de Bentinck

Varel, 2 janvier 1751

[...] Je suis faché de l'avanture facheuse de Voltaire. La sentence le justifiera le mieux. Je feré ce que vous souhaité. Ce pendant il vaut mieux laisser tomber les choses, elle empire quelque fois la calomnie [...].[1]

RAG 404. Holographe.

1. Cet écho atteste, pour indigent qu'il soit, que la comtesse de Bentinck eut très tôt la confidence des ennuis de Voltaire au sujet des 'billets saxons' et de son intention d'attaquer Hirschel en justice, et qu'elle prit aussitôt son parti.

23

Mémoire de Mr de Voltaire pour les Juges

[Début de janvier 1751][1]

1mo Pour l'Affaire de la Lettre de change de dix mille Ecus, je suis content et je remercie les Juges de ce qu'ils ont decreté de prise de Corps le Juif Hirschel, et l'ont contraint de donner Caution pour la Restitution de cette Lettre de Change selon toutes les Loix de l'Europe.[2]

2do Quant aux diamans que ledit Jouaillier Hirschel me doit pour la valeur de trois mille Ecus, je crois que M^rs les Juges ni moi ne nous connoissons en diamans.

Tout ce que je sais c'est que j'ai fait priser ces Diamans par cinq marchands

Jouailliers de Berlin et qu'il y a eu plus d'un Diamant estimé les deux tiers au dessous du prix que le Juif Hirschel y a mis; ainsi il y a lesion de plus de moitié.

Je raporte a M^rs^ les Juges tous ces diamans et le Juif ne veut pas les reconnoitre.[3]

Je le somme de representer un Ecrit du 27 Dec^re^ touchant la Valeur de ces trois mille Ecus de diamans et il repond qu'il l'a perdu.

On voit combien le Juif Hirschel[4] et combien cette Manoeuvre est criante.

Je demande a Mrs Les Juges que le Jour de l'audience ils aient la bonté de faire appeller six Jouailliers a leur choix ou tel nombre qu'ils voudront.

Qu'on mette sur la table tous les Diamans de Hirschel sans Exception et tous ceux de son Pere, et que parmi tous ces diamans les Jouailliers nommés par les Juges en choisissent en conscience pour la Valeur de trois mille Ecus suivant ma convention avec le Jouaillier Juif. Par là personne ne sera trompé.[5]

Il me semble que Rien ne peut être ni plus raisonable ni plus juste ni plus prompt; et que cette Voie remplit tous les objets de la Reforme faite avec tant de sagesse dans les Loix.[6]

Newport Central Library, *Berlin Journal* de Charles Hanbury-Williams (alors en mission à Berlin), ff.283 et 285. Le titre ci-dessus est celui du manuscrit.

1. La date est fixée par les allusions du texte. C'est le 21 janvier, semble-t-il, que Hanbury-Williams eut copie de ce mémoire et du mémoire de Hirschel qui suit. Il écrit en tout cas dans son journal à cette date: 'I staid at home all the morning & dined alone. After Dinner I went to Court. I was hearing the French Minister tell the Story of Voltaire & the Jew. Vide t'other side' (f.278). Le mémoire de Hirschel se trouve copié en regard, puis sur les pages de gauche; le mémoire de Voltaire est copié à la suite, toujours en regard du journal.
2. Emprisonné le 1er janvier, Hirschel fut libéré le lendemain sur caution (Mangold, *Voltaire Rechtsstreit mit dem königlichen Schutzjuden Hirschel*, p.xix).
3. Cf. D4345, qui fixe au 13 janvier le *terminus ad quem*: 'le refus qu'il a fait de reconnaitre ses diamans'.
4. *Sic.* Des mots manquent.
5. Cette procédure à la Salomon (ou à la Zadig?) ne fut pas appliquée. C'est vraisemblablement sur des initiatives de ce genre que les oisifs de Berlin se mirent à broder des anecdotes dans lesquelles Voltaire était allé trouver le chancelier de Cocceji pour lui remettre des 'remarques' sur le fameux 'Code Frédéricien'. Cf. D4377.
6. La 'réforme' Cocceji de 1749.

24

Memoire du Juif Hirschel

[vers le 13 janvier 1751]

Le 23 Nov. Mr de Voltaire me fit venir à Potzdam pour m'engager à aller à Dresden et lui acheter des Billets de la Steuer. Je lui repondis que pareil Negoce deplaisoit sans doute au Roi. Il me repondit qu'il etoit trop prudent pour Rien entreprendre sans le Consentement de S. M. et que si je m'acquittois bien de cette Commission et lui procurois 36 de perte,[1] je pouvois surement compter sur le Titre de Jouaillier du Roy.[2] De pareilles Esperances me conduisirent à Dresde et me firent accepter une Lettre de Change du Sr Voltaire payable à Paris de la

Valeur de quarante mille Livres, une autre Lettre de Change de quatre mille quatre cens trente Ecus sur mon Pere, une autre de quatre mille sur Ephraim, qui refusa de payer et le Lendemain de mon depart offrit a Monsr de Voltaire de lui faire avoir pour 30,000 Ecus de Billets de la Steuer sans pretendre de lui des Lettres de Change sur Paris et ne lui demandant que sa Protection. Cette offre de la part d'Ephraim au Sr Voltaire le fit changer de Resolution a mon Egard[3] et la poste de France d'apres le 23 du dit le Sr Voltaire protesta à mon inçu la Lettre qu'il m'avoit donné à negocier a Dresde trois ou quatre Jours auparavant.

J'ai encore un Billet de Sa main par lequel je ne dois lui tenir Compte de cette somme que le 14 de Dec. Cependant mon Correspondent Homann de Leipzig me manda que cette meme Lettre de Change etoit deja par Ordre dudit Sr Voltaire protestée le 12 Dec^re a Paris.[4]

Pendant mon Sejour a Dresde, le dit Sr de Voltaire a eu beaucoup de Brillans à moi qu'il a porté sur sa Croix et sur ses habits de Theatre en jouant la Tragedie.

Aussitot aprés mon Retour il me les a payé et nous nous sommes donné chacun reciproquement un Billet comme quoi nous n'avions, excepté la Lettre de Change protestée, rien plus a pretendre l'un de l'autre.[5]

Trois jours aprés ce Marché fini le Sr Voltaire me prit par force dans le Chateau du Roi pour prés de deux mille Ecus de Brillants, me declarant qu'il ne me les payeroit point et que ces Brillants le dedommageroient du Marché trop precipité qu'il pretendoit avoir fait avec moi, ayant cependant fait estimer par le Sr Rechant[6] ces dits Brillants avant de conclure le Marché.

J'ai des Originaux Ecrits de la main du Sr Voltaire par lesquels je peux prouver la Verité de tout ce que j'avance ici. Je sai que le Sr Voltaire ne pourra jamais pretendre de garder mes Brillans, mais il n'est que trop certain que la Lettre protestée à Paris me fait un tort infini dans mon Commerce, outre les Depenses que je suis obligé de faire pour sortir avec Honneur du mauvais pas dans lequel les promesses du Sr Voltaire m'ont entrainé.

J'ai cru n'avoir rien de mieux a faire que de porter mes plaintes au Roi et lui demander Justice contre un Homme avec lequel je reconnu trop tard qu'il etoit dangereux d'avoir Affaire. S. M. indignée du procedé du Sr Voltaire et de ce qu'il avoit osé se servir de son nom pour un Trafic aussi bas et aussi deshonorant pour un homme qui avoit l'Honneur de l'approcher, a envoyé mes plaintes a son Grand Chancelier devant lequel j'ai deja comparu avec ledit Sr Voltaire et son Valet Picard. Le dernier, obligé de faire serment, a donné devant la Justice un dementi a son Maître sur ce qu'il nioit avoir pris mes diamans par force.[7]

Aprés avoir produits les Billets que J'avois du Sr Voltaire et l'avoir confondu a plusieurs Egards, il m'a fait offrir sous main un accomodement auquel je n'ai voulu rien entendre[8] et voyant toute Esperance evanouie de sauver sa Reputation, il vient de produire un chiffon de papier qu'il pretend signé de ma main,[9] dans lequel on reconnoit aisement trois sortes d'Ecritures (NB. daté du 19 Jour de Sabath) et dont je jure n'avoir aucune connoissance, et dont la Fourberie semble faire balancer mes Juges et vient de donner la mort a mon pauvre Pere.[10]

Newport Central Library, *Berlin Journal* de Hanbury-Williams, ff.277, 279, 281 et 283. Le titre est repris du manuscrit.

1. C'est-à-dire des billets achetés aux deux tiers à peine de leur valeur nominale.
2. Voltaire nie cette allégation dans D4386, à Darget, 18 février 1751.
3. Cette donnée déterminante d'une concurrence entre deux banquiers paraît inédite.
4. Voltaire écrivit à Hohmann pour vérifier ces allégations: voir D4308 et D4350.
5. C'est la 'quittance générale' du 16 décembre 1750: voir Mangold, p.5.
6. Lire *Recklam.*
7. Cette déposition de Vatin, faite le 12 janvier, n'a rien d'un 'démenti': voir Mangold, p.54.
8. Ceci paraît douteux: on possède, au contraire, une lettre de Voltaire refusant un pareil accommodement (D4370).
9. Mangold, p.38. Cette pièce porte la date du 19 décembre 1750; il semble que Voltaire la produisit le 11 janvier, ce qui fixe la date de ce mémoire d'Hirschel à un ou deux jours près.
10. Cf. D4345, du 13 janvier 1751, où Voltaire écrit au chancelier de Cocceji que Hirschel 'vient d'hériter'.

25

La comtesse d'Aldenburg à la comtesse de Bentinck

Varel, 15 janvier 1751

[...] Les gacete almande disent que vôtre ami Voltaire a voulu faire un accord avec un Juif de pierreries contre de l'argent a paié, et Voltaire l'aiant amusé d'un temps a l'autre le Juif s'estoit plain au Roy qui avoit fait faire des informations et apres fait arrester Voltaire; cela est il vray? [...][1]

RAG 404. Holographe.

1. On ne connaît pas de gazette qui ait annoncé que Voltaire avait été arrêté. Voir l'écho de la *Gazette de Hambourg* cité par Besterman dans le commentaire de D4347.

26

Le baron d'Arnim à la comtesse de Bentinck

Berlin, le 18 janvier 1751

[...] B.[1] approuve beaucoup votre plan de parler a E.[2] avec franchise et confiance, et comme il avoit parû un peu chocqué du Canal que vous avés choisi jusqu'ici pour vous adresser au Roy,[3] de lui expliquer les raisons qui, dans un paÿs dont vous ne connoissiez pas la Carte, vous avoient engagées, faute de savoir mieux, de prendre V. comme un homme propre à faire parvenir vos intentions a Sa Majesté. Le tout ou au moins une grande partie dependra donc de votre entretien avec E. [...].

RAG 127. Holographe.

1. D'après le contexte, il s'agit d'un personnage haut placé dans les bureaux, que d'Arnim venait de consulter sur les moyens de faire avancer les affaires de la comtesse.
2. Eichel, secrétaire du cabinet.
3. Voltaire, désigné plus loin par l'initiale.

27

Gérard Lévesque de Champeaux au marquis de Puysieulx

[Hambourg, le 22 janvier 1751]

[...] Je crois devoir vous informer, Monseigneur, que M. de Voltaire a eu une affaire d'interet à Berlin, dont on a donné dans les Gazettes Allemandes d'Hambourg une relation peu honorable pour lui.[1] Il en a eu connoissance, et m'a écrit pour y faire mettre une refutation qu'il m'a envoyée.[2] Je n'ai pas cru pouvoir me refuser à la satisfaction d'un françois d'une aussi grande celebrité, et qui depuis plus de 25 ans est de ma connoissance.[3] Mais j'ai trouvé de la resistance,[4] et ayant eu lieu de soupçonner, en aprofondissant d'où elle venoit, que c'est le Roy de Prusse lui meme qui a souhaité que L'article dont se plaint M. De Voltaire soit publié dans les Gazettes d'icy, j'ai cru devoir cesser respectueusement toute diligence et abandonner L'affaire [...].[5]

MAE, *Hambourg*, vol.73, f.12. Original, signature autographe. On lit à la marge la mention suivante, ajoutée à la réception: 'Refus de faire mettre dans les Gazetes la refutation de Voltaire touchant son achat clandestin des Billets de la Steuer.'

1. Voir D4347, n.2.
2. Voir D4347, n.3.
3. Le seul vestige de cette longue liaison est D4835.
4. Il s'agit évidemment de démarches auprès du magistrat de Hambourg.
5. Puysieulx s'abstint de tout commentaire dans sa réponse. On comprend aussi la discrétion des ministres prussiens lorsqu'ils eurent à transmettre à Frédéric II la plainte que Voltaire avait élevée contre 'le gazetier de Berlin': voir D4333 et D4336.

28

Histoire du Procés de Voltaire[1]

Voltaire veut agioter des billets de Stuer (billets de la banque de Dresde). il remet de l'argent au Juif Richel [*sic*] pour achetter un nombre de ces billets. Le Juif pour nantissement de l'argent donné, lui remet des diamants, [.] Billets entre les deux Contractans, on doit payer a Paris une Somme d'argent qui manquoit a celle que le Juif devoit toucher au Sr Volt. Le Juif tire une lettre de Change sur le Banquier indiqué par Volt. la Lettre de Change est protesté à Paris et par ordre de Volt. qui dans le même tems altere le billet de convention entre lui et le Juif. Ce billet etoit plié en deux, la convention étoit écrite sur un des côtés de façon que l'autre moitié de la feüille étoit blanche, c'est à dire, sans écriture. Le blanc étoit rempli par la droite. [*sic pour* l'adroite] friponnerie de Volt. en y adoptant des termes qui dérangeoient tout le Sens de la convention sans cependant qu'entierement le fil du billet parût dérangé. Comme la vraye Convention étoit signée par le Juif, la signature du d. Juif se trouvoit au dessus de la feüille de papier, [.] la Lettre de change protestée à Paris, l'agiotage des billets fini [*sic pour* finit].

Le Juif redemande ses diamants donnés pour nantissement, le Sr Volt. les lui rend; mais ce ne sont plus les mêmes, le Juif ne trouve plus que des Diaman de la couleur des siens, il est vray, mais differents de grain et d'eau. Plaintes du Juif, procés, pieces Justificatives rapportées, le billet reconnu alteré, et les Diamants reconnus changés, le Domestique de Volt. deposant tout en larmes pour la verité contre son maitre. Enfin Volt. perd son procès, est reconnu publiquement pour un fripon et un voleur qui merite la Corde.

Le Roy pendant l'instruction du procès ordonna qu'on Jouât exprès l'Avare pour Volt.[2]

Le pere du Juif est mort de douleur en 24. heures ayant toujours le nom de Volt. à la Bouche./.

BN, F 22156, *Journal de la librairie*, f.32, copie de main inconnue. Le titre est celui du manuscrit. La graphie et la ponctuation, quoique fautives, ont été scrupuleusement conservées, comme des indices de la provenance étrangère, assez probablement berlinoise, de cet avis.

1. Aucune information nouvelle dans cette relation de 'l'affaire Hirschel'. Trois raisons m'ont porté à la recueillir. C'est d'abord, à ma connaissance, la première version nettement antivoltairienne du 'procès'. L'origine berlinoise étant d'autre part, me semble-t-il, presque assurée, cette pièce atteste aussi, très directement, la virulence et l'étendue de la campagne de discrédit dont l'affaire Hirschel fut en fait l'occasion et le prétexte, campagne où se trouvèrent associés, pour des raisons diverses, Maupertuis et d'autres Français de l'entourage royal, mais aussi Frédéric II lui-même: voir D4333, D4353, ainsi que les textes 24 et 27 de cette section. Enfin la présence même de cet avis dans le *Journal de la librairie* me paraît en soi significative: dans le brouillon de l'article du 4 février 1751, à la rubrique 'Nouvelles d'auteurs', on trouve un appel de titre 'Histoire du procez de Voltaire', suivi d'un blanc (f.31), ce qui indique assez clairement que le rapport d'un informateur anonyme prit le statut d'une information officielle, en passant de l'obscurité des bureaux aux sphères du pouvoir et de la Cour.

2. C'est là le seul élément inédit de ce rapport, mais il n'est pas recoupé: on peut y voir une pointe plus venimeuse que vraisemblable.

29

Le baron d'Arnim à la comtesse de Bentinck

Berlin, 22 février 1751

[...] J'ai l'honneur de vous envoyer, Madame, un morceau de la lettre attribué a Mr V. S'il n'y reconnoit pas son sang, il me paroit au moins que cet enfant n'auroit pas été indigne d'un si grand Pere; et j'ai trouvé dans cette petite pièce plus de genie et de justesse que dans l'homme Machine tout entier [...].[1]

RAG 127. Holographe.

1. Peut-être s'agit-il de la *Lettre à MM. les auteurs de la Saint-Jean* (M.xxiii.485 ss.).

30

La comtesse d'Aldenburg à la comtesse de Bentinck

Varel, 26 février 1751

[...] Je suis bien aise de la victoire de Mr Voltaire.[1] A qui la chanterai je, à Varel, qui connoisse Mr de Voltaire? Si l'occasion s'en presentoit je ne me tairez pas [...].

RAG 404. Holographe.

1. Cf. D4394 et D4395, à la comtesse de Bentinck: 'Mon procez est gagné...'.

31

Notes sur un projet d'achat de terre en Ostfrise

Plusieurs billets de Voltaire à la comtesse de Bentinck attestent qu'il songea, au printemps de 1751, à faire l'acquisition d'une terre en Ostfrise: voir D4465, D4466, D4467 et D4471. Il confia à la comtesse le soin de recueillir des informations et d'amorcer les pourparlers. Les lettres de la comtesse d'Aldenburg gardent des traces de cet épisode inédit du séjour en Prusse. La terre se nommait Hannen.[1] Elle avait appartenu autrefois à la maison d'Aldenburg, avant de tomber dans le domaine danois.[2]

1. Le 17 mars, répondant à deux lettres du 6 et du 9, la comtesse d'Aldenburg rend compte à sa fille de ses premières démarches. Elle a écrit à la comtesse de Stöcken, propriétaire de la terre, qui lui a envoyé son homme d'affaires. 'On veut volontié vander Hannen,' écrit-elle, 'si c'est a un prix raisonable. Mr Stöcken en a voulu 25 mille écus. Il le laisseront a 20, et si on a intension de la voir, on s'acordera au meilheur marché qu'on le poura laisser et on le cedera si tost *qu'on le voudra*.' La terre peut rapporter six cents écus 'en plus des 2000 que le Roy [de Danemark] doit avoir'. La comtesse d'Aldenburg envoie des 'papiers imprimés' qui expliquent l'état juridique du bien, le détail de ses revenus, les conditions de la vente.

2. Le 23 mars, répondant à une lettre du 16, elle marque simplement que la comtesse de Stöcken souhaite que l'acheteur renonce à l'anonymat dans lequel il se tient.

3. Le 2 avril, répondant à une lettre du 23 mars, elle donne des précisions sur l'administration actuelle de la terre; elle justifie le prix peut-être élevé par l'amélioration récente du fonds; elle suggère à 'l'homme en question' de ne pas trop attendre.

4. Le 10 avril, répondant à une lettre dont la date n'est pas mentionnée, la comtesse d'Aldenburg écrit qu'elle envisagerait elle-même un jour d'acheter Hannen, pour s'y retirer, si la cession des biens qui leur restent, à sa fille et à elle, devenait inévitablc.

5. Une dernière lettre du 30 avril paraît indiquer que Voltaire s'intéressait toujours à cette date à la terre de Hannen, et qu'il cherchait peut-être à l'obtenir à meilleur prix: 'N'oserai je pas encore savoir', écrit la comtesse d'Aldenburg, 'qui est l'homme qui veut Hannen? Je ne le rediré pas si vous le voulé. Et ne veut il pas se declarer encore en rien? Je crois que pour 15 mille ecus on l'auroit et cela le vaut, et la maison qui est presque neuve et tout en bon état n'est pas compté'.

Ainsi présentée, l'affaire semble avoir été près d'être conclue, si Voltaire l'avait voulu. On ignore pour quelles raisons il renonça à son projet: il n'est plus question de Hannen dans cette correspondance.[3]

RAG 404. Manuscrits holographes.

1. Il n'a pas été possible de localiser la terre avec précision, mais d'après certains détails des lettres citées ou résumées ci-dessus, elle ne devait pas être très éloignée de Varel où habitait la comtesse d'Aldenburg. On trouve encore de nos jours à une dizaine de kilomètres au sud de Varel, sur la route de Rastede, un lieu-dit du nom de *Hahn*.

2. Ceci ressort en particulier des lettres du 17 mars et du 2 avril. La lettre du 17 mars fait aussi état d'un ancien 'accord' passé entre les rois de France et de Danemark, dans lequel la terre de Hannen se trouvait impliquée.

3. Il se peut que quelques lettres manquent pour les deux premières semaines de mai.

32

Hochstatter[1] *à la comtesse de Bentinck*

à Treptow le 12 Mars 1751

[...] J'apprends avec une joie inexprimable le retour des bonnes graces du Roi envers Mr de Voltaire.[2] Je ne doute aucunement qu'il ne s'interesse autant pour les Interets de votre Excellence qu'il l'a fait du temps passé, et j'en prévois une heureuse fin pour ses affaires [...].

RAG 136. Holographe.

1. Voir *Texte* 21, note 3.

2. Sans doute la comtesse venait-elle de mander à Hochstatter les mêmes nouvelles qu'au comte Wilhelm de Schaumburg-Lippe: 'Le roy a donné une audience de plus d'une grosse heure à Voltaire dans son Cabinet, tête à tête, dont il est enthousiasmé, et il part demain pour le rejoindre à Potsdam, ce qui n'a pas mal fait changer la phisionomie à la cour et les caquets de la ville [...]. Depuis que Voltaire est remonté sur sa bête, on se déchire chez les reines à qui m'aura, et j'ai repris un mérite et des qualités supérieures. Hier, j'avois trois invitations à la fois' (Berlin, le 6 mars 1751, lettre publiée par Curt Ochwadt, *Voltaire und die Grafen zu Schaumburg-Lippe*, p.68).

33

Le comte de Tyrconnell au marquis de Puysieulx

[Berlin, 10 avril 1751]

[Ce texte est tiré d'une longue dépêche sur les 'billets de la Steuer' et la baisse du crédit de la banque saxonne, qui inquiétait fort le ministère.]

[...] Ce qu'il y a de certain pourtant, est que quoy que le Roy de Prusse ne veuille pas convenir vis-à-vis du Roy de Pologne que ses sujets n'auront pas le droit de reclamer le payement des billets qu'ils ont acquis depuis la paix de Dresde, ce Prince cependant prend les mesures les plus efficaces pour les empecher d'en acquerir, et l'affaire qu'a eüe Mr de Voltaire a ce sujet en est une preuve [...].[1]

MAE, *Prusse*, vol.165, f.48. Original.

1. Tyrconnell se trompait. Les mesures prises ne tendaient qu'à couvrir diplomatiquement une spéculation tolérée en sous main, et dont le fisc prussien tirait de grandes ressources. Frédéric II épuisa systématiquement la banque de Saxe pour grossir son trésor de guerre (*Pol. Cor.*, vii.267 et 298; viii.476; ix.109); il ne pouvait ignorer d'ailleurs que ses familiers, à son exemple, étaient tous très friands de 'billets saxons' – ce que Voltaire ne se fit pas faute de lui rappeler (voir D4354 et D4386). Considérée sous un certain jour, l'affaire Hirschel a toutes les apparences de la pure tracasserie.

34

Le marquis de Puysieulx au comte de Tyrconnell

[Versailles, le 15 avril 1751]

[...] Je vous prie de m'envoyer sans être relié les ouvrages de M. de Voltaire dont on m'a assuré qu'il venoit de faire faire une nouvelle Edition a Berlin.[1]

MAE, *Prusse*, vol.165, f.48. Copie ou brouillon.

1. Cette directive forme un article à part.

35

Le comte de Tyrconnell au marquis de Puysieulx

[Berlin, le 24 avril 1751]

[...] Il n'y a pas de nouvelle Edition des Oeuvres de Voltaire. La dernière est celle de Roüen;[1] il y en a eu une presque en mesme temps a Dresden.[2] Elles ne sont complettes ny l'une ny l'autre et sont pleines de fautes. M. de Voltaire dit qu'il en fera une complette, mais il n'en est pas question encore. Si elle a lieu j'auray l'honneur Monsieur de vous l'envoyer sur le champ.[3]

MAE, *Prusse*, vol.165, f.108. Original, signature autographe.

1. *Trapnell* 48R.
2. *Trapnell* 48D.
3. Voltaire affectait donc de n'avoir eu aucune part ni à la dernière édition de Rouen (*Trapnell* 50R), ni à l'édition Lambert qui paraissait dans le même temps à Paris (*Trapnell* 51P).

36

La princesse Elisabeth d'Anhalt-Zerbst à la comtesse de Bentinck

Zerbst, 27 avril 1751

[...] P.S. J'ai formés un dessains, mon aimable comtesse, qui exiges que je vous demandes une faveurs et le secrets. Le voici: j'ai rassemblée tout ce que j'ai trouvée de belles persoñes dans l'intentions d'en formers un cabinet. Le Portrait de la Princesse Ulrique jadis, Reine de Suède aujourd'hui,[1] en grand, occuperoits la place Principale, il me faudroits une étiquette en vers ou en prose dignes et propres au sujet pour la mettres au dessous de ce tableau. Je ne coñois que Monsieur de Voltaire de capable de réussirs, je ne le coñois pas, peut estre ne le coñoissés vous guères non plus, cepandant les coñoissance et les liaisons que vous avés formée à Berlin pourronts y supléer et obtenirs ce que je souhaites sans que nous y paroissions n'y l'une n'y l'autre. Je vous pries Madame d'y pensers, vous m'obligeriés sensiblement.[2]

RAG 336. Holographe. Ce post-scriptum est sur un feuillet à part, joint à la lettre du 27 avril 1751.

1. La princesse Ulrique, sœur de Frédéric II, venait d'accéder au trône de Suède (5 avril 1751).
2. Ces dernières expressions, plus cérémonieuses, indiquent que l'article peut être communiqué à Voltaire; c'est d'ailleurs à cette fin que la princesse feint d'ignorer en quels termes la comtesse de Bentinck se trouvait avec lui.

37

Vers pour être mis au portrait de la Reine de Suede

Sous ces augustes traits que l'univers admire
la sublime vertu, la majesté respire;
près d'Ulrique les arts ont placé leurs autels.
ainsy s'offroit Minerve aux regards des mortels.[1]

RAG 63. Feuillet de petit format, texte au crayon, de main inconnue: c'est par erreur que j'ai indiqué ailleurs que cette copie était de la main de la comtesse de Bentinck (*RhlF* 76 (1976), p.70, n.10). Le titre est celui du manuscrit.

1. L'attribution de ce quatrain à Voltaire peut s'inférer des *Textes* 32 et 34 et d'une troisième lettre de la même correspondance, datée du 25 mai 1751 (*RhlF* 76 (1976), pp.70-71). Ces vers auraient été composés vers le 18 mai 1751: voir le texte 34 et la datation de *D4314*.

38

La princesse Elisabeth d'Anhalt-Zerbst à la comtesse de Bentinck

[Zerbst, le 22 mai 1751]

J'ai vue mon aimable comtesse, par votre lettre du 11^ie de ce mois, avec plaisir et recoñoissance l'empressement, et la façon obligente et charmante pour moy, avec la qu'elle vous voulés bien vous prêter a la fantaisie qui m'est venue au sujet du Portrait de la nouvelle Reine de Suede, et le projet que la fertillité de votre imagination vous à d'aborts presentés à cet égards, je ne doute pas de sa réussite, je l'attens avec impatience, et me faits une vraye fête de cet iñocent larcin: mais dites moy Madame, ce grand hoñe est-il aussy sociable, que ses écrits sont aimables pour ceux qui leur rendent justice et en coñoissent le prix? [...].

RAG 336. Holographe.

39

Procuration de la comtesse de Bentinck

[Berlin, le 25 mai 1751]

Je supplie Monsieur Le comte de tirconnel envoyé du Roy de france de vouloir bien interposer ses bons offices,[1] avec ceux de M. le comte de podevils pour que les terres principales de ma maison puissent me demeurer a des conditions convenables a toutes les parties interessées.[2] et s'il ne peut me faire obtenir[3] ces conditions, je les[4] supplie de vouloir bien moyenner un accord par le quel les puissances qui ont daigné me proteger soient hors de tout embaras, qui assure le douaire de ma mere, le sort de mes enfans, les droits des creanciers et la tranquilité de ma vie. je me flatte que le Roy de dannemark sera touché de mon état et de ma respectueuse soumission. j'attendray, et j'accepterai, de leur prudence et de leurs bons offices[5] sous la protection et sous L'agrément de sa majesté le Roy de Prusse, les conditions qu'ils jugeront[6] les plus convenables et les plus décentes.[7]

RAG 502. Brouillon de la main de Voltaire. La comtesse a ajouté sous le texte les deux notes suivantes: 1. 'j'ay signé cette piece le 25 may 1751 en soupirant et priant Dieu de tout mon cœur que je puisse ne m'en pas repentir pendent le reste de ma vie. CS.'; 2. 'apres la mort de My. Tirconnel j'ay remis le meme formulaire mot a mot a S. E. le C. de Podwils seul. excepté que j'en ay retranché ce qui est dit du roy de Dannemarck qui m'a paru inutile. J'ay fait cette seconde demarche de bien meilleur cœur que la premiere. Elle est datée du 31 Mars 1752. CS.'

1. Premier état: *pour que la seigneurie de Kniphausen puisse me demeurer par l'arrangement qu'on fera*, puis à la suite: *et s'il ne peut*, etc.

2. Les deux derniers mots sont rajoutés.

3. Premier état: *ou la jouissance de cette terre a des conditions convenables ou du moins l'habitation et les droits régaliens sans la jouissance des revenus*, puis à la suite: *je le supplie*, etc.

4. Premier état: *je le supplie.*

5. Premier état: *de la prudence et des bons offices de Mylord tirconnel.*

6. Premier état: *il jugera.*

7. Une copie de ce 'pouvoir', envoyée par Tyrconnell à son ministre, se trouve conservée dans les archives diplomatiques (MAE, *Prusse*, vol.165, f.235). On y lit, au début de la seconde phrase: 'et s'ils ne peuvent', et le mot 'conjointement' a été ajouté au tout début du texte après l'expression 'bons offices'.

40

Le comte de Tyrconnell au marquis de Puysieulx

[Berlin, le 25 mai 1751]

[...] Je tiens Monsieur un Pouvoir de la comtesse de Bentinck[1] qui vient de m'arriver par M. de voltaire ou elle donne plein pouvoir a M. de Podevelz et a moy de statuer pour elle [...].[2]

MAE, *Prusse*, vol.165, f.222. Original, signature autographe.

1. Voir le texte précédent.

2. Suit un résumé de la procuration.

41

La comtesse d'Aldenburg à la comtesse de Bentinck

[Varel, le 11 juin 1751]

[...] Voila un emple sujet[1] d'exercer la veine poétique a votre ami Voltaire, je voudrez qu'il seut toutes les reflections que ce tris evenem. m'a f. faire [*sic*] [...].

RAG 404. Holographe.

1. Le château de Varel venait d'être dévasté par un incendie. Cette nouvelle commande poétique (voir *Texte* 36) ne fut vraisemblablement pas exécutée.

42

La princesse Elisabeth d'Anhalt-Zerbst à la comtesse de Bentinck

Zerbst, 19 juin 1751

[...] Je suis mortifiée que vous ne veuïllés pas prononcer a l'égards de cette deptes que je dois.[1] Vous coñoissés pourtens bien qu'il vous convient de drois [*sic*]. S'avés vous charmente Comtesse que le même don, donts j'ai êtée hoñorée, c'est égallement fait a la Cour de Gotha, et, de l'aveu de l'Auteur dans sa lettre à cette Duchesse, à la Princesse Electorale de Saxe? [...].[2]

RAG 336. Holographe.

1. Voir *Textes* 36 et 37.
2. Cf. D4474.

43

Le baron d'Arnim à la comtesse de Bentinck

Berlin, ce 21 juin 1751

[...] J'ai fait nettoyer la chambre de mon Jardin pour être avec toute ma maison aux Ordres et à la disposition de Mr. de Voltaire.[1] Je souhaiterois de tout mon cœur de pouvoir par une heureuse métamorphose repandre les agremens d'un Sans Soucis ou d'un Versailles sur mon Pottager, en faveur d'un homme, qui en s'élevant par son esprit et par ses rares talens aux premiers des mortels, ne meriteroit que trop la possession des Palais enchantés qu'ils occupent: jugez quel doit etre mon desespoir après cette conviction et après ces voeux que je fais, d'etre obligé de loger ce grand homme presqu'en Diogene [...].

RAG 127. Holographe.

1. On peut rapprocher ce texte de D4463, où Voltaire demande au roi, en mai ou en juin 1751, de lui laisser encore quelque temps son appartement à Berlin. Il ne semble pas que l'arrangement auquel se prêtait d'Arnim eut lieu.

44

Le baron d'Arnim à la comtesse de Bentinck

A Boitzenburg pres de Tempin [30 juin 1751]

[...] Plus que je songe aux Etres de ma maison et sur tout au desordre qui regne dans mon Jardin; moins je les trouve dignes pour servir de retraite au Virgil de

notre August. Si cependant vous auriez la grace de l'y trouver, je ne doute pas, que votre presence en feroit un Pays de Cocagne, et que ma pauvre Cabane Lui paroitroit préferable aux Sans Soucis et aux Versailles; je me flatte d'ailleurs que l'aimable Donop,[1] qui trouve ici les assurances de mes tres humbles respects, sera trop de mes Amis, pour ne point faire les honneurs de ma maison et ordonner tout ce qui pourra contribuer à la commodité et satisfaction de son grand Ami Voltaire [...].
ce 30e de Juin 1751

RAG 127. Holographe.

1. L'intendante et dame de compagnie de la comtesse.

45

Le comte de Rothenburg à la comtesse de Bentinck

[Potsdam, 27 juillet 1751]

[...] En attendant que vous reveniez de ce petit voïage la,[1] je ne manquerai pas de plaider de mon mieux votre cause vis à vis de Mr. de la Meterie. Comme il est d'un caractere assez souple, il pourra encore avec le tens se raccommoder avec Haller et Lieberkuhn.[2] [...] La seconde nouvelle est très flatteuse pour Mr. de Voltaire. Il se met à vos piés, Madame, et il me charge de vous dire combien il est sensible à l'honneur de votre souvenir. Il me semble que j'aurois été dans le même cas que vous, Madame, si par hazard je m'eusse trouvé dans cette maison des Bienheureux [...].[3]
à Potsdam
ce 27 de Juill. 1751.

RAG 258. Holographe.

1. Ce voyage projeté n'eut pas lieu. Cf. *D4571*.
2. Sur les démêlés de La Mettrie avec Haller, voir les *Textes* 13 et 15. Sur Lieberkühn, voir la note 2 du texte 1. La rivalité de La Mettrie et de Lieberkühn était publique. Voir D4519.
3. Allusion mystérieuse. Peut-être a-t-elle quelque rapport avec le projet dont il est question dans les *Textes* 43 et 44.

46

Le comte de Rothenburg à la comtesse de Bentinck

[Potsdam, 31 juillet 1751]

[...] Votre correspondant vous a deja fait part d'un certain nouveau phenomene littéraire, qui paroit, à ce qu'on dit, en manuscript sur l'Horizon de Paris. Ce sont des anecdotes de la cour du Roi de Prusse, qu'on attribue à Mr le Marquis d'Argens, et où Mr de Voltaire doit être fort mal traité.[1] Si la nouvelle de cette piece l'a deja frappé, on peut pretendre avec raison, que quelque philosophe qu'il soit, il ne laissera pas d'être encore plus estomaché quand il la verra [...].

à Potsdam
ce 31 juill. 1751

RAG 258. Holographe.

1. L'ouvrage, attesté mais inconnu, était de Chevrier. Le *Journal de la librairie* tenu par d'Hémery mentionne ces *Anecdotes* à la date du 15 juillet 1751 et les attribue alors à d'Arnaud (BN, F 22156, f.88). Le marquis d'Argens, nommé au titre, les désavoua publiquement, le même jour, dans les *Annonces, affiches et avis divers* (Paris). Chevrier consentit alors à s'en déclarer l'auteur, et renonça à les publier. On peut lire un compte rendu très minutieux de l'affaire au tome iv du *Papillon ou lettres parisiennes* du chevalier de Mouhy (La Haye 1751, pp.77 et 121-28). Voir aussi d'Argens, *Histoire de l'esprit humain* (Berlin 1765-1768, xii.373).

47

La comtesse d'Aldenburg à la comtesse de Bentinck

[Varel, fin juillet 1751]

[...] Mon griffonage pourois bien vous ennuier mon enfend. Voltaire reparera cet ennui; apropo une Jacette [*sic*] a debité a Francfort qu'il estoit en disgrace a encheme [?]. Quel plaisir prenton de calomnier ce pauvre homme?[1]

RAG 404. Holographe.

1. Je n'ai pu retrouver cette 'Jacette', ni deviner l'occasion ou l'origine de cette fausse nouvelle.

48

Le baron d'Arnim à la comtesse de Bentinck

[Boitzenburg, le 16 août 1751]

[...] L'orage qui va se former sur l'horizon des beaux esprits de Berlin, par l'arrivée du Marquis d'Argens, me fait bien de la peine; si la nuée creve je crains que les suittes n'en soient funestes au Brandebourg, et que Mr de Voltaire ne cedat à son Rival le Marquisat et son Post tout à la fois. Il me semble, que ces Messieurs feroient beaucoup mieux, en faisant leur paix, de mettre en pratique les vertus morales, qu'ils ont étalés si pompeusement en vers et en Prose, de continuer ensuite à fraix communs d'enrichir le Public des productions de leurs Talens superieurs; et de travailler sur tout à l'envie, a contribuer au delassement et aux Plaisirs du grand Monarque qui les protege en se mocquant au rest des envieux et des jaloux [...].[1]

RAG 127. Holographe.

1. C'est fort bien dit, mais on sait que 'le grand Monarque' trouvait aussi quelque plaisir à exciter les envies et les jalousies. Citons par exemple, à propos justement de ce retour du marquis d'Argens, ses confidences émoustillées à sa sœur Wilhelmine: 'D'Argens est de retour de France, il a eu une prise avec Voltaire, mais c'était le roitelet qui se jouait avec l'aigle: vous jugez bien qui l'a emporté' (*Pol. Cor.*, viii.481).

49

La comtesse d'Aldenburg à la comtesse de Bentinck

Varel, le 24 août 1751

[...] Vous allé passer vôtre temps à gogo, le C. de R.[1] et Wo.[2] et puis le militaire,[3] voilà tous vos foibles a la foi [...].

RAG 404. Holographe.

1. Le comte de Rothenburg.
2. Voltaire s'installa à Berlin pendant la tournée militaire de Silésie (25 août-16 septembre).
3. La comtesse avait formé le projet d'aller assister aux manœuvres de l'un des 'camps d'été'.

50

Le comte de Rothenburg à la comtesse de Bentinck

à Potsdam ce 29 de Sept. 1751

Dans l'instant que je reçois votre charmante lettre d'hier, Madame, je me souviens de ne pas encore avoir repondu à votre precedente. Je ne sais à quoi attribuer cette negligence de m'acquitter si mal de mon devoir. Il faut que ma timidité me cause cette distraction. Vous êtes, Madame, en correspondence avec le Poëte de nos jours. Vous êtes accoutumés l'un et l'autre à vous dire les plus jolies choses du monde. Rien ne vous coute. Ce sont des saillies, des pointes, des antitheses, qui caracterisent vos écrits. J'espere même de recevoir encore un de ces jours une lettre en vers de votre part, Madame, et pourquoi non? Le langage des Muses vous est aussi familier en François qu'en Allemand. Ne faites pas un scrupule, de nous avouer, que c'est votre elegante plume, qui a fait parler françois un certain grand poëte de notre païs;[1] et l'echantillon de poësie allemande, dont vous m'avez fait part il y a quelques jours,[2] ne seroit-il point sorti de votre fertile veine? Comme vous voulez decliner toute éloge à cet égard, vous m'avez caché le nom de l'auteur. Je voudrois cependant parier, que si la piece en question n'est pas traduite du françois, elle ne peut avoir pour auteur que vous, Madame, ou Gellers. Veritablement elle est digne d'un François. Ne me croïez pas moins bon compatriote allemand pour cette expression. Si les François sont vis à vis des autres nations ce que les grecs étoient à l'égard des

Romains, ils auront toujours droit d'ainesse sur le Parnasse; et alors ce n'est pas louer peu quelcun, que de le faire en le comparant avec un François [...][3]

RAG 258. Holographe.

1. Haller, presque certainement. Cf. D4621 et D4631.
2. Il n'y a pas trace de cette pièce.
3. Rivale de Gellert, correspondante et amie de Voltaire, traductrice de Haller: ce texte définit parfaitement la double appartenance de la comtesse de Bentinck aux cultures allemande et française, et sa vocation de conciliatrice dans les tensions alors naissantes – et c'est pourquoi j'ai cru intéressant d'en prolonger la citation au-delà de la référence à Voltaire.

51

Le comte de Tyrconnell au marquis de Saint-Contest

[Berlin, 11 décembre 1751]

[...] L'on travaille actuellement a imprimer l'histoire du siecle de louis 14 par M. de Voltaire qui a payé toute l'édition à l'imprimeur, et la doit retirer toute entiere sans permettre qu'il en soit vendu.[1]

[...] PS. Je prends la liberté Monsieur de joindre icy une lettre que M. de Voltaire m'a prié de faire passer à Mad^e^ la marq^e^ de Pompadour.[2]

MAE, *Prusse*, vol.166, ff.391 et 395.

1. Cette note est extraite d'un 'Etat des livres imprimés à Berlin depuis l'année 1750' (ff.391-92), qui fut envoyé au ministre avec la dépêche du 11 décembre. A la demande de Malesherbes, les services diplomatiques avaient reçu instruction de procurer au *Journal des savants* la matière d'une rubrique d'actualités littéraires étendue à toute l'Europe.
2. Lettre perdue. Sans doute se rapportait-elle à une demande de permission pour le *Siècle* (voir D4601, D4604 et D4642). Cf. dans D4779 la citation d'une lettre de Mme de Pompadour qui pourrait être la réponse à cette lettre disparue.

52

Mémoire à M. de Saint-Contest sur les affaires de Mme de Bentinck

L'attribution de ce mémoire à Voltaire peut être fondée sur les indices suivants:
1. le recoupement avec deux lettres à la comtesse (*RhlF* 76 (1976), pp.71-72 et 74), où Voltaire conçoit l'idée d'un 'petit mémoire' à adresser à Saint-Contest: le premier billet, à la fin de septembre, en lance le projet; le second, du 4 novembre, en remet l'exécution au prochain retour du roi à Berlin – et ce mémoire est daté du 20 décembre: la cour avait quitté Potsdam le 5;
2. le fait que Voltaire avait personnellement pris en main les démarches de la comtesse auprès du ministère français, en rédigeant le 'pouvoir' du 25 mai 1751 et en le transmettant lui-même à Tyrconnell (voir *Textes* 35 et 36), puis en fournissant le modèle de la première lettre à Saint-Contest (*RhlF* 76 (1976)

pp.71-72); en décembre, il se sentait responsable de l'issue de ces démarches: 'elle aurait des reproches éternels à me faire,' écrit-il dans D4630 en songeant à un échec possible;
3. le recoupement avec D4630 justement, lettre avec laquelle Voltaire envoyait à d'Argental un 'petit mémoire' pour le marquis de Saint-Contest, sans s'en avouer tout à fait l'auteur, il est vrai, mais avec des expressions qui équivalent à peu près à l'aveu: '*Je demande* simplement que M. de s^t^ Contest écrive à mylord Tirconel une lettre un peu pressante' – et c'est précisément l'objet de la pièce que l'on va lire.

A ces indices peuvent s'ajouter encore les présomptions d'ordre stylistique qu'apporterait l'étude interne d'un texte aussi dense, aussi calculé, aussi *littérairement* efficace.

Ajoutons que *D4324* pourrait se rapporter à la genèse de ce mémoire: voir la discussion de ce numéro dans la deuxième partie.

[20 décembre 1751]

Monsieur le marquis de Saint-Contest est assez informé que M. le comte de Bentinck est un des hommes de l'Europe qui a le plus vivement agi contre la France, et peut-être le moins décemment.[1]

La comtesse sa femme, fille du comte d'Aldenburg et d'une princesse de Hesse, petite fille d'une de La Trémoille,[2] a été bien loin de partager les sentiments de son mari, et elle espère que Sa Majesté le Roi de France daignera lui accorder sa protection, moins en faveur de son zèle[3] que des malheurs qu'elle essuie.

Le comte de Bentinck, exclu par son contrat de mariage de toute communauté de biens, et, après une longue séparation juridique de corps et de biens, ne s'étant pas contenté des dons immenses que la comtesse d'Aldenburg lui avait faits, a voulu en dernier lieu lui ravir tout ce qui lui reste de l'héritage de sa famille dans l'Empire et en Ostfrise.

Condamné au Conseil Aulique, qui a conjointement avec les princes du Cercle[4] annulé et cassé toutes les démarches violentes de la cour de Danemark contre elle,[5] le comte de Bentinck a été à Vienne,[6] et profitant de l'entremise de l'Angleterre et du prince Stathouder, et des conjonctures dans lesquelles il pouvait être utile à la cour impériale,[7] il obtint aisément, et sans aucune forme de procès, par un simple ordre du cabinet, une autre sentence.[8] Il n'a pas eu de peine à faire entrer la cour de Danemark dans toutes ses vues. Enfin, il arracha une commission impériale pour saisir toutes les terres souveraines de sa femme.[9] On ajoute à cette injustice peu commune le procédé inouï d'adresser au roi de Danemark la commission et de l'en rendre exécuteur dans la Westphalie, au milieu de l'Ostfrise, dans une Principauté du roi de Prusse et dans le Cercle même dont ce monarque est le directeur.[10]

Le roi de Prusse, frappé de l'iniquité de la sentence de Vienne et de l'infraction aux droits de l'Empire et de la capitulation de l'Empereur, daigne prendre en main la cause d'une comtesse de l'Empire persécutée. Il envoie une sauvegarde de ses troupes dans les terres saisies en Ostfrise,[11] et en cela, il ne fait que soutenir les prérogatives incontestables d'un directeur du Cercle.

La cour de Danemark, séduite par le comte de Bentinck, s'est aveuglée jusqu'à se plaindre de ce procédé aussi noble que légitime du roi de Prusse.[12]

Mais on a fait plus. On a engagé sous main le ministère danois à faire entendre que cette équité du roi de Prusse serait une source de rupture. Le comte de Bentinck est parvenu à faire penser d'abord à quelques ministres que ce léger incident causerait de grands troubles dans le Nord et qu'il fallait que le roi de Prusse retirât sa protection et laissât paisiblement chasser une femme qu'il protège de la maison de ses ancêtres.

Le ministère de France est trop éclairé pour ne pas sentir l'illusion de ces craintes chimériques. Il sait bien que personne ne déclarera la guerre au roi de Prusse pour avoir rempli les devoirs d'un Electeur et protégé chez lui ceux qu'on opprime.

Monsieur le marquis de Saint-Contest voit clairement de quel indigne prétexte on s'est servi, non seulement pour tâcher d'engager le roi de Prusse dans une démarche si contraire à sa bonté et à sa grandeur, mais encore pour porter le ministère de France à ménager une telle démarche.[13]

Toutes les illusions des prétendues menaces du Danemark et des divisions qu'on affectait de craindre ont été dissipées,[14] et il est bien certain que les bontés du roi de Prusse, secondées du puissant appui du roi de France, seront respectées de tout le monde.

Aujourd'hui donc que les intrigues du comte de Bentinck sont reconnues, que les craintes qu'il avait semées d'une rupture dans le Nord se sont évanouies, et qu'il ne reste que la honte d'avoir donné du poids à ces chimères, la comtesse de Bentinck a recours avec plus de confiance que jamais à la puissante protection de Sa Majesté.

Il suffirait d'un mot à son envoyé à Berlin. Elle a remis tous ses droits entre les mains de ce ministre, sous le bon plaisir du roi de Prusse.[15] Elle se flatte qu'elle n'aura pas lieu de s'en repentir et que l'on n'exigera jamais d'elle de renoncer à la maison paternelle, à sa famille, à ses habitudes, à toute la douceur de sa vie, à des terres immédiates et souveraines, pour une misérable pension incertaine et avilissante.[16]

Elle ne demande qu'à payer toutes les dettes de sa maison, qu'elle n'a jamais faites ni augmentées, en rendant à sa mère son douaire que l'on lui a cruellement enlevé, et que[17] l'on laisse gémir à l'âge de soixante-quinze ans dans une espèce de nécessité par les manoeuvres du comte de Bentinck. Elle ne désire, en conservant son patrimoine que l'on veut lui ravir, que de libérer ses terres de toutes les dettes, et d'établir par là la fortune de ses enfants, en défendant courageusement et leurs droits et les siens contre l'oppression et l'injustice. Il est certain que si monsieur le marquis de Saint-Contest favorise cet arrangement et daigne le témoigner au ministre de France à Berlin, ceux du roi de Prusse l'autoriseront et ceux du Danemark y souscriront immanquablement.

Elle supplie instamment monsieur le marquis de Saint-Contest de faire attention qu'on n'oppose jamais dans cette affaire que des craintes chimériques. On dit que quand madame de Bentinck sera dans la tranquille possession de ses terres, elle ne paiera point ses créanciers; et elle répond que c'est au contraire le comte de Bentinck qui prétend qu'elle lui cède tout ce qu'elle possède, sans qu'il s'offre à la moindre sûreté que sa simple parole et la garantie danoise, par rapport au paiement du douaire, de tous les créanciers et à la prétendue pension de sa femme elle-même. Et elle ajoute: 'Je consens à perdre toutes mes terres sur-le-champ quand j'aurai manqué à payer un quartier. Je me suis lié les mains par tout ce que les humains connaissent de plus sûr et de plus sacré. Ce ne sont point des paroles vagues: je me suis mise moi-même dans l'impossibilité de contracter de nouvelles dettes, et si je diffère un moment à acquitter les anciennes, je demande qu'alors les directeurs du Cercle et le roi de Prusse lui-même (appuyé, s'il le veut, du roi de Danemark) saisisse les terres qu'il m'a conservées avec tant de justice et de générosité'.[18]

Enfin la comtesse de Bentinck espère que sa résignation, ses sacrifices, sa bonne foi mériteront les bontés du ministère de France, de qui elle attend le repos de sa vie. Elle se croira trop heureuse d'être dans le nombre des étrangers infortunés que la France a protégés, si l'on peut se nommer du nom d'étrangère lorsqu'on porte comme elle un coeur tout français.[19]

RAG 502. Copie de la main d'un secrétaire allemand de la comtesse de Bentinck. Graphies fautives et incohérentes: le texte est ici modernisé. Le manuscrit porte seulement le titre de 'Mémoire'; il porte, *in fine*, la date 'A Berlin, le 20 décembre 1751' et la signature 'Charlotte-Sophie comtesse de Bentinck née d'Aldenburg'.

1. Le comte de Bentinck était considéré depuis toujours à Versailles comme 'le sectateur le plus forcené' des intérêts anglais dans le gouvernement hollandais (MAE, *Hollande*, vol.445, f.303) – la France soutenant le parti républicain contre celui des Stathouders.

2. La princesse Charlotte-Amélie (1680-1732), cousine germaine de la reine Charlotte-Amélie de Danemark.

3. Faut-il comprendre que la comtesse de Bentinck avait rendu quelques services à la diplomatie française du temps de son mariage?

4. Le Cercle de Westphalie, dont le roi de Prusse était le directeur.

5. Un arrêt de la Cour Aulique avait cassé, le 18 mars 1748, un séquestre que le roi de Danemark avait établi sur la terre de Varel au début de la même année (*Schaer*, p.85).

6. Il y resta de septembre 1749 à août 1750, essentiellement pour négocier le renouvellement du 'traité des barrières' de 1716, c'est-à-dire des subsides autrichiens pour l'armement des places frontières. Les notes diplomatiques du comte de Bentinck au cours de ce séjour à Vienne ont été publiées par Adolf Beer, *Aufzeichnungen des Grafen William Bentinck über Maria Theresa* (Vienne 1871).

7. Il devait, par son influence en Allemagne, faciliter l'élection d'un Roi des Romains.

8. Un arrêt contradictoire de la Cour Aulique étendit en effet la commission danoise de régie et de contrôle à toutes les terres de la maison d'Aldenburg (juillet 1750).

9. Rescrit impérial du 17 août 1750, sanctionnant l'arrêt précédent et confiant au Danemark l'autorité de l'exécution.

10. Le 'on' vise dans ce passage, comme dans d'autres plus loin, la cour de Vienne.

11. Un détachement prussien s'installa sur la terre principale de Kniphausen en septembre 1750 (*Pol. Cor.*, viii.70).

12. 'Plainte' portée à Vienne, naturellement, mais aussi à Versailles, la France et le Danemark étant unis par un traité d'alliance.

13. Le ministère français exerça en effet des pressions sur la cour de Berlin, en particulier au printemps de 1751. Alliée séparément aux deux cours, la France eut à user de sa médiation, à la demande de la Prusse.

14. C'est du moins par les voies de la négociation que le différend se traitait depuis le mois de mai, après une période de tension assez vive où Prusse et Danemark avaient presque parlé de casus belli.

15. 'Entre les mains' de Podewils aussi: voir *Texte* 35.

16. Allusion à un plan danois de cession complète des terres contre une rente viagère. La comtesse de Bentinck s'y opposait depuis plusieurs mois.

17. *Sic* L'incorrection paraît due à un remaniement.

18. Citation d'un mémoire daté du 25 mai 1751, remis par la comtesse à milord Tyrconnell (MAE, *Prusse*, vol.165, f.239).

19. Je n'ai pas trouvé trace de ce mémoire au MAE. Il fut pourtant remis par d'Argental: voir D4787.

53

Le baron d'Arnim à la comtesse de Bentinck

[Berlin, le 31 janvier 1752]

[...] Si Mr de V. a l'honneur de vous voir aujourdhui, je ne doute pas que vous ne repreniez à tâche de mettre son esprit en repos, sur des mauvais bruits, qu'ils courent [*sic*] en ville à ce qu'il pretend, et dont il paroit être fort allarmé.[1] Ce grand homme ne se souviendroit il pas que les heresies et les mechans bruits ont eu toujours cela de commun entre eux, qu'un mepris souverain les a fait tomber incessamment, au lieu que les recherches et les Persécutions (toutes fausses[2] qu'elles fussent) les à rendû souvent redoutables. Ne cessera t on au rest jamais de voir dans nos Pays d'assez mauvais sujets, qui en faisant le possible pour priver le Roy de ses Amis et des douceurs de sa vie, osent attenter dans un sens, aux jours precieux, du plus grand et du plus aimable des Maitres, et dont le regne n'est imparfait que pour n'etre point eternel.[3]

d'A

ce 31 Janv. 1752

RAG 127. Holographe.

1. Cf. D4778, à Frédéric II, fin janvier 1752: 'Comme on a mandé à Paris que j'étois dans votre disgrâce, j'ose vous supplier très instamment de daigner me dire si je vous ay déplu en quelque chose'.
2. Premier jet: *toutes mauvaises*.
3. Toute cette fin est évidemment marquée par la crainte du cabinet noir. Cf. la fin du *Texte* 48.

54

La comtesse de Bentinck au comte Wilhelm de Schaumburg-Lippe

Berlin le 5 Fevrier 1752

[...] Sachez au plus vite mon cher Comte la nouvelle du jour. La Baumele triomphe de touts ses Ennemis.[1] La Catin et son mary sont banis des Estats du Roy. L'homme qui a foy a la magie et au viol, a eu une terrible reprimande, et est en guerre avec celuy que vous n'aimez pas, et qui ressemble a feu mon pere. Personne ne veut estre apresent le complice de la vilaine affaire. Les comendents la rejettent sur un certain quidam françois, faiseur de vaudevilles.[2] Le quidam sur un ministre publiq qui est malade.[3] Le ministre publiq sur sa femme. La femme sur le plus grand Poete de l'Europe[4] qui est honneste homme et innocent[5] et celuy cy sur un certain cuistre, que vous avez entendu lire d'un ton de fausset l'eloge d'un faquin canonisé par plus que le pape [...].[6]

Niedersächsisches Staatsarchiv in Bückeburg, F A XXXV, 18. 93. Holographe.

1. La Beaumelle avait été arrêté le 27 janvier, sur la dénonciation d'un nommé Cocchius, qui l'avait surpris en situation galante avec sa femme, et qui l'accusait de viol. Il avait été assigné à résidence à Spandau. L'enquête, conclue le 5 février, aboutit à sa libération. Sur cette aventure, voir Claude Lauriol, *La Beaumelle*, pp.277-80. Le comte de Schaumburg-Lippe, qui avait quitté Berlin vers le 30 janvier, n'avait pu suivre que les premiers développements de l'affaire.

2. Je n'ai pu percer ces énigmes. 'L'homme qui a foy a la magie et au viol' est peut-être le comte de Hacke, commandant de Berlin, qui avait signé l'ordre d'arrestation.

3. Milord Tyrconnell.

4. D'après Claude Lauriol, p.279, La Beaumelle crut en effet 'qu'il avait été victime d'un traquenard tendu par Voltaire'.

5. Ces six derniers mots sont rajoutés.

6. Le 'cuistre' est Darget, qui avait lu, dans la séance académique du 19 janvier, l'*Eloge de La Mettrie* composé par Frédéric II.

55

La princesse Elisabeth d'Anhalt-Zerbst à la comtesse de Bentinck

Zerbst, 8 février 1752

[...] P. S. Je dois à Mr de Voltaire, je crois que quelque belle Tabatiere feroit l'affaire, j'ecris aujourd'hui a Gotshafsky pour qu'il vous en presentes d'or, vous pouvés aler jusqu'a cent ducats, s'y vous croÿés que le prix soit trop mediocre outre passée jusqu'à 3 cent écus et quand ce seroit quelque chose de plus [...].[1]

RAG 336, Holographe.

1. Cf. les *Textes* 36 et 42.

56

Le baron d'Arnim à la comtesse de Bentinck

à Berlin ce 19 Fevr 1752

Il falloit madame, que je fusse bien présomptueux, si je me flattois de fixer sur mon Papier votre attention et vos yeux, en un temps ou il seroit presqu'impossible d'en avoir pour tout autre Objet, que pour cette aimable Princesse, qui fait le bonheur de sa Cour et l'admiration de tous ceux qui ont du Ciel [*sic*] le talent de voir, d'approfondir, et d'admirer.[1] [...] L'on se dit à l'oreille,[2] que Mr de V. s'ennuye de sa Clef de Chambellan (apparemment depuis que La Bom.[3] a refusé d'y porter respect) et qu'il aspire à quelque Dignité plus eminente; mais les avis sont partagés s'il en veut à quelque Charge distinguée de la Cour Prussienne; ou si depuis l'envoi de l'Abbé Bernis a Venise,[4] il pourroit pretendre à la Succession apparente de Mylord Tirconnel.[5] Je laisse à vous Madame à juger du dégrés de vraisemblance de ma nouvelle, mais il est certain qu'elle courre. Il se pourroit bien, que le meme homme, si souvent en but à la plus noire Calomnie, sert de nouriture aux spéculations oiseuses dans le cas présent; et[6] s'il y a du vrai, il me paroit qu'il auroit tort, de croire que le nom et la réputation de V. pourroit emprunter du relief de tel titre et honneur que ce soit.[7] Il m'a fait dire au rest qu'il se portoit bien, et qu'il se rendroit infailliblement aujourd'hui à Potsdam.[8] [...].

RAG 127. Holographe.

1. Il s'agit de la princesse Elisabeth d'Anhalt-Zerbst. La comtesse de Bentinck avait quitté Berlin pour Zerbst le 17 février.
2. C'est la première des nouvelles mandées par d'Arnim.
3. La Beaumelle, qui se trouvait à Berlin depuis le début de novembre 1751. L'allusion vise précisément la dispute autour du célèbre passage de *Mes Pensées* sur les 'bouffons' du roi de Prusse.
4. Bernis avait été nommé ambassadeur à Venise le 31 octobre 1751.
5. Tyrconnell était condamné par les médecins (il mourut le 12 mars). Dès novembre 1751, Frédéric II s'était préoccupé de son remplacement (*Pol. Cor.*, viii.547).
6. D'Arnim a d'abord écrit *mais*.
7. Tout cela n'est au mieux qu'une fable débitée par les oisifs de Berlin. Mais d'Arnim a peut-être raison de parler de 'calomnie': Voltaire venait justement d'en parer une à propos de la diffusion du *Siècle* (voir D4781).
8. Il n'y retourna que le 26. Voir les *Textes* 61 et 62.

57

Hochstatter à la comtesse de Bentinck

à Berlin, le 19 febr. 1752

N'aiant rien tant à cœur, que d'exécuter les ordres de Votre Excellence punct^ment^, et de lui donner en toute occasion des preuves de mon obeissance, je com̄ence celle-ci de la façon, qu'elle a bien voulu me prescrire.[1] Heureux, si jamais je pouvois imiter en quelque façon le Modele gracieux, que j'ai eu l'honneur de recevoir de Potsdam.[2]

Je me suis acquitté de mon mieux des Com̄issions, dont il a plû à Votre Excellence de me charger.

Mr de Voltaire se portoit hier tant soit peu plus mal, ce qui a retardé son depart. Aujourd'hui il est encore incom̄odé, mais pourtant mieux qu'hier [...].[3]

RAG 136. Holographe.

1. C'est-à-dire sans cérémonie.
2. La comtesse avait passé par Potsdam en se rendant à Zerbst.
3. Suivent des articles sur d'autres familiers. Il est clair, par le rapprochement des lettres de Hochstatter et du baron d'Arnim, qui vont deux par deux aux mêmes dates, que la comtesse entendait toujours gouverner de Zerbst son petit monde. Le retard de Voltaire à regagner Potsdam l'inquiétait: voir le texte suivant.

58

La comtesse de Bentinck à[1]

Zerbst le 21 Fev 1752

[...] Je voudrois que Mr de Voltaire pust se persuader que l'air de Potsdam est souverain pour le mal qu'il a: ce seroit le moyen de le guerrir radicalement que de luy faire faire, en depit de luy meme, tout ce qui est raisonnable.[2] Pour moy je m'attends a le trouver encore a Berlin a mon retour [...].

Fitzwilliam Museum (Cambridge), 'Clarke Papers'. Brouillon holographe, texte inachevé.

1. Le destinataire, l'un des familiers de la comtesse à Berlin, est inconnu.
2. Voltaire se faisait prier depuis plusieurs semaines pour regagner Potsdam où le roi était rentré le 26 janvier: voir D4282, D4286, D4293, D4298, D4805 et D4807. Son 'mal', pense la comtesse, n'est que fâcherie et malentendu, mais il risque de s'aggraver en disgrâce véritable avec le temps.

59

Le baron d'Arnim à la comtesse de Bentinck

[Berlin, le 22 février 1752]

[...] Au moment même que Mr V. crut de partir d'ici, pour se rendre à Potsdam il s'est senti accablé de nouveau, au point d'avoir été obligé de differer son depart, de rester à Berlin et de garder la Chambre. On espere cependant, que l'Accident n'aura point de suites facheuses [...].

RAG 127. Holographe.

60

Hochstatter à la comtesse de Bentinck

à Berlin le 22 fevr. 1752

Nous vivons toujours ici dans une profonde tranquillité et il n'y a point de nouvelle digne de l'attention de Votre Excellence.

Mr de Voltaire se trouve toujours tant soit peu malade, de sorte qu'il ne partira pas encore pour Potsdam [...].

RAG 136. Holographe.

61

Le baron d'Arnim à la comtesse de Bentinck

[Berlin] ce 29 Febr. 1752

[...] Mais le moyen de vous mander des Nouvelles, au moins dignes de votre attention, dans un temps de stérilité presqu'absolue en fait d'Evenemens interressans? Persuadé, Madame, que celui de la santé de vos Amis, conserve toujours son Rang et sa valeur auprez de vous, j'ai l'honneur de vous dire que celle de Mr de Voltaire s'est rétablie au point, qu'il est parti pour Potsdam samedi passé.[1] Les souhaits du Roy, ont été trop pressans, et son amitié trop tendre, pour ne se point mettre en chemin, malgré les Esculapes et le petit état de sa santé [...].

RAG 127. Holographe.

1. Le 26.

62

Hochstatter à la comtesse de Bentinck

à Berlin le 29 fevr. 1752

[...] Monsieur de Voltaire aiant été entierement retabli de sa Maladie, partit samedi passé pour Potsdam [...].

RAG 136. Holographe.

63

Compliment composé et prononcé par M. le Kain à la clôture du Théâtre, le samedi 18 mars 1752[1]

[...] *Mahomet*, ouvrage unique dans un genre aussi grand que difficile, n'avoit fait que se montrer à vous.[2] Cette Piece dont la Lecture vous avoit devoilé l'art et le mérite, a été rendüe à votre impatience; et le Théatre en développant le Tableau pathétique qu'elle renferme en a, pour ainsi dire, animé la morale par une action terrible et vraiment Tragique [...] *Rome sauvée* enfin a mis sous vos yeux toute la grandeur et la Majesté des plus beaux temps de la République romaine. vous avez crû voir revivre et dans les Personages, et dans la maniere dont ils ont été rendus, l'Eloquence vive et touchante de *Ciceron*, la finesse et la grandeur d'ame de Cesar.[3] Vous avez surtout été frappés des ressources que l'auteur a trouvées dans un sujet non seulement assés ingrat par lui-même, mais encore heureusement traité, avant lui, par un homme célebre, qu'il a souvent appellé son Maitre, et dont le nom vivra à Jamais sur ce théatre. à l'exemple des Grecs nos Maitres et nos modeles qui encourageoient les *Sophocles* et les *Euripides* à s'exercer sur les mêmes objets, vous avez trouvé bon, M^rs^ qu'on cherchât à multiplier vos plaisirs; et que le même Poëte dont vous applaudissez l'*Oedipe* après celui du grand *Corneille*, Joignit cette nouvelle espéce de mérite à celui d'avoir traitté sur le théatre tant de sujets différens d'une maniére aussi différente que ces sujets même. La Postérité dont vous êtes l'image, qui souscrira sans reserve à vos critiques ainsi qu'à vos éloges, ne verra, comme vous, dans les beautés de *Rome Sauvée* que le fruit de l'émulation, ce germe des grandes choses, cette vertu des grandes ames qui ne dégénére en vice que dans les petites, ce sentiment que vous ne sçauriez désapprouver, puisque vos applaudissemens l'inspirent;[4] mais il en est un autre, Messrs, dont l'auteur est plus vivement pénétré, qui doit aussi vous toucher davantage, et dont je ne suis ici que le faible interprête [.] absent plutôt qu'éloigné de sa Patrie dont il augmente chés les Etrangers la réputation et la gloire, son coeur est encore au milieu de vous. quelque sensible qu'il soit à l'honneur de vos suffrages, il regrette encore plus ce plaisir si pur et si doux de les recueillir de la bouche de ses concitoyens. il voudroit partager jusqu'à ma reconnaissance même.[5] il sçait que c'est à ses bontés que je dois les votres, que le soin qu'il a pris de mes faibles talens a fermé vos yeux sur mes défauts. mon devoir, M^rs^, est de le sentir, de ne pas oublier que, si vous commencez par être indulgens, c'est pour devenir ensuite plus severes, et de chercher à suppléer, autant qu'il est en moi, par un travail sans relâche, à tout ce que la Nature m'a refusé.

BN, F 22157, *Journal de la librairie*, ff.46-47, copie très soignée, insérée dans l'article du 23 mars 1752. Ce texte a été recueilli dans les *Mémoires de Lekain* (Paris 1825, pp.1-6), mais il est resté complètement inexploité dans la tradition biographique.

1. C'est le titre du manuscrit. Selon l'usage, le 'compliment' commence par un résumé de la saison 1751-1752: c'en est ici la fin – il est question brièvement, entre *Mahomet* et *Rome sauvée*, d'un *Varron* du vicomte de Grave. L'intérêt du passage cité réside dans le fait que Voltaire en a manifestement inspiré les termes, à la fois pour la justification de sa concurrence ouverte avec Crébillon, et surtout pour le souhait déclaré du retour à Paris: 'je ne suis ici que [son] faible interprête'. Le compliment même, sa diffusion en copie, sa communication aux bureaux de la Librairie, entrent ainsi dans une stratégie d'intrigues et de pressions. C'est ce qu'atteste d'ailleurs un écho voisin du même *Journal de la librairie*: 'Voltaire qui s'ennuye extremement en prusse cherche un moyen honneste pour pouvoir decemm^t^ revenir dans sa patrie, il s'efforce pour cela de faire accroire au Roy de Prusse que sa santé est toujours languiss. et sollicite le duc de Richelieu de luy faire avoir une charge a la Cour de France[,] ce que ce Seigneur lui a promis [.] il en a [meme parlé] a mad^e^ la marquise et les comediens dans le [compliment] qu'ils feront a la cloture de leur theatre feront sentir finement au Public combien cet auteur desire son retour a Paris' (ff.39-40, 2 mars 1752, texte très fortement surchargé, et dont certaines ratures ne sont pas sans intérêt: '[la marquise] luy a dit [qu'elle] reverroit Voltaire avec plaisir'; 'Mad^e^ Denis qui travaille aussi de son coté pour le retour de son oncle').

2. *Mahomet*, créé le 9 août 1742, retiré après la troisième représentation, ne fut repris que le 30 septembre 1751.

3. Le rôle de Cicéron avait été tenu par La Noue, celui de César par Grandval.

4. Cette longue explication doit s'interpréter par rapport à la protection officielle accordée à Crébillon par Mme de Pompadour: cf.D4779, §2.

5. Le Kain, applaudi dans le rôle de Caton, venait d'avoir enfin ses 'lettres de réception' à la Comédie-Française – d'où cette première délégation dans le rite du compliment de clôture.

64

La princesse Elisabeth d'Anhalt-Zerbst à la comtesse de Bentinck[1]

[Zerbst, le 28 mars 1752]

[...] Je suis fort intriguée de la façon dont le public a étés mis en poscession du *Siecle de Louis quatorze*. j'attens les exemplaires que vous m'avez fait sauver impatiament, je n'ais pas assez d'orgeuil pour aspirer à celui que nous avons lûs ensembles,[2] je n'y ais que les droits que votre amitié pour moy me donneront, ils me sembles importens, c'est un point d'ambition flatteur, auquel je voudrois le devoir. j'espères que le mal de gorge de l'Illustre Auteur aura étés passager, je trouves le monde entier, sur tout les honnestes gens intéressés a la conservation d'une personne aussy utille et respectable même, par des sentimens qu'elle n'auroit pû ecrire s'y elle ne les avoits eus. [...] Je souhaites que cette nouvelle pottée de beaux Esprits amuse fort et n'enuyes jamais, j'ai mauvaise opinion de l'Abbé de Prade, je voudrois qu'il fut envoyés a la portes,[3] ou bien qu'il eût le sort, mais bien promtement de cet autre cochon qui c'est alés coucher avants Milord, d'avents qu'il eût eûs le malheur de sallir des reputations.[4] [...].

RAG 336. Holographe.

1. Cas typique de double destination. Le premier 'article' est à communiquer à Voltaire. L'anathème jeté sur l'abbé de Prades n'est que pour la comtesse: la comparaison des styles fait ressortir le caractère ostensible du premier passage.
2. La comtesse avait apporté à Zerbst un exemplaire corrigé à la main du *Siècle*. Rentrée à Berlin, elle avait pour mission de tâcher d'en procurer un semblable à la princesse, ou au moins de 'sauver' quelques exemplaires de la première édition que l'on disait devoir être entièrement retirée par l'auteur. Cf. deux lettres de la princesse dans *RhlF* 76 (1976), pp.74-75, et le *Texte* 51 ci-dessus.
3. L'abbé de Prades venait de fuir en Hollande. On s'attendait déjà à le voir accueilli à la cour de Potsdam.
4. C'est la mort impénitente des esprits forts qui est ici souhaitée à l'abbé de Prades. L''autre cochon' est La Mettrie (mort le 11 novembre 1751). 'Milord' est Tyrconnell, qui venait de mourir aussi, le 12 mars. La fin de la phrase est obscure, mais paraît faire allusion aux démêlés de La Mettrie avec Haller: voir le *Texte* 15.

65

La comtesse d'Aldenburg à la comtesse de Bentinck

Varel, le 25 d'avril 1752

[...] Le Siecle de Louis 14 est arrivé, je le gobe d'abord avec plaisir. Le peu que j'en ay Leu rapelle tant de choses en si peu de parolles que L'on n'est plus surpris que 2 si petit tomme fond un siecle entier. Je vous remercie ma chere grandement. J'enverés celuy a Madame Reb.[1] Elle a besoin de recreation, dans cette triste habitation [...].

RAG 395. Holographe.

1. Mme de Reventlau: voir le texte suivant.

66

La comtesse d'Aldenburg à la comtesse de Bentinck

Varel, 9 may 1752

[...] La lecture que vous m'avez envoiée et charmante. Des anectoctes curieuse. Gramerci encore ma chere fille. La Rebenklau[1] en dit que c'est un chedheuvre en son espece. Elle et si tenté de vous marquer Elle meme sa reconnoissence parfaite, si elle ne craignoit vous importuner [...].[2]

RAG 395. Holographe.

1. Reventlau était l'un des ministres principaux de la cour de Danemark.
2. Mme de Reventlau écrivit en effet, et la comtesse de Bentinck communiqua sa lettre de remerciement à Voltaire: voir *D4924*.

67

La princesse Elisabeth d'Anhalt-Zerbst à la comtesse de Bentinck

à Zerbst, le 10 de Juin 1752

[...] Je suis je vous l'avoüe étoñée du goû de Mr de Voltaire. Ce n'est pas que je doutes du merite de Mlle de Donêp,[1] mais c'est qu'il me semble qu'un Philosophe, qui a trouvé une fois ce qu'il lui faut, qui a bien aimé, qui a perdû son objet, ne peut plus se divertir.[2] Je crois au moins que s'y jamais j'avois eûe le malheur de m'attacher a un certains points, ce seroit la mon cas. Je vous vois rire. Voila ma belle comtesse, la pierre d'achoppement qui m'a garantie, je sens cela, et cette coñoissance me garantira toujours [...].[3]

RAG 336. Holographe.

1. Mademoiselle Donop, la dame de compagnie de la comtesse de Bentinck.
2. L'échange de lettres suivant devait éclaircir cette énigme sentimentale. La princesse avait évidemment pris au sérieux quelque avis mystérieux sur une prétendue passion de Voltaire pour Mlle Donop. L'occasion de cette plaisanterie a été expliquée dans le commentaire de *D4920*.
3. Cette fin est obscure, mais il est sûr que la galante princesse d'Anhalt-Zerbst ne pouvait prêcher la fidélité sans rire. Voir, par exemple, les *Mémoires du cardinal de Bernis*, publiés par Frédéric Masson (Paris 1878), ii.1-8.

68

Eusèbe de Chelli-Pagani[1] *à la comtesse de Bentinck*

[Berlin, 15 juin 1752]

Madame,

J'ai eu l'honneur d'aller chez vous, et j'ai Laissé à Mademoiselle de Donnep Le manuscrit, et La Lettre de l'Auteur de 'L'Essai sur les principes de La Politique prouvé par L'experience'. Il m'avoit chargé de vous dire, Madame, tout ce qu'il se peut dire pour exprimer Les plus vrais sentiments d'une tres-vive reconnoissence pour l'honneur que vôtre bonté veut bien Lui accorder se chargeant de L'envoier à M. de Voltaire et Lui joindre de faire à L'auteur la grace de Lui repondre deux mots comme Lui même Le prie dans sa Lettre[2] [...].

Berlin ce 15 juin 1752

RAG 398a. Holographe.

1. Le marquis Eusèbe de Chelli-Pagani était l'un des protégés de la comtesse. Il s'était réfugié à Berlin en 1751, après avoir enlevé de son couvent une religieuse italienne de la célèbre famille de Malaspina. Il fut lié avec Collini (qui l'avait aidé dans sa fuite), avec La Beaumelle, avec Gottsched, Bielfeld, etc.

2. Lettre perdue. Cf. *D4921*, où Voltaire écrit à la comtesse qu'il vient de recevoir le manuscrit et qu'il va 'répondre à l'autheur'. L'ouvrage de d'Hancarville fut imprimé sous un titre plus concis: *Essay de politique et de morale calculée* (Londres [Berlin] 1752).

69

La princesse Elisabeth d'Anhalt-Zerbst à la comtesse de Bentinck

Zerbst, 24 juin 1752

[...] En vêrité je me rends, oui ma chère Comtesse, j'y avois êtée trompée.[1] Moy qui ne comprends riens à l'expression de pation, j'avois crûe boñement que le peauvre Voltaire en avoit pris pour la jolie Donop, et j'en etois etoñée, sans pouvoir vous en dires d'autres raisons que ce soubçon que j'ai qu'un sentiment nés de l'estime, ne doit s'éteindres n'y se suborners jamais. Est-ce une Hérésie de coeur que le Dogme que je vous propose là? [...].

RAG 336. Holographe.

1. Voir le *Texte* 67.

70

La princesse Elisabeth d'Anhalt-Zerbst à la comtesse de Bentinck

Zerbst, 26 juin 1752

[...] Je suis mortifiée de l'état critique de la santé de M. de Voltaire,[1] je l'admires et je soupires de le voirs en sa position [...].

RAG 336. Holographe.

1. Voir *D4893*.

71

Le comte de Lynar à la comtesse de Bentinck

à Köstritz ce 26 de juin 1752

[...] Vous m'avez rendu un grand service en m'envoyant le Siecle de Louis XIV. Je l'ai lu et je le relis encore avec une satisfaction extrême.[1] Je croyois savoir l'histoire de ce regne par coeur, mais depuis que j'ai lu ce livre, je conçois, que je n'ai rien sû, tant il est vrai, que Mr de Voltaire a le talent singulier de repandre un jour tout nouveau sur les faits les plus coñus. Si ce grand hom̃e me coñoissoit, il reviendroit bien vite de l'idée avantageuse qu'il s'est formée de moi, et il y a aparence, que votre autorité, et l'hoñeur de vos suffrages en souffriroient un peu, à moins que Mr de Voltaire n'eut autant d'indulgence dans son caractère que d'élevation et de beauté dans son genie. Pour me coñoitre, on n'a qu'à demander Mr de la Baumelle[2] qui pretend, que j'ai à peine le sens com̃un, et qu'on n'a qu'à me voir trois minutes, pour me savoir par coeur.[3] Je ne sai par où j'ai merité sa disgrace; car je n'ai pas porté de lui un jugement aussi temeraire qu'un certain ministre, qu'il idolatre,[4] et qui m'a dit, que la Baumelle etoit un vin nouveau, qu'il faloit fouetter, pour le rendre buvable; aussi ne me suis je jamais emancipé à lui tenir des propos, tels que ceux du Comte Rantzau d'Ascheberg,[5] qui lui dit un jour, qu'en qualité de bel esprit il lui faloit deux choses, 1mo une pension de la cour et 2) des coups de baton, ajoutant que la pension étoit l'affaire du Roi, mais pour les coups de baton il s'en chargeroit; cependant il regarde le Cte Rantzau, com̃e son meilleur ami, et lui ecrit très souvent [...].[6]

RAG 467. Holographe.

1. Quelques semaines plus tard, il enverra à la comtesse une remarque de détail à transmettre à l'auteur: voir le texte 74.

2. La Beaumelle avait connu Lynar pendant son séjour à Copenhague, mais il n'avait apparemment pas su se concilier ses bonnes grâces. Voir Claude Lauriol, *La Beaumelle*, p.163, n.355.

3. Ceci, vraisemblablement, dans l'une des multiples éditions de *Mes pensées* que je n'ai pu retrouver.

4. Bernstorff, sans doute.
5. Autre ministre de la cour danoise.
6. J'ai cru devoir conserver cet article sur La Beaumelle, qui fut peut-être communiqué à Voltaire, au moins en substance, avec les compliments à son adresse. Cf. *D4978*, à la comtesse de Bentinck: 'La manière dont [il] s'est conduit à Copenhague'.

72

Le comte de Lynar à la comtesse de Bentinck

à Koestritz ce 20 Juillet 1752

[...] Vous doñez en verité une idée trop avantageuse de moy à Voltaire. Ce grand home, qui juge si sainement du genre humain en general, va être trompé par vous sur les individus. La piece ecrite à la main, que je recoñois pour être de sa façon, est merveilleuse. Je la renvoye ci-jointe sans en avoir tiré copie; pourvû que je l'aye, quand elle sera imprimée. Je vous rends mille graces très humbles de la bonté que vous avez eue de pourvoir à ma lecture [...].[1]

RAG 467. Holographe.

1. Je n'ai pu identifier la 'piece' en question. S'agirait-il du manuscrit que Voltaire avait remis à la comtesse, au début du mois, pour l'envoyer à König et le faire publier 'dans quelque journal de Hollande ou d'Allemagne' – vraisemblablement une relation des mauvais procédés du président de l'Académie de Berlin? Voir D4932. Mais on ne voit pas en quoi une telle pièce eût été 'merveilleuse'. On peut aussi songer au *Poème sur la religion naturelle*, mais à cette date il n'apparaît pas que Voltaire l'avait tout à fait terminé: voir D4995.

73

La princesse Elisabeth d'Anhalt-Zerbst à la comtesse de Bentinck

Zerbst, 26 juillet 1752

[...] Je suis ravie des Distinctions que l'on accordes à Mr de Voltaire,[1] tous ses envieux dussent ils en crever de rage. J'ai une grande opinion d'un genie aussy juste et aussy utille, je voudrois qu'il n'y eut en fait d'Histoires qu'un livre de tous les siecles coṁe celui de Louis Quatorze, nous verrions plus de princes justement instruits, et moins de mauvais principes [...].

RAG 336. Holographe.

1. Je ne sais ce que c'était que ces 'distinctions'.

74

Le comte de Lynar à la comtesse de Bentinck

à Koestritz ce 29 de Juillet 1752

[...] Vous me demandez de quoi je m'occupe? De mille choses differentes. Les conversations egalement agréables et instructives avec ma belle mère, absorbent une partie de mon tems, l'éducation de mes enfants une autre; après cela, il faut courrir ça et là, faire des visites de bienséance, il faut écrire des lettres d'affaires; Koestritz est un endroit, qui fourmille d'étrangers; je ne puis m'en derober que fort rarement, et il ne me reste guères que les soirées pour ma lecture, qui forme toujours un des plus agréables de mes amusements. Voudriez vous bien, Madame, avoir la bonté de questioñer un peu Mr de Voltaire sur ce qu'il croit de l'home au masque de fer? Plus j'y reflechis et plus ce probleme me paroit indechiffrable. Je sai bien, qu'on n'en sauroit juger avec certitude; Mais Voltaire peut avoir des memoires, qui le mettent en état de former des conjectures plus justes qu'un autre.[1] Je crois, qu'il s'est trompé, en disant dans ses anecdotes, p.89, que le marquis de Gondrin, mort de la rougeole, etoit le premier mari de la Comtesse de Toulouse. C'etoit son frère, tué à la bataille de Malplaquet, dont le fils posthume étoit le marquis d'Antin, Vice-amiral de France, mort depuis quelques añées, que j'ai beaucoup coñu. Si vous voulez l'informer de cette inadvertence, je vous prie de ne pas me nommer. Il trouveroit sans doute à redire, qu'un étranger voulut se meler de faire de pareilles critiques [...].[2]

RAG 467. Holographe.

1. Voltaire ajouta justement (est-ce pour répondre à cette curiosité?) un article sur l'homme au masque de fer dans la nouvelle édition du *Siècle* à laquelle il travaillait alors pour Walther (chap. 25, 'Particularités et anecdotes ...').

2. La comtesse de Bentinck transmit cet avis à Voltaire, en respectant l'incognito du critique: voir D4978. Le passage en question (*Siècle*, ch.27, M.xiv.477-78) ne fut pas modifié.

75

Christlob Mylius à Haller

Berlin, le 8 août 1752

[...] Ces jours derniers, répondant à une invitation renouvelée de Mme la comtesse de Bentinck, je suis allé lui présenter mes respects. Elle m'a encouragé pour mon voyage.[1] C'est la dame la plus affable du monde. La première fois qu'elle m'a donné sa parole à propos de la subvention, elle m'a dit qu'elle s'engageait avec le plus grand plaisir, à cause de vous, mais qu'elle ne le ferait pas si l'Académie de cette ville (qu'elle ne peut pas souffrir, exception faite de Voltaire) y était pour quelque chose [...].

Burgerbibliothek, Berne, Mss. hist. helv., xviii.47. Holographe. Traduction Paul Fichet.

1. Mylius devait se rendre en expédition aux Amériques pour faire des observations naturelles. L'entreprise était patronnée par Haller et subventionnée par une société d'amateurs.

76

'Nouvelles à la main', 11 août 1752

Le Roi de Prusse a envoyé ici un jeune homme appellé de Beausobre pour le former. Il est françois d'origine, et fils du celebre M. de Beausobre qui est mort il y a environ 15 ans en prusse, et qui a laissé plusieurs ouvrages estimés, entr'autres, l'histoire du Manicheisme. Le Roi a pris soin de l'education du fils; il l'a fait etudier, et il le destine a posseder quelque emploi considerable en Prusse. Pour achever de le perfectionner, il l'a envoyé ici. Voltaire a demandé en grace au Roi de Prusse que ce jeune homme logeat ches sa niece. Il y a demeuré en effet quinse jours ou trois semaines; mais s'etant aperçu que cette maison etoit une espece de mauvais lieu; que la Denys couchoit avec le premier venu, et qu'elle avoit meme des desseins sur lui, il a ecrit naturellement tout cela au Marquis d'Argens, qui ayant montré sa lettre au Roy, a reçu ordre de lui écrire de sortir sur le champ de cette maison, et d'aller loger ailleurs. C'est hier qu'il a signifié a la Denys que le Roi de prusse lui ordonnoit de la quitter. Il est allé demeurer ches son cousin M. le Comte de Beausobre Marechal des Camps, qui est un homme d'Esprit et qui a fait beaucoup d'ouvrages.[1] Il demeure rue neuve Ste Genevieve. Le jeune Beausobre a apporté a Madame Denys un Manuscrit du Siecle de Louis 14 avec beaucoup de corrections. Il m'a dit qu'elle vouloit absolument le faire imprimer, avec permission tacite ou non. Sa Comedie qu'on jouera enfin, sera intitulée La Coquette punie.

BN, F 22157, ff.155-56, à la suite du *Journal de la librairie* pour 1752.

1. Jean Jacques de Beaux de Beausobre, maréchal des camps et armées du roi, auteur d'ouvrages sur l'art militaire.

77

Extrait de la gazette manuscrite de Cologne du 18 août 1752[1]

On reçoit des avis fort extraordinaires touchant le différend littéraire qui est entre M. de Maupertuis, président de l'Académie Royale des Sciences de Berlin, et M. König, conseiller-bibliothécaire du Prince Stathouder. Ledit Maupertuis ayant attaqué l'honneur de ce dernier d'une façon très sensible au sujet d'une lettre certaine [*sic*] de M. de Leibnitz dans une [pièce] fort connue intitulée *Jugement de l'Académie Royale des Sciences de Berlin*, dont les extraits ont paru dans tous les journaux et gazettes, après ce procédé violent et inouï, il prétend encore maintenant, de son côté, mettre au jour les preuves de son innocence en se justifiant de l'imputation qui a été faite. Dans cette vue, il s'est adressé premièrement à un prince qui occupe une des premières charges dans le service de Hollande,[2] pour porter ce seigneur à faire en sorte, par son crédit à la cour de S.A. Mme la Gouvernante,[3] qu'on imposât silence à M. König sur tout ce qui regarderait lui Maupertuis. Après que ce prince eut refusé absolument de se mêler en aucune façon dans une affaire de cette nature, il écrivit à S.A. Madame la Princesse d'Orange, Gouvernante des Provinces-Unies, à elle-même, en lui envoyant un exemplaire dudit *Jugement*,[4] où il la supplia de vouloir bien imposer silence absolu à son conseiller-bibliothécaire sur tout ce qui pourrait le regarder, se flattant d'autant plus d'obtenir cette grâce que par la seule considération de l'honneur qu'avait M. König d'être attaché à son service, on l'avait traité avec tant de douceur que lui-même Maupertuis n'avait pas exigé la satisfaction qu'il s'imagine qu'il aurait été en droit de demander.

Environ douze jours après que S.A.R. eut reçu la première, il en parut une seconde, dans laquelle M. de Maupertuis dit que n'ayant pas encore reçu aucune réponse sur la première, il était obligé de croire qu'elle n'était pas parvenue à S.A.R., pourquoi il continue en répétant. Le temps fera voir à quoi tout cela [*sic*].

Nous apprenons cependant qu'il a encore élevé une nouvelle batterie en s'adressant au Sérénissime Prince de Brunswick-Wolfenbüttel,[5] auquel il demande qu'il veuille bien s'intéresser pour lui dans cette affaire, et effectuer auprès de S.A.R. Mme la Princesse, que le silence tant souhaité fût imposé à M. König. On reçoit même avis que ce Prince doit avoir écrit à S.A.R. Madame la Gouvernante en faveur de M. Maupertuis.

Les gens éclairés sont extrêmement surpris de ce procédé inouï de M. de Maupertuis et on ne conçoit pas comment la terreur peut l'avoir tellement saisi, après avoir jeté de si hauts cris sur la justice de sa cause, dont il semble douter présentement, ce qui est la seule explication qu'on peut donner à ses démarches.[6]

RAG 457. Copie de la main d'un secrétaire allemand de la comtesse de Bentinck, portant, sous le titre, l'inscription suivante: 'La pièce ci-jointe nous a été addressée pour en faire l'usage que voici. De Leide le 12 Aout' [*sic*]. J'en ai modernisé l'orthographe.

1. Cette pièce mineure de la 'guerre du minimum' semble oubliée. Elle n'a été recueillie ni dans *La Querelle*, ni dans les *Maupertuisiana*. Voltaire la mentionne dans D5040 le 11 octobre 1752. Il prétend qu'il vient de la recevoir 'par la poste de Berlin', avec un 'paquet' entier sur 'la dispute de König', et il invite la comtesse de Bentinck à en prendre copie et à la répandre dans le public.
2. Le duc Louis de Brunswick-Wolfenbüttel, commandant des troupes hollandaises.
3. La princesse Anne d'Angleterre, veuve de Guillaume IV d'Orange.
4. 'Un exemplaire relié en maroquin rouge doré sur tranche', précise König dans sa lettre à Haller du 5 septembre (voir n.6). D'après cette même lettre, la princesse refusa net la demande de Maupertuis.
5. Le duc régnant cette fois.
6. Toutes ces démarches de Maupertuis sont mentionnées et commentées dans l'*Appel au public*, dans une lettre de König à Haller du 5 septembre 1752 (Berne, Burgerbibliothek, Mss. hist. helv., xviii.11), dans une lettre de Frédéric II à Maupertuis lui-même datée du 14 novembre 1752 (*Briefwechsel Maupertuis*, pp.282-83), dans D5076, dans l'*Akakia*, p.18, etc.

78

'Nouvelles à la main', août-septembre 1752

24 août. – C'est Voltaire qui a procuré a l'abbé de Prades la place de Lecteur du Roy de Prusse. D'arget etoit chargé ici d'en chercher un et de l'envoyer a Berlin. Mais Voltaire craignant qu'on n'y envoyat quelqu'un qui le deservit, s'est haté de demander au Roy cette place pour l'abbé de Prades dont il espere par la se faire une creature. Pour le mettre davantage dans ses interets, il lui a envoyé quinze cent francs pour son voyage.[1]
31 août. – Il y a une Lettre pretendue de M. D'argental a Voltaire dans la quelle M. D'argental lui rend Compte de toutes les Demarches qu'il a faites, de toutes les peines qu'il a prises, de tous les soins qu'il s'est donnés pour faire réussir le Duc de foix. Cette Lettre est, dit on, fort bonne. On m'en a promis une copie.

Avés vous lû l'article de Maupertuis dans la derniere feuille de L'abbé de La Porte. Cet article est de Voltaire, qui l'a envoyé tout fait de Berlin. La preuve est bien claire; car, outre qu'on y reconnoit le stile et la mechanceté de Voltaire, c'est qu'il n'y a a Paris que huit exemplaires de la nouvelle Edition faite a Dresde des oeuvres de Maupertuis, et que ces Exemplaires sont arrivés apres la feuille de L'abbé de La Porte. Je tiens cela de la Condamine.[2]
7 septembre. – Voici la pretendue Lettre ecrite par M. Dargental a Voltaire: Que je vous plains, mon cher ami, de n'avoir pas vecu dans un tems ou les talens etoient mieux recompensés. Abandonnés pour jamais une ingrate patrie, elle n'est pas digne de vous posseder. ce qui me fache le plus, c'est que les affaires de vos amis sont un peu derangées, et qu'ils se verront bientot hors d'Etat de soutenir vos chefs d'oeuvres divers. En 1734 Adelaïde me couta, pour mon contingent, douze cent livres effectifs, employées en billets de Parterre, et huit cents francs de Loges. Semiramis seule m'a fait depenser trois mille deux cent vingt cinq livres dix sols, et Oreste cent Louis; j'en suis aujourdhuy, pour le Duc de foix, a la fin d'un sac de cent Pistoles, et la tragedie n'en est qu'a la troisieme representation. Le Comte de Choiseul et L'abbé de Chauvelin ne veulent point entrer dans ce compte. Tachés donc de vous executer; il est de la derniere consequence d'y songer, sans quoi vous devés vous attendre a des chutes continuelles. Si vous persistés a faire jouer Eriphile, envoyés dix mille francs a votre Niece: tant qu'ils dureront le spectacle sera plein, et vous serés applaudi a tout rompre. adieu le plus cher de mes amis. &a.

BN, F 22157, ff.159, 163 et 165, à la suite du *Journal de la librairie* pour 1752.

1. Echo malveillant, comme dans toute cette série. Sur l'engagement de l'abbé de Prades, voir D4897, D4977, D4986 et D4990. Morand, Moncrif et Mouhy avaient été sur les rangs (D4941 et D4966). La correspondance Darget-Voltaire manifeste à cette date, comme toujours, la plus grande franchise et la plus grande entente.

2. On a ici la trace d'un incident méconnu des toutes premières hostilités qui aboutirent à l'*Akakia*: ce compte rendu des *Œuvres de M. de Maupertuis* recueilli par Beuchot sous le titre d'*Extrait de la Bibliothèque raisonnée* (M.xxiii.535-45) parut aussi, et *d'abord* semble-t-il, dans les *Observations sur la littérature moderne*, ix.170-89. Le texte des *Observations* ne présente que de menues variantes, mais il comporte un paragraphe supplémentaire d'ouverture.

79

Projets qui se vendent dans la boutique de la Dame Perselide

Ces textes ont été écrits par la comtesse de Bentinck à l'occasion des fêtes données en septembre 1752 par le prince Guillaume de Prusse, dans son château d'Oranienburg, en l'honneur du prince et de la princesse Henri, qui avaient été mariés en juin. Cousine de la princesse Henri par sa mère, la comtesse de Bentinck fut l'âme de ces fêtes. Dans l'un des divertissements qu'elle conçut, elle tenait boutique et vendait aux chalands trois sortes de 'marchandises': des 'beaux sentiments', des 'médisances' et des 'projets'. Voici trois des 'projets' conservés:

Un habile phisicien mécaniste compose actuellement tout ce qu'il faut pour arriver facilement aux terres australes en dépit des glaces qui les environnent. Au lieu des Batteaux legers que les peuples du Nord traînent partout où ils vont, il a imaginé des bottes de sept lieues à Rames comme une galere, par l'usage desquelles on peut facilement marcher et flotter tout à la fois, et enjamber même par-dessus les fentes qui se trouvent entre les glaçons. Voila donc la decouverte des terres australes immanquable et la nation qui va la faire enrichie et opulente.[1]

Un grand savant de nos jours a formé le projet d'une ville Latine pour ramener l'usage de cette langue des maîtres du monde.[2] Nous proposons de former plus tot une cité où leur façon de penser fut bien imitée. Des ames vraimant Romaines jointes à la façon de penser eclairée de ce siecle rendroient bientot les habitants de cette nouvelle rome les maitres du monde une seconde fois. Au moins entreprenons nous de le subjuguer tout aussitot que l'on sera parvenu dans la ville latine en question a reparler la langue du siecle d'auguste.

Un philosophe aussi grand que Leibnitz a fait trop d'honeur a notre patrie pour que l'on ne souhaite pas d'etre a meme de l'entendre parfaitement. On ne conoit rien de plus utile, pour l'etablissement de l'empire de la verité, que le seroit un ordre du Roi par lequel on enfermeroit tout les accademiciens de Berlin en guise de conclave et qu'on [*sic*] les tiendroit ainsi renfermés sans boire et sans manger, jusqu'a [ce qu'ils révèlent au] monde ce que le grand home a voulu dire par ses monades.[3]

RAG 63. Manuscrit original. 'Projets' 2, 11 et 19. Le plan de la boutique, un brouillon de 'parade' et plusieurs autres textes sont de la main de la comtesse de Bentinck. J'ai suppléé quelques mots qui manquent dans le troisième texte.

1. Au départ de ce 'projet', comme on le voit (et des suivants aussi) une lecture peu révérencieuse de la *Lettre sur le progrès des sciences* de Maupertuis. Voltaire en tirera dans la *Diatribe du docteur Akakia* des plaisanteries mieux aiguisées, mais la comtesse de Bentinck lui avait apparemment montré la voie. Maupertuis proposait d'aller à la découverte des terres australes par le pôle et d'observer les mœurs des géants de Patagonie, voire de disséquer leurs cerveaux (*Akakia*, p.15 et note 58). La *Lettre sur le progrès des sciences* avait paru en mai (*MF*, mai 1752, pp.114-18). Il semble douteux que Voltaire, quoi qu'il en dise dans D5076, ne l'ait connue qu'en novembre.

2. Le 'grand savant' est Maupertuis. Voltaire négligea de relever son projet de création d'une 'ville latine' dans la *Diatribe* proprement dite; il ne s'en occupa que dans le *Traité de paix* (*Akakia*,

pp.24 et 27). Il est intéressant de noter que Frédéric II écrivit aussi un 'Voyage à la ville latine' pour se moquer de Maupertuis: voir *Textes*, 124.

3. Maupertuis passait pour mépriser Leibnitz et la science allemande. Du moins ses procédés avec König, le défenseur de la gloire de Leibnitz, y donnaient-ils quelque apparence. Ce troisième 'projet' tient la balance égale, mais l'idée d'un 'conclave' monadologique des académiciens de Berlin est assez impertinente – on songe à *Micromégas*. Il est probable que Voltaire eut connaissance de ces plaisanteries de la comtesse: voir D5021. Il n'est guère douteux qu'il en revint quelque chose à Maupertuis.

80

'Nouvelles à la main', 19 octobre 1752

On dit tres serieusement que Voltaire revient; que le Roy de Prusse en est extremement mecontent; que ce Prince lui avoit absolument defendu de se meler d'affaires d'Etat, et que, malgré cela, l'esprit brouillon de Voltaire n'avoit pu se tenir tranquille:[1] moyennant quoy le Roy de Prusse lui donnoit tant de degouts, que ce Poëte etoit enfin obligé de prendre son parti, c'est a dire de quitter la Cour de Berlin, ou il etoit abhorré de tout le monde. Nous le verrons mourir a la Bastille, c'est la son Lot.

BN, F 22157, f.177, à la suite du *Journal de la librairie* pour 1752.

1. Allusion malheureusement vague, mais on peut supposer que cette prétendue 'nouvelle', évidemment soufflée de Berlin, prenait en compte au moins deux anciens impairs 'politiques' de Voltaire: sa démarche auprès de Gross, ambassadeur russe à Berlin, en novembre 1750; son hommage du *Siècle de Louis XIV* à la cour de Vienne, en février 1752. Voir dans la troisième partie la discussion de D4400 et D4947.

81

'Nouvelles à la main', 26 octobre 1752

Il est arrivé de Berlin un jeune homme appellé de La Lande, il est françois, et a passé un an a Berlin. il est de l'academie de Prusse. C'est un homme qui promet beaucoup pour les hautes sciences. il aspire a etre reçu dans l'academie des sciences de Paris, et il y a apparence qu'il le sera.

Il m'a conté bien des choses de la prusse, entr'autres que Maupertuis et Voltaire etoient brouillés. Un scavant Allemand appellé M. Kenic et qui travaille aux Actes de Leipsic; c'est un ouvrage en Latin très estimé; il y en a plusieurs volumes; de tems en tems on en fait paroitre un tome, c'est dans le genre des memoires de notre Academie des Sciences. Ce M. Kenic donc s'est avisé d'inserer dans le dernier volume des actes une pretendue lettre de Leibnits qui ruine de fond en comble la philosophie systematique de Maupertuis. Celui ci a ecrit a M. Kenic pour lui demander communication de l'original de la lettre de Leibnitz. M. Kenic a cherché pendant longtems des excuses frivoles. Maupertuis s'est a la fin lassé, et il a fait porter par l'Academie de Berlin en Corps un jugement contre M. Kenic. Ce dernier a appellé de ce jugement au tribunal du public, par un gros volume in 4°. Voltaire dans toute cette contestation a pris le parti de Kenic contre Maupertuis.

La Beaumelle est actuellement a Francfort ou il a fait imprimer le siecle de Louis 14 de Voltaire avec des remarques critiques qu'il fera imprimer aussi a coté du texte. Lorsque cette besogne sera faite, il viendra a Paris, et il Logera chés un M. de La Cour rue Beaubourg. C'est dumoins l'adresse qu'il a donnée a Lalande, qui l'a vû a francfort.

Dans les fetes qui se sont données a Berlin, il y a eu des tournois, et les prix etoient distribués par la Princesse Amelie. Voltaire fit a ce sujet ces quatre vers.

> Jamais dans Athenes et dans Rome
> On n'eut de plus beaux jeux, ni de plus dignes prix:
> J'ai vu les fils de Mars sous les traits de Paris,
> Et Venus qui donnoit la pomme.[1]

Ces vers n'ont pas eté trouvés trop bons. Le chevalier de Cogollin les a ainsi parodiés:

> Au jugement d'Athenes et de Rome
> Tes vers entortillés n'auroient pas eu le prix;
> Mais sur le mont Ida des mains du beau Paris
> Amelie auroit eu la pomme.

La Mettrie a eté gravé par le fameux graveur Smith. C'est M. de Marschall qui a fait les frais de l'estampe. plusieurs poëtes de Berlin se sont exercés a faire des vers pour mettre au bas de cette estampe. Le Roy qui a vû tous les vers, a choisi ceux ci qui sont de Desorme comedien françois a Berlin:

> Sous ces traits vifs tu vois le maître
> des ris, des jeux, et des bons mots:
> trop hardy d'avoir de son etre
> voulu debrouiller le Cahos,
> sans un sage il etoit la victime des sots.

Voltaire avoit fait ces deux ci:

> Fleau des Medecins, il en fut la lumiere;
> Mais a force d'Esprit tout lui parut matiere.[2]

On dit que d'arnaud quitte la Saxe et qu'il va en Dannemarck.[3]

BN, F 22157, ff.177-80, à la suite du *Journal de la librairie* pour 1752.

1. M.x.549, avec la date erronée de 1743. Voir dans la troisième partie la discussion de D4201.
2. Distique non recueilli, et considéré dans la tradition éditoriale, à tort me semble-t-il, comme apocryphe. Voir Martin Fontius, 'Der Tod eines *philosophe*', *Beiträge zur Romanische Philologie* 6 (1967), p.24.
3. Fausse nouvelle: d'Arnaud ne quitta Dresde pour la France qu'au printemps de 1754.

82

'Nouvelles à la main', 16 novembre 1752

La Beaumelle est tres certainement a Paris. Lalande dont je vous ay parlé l'a vû. Il m'a dit qu'il se cachoit et qu'il avoit changé de nom. Il s'appelle M. de La Luc et non Monlouet comme vous disiés. Lalande n'a pas voulu me dire sa demeure. Il m'a dit que La Beaumelle viendroit me voir.

Le sçavant contre lequel Maupertuis a eu une dispute s'appelle Kenie. Ce Kenie est suisse de Nation. il sçait tres bien la Geometrie et sur tout la Mataphisique [*sic!*]. Comme il n'avoit pas de pain dans sa patrie, il vint en france. Mad[e] Duchâtelet le prit a son service, Elle lui donnoit trente sols par jour. C'etoit une espece de valet de chambre Geometre. C'est lui qui a fait tous les ouvrages de Mad[e] Duchâtelet, il l'a dit publiquem[t] a Paris et partout. Kenie est actuellement Bibliothecaire du Statouder, et il est fort estimé en hollande.

BN, F 22157, ff.185-86, à la suite du *Journal de la librairie* pour 1752.

83

'Nouvelles à la main', 24 et 30 novembre 1752

24 novembre. – Madame Denys alla lundi dernier a l'assemblée des Comediens, et leur demanda quand ils vouloient jouer sa piece de la Coquette punie. les Comediens furent supris de la voir, plus étonnés encore de sa proposition. Ils lui repondirent qu'ils ne sçavoient pas ce qu'elle leur demandoit; qu'ils n'avoient encore connoissance de la piece dont elle leur parloit. Madame Denys repliqua que sa piece etoit reçue; qu'elle avoit eté lue chez M. le Marêchal de Richelieu; Quelques Comediens dirent alors: ah nous sçavons ce que c'est; Mais, Madame, cette piece a eté refusée. Ce dernier mot deplut beaucoup a la Dame; elle parla fort insolemment a la troupe, et finit par leur declarer qu'elle alloit chez M. de Richelieu lui demander un ordre pour qu'on jouat sa piece. Les Comediens lui repliquerent qu'elle eut a se depecher, parce qu'ils alloient sur le champ ecrire a M. le Marêchal pour le prier de ne pas les forcer a jouer une mauvaise piece qui leur feroit beaucoup de tort. En verité, mon cher ami, cela est bien ridicule, et cette Denys est une etrange femme.

[...] Le Roy de Prusse a ecrit une lettre contre Voltaire au sujet de la dispute de Maupertuis contre Kenie. On m'a promis de m'envoyer cette lettre.[1] Cela sera curieux.

30 novembre. – Mad[e] Denys a tant remué, qu'enfin sa piece a eté reçue par les Comediens, et qu'elle va meme etre jouée. C'etoit a Mailhol a passer devant, parce qu'il a eté reçu avant elle. Le Marquis de Ximenés devoit venir aprés. Mais ce Marquis a, dit on, acheté le rang de Mailhol, qui a consenti a etre reculé jusqu'aprés Paques. Le Marquis a galamment cedé son rang a Mad[e]

Denys, et comme l'Egyptus de Marmontel devoit etre joué aprés Ximenés, il sera joué apres Mad^e^ Denys, et L'Epictaris [*sic*] ou la mort de Neron du Marquis apres Egyptus.[2] Que de tracasseries, que d'intrigues, mon cher ami.

[...] La lettre du Roy de Prusse contre Voltaire est intitulée Lettre d'un academicien de Berlin a un academicien de Paris. je l'ai lue. Elle renferme un Eloge pompeux de l'esprit et du coeur de Maupertuis. Voltaire n'y est pas nommé; mais il y est designé ainsi que tous ceux qui ont pris le parti de Koenig.

BN, F 22157, ff.187-88 et 189-90, à la suite du *Journal de la librairie* pour 1752.

1. Je relève la formule 'm'envoyer', qui paraît indiquer que les articles 'voltairiens' de ces 'nouvelles à la main' étaient directement alimentés de Berlin même.

2. *Epicharis ou la Mort de Néron* fut joué le 2 janvier 1753, *Egyptus* le 5 février.

84

Le prince Louis de Wurtemberg à la comtesse de Bentinck

[Berlin, début décembre 1752]

Je suis au desespoir Madame de voir la façon cruelle dont on traite Mr de Voltaire. Il est malheureux, Il sent toute L'étendue de son Infortune, Il est sensible, mais conseillés lui de faire de son mieux pour se mettre au dessus des revers qui l'entourent.[1] Quel est l'homme qui n'aie des instans affreux à essuyer? Il semble que ce soit notre condition de passer d'un malheur à l'autre, mais en verité quand on reflechit bien, on voit que ces pretendus revers sont si peu de chose, qu'ils ne valent presque pas la peine qu'on s'en inquiete.

Mon Tabac d'Espagne vous donne trop de peine, Mon nés est bien impertinent par ses importunités.[2] Je compte de vous faire ma cour se Soir. J'aime mieux cela que la Cour, et vous n'aurés nulle repugnance à me croire. Je vous presente mes respects.

J'assure M^r^ de voltaire de mille Compliments.

RAG 134. Holographe.

1. Voltaire était en disgrâce depuis la fin de novembre. La comtesse lui transmit naturellement à Potsdam ces marques de sympathie: voir le début de D5102.

2. Peut-être ces 'importunités' passèrent-elles jusqu'à Voltaire. Voir D5109: 'Ne me demandez pas du tabac madame. Je n'ay ici que les poisons dont la calomnie me nourit'.

85

Sur le 'Tombeau de la Sorbonne'

[Décembre 1752]

1. Rapport de Durand, 'chargé d'affaires du roi [Louis XV] en diverses cours', La Haye, 7 décembre 1752:

'On debitte icy un petit ecrit intitulé le tombeau de la Sorbonne [.] c'est une apologie de la these de l'abbé de prades. on croit que cette ouvrage n'est pas de luy. quelques personnes l'attribuent à Mr de Voltaire. je ne sçais si on ne luy fait point tord'.

2. *Journal de la librairie*, 14 décembre 1752, rubrique 'Livres nouveaux':
'On parle beaucoup [...] d'une feuille volante intitulée: Le Tombeau de la Sorbonne.'

3. 'Nouvelles à la main', 21 décembre 1752:
'Le tombeau de la Sorbonne, autre brochure Satyrique,[1] est certainement de L'abbé de Prades et de Voltaire, qui y a mis la main.'

4. *Journal de la librairie*, 28 décembre 1752, rubrique 'Livres nouveaux':
'Le Tombeau de la Sorbonne traduit du latin. 29 pages in 8° imprimés a Berlin. Cet ouvrage est rare a Paris ou il n'en est venu que quelques exemplaires par la poste, il est c^{e} je l'ai dit dans la feuille precedente[2] de l'abbé de Prades et de Voltaire.'

5. *Journal de la librairie*, 18 janvier 1753, rubrique 'Nouvelles d'auteurs':
'Je suis sure [*sic*] que c'est voltaire seul qui est l'auteur du Tombeau de la Sorbonne dont j'ai parlé precedemment.'

1. MAE, *Mémoires et documents*, série 'France', vol.523, f.139. – 2-3-4. BN, F 22157, ff.136, 196 et 142. – 5. BN, F 22158, f.2.

1. L'article précédent signale un *Petit Maître philosophe*, 'roman satyrique'.
2. La 'feuille' du 21, dans le *Journal* proprement dit, ne mentionne pas le *Tombeau*. Il faut comprendre que le copiste a repris sans discernement un article (apparemment perdu) des 'nouvelles' qui lui servaient de matériaux.

86

'Nouvelles à la main', 7 décembre 1752

Mad^{e} Denys lut sa piece aux comediens jeudy dernier, et elle fut refusée; ce qui a mortifié la Dame. Elle dit, pour sauver son honneur, que c'est elle meme qui l'a retirée, parce que les Roles etoient mal distribués; mais la verité est que sa Comedie a paru miserable a L'areopage Comique. Elle va, dit on, la faire jouer chez elle. Cette femme qui ne sçait pas, dit on, faire un vers, a la fureur du bel Esprit, et se fait moquer d'elle dans tout Paris.

[...] Il paroit dans le public un petit ecrit intitulé defense de Bollingbroke par un Chapelain Anglois. C'est une Lettre, elle est de Voltaire; il fait l'apologie de Bollingbroke par rapport a ses sentimens sur la Religion, et il repond vivement aux journalistes de Trevoux qui ont reproché le Deïsme a Milord Bollingbroke. Voltaire dans cette lettre preche le Deïsme tout pur; son but est de faire voir la fausseté de l'ancien testament et par consequent de ruiner le fondement de notre Religion.

BN, F 22157, ff.191-92, à la suite du *Journal de la librairie* pour l'année 1752.

87

La princesse Elisabeth d'Anhalt-Zerbst à la comtesse de Bentinck[1]

[Zerbst, le 19 décembre 1752]

[...] Quand La querelle de ces *Savantas* finira t elle? Je suis etonnée a propos d'eux des fautes auxquels les plus grands Hommes sont sujets. Je crois que vous m'entendés, et je trouve que c'est pousser le despotisme trop loin que de vouloir se rendre l'Arbitre des opinions. De nos jours une Grande Reine entreprit de se le rendres de deux Illustres Savents,[2] mais c'estoit dans le Dessains de les reunir, pour le bien de la race Humaine, ce devroits la toujours estres le but des grands en prenant connoissance des querelles particulieres. Ces deux faits s'y differents sonts une demonstration authentique, du bonheur qu'il y auroit pour tous les peuples que d'estre Gouvernés par une forme de Gouvernement comme celui de l'Angleterre, les Roys sonts la a leur vraye place, reduits à ne faire que du bien, empêchés de faires le mal,[3] ils demeurent Hommes, les flatteurs, les succès, incapables de gater leurs Esprits ne servent que d'aiguillon a leurs actions. Au lieu que la souverainité avec les plus heureuses dispositions du monde, etourdi enfin, devient un fléau a la gloire de ceux qui onts le Malheur de la posceders. Je dis malheur, et je ne crois pas me tromper, je suis meme convaincûe que s'yl estoit possibles que ceux qui poscedes ce faste injuste et pernicieux, ce depouillassent des préjugés attachés à son feaux brillants, ceux d'entre eux qui poscederoit une Ame vrayement noble, y renonceroits avec plaisirs pour se rengers parmy le nombres de ceux qui sous le nom de bons citoyens, utils à leur patrie et chers a leurs familles y jouissent de la douceurs de titres moins brillans, mais plus satisfaisant et tout aussy honorables en un certain sens. Me voila arrivée tete baissée dans un long verbiage, donts vous vous seriés bien passée et que j'aurois fort bien faite de vous épargners.[4]

RAG 336. Holographe.

1. Voltaire et la querelle de l'*Akakia* ne sont que l'occasion de cette lettre. Mais la princesse voit en Frédéric II le principal acteur de la pièce et se laisse donc entraîner à faire une analyse *politique* de la situation: pour la rareté du fait, il m'a paru intéressant de faire connaître ce texte. Il semble du reste que la comtesse de Bentinck avait elle-même adopté ce point de vue dans sa lettre: 'je crois que vous m'entendés', répond la princesse. Voir le *Texte* 106.

2. La reine Charlotte d'Angleterre, médiatrice entre Leibnitz et Newton.

3. Souvenir probable de la huitième des *Lettres philosophiques*, 'Sur le parlement': 'le Prince, tout puissant pour faire du bien, a les mains liées pour faire le mal'. Mais c'était aussi, comme on le sait, la définition du gouvernement sage depuis Fénelon (*Télémaque*, livre v).

4. La princesse reprit pourtant plusieurs fois le fil de cette réflexion: voir le *Texte* 112 et un autre extrait de la même correspondance, du 7 avril 1753, publié dans *RhlF* 82 (1982), p.631.

88

'Nouvelles à la main', 21 décembre 1752

La querelle de Maupertuis avec Kenic ou Konig, car c'est de cette derniere façon que son nom s'imprime, fait toujours beaucoup de bruit a Berlin et dans le monde Littéraire. Il paroit chaque jour des brochures des deux cotés, dans lesquelles on se dechire a belles dents. je vous ai rendu compte de la lettre du Roi de Prusse en faveur de Maupertuis.[1] Ce Prince avoit fait plus. Il avoit defendu a son imprimeur de Postdam de rien imprimer qui vint de Voltaire, sans une permission expresse, sous peine d'etre envoyé au chateau de Spandau, qui est la Bastille de ce païs là. Malgré cela, Voltaire qui avoit une permission pour un autre ouvrage, a eté trouver cet imprimeur du Roi, et au lieu de Lui donner L'ouvrage pour lequel il avoit permission, il a fait imprimer une satyre sanglante contre Maupertuis, intitulée Diatribe; c'est un mot Grec qui signifie examen, dissertation. Le Roy aiant appris, que malgré la defense son imprimeur avoit imprimé cette horreur, a envoyé son valet de chambre favori, M. de frederdoff, chez cet imprimeur, qui s'est excusé en disant que M. de Voltaire lui avoit montré une permission, et meme l'avoit menacé de la prison, s'il n'imprimoit pas cette Diatribe. M. de Frederdoff se transporta chez Voltaire qui nia le fait, et qui cria à la calomnie, au mensonge, à l'injustice. M. de frederdoff, en habile homme, alla trouver le Secretaire de Voltaire (c'est un nommé francheville) et le menaça de la part du Roi d'une peine afflictive, s'il ne lui disoit la verité au sujet de cette affaire. Le Secretaire eut peur, et avoua franchement que Voltaire s'etoit servi d'une fausse permission pour faire imprimer la Diatribe, et que lui francheville avoit copié cette satyre d'apres le manuscrit de Voltaire; qu'il en avoit envoyé deja quelques exemplaires a Konig en hollande.[2] M. de frederdoff revint chez Voltaire, et lui dit que la verité etoit decouverte; que le seul parti qu'il avoit a prendre etoit d'avouer lui meme sa faute, et d'en demander pardon au Roi qui etoit irrité; que s'il ne le faisoit, l'affaire seroit portée en justice, et que le moins qui pourroit lui arriver, etoit de payer une grosse amende qui peut etre le ruineroit. M. de frederdoff qui connoit l'amour du personnage pour l'argent appuya expres sur cette amende; moyennant quoi Voltaire avoua tout.[3] Il alla se jetter aux genoux du Roy, qui le reçut tres mal, et lui dit les choses du monde les plus dures. Voila ou en sont actuellement les choses; il est probable qu'elles iront plus Loin. Le Roi exigea de Voltaire qu'il dit ou etoient tous les exemplaires de son Libelle. Il indiqua une maison a Berlin; on se transporta dans cette maison, et on y trouva en effet environ mille exemplaires qui furent brulés par ordre du Roy.[4] Voltaire a protesté a sa Majesté qu'il n'y en avoit pas davantage, et cependant il est tres sur qu'il en a envoyé ici des exemplaires a plusieurs personnes. j'en ay lû un hier chez M. le Comte de **** qui est un Seigneur tres aimable et tres instruit.[5] [...] La Condamine a fait imprimer ici chez Durand La lettre du Roy de Prusse sur Maupertuis.

BN, F 22157, ff.195-96, à la suite du *Journal de la librairie* pour 1752.

1. *Texte* 83.
2. Tout ce rapport de l'enquête menée sur ordre par Fredersdorf est remarquablement informé: voir D.app.118. C'est dire que la ou les lettres de Berlin utilisées par le nouvelliste provenaient de l'entourage immédiat du roi: on parlerait volontiers de 'fuite organisée'.
3. Ces derniers détails ne peuvent être recoupés que par une phrase assez vague d'une lettre de Frédéric II à Maupertuis: 'Je l'ay intimidé du côté de la boursse ce qui a fait tout l'effet que j'en atendais' (D5100, 10 décembre 1752).
4. Il s'agit de la première 'brûlure' de l'*Akakia*, antérieure à l'autodafé public du 24 décembre.
5. C'est là l'indice le plus ancien, à ma connaissance, de la diffusion de l'*Akakia* à Paris.

89

Joseph-Jérôme de Lalande à Gottsched

à Paris le 25 decembre 1752

[...] L'affaire de m. maupertuis contre König va toujours ce me semble de plus en plus mal. voltaire s'en est mélé, il a desja ecrit plusieurs lettres[1] et j'ai le chagrin de voir que presque tout le monde est contraire a ce fameux jugement de l'academie par lequel on avoit pretendu consacrer la memoire de la condamnation d'une démarche hazardée et tout au moins suspecte [...].[2]

Karl-Marx Universität, Leipzig, correspondance de Gottsched, xvii, f.642.

1. Des opuscules en forme de lettres? On ne connaît, pour cette date, que D5019. Je suppose qu'il s'agit plutôt de lettres privées répandues en copie dans Paris.
2. Lalande essaie de tenir la balance égale: la 'démarche hazardée' est celle de König publiant les lettres de Leibnitz sur le principe de la moindre action, sans pouvoir en garantir absolument l'authenticité; sur la publication du *Jugement*, voir le *Texte* 77. Signalons que Lalande avait été élu membre associé de l'Académie de Berlin, en décembre 1751, avec la protection de Maupertuis: les réserves qu'il exprime ici n'en sont que plus significatives.

90

Le chevalier de La Touche au marquis de Saint-Contest

[Berlin, 30 décembre 1752]

J'ay lu, Monseigneur, le libelle intitulé 'Diatribe du Docteur Akakia Medecin du pape etc.' qui a été lacéré et brulé, comme j'ay eu l'honneur de vous le mander dans ma derniere lettre.[1] Il n'est plus douteux que Mr de Voltaire n'en soit l'auteur. Cette piece ne contient rien contre le Roy de prusse, mais il me paroit que le Chambellan de ce prince auroit deu respecter l'Estime connüe de Sa Mjté pruss^ne^ pour Mr de Maupertuis.

MAE, *Prusse*, vol.168, f.335. Article en clair, à la suite du passage codé dont Theodore Besterman a fait D5125.

1. D5123.

91

Lettre d'un Cosmopolite a un Academitien de Londres[1]

[décembre 1752-janvier 1753]

J'ay reçu, Monsieur, vostre lettre et vos reproches avec une égale satisfaction. C'est vous prouver que je meritois l'une et que je ne me sentois pas coupable au point d'avoir merité les autres. Vous faites vostre devoir d'ami de la verité et de bon citoyen en m'animent a me declarer sans deguisement avec vous pour ce que je suis. Mais je n'ay pas manqué au mien en suspendent mon jugement sur des evennements aussi singuliers et aussi compliqués que le sont ceux qui viennent d'avoir lieu dans L'Empire de la Litterature jusqu'a ce que mes recherches et la multitude des pieces qui concernent cette affaire m'ayent mis en estat d'en parler avec quelque connoissence de cause.

Mais quoi que je croye estre assez bien au fait de tout ce qui c'est passé entre Messieurs de Maupertuis et Konig, et de touts les incidents qui ont si fort illustré cette querelle, quoi que je croye connoitre jusqu'aux plus intimes ressorts qui ont mis en mouvement les differens acteurs et Figurants de cette Tragi-comédie je ne laisseray point je vous l'avoue d'estre fort embarassé de vous en parler avec cette impartialité que je vous dois et que je me dois surtout a moy meme.

L'homme meme le plus sage est suject a se prevenir imperceptiblement luy meme et sans s'apercevoir qu'il est prevenu. L'on s'affectionne a de certains gousts a de certaines idées qui influent sur nos jugements. L'esprit s'aplique a orner son idole avent d'avoir pencé a l'affermir. On a de la paine a revenir au point d'ou l'on estoit parti et l'habitude d'envisager les choses dans un certain point de vue menne enfin a la conviction qu'elle [*sic*] n'avoit que cette seule face sous laquelle elle pust estre considerée. Voyons si j'auray reussi a me sauver des Ecueils que je connois, et si je pourray reussir a satisfaire a touts ceux qui se sont declarez pour ou contre les deux champions qui ont mis en arme par leur querelle toute l'Europe scavante.

RAG 459. Brouillon de la main de la comtesse de Bentinck. L'écriture est particulièrement rapide, plusieurs mots sont raturés. La marge en demi-page, destinée à recevoir des corrections, est restée vierge.

1. Le titre (c'est celui du manuscrit) imite ceux de la *Réponse d'un académicien de Berlin à un académicien de Paris*, de Voltaire, et de la *Lettre d'un académicien de Berlin à un académicien de Paris*, de Frédéric II. Mais cette nouvelle 'lettre' ne paraît pas avoir vu le jour. La prudence vraisemblablement, d'autres considérations peut-être, auront fait poser la plume au soi-disant cosmopolite.

92

Gérard Lévesque de Champeaux au marquis de Saint-Contest

[Hambourg, 1er janvier 1753]

[...] Vous êtes informé Monseigneur de tout le bruit que fait la querelle de Messrs Maupertuis et König et que le Roy de Prusse prenant la defense du President de son Academie a ecrit en sa faveur une *Lettre d'un accademicien de Berlin à un accadémicien de Paris.*[1] Je crois devoir vous faire part qu'un gazetier de cette ville zélé partisant du Sr König a donné son jugement sur cette Lettre, et qu'il en a parlé avec aussi peu de menagement que si elle partoit d'un particulier; On doit supposer qu'il a ignoré qui en étoit l'Auteur.[2] Quoiqu'il en soit, dans l'incertitude si cette Gazette ne donnera pas lieu à quelque incident, je crois devoir vous en envoyer la traduction.[3] Il me semble aussi Monseigneur que je dois vous faire part que la plupart des gazettes de ce Pays contiennent l'article dont je joins aussi icy la traduction[4] et qu'elles le donnent comme tiré de la Gazette de Berlin [...][5]

MAE, *Hambourg*, vol.74, f.4.

1. Publiée à la mi-novembre 1752, la *Lettre* répond en fait à la *Réponse* attribuée à Voltaire (D5019), et non à l'*Appel* de König. C'est peut-être son ancienne amitié pour Voltaire (voir le *Texte* 27) qui retint Champeaux de révéler cette circonstance.

2. Hypothèse improbable ou atténuation diplomatique: la *Lettre*, réimprimée à Berlin par les soins de Maupertuis, portait au titre l'aigle, le sceptre et la couronne.

3. Cette pièce est classée dans MAE, *Prusse*, vol.171, ff.2-3. Le compte rendu était d'une extrême violence: 'C'est un enfant bâtard d'un vil satirique dont on ne sçait trop que dire [...]. Que cette Lettre soit, ou ne soit pas une plaisanterie, il est clair que l'auteur est ou très mal informé de l'affaire, ou qu'il ment impunement'. Fontius l'attribue à Mylius (*Voltaire in Berlin*, p.102). Dans D5159, Voltaire signale à Mme Denis d'autres recensions aussi sévères, et ajoute: 'Je vous jure que je n'y ay nulle part.' Mais il était alors en relation étroite avec Mylius: voir le *Texte* 97.

4. La pièce manque. Il s'agit sans doute d'un article rédigé par Frédéric II et publié dans la *Spenersche Zeitung* du 26 décembre: voir *Briefwechsel*, p.391.

5. Le ministre se contenta d'accuser réception des 'pièces' et des 'avis' sans revenir sur cette affaire.

93

Extrait de la 'Gazette de Cologne'

L'éxecution publique de la brochure intitulée: Diatribe du docteur Akakia, avoit été precedée quelques jours auparavant d'une autre encore plus remarquable. Le Roy, qui avoit fait saisir toute l'édition de cette critique fort satyrique, aiant fait venir dans son Cabinet l'autheur, que nos Gazettes ont nommé,[1] avoit brûlé cet ouvrage en sa presence croiant, que cette correction paternelle suffiroit pour le porter à n'en faire jamais paroitre le mondre exemplaire; mais peu de tems après tout Berlin se trouva de nouveau inondé de ce même Ecrit, qui avoit été imprimé chez l'étranger. S. M. le fit alors brûler par les mains de l'executeur des hautes oeuvres sous le gibet de Neumarck & en d'autres endroits, comme nos Gazettes Françoise et Allemande l'ont annoncé par ordre.[2] Le lendemain de cette éxécution on a trouvé dans les rües diverses petites pieces de vers, épigrammes, vaudevilles &c. relatives à toute cette affaire & entre autres une chanson sur un air fort connu en France & aux Païs-Bas & appellé: *l'air des pendus*.[3]

Gazette de Cologne, n° iii, mardy 9 janvier 1753. Cet article porte au titre: 'De Berlin le 30 Decembre'. Il avait donc probablement paru d'abord dans l'une des gazettes de Berlin. Voir du reste le *Texte* 102.

1. *Spenersche Zeitung*, 26 décembre 1752 (voir *Briefwechsel*, p.391). La *Gazette de Cologne* avait repris cet article le 2 janvier.

2. *Ibid.* La *Gazette d'Utrecht* publia le 2 janvier, sous la rubrique 'Berlin, le 26 decembre', une relation plus détaillée de cette 'exécution publique' (*Briefwechsel*, p.391).

3. Cette fin est tout à fait étonnante, par cette insinuation que le ou les coupables – König aussi paraît visé, puisque 'l'air des pendus' est également connu 'aux Païs-Bas' – auraient à craindre, en cas de récidive, les effets d'une bonne et prompte justice. Dans l'outrance de la menace se profile assez clairement l'acte de terrorisme d'Etat dont Voltaire allait être victime à Francfort six mois plus tard. Car il est évident qu'une telle relation ne pouvait être publiée sans l'aveu du roi: article inséré 'sur ordre', comme on disait, si même il ne venait pas 'de main de maître'. On comprend les frayeurs de Voltaire à la lecture de tels avertissements: voir le texte suivant.

94

Le chevalier de La Touche au marquis de Saint-Contest

[Berlin, 15 janvier 1753]

[...] L'affaire de m. de voltaire se trouve toujours dans la même situation, ce qui me fait croire que le Roy de Prusse qui refuse toujours la démission de cet auteur, attend que les nouvelles brochures en suplement de la Diatribe, qui sont annoncées, ayent paru, pour ensuite sévir contre m. de Voltaire, qui se trouve généralement abandonné, et qui me fait toujours entendre qu'en sa qualité de sujet du Roy et de commençal de Sa Maison, il compte sur la protection du ministre de France pour luy faciliter sa sortie hors des Etats du Roy de Prusse.[1]

MAE, *Prusse*, vol.171, f.52.

1. Même interprétation de l'attentisme du roi, le 6 janvier, dans D5137: cet article a évidemment été soufflé par Voltaire. Le ministre ne revint pas sur cette affaire dans sa réponse. Ses instructions avaient croisé cette dépêche. La Touche devait 'ne [se] mêler en aucune façon' ni de 'l'affaire', ni des 'suittes' (D5158, 19 janvier 1753).

95

Christlob Mylius à Haller

[Berlin, le 21 janvier 1753]

[...] J'avais dernièrement une commission pour M. de Voltaire et à cette occasion je suis resté trois quarts d'heure chez lui.[1] Il s'est vu refuser deux fois son congé. Le public doit croire à présent qu'il n'est pas l'auteur de la Diatribe.[2] Au moins, je sais à quoi m'en tenir.[3]

Burgerbibliothek, Berne, Mss. hist. helv., xviii.48. Holographe en allemand. Traduction Paul Fichet.

1. Cette commission est peut-être celle dont il est question dans D5090: de rassembler des pièces pour les *Maupertuisiana*.

2. Un démenti formel avait paru dans la *Spenersche Zeitung* du 18 janvier: voir D5152, commentary.

3. Mylius est l'auteur de la traduction allemande de la *Diatribe* dont il est question dans le *Texte* 97.

96

La comtesse d'Aldenburg à la comtesse de Bentinck

[Varel, le 30 janvier 1753]

[...] Je vous prie éclaircissé nous un peu ce que nous devons croire La Rebenklauen[1] et moy, qui voudrions bien netoyer Mr de Voltaire des bruits qui se rependent encore sur son sujet, qu'il a fait un Libelle difamatoire contre Mr Moportuit, que le Roy a fait Bruller par la main du Bourreaux; une autre jacette dit que le Roy Luy meme veut repondre a cette satire qui estoit ecrit avec beaucoup d'esprit.[2] Je proteste contre le tout. Je ne puis croire que W. soit capable d'ecrire contre un homme de si grand merite que le Roy aime de plus, ny qu'il La faite si elle a esté brullé par La main du boureau, encore moin si cela fit ainsi que le Roy voulut reponder, et que W. resta une minute a Berlin s'il L'avoit fait. Tiré nous joliment de tout ceci, je suspendré si longtemps mon Jugement, quand vous me diré: Woltaire et parti cu par de sus teste [...].[3]

RAG 405. Holographe.

1. Voir le *Texte* 66.

2. On ne connaît pas cette 'jacette'.

3. La comtesse de Bentinck répondit à cette curiosité dans sa lettre du 13 février: voir le *Texte* 106.

97

Christlob Mylius à Haller

[Berlin, le 30 janvier 1753]

[...] J'ai été hier encore chez M. de Voltaire. Il est toujours très fâché, même si les gazettes donnent à croire que tout est arrangé.[1] Quand il apprit que j'étais honoré de votre bienveillance particulière, il me chargea de vous faire ce compliment: Dites-lui que je suis un de ses plus grands admirateurs, en tant que j'entends ses ouvrages.[2] Madame la comtesse de Bentinck était également présente et nous formions à nous trois une sorte d'Antitriumvirat.[3] J'ai dîné à nouveau chez cette dame, et cette fois elle n'avait pas assez d'expressions pour dire toute l'admiration qu'elle vous porte. Elle vous fait ses compliments et m'a chargé de vous dire que des raisons sérieuses l'ont retenue jusqu'ici d'exécuter votre commission. M. de M.[4] vous a tellement noirci auprès de S. M. qu'elle ne devait pas se promettre un heureux succès de la démarche dont vous l'aviez chargée. Il lui faut attendre encore quatre à six semaines, au bout desquelles elle espère pouvoir agir efficacement. Elle vous donnera de plus amples détails dans une lettre dont elle me chargera pour vous.[5] Je préfère réserver jusqu'au moment de vous entretenir tout ce qu'elle m'a dit par ailleurs de la méchanceté de M. Il est clair que ce despote orgueilleux rêve d'anéantir tous les grands hommes, morts et vivants, afin d'être le seul objet des louanges de la postérité. Mais les moyens qu'il met en oeuvre vont se retourner contre lui. Ses plans, à ce que m'assure la dite Dame, ont tout l'air d'échouer, et il pourrait bien ne plus recevoir de visites *en domino*.[6] Il est à prévoir que la brûlure de l'Akakia va lui attirer des suites fâcheuses. On imprime à Leipzig une traduction de ce pamphlet avec des additions réjouissantes.[7] Nous recevrons dans peu de Hollande la Séance Mémorable, nouvelle satire plus mordante que l'Akakia.[8] K. m'a déjà envoyé la première feuille de sa Défense de l'Appel.[9] L'ouvrage sera très sage, et cependant bien propre à faire impression.

Burgerbibliothek, Berne, Mss. hist. helv., xviii.48. Holographe en allemand. Traduction Paul Fichet.

1. Voir D5190.
2. Ce message de Voltaire est en français dans le texte. Il a a été quelque peu écorché par Hirzel (D5186, commentary).
3. L'expression vise le 'triumvirat' formé par Maupertuis avec Euler et Merian, ses deux principaux lieutenants dans la direction de l'Académie des sciences. Mais on songe aussi, naturellement, à Frédéric II pour le personnage de César. Il est remarquable que Voltaire brode assez librement, vers cette date, sur les triumvirats romains: voir D5199, D5202 et D5203.
4. Maupertuis.
5. Cette lettre est D5212, où la comtesse revient longuement sur la 'commission' dont Haller l'avait chargée.
6. Sur ces 'visites *en domino*', voir dans la troisième partie la discussion de D5212. Les prédictions de la comtesse se fondaient sans doute, au moins en partie, sur le fait que Voltaire venait d'être invité à suivre le roi à Potsdam (voir D5181). Fausse espérance, comme on le sait, puisque Maupertuis ne fut pas abandonné pour autant. Mais Frédéric II envoya à Voltaire du quinquina pour soigner sa fièvre! Voir D5200. Notons surtout que Maupertuis s'attira une réponse assez sèche, le 11 février, sur des plaintes qu'il venait de présenter contre les suppléments de l'*Akakia* qu'on

disait près de paraître: 'A vous parler avec franchise, mon cher Maupertuis,' lui répondit le roi, 'il me semble que vous vous affectez trop, et pour un malade, et pour un philosophe, d'une affaire que vous devriez mépriser' (*Briefwechsel Maupertuis*, p.286).

7. Précision fort curieuse, qui semblerait indiquer que certaines additions de l'*Akakia* furent d'abord publiées en allemand. Il n'apparaît pas que cette hypothèse ait été envisagée jusqu'à présent. On sait que Frédéric II fit aussitôt saisir cette traduction de Leipzig à laquelle Mylius avait mis la main (*Akakia*, p.lxxxvi).

8. La date exacte de la diffusion de la *Séance mémorable* n'est pas connue.

9. Cf. D5191, à König, 3 février 1753: 'Je viens de lire la première feuille de la défense de votre appel.'

98

Extrait d'une lettre de Mr Koenig à Mr Mylius

[fin janvier-début février 1753][1]

Présentés aussi mes très humbles respects à Madame la Comtesse de Bentinck, et offrés lui cet exemplaire de la defense de l'appel au public. J'aurais dû lui présenter cet enfant habillé dans la livrée du Président, c. à. d. en maroquin rouge et doré sur tranche;[2] mais comme nous nous piquons de modestie dans ce pays-ci, je le lui offre tout nud, tel que la vérité doit paroitre; J'espere qu'Elle voudra bien l'agréer dans cet état.[3]

RAG 190, copie sans date. Le titre est celui du manuscrit.

1. Je prends comme repères chronologiques: 1. D5186, du 29 janvier, où Voltaire répond à l'annonce de l'envoi très prochain de la *Défense*; 2. D5191, du 3 février, où il écrit à König qu'il vient d'en lire la première feuille; 3. la mention de la *Défense* à la fin du *Texte* 97 ci-dessus.

2. Voir *Texte* 77, n.4.

3. Cet extrait paraît remarquable à un double titre, comme trace d'une relation personnelle de la comtesse de Bentinck avec König (voir aussi *Texte* 106, n.4), et comme indice assez direct du caractère public de son engagement dans la querelle de la moindre action (cf. aussi la référence à un 'Antitriumvirat' dans le *Texte* 97).

99

La princesse Elisabeth d'Anhalt-Zerbst à la comtesse de Bentinck

[Zerbst, le 3 février 1753]

[...] Je suis bien aise que les nüées que vous crainjés dans une de vos precedentes ajes crevés a vos pieds et non sur votre tête, je voudrois bien qu'il en fût toujours ici [*sic*]. Il me semble que je vois revenir Voltaire sur l'eau, c'est un pressentiment que j'ai eue, et que les aprêts qui, ce me semble, sont prêts d'eclores manifesteronts. Je consois au moins que s'y le bon vieillard tient ferme, il causera plus autens [*sic*] d'embaras a proportion qu'une Armée enemie, et se seroits à juste titre. Pour moy au moins je ne sçais lequel des Deux je prefferierois [...].

RAG 336. Holographe.

100

Eusèbe de Chelli-Pagani à la comtesse de Bentinck

de Berlin ce 3e Fevrier 1753

Madame,

J'ai souhaité vivement la venue de Mr de Voltaire à Berlin dans l'esperence de faire une connoissence si belle, comme vous aviez deigné me faire esperer. Son sejour à Berlin au lieu de me produire un tel bien vous a donné tant d'occupations, outre celles aux quelles vôtre rang vous oblige, qu'il ne vous est pas resté un moment de libre pour m'accorder l'honneur de vous faire ma cour a mon aise. Vous pensé bien, Madame, qu'en ce la faisant [*sic*], outre le bonheur de vous etre present, j'aurois pû m'informer de mille choses très-utiles à mes affaires,[1] et que je ne pouvez savoir que de vous, puisque je ne pouvois m'en informer d'une Personne qui peut mieux, plus sincerement, et plus charitablement me conseiller. Jugez si, esperant que le depart de Monsieur de Voltaire,[2] me pourra procurer quelques moments d'avantage, je dois en être bien aise, et si je dois le souhaiter autant que son arrivée [...].

RAG 166. Holographe.

1. Voir *Texte* 68, note 1. La comtesse de Bentinck avait réussi à intéresser le prince Henri de Prusse au sort de Chelli-Pagani.
2. Son départ pour Potsdam, déjà annoncé dans la *Spenersche Zeitung* (D5190, n.1).

101

Le chevalier de La Touche au marquis de Saint-Contest

[Berlin, le 3 février 1753]

Ce texte est extrait d'un *Mémoire* manuscrit, non daté, entièrement chiffré, que La Touche joignit à sa dépêche du 3 février 1753. Je reproduis la transcription établie par le service du chiffre.

Le mémoire concerne 'un nouvel établissement que le Roy de Prusse a accordé à M. Harris' (MAE, *Prusse*, vol.171, f.101). Il s'agissait d'une entreprise de commerce colonial destinée à 'traverser et ruiner' les opérations anglaises dans l'Océan Indien. Trois associés, Dillon, Harris et Clifton, avaient réuni les capitaux nécessaires et commencé l'armement des bateaux. Le roi de Prusse prêtait à l'entreprise 'son pavillon, son nom et sa protection'. Il venait de nommer Dillon conseiller privé. La Touche avertit donc le ministre de l'arrivée prochaine de Clifton, qui est sur le point de passer de Hollande en France pour discuter avec les bureaux 'de l'objet du genre de commerce que cette nouvelle compagnie veut faire' (*ibid.*, f.104).

[...] Je crois, Monseigneur, qu'il faudra être attentif a ses demarches; Il pouroit peut être avoir en vüe de débaucher pour cet embarquement des Irlandois qui sont au service du Roy, et voici un trait qui le caracterise; Il s'est fait introduire chez M. de Voltaire avant son depart pour la Hollande. Il demanda a ce poëte ses commissions et luy dit qu'il passeroit par Dresde; M. de Voltaire luy donne un pacquet; Mais il apprend peu après que cet Irlandois ne prendroit pas sa route par Dresde, et luy envoye demander son paquet. M. de Clifton, gagné sans doute par le Roy de Prusse qui pouvoit bien etre curieux des correspondances de M. de Voltaire, envoye a celui ci le pacquet, mais il y manquoit une lettre essentielle que l'academicien avoit ecrite a Mad^e sa niece a Paris. M. de Voltaire, a qui la peur donnoit des forces, accompagné d'un de ses Secretaires, se hate de trouver aussitost M. de Clifton chez M. le Marechal de Keith où il devoit dîner,[1] et l'oblige par des promesses et des menaces de retourner chez luy où l'Irlandois avoit effectivement dans son bureau la depesche a M^de Denis qu'il avoit derobée du paquet que M. Voltaire lui avoit confié et qu'il ratrapa de la sorte. le Poete m'avoit confié ses angoises et vint chez moy me dire comment il s'y etoit pris pour se tirer de ce mauvais pas [...].[2]

MAE, *Prusse*, vol.171, ff.104-106. Original.

1. James Keith, dit Marschall Keith (1696-1758), le frère de milord Maréchal. Il était feld-maréchal des armées prussiennes et gouverneur de Berlin. Le mémoire le désigne comme l'un des 'patrons' de la compagnie maritime.
2. Saint-Contest ne répondit pas sur cet article dans sa dépêche du 23 mars.

102

La comtesse d'Aldenburg à la comtesse de Bentinck

[Varel, le 4 février 1753]

[...] Je vous abandonne vôtre Wol.; si a son age il est si etourdi, de faire des choses qui ont esté dechiré du R.,[1] que cela ne l'empeche pas d'ecrire et s'exposer a faire bruller cet ecrit par La main du boureau, et puis se sentir si peu de rester un cardheure encore à Berlin, et auser reparoitre aux yeux d'honnestes gens, et qu'il reste avec cela en grace: tout cela me passe.[2] Et vous, n'en rabatté vous pas de L'estime que vous avez pour Lui? N'aimé donc en Luy que L'esprit de sa plume. Elle et charmante, nous sommes aprez de Lire ses œuvres.[3]

RAG 405. Holographe.

1. Il apparaît que la comtesse de Bentinck avait communiqué à sa mère les nouvelles contenues dans le texte 93.
2. D'où les éclaircissements plus complets de la réponse de la comtesse de Bentinck, le 13 février (*Texte* 106).
3. 'Nous', c'est-à-dire Mme de Reventlau et elle-même.

103

La princesse Elisabeth d'Anhalt-Zerbst à la comtesse de Bentinck

[...] Je suis ravie du trait d'Emullation de notre grand Genie,[1] ce n'est pas lui qui est et qui sera à plaindres s'y on le laisses partirs, dont je doutes furieusement, mais ceux qui se sonts laissés allers a des principes tres faux et tres peu ressemblans aux heureuses idées qui avoits éblouïes jusque la surface. Non plus ultra, je crois que vous m'entendés [...].[2]

Zerbst, le 6 fevrier 1753

RAG 336. Holographe.

1. Je ne sais ce que c'est que ce 'trait d'émulation'.
2. Ce qu'on 'entend' de plus clair à ces prudentes circonlocutions, c'est que la princesse croit le roi de Prusse dans son tort, et l'Europe près d'être éclairée sur son véritable caractère si Voltaire quitte sa cour.

104

Le comte de Lynar à la comtesse de Bentinck

à Oldenburg ce 8 de fevr. 1753

[...] J'attends avec impatience les livres, que vous avez eu la bonté de me promettre. Les nouvelles litteraires ont beaucoup parlé de cette fameuse querelle sur la loi d'epargne. La suite des pieces, qui ont paru de part et d'autre, me mettra en état d'en juger avec plus d'evidence.[1] Toute cette querelle ne me paroit devoir sa naissance qu'à la folie des savants, qui se croyent infaillibles, et qui idolatrent leurs chimères. Ce sont des productions, qu'ils cherissent comme un Père cherit son enfant; quand quelqu'un attaque leur opinion, ils crient au meurtre, on veut égorger leur enfant; quand on dit qu'un autre en est l'inventeur, ils se croyent cocus, et crient encore; chacun prétend avoir le privilege exclusif de coucher avec les Muses, et quand un autre entre dans le docte serail, on voit d'abord des combats, dont chacun sort avec une grande balaffre, qui le déshonore aux yeux de la verité. Il peut y avoir après cela des raisons politiques, qui ont contribué à echauffer la querelle, et à la porter à un point de ridiculité, qui a étoné tout le monde impartial. Quand vous voyez Voltaire, demandez lui, s'il n'est pas de mon sentiment;[a] Le pauvre Voltaire! ne verrai-je pas la celebre diatribe, à la quelle la main du bourreau n'aura rien oté de sa beauté? [...].[3]

RAG 467. Holographe.

1. La comtesse de Bentinck avait donc annoncé la publication prochaine d'une 'suite des pieces' – soit *La Querelle*, soit les *Maupertuisiana*.
2. Ceci paraît indiquer que Voltaire et Lynar se connaissaient déjà. Le 30 décembre 1753, Lynar

écrit à la comtesse de Bentinck: 'N'entendez vous plus rien de notre ami Voltaire? Où s'est-il réfugié, et où faut-il adresser les lettres, pour lui écrire?' (RAG 467). Cette correspondance est inconnue.

3. La comtesse lui envoya peu après la *Diatribe*: voir le *Texte* 122.

105

Le prince Frédéric de Wurtemberg à la comtesse de Bentinck

[Potsdam, le 12 février 1753]

[...] On parle si peu ici des autres Messieurs les Beaux Esprits[1] comme s'ils etoient morts. Cela me fait plaisir pour Voltaire, car Vous sçavez bien que l'on n'aime pas a le menager[2] [...].

RAG 226a. Holographe.

1. Il est question plus haut de l'abbé de Prades et d'Algarotti.
2. 'On', c'est, bien entendu, Frédéric II.

106

La comtesse de Bentinck à la comtesse d'Aldenburg

Berlin le 13 Fév. 1753

En vérité, Ma très Chere Mere, vous ne me faites pas mal de Gewissensfragen[1] et je ne serois pas mal empechée d'y repondre cathegoriquement comme vous me l'ordonnez.[2]

Voyons cependent ce que je pourray faire en marient ensemble l'obaissence que je vous dois et la prudence que je me dois a moy meme.

Voici reduit au simple L'estat de la question.

Mr de Maupertuis et Mr de Voltaire estoient touts les deux amis d'un certain Professeur Koenig, grand Mathematicien.

Mr de Maupertuis fait un Livre il y a longtemps qu'il intitule *Essay de Cosmologie*.[3]

Il y propose un principe General et universel qu'il croit avoir decouvert, et qui est selon son idée, le mot de l'Enigme de la Nature entiere, cherché inutillement depuis si longtemps. Il y fait harmonier toutes les parties de la Metaphisique de la Phisique, et de la geometrie. Il a prétendu prouver que toutes les autres preuves de l'existence d'un Dieu estoient foibles et insuffisentes, au lieu que celles qu'il deduit de son principe, sont demonstratives.

M^r le Professeur Kenig trouva la decouverte moins belle que le President ne l'avoit cru. Elle ne fit aussi nulle impression a l'accademie Royalle des Sciences a paris ou il la proposa l'année 1744. Mais estent ensuite chef de l'accademie de Berlin, il fit reimprimer cet ouvrage dans les actes de cette societé.

C'est alors que Mr Koenig Crut devoir user des droits des scavents en discutent une verité a laquelle il se croyoit autorisé d'aporter des Examens plus profonds. Il repondit au livre de Mr de Maupertuis avec beaucoup de moderation et de politesse en l'exhaltent beaucoup et luy accordent de grands Eloges.

Comme cependent il ne vouloit ny le choquer ny se brouiller avec luy, il fit le voyage de Berlin pour luy parler et luy communiquer ses scrupules.[4] Il luy envoya en manuscript son ouvrage, et le luy soubmit. Il le pria de luy en corriger luy meme les Erreurs. Et meme il luy offrit de le suprimer entierement si, de le voir parroitre, pouvoit faire la moindre paine a mr de Maupertuis.

Celuy ci luy remit son manuscript En l'assurent que loin d'estre faché que l'on aprofondit la verité, il estoit ravi que chacun s'aplicat a cette etude et qu'il ne seroit jamais faché que l'on fust d'un autre sentiment que luy: qu'il n'avoit pas eu le temps de lire son ouvrage, mais que rien ne devoit l'empecher de le donner au publiq.[5]

Mr Konig Encouragé par ce concentement retourne a la haye et fait imprimer sa piece dans les *acta Eruditorum* de Leiptzig,[6] et non point dans ceux de l'accademie de Berlin. Mr de Maupertuis luy avoit envoyé, une année auparavent, la patente de membre de cette accademie, sans qu'il l'eust briguée.[7]

Quand la piece de Mr Konig parut, il y avoit une Citation d'une lettre de Mr de Leibenitz concernant un point de Calcul mathematique.

Mr de Maupertuis crut que Mr Konig avoit citté ce passage, pour insinuer que Mr de Leibnitz avoit decouvert avent luy le principe fameux dont Mr de Maupertuis c'estoit déclaré L'inventeur. Il crut y voir ce sens la, et il ecrivit à Mr Konig, pour le prier de luy dire, ou se trouvoit cette lettre qu'il avoit citée. Konig repondit qu'il en avoit reçu la copie, par feu Heinzi, decapité depuis a berne. Qu'il croyoit la lettre Ecrite a Mr Herman, et il luy envoya en meme temps, la copie de la lettre toute entiere; ajoutent que l'original ne luy avoit jamais esté envoyé, mais seulement cette copie que Mr Heinzi luy avoit procurée avec plusieurs autres, des lettres du meme scavent.

Apaine Mr de Maupertuis eust il reçu cette reponce, qu'il traduisit Mr Konig par devent l'accademie, comme un membre suspect d'avoir *forgé* ou *falcifié* des lettres de Mr de Leibnitz, pour enlever au president la gloire de sa fameuse decouverte.

L'academie, c.a.d. 22 membres d'icelle, touts dependent du president du nombre desquels il n'y avoit guerre de professeurs en Mathematique, deciderent,[8] que la lettre de Leibnitz citée par Konig estoit fausse et controuvée, et ne meritoit aucune foy, n'ayent eu pour but que d'enlever la gloire d'une decouverte fameuse a son auteur.

Mr Konig piqué au vif de cette procedure, qui le deshonnoroit, fit publier une piece intitulée *Apel au Public* dans lequel il se justifie d'une façon très forte et tres decente, et il renvoya sa patente de membre de l'accademie.

Bientost le publiq fut inondé de pieces relatives a cette affaire, ou presque touts les scavents, et toutes les accademies se declarent en faveur de Mr Konig.[9]

Mr de Voltaire, son ami, avoit esté chargé par le Roy de rendre conte a Sa Majesté, de la querelle de ces scavents.[10] Il avoit d'abord, sur le jugement de l'academie et sur l'exposé de Mr de Maupertuis, jugé le tort du costé de Mr Konig, et il l'avoit dit au Roy, malgré son amitié personnelle pour ce professeur.

Quand L'apel au publiq parut, Mr de Voltaire changea d'avis avec le public entier, et le dit au Roy. S. M. Le pria de ne point ecrire dans cette dispute, et de ne se point mettre au rang de ceux, qui tomboient sur le president. Mr de Voltaire Le promit au Roy, quoi que fort a contrecoeur, ces sortes de choses luy parroissant directement de son departement, a titre de scavent, d'homme de Lettres, d'accademitien, et d'ami de Mr Konig. Il ceda cependent aux ordres de son maitre, et se tint tranquille.[11]

Peu de temps apres, il parut parmi plusieurs autres pieces violentes, un petit fragment intitulé je crois, *l'estat de la Question* ou *lettre d'un accademitien a berlin a un accademitien de paris*.[12] Cette piece peignoit la conduite de Mr de Maupertuis de couleurs assez noires, et mettoit tout le tord de son costé. On croit estre assuré que Mr de Joncour, professeur en mathematique et en Theologie a Bois le Duc et ami de Mr Konig, en est l'auteur.[13] Mr de Maupertuis en fut outré. Il estoit malade, le depit augmenta son mal. Un jour ou le Roy vint a Berlin, avent le Carnaval, ses amis le crurent expirant, et porterent au Roy leurs craintes et leurs regrets. Le Roy, qui a le coeur tres sencible, et qui souffre en voyent souffrir, voulut bien aller luy meme voir le president, que l'on luy depeignoit mourent, et qui profitta de ce moment d'attendrissement, pour se pleindre a S.M. que la haine de Mr de Voltaire avençoit le terme de sa vie, puisque cet auteur fameux, avoit, en oposition a sa parolle, et aux ordres de sa Majesté, ecrit une piece si sanglante contre luy. Il persuada le Roy que la piece de Mr de Joncour estoit l'ouvrage de Mr de Voltaire.[14]

Ce prince, extremement irrité de cette desobaissence et de ce manque de complaisence, retourna a Potsdam tres aigri. Il ne parla point a Mr de Voltaire, mais comme le president se voyoit accablé, a force de traits lancez contre lui, par touts les scavents, et qu'il voyoit bien que rien ne pouvoit le sauver, que de faire intervenir l'autorité supreme (il avoit, dit on, fait insinuer au Roy, qu'une seule ligne de la main de S. M. en sa faveur en imposeroit a l'envie et a la malignité) de sorte que le Roy,[15] qui n'a pas le temps d'entrer dans ces petits details accademiques, et qui n'avoit garde de prononcer dans une querelle que l'on luy disoit estre une dispute d'algebre, et non de procedez d'équité; se determina, par pitié, par générosité, pour un homme expirent, qu'il croyoit la victime de l'envie, a cause de son seul merite; a ecrire en sa faveur une lettre *au nom d'un accademicien de Berlin a un accademitien de paris*, Lettre dictée par la compation pour l'estat douloureux de Mr de Maupertuis, et par le depit d'avoir esté mal obaÿ par Mr de Voltaire.[16]

Dans cet ouvrage, ou il n'y a que des generalitez, toutes les personnes qui sont peu amies du president sont traitées un peu rudement, et il y a des epitettes un peu vives et mesmes attentoires [*sic*] a la probité, et a l'honneur; et S. M. qui vouloit punir Mr de Voltaire, qu'il ne pouvoit croire que tres coupable, declara tout haut que c'estoit luy que l'on avoit eu en vüe, dans cette piece, et la luy envoya a luy meme sur ce pied.[17]

Mr de Voltaire, fatigué de l'effort d'obaissence qu'il avoit fait, en se retenent d'ecrire en faveur de son ami, et de ce qu'il croyoit la verité et la justice, et maltraité presentement innoçament, malgré ces mesmes efforts, s'échapa, et se crut libre de la contrainte qu'on luy avoit imposée, et autorisé a se deffendre d'une attaque si vive. Il se contenta de respecter l'auteur de la deffence de Mr de Maupertuis; mais il se jetta sur un recœuil de lettres, que le president venoit de faire imprimer, nouvellement, et ou l'on dit en effect qu'il y a des choses fort etranges, et mal digerées.[18]

Il fit une plaisanterie assez maligne sous le nom de *La Diatribe du Docteur Akakia medecin du pape*. Il la fit imprimer a potsdam et a Amsterdam.[19] Le Roy fut averti de l'impression, qui se faisoit chez luy,[20] et qui n'estoit rien qu'une badinerie un peu forte, mais qui ne tomboit que sur les ouvrages de Maupertuis, et qui n'estoit bonne qu'a faire un peu rire a ces depends.

Le Roy en fut fort faché. Il fit bruler dans son Cabinet touts les exemplaires qui se trouverent a potsdam.[21] Mr de Voltaire voyent son maitre si faché, luy avoüa injenuement, qu'il avoit envoyé pareillement une piece a l'imprimeur d'amstredam, et s'offrit de la faire suprimer. On accepta son offre, mais on ne voulut pas l'en croire sur sa parolle, de peur qu'il ne procurat pas de bonne foy la supression; de sorte que le Roy voulut envoyer luy meme la lettre au Libraire. C'est precisement cette precaution, qui gata tout; car le Libraire D'hollande voyent le ministre de prusse s'intriguer si fort pour faire suprimer ce petit ouvrage, sentit qu'il pourroit luy valoir beaucoup d'argent, et feignit de n'avoir point reçu d'ordre.[22] L'ouvrage parut donc, et lorsque les premiers Exemplaires en furent envoyez a Berlin,[23] Mr de Maupertuis en eust une nouvelle suffocation de colere, qui fit recommencer les lamentations de ses amis. On le vit de nouveau expirent, et il demanda d'une voix mourente la perte de son meurtrier; de façon que le pauvre Docteur Akakia fut brulé par la main du bourreau, comme premier martir d'une mauvaise plaisanterie.

Cette Execution a rendu la vie a M^r le president. Pour Mr de Voltaire il ne balança pas un moment, a mettre aux pieds du Roy sa Clef, son ordre, et sa pension, et a demander son congé, dans les termes les plus respectueux, mais les plus positifs.[24]

Le Roy Equitable pour tout le monde, et dont le coeur avoit toujours esté porté pour Mr de Voltaire, lorsqu'il l'avoit cru le plus coupable, et qu'il avoit cru le devoir punir, Luy renvoya sur le champ ces marques de sa faveur, refusa de les reprendre, et ne voulut point luy accorder sa demition. On deffendit a toutes les postes de luy donner des cheveaux.[25] Il est revenu a la charge 3 ou 4 fois du depuis, mais toujours aussi inutillement.[26] Sa Majesté, en partent pour potsdam, l'a invité a le suivre;[27] il est encore ici, on l'invite touts les jours, on luy marque mille attentions.[28] Le Roy luy envoye des remedes, luy ecrit;[29] mais le petit vieillard se tient toujours chez luy, et ne parroit pas encore disposé a retourner aupres du maitre. Pour de sortir du païs, La chose ne depend pas de Luy, et il n'en a pas pu obtenir la permition.

Personne ne prévoit comme cela finira. Les Libraires continuent a gagner a cette querelle, par la foule de pieces qui parroissent touts les jours, et qui se debitent comme du pain chaud. En revenche, la societé, et les honnestes gens, perdent a ces odieuses querelles, qui ressemblent comme deux goutes d'eau, aux guerres Theologiques que nous avons vuës s'elever a la haye, entre Saurin et la Chapelle.

Le tout finiroit bien plutost, si les grands, les ministres, et les femmes, vouloient bien ne s'en point mesler du tout, et laisser les scavents se battre entre eux, sans en prendre fait et cause.

Tel est au moins mon opignon. Je tache de me tenir hors de tout ce bruit, le mieux qu'il m'est possible. J'ay des obligations a Mr de Voltaire, qui a toujours esté de mes amis, et dont j'admire les talends; je le vois avec le plaisir que l'on ressent de voir un grand homme, dont le comerce est tres doux, et que tout le monde recherche, sans qu'il se prodigue du tout.

Du reste, je dois trop au Roy, et j'admire trop le Noble fonds qui l'a fait agir, pour me mesler de tout ce dans quoi il a pris un parti, quel qu'il soit. Je suis penetrée de voir un monarque si elevé au dessus des autres hommes, entrer dans leurs petits debats par humanité; et quand meme cette humanité l'auroit emporté un peu trop loin, quand on auroit trouvé moyen d'abuser de ses vertus, pour l'induire en quelque erreur, j'en trouve le principe trop beau, pour en condamner les consequences.

Je voudrois que touts les beaux esprits qui l'environnent, eussent pour luy les memes sentiments d'admiration, de zele, et de gratitude que moy, et qu'au lieu de le vouloir faire servir d'instrument a leur reputation et a leur interest, ils se reunissent touts, pour travailler a etablir la gloire de leur bienfaiteur, et de leur Maistre. C'est alors que je les estimerois plus que de tout leur esprit, et de toute leur science. Mais comme je ne refonderay pas les hommes, je feray mieux de finir cette lettre, qui m'a bien cousté, et qui peut-estre ne vous instruira, et ne vous amusera guerre. Mais contente de vous avoir obaïe je me borne a vous assurer de mon tendre et profond respect qui durera autent que ma vie.

CS

RAG 382b-c. Holographe.

1. De *questions de conscience*.
2. Voir les *Textes* 96 et 102.
3. Publié en 1750, l'*Essay de Cosmologie* développe en fait, comme la comtesse l'indique plus loin, la thèse principale d'un mémoire inséré d'abord dans les *Actes de l'Académie des sciences* de Paris en 1744 ('Accord des différentes lois de la nature') et repris dans le second tome de l'*Histoire de l'Académie de Berlin* en 1746 ('Les loix du mouvement et du repos', pp.267-94).
4. König séjourna à Berlin du 20 au 29 ou 30 septembre 1750, d'après sa lettre à Haller du 3 octobre (*Texte* 15). Le 24 septembre, d'après Formey, la comtesse de Bentinck dîna avec lui chez Maupertuis (*Souvenirs*, i.178).
5. La relation de la comtesse suit d'assez près l'*Appel au public* et la lettre de Voltaire à König datée du 17 septembre 1752 (D5076).
6. *Nova acta eruditorum*, mars 1751, pp.125-35 et 162-76.
7. C'est en 1749 que König fut nommé membre associé de l'Académie de Berlin.
8. Mots rayés: *apres avoir fait chercher l'original*.
9. Ce résumé de la querelle est tendancieux. Cf. *Akakia*, pp.lxx-lxxiii.
10. Rien ne recoupe cette affirmation, et on ne voit pas à quel titre Voltaire aurait pu être chargé d'un tel rapport. Dans la phrase suivante, les mots 'sur le jugement [...] Maupertuis' sont repris de D5076.
11. Autres affirmations sans recoupement possible.
12. Le titre exact est 'Réponse d'un académicien de Berlin à un académicien de Paris' (D5019). Cet écrit fut publié dans la *Bibliothèque raisonnée* à Amsterdam, dans le volume de juillet-septembre 1752. Dans une lettre à Haller datée de La Haye le 3 octobre 1752, König en parle comme d'une nouveauté (Burgerbibliothek, Berne, Mss. hist. helv., xviii.11).
13. Cf. D5040, datée du 11 octobre 1752, avec laquelle Voltaire envoie à la comtesse de Bentinck une 'lettre' qu'il dit avoir reçue 'par la poste de Berlin': 'On prétend que la lettre que vous trouverez dans ce paquet est d'un Mr Joncour, amy de Koenig.' Mais la *Réponse* est attribuée à Voltaire depuis Beuchot. 'Elle vient de bonne main,' dit König en l'annonçant à Haller le 3 octobre.
14. Cette visite de Frédéric II à Maupertuis est du 2 ou du 3 novembre 1752 (*Utrecht*, supplément du 10 novembre).

15. *Sic.* L'embarras de la phrase est significatif: l'accumulation des incises retarde et masque l'idée d'une *faute* de Voltaire justement *punie* par le roi (cf. la fin du paragraphe).

16. La *Lettre* du roi fut écrite dans les premiers jours de novembre 1752: le 7, il en envoie le manuscrit à Maupertuis; le 11, il la lui envoie imprimée (*Briefwechsel Maupertuis*, p.281). Le 12, le chambellan Lehndorff, rendant visite à Maupertuis, le trouve 'ravi' dans la lecture de cette pièce écrite par 'un très illustre auteur' (*Dreissig Jahre*, i.28).

17. Autres détails inédits.

18. Les *Lettres* de Maupertuis parurent à la fin de septembre ou au début d'octobre 1752. La *Lettre sur le progrès des sciences* avait déjà été insérée dans l'édition de ses *Œuvres* publiée durant l'été. Est-ce par coquetterie ou par prudence que la comtesse affecte de ne pas la connaître? Voir le *Texte* 79.

19. *La haye* raturé en *Amsterdam.*

20. Voir D.app.118.

21. Voir le *texte* 93.

22. Plusieurs de ces détails sur la poursuite de l'édition de Hollande paraissent inédits. Le 19 décembre, Sulzer indique seulement à Haller que '[le Roi] a obligé Voltaire de donner ordre de remettre [les exemplaires de Hollande] à Mr. de Hellen, Résident de S. M. à la Haye' (D5117, commentary).

23. L'*Akakia* arriva à Berlin le 21 décembre, d'après Lehndorff (*Dreissig Jahre*, i.32).

24. L''exécution' est du 24 décembre; Voltaire 'balança' jusqu'au 1er janvier.

25. Ce dernier détail est inédit. Le renvoi de la démission est également du 1er janvier (D5135).

26. Démarches indirectes, peut-être. On n'en trouve pas trace dans la correspondance. Dans D5217, Voltaire écrit qu'il se dispose à 'demander une *seconde* fois [son] congé' (à d'Argental, le 26 février).

27. Frédéric II regagna Potsdam le 30 janvier. L'invitation est mentionnée dans D5189-D5190.

28. Tout semble indiquer au contraire que Voltaire était alors presque abandonné à lui-même: cf. D5194, D5208 et le *Texte* 94. Ou faut-il penser que 'on' désigne encore le roi? On n'a pas trace de ces 'attentions' renouvelées.

29. Cf. D5200, dépêche diplomatique du 10 février: le roi a envoyé du quinquina à Voltaire; mais la 'lettre obligeante' est de Fredersdorff.

107

La comtesse d'Aldenburg à la comtesse de Bentinck

Varel 20 fev. 1753

Ma chere fille si mes gewissensfragen vous ont embarassé au sujet de Woltaire, vous vous estes aquitté si Eloquament, par la pene que vous vous estes donnée, de me faire le narrez, que Wol. me paroit si blanc qu'il me paroissoit noir avant. Il auroit pu se dispenser apres avoir promis au R. de ne se pas meller de la dispute, et voiant un homme dont il a toujours paru estre amis, et mourant, de se moquer de Luy, par une satire. Mais la punision en estoit trop forte, quoi que Le R. avoit raison de punir W. de son desobeisence et de ne pas respecter un homme mourant que le Roy et Le publique estimoit. Une disgrace pour quelque temps auroit sufi, et il ne peut, me samble, faire autrement que de se vouloir retirer, au moin paroitre inexorable, et montrer au publiq par la qu'un honnest homme qui se sent ne peut faire autrement, et que Sa Majesté Luy même croit qu'on en a trop fait, et qu'elle cherche en toute maniere, de Luy faire oublier ce qui s'est passé, par toute sorte de graces, et d'adoucissement, qui marque La continuation de sa premiere amitié et bienveillance.

Vous faites for bien ma chere fille de vous elogner, et n'entrer pas dans Le débat. On y peut entrer si inocemment, et s'atirer des inimitié, des uns et des autres, comme vous avez veu par l'affaire de Saurin et La Chapelle, que Les familles se brouillerent. Ceci fait beaucoup de bruid. J'en ay fait part a Me Rebenklau, elle est charmée de vôtre Stille, Elle dit que cette Lettre[1] et une piece qu'il faudroit imprimer et garder pour La postérité. Elle vous assure de ses respects Nous attendons le Akakia[2] que son frere a eu pourtant de La pene [a avoir?]. Je suis curieuse comment cela se [finira?]. Je m'imagine par la mort de Mr M.[3] [...].

RAG 405. Holographe. Le manuscrit est endommagé: des mots manquent à la fin du passage cité.

1. Le *Texte* 106.
2. Voir ses impressions de lecture dans le *Texte* 111.
3. Maupertuis.

108

Le prince Frédéric de Wurtemberg à la comtesse de Bentinck

[Potsdam, 29 février 1753]

[...] Nous vivons ici si tranquillement, que Nous n'avons pas les moindres nouvelles a mander. On ne parle plus ici de la guerre des Beaux Esprits et j'espere que ce sera le moyen de la faire cesser [...].

RAG 226a. Holographe.

109

Position de l'Académie des sciences de Paris sur la querelle Maupertuis-König

[fin février 1753]

Le mercredi 7 Février 1753 Mr le Chevalier Darcy membre de l'Académie des sciences de Paris chargé de rendre compte à l'Académie du fond du Procès de messieurs Koenig et Maupertuis, demontra que les propositions de Mr de Maupertuis étaient des pétitions de principe, et des paralogismes. Toute l'Académie aïant examiné mûrément le mémoire de Mr le Chevalier Darcy, fut unanimement de son opinion,[1] et Mr de Réaumur l'un des Commissaires écrivit au nom de l'Académie ces propres paroles à Mr Koenig, le 11 Février suivant: 'La vérité et la candeur ont un triomphe complet sur les sophismes par les quels on a prétendu se placer au dessus des plus grands hommes, et sur tant de petites adresses méprisables par les quelles on a cherché à en imposer.'[2]

RAG 188a. Copie très soignée; la main paraît être celle de Francheville, alors secrétaire de Voltaire.

1. Cf. D5223, Voltaire à Formey, 4 mars 1753: 'L'Académie des sciences de Paris a jugé d'une voix unanime contre Maupertuis, sur le rapport de m. Darcy, qui a démontré que sa prétendue découverte n'est qu'une pétition de principe.'

2. Le statut de cette note n'est pas absolument clair: le début pourrait avoir été extrait de quelque gazette ou de nouvelles à la main; en revanche, la citation de la lettre de Réaumur ne peut guère avoir circulé qu'avec l'aveu de König – et donc après un certain temps, d'où la datation proposée. Le 9 mars, Lehndorff note comme une nouvelle du jour que 'les écrits de Maupertuis contre König sont condamnés par l'Académie des Sciences de Paris' (*Dreissig Jahre*, p.59). Cette décision de l'Académie de Paris renforça naturellement la position de Voltaire à Berlin: voir le post-scriptum du 'mémoire' reproduit par Besterman dans D.app.121, I.

110

L'Evangile selon saint Marschall

Cette satire contre Maupertuis est sans doute l'un des textes les plus curieux de cette série. La comtesse de Bentinck la tenait apparemment de Chelli-Pagani. Le 9 mai 1753, il lui en promet incessamment une copie; le 19 juin, il lui redemande 'l'ouvrage' de la part de 'l'Evangéliste'; il le lui redemande encore le 26 juin et ajoute: 'l'Editeur espère que vous en avez déjà tiré copie' (RAG 166, lettres holographes).

J'ignore qui étaient cet 'Evangéliste' et cet 'Editeur' – il n'apparaît d'ailleurs pas que l'ouvrage ait été imprimé. Les manuscrits présentent à trois reprises, comme on le verra par les notes, de courtes annonces qui sembleraient indiquer une rédaction collective, selon des tâches distribuées à l'avance. Le texte même comporte des longueurs et des redites. Peut-être s'agit-il là d'un divertissement de société. 'L'Evangéliste' pourrait être alors l'inspirateur de l'ouvrage, et non son auteur. Mais on se demande surtout si Voltaire n'y prêta pas la main, ou s'il n'en révisa pas le texte, en tout ou en partie. Plusieurs passages, entre autres le *credo* en Moreau Maupertuis, ne sont certes pas indignes de l'*Akakia*.

La date de composition est incertaine. L'*Akakia* avait paru à la fin de décembre. L''évangéliste' reprend une plaisanterie attribuée à Voltaire en janvier 1753 par un correspondant de Gottsched (voir note 19). Il n'est d'autre part question ni du départ de Voltaire (26 mars), ni de celui de Maupertuis (29 avril). La référence la plus tardive est au célèbre 'cartel' de Maupertuis, qui est du 3 avril, mais ce n'est qu'une allusion faite en passant. On peut d'ailleurs penser que 'l'Evangile selon saint Marschall' s'enrichit au fil des incidents et des rebondissements de la fameuse querelle.

[janvier-mai 1753?]

Et s'il ne m'est permis de le dire au papier,
J'irai creuser la terre, et comme ce barbier,
Faire dire aux roseaux par un nouvel organe:
'Midas, le roi Midas, a des oreilles d'âne.'
Boileau[1]

[2]Au temps de Frédéric-Guillaume, second roi de Prusse, il parut une comète, qui précéda immédiatement la naissance de Marschall.[3] Son père, qui en avait eu la révélation en songe, n'ayant pas voulu y ajouter foi, fut imbécile comme Nabuchodonosor neuf mois de suite jusqu'au jour de sa naissance. L'enfant fut porté au Temple, et ses parents lui donnèrent le nom de Theodatus, qui veut

dire en langue vulgaire: Dieu-donné. Jusqu'à l'âge de vingt-huit ans, il vécut parmi les hommes.

Or, en la sixième lune de la douzième année de l'empire de Frédéric, troisième roi de Prusse,[4] lorsque Voltaire était chambellan, le grand Maupertuis souffla l'Esprit au prédicateur Marschall, et il lui dit:

'Allez-vous en par tout le monde, et annoncez le Seigneur des Seigneurs, qui daigne habiter parmi les hommes. Il est descendu de l'empyrée, il a quitté Sirius qu'il tenait d'une main et la planète Jupiter qu'il tenait de l'autre, pour aplatir la terre; il a rendu l'habitation de l'homme un jardin riant, une demeure agréable à Dieu par la figure qu'il lui a donnée.[5] Que tout ce qui est né de la chair fléchisse les genoux devant lui, et anathème sur tous ceux qui mépriseront ses autels! Je vous sacre mon Prédicateur: que ce Livre de ma Cosmologie[6] soit la marque de votre ministère. Mais retenez seulement ce que vous y avez appris, jusqu'à ce que je vienne après vous. Car celui qui aura vaincu, et qui aura gardé mes Oeuvres jusqu'à la fin, je lui donnerai puissance sur les mondes; il les changera comme l'argile qui prend mille formes différentes sous la main du potier, et il gouvernera les savants d'une verge de fer. Allez prêcher l'Evangile de Salut à toute créature'.

Le Prédicateur, qui durant ce discours avait tenu son visage contre terre, leva sa tête en disant: 'Amen, la volonté du Seigneur soit faite!'

Soudain, il sent ses esprits agités, une fureur divine s'empare de son âme, il est tout plein de son Dieu.

Il part, il traverse les déserts, il arrive sur les bords de la Seine.[7] Là, il se place sur un globe, et élevant la voix:

'Ecoutez, dit-il, peuples, écoutez!

Je suis le serviteur du Seigneur des Seigneurs, je suis le messager qui vous annonce l'Evangile de Salut et de bonheur sur la terre. Faible instrument du Seigneur, moi qui ne suis pas digne de délier le cordon de Son soulier, ni de lécher la poussière de Ses pieds, il m'a choisi pour publier Son arrivée.

C'est Celui qui vient après moi, qui est plus grand que Micromégas.[8] Il tient la terre sous Ses pieds, l'étoile de la Canicule repose sur Sa tête, les planètes sont dans Ses mains. Il lance les comètes comme la foudre sur les incrédules.

Le Seigneur Moreau est un Seigneur Terrible! Il ne souffre pas qu'on le joue impunément! Il a su faire un trou jusqu'au centre de la terre, où les réprouvés seront précipités jusqu'au jour du Jugement: ils y hurleront et leurs maux n'auront point de fin.

Les miracles précèdent Son arrivée et marchent sur Ses traces. Il fait naître des anguilles grosses d'autres anguilles avec de la farine délayée, et des poissons avec des grains de blé. Par la moindre action, Il met l'univers en mouvement. Il a le secret de faire vivre les hommes jusqu'à l'âge de Mathusalem. Il les conserve en reculant le point de leur maturité, comme les oeufs qu'on empêche d'éclore.

Mais Il ne communique Ses secrets qu'à Ses Elus. Cherchez le Seigneur et vous Le trouverez! Il produit des races nouvelles en accouplant le roitelet avec la biche. Il rétablit les anneaux rompus dans la chaîne des êtres.

Sa bonté infinie s'étend jusque sur les animaux. Il a prêché l'Evangile aux mouches, les araignées ne les mangeront plus. Il va changer l'ordre de la nature.[9]

Quand Il parle, tout obéit. Il ne peut vous tomber aucun cheveu sur la tête sans qu'Il le sache.

Mortels, élevez vos âmes à la connaissance du Seigneur!'

Tout le peuple était étonné et ne savait qu'en penser. Les uns, se moquant, disaient: 'Il est plein de vin doux!' Et les autres s'écriaient: 'Quel est ce Seigneur? Que ne pouvons-nous Le connaître!'

Alors Theodatus, allant sur une montagne, éleva sa voix et leur dit:

'Venez, mortels, que le Saint-Esprit éclaire vos âmes! Je vais vous apprendre à connaître Celui qui fut avant moi, qui sera après moi et qui est préféré à moi!'

Et Theodatus s'assit sur la pointe d'un rocher, afin d'être à la vue du peuple, et parla de la manière suivante:

[10]'Ah! c'est un si grand homme, ah![11]

Fils et beau-fils de ministres, j'ai quitté ma patrie, tous mes biens, mes parents, mes carrosses superbes, pour suivre le Seigneur et remplir l'oeuvre de Sa mission.

Ecoutez! Le Seigneur était la Parole, et dans le commencement la Parole était avec Dieu. Or la Parole est la Lumière, et sans la Lumière, tout est obscurité. La terre était enveloppée d'épaisses ténèbres, le monde gémissait sous le joug de l'ignorance. On ne connaissait ni la figure de la terre, ni les propriétés des corps. La génération de l'homme était inconnue à l'homme même. On ne savait rien de l'attraction et des règles du mouvement. Tout était dans l'ignorance. On avait mille opinions perverses sur ces choses essentielles au bonheur de l'homme. La raison est une lumière trop faible, elle ne sert qu'à nous égarer sans le secours de la Grâce.

Dieu eut enfin pitié de la race mortelle, il lui envoya la Parole.

La Parole vint dans la chair et daigna prendre l'humble figure de l'homme. L'Ange du Seigneur vint annoncer Sa naissance à Sa mère, et lui dit: 'En trois mois, tu seras bénie entre les femmes'.

Or le Seigneur naquit dans une bourgade obscure des Terres Australes, sous l'humble toit d'une écurie, car Sa mère avait été surprise des douleurs de l'enfantement. Le jour de Sa naissance, la terre trembla et le firmament tressaillit de joie.

Or, cette nuit-là, le roi des Terres Australes vit en songe qu'un enfant nouveau-né ferait un jour la conquête de sa patrie. Aussitôt le roi à son réveil donna ordre d'exterminer tous les enfants au-dessous de trois mois. Mais l'Ange apparut à la mère et lui donna avis de ce qui se préparait. Elle s'enfuit donc avec l'Enfant, et les anges la portèrent de leurs mains au sein de Sion, à Saint-Malo.

Et le petit Seigneur fut nommé Moreau Maupertuis, et Sa mère lui donna le surnom de Philosophus, qui veut dire en langue vulgaire: *Ami de la Sagesse*, car, disait-elle: 'Il enseignera un jour la Sagesse à Son peuple!' Et l'Enfant s'avançait en sagesse et en stature, et il devint la consolation de Sa mère. Il vécut longtemps inconnu parmi vous, passant Sa vie un télescope à la main à contempler les astres, donnant par là à connaître Son origine céleste.

Mais enfin était venu le temps de Son exaltation,[12] le temps où Il devait accomplir Son destin sur la terre.

Il quitta ces pays et se rendit en Laponie. Il y vit garnison suédoise, et il y faisait grand froid, et Moreau en souffrit beaucoup. Alors l'Ange Gabriel vint à

Son secours. Il Lui couvrit la tête d'une perruque ronde, en signe de Sa mission divine. Et l'Ange Lui dit: 'Cette perruque sera désormais la boussole de la raison, qu'elle dirigera toujours vers les pôles. Elle servira à couronner les grands hommes, comme la clarté qui environne le Père Céleste'.

Alors Maupertuis mesura la terre et se revêtit de peaux de rennes.[13]

Comme donc[14] le Seigneur eut achevé ces grands ouvrages, Il quitta les environs de la mer glaciale, pour en parler toute Sa vie et par toute la terre.

Il annonça le globe aplati et la loi de l'épargne. Il révéla aux hommes qu'un enfant se forme par attraction dans le ventre de sa mère, que l'œil gauche attire la jambe droite, que l'étendue n'est qu'une perception de l'âme, et que sans l'algèbre, il n'y aurait point de Dieu.[15]

Et le Seigneur, étant retourné en France, prêchait aux Tuileries, revêtu de la toison conquise sur les Lapons. Et le Tentateur, s'approchant de Moreau, lui montra les filles des hommes qui se promenaient dans les allées. Elles étaient parées de perles et de rubis, et leurs cheveux tombaient en boucles sur leurs épaules d'albâtre. Et le Diable Lui dit: 'Si tu es le Maupertuis, la Parole descendue du Ciel, et s'il est en ton pouvoir de changer l'ordre de la nature, dis que ces femmes deviennent amoureuses du bonnet fourré qui te couvre et de la pelisse qui te fait suer'.

Mais Moreau tint ferme et ne subit point la tentation. Il lui dit: 'Va, Satan! Car il est écrit: Tu ne tenteras pas le Seigneur ton Maître'. Alors, le Diable le laissa et s'évanouit en traçant un long sillon de feu dans les airs.[16]

Ainsi le Seigneur ayant triomphé du Prince du monde, Il sortit de Paris, parce qu'Il n'y trouvait pas de lauriers pour y reposer Sa tête.[17] Et le Seigneur déplorait le sort de cette ville:

'Peuples, peuples, disait-il, qui bouchez les oreilles à ma voix, vous ne savez pas les malheurs qui vous sont préparés! Paris, vous êtes la persifleuse des Prophètes, mais dans peu vous ne serez plus qu'un étang et l'on ne verra que des grenouilles là où il y a présentement des hommes. Et ni les calculs de Mairan, ni les expériences de Réaumur [18] ne sauront empêcher cet effet de la loi du minimum. Car, je vous le dis, il se trouvera de faux prophètes qui se vêtiront de la peau du renne, et qui ne seront en dedans que des loups dévorants. Et les Allemands, tout allemands qu'ils sont, seront moins sourds à ma voix que mon peuple, leurs cœurs seront plus dociles, ils connaîtront mieux ce qui sert à leur bonheur.'

Et le Seigneur se mit en chemin et tourna Ses pas vers la Prusse. Il avait aplati la terre, Il vint manger avec le Roi.[19] Aussitôt tous les scribes, les Pharisiens et les Sadducéens vinrent adorer le Seigneur. On vint des pays éloignés Lui porter des myrrhes, de l'encens et des aloès.[20]

Je fus un des premiers à Lui porter mon humble offrande. Je Lui présentai mon apologie des grands banquets, je Lui dis qu'Il était le grand homme qui avait calculé le bonheur des hommes. Je trouvai grâce devant le Seigneur; Il me déclara docteur.[21] On ignore jusqu'à ce jour par quel motif Il fut porté à cette démarche, mais tel est ce grand homme: Il est incompréhensible dans Ses actions.

Or, en ce temps-là, Moreau daigna consentir à n'être plus appelé que GRAND HOMME.[22] Et Il eut un Temple à Berlin, et le grand-prêtre Formey en fit la dédicace dans un discours qui endormit tous les assistants. Et le Seigneur dit: 'Il en est des beaux-esprits comme des coquillages et des insectes, dont la figure différente ne prouve pas une âme moins parfaite, mais une âme différente de la nôtre'.[23]

Et l'on voit les prêtres alentour de Son trône qui Lui crient tous les jours: 'Seigneur, délivre-nous des railleries des enfants de ce monde, car à Toi nous sacrifions notre gloire et notre magnificence'. Et sur la porte du Temple, on voit une plume croisée d'un sceptre, pour marque d'autorité souveraine, et l'on y lit ces paroles: Nul n'entrera ici qui n'adore le Seigneur en esprit et en vérité.

Et le disciple Merian,[24] qui se trouve toujours à la porte, a soin d'en écarter les profanes. C'est lui qui exécute les sentences criminelles sur les réfractaires de la Loi; il observe tous ceux qui rendent hommage au Grand Homme. Et l'odeur des offrandes est un encens agréable au Seigneur, et quelquefois Il daigne marquer Sa présence par une pluie d'or, qu'il verse sur ceux qui Lui plaisent.[25]

Et Moreau ayant ouvert la bouche, Il enseignait, disant:

'Bienheureux sont les enfants et les pauvres en esprit, car le royaume des cieux est à eux. Il n'a pas été donné à l'homme de connaître toutes choses, ni aux sages de ce monde de prévoir tout ce qui est préparé à ceux qui ont de la Foi. Mes paroles ne sont pas vos paroles et vos pensées, car personne ne pense comme moi. La mémoire et la prévision, qui est bien autre chose que la prévoyance,[26] ne servent qu'à rendre les hommes malheureux. Je vous exhorte cependant, pour votre bonheur, enfants de l'homme, d'exalter vos âmes jusqu'à prévoir clairement l'avenir:[27] car qui saurait me comprendre?'

Et le Seigneur n'aime point ceux qui raisonnent et n'éclaire point de Sa grâce ceux qui portent le nom de génies, nom qu'Il ne dédaigne point de porter.

Et Moreau voyait Cöthen, qui cheminait devant lui dans la simplicité de son cœur. Il lui fit signe en disant: 'Voici un vrai Israélite, en qui ne se trouve rien de faux'.[28]

Il a puni un de Ses disciples, cet infidèle Judas qui osa trahir son Maître en se soulevant contre le Principe de la moindre action.[29]

Or, sur ces entrefaites, le Grand Homme demanda au roi des Prussiens une de ses provinces pour en faire un trou jusqu'au centre de la terre. Irrité d'une juste colère contre Son infidèle disciple, Il voulait le précipiter dans cet abîme à la tête de tous ceux qui ne feraient pas usage du temps de la Grâce.

Mais le grand roi des Prussiens, qui, bien loin de vouloir dépeupler son pays, ne cherche qu'à y attirer tous les étrangers qui sont riches, ne put souffrir l'idée d'un enfer au milieu de ses états. Il refusa au Grand Homme Sa demande. Et le Grand Homme Se mit tellement en colère qu'il fit des pirouettes, qui donnèrent lieu à l'admirable invention de guérir l'apoplexie par la force centrifuge en faisant pirouetter le malade.[30]

Et incontinent après, un météore parut au ciel. L'air se troubla, et les sépulcres s'ouvrirent, et plusieurs corps se levèrent. Leibnitz vint porter lui-même la minute d'une lettre qu'il avait écrite.[31] Et voilà que le voile du Temple se fendit en deux, depuis le haut jusqu'en bas, et la terre trembla, et les pierres se fendirent. Un mortel, digne descendant de l'ancienne race des Titans, de ces fils orgueilleux de la Terre, osa porter sa main impie sur le Seigneur des

Seigneurs. Il refusa d'aller du Temple. Il ne voulut point Lui donner le nom de Grand Homme, il l'appela jeune homme.[32]

Et tout le peuple en eut une sainte horreur. Le trou n'était point fait, mais Il eût voulu y précipiter ce rebelle. Et les femmes qui servent la reine, et tous ceux qui sont vêtus de pourpre et de toile fine, en eurent de l'indignation. Ils pleurèrent Moreau, disant: 'Quoi! accabler ce Grand Homme dans le temps qu'Il Se meurt!' Car le temps de Ses souffrances était venu, et Dieu L'avait affligé d'une maladie, et Moreau pleurait fort.

Alors Il prit avec soi Euler le Calculateur et Merian le Suisse, et commença à être contristé et à être dans une amère douleur. Alors Il leur dit: 'Mon âme est saisie de toute part de tristesse, car j'ai le droit[33] de vivre et je suis mort!' Et Son visage se couvrit d'une sueur sanglante, et Il pria, disant: 'Dieu, s'il est possible que cette coupe passe loin de moi, sans que j'en boive la lie insupportable, exaucez mes prières!'.

Et Dieu Lui fit grâce, et recula le point de la maturité de Son corps, aussi bien que celui de la maturité de Son esprit. Il Le rendit à la terre qu'Il porte sur Ses épaules.[34]

Et le Grand Homme triomphera de tous Ses ennemis. Il a posé une pierre que les portes de l'enfer ne seront point capables de forcer.

Déjà le libelle diffamatoire a été livré aux flammes et voué aux enfers, où les Furies en hurlant le déchirent en mille pièces. Et Voltaire, le premier d'entre les démons, tombera sous le glaive destructeur de Moreau. Son bras terrible tirera de lui la vengeance la plus complète.[35]

O vous, peuples, qui cherchez le Salut, suivez le Seigneur, soyez humbles devant Lui comme moi, et ajoutez foi à Ses paroles!'.

Ici se tut le saint Prédicateur, et une langue divisée, comme de feu, reposait sur sa tête, et il était rempli du Saint-Esprit. Car son âme était exaltée et voyait mieux l'avenir que le passé.

Et le peuple, qui avait pris plaisir à ses discours, était éloigné de la ville. Et Marschall vit qu'il avait besoin de manger, car le soleil commençait à baisser. Alors il dit qu'on lui apportât de la farine. Et aussitôt un meunier se présenta devant lui, disant: 'Seigneur notre maître, voici trois mesures de farine'. Et Marschall, après avoir rendu grâce, délaya la farine avec de l'eau. Aussitôt il en sortit des anguilles grosses comme le bras d'un géant, car le Grand Homme lui avait donné le pouvoir de faire des miracles. Et tous ceux qui étaient présents mangèrent et louèrent Dieu, en disant: 'Quel est ce grand Prophète que le Seigneur a suscité à Son peuple?'. Or six mille hommes furent rassasiés, et l'on emporta du reste des anguilles sept corbeilles.[36]

Et le bruit de ces miracles se répandit par toute la France. Les peuples accoururent de toutes parts: Flamands, Normands, Limousins, Picards, Lyonnais, tous voulurent manger des anguilles.

Alors les conseillers et les puissants du royaume vinrent auprès du roi, et lui dirent: 'Seigneur, les peuples accourent en foule, pour voir un nouveau Prophète que nous ne connaissons point et qui fait des miracles. Il est dangereux de laisser au peuple la liberté de s'assembler en si grand nombre. L'exemple des convulsions des Jansénistes sur le tombeau de saint Pâris nous est encore devant les yeux'.

Et le roi, aveuglé par Satan, commanda de chercher le nouveau prophète et de l'enfermer dans les Petites-Maisons. Aussitôt on envoya partout des gens armés, qui le trouvèrent endormi sur une sphère. Ils jetèrent les mains sur Marschall et le saisirent.

Et le Prédicateur fut conduit devant les juges, qui l'interrogèrent: 'Qui es-tu?'. Et il l'avoua et ne le nia point, disant: 'Ce n'est pas moi qui suis le Maupertuis. Je ne suis que Theodatus Marschall, le serviteur et le disciple du Grand Homme. C'est Lui qui vient après moi. Bienheureux ceux qui marcheront sur Ses traces, car béni est le sein qui L'a porté et bénies sont les mamelles qui L'ont allaité'.

Et les juges, après avoir écouté ce discours, le laissèrent aller, et l'on enferma Marschall dans un petit appartement, et on lui donna des grelots pour l'amuser.

Et voici: La Beaumelle vint trouver Marschall, disant: 'Je te salue, ô rayon de la Lumière Maupertuisienne, toi qui as vu notre Maître après moi. Je passai à Berlin, et j'allai sacrifier à Baal, et le Seigneur m'appela à Lui, disant: 'La Beaumelle, suis-moi, Voltaire est ton ennemi'. Et aussitôt, j'ajoutai foi à Ses paroles, je suivis le Seigneur, et je jurai de poursuivre l'AntiMaupertuis jusqu'aux enfers'.[37]

Marschall à ce discours sentit son coeur tressaillir de joie, et ayant ouvert sa bouche, il dit: 'Béni tu sois, illustre Champion de la Foi, mon âme est ravie de te voir en ces lieux. C'est ici que le Seigneur va se préparer un troupeau de fidèles'.

Et à peine avait-il achevé ces paroles que les Anges vinrent délivrer Marschall. Ils ouvrirent les portes de sa prison et l'emportèrent en plein midi, pendant une éclipse de soleil.

Et les Anges déposèrent ce sacré fardeau à Madrid au Prado. Et Marschall y continua à prêcher l'Evangile de Moreau Maupertuis et à faire des miracles.

Et les pontifes, les docteurs de la foi et les anciens du peuple furent effrayés de ce schisme naissant dans l'Eglise. Ils en murmurèrent fort, disant: 'C'est au Souverain Pontife seul qu'a été donné le pouvoir de faire des miracles. Et que deviendraient ses Agnus Dei si l'on permettait ces innovations?'

Et le disciple de Moreau fut saisi et enfermé dans une prison étroite. Puis on le conduisit devant les juges, qui tenaient dans leurs mains des glaives tout prêts à frapper les incrédules. Et les juges, interrogeant, lui dirent: 'Tu es Theodatus Marschall, disciple de Moreau Maupertuis, prétendu Roi des Terres Australes?' Et Marschall répondit: 'Vous l'avez dit. Je me fais gloire d'avouer mon Maître, car Il a dit: Celui qui me renie devant les hommes, je le renierai devant le roi de Prusse'.

Alors dirent les juges: 'Mais quels sont les dogmes que tu enseignes et les miracles que tu fais, plus surprenants que celui qui fait couler tous les ans le sang de saint Janvier? Parle, afin que nous puissions te juger!'

Et l'Envoyé de Maupertuis répondit:

'Or, juges, écoutez! Puisse le Saint-Esprit éclairer vos âmes!

[38]Je crois en Moreau Maupertuis, Tout-Puissant Créateur d'anguilles et de brochets, Rédempteur des mouches, Suborneur des crapauds et des colimaçons,[39] qui est descendu du Ciel pour aplatir la terre et pour prêcher la moindre action; a disséqué des géants, et trouvé dans leurs cerveaux l'âme

grande comme un grain de moutarde; a conversé avec des hommes velus portant longue queue; a transformé les étoiles en meules de moulin[40] et privé les médecins qui ne guérissent point de leur salaire;[41] a bâti une ville latine,[42] d'où Il voyagera un jour jusqu'au pôle arctique; a souffert sous Arouet Voltaire, a été mis à mort et enseveli par la main du docteur Akakia; le troisième jour est ressuscité de dessous les cendres de la Diatribe; a triomphé de König; est assis présentement, tout rayonnant de clarté, au milieu de Son Temple, d'où Il viendra un jour, sur une comète toute d'or et de diamants,[43] pour juger les vivants et les morts. Je crois une assemblée de savants à Berlin, et les Jugements de cette assemblée judicieux. Amen'.

C'est ainsi que Marschall rendit témoignage de sa Foi.

Et le souverain juge, lui adressant la parole, prononça: 'Tout ce que tu viens de nous dire est impie, absurde et contraire à l'Ecriture et aux traditions. Et pour sauver ton âme, nous sommes obligés de brûler ton corps'. Et les juges lui proposèrent d'abjurer Maupertuis ou de se revêtir d'une chemise de soufre.

Alors Theodatus y pensa trois fois et pleura amèrement, disant: 'Mais mon Maître n'est point incrédule! Il croit au curé comme à l'attraction! Il demande de lui la pluie et le beau temps, et pour faire fleurir les plantes, il ne veut qu'un jardinier bon catholique!'[44]

Et les juges repartirent: 'N'importe! Ton Maître veut conquérir les Terres Australes, qui appartiennent de droit à la monarchie espagnole, et nous ne souffrirons point le service de Baal. Il faut abjurer ton Maître ou mourir'.

Alors Marschall soupira et dit: 'Non, je ne ferai pas un tel crime. Mon Maître, qui sait empêcher les oeufs d'éclore, saura bien empêcher que le feu me puisse faire du mal'.

Et le Prédicateur retourna en prison d'un oeil serein. Là, il modifia son âme avec de l'opium,[45] et il fut ravi en esprit jusqu'au troisième ciel.

Et voici: une Voix se fit entendre, qui lui cria:

'O disciple du Grand Homme, toi qui seras son Evangéliste, tu ne mourras point. Ecris tout ce qui s'est passé, car voici ce qui se trouve écrit dans le Livre des Destins:

Et les enfants de la terre ne reconnaîtront point l'Envoyé du Ciel. Ils Le renieront, ils persécuteront ceux qui croient en Lui. Maupertuis sera couvert de ridicule, et l'AntiMaupertuis admiré, jusqu'à ce qu'il n'y aura qu'un seul pasteur et un seul troupeau, quand tout ce qui est né de la chair aura fléchi le genou devant LE GRAND HOMME'.

RAG 92 et 590. Double copie d'une même main allemande, sans indication de date, d'origine ou d'attribution. Nombreuses graphies fautives ou aberrantes. Le texte est ici modernisé.

1. *Satire* IX, vers 221-24.

2. Les manuscrits portent ici: 'Le commencement de l'Evangile de Moreau Maupertuis'.

3. Friedrich Wilhelm, baron de Marschall (1724-1790), fils aîné d'un ancien ministre d'Etat, gendre du ministre Podewils, s'enfuit de Prusse en octobre 1752, dans des circonstances restées assez obscures (*Dreissig Jahre*, supplément, p.2; Formey, *Souvenirs*, ii.325). C'est son admiration béate pour Maupertuis qui lui vaut de jouer le rôle de l'Evangéliste.

4. Cette 'mission' de Marschall est datée de son départ de Prusse. 'Cinquième lune' serait plus exact, puisque Frédéric II devint roi le 31 mai 1740.

5. La figure de la terre est aplatie depuis l'expédition de Laponie de 1736-137, principal titre de

gloire de Maupertuis avant la découverte de la loi de la moindre action.

6. L'*Essai de cosmologie* (1750).

7. On ne sait à peu près rien de la fuite de Marschall. Ce texte le fait voyager en France et en Espagne; d'après Formey, il se retira à Rome.

8. Le conte avait paru au printemps de 1752. Plusieurs lecteurs du temps y virent aussitôt une satire contre Maupertuis: voir *Besuche*, p.116 (lettre à Gottsched du 30 mars 1752); La Beaumelle, *Vie de Maupertuis*, p.142.

9. Ces premières 'louanges' de Maupertuis donnent comme réalisés divers projets et hypothèses des *Œuvres* de 1752, de la célèbre *Lettre sur le progrès des sciences* en particulier. Cf. *Akakia*, notes 65 (le 'trou'), 60 (anguilles et poissons), 111 (le recul de la 'maturité' de l'homme), 87 (l'accouplement d'animaux d'espèces différentes) et 42 (mouches et araignées).

10. Les manuscrits portent, en tête de ce morceau: 'C'est ici le témoignage de la Foi, la doctrine de Theodatus Marschall, serviteur, disciple et envoyé de Moreau Maupertuis'.

11. D'après les *Maupertuisiana* (Hambourg 1753, p.5), Marschall avait lancé ce vibrant éloge de Maupertuis dans la fameuse séance académique de la condamnation de König (13 avril 1752), pour réduire au silence son confrère Sulzer qui s'apprêtait à contester la procédure.

12. Au sens propre, mais l'emploi est malicieux après le célèbre détournement de sens que Maupertuis avait imposé au mot (*Akakia*, note 61).

13. Pelisse et perruque ronde étaient les attributs principaux de la figure laponne de Maupertuis, illustrée par le tableau de Tournières et l'estampe de Daullé.

14. Ici encore peut-être, la trace d'une suture de rédaction collective.

15. La chronologie est ici perturbée. L'hypothèse de l'attraction embryonnale est exposée dans la *Vénus physique* (1745), tandis que la définition de l'étendue se trouve dans la quatrième des *Lettres* de 1752 et la célèbre preuve algébrique de l'existence de Dieu dans les *Œuvres* de la même année.

16. On attendait plutôt, à l'occasion de cette 'tentation de Maupertuis', quelque allusion à ses nombreuses aventures galantes et autres amours ancillaires.

17. Maupertuis fit son premier voyage en Prusse en 1740 et s'y établit en 1745.

18. Après les disputes avec Mairan et Cassini, Maupertuis était resté en mauvais termes avec la plupart des savants et académiciens de Paris. Sur ses rapports avec Réaumur, voir Formey, *Souvenirs*, ii.162ss.

19. Cette plaisanterie semble devoir être attribuée à Voltaire, d'après une lettre à Gottsched du 10 janvier 1753 (*Besuche*, p.119, sans mention de nom). A Prémontval qui lui rendait visite et qui voulait l'amener à reconnaître que Maupertuis était malgré tout 'un grand homme' dans son genre, comme lui dans le sien, Voltaire répondit abruptement: 'Monsieur, comment serais-je un grand homme? M. de Maupertuis est un grand homme, lui qui aplatit la terre et mange avec le Roi.'

20. L'aloès passait pour avoir les mêmes propriétés purgatives que l'ellébore employé pour guérir la folie.

21. Marschall fut admis à l'Académie de Berlin, en qualité d'associé honoraire, le 18 juin 1750 (*Utrecht*, 26 juin). L'année suivante, à la séance du 27 mai, il lut devant l'Académie un discours *Sur l'utilité des passions* (*Utrecht*, 4 juin 1751). Je ne sais ce que c'est que cette 'apologie des grands banquets' (les manuscrits portent: 'bouquets').

22. La *Diatribe* raille pareillement l'usage qui s'était établi de louer le Président sous ce titre absolu, sans même le nommer, dans les discours de réception à l'académie (*Akakia*, p.8). D'après D4377, un certain Las Torres trouva le moyen de renchérir, en déclarant 'que la terre n'était pas assez grande pour contenir son mérite'.

23. La 'dédicace' du 'Temple' est le discours prononcé par Formey le 6 juin 1752, à la séance d'inauguration des nouveaux locaux mis à la disposition des académiciens. Formey se félicita de voir l'Académie prête à 's'élever de nouveau, sous un autre Leibnitz, vers ces Astres avec qui ses sublimes recherches lui donnent une sorte d'affinité' (*Utrecht*, 13 juin 1752). Je ne connais pas le discours prononcé par Maupertuis à cette occasion.

24. Merian (plus loin 'le Suisse Merian') fut avec Euler le principal appui de Maupertuis dans sa querelle avec König.

25. Maupertuis avait toute autorité sur l'administration des fonds et pensions académiques.

26. Cette plaisanterie sur la deuxième des *Lettres* de 1752 est reprise de la *Diatribe* (*Akakia*, p.13).

27. Plaisanterie sur la dix-septième des *Lettres*. Cf. *Akakia*, pp.15-16 et n.61.

28. Allusion obscure, sauf pour les initiés de la Cour de Berlin: le prince régnant de Cöthen, qui se trouvait à Berlin en janvier-février 1753, passait, d'après une lettre de Lynar à la comtesse de Bentinck, pour 'un peu timbré' (RAG 467, 8 février 1753).

29. Samuel König.

30. Plaisanterie sur une des hypothèses physico-médicales avancées dans l'édition des *Œuvres* de 1752. Cf. *Akakia*, p.7 et n.27.
31. L'idée de ce miracle vient tout droit de l'*Akakia*, p.17.
32. Il s'agit évidemment de Voltaire et de sa *Diatribe*.
33. On lit 'bruit' dans les manuscrits: le sens n'est guère satisfaisant.
34. Autre emprunt à l'*Akakia*: 'qu'il ne se fasse point peindre seul aplatissant la terre, ainsi qu'on peint Atlas portant le ciel' (*Akakia*, p.17).
35. Cf. D5246, Maupertuis à Voltaire, 3 avril 1753: 'Ma santé est assez bonne pour vous trouver partout où vous serez, et pour tirer de vous la vengeance la plus complète'.
36. Plaisanterie sur l'hypothèse expérimentale de la génération spontanée, rappelée dans les *Lettres* de 1752. Comme dans la *Séance mémorable* (*Akakia*, p.22), les bacilles ('anguilles') deviennent comestibles ('pâtés d'anguilles').
37. Cf. D5098, lettre de La Beaumelle au pasteur Roques, 6 décembre 1752: 'S'il continue à m'outrager, s'il ne met fin à ses impostures, je lui tiendrai la parole que je lui ai donnée la dernière fois que je l'ai vu, de le poursuivre jusqu'aux enfers' – Voltaire eut communication de cette lettre et y répondit indirectement dans D5141 le 8 janvier. Une rencontre de Marschall et de La Beaumelle à Paris est tout à fait plausible: Marschall quitta Berlin vers le 5 octobre 1752 et La Beaumelle arriva à Paris le 23 du même mois.
38. Les manuscrits portent ici un sous-titre, comme dans le passage signalé à la note 10: 'C'est ici la doctrine, le symbole de la Foi de Theodatus Marschall, disciple et envoyé de Moreau Maupertuis.'
39. Allusion à la fameuse évocation de l'accouplement des crapauds, dans la *Vénus physique*. L'imagination d'un Maupertuis 'suborneur' enchérit sur les plaisanteries de l'*Akakia*, p.12.
40. *Ibid.*, p.5 et n.13.
41. Allusion à la quatorzième des lettres de 1752. Cf. *Akakia*, pp.4-7.
42. Voir le *Texte* 79, note 2.
43. Cf. *Akakia*, p.5 et n.13.
44. Allusion obscure; mais sur l'attachement affiché par Maupertuis au catholicisme, les témoignages ne manquent pas. Voir par exemple les *Textes* 15 et 17 ci-dessus.
45. Cf. *Akakia*, n.59.

III

La comtesse d'Aldenburg à la comtesse de Bentinck

[Varel, 2 mars 1753]

[...] J'ay Leu l'akakia en question et le decret de l'inquisition. Je vous avourez que mon sang a boulionée de pitié pour un pauvre mourant et d'indignation contre l'auteur. Il merite bien ce qui Luy est arivé et il est bien heureux qu'il n'a pas a faire a moy, je ne l'orez surement pas rapelé. Traiter un homme de bien (et si ce n'estoit que les graces que le Roy a pour Luy, ne les doit il pas respecté?) et le Traité comme on ne traiteroit pas un Marmiton! Je suis bien aise de n'estre pas a porté de dire ce que je vous dis a Wolt., et Le plus sage parti est pourtant de ne rien dire. Je n'ay pu encore avoir Les lettre et la reponse du R.[1] Par hasard on ne peut pas l'avoir[?] A dire La verité c'est si pauvre[2] que cela ne merite pas la pene d'estre Leu [...].

RAG 405. Holographe.

1. Frédéric II ne composa pas de 'réponse' à la *Diatribe*. Peut-être la comtesse voulait-elle parler de la *Lettre d'un Académicien de Berlin* qui avait 'répondu' à la *Réponse d'un Académicien de Berlin* – mais cette pièce était vieille de quatre mois. Ou s'agit-il des *Lettres au public*? Elles n'ont aucun rapport avec la querelle de l'*Akakia*.
2. Il s'agit à nouveau, bien entendu, de l'*Akakia*.

112

La princesse Elisabeth d'Anhalt-Zerbst à la comtesse de Bentinck

[Zerbst, le 17 mars 1753]

[...] Je plains notre grand hom̃e. Qui l'eût crûs exposés un jour à ces tribullations? Que ceux qui pensent comme ceux qui le persécutent sonts à plaindres! et qu'en s'eloignant de l'heureux but pour lequel ils devroient se croire néz, j'entens le bonheur l'aimable felicité des humains, ils se privent d'une douceur pûre! [...][1]

RAG 336. Holographe.

1. Même genre de réflexions politiques, on s'en souvient, dans le texte 87.

113

Le chevalier de La Touche au marquis de Saint-Contest

[Berlin, le 20 mars 1753]

[...] Mr de Voltaire est enfin parti pour potsdam Samedy dernier [...].[1]

MAE, *Prusse*, vol.171, f.178.

1. Le 17 mars. Cette indication corrige la chronologie assez flottante du récit de Collini (*Mon séjour*, pp.52-56).

114

La comtesse de Bentinck au prince Henri

Berlin le 20 mars 1753

[...] Votre Altesse Royale ne sera pas trop contente peutestre, de ne recevoir que la premiere et la derniere lettre en question.[1] Mais il m'a fallu me contenter de bonne grace de ce que l'on a voulu me donner, pour ne point effaroucher,[2] et me mettre a meme d'obtenir le reste. Je ne negligeray rien pour le procurer. Elle sent mieux que je ne puis le dire la consequence de ces pieces, et pour l'auteur, et pour celle qui les communique, et peutestre pour celuy la meme qui les possedera. [...]

Deutsches Zentrales Archiv, Merseburg, correspondance du prince Henri. Holographe.

1. Il s'agit, comme l'indiquent deux textes publiés dans *Rhlf* 82 (1982) pp.629-30, de lettres de Voltaire à Frédéric II.
2. La prudence la plus élémentaire commandait en effet à Voltaire, à cette date surtout, de ne

pas laisser prendre de copies de ses lettres au roi. Il n'avait d'ailleurs pas lieu d'être content de la discrétion du prince Henri: voir *D5104-D5107*.

115

Eusèbe de Chelli-Pagani à la comtesse de Bentinck

[Berlin, 22 mars 1753]

Madame,

Je viens de recevoir une lettre de la Beaumelle. Il y a des choses que je dois vous communiquer, des choses qu'il paroissent [*sic*] ne pouvoir à moin qu'interesser l'amitié dont vous honnorez Mr de Voltaire.[1] Pourrai-je me flatter d'avoir un instant pour m'acquitter de ma commissions, et vous rendre mes hommages?

J'ai l'honneur d'être avec tout le respect possible

Madame

le tres-humble et tres
Obeissant serviteur

de Berlin ce 22e Mars 1753 E. Kelli-Pagani

RAG 166. Holographe.

1. Je n'ai pu éclaircir cette circonstance. Le mot de 'commission' employé plus loin donnerait à penser que La Beaumelle avait utilisé le canal de son ami Chelli-Pagani pour faire parvenir un message à la comtesse de Bentinck, et en dernier relais à Voltaire – et de fait, sa correspondance directe avec la comtesse de Bentinck était interrompue depuis plusieurs mois (Claude Lauriol et André Magnan, 'En marge de la querelle entre Voltaire et La Beaumelle', pp.48-52). Le 10 mars, La Beaumelle écrit au pasteur Roques: 'Je viens d'achever le mémoire de mes griefs contre Voltaire. On m'écrit de Berlin qu'il me prépare une philippique, j'opposerai une catilinaire' (D5227): peut-être en faisait-il avertir plus directement Voltaire? Voir aussi D5220. En tout cas, la comtesse de Bentinck fit aussitôt prévenir La Beaumelle, par Chelli-Pagani, qu'elle ne lui écrirait plus et que 'l'arrêt [était] sans appel' (*ibid.*, p.53).

116

Johann Georg Sulzer à Johann Jakob Bodmer

[Berlin, 21-22 mars 1753]

[...] Entre autres la bataille académique contre M. König m'a également occupé. Voltaire, qui, semble-t-il, a juré la mort de son rival, n'a fait tout l'hiver qu'écrire contre lui lettres, mémoires et satires. Dans un mémoire qu'il a envoyé au roi,[1] il dit que j'ai protesté publiquement contre le Jugement (*contre ce brigandage*, dit-il exactement). On m'a soupçonné de faire cause commune avec lui dans cette affaire, etc. Ce qui m'a poussé, pour me dégager du soupçon d'avoir été mêlé à cette vilaine affaire, à donner dans le Journal un démenti à Voltaire, car en fait mes objections au Jugement n'ont pas été une protestation. Cela m'a remis quelque peu en grâce avec l'autre parti,[2] qui, à ce qu'il me semble, garde encore le dessus jusqu'à présent. Cela fait trois mois que Voltaire n'a pas vu le Roi, et qu'il insiste pour recevoir son congé, mais en vain. Depuis trois jours, il est de nouveau à Potsdam, et l'on attend avec un certain intérêt les suites de cette rencontre. Il semble à peu près impossible que le Roi puisse garder à sa cour ces deux hommes ensemble [...].

H. A. Korff, *Voltaire in literarischen Deutschland des XVIII. Jahrhunderts* (Heidelberg 1917-1918), i.595-96. Traduction Paul Fichet.

1. D.app.121, document I: 'Personne n'osa parler hors un professeur nommé Mr Sulzer qui protesta hautement contre un procédé si inouï.' L'expression 'contre ce brigandage' a pu constituer une variante: on la trouve dans une lettre à König de date voisine (D5195, 6 février 1753).
2. En fait, Maupertuis fit retirer sa pension académique au malheureux dissident (H. A. Korff, *ibid.*).

117

Mot de Voltaire sur les 'Lettres au public'[1]

[24 mars 1753?]

On parle beaucoup sur Voltaire; je lis un trait de lui qui est bien joliment écrit;[2] il dit à quelqu'un: *Il vaut mieux être aimé du public que de lui adresser des lettres.*[3]

Journal de Lehndorff, cité dans *Briefwechsel*, p.397, d'après le manuscrit original. Traduction allemande dans *Dreissig Jahre*, supplément, p.17. On lit, dans *Briefwechsel*: 'bien *poliment* écrit'. La lecture de l'éditeur du Journal ('hübsch') paraît préférable.

1. Frédéric II venait de publier coup sur coup trois *Lettres au public* – la troisième le 20 mars, d'après D5236. L'interprétation en est extrêmement délicate, mais on peut y lire, sur le mode burlesque, une bravade sur les nouvelles de coalition et de guerre. Voir *Œuvres de Frédéric le Grand*, éd. Preuss, xv.67-79.
2. 'Ecrit' vraisemblablement dans une lettre à la comtesse de Bentinck, d'après le contexte immédiat des *Dreissig Jahre*, récit d'un après-midi passé chez elle le 25 mars.
3. On connaît d'autres mots attribués à Voltaire sur ces *Lettres*: voir *Besuche*, p.118, n.19 et *Briefwechsel*, p.397.

118

La comtesse de Bentinck au comte Heinrich von Podewils[1]

Berlin le 25 mars 1753

Monsieur,

Permettez moy de demander une grace a Vostre Excellence. Elle se souviendra sans doute de la facheuse comition dont Elle a esté chargée a mon egard par les ordres de S. M.[2] J'ay osé ecrire d'abord a ce monarque avec tout le trouble et la douleur que vous avez vuë dans mon coeur a cette etrange conversation.[3]

Le Roy toujours genereux meme avec ceux qu'il croit les plus coupables a daigné commencer par me pardonner.[4] S'en seroit assez, et trop sans doute pour une criminelle, mais monsieur mettez vous au nom de Dieu pour un moment a ma place. Comment peut on recevoir sa grace lorsque l'on se sent parfaitement innocent et que l'on n'a absolument rien a se reprocher? J'ay recrit a S. M.[5] je luy ay representé mes paines et mes inquietudes mortelles. Il n'y a rien que je ne fasse pour me justifier car je prends Dieu a temoin que je ne devine pas seulement, qu'il puisse y avoir la moindre apparence au soubçon. V. E. et tout le monde a berlin connoit mon train de vie et mes liaisons. On ne me voit qu'a la Cour et je ne suis pas faufilée avec une seule personne qui pourroit estre suspecte d'intrigue ou de cabale.

Je ne m'occupe que de mes affaires domestiques et quand elles m'ont obligée a soliciter quelque chose ici je me suis adressée dirrectement au Roy ou a V. E.

Il n'y a que ma pretendue amitié avec Mr de Voltaire qui me pourroit avoir peutestre fait soubçonner d'entrer dans ses demeslez.[6] Mais c'est sur quoi je voudrois que l'on voulut aprofondir les choses. J'ose dire qu'en ce cas mon carractere seroit peutestre decidé dans l'esprit de S. M.

Je ne me suis jamais meslée de ma vie des differents des gens de lettres. J'avois des obligations a Mr de V., non qu'il m'ait jamais pu rendre service, mais a cause qu'il en a toujours eu sincerement l'intention. Mon Coeur est fait de façon que cette seule intention suffit pour me faire conserver toujours de la reconnoissence pour celuy qui a bien voulu l'avoir. Du reste je n'ay jamais aprouvé ce que la pation dicte a mes amis meme, et je le luy ay toujours dit. S'il eust ecouté mes conseils le Roy auroit toujours esté content de sa conduite et il se seroit epargné bien des chagrins. Il est encore a potsdam, et le Roy connoit son imprudente sincerité. Plut a dieu qu'il voulut le forcer a parler, ou l'y engager par des voies plus sures pour tirer de luy la verité.[7]

Je n'ay pas cru devoir abandonner un vieillard malheureux auquel j'avois des obligations. J'aurois cru meriter le mepris et l'indignation du Roy si j'avois esté capable de cette lacheté. Une personne qui oublie le bien que l'on a voulu luy faire quand on n'est plus a meme de la servir, pourroit aussi estre ingrate a l'egard d'un veritable bienfaiteur, s'il n'estoit pas assez puissent pour la forcer a la gratitude.[8] Serois je responsable de l'obstination d'un autre que je n'ay pu vaincre; et des demarches qu'il a faites et que j'ay desaprouvées?

Si ce n'est pas ce crime aparent il m'est impossible de deviner ce que ce peut estre. Ayez l'humanité, Monsieur, de parler en ma faveur. Obtenez de S. M. que je sorte de ce cruel dileme. Je ferois pitié a mon ennemi meme s'il me voyoit dans la perplexité ou je suis.

Je scais qu'une personne qui estoit fachée contre moy par un feaux raport a dit il y a plusieurs mois qu'elle viendroit a bout de me nuire aupres du Roy et de luy faire entendre que je n'estois qu'une intriguente, a cause que l'on scait la juste aversion du roy pour cet odieux carractere. J'ay meprisé alors cette menace, j'ay cru qu'il suffisoit de ma conduite pour me mettre au dessus du soubçon.[9]

Ayez la generosité monsieur de dire un mot en ma faveur. Je suis dans une situation violente depuis plusieurs jours. Le Roy est l'Equité et l'humanité meme. Si je n'avois craint de luy deplaire je crois que j'aurois esté me jetter a ses pieds sur le chemin de Potsdam.[10] Mon estat frise le desespoir. J'ay le coeur haut et la conscience nette. Mais mon respect est plus fort que touts mes autres sentiments. Je tacheray de le conserver dans le moment le plus critique de ma vie, dans celuy ou je suis soubçonnée par un Heros a l'egard duquel je n'ay d'autre reproche a me faire que d'avoir poussé mon admiration et mon attachement pour luy jusqu'a une espece d'idolatrie.

Ne me refusez pas de grace et par tout ce qui est capable de vous emouvoir, de faire valoir mes raisons et mes instences aupres de S. M. J'ose somer vostre probité reconnue de faire valoir aupres de vostre auguste maitre tout ce qui peut me justifier dans son esprit. Que je sois confondue et punie sans misericorde si je suis coupable, je ne veux pas de grace. Mais si je ne la suis pas, au nom de l'humanité meme, que l'on me fasse scavoir a n'en pouvoir douter que mon aimable bienfaiteur m'a rendu justice, qu'il ne me soubçonne plus et que je ne suis plus chargée du poids insuportable de son indignation.[11]

Il est digne de V. E. d'ajouter cette belle action a toutes celles qui luy ont valu l'estime publique, et le devouement rempli de veneration avec lequel j'ay l'honneur d'estre

RAG 481. Copie autographe.

1. Seul le développement central de cette lettre se rapporte directement à Voltaire, mais le passage est si fortement marqué par la situation et la fonction générales du texte qu'il m'a paru dangereux de l'en détacher.

2. La lettre où Frédéric II donnait à son ministre cette 'fâcheuse commission' est recueillie dans la *Politische Correspondenz*. Il s'agissait de marquer à la comtesse qu'elle avait déplu 'souverainement' au roi, en se mêlant de diverses choses 'qui ne la regardaient point ni ne lui convenaient', de lui rappeler tout ce qu'on avait fait pour elle et de lui reprocher 'une si noire ingratitude', de la menacer d'être bientôt abandonnée 'tout plat à son sort' si elle continuait à s'occuper 'd'intrigues et de manèges' – le tout 'dans des termes tout secs et des plus nerveux' et 'sans entrer en aucune explication avec elle' (*Pol. Cor.*, ix.369-70). Ces instructions sont du 16 mars; elles furent exécutées le 17, d'après un billet de Podewils à la comtesse (RAG 481).

3. Le 17 mars, d'après la réponse du roi (*Schaer* 19). Cette lettre paraît perdue.

4. *Schaer* 19, lettre du 19 mars. Le roi refusait d'expliquer son 'mécontentement' et la priait 'de vouloir ne plus se mêler d'affaires qui [ne pouvaient lui] être indifférentes'; il lui promettait, à cette condition, d'oublier 'tout le passé' et de lui continuer '[son] amitié et [son] appui'.

5. Lettre perdue. La réponse du roi, s'il y répondit, manque dans *Schaer*.

6. La comtesse a d'abord écrit, puis rayé: *demarches*.

7. Dans le même temps, comme on s'en doute, la comtesse écrivait à son 'prétendu ami', pour l'avertir qu'elle avait fait appel à son témoignage et pour lui demander de ne pas quitter la Prusse avant que son affaire fût éclaircie. Voltaire se crut l'objet d'une manœuvre de la part de Frédéric, d'après sa lettre à Mme Denis du 30 août 1753: 'La veille de mon départ il [Frédéric II] fit engager la comtesse de Benteim [*sic*] à me dépêcher de Berlin à Potsdam un courier à deux heures après minuit pour m'empêcher de partir' (D5496).

8. L'expression ne soutient pas tout à fait ici la subtilité du paradoxe. La comtesse a voulu dire que son attachement désintéressé à Voltaire était une preuve de la sincérité de ses sentiments pour le roi, son bienfaiteur véritable, abstraction faite de toute considération de puissance.

9. Cette 'personne' est probablement Maupertuis, et le 'faux rapport' pourrait avoir porté sur les fêtes d'Oranienburg en septembre: voir le *Texte* 79.

10. Le roi faisait justement, ce 25 mars, un voyage à Berlin (*Tageskalender*, p.132).

11. Sur les causes et surtout les suites de cette disgrâce de la comtesse de Bentinck, voir André Magnan et Christiane Mervaud, 'Lecture de deux nouvelles lettres de la comtesse de Bentinck à Voltaire', *RhlF* 80 (1980), pp.3-26.

119

La comtesse de Bentinck au prince Henri

[Berlin] le 26 mars 1753

Monseigneur

La personne dont les demarches reveillent la curiausité de Vostre Altesse Royalle est partie a 7 heures ce matin, et Dieu scait dans quelles dispositions. Les cheveux m'en dressent a la teste, et je prevois tout ce que j'ay travaillé a empecher depuis tres longtemps.[1]

Ceci me prouve, Monseigneur, combien vous Lisez bien dans le coeur des hommes. Je vois que Vostre Altesse Royalle a demeslé beaucoup mieux que moy qui le voyois touts les jours, un homme qu'elle n'a vu qu'un quard'heure.[2]

Daignez employer ce talend a lire au moins dans le fonds de mon ame tous les sentiments que les bontez de vostre Altesse Royalle y ont imprimez pour jamais. Sa penetration me remplit de satisfaction. Peutestre ne daigne t-elle l'employer que pour ce qui concerne les grands hommes. Mais l'exces du sentiment ne vaudroit il pas toutes les grandeurs de l'esprit? [...]

CS de Bentinck née d'Aldenburg

Deutsches Zentrales Archiv, Merseburg, correspondance du prince Henri. Holographe.

1. Indication fort précieuse. Est-ce par Francheville, s'il resta auprès de lui jusqu'au moment de son départ, que la comtesse avait appris ces terribles 'dispositions' dans lesquelles Voltaire venait de quitter Potsdam? Il est vraisemblable aussi qu'une lettre d'adieu est perdue. D'autre part, rien ne confirme dans leur correspondance que la comtesse de Bentinck avait 'travaillé depuis longtemps' à adoucir les haines et les rancunes de Voltaire: il faut sans doute voir là plutôt le commencement de la campagne de justification qui occasionna les deux 'nouvelles lettres' signalées dans la note 11 du texte précédent.

2. Sous-entendre: à son départ de Potsdam. Sur cette entrevue, voir D5241.

120

La comtesse d'Aldenburg à la comtesse de Bentinck

[Varel, 27 mars 1753]

[...] Si c'est une raison semblable que la poste precedente du silence de celle ci, j'en suis bien aise, que vous vous estes agréablement amusée et chez le p. de Prusse et chez Mr Voltaire.[1] Mad. de Rebenklau et moy sommes curieuse comment vous plait le Langage du bon ton, le jargon a la mode. Faudra t il faire la depence du dictionaire en ce lengage pour a vôtre retour ne vous paroitre trop a la vieille mode? [...]

RAG 405. Holographe.

1. Etant donné les délais de poste entre Berlin et Varel, huit à dix jours en moyenne pour un échange, cet écho atteste que la comtesse de Bentinck visita Voltaire jusqu'au dernier jour: il quitta Berlin pour Potsdam le 17 mars. Le prince de Prusse est sans doute le prince Henri.

121

La princesse Elisabeth d'Anhalt-Zerbst à la comtesse de Bentinck

a Zerbst ce 27e Mars 1753

[...] Je ne suis pas étonnée du retour heureux en faveur de notre Grand Homme,[1] c'est une suite naturelle de ce Merite Superieur qui maitrisseras toujours en sa faveur les moins propres à certains retour. Je vous prie de lui faire là dessus un petit compliment de ma part. S'y je le connoissois et en estois soufferte comme vous, s'y j'avois autens d'Esprit, autant d'erudition et d'experience, que vous, je scais bien ce que je Luy dirois au lieu de le detourner des eaux de Plombières. Actuellement, absente surtout, je scais me taire à telles enseignes que je crains n'en avoirs que trop dite [...].[2]

RAG 336. Holographe.

1. La comtesse avait apparemment présenté sous le plus beau jour le dernier voyage de Voltaire à Potsdam.

2. La modestie, la timidité ou un projet de voyage peuvent avoir retenu la princesse d'en 'dire trop', mais elle avait quelque peine aussi à bien soutenir son rang. La comtesse fit sans doute part à Voltaire, dans une lettre perdue, de ces regrets: voir le début de D5289.

122

Le comte de Lynar à la comtesse de Bentinck

Oldenburg, le 29 mars 1753

[...] L'indulgence que vous avez toujours fait paroitre à mon égard, est la seule chose, qui me rassure,[1] et qui fait, que je tremble moins devant votre tribunal, que votre President[2] a lieu de trembler devant celui d'un public éclairé et impartial. J'ai lu toutes les pieces, que vous m'avez envoyées.[3] Voltaire est trop petulant, et releve trop souvent les mêmes extravagances. Mais sans s'aveugler absolum̄ent il faut dire, que Maupertuis a perdu l'esprit à force de vouloir en montrer. Il y a des inconsequences, et même des platitudes impardon̄ables dans ses écrits. Sa loi d'epargne même est la plus grande frivolité du monde, et si nous ne devons con̄oitre les choses que par ce principe, nous resterons à coup sur aussi ignorants, que nous l'avons été, et je crainds, qu'en certaines choses ni Maupertuis ni aucun autre franchisse jamais les bornes etroites, que Dieu a prescrites à l'esprit humain, pour l'humilier. Je vous remercie très humblement du livre de Bollingbroke;[4] il y a des choses admirables, quoique le stile en soit un peu diffus et negligé. Les lettres de Maintenon [*sic*] m'ont extremement amusé,[5] surtout celles de la Duchesse de Bourgogne, où elle s'excuse sur les libertés, que son jeune epoux avoient pris [*sic*] avec elle. Les notes de la Beaumelle sont impertinentes;[6] il y a des traits contre nous autres Danois, qui sont un peu forts. Si j'étois à la place de Voltaire, je n'y repliquerois pas du tôt [*sic*]. La réputation de ce grand hom̄e est trop élevée, pour recevoir des flétrissures par l'audace de ce petit marmiton du Parnasse, le quel prend un ton decisif, qui revolte, et qu'on ne passeroit pas à un Academicien du premier ordre [...].[7]

RAG 467. Holographe.

1. Il vient de s'excuser d'un long silence.
2. Maupertuis.
3. Sans doute la *Diatribe* et les premières additions.
4. Peut-être les *Lettres sur l'histoire*, traduites par Barbeu Du Bourg (1752, 2 vol.).
5. L'édition de Francfort se débitait depuis le mois d'octobre. La Beaumelle avait fait réimprimer ses *Lettres de Mme de Maintenon* à Paris, en janvier.
6. Il s'agit ici du *Siècle de Louis XIV* annoté, édition publiée à Francfort en janvier 1753.
7. Le *Supplément du Siècle de Louis XIV* était déjà sous presse à cette date. Voltaire y relève vertement ce 'ton décisif' en observant que La Beaumelle 'parle avec la même modestie que s'il avait un roi d'Angleterre à faire'.

123

Le chevalier de La Touche au marquis de Saint-Contest

[Berlin, le 31 mars 1753]

[...] Mr de Voltaire, apres s'etre reconcilié, à Potsdam, avec le Roy de Prusse, en est parti le 26, du consentement de ce Prince, pour aller prendre les eaux de Plombieres [...].

MAE, *Prusse*, vol.171, f.204.

124

Une trace oubliée de l''Akakia' frédéricien: le 'Voyage à la ville latine, par Mr König'

[fin mars 1753]

[...] On [fait] circuler dans le public à Berlin une autre brochure intitulée *Voyage à la ville latine, par Mr König*. L'on dépeint la situation de la ville. Elle est sur une espèce de hauteur & environnée de fortifications de la façon de M. Le Fèvre (ce Le Fèvre est un Capitaine de l'Artillerie, qui est un espion & une âme damnée du Président de Maupertuis, c'est lui qui le premier a decouvert chez l'Imprimeur de Potsdam la diatribe fameuse qui a anéanti Maupertuis, & qui a donné le tocsin de tout l'incendie advenu dans le monde littéraire).[1] Ces fortifications ne sont que des garde-fous. Les portes de la ville sont gardées par des géants, ce sont des patagons. Le château du Seigneur de la ville est bâti sur le plan des Petites-Maisons de Paris. Dans ce château se trouve un temple où l'on adore la folie, non une folie gaie & aimable, mais pédantesque et soumise. A ses côtés on voit la vanité, l'ignorance & l'intrigue. L'on conserve dans le temple les lois fondamentales de l'Etat. En voici deux des principales. L'on condamnera au feu tous ceux qui écrivent des ouvrages ridicules. L'on ne paraîtra point devant le visage du Seigneur de la ville sans faire un discours à sa louange (dans la suite de celui que M. le Fèvre fit à l'honneur de M. de Maupertuis, où ce niveleur privilégié de M. le Président compare l'Académie à un jardin émaillé de fleurs & cet homme illustre à un grand arbre planté au milieu, qui leur donne de l'ombre, sans leur donner de fruit! . . .).[2] On suppose ensuite que c'est dans les environs de la ville que la terre doit être creusée [d'un trou] qui doit descendre jusqu'au milieu de la terre. Tous les Princes souverains du voisinage ont envoyé des députations à M. le Président pour le prier de ne le point faire dans leurs Etats. Mais il les renvoya tous à son niveleur à qui il en a laissé le soin, n'y entendant rien lui-même.

La pièce finit par les occupations & les plaisirs du Seigneur de la ville, qui sont un peu cruels & un peu sensuels.[3] & ses *Lettres* sont encore malmenées,[4] sans qu'il y ait beaucoup de nouveau.

Tel est le canevas de cette singulière pièce, qui pourrait empêcher d'être plus longtemps en suspens si elle est l'ouvrage de la même main qui a fait brûler la première *Diatribe* par le bourreau, lequel [*sic*] est aussi l'auteur des *Lettres au public*. Que dites-vous de ce phénomène? Il n'est pas encore décidé si la pièce sera rendue publique. J'en doute actuellement: Maupertuis est à Potsdam depuis deux jours, & je compte qu'il fera assez d'intrigues pour l'empêcher.[5] En attendant, elle ne restera point secrète, & elle éclatera avec le temps, car elle est entre les mains de l'ennemi du Président, qui l'a emportée avec lui avant de partir de Potsdam.[6]

Frédéric le grand, Amsterdam, chez les héritiers de Marc-Michel Rey, 1785, pp.42-44. Des passages de ce texte ont été cités par Koser-Droysen, iii.107 n. et reproduits dans D8957, commentary, n.2.

1. Sur ce Lefèvre, voir dans la troisième partie la discussion de D5087.
2. Sur cet usage et cette obligation de louer le Président, voir *Texte*, 110, n.22 et 23.
3. Allusion aux expériences de croisement et de vivisection auxquelles Maupertuis se livrait habituellement.
4. Voir *Textes*, 79, n.1, 106, n.18 et 110, n.9.
5. Toute cette fin indique assez clairement que l'auteur anonyme du recueil dont j'extrais ce texte utilise et cite ici une *lettre* contemporaine des faits, qu'il a probablement sous les yeux, mais sans en donner l'auteur ni la source, ni se soucier le moins du monde d'articuler la citation sur la suite d'anecdotes qu'il rassemble.
6. Information extrêmement précieuse, à deux égards: elle fait comprendre tout l'intérêt qu'avait Frédéric II à faire *saisir* sur la personne de Voltaire les papiers compromettants qu'il avait emportés de Berlin; elle atteste d'autre part que cette *lettre* assez maladroitement exploitée par l'auteur de ce *Frédéric le grand*, provenait de l'entourage immédiat de Voltaire – on songe à la comtesse de Bentinck ou au chevalier de La Touche, ses seuls confidents dans les derniers temps du séjour en Prusse.

125

La comtesse d'Aldenburg à la comtesse de Bentinck

Varel ce 3 d'avril 1753

[...] Pour Le grand merite de W. je vous assure que je serez charmé que vous me puissiez detruire Les idé que ses derniés ecrit malhereux donne contre Luy et le marque d'un mauvais caractere. Je vous demande pardon de dire si naivement ma pensé, si vous me convainqué du contraire, je vous promés de faire amande honorable [...].

RAG 405. Holographe.

126

Christlob Mylius à (?)

[Göttingen, 8 avril 1753]

[...] J'apprends que ma traduction de la *Séance mémorable* n'est pas encore imprimée. Je ne regarderais pas à quelques heures pour la refaire encore une fois si je pouvais être sûr qu'elle fût bientôt imprimée ici. Je voudrais bien apporter à M. le Professeur König plusieurs nouveautés, car il peut me rendre de grands services dans mon voyage. Je souhaiterais que ma traduction de l'*Akakia* fût imprimée dans le même temps, avec la dédicace. On ne peut plus se la procurer ailleurs et les commandes sont ici déjà tellement nombreuses qu'elle s'épuiserait en quelques jours. Il faudrait imprimer les deux écrits ensemble, puisqu'ils ont tant de rapport. La vignette ne me coûte pas plus de 1 Thaler 8 à graver, et l'imprimeur ici s'en chargerait volontiers. Je voulais aussi faire une correction que M. le Professeur König m'a proposée. Je vous prie de réfléchir à tout cela et je viendrai ce soir chercher la réponse [...].[1]

Berne, Burgerbibliothek, Mss. hist. helv., xviii.48. Holographe. Traduction Paul Fichet.

1. Le destinataire de cette lettre la transmit à Haller, qui se trouvait alors en Suisse, en y ajoutant à la marge un message très difficile à déchiffrer, qui semblerait vouloir dire, pour l'essentiel, que 'les écrits en question n'ont pas pu être imprimés ici'. Mylius devait passer par la Hollande avant d'entreprendre son expédition aux Amériques: voir le *Texte* 75.

127

La comtesse de Bentinck au comte Heinrich von Podewils[1]

[Berlin, 16 avril 1753]

[...] Si c'est par raport a Voltaire j'ay toutes les lettres que je luy ay ecrites en copie et ses reponces pour me justifier [...].[2]

RAG 481. Copie autographe.

1. La comtesse était toujours en disgrâce et cherchait toujours à éclaircir sa situation: voir le *Texte* 118. La longue lettre dont j'extrais cette phrase (qui en est le post-scriptum) roule principalement sur le projet qu'elle avait formé de s'adresser encore directement au roi pour se faire expliquer les motifs de sa disgrâce.

2. La comtesse insinua peut-être la même question dans une lettre qu'elle écrivit au roi le 17 ou le 18. Frédéric II lui répondit le 20: 'Ce n'est pas l'affaire de Voltaire et de vos liaisons particulières avec lui qui a excité mon mécontentement' (*Schaer* 20). Sur toutes ces circonstances, voir l'étude citée dans le commentaire du *Texte* 118.

128

Le comte de Lynar à la comtesse de Bentinck

[Oldenburg, 5 mai 1753]

[...] J'ai tant de lettres à griffoñer aujourd'hui, qu'il m'est impossible de vous dire combien celle de Voltaire à Maupertuis[1] m'a diverti. J'ai pensé en mourir de rire. Je vous baise t. h. les mains de toutes ces belles choses que vous m'avez envoyées [...].

RAG 467. Holographe.

1. Voir *Akakia*, pp.30-31.

129

Le prince Henri à la comtesse de Bentinck

[Rheinsberg, le 14 mai 1753]

[...] J'ay donc apris par bricolle que vous voulez que je mette beaucoup d'eau dans mon vin à P.[1] Je suis fort flatté de cela car il est sur que me connoissent pour aussi vain que vous dites que je le suis, il faut avoir une juste idée de vostre pouvoir sur moy pour exiger le sacrifice de mon orgueil, apres tent de mortifications et d'injustices. N'ayez pas peur que je voeuille reffuser, ou faire valoir mon action.[2] Je vois que vous voulez mon veritable bien, que vous raisonnez juste, et que vous estes aussi eloignée que moy des lachetés. Cela m'inspire une grande confience. Je vous promets de prendre l'occasion de parler pour peu qu'on me la donne, de la chercher meme, mais pour de la forcer c'est ce que je ne vous promets pas. Si l'on me marque un mepris decidé je suis sur que vous estes trop mon amie pour vouloir que je m'expose. Je forceray mon coeur, je vaincray mes pations, mais je ne scaurois combattre l'honneur meme [...].

Scavez vous bien que l'on me soubçonne fort d'avoir servi voltaire, et cabalé contre le president et que c'est un de mes crimes. C'est la Grappendorff[3] je crois qui nous a fait ce service, un ami m'en assure, et Algarotti a aidé je crois.[4] Je suis flatté d'une consolation. C'est qu'il me parroit que touts vos ennemis sont les miens, ils me rendent justice car je n'aimeray jamais assurement des gens capables de vouloir du mal au plus beau carractere que je connois. De plus, cela fait une liaison d'interrest entre nous qu'il ne depend pas de vous d'esquiver et je suis charmé de cette simpatie [...].

RAG 453. Copie de la main de la comtesse de Bentinck. Le manuscrit ne porte aucune indication de nom, et le lieu est seulement marqué *R.*, mais la critique interne ne laisse aucun doute sur l'attribution.

1. Potsdam, où le prince venait d'être rappelé. Fâché de l'intrigue sentimentale de la comtesse de Bentinck avec son frère Henri, qu'il avait marié en juin 1752 pour le fixer et l'assagir, Frédéric II avait envoyé le prince résider quelque temps à Rheinsberg, avec la princesse et une cour très réduite. Dans une lettre du 12, la comtesse de Bentinck venait d'exhorter le prince Henri à se prêter à une réconciliation (RAG 453).
2. Entendre: les premiers pas qui me ramèneront les bonnes grâces du roi.
3. La comtesse de Grappendorff, épouse du grand-veneur du roi, et familière de la petite société du prince Henri.
4. On connaît assez mal la position d'Algarotti dans les démêlés de Voltaire avec Maupertuis. Il avait quitté Berlin le 2 février pour faire un voyage en Italie (*Tageskalender*, p.132).

130

La comtesse de Bentinck au comte Heinrich von Podewils[1]

[Berlin, le 14 mai 1753]

Monsieur,

Je rougis d'être obligée de fatiguer Votre Excellence à l'occasion de mes affaires, dans le temps où ses justes inquiétudes[2] se joignent à ses autres occupations. Mais je me trouve forcée d'avoir recours à Elle par rapport au doute et au trouble continuels où je vis encore, depuis que je suis l'objet du courroux particulier du Roi et de l'indignation du public. Comme je ne pense jour et nuit qu'à cela, et que j'étudie vainement depuis neuf semaines[3] pour trouver le mot de l'énigme, on m'a assuré, il y a quelques jours, savoir d'une personne fort au fait, que sa Majesté était irritée contre moi à cause que j'avais refusé de lui céder un secrétaire nommé Francheville que j'ai, refus auquel je devais avoir ajouté de très grandes insolences.

Permettez-moi, Monsieur, de vous mettre au fait de cette bagatelle. La voici.

Le jeune homme m'a été recommandé il y a deux ans par un ami pour entrer à mon service. Comme je le trouvais trop neuf pour lui confier des affaires telles que les miennes, je fis entendre à son père[4] que s'il pouvait le faire entrer en quelque condition seulement pour une année ou deux, je pourrais ensuite m'en accommoder. On en parla à mon insu à M. de Voltaire, qui le prit pour secrétaire et lui donna cent vingt écus et la table.[5] Il ne pouvait être à meilleure école pour se former à la diligence et à la docilité.

Quand M. de Voltaire se trouva embarrassé dans toutes ces dernières discussions, quand il eut su s'attirer le malheur de déplaire au Roi, je le vis dans des dispositions si violentes et si inouïes que je craignis qu'il ne prît quelque parti désespéré qui eût achevé de déplaire et d'irriter le Roi. Il est vrai qu'il m'avait réussi une couple de fois de l'arrêter et de le ramener à une espèce de calme.[6] Mais je ne pouvais passer ma vie auprès de M. de Voltaire, et je n'y pouvais même aller qu'une heure ou deux tous les trois ou quatre jours, de façon que, quand je lui avais adouci l'esprit, il revoyait des gens qui le soufflaient et qui avaient des raisons de le pousser à s'oublier entièrement.[7] De sorte que c'était toujours à recommencer, et qu'enfin il était déterminé à vouloir s'échapper et à faire des choses qui n'avaient plus de raison.[8] C'est alors que je m'avisais du jeune Francheville. Je lui parlai, et comme il avait assez la confiance de son maître, je lui dis de ne pas le laisser à lui-même et à ses mauvais conseillers, de le calmer tant qu'il pourrait, et de me venir avertir, fût-ce au milieu de la nuit, s'il lui voyait prendre quelque résolution qui pût être désagréable au Roi. Je lui promis solennellement, en récompense de sa fidélité à s'acquitter de ces soins-là, de le prendre à mon service, *de lui donner plus du double de ce qu'il avait chez M. de Voltaire*, qui me l'avait recommandé lui-même,[9] et de lui arrondir avec le temps sa petite fortune.

Comme il s'est toujours acquitté avec honneur et attachement de ces attentions, je lui ai tenu ma parole.[10] J'ai su, peu après, que M. l'abbé de Prades était fort mécontent de voir ce jeune homme chez moi, apparemment à cause qu'il a été le témoin de ses premières et grandes liaisons avec M. de Voltaire, et que tout ayant changé depuis, il a craint peut-être qu'il ne fût indiscret, qu'ainsi il souhaitait de l'avoir sous sa dépendance.[11]

Peu de temps après, Francheville me dit qu'on lui proposait une place de copiste à Potsdam, de cent vingt écus, mais qu'il avait marqué qu'il n'était pas libre, étant attaché à mon service.[12]

Malgré cela, ayant été prendre congé de M. de Voltaire à Potsdam,[13] M. l'abbé de Prades lui tint toutes sortes de propos extraordinaires et voulut même, je crois, le faire écrire au Roi, lui soutenant que ses engagements avec moi ne le liaient à rien. Il répondit qu'il m'avait prêté serment et que cela lui paraissait sérieux. On lui déclara qu'il serait secrétaire de M. d'Argens, Darget et de Prades.[14] Il revint tout affligé.

Enfin, M. de Fredersdorff m'écrivit la lettre ci-jointe, qui porte, ce me semble, qu'on ne le demandait *qu'en cas qu'il n'eût point d'engagement avec moi*, et que l'intention du Roi n'était pas de l'avoir à moins qu'il ne fût sans condition et que ce fût un avantage pour lui.[15] Voici ma réponse et la réplique de M. de Fredersdorff, où il n'est pas question du Roi, et qui ne décide de rien, ce me semble.[16]

Je n'en ai point ouï parler du depuis, sinon que le marquis d'Argens a écrit à Francheville, pourquoi il ne venait pas, que Sa Majesté en était surprise, qu'il doit ses raisons. Il a envoyé les copies,[17] et marqué que, comme le Roi n'avait rien décidé et ne m'avait donné nul ordre, son sort restait indécis.

A présent, Monsieur, on me soutient que j'ai fait de grandes insolences et que le Roi est outrément fâché contre moi. Ainsi je ne connais que Votre Excellence assez obligeante pour me tirer de ce dilemme. Je la conjure d'offrir au Roi et Francheville et tout ce qui m'appartient. Il ne me reste rien ici-bas que sa main ne m'ait conservé: je le sais, je ne l'oublierai jamais. Je serais bien ridicule et bien ingrate de chicaner pour un secrétaire avec un monarque auquel je dois tout. J'ai cru devoir tenir à ce jeune homme ce que je lui ai promis, d'avoir soin de sa petite fortune; il se croyait heureux chez moi. Mais je ne pourrai jamais faire pour lui ce qu'il aura à espérer en servant un grand roi. Faites-moi la grâce de faire accepter cette légère preuve de ma soumission à Sa Majesté, et de l'assurer que si Francheville est assez heureux pour le servir, il deviendra l'objet de mon envie, et que ce n'est qu'à M. de Prades que j'ai cru n'être obligée de céder qui que ce soit. Daignez savoir où et quand il devra se rendre à son devoir,[18] et puisse Sa Majesté, éclaircie de la simple vérité, me rendre une fois le repos que j'ai perdu absolument depuis que j'ai eu le malheur de perdre sa bienveillance, mon honneur et ma réputation à cette cour.[19]

J'ai l'honneur d'être, avec le dévouement le plus distingué,

Monsieur,

de Votre Excellence,

la très humble
et très obéissante servante.

RAG 481. Copie de la main d'un secrétaire allemand de la comtesse. Nombreuses graphies fautives ou aberrantes. Le texte est ici modernisé.

1. Quoiqu'elle ne concerne pas entièrement Voltaire, j'ai cru devoir donner cette lettre *in extenso*. Aux raisons de fonctionnement textuel déjà évoquées dans un cas analogue (*Texte* 118, n.1) s'ajoute ici la considération particulière que toute cette intrigue développée autour de Francheville peut être interprétée comme visant aussi Voltaire. Peut-être n'est-il pas inutile de rappeler que le secrétaire de Voltaire avait été contraint déjà une fois de témoigner contre son maître dans l'affaire de l'*Akakia*: voir D.app.118.

2. La fille du ministre, Mme de Marschall, était atteinte de la petite vérole.

3. Depuis le 17 mars exactement: voir le *Texte* 118, note 2.

4. Dufresne de Francheville, membre de l'Académie de Berlin.

5. C'est en mars 1752, au plus tard, d'après D4854, que Francheville entra au service de Voltaire.

6. Vers la fin de décembre 1752, notamment: voir dans la deuxième partie la discussion de *D4661* et de *D5104*. Mais la comtesse de Bentinck avait alors commencé une campagne de justification, où elle se donnait le beau rôle de la conciliatrice dans les démêlés de Voltaire avec Frédéric II: voir le *Texte* 118, n.11.

7. C'est là une donnée absolument inédite.

8. Collini offre ici un recoupement possible, avec l'anecdote fameuse du projet d'évasion en chariot à foin (*Mon séjour auprès de Voltaire*, pp.53-55).

9. Cf. *D5128*, février 1753.

10. La comtesse prit Francheville à son service le 2 mars 1753: voir la discussion de *D5128*.

11. Autre donnée inédite. Que pouvait savoir Francheville, et en quoi eût-il pu nuire à l'abbé de Prades par des indiscrétions? Je suppose qu'il s'agissait du *Tombeau de la Sorbonne*, où le Président ne paraît pas à son avantage. Voltaire avait été le premier à protéger l'abbé de Prades à son arrivée à Potsdam, en août 1752. Sans doute ne tarda-t-il pas à lui expliquer ce qu'il lui avait fait entendre

par une lettre dès avant sa venue, à savoir qu'il n'avait rien à attendre de bon de Maupertuis: voir dans la troisième partie la discussion de D4894. Il semble d'autre part que la comtesse de Bentinck eut plusieurs fois à se plaindre de l'abbé de Prades au cours des derniers mois du séjour de Voltaire. Dans une 'clé' qu'elle établit pour une correspondance perdue, en avril ou en mai 1753, on trouve l'équivalence suivante: 'nous sommes de véritables piliers d'Eglise', à déchiffrer comme signifiant 'l'abbé de prades me fait des niches sous-main' (RAG 459).

12. Cette première manœuvre daterait, d'après l'ordre du récit, du début de mars 1753.

13. Le 21 mars, d'après une lettre de la comtesse au prince Henri (*Rhlf* 82 (1982), p.630). Voltaire a donc pu croire qu'une intrigue se dessinait qui pouvait tendre à utiliser contre lui des informations données par Francheville. Le 10 avril, écrivant de Leipzig à la comtesse de Bentinck, il s'intéresse au sort de son ancien secrétaire: 'Mandez moy donc si Francheville est encor chez vous' (D5253).

14. Darget avait quitté Berlin en mars 1752, mais on s'attendait à son retour.

15. Lettre du 13 avril 1753 (RAG 481, holographe).

16. Cet échange est du 15 avril (RAG 481). Il est vrai que la 'réplique' ne parle pas du roi, mais la première lettre du 13 était on ne peut plus claire: 'Le Roi veut gratifier le Sr de Francheville du poste vacant de copiste'. Il n'est d'ailleurs pas question de Voltaire dans ces lettres.

17. Sous-entendre: de cette correspondance avec Fredersdorff.

18. La comtesse reçut aussitôt par Fredersdorff et Podewils les ordres du roi: Francheville se rendit à Potsdam le 18 et fut attaché au marquis d'Argens. Par la suite, il passa au service du prince Guillaume, puis, à la mort de ce dernier, en 1758, au service du prince Henri.

19. Quelques jours plus tard, en réponse à une autre lettre de soumission, Frédéric II accorda enfin son pardon à la comtesse de Bentinck: 'Tranquillisez-vous sur le passé, je l'ai oublié' (*Schaer* 22, 20 mai 1753). En fait, elle ne retrouva jamais ni la faveur du roi, ni son crédit à la cour.

131

Hochstatter à la comtesse de Bentinck

[Berlin, mai 1753]

Madame

J'ai voulu faire chercher le sermon de cinquante, mais celui dont je le tenois, l'avoit deja où rendu où preté ailleurs. Il m'a promis de le faire ravoir au premier jour. Dès qu'il me parviendra, je ne manquerai pas de le remettre sur le champs à Votre Excellence.[1]

J'ai l'honneur d'etre avec les sentimens d'un très profond respect,

Madame,

de Votre Excellence

le très humble
& très obeissant serviteur

à Bl le May 1753[2] H.

RAG 136. Holographe.

1. C'est ici l'un des plus anciens témoignages directs de la première diffusion du fameux *Sermon*. Voir René Pomeau, *La Religion de Voltaire*, pp.182-83. En octobre de la même année, ce sera au tour de Hochstatter de chercher une bonne âme qui lui procure une copie du *Sermon*, et il s'adressera tout naturellement à la comtesse de Bentinck: 'Oserai je prier très ht Votre Excell. de vouloir bien me communiquer pour un ou deux jours le Sermon de cinquante?' (RAG 136, lettre holographe du 24 octobre 1753).

2. *Sic*.

132

Joseph Du Fresne de Francheville à la comtesse de Bentinck

[Potsdam] ce 18 mai 1753

[...] On dit ici que Mr de Voltaire a écrit au Roi une Lettre fort soumise ou il lui demande la liberté de venir se jetter encor une fois à ses pieds avant l'hiver prochain.[1] On ne m'assure pas la nouvelle certaine et je n'ai garde de la prendre sur moi, je ne puis que la desirer [...].

RAG 481. Holographe.

1. D5270, 28 avril 1753.

133

La comtesse d'Aldenburg à la comtesse de Bentinck

[Varel, le 22 mai 1753]

[...] Selon les jacettes Woltaire et sans esperence ou mort.[1] Celon la lettre qui a couru du Roy,[2] il est parti disgraciez, et L'indignation du Roy. Cela l'aura peut-estre achevez [...].

RAG 405. Holographe.

1. Je n'ai pas retrouvé ces nouvelles.
2. D5232. Voir le commentaire de cette lettre dans la troisième partie.

134

La princesse Elisabeth d'Anhalt-Zerbst à la comtesse de Bentinck

a Zerbst 29ie May 1753

[...] L'occupation mon Aimable Comtesse, qui ne m'a procuré qu'une petite lettre de votre part, est s'y nobles et par la me devients s'y intêrêssentes, qu'elle me payes de la privation qu'elle m'occassioñes.[1] N'est ce pas Domages que les grands hom̃es pour le genie sonts sujets, aforce d'en avoir, d'avoirs torts com̃e nous autres misêrables, cela est bien humillients pour l'Esprit. On pretend en avoir assêz à Gohta pour estre dignes de faire hoñeur à celui de notre hom̃e du Siecle.[2] Je seroits forts curieux de l'entendres franchement sur cet Article, je crois que dans le fond il les meprise tous, je scais des entudes[3] que l'ecorse n'eblouït pas, qui sonts bien convaincûs, que tout l'eclat du gênies de ce pays la n'est qu'apris par coeur, chaque jour par leçon [...].

RAG 336. Holographe.

1. D'après le contexte, cette 'occupation' devait être la composition de D5296.
2. Voltaire avait déjà quitté Gotha, le 25 mai.
3. *Sic.* Il faut sans doute lire: *des entendus.*

135

Le chevalier de La Touche au marquis de Saint-Contest

[Berlin, le 12 juin 1753]

[...] Je viens d'apprendre comme une chose encore secrete que Mr de Voltaire a été arreté a Francfort sur le Mein dans la Maison de Poste par ordre du Roy de Prusse [...].[1]

MAE, *Prusse*, vol.171, ff.299-301.

1. Ce passage est en chiffre. Voltaire avait été arrêté le 1er juin. L'informateur de La Touche fut apparemment l'abbé de Prades: l'article précédent se rapporte à la confidence qu'il venait de lui faire de nouvelles démarches entreprises au nom du roi de Prusse pour attirer d'Alembert à Berlin.

136

Le chevalier de La Touche au marquis de Saint-Contest

[Berlin, le 23 juin 1753]

[...] M. de Voltaire, qui avoit été arrêté par les ordres du Roy de Prusse à Francfort, a été relaché par les memes ordres, aprez avoir renvoyé la clef de chambellan, l'ordre du merite, et quelques papiers qui luy avoient été demandés par le Roy de Prusse [...].[1]

MAE, *Prusse*, vol.171, f.321.

1. Ce passage est en chiffre. La nouvelle était fausse. Freytag demanda de nouveaux ordres après la tentative d'évasion du 20 juin.

137

Joseph Du Fresne de Francheville à la comtesse de Bentinck

Potsdam Le 11 Juillet 1753

[...] M. de Voltaire est, dit on, toujours à Francfort.[1] Le Roi a fait ecrire differentes Lettres à son Ministre en cette ville pour le mettre en liberté, mais il semble qu'il se plaise dans sa captivité. Ne seroit ce pas qu'il espere qu'une main à tous égards respectable daignera à la fin rompre ses fers, reconnoitre son innocence, et lui rendre un éclat que son Persecuteur[2] par ses intrigues a sû lui ravir? Je ne suis pas si sûr de ma conjecture. Quoique j'en aye le tems, je n'ai pas encore sû éxalter mon ame a ce point, au moins l'ai-je assez éxaltée pour savoir que j'aimerai toujours mon ancien maitre, fut il dans de plus grands malheurs encore, et que je serai toute ma vie avec la consideration, et la reconnoissance la plus respectueuse

Madame

De Votre Excellence
Le tres humble et tres obeissant serviteur

Defrancheville

RAG 345a. Holographe.

1. Voltaire avait quitté Francfort le 7.
2. Maupertuis.

138

Le chevalier de La Touche au marquis de Saint-Contest

[Berlin, le 8 juillet 1753]

[...] Il me paroist Mgr par tout ce qui entoure le Roy de Prusse, que ce Prince est plus attentif à augmenter le nombre d'Etrangers qu'à les bien choisir. Temoin les Voltaire, Algaroti, Poëlnitz;[1] les Abbés Batiani[2] et de Prades, et d'Argens le Philosophe hypocondriaque, qui forment sa cour de Potsdam et de Sans Soucis, où Mr de Voltaire malgré les deffauts de son coeur, est regreté par le vuide qu'il laisse dans les amusements de Sa M^té Prussienne [...].[3]

MAE, *Prusse*, vol.171, f.336.

1. Pöllnitz était né en Bavière.
2. Bastiani, arrivé à Berlin à la fin de 1752, d'après une lettre de Chelli-Pagani à la comtesse de Bentinck (RAG 166, 18 janvier 1753).
3. Ce passage était chiffré.

139

Le chevalier de La Touche au marquis de Saint-Contest

[Berlin, 10 juillet 1753]

[...] Sachant ce prince très affecté de l'affaire de Mr de Voltaire, dont il est veritablement occuppé, j'ai craint de l'effaroucher, en lui faisant connoître trop naturellement la solidité des raisons, qui, dans votre lettre, combattent et anéantissent meme celles qu'il employe pour prouver la régularité et la justice de son procédé avec l'Angleterre [...].[1]

MAE, *Prusse*, vol.171, f.348.

1. La Touche venait de transmettre au ministère prussien, en les édulcorant de son propre chef, des représentations de la France sur la violence avec laquelle le roi de Prusse poussait un dossier de son contentieux avec l'Angleterre – 'l'affaire des prises maritimes de la guerre de 1741'. Pris en défaut, il avait manifestement intérêt à exagérer les effets de 'l'affaire de Francfort' sur le moral de Frédéric II. Voir cependant D4372, lettre de Frédéric II à milord Maréchal, 28 juin 1753.

140

Le chevalier de La Touche au marquis de Saint-Contest

[Berlin, le 17 juillet 1753]

[...] Mr de Voltaire etoit encore le 7 de ce mois à Francfort avec Made Denis sa niece; d'ou ils ne cessent D'envoyer des supliques à Sa Majesté Prussne, dont ils m'adressent le duplicata.[1] Je n'en fais point d'autre usage, que celui que je vous ai mandé par ma lettre du 9 de ce mois n° 79 [...].[2]

MAE, *Prusse*, vol.171, f.355.

1. La Touche venait de recevoir encore des doubles de D5399 et de D5400.
2. Il se bornait à les transmettre au ministère prussien: voir D5415.

141

Le marquis de Saint-Contest au chevalier de La Touche

[Compiègne, le 30 juillet 1753]

[...] La conduitte que vous avés tenüe par raport au Sr de Voltaire etoit conforme aux ordres du Roy et S. Mté en a eté satisfaitte.[1]

Made Denis qui a passé ici il y a environ 15 jours de retour de Francfort m'a appris que son oncle etoit lors de son depart a Mayence [...].[2]

MAE, *Prusse*, vol.171, f.374. Brouillon.

1. C'est la formule usuelle pour marquer l'approbation du roi au sujet d'une affaire évoquée en conseil. D'où l'intérêt exceptionnel de cet article pour apprécier la situation de Voltaire à son retour de Prusse: on allait continuer de s'abstenir, comme La Touche l'avait fait sur instruction, de toute intervention dans une 'affaire' considérée essentiellement comme 'prussienne'. Quelques jours après cette sorte de 'décision' royale, le marquis d'Argenson note dans son journal: 'L'on refuse au poëte Voltaire la permission de rentrer en France' (*Journal et Mémoires du marquis d'Argenson*, publiés par E. J. B. Rathery, viii.95, 8 août 1753).
2. Voltaire resta à Mayence du 8 au 28 juillet. Sur le passage de Mme Denis à Compiègne, voir

D5435: 'Me Denis à été ici conter ses doléances contre Mrs Freytagh et Schmid' (milord Maréchal à Frédéric II, 19 juillet 1753).

V
Voltaire et la comtesse de Bentinck: fragments biographiques

> Il ne nous reste qu'un inutile souvenir de nous être connus par hazard, et de nous être séparés de même. C'est l'histoire de toutes les sociétés et de tout ce qui se passe dans le monde.[1]

Au moins pourra-t-on lire enfin quelques pages proprement biographiques, après tant de notes vétilleuses et tant de documents ou de témoignages d'intérêt inégal.

Il s'agit des premiers chapitres d'une étude consacrée aux relations de Voltaire avec 'la signora errante ed amabile'.[2] Je n'ai encore poussé le récit qu'au seuil du séjour en Prusse. Ce n'est pas assez pour opérer cette 'révision complète' de la biographie des années 1750-1753 que Besterman, avec raison, estimait inévitable après la révélation des lettres à la comtesse de Bentinck. Mais on jugera peut-être que cette nouvelle 'figure' féminine de la vie de Voltaire en devient, comme il l'avait souhaité, un peu moins 'évanescente'.[3]

1. D20882, Voltaire à la comtesse de Bentinck, 6 septembre 1777.
2. D7843, Voltaire à Algarotti, 2 septembre 1758.
3. Theodore Besterman, 'Le vrai Voltaire par ses lettres', *SV* 10 (1959), p.36.

1. Charlotte-Sophie comtesse de Bentinck née d'Aldenburg

Ma famille est si fort connue, que je n'en devrois rien dire, ce semble.[1]

CHARLOTTE-Sophie d'Aldenburg naquit le 5 août 1715, dans la seigneurie paternelle de Varel, sur les bords de la mer du Nord. Elle était fille d'Antoine comte d'Aldenburg, second du nom, et de Wilhelmine-Marie, née princesse de Hesse-Homburg. Elle eut parmi ses parrains et marraines la reine Charlotte-Amélie de Danemark, son oncle maternel le landgrave de Hesse-Homburg et sa grand-mère paternelle la princesse Charlotte-Amélie de La Trémoille.[2] Elle resta fille unique.

Dans l'autobiographie qu'elle entreprit d'écrire à l'âge de vingt-quatre ans, c'est l'orgueil de l'illustre nom perdu qu'elle emprunte: 'La Maison Royalle de Dannemark', écrit-elle, 'est proprement l'origine de la mienne.'[3] Mais les rois de Danemark étaient d'Oldenburg, et la comtesse, comme son père et son aïeul, d'Aldenburg. Cette altération de l'initiale, de la légitime à la bâtarde, résume l'histoire de sa famille et marque son histoire personnelle – sa 'destinée', selon son grand mot. Il faut s'y arrêter un peu: le titre 'd'Oldembourg' que Voltaire aurait si volontiers fait revivre pour la comtesse de Bentinck, prend là son sens, en fondant aussi une certaine qualité de rapports.[4]

Un arbre généalogique superbe, calligraphie de ses jeunes années, fait remonter la noblesse des Oldenburg jusqu'au fameux Widukind qui résista près de dix ans à Charlemagne entre Rhin et Weser: 'Wedekindus Magnus Rex Saxoniae', dit l'inscription du médaillon naïf qu'elle a dessiné à la souche (RAG 617). Le titre de roi est aussi fabuleux que les premiers degrés de la descendance sont problématiques – comme pour bien des lignées royales prétendument issues du grand roi saxon.[5] Mais neuf degrés plus haut, la généalogie est bien soutenue par l'histoire, et les quartiers sont prouvés: c'est Elimar Ier, qui régnait vers 1088 sur le pays alentour d'Oldenburg, puis son fils Elimar II, puis Christiern Ier, Moritz Ier et les autres, en filiation bien attestée. Les comtes guerroyaient et se soumettaient les plus petits de leurs voisins, s'agrandissaient ensuite aux dépens des Frisons vers le Nord et l'Ouest. Puis vint Dietrich le grand, qui réunit au début du quinzième siècle les domaines divisés des branches d'Oldenburg et

1. Mémoire autobiographique de 16 feuillets autographes, 'commencé à Varel le 10 mars 1740'. RAG 593, f.9.

2. Inscription de la main de la princesse Wilhelmine-Marie, à l'intérieur d'un livre de psaumes. RAG III (nouvel inventaire).

3. Mémoire autobiographique de 1740, f.9.

4. 'Ce seroit une belle destinée de se partager entre Federic le grand et madame d'Oldembourg, car je ne veux plus vous appeler Benting' (*D4317*). Cf. *D4318*, *D4319*, *D4767*, etc.

5. 'Ce fameux Vitikind dont on fait aujourd'hui descendre les principales maisons de l'Empire', écrit Voltaire au chapitre 15 de l'*Essai sur les mœurs* (M.xi.259). Cf. D2416: 'celuy qui dans sa chaumière se dit issu de Vitikin'.

de Delmenhorst. Le fils aîné de ce Dietrich fut élu roi de Danemark en 1448, il fut aussi couronné en Suède et en Norvège: le roi Frédéric IV qui régnait à Copenhague à l'époque de la naissance de Charlotte-Sophie, descendait en droite ligne de ce Christian, huitième du nom en Oldenburg et premier en Danemark.

Le titre d'Oldenburg avait été reporté sur le comte Gerhard, fils cadet de Dietrich, et jusqu'au milieu du dix-septième siècle les descendants de cette branche cadette restèrent en possession du comté. A sa plus belle époque, vers 1530, leur domaine s'étendait sur des territoires considérables ouverts sur la baie de Jahde, bordés par le Weser à l'est, englobant Jever au nord, atteignant presque l'Ems au sud-ouest. Le comté voisin d'Ostfrise n'était guère plus étendu. Mais d'incessants partages, des capitulations onéreuses, des emprunts excessifs affaiblirent ensuite la maison. Au début du dix-septième siècle, les comtes d'Oldenburg voyaient leurs terres convoitées à la fois par les rois de Danemark et par la puissante branche collatérale des Holstein-Gottorp.[6]

Le déclin s'accomplit sous Anthon-Gunther, le bisaïeul de Charlotte-Sophie. Il dut signer en 1649 une convention d'héritage avec le duc de Holstein, dont il épousait la fille en secondes noces. Pour balancer peut-être l'effet de cette première signature, il fit un autre pacte secret avec le roi Frédéric III de Danemark. Sa deuxième femme ne lui ayant pas donné d'héritier mâle, il légitima un bâtard nommé Anthon, né en 1633, mais il ne put lui faire assigner qu'une petite partie du patrimoine: le domaine de Kniphausen au sud de Wittmund, le fief de Varel au fond du golfe, quelques terres et métairies vers le Weser et au voisinage de Jever; il avait acquis d'autre part en Gueldre, près d'Arnhem, une petite terre nommée Doorwerth. A sa mort en 1667, Anthon-Gunther laissait à son fils, avec ces biens à défendre, des prétentions insoutenables sur les domaines perdus, l'écusson ancestral barré d'une traverse, et le titre de comte d'Aldenburg, renouvelé de l'ancien nom du comté et confirmé par l'Empereur.[7] Les comtés d'Oldenburg et de Delmenhorst, longtemps disputés entre le Danemark et le Holstein, revinrent enfin au roi Christian V, qui soutint victorieusement ses droits avec l'appui de Louis XIV.[8]

Le sort des Aldenburg fut dès lors plus étroitement dépendant des rois de Danemark, auxquels ils devaient foi et hommage, que de l'Empereur dont ils relevaient cependant comme comtes d'Empire. C'est à Copenhague qu'Antoine 1er fit carrière, dans le militaire et dans des ambassades nordiques.[9] Il fut

6. La dimension historique manque presque complètement dans le mémoire déjà cité, dont le début (ff.1-9) forme plutôt une sorte de programme autobiographique, évoquant les contraintes de l'écriture et les conditions d'une lecture idéale. Le manuscrit s'interrompt brusquement à l'amorce du récit personnel; le reste semble irrémédiablement perdu.

7. Le mémoire de 1740 s'étend assez longuement sur 'l'erreur' d'Anthon-Gunther, en un récit à la fois catastrophique et moral: 'Ce Seigneur s'oublia un instant, ce fut sa perte et celle de sa maison' (ff.9-13). Même distorsion romanesque, parmi d'autres, chez Mrs Aubrey Le Blond, qui descendait de Charlotte-Sophie (*Charlotte Sophie countess Bentinck, 1715-1800*, Londres 1912, i.4-6). En fait, les chroniques de Danemark et d'Oldenburg établissent clairement que le dernier des Oldenburg fut le liquidateur d'un patrimoine déjà presque entièrement aliéné.

8. *Recueil des instructions données aux ambassadeurs* ..., vol.xiii (Danemark), pp.xxxv et 16.

9. Dans l'arbre généalogique dessiné par sa petite-fille, il se trouve replacé selon l'ordre de nom des Oldenburg et figure donc comme 'Anthon IV von Oldenburg, I von Aldenburg' (et il en est de même pour Antoine II): c'est l'indice de prétentions maintenues sur les terres ancestrales passées

créé comte danois en 1671, et lorsqu'en 1676 les comtés d'Oldenburg et de Delmenhorst entrèrent dans le domaine royal, il en obtint à titre personnel le gouvernement. Il aggrava pourtant les prétentions danoises sur ses propres terres en donnant sa fille aînée à l'influent Guldenlow, bâtard légitimé du roi Frédéric III, en un temps où il croyait devoir s'éteindre lui-même sans descendance mâle. Il parut sur le grand théâtre européen, deux ans avant sa mort, en participant aux conférences de Nimègue comme plénipotentiaire du roi Christian V. Il mourut quelques mois après un deuxième mariage avec la princesse de La Trémoille, cousine germaine de la reine, et de cette union naquit un fils posthume, le père de Charlotte-Sophie.

Sa veuve, puis ce fils, Antoine II, d'abord persécutés et chassés de leurs terres, y rentrèrent enfin grâce à la protection de l'Empereur, mais dans l'arrangement auquel il consentit, le roi de Danemark se fit reconnaître le droit de substitution pour le cas d'extinction de la lignée directe, et par là une sorte de tutelle sur la gestion du patrimoine. De plus Antoine Ier, pour soutenir son rang, avait vécu dans un faste et une magnificence plus dignes de ses aïeux que mesurés sur sa fortune: le crédit familial en était resté définitivement atteint.[10] A la mort du dernier des Aldenburg, en 1738, la dette déclarée de la maison se montait à plus de trois cent cinquante mille écus de créances accumulées sur les biens, soit le tiers de leur valeur: il eût fallu, pour les rembourser, trente à quarante années de l'économie la plus rigoureuse.[11] Les seigneurs et créanciers royaux de Copenhague n'avaient plus qu'à attendre patiemment quelque bonne occasion pour recouvrer le reliquat de la succession d'Oldenburg.

Du roi Widukind à la ruine, la chute est haute. En traçant l'arbre de son ascendance, la jeune Charlotte-Sophie d'Aldenburg pouvait s'enorgueillir, malgré le nom défiguré, malgré la barre à l'écusson, de son illustre lignage, de sa parenté royale, de ses liens de sang avec les maisons de Bourbon et d'Orange, les princes d'Anhalt, les landgraves de Hesse et les grands-ducs de Holstein. La précarité des titres et l'effondrement du crédit familial, aussi bien que son état de fille unique, avec qui le nom allait s'éteindre, l'exposaient justement à se voir sacrifiée aux intérêts de sa maison et à devenir la proie facile d'ambitions plus puissantes que celles des plus grands de ses aïeux.

Vous appartenez à notre nation par tant d'endroits ...[12]

Croisant la lignée germano-danoise, la proche ascendance française joua un rôle déterminant dans la vie de la comtesse de Bentinck, et d'abord dans sa formation.

à la couronne danoise.

10. Le mémoire autobiographique de 1740 décrit fort précisément, à propos des honneurs accordés par Frédéric III et Christian V à Antoine Ier, l'engrenage des dépenses de fonction et de la dépendance au prince: 'Sa maison estoit magnifique, et peutestre cherchoit on dès lors a l'engager de plus en plus a faire de la depence, et a se mettre en situation d'avoir besoin de la Cour, affin de pouvoir le chicaner et en tirer ce que l'on pourroit' (ff.14-15).

11. Mémoires de la comtesse de Bentinck à Tyrconnell, début mars 1751 (MAE, *Prusse*, vol.165, ff.327-35) et mai 1751 (RAG 502). L'abbé Lemaire, ambassadeur de France à Copenhague, estimait la dette réelle à plus de quatre cent mille écus (MAE, *Danemark*, vol.123, f.242).

12. La Beaumelle à la comtesse de Bentinck, 17 mai 1752, RAG 341a.

Elle explique que la descendante des Oldenburg reçut une éducation essentiellement française, à Varel, entre le Jeverland et le Budjadingerland. Filiation de la culture, du goût et de l'esprit, filiation d'élection plus encore que de sang: de celles que ne marque pas bien un arbre généalogique.

Charlotte-Amélie, princesse de la Trémoille, a relaté elle-même son enfance, ses débuts à la cour de Louis XIV, sa résistance à l'abjuration, ses errances avec sa mère la princesse de Tarente, sa fuite et son exil volontaire à Copenhague (1672), sa vie à la cour de Danemark, son mariage avec Antoine Ier d'Aldenburg (1680), les luttes et les tourments de son veuvage, enfin sa retraite à Doorwerth et à Utrecht après l'établissement de son fils.[13] Elle vécut jusqu'en 1732: Charlotte-Sophie, sa petite-fille et sa filleule, était alors dans sa dix-septième année, on allait la marier.

La princesse avait vu le roi, elle avait été présentée à la reine mère par la Grande Mademoiselle, elle avait pris le tabouret selon l'usage établi de tout temps pour les princesses de La Trémoille. Elle avait connu Monsieur et Condé, et plus familièrement Turenne, son grand-oncle paternel et son parrain. Dans sa mémoire, dans ses papiers, bien des souvenirs se trouvaient recueillis, sur la cour de Versailles, sur l'intérieur des plus illustres maisons de France et d'Europe, sur les persécutions religieuses, sur les conversions contraintes ou intéressées. Elle avait rassemblé une collection de 'portraits' de grands contemporains (RAG 589). Son portrait à elle avait été imprimé dans la 'galerie' de Mademoiselle de Montpensier;[14] elle tenait aussi de sa mère des anecdotes particulières sur madame de Sévigné et sur la vie aux Rochers, peut-être même quelques lettres de la marquise et de sa fille.[15] Les liens ne furent jamais rompus avec le royaume de France qu'elle avait fui à vingt ans. Son mariage avait encore occasionné des démarches diplomatiques et Louis XIV y avait donné son consentement à la prière du roi de Danemark. Elle resta en relation jusqu'à sa

13. Le manuscrit autographe conservé aux archives d'Oldenburg est intitulé: 'Vie de la Princesse de la Trimoille, Comtesse d'Aldenburg, écrite par sa propre main en forme d'instruction à son Digne fils.' Des trois éditions qui en ont été données, la française (1876) est malheureusement la moins bonne: contrairement à ce que croyait son auteur, elle n'est pas établie sur l'original, mais sur une copie qui fut envoyée aux La Trémoille, vers 1750, par la belle-fille de la princesse; elle en présente du reste un texte incomplet et, pour les parties conservées, mutilé ou estropié. La traduction allemande de Reinhard Mosen (1892) semble plus sûre que la traduction anglaise (1913), qui fut d'ailleurs probablement faite sur la première et non sur le manuscrit. Quelques autres papiers La Trémoille se trouvent encore parmi les archives Bentinck d'Arnhem (RAG 505, 574, 598, 686, 692, etc.).

14. *La Galerie des peintures ou recueil des portraits en vers et en prose* (Paris 1659), pp.64-65. Barthélemy, l'auteur de l'édition française des *Mémoires* de la princesse, a commis une erreur d'attribution en commentant ce portrait dans sa réédition de la *Galerie des portraits de Mademoiselle de Montpensier* (Paris 1860, pp.424-25). C'est bien Charlotte-Amélie, née en 1652 (et non en 1662 comme il l'a cru), qui est 'la fille de Mme la Princesse de Tarente'.

15. La princesse de Tarente, 'la bonne Tarente', était, comme on le sait, la voisine de Mme de Sévigné aux Rochers. A l'occasion, Charlotte-Amélie fait du reste un bon sujet de 'nouvelles' dans les lettres de la marquise à sa fille. A l'annnonce de son mariage, par exemple, Mme de Sévigné écrivit, le 3 mai 1680: 'La princesse de La Trémouille épouse un comte d'*Ochtensilbourg* [*sic*], qui est très riche et le plus honnête homme du monde. Vous connaissez ce nom-là. Sa naissance est un peu équivoque; sa mère était de la main gauche. Toute l'Allemagne soupire de l'outrage qu'on fait à l'écusson de la bonne Tarente, mais le Roi lui parla l'autre jour si agréablement sur cette affaire, et son neveu, le roi de Danemark, et même l'amour, lui font de si pressantes sollicitations qu'elle s'est rendue' (lettre 759 de l'édition Duchêne, ii.915).

mort avec les La Trémoille, avec les Talmont, avec d'autres parents des familles princières[16] – correspondances dont certaines furent continuées par sa belle-fille et par sa petite-fille. C'était comme un air du grand siècle qu'elle portait avec elle sur les bords du golfe de Jahde, et l'on sait que malgré les préjugés de religion, l'Allemagne et le Nord subirent tôt et longtemps l'engouement des mœurs, des modes et des mythes du siècle de Louis XIV.

Elevé par ses seuls soins, Antoine II d'Aldenburg était déjà français autant qu'allemand. Il ne se nommait lui-même qu'*Antoine*, et toutes ses correspondances familières sont en français. Il rédigea dans la langue ancestrale les traditionnelles 'instructions' paternelles, mais une traduction française y est jointe à l'usage des maîtres et de la fille.[17] C'est sous l'œil de sa grand-mère paternelle, selon toute apparence, que Charlotte-Sophie reçut sa première éducation. Elle lui écrivait des petits vers d'anniversaire, de jolies babioles, des variations personnelles sur 'la différence du fat et du petit-maître'.[18] En mémoire du fameux portrait imprimé dans la galerie de la Grande Mademoiselle, la petite fille fit à son tour le sien – qu'on lira plus loin. Elle étudia par la suite sous la direction d'un monsieur de Launay, qui avait été le secrétaire particulier de la princesse.[19] Elle apprit l'allemand, mais ne le sut jamais assez bien pour oser écrire dans sa langue à Gottsched.[20]

Sa formation fut morale et religieuse avant tout, dans la meilleure tradition calviniste: ses parents étaient fort pieux, sa marraine portait fièrement, elle seule du nom, la fidélité au lointain lieutenant d'Henri IV. Dévotion et piété, soin constant du salut, méditation de la Bible et pratique de la conscience scrupuleuse, soumission confiante et joyeuse aux ordres et aux signes de la Providence. Elle se plaindra plus tard, devenue féministe et philosophe, d'avoir été élevée 'en fille', et le souvenir des 'préjugés' inculqués à son enfance la révoltera encore à plus de soixante ans.[21] Pourtant son instruction proprement dite fut beaucoup plus soignée, de toute évidence, que ne l'était ordinairement celle des filles: son état d'unique héritière le demandait, comme les devoirs et les responsabilités particulières qui lui en incomberaient. Une liste de lectures dressée de sa main

16. En 1711, d'après ses *Mémoires*, elle revit à Utrecht son frère de Talmont, après quarante années de séparation. Elle se trouvait aussi en correspondance avec Madame, sa cousine germaine, à qui elle envoya en 1718 'une belle bible' (*Bulletin de la société d'histoire du protestantisme français* vol.xxi, 1872, p.303, lettre de Madame datée du 27 avril 1719).

17. RAG 460. Il avait étudié en Hollande et en Angleterre.

18. RAG 617 et 622. Cf. l'extrait cité par R. Mosen (*Das Leben der Prinzessin*, p.336, n.2): 'Le dernier article de Sophie est charmant, il est d'un trop haut ton pour moy' (lettre de la princesse à sa belle-fille, 17 juin 1729).

19. Ce Launay paraît inconnu. Il vécut de 1654 à 1729. Ses carnets et autres papiers conservés à Arnhem, dont plus d'une pièce est curieuse, marquent les intérêts typiques d'un intellectuel du Refuge (RAG 92, 237, 460, 617).

20. D'après une lettre à Gottsched du 3 janvier 1756 (Karl-Marx Universität, Leipzig, XXI, f.13, holographe). Il y a là évidemment un peu de coquetterie: la comtesse lisait Haller dès 1745 (voir D3248 et *Texte* 8) et elle entreprit plus tard diverses traductions allemandes, dont une de l'*Emile* (RAG 53c).

21. 'Me mettrez-vous à couvert', écrit-elle dans un essai de forme épistolaire, 'de l'indignation et des railleries des hommes nos maîtres et nos tirans, qui ne connoissent point de révolte plus audacieuse et plus ridicule que celle d'une femme qui s'arroge le droit de penser, de demander compte des loix auxquelles on l'a soumise et des lumières qu'on luy a refusées?' (RAG 620, brouillon holographe, 1770-1775?).

d'adolescente ne comprend pas seulement les livres d'histoire, les ouvrages de morale et les récits de voyages, mais aussi, à côté d'un programme fort étendu de 'belles-lettres', des ouvrages de 'politique', des ouvrages de 'raisonnement' et même de 'philosophie' – une 'comparaison de Platon et d'Aristote', les *Lettres de M. Descartes*, les *Pensées sur la comète*, des 'articles choisis du Dictionnaire de Bayle'.[22] Après son mariage, elle donna plus libre cours à une véritable boulimie de lecture, et attirée par les 'nouveautés', elle s'initia à l'anglais et toucha aux sciences. Elle se plut souvent dans sa vie, avec des Parisiens surtout, à jouer la bonne et franche 'Westphalienne' et à prendre fait et cause pour la littérature allemande naissante. L'essentiel reste néanmoins ce fonds de culture classique et d'esprit français avec lequel on était alors, par toute l'Europe, en pays de connaissance. Ce fut son viatique dans toutes les sociétés et toutes les cours où elle vécut.

Mais le plus grand des abus est selon moy celui de l'obaissance passive[23]

Son caractère paraît avoir donné assez tôt des difficultés à son entourage. Le précieux portrait de sa douzième année l'indique déjà en clair, mais plus subtilement dans sa forme même, en ce qu'il déjoue presque complètement, surtout dans sa partie morale, la règle implicite de tout portrait d'enfant. Dire: 'on dit tout cela de moi', ce n'est pas dire: 'je suis comme on me voit'; et c'est sans doute, en l'occurrence, se vouloir selon ce qu'on est, et non tel qu'on vous veut. Dans cette petite ruse de l'écriture se lit le refus de l'introspection dirigée, de la confession soufflée, de l'autocritique forcée – du portrait conforme, si l'on peut dire; mais aussi l'affirmation sourde (et jusque dans les bénédictions finales me semble-t-il, trop convenues, trop soumises) d'une liberté assez profonde pour triompher de l'épreuve même de la docilité enfantine, et sous l'œil des parents et des maîtres. C'est bien alors, au vrai sens du mot, un autoportrait:

Je ne sçai pourquoi j'entreprens de faire mon portrait. Je ne me connois pas. S'il n'estoit question que du dehors, je n'aurois qu'à mettre un miroir devant moy, pour me peindre fidellement: mais il n'y a point de miroir pour l'ame. Je sçay bien ce que je feray, et vous le verrez dans un moment.

Je me regarde donc, et je crois voir que quoique je ne sois pas belle, j'ay un petit minois assez drole. C'est ma faute si je ne suis pas plus jolie. J'avois, dit-on, une tres belle bouche; à force de la mordre, j'ay une lévre qu'on peut appeller une Lippe.[24] Mes dens ne sont pas belles, encore si j'en avois soin! J'ay le nez court et gros par le bout. Mon front peut passer. Mes cheveux sont beaux et blonds, mais je n'en ay pas beaucoup. J'ay les oreilles trop grandes. J'ay les yeux gris, ils ne sont ni grands ni petits. Vous voyez que tous ces traits ne composent pas un beau visage. Cependant comme je ne fais qu'entrer dans ma 12e année, ce grand air de jeunesse fait qu'on peut me souffrir, surtout quand je suis animée, car il est encore vray que je suis naturellement pâle. A l'égard de ma taille, les uns disent que je suis assez grande pour mon âge, les autres n'en conviennent

22. RAG 8c, pièce intitulée 'Bibliothèque choisie'.

23. Lettre autographe à Charles Donop, datée 'Jever le 20 may 1766', RAG 421c. Il s'agit d'une lettre d'instructions et de conseils pour l'éducation des enfants.

24. *Sic* pour la majuscule. On voudra peut-être y voir, rétrospectivement, le signe à peine voilé d'une sorte de don de soi à son cousin Albrecht-Wolfgang, 'comte de la Lippe'.

pas. Je ne suis pas fort menuë, mais je suis bien faite. Je marcherois bien si je voulois. La malheureuse habitude que j'ai prise de courrir, fait que je ne marche jamais. J'ay le bras rond et les mains passables. Je suis forte et quand je tiens quelcun, il ne se depêtre pas aisem^t de moy. C'est assez parler de mon extérieur.[25] Le principal est le dedans. Mais comme je me connois peu, je vais vous dire ce qu'on dit de moy.

Je commencerai par un trait capable de prévenir assez en ma faveur, pour qu'on me fasse un peu de grace sur le reste. C'est qu'on dit que j'ay le coeur bon, et franchement je suis bien aise de le croire, cela fera le contrepoids de mes mauvaises qualitez. Je ne manquerois pas d'esprit, si je pouvois le cultiver, et je ne le puis parceque je ne le veux pas, car j'ay assez d'occasions d'apprendre. J'ay la mémoire assez heureuse; la question seroit de me mettre de bonnes choses dans la teste. J'ayme la lecture pourvû-que je ne la fasse pas moi-même: J'aime sur tout les livres d'Histoire: Mais quand il faut que je lise, et que j'écrive moy-mesme, c'est un vray fardeau. Il n'y a raison qui m'y puisse obliger, car j'ay une opiniâtreté insupportable. On me dit assez souvent que j'ay l'humeur indomptable, et il faut passer condamnation. J'ai l'esprit contrariant, ce qui me rend désagréable dans la conversation. Quand je veux quelque chose, rien que l'autorité n'est capable de me l'oster de la teste. On me dit tout cela, et s'il faut parler sincèrement je crois qu'on a raison.

Je suis lasse de dire du mal de moy. Dieu me veüille corriger, et me rendre digne fille du plus honneste ho^e de père, et de la plus vertueüse mère qui fut jamais. Dieu me veüille faire son Enfant.

Charlotte Sophie d'Aldenburg.[26]

Plusieurs indices concordants recouperaient cette expression précoce d'une personnalité entière et indépendante. Mrs Le Blond fait état, par exemple, de quelques lettres de direction morale d'Antoine II à sa fille, à un moment de crise religieuse ou sentimentale.[27] On peut au moins citer encore les dernières mises en garde de son gouverneur à sa mère en 1728:

Pour votre enfant, elle m'a coûté bien des larmes, et je me suis donné tous les soins que j'ai pu pour luy donner les sentimens d'une bonne chrétienne et former sa piété; je luy ay aussi apris plusieurs choses qu'il faut savoir etant dans le monde. Prenez garde aux gens que vous mettrez aupres d'elle, qu'elle n'aprenne rien qui puisse corompre ses moeurs. Elle est vive, elle a de l'esprit, elle s'échaperoit aisement. Tachez de luy donner du goût pour la S. Ecriture, elle y puisera cette belle, cette grande, cette admirable relligion qui la mènera dans la gloire éternelle. Qu'elle s'imprime bien cette Religion: vous scavez mes craintes sur ce chapitre. Dieu veuille avoir soin de son établissement un jour.[28]

Sobrement tracés devant l'éternité chrétienne, c'est à la fois le portrait de l'élève indocile et le tableau d'une formation manquée – presque le constat d'un échec.

Dans le remarquable autoportrait, dans ces témoignages familiaux, on est

25. Plusieurs portraits de la comtesse sont donnés dans l'ouvrage de Mrs Le Blond; l'un des plus intéressants se trouve également reproduit, en couleurs, en tête du volume 20 de la première édition Besterman de la correspondance (*Best.*, fig.108).

26. RAG 622, original autographe. Il faut naturellement mettre en parallèle avec ce texte l'angélique portrait de la princesse de La Trémoille, 'fait par elle-même' (?) à l'âge de cinq ans et demi, qui est comme le miroir brisé de celui-ci: 'J'ay l'humeur bien douce [...]. Je suis grande aumoniere; j'aime à lire, et principalement la parole de Dieu; j'aime fort mes parents [...]; je ne suis plus opiniâtre [...]. La compagnie que j'aime le mieux, c'est d'être avec mes parens [...]. Je ne seray jamais coquette [...]. Je suis fort craignant Dieu.'

27. Le Blond, i.25, passage assez confus et sans référence. Je n'ai pu retrouver ces lettres.

28. RAG 460, 'Fin de notre cher Delaunay', de la main de la princesse Wilhelmine-Marie. Launay mourut quelques jours plus tard, le 10 janvier 1729; Charlotte-Sophie n'avait pas quatorze ans.

tenté de lire en perspective les choix et les refus absolus qui furent ceux de la comtesse de Bentinck, ces engagements, ces résistances, ces aventures qui la portèrent ensuite – objet d'amusement, de mépris ou d'admiration – vers le devant de la scène européenne.[29]

> Elle a dit mille et mille fois qu'elle avait été mariée contre son gré.[30]

Charlotte-Sophie fut mariée à Willem de Bentinck le 1er juin 1733; leur séparation fut juridiquement prononcée le 15 avril 1740. Ce fut la période décisive de sa vie: celle d'où partent ses longues errances et ses interminables contestations; celle où elle inaugura dans la transgression une sorte de fidélité à elle-même; celle où commença de se former son personnage scandaleux de femme perdue d'honneur et de mère dénaturée. C'est aussi entre ces deux dates fort probablement, on le verra plus loin, qu'il faut placer la première rencontre avec Voltaire.

Dans la situation critique où se trouvait la maison d'Aldenburg, le mariage de l'unique héritière était une affaire d'intérêt. La jeune comtesse fut tôt recherchée par quelques parents et alliés; de discrètes démarches furent même amorcées de la part de la cour de Suède pour lui faire épouser l'un des princes royaux.[31] Le mari de ses rêves était son cousin 'le comte de La Lippe', veuf depuis 1726, comte régnant de Schaumburg-Lippe depuis 1728, et de seize ans son aîné: c'est pour lui qu'elle abandonna par la suite l'époux qu'on lui avait préféré.[32]

Willem Bentinck, seigneur de Rhoon et de Pendrecht, était un bon parti, la suite de sa carrière le prouva, et sa femme lui reconnut toujours du mérite personnel. Il fut présenté aux Aldenburg en 1729; il avait vingt-cinq ans. L'élévation récente de sa famille pouvait effacer la crainte d'une mésalliance. Descendant d'une longue lignée de chevaliers du pays de Gueldre, bien attestée depuis le quatorzième siècle, il était fils du célèbre Hans Willem Bentinck qui avait été le principal conseiller et le bras droit de Guillaume d'Orange dans la conquête du trône d'Angleterre, et que le stathouder devenu roi avait récompensé en le faisant comte de Portland. Ce titre de Portland était resté à la branche issue d'un premier mariage, mais le jeune Willem, comme aîné du second lit,

29. 'Votre historiographe aura beau jeu,' la plaisantait son ami Lynar, 'il pourra intéresser par les faits les plus singuliers' (lettre du 24 décembre 1761, RAG 176-177e). Au moins tient-elle à l'histoire par les mémoires de quelques grands contemporains, ceux de Frédéric II, ceux de Catherine II, qu'on trouvera cités plus loin.

30. Lettre d'Abraham Trembley à la comtesse de Portland, en 1743, citée par W. C. Van Huffel, *Willem Bentinck van Rhoon* (La Haye 1923), p.96.

31. RAG 591, dossier original de ces demandes en mariage. La démarche suédoise est mentionnée par Mrs Le Blond, qui la trouve admirable et flatteuse (i.86 et 105). En fait, l'histoire des relations entre la Suède et le Danemark indique à l'évidence que des prétentions territoriales étaient en jeu, ce qui explique sans doute l'échec d'une proposition à laquelle le Danemark ne pouvait consentir.

32. On note ici, pour n'y plus revenir, que les protestations de Mrs Le Blond sur la vertu de sa trisaïeule sont aussi inutiles que touchantes (i.38, 63 et *passim*). Les premières lettres conservées de Charlotte-Sophie à son cousin Albrecht-Wolfgang sont, dès 1730, des plus sentimentales (Niedersächsisches Staatsarchiv in Bückeburg, F A XXXV, 15. 54); il lui rappelle en 1733 les vœux échangés 'autrefois' et ajoute: 'J'ay eu le bonheur de faire dans vostre coeur la premiere impression qu'il eust jamais reçue' (RAG 1271e I).

avait hérité tous les biens hollandais: le domaine de Sorgvliet près de La Haye, don personnel de Guillaume III à son père, les seigneuries de Rhoon et de Pendrecht, près de Rotterdam, et quelques autres terres ancestrales. Bien né, bien élevé, favorisé par ses doubles alliances à la fois anglaises et hollandaises, riche de biens et d'espérances, le nouveau prétendant était de plus introduit dans les principales cours de l'Europe depuis son grand tour, et ses conseils étaient déjà écoutés dans l'entourage du stathouder Guillaume IV. Il avait devant lui le plus brillant avenir.[33]

Il fut agréé par les parents au début de 1732, malgré l'opposition de la fille.[34] Il obtint de l'Empereur un brevet de comte d'Empire, qui lui coûta huit mille florins:[35] précaution nécessaire pour éviter la déchéance des droits et des titres d'Aldenburg. Le roi de Danemark fit attendre jusqu'en décembre le consentement qu'Antoine II lui avait demandé comme au protecteur de la maison; mais les garanties qu'on y trouva, quant à la possession des biens soustraits de l'ancienne succession d'Oldenburg, parurent suffisantes.

Il faut dire un mot du contrat de mariage. Avec le testament paternel et l'acte de séparation, qui en confirmèrent les dispositions essentielles, c'est la pièce fondamentale du dossier, des 'paperasses' que Voltaire eut à débrouiller plus tard.[36] Charlotte-Sophie devait recueillir seule tous les biens d'Aldenburg à la mort de son père, mais sous des conditions qui marquaient évidemment l'infériorité de son sexe: défense lui était faite d'en rien aliéner, de les charger de nouvelles obligations, d'en disposer autrement qu'en les transmettant en héritage aux enfants qui pourraient naître de son mariage (ou à défaut aux plus proches collatéraux). Ce fidéicommis la livrait en fait à son époux, puisqu'elle aurait aussi à reprendre les énormes dettes familiales, dont les charges ne pouvaient se soutenir sans le crédit des Bentinck: c'est ce crédit qu'on lui faisait épouser. Le comte Willem devait assumer l'entretien de sa femme et la dépense domestique; mais la dot, convertie économiquement en rente, était garantie sur la propriété de Doorwerth en Gueldre, qui lui permettrait d'étendre son influence dans les Provinces-Unies, et qui devait de toute manière rester dans sa famille. Le comte Antoine s'engageait enfin, de son côté, à satisfaire les prétentions que ses parents pourraient légitimement susciter et à faire confirmer le contrat par le roi de Danemark, ce qui fut fait; mais aussi 'à mettre ordre au dérangement de ses affaires', ce qu'il fut incapable de faire.[37]

'Le comte de Bentinck,' écrira Voltaire, 'exclu par son contrat de mariage de toute communauté de biens ...':[38] au sens strict, c'est sommairement exact; mais cette première négociation d'intérêts lui donnait des avantages et des droits qu'il

33. L'ouvrage cité de W. C. Van Huffel est fort bien informé, en particulier pour les sources anglaises que je n'ai pu consulter; la biographie s'arrête à 1747, mais la personnalité de Bentinck fait l'objet d'une longue étude. Des indications générales peuvent être commodément trouvées dans l'histoire familiale publiée par P. E. Schazmann, *The Bentincks* (Londres 1976).

34. Ses résistances ressortent nettement des lettres citées par W. C. Van Huffel, p.140.

35. P. E. Schazmann, p.140.

36. Voir sa lettre à la comtesse du 12 octobre 1750: 'Je descendray chez vous, vous aurez vos paperasses touttes prêtes ...' (D4238).

37. RAG 217, contrat du 30 mai 1733. La pièce est clairement résumée par W. C. Van Huffel, pp.80-81.

38. *Texte* 52, troisième paragraphe.

fortifia encore par la suite, et que la séparation judiciaire ne put jamais éteindre.[39]

Une péripétie romanesque faillit rompre tous ces arrangements, dont cependant le mari ni les parents n'eurent connaissance. Charlotte-Sophie se vit pressée par son cousin de se laisser enlever, dans toutes les formes, à quelques jours de la cérémonie. Mais il avait violé lui-même entre-temps les anciennes promesses qu'il rappelait, en contractant de son côté un autre mariage d'intérêt – qu'il prétendait, il est vrai, faire annuler.[40] Le dépit amoureux entra vraisemblablement dans la résignation finale de la jeune comtesse à la volonté de ses parents.

S'il n'avait été mon mari, je l'aurais aimé à la folie.[41]

Les Bentinck vécurent principalement à La Haye. L'antipathie de leurs caractères éclate à la lecture de leurs correspondances personnelles et familiales de cette période.[42] Absorbé par les soins de ses affaires et de sa carrière, ambitieux, prudent et pratique, jaloux de sa réputation d'homme d'ordre et d'économie, le comte de Bentinck déplora bientôt le train d'existence de sa femme, une vie presque parallèle de plaisirs, de parties de théâtre, de visites, de jeux et de promenades, une parade large et brillante, qui l'illustrait peut-être, mais en contrariant trop à ses yeux l'antique devise de sa famille: 'Craignez honte'.[43] La comtesse y mettait évidemment de la provocation. Son mari lui paraissait trop sérieux, la vie conjugale pesante et contrainte; elle fut soignée pour les nerfs à Spa en 1736, elle se plaignit ensuite de 'spleen'. Le mariage tournait à la 'galère'.[44] Des discussions d'argent se mêlaient aux tracasseries du ménage: la rente conjugale n'était pas mieux payée que la dot, et le père de la comtesse avait même souvent recours à son gendre pour faire face à ses obligations.

Bentinck fut élu aux Etats-Généraux en 1736, puis il devint un membre assez influent du Conseil de la province de Hollande. Son avancement ouvrit à la comtesse un plus grand théâtre où paraître. Elle fréquenta familièrement la princesse d'Orange, elle brilla de tout son esprit dans les milieux diplomatiques,

39. Les querelles de succession pour Varel et Kniphausen se prolongèrent jusqu'en 1854. Le *Recueil des instructions données aux ambassadeurs*, vol.xiii (Danemark), pp.174-75, donne à ce sujet des références précises qui semblent avoir manqué à P. E. Schazmann.

40. RAG 1271 e I, lettre du comte Albrecht-Wolfgang, datée du 23 mai 1733, copie de la main de la comtesse de Bentinck, 9 pages in-folio. Par un raisonnement comme on en faisait au temps de la reine Victoria, Mrs Le Blond, qui a eu cette pièce entre les mains, en tire la preuve absolue de l'insoupçonnable vertu de son ancêtre (i.22-23).

41. Mot de la comtesse en 1743, recueilli par Catherine II de Russie dans ses *Mémoires* (éd. Maroger, Paris 1953, p.43).

42. Lettres du comte Willem à sa femme en 1738-1739 (RAG 473 et 474), de leur agent Larrey à la comtesse en 1735-1736 (RAG 21) et en 1739 (RAG 474), d'Antoine II au comte Albrecht-Wolfgang de Schaumburg-Lippe entre 1733 et 1738 (Niedersächsisches Staatsarchiv, F A XXXV, 15. 52) et de Charlotte-Sophie au même à partir de 1730 (15. 54): la suite du récit, jusqu'en 1740, s'établit sur ces sources originales.

43. P. E. Schazmann, p.227. On y oppose trop facilement la devise personnelle que se serait donnée la comtesse de Bentinck, d'après *Schaer*, p.103 (sans référence ni indication de date): 'Tout ou rien.'

44. D6204, à Voltaire, 13 mars 1755: 'Vous m'avouerez que je ne suis pas payée pour estre fort amusée de cette galère-là.'

elle s'amusa à l'idée de 'gouverner la République' aux côtés de son mari.[45] En 1737, cependant, les lettres familiales disent déjà la désunion et la rupture.[46] Quelques années plus tard, un observateur partial, qui resta toujours attaché au comte, crut donner tous les torts à la comtesse en dénonçant sa monstrueuse révolte contre le mariage même:

Elle avouoit qu'elle ne haïssoit pas tant [le comte] à cause de son caractère, que parce qu'il étoit son mari. Elle a toujours fait profession de dire qu'elle ne pourroit jamais l'aimer à cause de cela. Elle m'a dit à moi-même que quand elle auroit un ange pour mari, elle ne pourroit s'empêcher de le haïr.[47]

C'était bien là, sans doute, le fond de la situation.

Deux fils naquirent, en 1734 et 1737.

Charlotte-Sophie demeurait fidèle à ses amours d'enfance, à ce cousin de La Lippe qui avait voulu jusqu'à la veille de son mariage l'enlever au comte Willem et à ses parents. Elle devint sa maîtresse en 1736 ou 1737 au plus tard, sans même sauver les apparences. La notoriété de leur premier attachement et de la parole qu'ils avaient échangée autrefois, l'affection ancienne de son père pour ce neveu qu'il continuait de fréquenter et de protéger, les relations d'affaires et de politique où son amant restait engagé avec Bentinck lui-même, le caractère familial de leurs rencontres, à La Haye chez elle, à Varel chez ses parents, et même chez lui à Bückeburg où son mari l'accompagnait, tout semble indiquer qu'elle imposait aux auteurs de son mariage malheureux le spectacle à peine voilé d'une sorte d'adultère légitime, à la façon des favorites royales ou de quelque héroïne de roman défendu. Pour le roman moderne, on se prend à rêver à une Emma Bovary revue par Stendhal. Faute de meilleurs termes de référence, un père la peindra plus tard à son fils, pour lui inculquer l'horreur de pareilles aventures, comme une 'Messaline dévergondée'.[48]

C'est après la mort de son père en 1738, que la comtesse de Bentinck voulut s'affranchir des dernières contraintes et crut retrouver sa liberté. Le soin de ses domaines la ramenait souvent à Varel et à Kniphausen. En septembre 1739, elle adressait à son mari, de Bückeburg, une lettre de rupture; elle lui dépêchait un agent pour discuter en son nom les dispositions d'une séparation définitive qu'elle demandait à établir dans toutes les formes. Elle choisissait ainsi, pour le reste de son existence, le scandale permanent: l'adultère, dans sa condition, n'était qu'un compromis du mariage; c'est la séparation judiciaire qui en est, au dix-huitième siècle, l'interdit rarement transgressé. Sa décision, si elle l'avait mieux expliquée, l'expliquerait aussi. Défi de la morale apprise, absolue fidélité

45. 'Je suis si occupée à gouverner la République que je n'ay pas le temps d'écrire à des Allemands' (à son cousin Albrecht-Wolfgang, Niedersächsisches Staatsarchiv, F A XXXV, 15. 54).

46. W. C. Van Huffel, pp.89-91, lettres des deux époux à leurs mères respectives.

47. Lettre d'Abraham Trembley, précepteur des enfants Bentinck, à la comtesse de Portland, en 1743, citée par W. C. Van Huffel, pp.95-96.

48. Il s'agit du comte de Bernstorff, écrivant à son fils à Vienne, le 24 juillet 1756: 'Je ne veux pas que vous ayez la moindre liaison avec la comtesse Bentinck; j'abhorre cette Messaline dévergondée qui a tout l'esprit d'un démon et un caractère infernal; elle doit remarquer en votre personne que des jeunes gens vertueux détestent et fuient des sociétés pareilles, et que le sexe n'est aimable qu'à proportion de sa vertu' (Aage Friis, *Bernstorffsche Papiere*, Copenhague 1904-1907, i.155). Le fils, apparemment émancipé par les rencontres de son grand tour, fit la sourde oreille et fut rappelé à l'ordre (i.156-57).

à soi, comme elle se le dit alors, plume en main.[49] Mais aussi, peut-être une sorte de vertige d'aventures singulières, comme on en vit dans les livres; la réclamation de l'orgueilleuse lignée contre l'odieux mariage où le nom s'était commis. Sans doute encore la passion de gouverner chez elle en maîtresse, voire le rêve impossible de relever le patrimoine. Il y a sûrement, dans ce pas décisif de sa vie, quelque chose de dérisoire et d'excessif à la fois: comme un désir de soutenir un rôle dans l'histoire, de se gratifier d'un destin.

L'acte de séparation commande évidemment toutes les contestations à venir, les négociations entre les puissances comme les procès personnels: 'une première signature imprudente m'a perdüe en 1740,' écrira-t-elle à Voltaire, à un moment où il lui faisait donner une autre signature qui ne la sauva pas (D4476, 25 mai 1751).

La convention confirmait d'abord la nullité de toute prétention du mari sur les biens d'Aldenburg, selon les termes du contrat de mariage et du testament d'Antoine II. Mais le comte s'était rendu caution d'une grande partie des dettes dont ces biens étaient chargés, en aidant à les consolider dans les Provinces-Unies. La comtesse s'engageait donc à payer, sur les premiers revenus de ses meilleures terres, les rentes de ce capital et les rentes de sa dot, puis le capital même après la mort de sa mère. Ce capital était assigné sur Doorwerth, dont Bentinck était déjà le possesseur de fait; les rentes étaient garanties sur les terres d'Aldenburg, qui devaient toujours revenir après elle à ses fils.

La séparation était la plus générale: 'de table, de lit et d'habitation'. Le comte restait ainsi le tuteur des deux enfants, confiés à ses seuls soins par l'abandon de la mère: dispositions honteuses et non seulement 'imprudentes'.[50]

En sa double qualité de tuteur et de principal créancier, Bentinck se voyait concéder des droits sur les terres, à raison de leurs revenus, ou si l'on préfère un droit de regard sur leur administration. Toute dispute devait ainsi prendre inévitablement des dimensions européennes: Doorwerth relevait des tribunaux de Gueldre et de Brabant;[51] les terres du Jeverland étaient du ressort des princes d'Anhalt-Zerbst; le fief de Varel et les terres avoisinantes se trouvaient soumises au domaine et à la justice des rois de Danemark; enfin le domaine souverain de Kniphausen dépendait directement de l'Empereur et du conseil aulique – sauf à soutenir ce point contre le Danemark, qui nia toujours l'immédiateté du lien impérial, en particulier dans les négociations d'échange où les anciens comtés d'Oldenburg et de Delmenhorst se trouvèrent compris.[52] L'acte fut d'ailleurs

49. 'Imbuë d'une espece de Philosophie, ouvrage de mes propres reflections, Stoitienne sur bien des choses, j'ay secoué le joug du prejugé outré, qui attache presque plus de valeur à l'Estime du monde qu'a la nature des actions mesme. [...] Chacun a sa façon de penser. La mienne est singuliere, je le sçais. J'ay trop de vanité pour demander grace pour Elle' (mémoire autobiographique de 1740, ff.1-2). Ces réflexions ne sont qu'incidentes, subordonnées à une évocation du lecteur idéal: celui qui lirait sa confession 'en l'envisagent, sans prejugé, dans le point de vuë qui lui est propre'. Rappelons que le mémoire est incomplet.

50. Acte de séparation du 15 avril 1740, copie conservée aux Archives d'Etat d'Oldenburg, d'après *Schaer*, p.84, n.20. La négociation s'en trouve relatée dans les lettres de 1740 entre la comtesse et son agent Larrey (RAG 363c); la substance en est souvent reprise dans les pièces ultérieures des divers procès et démarches diplomatiques.

51. C'est par une sentence de Bruxelles que la comtesse recouvra la propriété de Doorwerth, en 1779, à la suite de procès indépendants des démarches où Voltaire s'était entremis.

52. Les comtés furent offerts par les danois au grand-duc Pierre de Russie, en 1750-1752, contre

enregistré par la cour impériale de Wetzlar, confirmé à Copenhague, déposé à Oldenburg, à Zerbst et à Bruxelles. C'était d'avance, en cas de procès, 'la guerre avec des empereurs, des rois et des espèces de républiques'.[53] Aussi bien l'ascension personnelle du comte de Bentinck lui assura-t-elle bientôt des appuis politiques dans toutes les cours d'Europe.

La comtesse ne revit jamais son mari. Elle ne revit ses fils, elle ne les aperçut plutôt, qu'en une occasion, vingt ans plus tard, dans un voyage clandestin qu'elle fit à La Haye. Elle contrevenait à une clause de l'acte de séparation, par laquelle elle s'était interdit d'y jamais reparaître dans le temps que le comte y ferait séjour. Elle fut sommée juridiquement de vider les lieux.[54]

Au printemps de 1740, la comtesse de Bentinck eut de son amant un premier fils.[55]

Le personnage de la comtesse de Bentinck a, dès cette époque, ses traits presque définitifs. Sa réputation est faite, elle ne fera qu'empirer. Les plus indulgents de ses détracteurs lui croiront l'esprit dérangé. A vingt-cinq ans, dans le cercle déjà moins étroit de son existence, elle est 'la Bentinck', un être de scandale, une femme fatale et facile, un épouvantail des familles.[56] Son amant, qui connaît ses vertus, aurait trop de cartels à lancer: 'A qui voulez-vous vous prendre,' lui répond sagement la mère de la comtesse, 'puisque ces bruits sont répandus presque partout, pas seulement en Hollande, mais en Danemark, à Petersbourg et en Allemagne' – et elle l'exhorte plutôt à rompre avec sa fille 'afin d'éviter cet abîme qui mène à l'Eternité'.[57] En commençant le récit de sa vie, sous le coup de cette grande rupture, Charlotte-Sophie s'avoue à elle-même que l'idée du mépris public lui est insupportable, que son plus cher désir serait d'expliquer l'innocence des 'principes' qui l'ont conduite, mais que bien des lecteurs s'arrêteraient sans doute au préambule: 'Je cours risque d'estre bannie de mainte bibliotheque après la lecture de la premiere page de mon ouvrage.'[58] Dix ans plus tard, apprenant de la reine mère son arrivée prochaine à Berlin, la princesse Ulrique de Suède espère qu'elle n'y fera pas long séjour: 'Son

le Holstein, mais la négociation échoua. Ils furent cédés au grand-duc Paul en 1773. Oldenburg passa ensuite à l'évêque de Lübeck. Kniphausen y fut englobé en 1854 (le comté était alors devenu duché), et les Bentinck partagèrent quelque temps encore avec les ducs d'Oldenburg une 'demi-souveraineté', qu'ils abandonnèrent par la suite.

53. D4326, Voltaire à la comtesse de Bentinck, septembre 1750. Cf. *D4411*: 'Vous me faites prendre party contre l'empereur, le roy de Dannemark et M. de Benting.'

54. Aubrey Le Blond, i.93.

55. Niedersächsisches Staatsarchiv, F A XXXV 15. 54, lettre de la comtesse du 4 mai 1740 et billets de l'enfant, en 1746-1747, au comte Albrecht-Wolfgang. On fit passer cet enfant pour le fils d'un officier de la comtesse à Kniphausen, nommé Donop. Sa naissance était le secret de la comédie, comme en témoigne, entre autres pièces, une lettre de Larrey à la comtesse elle-même, datée du 5 octobre 1741: 'Il est d'une toute autre phisionomie que le reste de sa famille, je voudrois que vous le vissiez ...' (RAG 396).

56. 'La Bentinck': mot de Frédéric II dans une dépêche du 24 novembre 1753 à milord Maréchal (*Pol. Cor.*, x.162). La même expression se rencontre dans les *Bernstorffsche Papiere*, déjà cités, sous la plume d'une dame de Plessen, en 1771 (ii.421).

57. Lettre autographe de la princesse Wilhelmine-Marie au comte Albrecht-Wolfgang, 7 mars 1740, Niedersächsisches Staatsarchiv, F A XXXV, 15. 52.

58. RAG 593, mémoire autographe déjà cité, f.3.

histoire ne lui fait guère honneur ayant été enlevée. Selon toute apparence c'est une avanturière.'[59] Et c'est sans doute aussi 'son histoire' qui encourageait l'entreprenant Maupertuis à lui déclarer un peu vivement l'impression ineffaçable que 'les charmes de [son] esprit et de [sa] personne' avaient faite sur lui dès le premier instant.[60]

Romanesque, hardie, fantasque, provocante – l'ascendant mêlé du charme et de l'émancipation: c'est l'image même, parmi les plus complexes, que s'en retraçait dans ses *Mémoires*, trente ans après l'unique rencontre, la grande Catherine de Russie. Le texte est trop essentiel pour que l'on ne veuille pas m'excuser de le citer ici tout au long:

Après quelque séjour à Jever, où je logeais, moi, dans une espèce de donjon qu'avait occupé une comtesse Marie, souveraine de tout le pays d'alentour et qui cependant n'avait qu'une chambre,[61] nous allâmes à Varel chez la mère de la comtesse de Bentinck.[62]

Madame de Bentinck vint à cheval au-devant de nous; je n'avais jamais vu de femme à cheval; je fus enchantée de la voir: elle montait comme un écuyer. Arrivée à Varel, je m'attachai à elle; cet attachement déplut à ma mère, mais plus fortement encore à mon père; aussi débutâmes-nous singulièrement.

A peine Mme de Bentinck eut-elle changé d'habit qu'elle remonta. J'avais assisté à sa toilette et ne la quittai point; elle, qui ne se gênait point, ne fit qu'un moment d'apparition dans la chambre de sa mère où était la mienne aussi, et tout de suite nous nous mîmes à danser une styrienne dans l'antichambre; cela attira tout le monde à la porte pour nous regarder; je fus gravement grondée pour ce début.

Cependant, sous prétexte de visite, j'allai le lendemain encore dans l'appartement de Mme de Bentinck, que je trouvais charmante, et comment m'aurait-elle paru autre? J'avais quatorze ans, elle montait à cheval, dansait quand la fantaisie lui en prenait, chantait, riait, sautait comme une enfant, quoiqu'elle eût bien trente ans alors;[63] elle était déjà séparée de son mari.

Je trouvai dans son appartement un enfant de trois ans, beau comme le jour; je demandai qui il était; elle me dit en riant que c'était le frère d'une demoiselle Donep [*sic*] qu'elle avait avec elle, mais à ses autres connaissances elle disait sans façon qu'il était à elle et qu'elle l'avait eu de son coureur.[64] Elle mettait à cet enfant quelquefois son bonnet et disait: 'Voyez comme il me ressemble.' Je lui ai vu faire cela, mais comme je n'y entendais pas malice, je la persécutais pour qu'elle fît apporter en haut, chez sa mère, cet enfant avec sa cornette. Elle me dit: 'Ma mère n'aime point cet enfant'; mais je la persécutai tant qu'elle le fit porter avec nous. La vieille princesse, dès qu'elle vit de loin cet enfant, fit signe qu'on l'emportât. Il y avait dans les appartements de cette maison le portrait du comte Bentinck, qui paraissait un fort bel homme. La comtesse disait en le regardant: 'S'il n'avait été mon mari, je l'aurais aimé à la folie.'

Dès qu'on eut dîné, je retournai dans la chambre de la comtesse: elle m'avait promis de me faire monter à cheval pendant l'après-dîner; mais le point difficile était d'en obtenir la permission de mon père, sans quoi je ne l'aurais osé. La comtesse se chargea de la négociation et l'obtint à force d'importunité; elle me mit à cheval et je fis plusieurs tours

59. Lettre autographe de la princesse Ulrique à la reine Sophie-Dorothée de Prusse, 11 novembre 1749, *Eriksberger Archiv*, Stockholm.

60. *Textes*, 7, lettre autographe du 3 mars 1741, RAG 351a.

61. Je ne sais qui fut cette 'comtesse Marie'. Jever, ancienne possession d'Oldenburg, était passé par héritage à la maison de Zerbst.

62. Comme seigneurs de Jever, les Anhalt-Zerbst, lignée de Catherine II, recevaient l'hommage des Aldenburg pour la terre de Garms. La rencontre peut être datée de la fin de mars ou du début d'avril 1743.

63. Elle en avait vingt-huit à peine.

64. Il s'agit du petit Charles Donop (voir note 55).

dans la cour du château. Depuis ce moment cet exercice devint ma passion dominante pendant fort longtemps; dès que je voyais mes chevaux, je quittais tout pour eux.

Mon père et ma mère se hâtèrent de quitter Varel et revinrent à Jever. Je crois qu'en partie ce fut pour me tirer des griffes de cette femme: elle donnait trop d'essor à ma vivacité naturelle, qui avait assez d'inclination à se développer et qu'il était nécessaire de tenir en bride; l'âge de quatorze ans n'est pas susceptible de prudence ni de réflexions.[65]

Rencontre fascinée, fulgurante, initiatrice: comment faire ici la part de l'histoire et du récit, du souvenir et de l'écriture? La figure de la comtesse est évidemment marquée des signes spectaculaires du scandale: elle abolit la différence des sexes ('elle montait comme un écuyer'), elle enfreint les normes du comportement adulte (par l'enfantillage de la 'styrienne'), elle usurpe les droits de l'autorité paternelle ('elle l'obtint à force d'importunité') et force les dernières défenses de l'honneur familial (en imposant à 'la vieille princesse' la vue de l'enfant maudit), elle transgresse surtout les tabous de la vertu et du rang tout à la fois ('elle disait qu'elle l'avait eu de son coureur'). Mais la figure de la jeune initiée hésite curieusement entre l'innocence et la complicité. 'Je n'y entendais pas malice,' écrit Catherine. Mais cette fascination de la 'toilette' et cette attirance pour 'la chambre de la comtesse'? et cette curiosité sur la naissance du mystérieux enfant, cette insistance à faire l'épreuve de l'interdit dont il est le signe et l'objet? Le texte semble dire à la fois la complaisance des sympathies les plus secrètes et la nostalgie d'un ordre sage où les parents finissent par tirer les petites filles modèles des 'griffes' des femmes de mauvais exemple. Si le récit se joue ainsi dans l'entre-deux, c'est que, dans l'intervalle justement de l'événement et de l'écriture, s'était enfin accomplie l'initiation dont la leçon de cheval (qui ferme d'ailleurs la boucle du texte) n'était que le premier rite: ces pouvoirs magiques de la femme-homme, transmis contre la volonté paternelle, ont fait un jour de la petite princesse d'Anhalt-Zerbst, quand plus rien à son tour ne put la 'tenir en bride', la grande Catherine.[66]

L'histoire mythique de Catherine II s'inscrit dans la composition initiatique de ce précieux récit: reconnaissance du double intime, naissance d'un destin mâle. Mais au-delà des prestiges troublants de l'écriture, c'est à l'histoire réelle que renvoie le texte: à la figure historique de celle qui avait choisi d'être en dépit du monde, comme Voltaire le lui écrira quelques années plus tard à Berlin, 'madame la comtesse d'Oltembourg et malgré elle de Bentinck'.[67]

65. *Mémoires de Catherine II, écrits par elle-même*, texte établi et présenté par Dominique Maroger (Paris 1953), pp.42-43.

66. Signalons en passant que la mère de Catherine II, la princesse Elisabeth d'Anhalt-Zerbst, qui devint par la suite l'amie de la comtesse de Bentinck, n'était pas elle-même un dragon de vertu: voir les *Mémoires du cardinal de Bernis* (Paris 1978), ii.1-8.

67. *D4319*, janvier 1751.

2. La comtesse de Bentinck et Voltaire avant leur séjour en Prusse (1736-1750)

[...] et la france, l'Europe entière, ne font que confirmer
ce que j'ai osé dire et penser depuis 40 ans[1]

MARQUÉES par les hasards de la vie – mais le hasard n'est qu'un mot, dit Voltaire – quarante années de connaissance, chiffre rond. Des débuts de cette longue liaison, une lettre subsistait seulement, qui ouvrait à la recherche un double espace: l'espace physique de l'Europe du Nord, à travers lequel elle fut acheminée à l'automne de 1745, du faubourg Saint-Honoré jusqu'en un mystérieux 'hermitage' germanique; l'espace moral d'une relation personnelle déjà établie, et presque d'une parenté reconnue.[2] Cet espace reste problématique, aucune autre pièce de la correspondance perdue n'est encore venue s'y placer. On peut au moins le baliser de quelques dates, de faits et d'hypothèses, de témoignages et de nouveaux indices.

La seule rencontre attestée est celle de Bückeburg en décembre 1740, mais le premier contact est sans doute antérieur: il doit dater de 1736 ou 1737, du seul séjour que Voltaire fit en Hollande alors que la comtesse de Bentinck était encore l'épouse du comte Willem.

Les indices de cette hypothétique rencontre sont concordants, quoique tardifs et assez vagues. Il s'agit principalement de deux lettres de la comtesse à Haller, la première de septembre 1758, où elle rappelle d'un mot les '22 ans de connoissences' qui la lient à Voltaire;[3] la seconde de mars 1768, où elle dit lui être 'attachée depuis plus de trente ans par la reconnoissence et l'amitié' (D14899, 'Hambourg le 30 mars 1768'). A Voltaire lui-même, en 1768 encore, elle avoue avoir laissé entrer 'peutestre' un peu de 'vanité' dans les premières lettres qu'elle lui adressa, 'il y a 30 ans' dit-elle (D14891, 'Hambourg le 28 mars 1768'). Il semble bien enfin que la rencontre de Bückeburg n'était pas marquée dans la mémoire de Voltaire comme l'origine de leur liaison.[4] Mais quant aux circonstances et au caractère de cette rencontre hollandaise, on ne peut encore avancer que de prudentes hypothèses.

Les déplacements de Voltaire durant son troisième voyage dans les Pays-Bas sont connus avec une certaine précision.[5] Dès la fin de décembre 1736, son adresse était à Leyde où il suivit assidûment les leçons de 's-Gravesande, en

1. Dernière lettre de la comtesse de Bentinck à Voltaire, 'Hambourg le 17 avril 1778' (RAG 431), publiée dans *RhlF* 82, (1982), pp.636-37.

2. D3248, datée de Paris, le 22 octobre (1745).

3. Berne, Burgerbibliothek, Mss. hist. helv., xviii.17, 'Monrion le 6 Sep. 1758', original autographe: 'Je n'ay jamais eu le courage d'offrir ici un morceau de pain a Mr de Voltaire Luy mesme malgré 22 ans de connoissences.' Cette lettre n'a pas été utilisée par Besterman.

4. Lettre à la comtesse de Bentinck, 26 août 1757: 'ce beau château où j'ay eu l'honneur de vous faire autrefois ma cour' (Curd Ochwadt, *Voltaire und die Grafen zu Schaumburg-Lippe*, p.75).

5. Voir J. Vercruysse, *Voltaire et la Hollande*, Studies on Voltaire 46 (Genève 1966), pp.32-50: 'Le voyage de 1737'.

mettant la dernière main aux *Eléments de la philosophie de Newton*: ce fut son activité principale durant ces deux mois. Il se rendit aussi à Amsterdam, à trois reprises au moins, pour surveiller la nouvelle édition de ses œuvres entreprise par Ledet et Desbordes. Il passa peut-être quelques jours à La Haye, plus sûrement à Utrecht, où il rencontra d'Argens,[6] mais son séjour se partagea essentiellement entre Leyde et Amsterdam.[7]

L'incognito qu'il avait prévu de garder fut rompu dès les premiers jours de son arrivée. Le 10 janvier, il écrit à Mme Du Châtelet 'que toutes les gazettes parlent de lui depuis un mois, que tout le monde le veut voir'.[8] Il amplifia bientôt lui-même les échos indiscrets des journalistes, en faisant publier un démenti au sujet de la *Pucelle*, puis la fausse nouvelle de son départ pour l'Angleterre. A la fin de janvier, le petit scandale de ses disputes réelles ou prétendues avec 's-Gravesande sur l'immortalité de l'âme et l'existence de Dieu, acheva de donner de l'éclat à un voyage qui devait n'être que prudence et mystère.[9] Voltaire vit bonne compagnie à Leyde;[10] il y discuta de l'actualité politique et du gouvernement de la France ,[11] avec des gens en place selon toute apparence. D'Amsterdam, il écrit d'abord à d'Argental qu'il ne voit que 'peu de monde' (D1270, 27 janvier 1737), mais il y fréquenta, entre autres personnalités, le magistrat Voordagh qui traduisait *La Mort de César*, et 'des Berlinois' grands admirateurs du prince royal de Prusse.[12] Ce fut en somme un voyage public, où les mondanités même eurent leur part.

Il est vraisemblable que la comtesse de Bentinck rechercha personnellement l'occasion de rencontrer le grand homme à son passage. Si l'on en croit ses confidences et ses souvenirs, tardifs mais non suspects, elle admirait Voltaire depuis de longues années, presque depuis l'enfance, elle avait même appris de lui 'à Essayer au moins de penser'.[13] Sans doute avait-elle lu de bonne heure la *Henriade*, qui fut toujours chère au cœur des réformés. Elle connaissait sûrement son théâtre et ses poésies, du moins doit-on le présumer de l'espèce de passion qu'elle montra pour toutes les nouveautés littéraires dès que son mariage l'eut

6. D1264, l'un de ses communiqués aux journaux, est daté de La Haye; dans D1263, il présente ses respects à 'mademoiselle Le Couvreur d'Utrecht', c'est-à-dire à Barbe Cochois.

7. Il faut apporter une correction de détail au calendrier établi par J. Vercruysse (p.36). D1290 ne peut être en effet du 25 [février 1737]. Voltaire y recommande à d'Argental de cacher à Thieriot une adresse qu'il lui révèlera lui-même le 17 janvier dans D1262. Il demande aussi à d'Argental de lui écrire encore à Leyde; or le 1er mars au plus tard, il était de retour à Cirey. Cette lettre est donc du 25 [décembre 1736]. Voltaire quitta Leyde, selon toute apparence, vers le 20 février (cf. D1282 et D1287).

8. D1268, lettre de Mme Du Châtelet à d'Argental, 25 janvier 1737.

9. Sur toute cette publicité journalistique, voir J. Vercruysse, pp.33-40. Une lettre de Formont du 2 février, révélée par la seconde édition de la correspondance, est venue attester que le bruit des provocations 'lockianistes' de Voltaire dans les cours de 's-Gravesande parvint très tôt à Paris (D1278).

10. D1279, à Thieriot, le 4 février 1737: 'Je trouve icy plus d'aceuil qu'on ne m'en a jamais fait en France. On m'y fait plus d'honneurs que je ne mérite.'

11. D1262, à Thieriot, le 17 janvier 1737: 'J'ay trouvé icy le gouvernement de France en très grande réputation.'

12. Cf. D1286 et les extraits cités par J. Vercruysse, p.48; D1289, à Frédéric, vers le 20 février 1737.

13. D14891: 'Vous mesme, avent de me Connoitre, m'aviez apris à Essayer au moins de penser' (Hambourg, le 28 mars 1768). Cf. D14399, lettre du 12 décembre 1768 (qui n'est malheureusement connue que dans une traduction anglaise): 'for nearly forty years'.

libérée des tutelles familiales et rapprochée des libraires de Hollande: elle accablait ses agents de commandes diverses, elle découvrait le dernier Marivaux presque en même temps que les Parisiens,[14] et le bon Trembley crut toujours qu'elle avait été pervertie par de mauvais livres.[15] Avait-elle déjà lu l'*Epître à Uranie*? La présence d'une copie de ce texte parmi ses papiers ne suffit pas à en donner l'assurance.[16] Au moins avait-elle suivi les bruyants démêlés de Voltaire et de Jean-Baptiste Rousseau, dont les échos remplissaient depuis des années les gazettes hollandaises.[17] En général, la prédilection qu'elle marqua toujours, et jusqu'à la fin de sa vie, pour l'œuvre voltairienne, ne paraît pas un effet du temps: c'est un attachement premier, une fidélité de vocation.

Plus curieux à cette date, plus 'voltairien' si l'on peut dire, était son goût déjà affirmé pour l'œuvre et la pensée de Locke. Elle s'était procuré 'un Loek' en original dès 1734, ainsi qu'un dictionnaire d'anglais, que son mari lui envoya à Varel.[18] La publication très récente des *Lettres philosophiques* n'était peut-être pas étrangère à cette curiosité soudaine pour la langue anglaise et pour le premier 'philosophe' de l'âme humaine. Elle voulut même élever ses enfants selon la psychologie empiriste et sensualiste.[19] On la taquinait, on la raillait dans son entourage sur cette nouvelle manie. Ainsi son agent Larrey, qu'un attachement ancien pour la maison d'Aldenburg autorisait à quelque familiarité, se dit 'charmé' qu'elle lise Locke, mais il ajoute aussitôt, dans une lettre de 1735: 'Des esprits médisants diroient qu'il n'y paroit pas infiniment, mais j'argumente differemment. Vous badinez, et il ne suit nullement de là que vous n'aïez une bonne logique quand vous le voulez bien.'[20] De même son mari, quelques années plus tard, presque au moment de leur séparation, prit occasion d'une autre commission de librairie pour lui insinuer un reproche assez vif sur la différence de sa conduite à des lectures aussi sérieuses: 'Il n'y a pas eu moyen de vous envoyer l'Entendement humain de Locke. Vous avez, dites-vous, égaré le votre; j'en suis faché d'autant plus que je crains que cela ne soit vrai.'[21] On retrouvera

14. Lettre à sa mère, datée du 22 août 1735: 'Il y a une petite comédie nouvelle de Mariveau qui est bien jolie et fort particuliere. Cela est un peu gros pour une lettre, sans quoi je vous l'envoirois. Elle est intitulée la Mere Confidente' (RAG 474). La pièce avait été représentée le 9 mai.

15. Dans une lettre du 22 décembre 1739, il se fait scrupule de continuer à lui procurer 'de ces miserables Romans dont des Faquins à gage infectent le monde, les Esprits et les Cœurs' (RAG 474).

16. RAG 382b-c, copie de main inconnue. On peut au moins assurer qu'elle lut l'*Epître* avant 1747, puisqu'elle en fit à cette date un pastiche: voir Curd Ochwadt, pp.55-64.

17. Elle conserva dans ses papiers le numéro du 17 août 1733 d'un journal de La Varenne (l'un des séides de Rousseau), *Le Secrétaire du public*, imprimé à Utrecht. Ce numéro contient *Le Temple de l'amitié* (dont l'édition originale est de la même année, d'après *Bengesco*, i.162) et une facétie qui paraît oubliée, intitulée 'Badinerie au sujet de Rousseau et de Voltaire, parodie du procès de Pollichon et d'Henriette' (RAG 482). En 1742, la comtesse souscrivit à l'édition de Rousseau que préparait l'abbé Séguy (lettre de Larrey du 29 avril 1742, RAG 363c).

18. Lettre du comte Willem à sa femme, 'Sorgvliet le 15 mai 1734', RAG 474. Le 'Loek' n'est pas autrement identifiable.

19. Lettre de Larrey à la comtesse, 26 août 1735: 'J'approuve fort votre gout pour l'Education des Enfans de Locke' (RAG 21). Il doit s'agir de la traduction de Coste (Amsterdam 1695). On sait d'ailleurs que les théories pédagogiques de Locke, approuvées par Wolff, jouissaient d'un grand crédit en Allemagne.

20. Lettre du 19 août 1735, RAG 21.

21. RAG 474, lettre du 19 juin 1739. La comtesse se trouvait alors à Bückeburg auprès de son amant et refusait de rentrer à La Haye.

Locke plus loin entre la comtesse et Voltaire, au moment de la rencontre de 1740, comme un signe ou un symbole – peut-être comme un souvenir, si la 'philosophie' eut part, comme on peut le penser, à leurs premiers contacts.

Philosophie anglaise et indifférentisme religieux: c'est alors, le plus souvent, une même ligne de pensée. Provocation ou conviction véritable, la jeune comtesse de Bentinck passait déjà dans sa famille pour un esprit fort. Elle 's'échappait', selon le sombre pronostic de son gouverneur. A l'envoi du 'Loek' et du dictionnaire, en 1734, son mari joignait une bible: indice apparent d'une approbation mitigée.[22] Et vers la même date, alors qu'elle se plaignait à lui des premières mésententes conjugales, son père lui rappelait instamment la nécessité d'obéir aux volontés de Dieu et aux devoirs qu'elles imposent;[23] à Varel, lorsqu'elle y retournait, il lui fallait subir de véritables 'traités de morale'.[24]

Mais le témoignage le plus précieux de son évolution intellectuelle est une lettre de 1735 où elle fait à sa mère le portrait d'un ami anglais de son mari, nommé 'milord Lovelace' – figure hybride de l'*homo anglicus* annoncé un an plus tôt dans les *Lettres philosophiques* et du dandy flegmatique laissé dans l'ombre par Voltaire:

C'est un drole de composé que cet homme. C'est la douceur et la complaisance mesme, content de tout et ne se formalisent de rien, jamais de trop et bon a envoyer et a placer comme l'on veut; une indiference totale, et sistematique, font [*sic*] son principal carractere. Malheureusement ce sentiment qui seroit bon a plusieurs esgards devient mauvais etent trop general, car la religion mesme n'echape pas a cette tranquillité. Il protege le deïsme sans vouloir declarer qu'il le soit [*sic*], mais en mesme temps il estime egalement l'honneste homme selon dieu et celuy qui ne l'est que selon le monde, et cela mesme dans le sens le plus relaché, en tent qu'il ne fait de mal a personne. Il est au-dessus de touttes les bienseances sur ce suject, qu'il traite toutes de puerilitez. Il n'ira jamais a l'eglise par exemple par choix, mais il passera devent la porte et la fantaisie luy prendra d'y entrer; si vous en avez envie, il ira 15 jours de suite avec vous, et si vous le voulez aussi, il n'y mettra les pieds de 6 mois. Prier dieu devent la table, est trop bourgeois, il faut mesme afecter de le trouver tel. Quand quelquefois il veut s'humaniser jusqu'a lacher un mot, cela est la plupart du temps bien dit, quelque fois mauvais et mal exprimé sans estre ridicule. Il entend parfaittement raillerie et ne se fache jamais, absolument au grand jamais. S'il se marie, ce sera par le conseil de quelque ami, il sera indiferent s'il aime sa future ou non: on peut vivre avec tout le monde, et avec une femme comme une autre; s'il a du bien il en use, s'il n'en a pas il s'en passe; ne dit jamais un mot plus vite que l'autre, tout par compas et mesure; ne cherchera ny a desobliger ny a choquer, aimera toujours mieux ceder, et cependent ne s'attachera a personne. Ses lectures sont tout aussi originales: il n'entreprend aucun suject de suite, tantost philosophie, puis morale, puis œuvres meslées, ensuite histoire; pourvu que cela soit bien ecrit, si le fait est vray et le sentiment soutenu bon, peu luy importe. Il n'a point d'occupation fixe, point d'emploi, et presque point de connoissence. Les trois quards de la journée se passent a promener, tent a pied qu'a cheval, le reste du temps a manger boire et dormir.

22. Avait-elle soutenu quelque paradoxe sur le droit de propriété? Le comte Willem lui écrit assez vivement: 'La Bible, je l'ai volée dans l'Eglise Anglaise, pour épargner les frais de l'achat' (RAG 474).

23. Lettre citée en anglais, sans date ni référence, par Aubrey Le Blond, i.61. Je n'ai pu retrouver cette correspondance.

24. Lettre au comte Albrecht-Wolfgang, 5 novembre 1734 (Niedersächsisches Staatsarchiv, F 1 A XXXV 15. 54). On se rappelle qu'elle attendit la mort de son père pour rompre avec son mari.

Avez vous jamais ouï parler de rien de pareil? Cela me fait de la paine pour l'essentiel car c'est le plus grand domage du monde.[25]

La complaisance et l'aisance du portrait, l'humour qui le défend pourtant contre la fascination, le détachement final des pieux regrets sur 'l'essentiel': tout cela marque à l'évidence une pensée déjà affranchie, une intelligence exigeante et curieuse – l'esprit libre sinon l'esprit fort. La comtesse de Bentinck venait d'avoir vingt ans.

C'est à Leyde même, où Voltaire avait établi sa résidence, qu'il est le plus naturel de situer, par simple hypothèse, cette rencontre que ses lectures, ses curiosités, sa personnalité devaient lui faire rechercher. En décembre 1736 et au début de 1737, les Bentinck étaient à La Haye, à deux heures de là.[26] Willem et son frère Charles étaient restés attachés à 's-Gravesande et à Boerhave, dont ils avaient suivi les cours dix ans plus tôt.[27] On sait d'ailleurs que les leçons publiques du célèbre physicien étaient fort courues, et que des membres des familles patriciennes y assistaient souvent.[28] Ils consultaient aussi Boerhave, et la comtesse Charlotte-Sophie vint justement le voir à plusieurs reprises en 1736.[29] Mais il faut surtout noter que Charles Bentinck, le cadet du comte Willem, rencontra personnellement Voltaire à Leyde, et dès les premiers jours de son arrivée en décembre 1736, d'après le récit qu'il fit plus tard à Bonnet de la première entrevue de 's-Gravesande et du soi-disant 'Gentilhomme Lorrain' qui était venu le consulter sur Newton.[30] Peut-être la comtesse fut-elle du voyage et de l'entrevue? Peut-être apprit-elle plutôt de son beau-frère la nouvelle de l'arrivée de Voltaire? Se rencontrèrent-ils autour des fameuses 'machines' de 's-Gravesande?[31] On ne saurait pousser plus loin les conjectures, mais sans apporter encore de certitude, ces recoupements paraissent donner au moins la plus grande vraisemblance à l'hypothèse de la rencontre hollandaise de 1736-1737.

25. Lettre autographe du 22 août 1735, RAG 474. Le comte Willem avait fait la connaissance de William Lovelace (1711-1767) à Lunéville, durant son grand tour en 1726.

26. Ceci d'après quelques lettres conservées du comte d'Aldenburg au comte de Schaumburg-Lippe (Niedersächsisches Staatsarchiv, F 1 A XXXV 15. 52).

27. P. E. Schazmann, *The Bentincks*, p.154. Le comte de Bentinck devint par la suite curateur de l'Université de Leyde.

28. E. G. Ruestow, *Physics at 17th and 18th century Leiden* (La Haye 1973), chap.7 (''s-Gravesande and Musschenbroek: Newtonianism at Leiden', pp.113-39).

29. En avril, Boerhave lui prescrit un régime pour soigner ses nerfs; en septembre elle relève de la petite vérole.

30. Lettre de Charles Bentinck à Charles Bonnet, du 20 novembre 1762, *Bibliothèque publique et universitaire*, Genève (ms Bonnet, vol.27, f.85). Ce témoignage est cité par Besterman dans le commentaire de D1272. Il me semble que la mention de l'incognito de Voltaire, vingt-six ans après l'événement, atteste la réalité de la rencontre.

31. Il faut encore noter que le prince Louis de Wurtemberg lui donna une fois, en 1752, le titre d''élève de Sgravesande' (RAG 134, billet dans date).

> Voltaire en Westphalie, à Buquebourg surtout, est un événement trop rare, trop glorieux pour les maîtres de ce taudis, pour que la mémoire ne s'en conserve soigneusement dans nos archives.[32]

Voltaire raffolait des petites cours allemandes, quoi qu'il en ait dit. Madame Du Châtelet pouvait envelopper dans le même dépit jaloux, quand il l'abandonnait pour aller voir Frédéric, le rival couronné qui le retenait trop loin d'elle, et les petits souverains qui retardaient encore son retour.[33] Il admirait d'abord de près 'le feu central', puis rentrait en volant 'de planette en planette'.[34] Même la détestable Westphalie offrait au voyageur le dédommagement de quelques réceptions princières, Bückeburg passé Hanovre, Herford à l'approche d'Osnabrück. Des relations s'établissaient ou se renouaient. On avait vu ou revu le grand homme, on l'annonçait aux cours voisines, on répandait les anecdotes recueillies de sa bouche, on communiquait quelque pièce nouvelle qu'il avait tirée de son portefeuille pour remercier ses hôtes, on pouvait s'enhardir jusqu'à lui écrire quelquefois. Et Voltaire, de son côté, goûtait dans cet accueil le plaisir de prendre la mesure de son rayonnement, le bonheur de séduire sans effort, de se livrer sans danger, de savourer sa gloire loin des mouchards de la police et des folliculaires. Un 'Voltaire en Allemagne' remonterait bien avant la tournée triomphale de 1753.[35]

Le vœu du comte Albrecht-Wolfgang reste exaucé après deux siècles: on a conservé soigneusement dans les archives princières de Schaumburg-Lippe quelques traces au moins des deux haltes que Voltaire fit à Bückeburg au retour de ses courses prussiennes, en décembre 1740 et en octobre 1743. C'est à la première occasion, au plus tard, qu'il rencontra la comtesse de Bentinck, devenue la maîtresse du comte régnant – mais plus probablement se retrouvaient-ils après s'être vus quatre ans plus tôt en Hollande; la seconde halte, si elle ne les remit pas en présence, appartient cependant au champ de leurs relations. A son troisième voyage en Prusse, en juillet 1750, Voltaire ne s'arrêta pas à Bückeburg; mais la comtesse de Bentinck, qui se disposait elle-même à se rendre à Berlin, lui avait encore fait préparer son appartement. Rapports de circonstance et d'hospitalité, où semble jouer surtout le hasard. Il est plausible, pourtant, d'y voir plutôt la trace discontinue de relations épistolaires qui furent peut-être assez actives, et même, si du moins l'on regarde les choses du point de vue de la comtesse, l'indice récurrent d'un effort suivi pour établir ou développer une liaison plus personnelle.

Il n'apparaît pas que Voltaire ait pu connaître le comte Albrecht-Wolfgang avant son premier passage à Bückeburg. Ils n'auraient pu se rencontrer qu'en Hollande où le comte se rendait assez souvent dans ses fonctions militaires: il servait les Provinces-Unies depuis 1732 comme général; mais en 1736-1737,

32. Lettre du comte Albrecht-Wolfgang de Schaumburg-Lippe à Voltaire, 26 décembre 1740 (Curd Ochwadt, p.31).

33. D2870, madame Du Châtelet à d'Argental, 22 octobre 1743: 'Il doit passer par Brunswick car il est fou des courettes d'Allemagne, enfin il met 12 jours à revenir de Berlin à la Haie, et il n'en a mis que 9 à y aller.'

34. D2866, à Maupertuis, 16 octobre 1743.

35. L'étude de Curd Ochwadt se situe directement dans cette perspective.

pendant le séjour de Voltaire à Leyde et à Amsterdam, il ne quitta pas Bückeburg.[36] En août-septembre 1740, il devait joindre Frédéric II dans ses revues du pays de Clèves, mais des circonstances imprévues l'en empêchèrent; c'est la seule autre occasion où il aurait pu lier connaissance avec Voltaire, qui se trouva à Moyland avec le roi à la mi-septembre.[37]

Pourtant, lorsque Voltaire partit de Hollande pour gagner Berlin, au début du mois de novembre 1740, la halte de Bückeburg était déjà prévue, les dispositions étaient prises, il devait même s'y arrêter à l'aller de son voyage. Il venait de faire la connaissance, à Leyde, des jeunes comtes de Schaumburg-Lippe, Georges et Guillaume, qui y suivaient depuis un mois les leçons de 's-Gravesande, de Vitrarius et de Musschenbroek; il était muni d'une lettre à cachet volant du comte Georges, qui l'introduirait auprès du comte régnant.[38]

D'où vient que Voltaire s'était ainsi lié familièrement avec deux jeunes étudiants qui ne lui étaient rien? Il connaissait naturellement leurs professeurs et avait pu les rencontrer chez eux. Mais comment expliquer aussi cet arrangement lointain, et qui semble peu régulier, de son passage à la cour de Schaumburg-Lippe? Si Voltaire et la comtesse de Bentinck avaient bien noué connaissance en Hollande, comme j'en ai développé l'hypothèse, on peut supposer que la comtesse s'entremit personnellement dans ses premiers rapports avec les Schaumburg-Lippe.[39] Peut-être avait-elle confié au comte Georges, à son départ pour Leyde, au début d'octobre, une lettre à remettre à Voltaire? Apprenant ensuite son voyage projeté à Berlin, elle avait pu s'arranger pour le faire inviter à Bückeburg par le fils aîné du comte régnant – procédé assez oblique, il est vrai, mais conforme aux usages, vu sa position et l'absence de liaison entre le comte et Voltaire.[40] Il n'y a pas de difficulté, en tout cas, à supposer qu'elle avait pu rester en relations épistolaires avec Voltaire après l'hypothétique rencontre de 1736 ou 1737: quelques heures de conversation, la plus brève entrevue, lui suffirent aussi pour entrer en correspondance avec l'illustre Maupertuis, et par une lettre déjà presque familière.[41] On se souvient d'autre part qu'en 1768, elle faisait remonter à environ trente années les débuts de sa correspondance avec Voltaire.[42]

Ces hypothèses me semblent trouver quelque confirmation dans deux passages de la correspondance d'affaires de la comtesse de Bentinck avec son principal agent – passages allusifs malheureusement, et les lettres auxquelles répond

36. Les lettres mentionnées plus haut dans la note 26 lui furent adressées à Bückeburg.

37. La correspondance d'Albrecht-Wolfgang avec Frédéric II a été recueillie dans l'édition des *Œuvres de Frédéric le Grand* (Berlin 1846-1857), xvi.203-27. Le 16 septembre, le comte se rendit au-devant du roi, qui s'arrêta à Bückeburg dans la matinée du 17 (Journal de la princesse Johanne-Sophie de Schaumburg-Lippe, cité par Curd Ochwadt, p.26).

38. Lettre datée du 7 novembre 1740, publiée par Curd Ochwadt, p.22. C'est une lettre d'introduction tout à fait ordinaire, où rien ne marque une invitation formelle. Le comte Georges dit avoir fréquenté Voltaire 'pendant quelques jours' et annonce qu'il s'arrêtera 'quelques moments' à Bückeburg. D'après les autres témoignages cités, on avait parlé politique et probablement philosophie.

39. Cette hypothèse n'a pas été examinée par Curd Ochwadt.

40. La lettre d'introduction dont Voltaire était porteur ne fait pas mention de la comtesse de Bentinck, mais on sent bien que les bienséances commandaient un tel silence.

41. *Textes*, 1-5. Je reviendrai plus loin sur les premières relations de la comtesse avec Maupertuis.

42. D14891, 'Hambourg le 28 mars 1768'.

Larrey paraissent perdues. Le 18 octobre 1740, recevant à Varel une lettre du 14 ou du 15, Larrey mande à sa maîtresse à Bückeburg: 'Pourquoi estes vous si fort en peine de quelques conversations de Metaphisique, vous qui vous en tirez si bien et qui savez votre Locke par cœur?' (RAG 396, original autographe). Que pouvait être cette occasion prochaine, que la comtesse disait redouter, d'entretiens 'métaphysiques'? Rien n'indique, dans cette correspondance assez suivie, qu'elle ait eu alors des projets de voyage. Quel adepte ou quel amateur de Locke pouvait-on donc attendre à la cour de Schaumburg-Lippe? ou plutôt quel 'métaphysicien' assez partisan de Locke pour que son nom seul appelât immédiatement celui du philosophe anglais? On sait combien les débats autour du 'lockianisme', en France et en Europe, avaient été échauffés par le succès des *Lettres philosophiques* – si même ils ne commencèrent pas vraiment avec elles.[43] La publication récente de la 'vingt-sixième lettre', ou 'Lettre sur l'âme', en 1738, venait encore de leur donner une passion nouvelle.[44] Ces discussions n'avaient pu échapper à la comtesse de Bentinck. Deux marques de l'intérêt qu'elle leur portait se sont justement conservées dans ses papiers, sous la forme d'une copie des vers de Frédéric II 'Sur la dispute qui est entre le père Tournemine et M. Voltaire'[45] et d'une copie de la réfutation la plus connue de la fameuse 'Lettre sur l'âme'.[46] Si l'écho de Larrey répond bien à l'annonce de la visite de Voltaire, on aura remarqué que c'est le philosophe autant que le poète que la comtesse se préparait à recevoir ou à revoir, et que sa connaissance familière de Locke semblait le lui faire attendre comme un maître à penser.

Autre écho, plus incertain, dans une lettre de Larrey datée du 11 novembre 1740. Il vient de recevoir par un exprès l'ordre de faire mener de Varel à Bückeburg les trois meilleurs chevaux d'attelage de la maison d'Aldenburg; il s'étonne d'un pareil ordre et insiste sur la difficulté des chemins, mais il annonce enfin que les chevaux partent, et ajoute mystérieusement: 'ils ne peuvent certainement être mieux emploiez' (RAG 396, holographe). La lettre à laquelle il répond était partie le 6 de Bückeburg: ne s'agissait-il pas de faciliter les relais de Voltaire? A cette date, les jeunes comtes de Schaumburg-Lippe l'avaient sans doute déjà rencontré à Leyde (il y était dès le 31 octobre, d'après D2357); ils avaient vraisemblablement annoncé à la comtesse son dessein d'aller en Prusse et la possibilité d'une halte à Bückeburg.[47] Je ne vois d'ailleurs pas, dans la documentation exploitée, à quelle autre circonstance exceptionnelle pourrait se rattacher un tel dérangement de son domestique.

Voltaire dut pourtant remettre la halte promise à son voyage de retour. Le

43. Cf. le raccourci des *Mémoires* de Voltaire: 'Lorsque j'eus loué Locke, on cria contre lui et contre moi' (M.i.21).

44. Voir l'édition Lanson des *Lettres philosophiques*, revue par A. M. Rousseau (Paris 1964), i.190-203.

45. RAG 623, copie de main inconnue, portant au titre: 'Ode nouvelle', et à la fin: 'Cette ode que l'on trouve fort sensée, est d'un auteur qui ne se nomme point. Elle a été envoiée a Voltaire dans le lieu de sa retraite'. La pièce (*Œuvres de Frédéric le Grand*, éd. Preuss, xxxii.542) circulait dès le début de 1737 d'après D1289.

46. RAG 617, copie de 8 p. in-folio, main inconnue. Lanson, pp.190-91, n'a pu dater correctement cette réfutation, par suite d'une confusion entre les *Amusements littéraires* (Francfort 1738-1739), où elle parut d'abord, et les *Lettres sérieuses et badines* (La Haye), où elle fut réimprimée en 1740. La copie du RAG est conforme à l'édition de Francfort.

47. Le voyage de Prusse fut résolu vers le 25 octobre et annoncé au roi dans D2350.

12 novembre, le comte Albrecht-Wolfgang mandait à ses fils qu'on s'impatientait de voir arriver le célèbre voyageur.[48] Le 13, on reçut enfin des 'nouvelles de Mr de Voltaire': c'est ce que nota dans son journal, sans autre précision, le pasteur de la cour après sa visite dominicale au château.[49] La raison du retard et la teneur probable de ces 'nouvelles' s'infèrent aisément de la lettre que Voltaire adressa d'Herford, le 11 novembre, à Frédéric: un bris d'essieu l'avait arrêté en chemin, ses domestiques et le savant Dumolard couraient dans la neige et la boue pour trouver des secours, on regagnerait le temps perdu, on volerait vers Berlin en brûlant les étapes.[50] Petit effet d'une petite cause, les maîtres de Bückeburg durent sans doute à ce contretemps la primeur consolatrice de l'édition voltairienne de l'*Anti-Machiavel*. On peut du moins le conjecturer par une autre note du journal du pasteur, qui eut le privilège d'assister, le 14 et le 15 novembre, juste après la réception des 'nouvelles' de Voltaire, à une lecture comparée et commentée 'des deux éditions de la Critique du Prince de Machiavel', lecture à laquelle s'adonnèrent en personne, deux jours de suite et sans désemparer, la comtesse de Bentinck et le comte Albrecht-Wolfgang: l'édition van Duren était publique depuis la fin de septembre, mais la seconde, celle qui devait faire tomber l'autre, n'était sortie des presses que depuis une ou deux semaines, et c'est donc vraisemblablement de Voltaire lui-même qu'on venait de la recevoir.[51] La lecture n'édifia pas beaucoup le pasteur, qui trouva à l'auteur (Frédéric ou Voltaire?) un esprit 'brillant mais perverti';[52] en revanche, elle enthousiasma les maîtres, comme la comtesse l'écrivit peu après à Maupertuis, et peut-être à Voltaire.[53]

'Voltaire kam den 9, blieb bis den 11': Voltaire arriva le 9 et resta jusqu'au 11. C'est apparemment la seule indication précise qui subsiste du premier séjour de Voltaire à Bückeburg – une pauvre note que griffonna dans son journal la princesse douairière de Schaumburg-Lippe.[54] Céda-t-il aux agréments de l'accueil ou aux instances de ses hôtes? Il ne devait s'arrêter que 'quelques moments', il s'attarda deux jours, malgré l'impatience de revoir à Bruxelles madame Du Châtelet, malgré la crainte de ses reproches. La saison cependant n'était pas trop bonne, et le journal de la douairière note aussi le 10 décembre une forte tempête: ce fut peut-être son excuse auprès d'Emilie ...

Au milieu des déserts de l'inculte Westphalie, le 'beau château' de Bückeburg dut lui apparaître comme un petit paradis, avec ses allées peuplées d'Adonis et de Vénus, ses jardins et ses cascades, ses tours Louis XIII et ses ailes à mansardes, ses larges escaliers, ses appartements à lambris et à plafonds dorés, sa grande salle à galeries et à colonnades de marbre. Il s'est embelli depuis ce

48. Lettre citée par Curd Ochwadt, p.23.

49. Journal de Jean-Henri Le Maître, *Ibid.*, p.27.

50. D2363. Herford n'est qu'à une trentaine de kilomètres au sud-ouest de Bückeburg. Voltaire y repassa au retour.

51. Il s'agit de l'édition Paupie, dont Voltaire avait envoyé les tout premiers exemplaires à Frédéric avec D2341.

52. Journal de Le Maître, cité par Curd Ochwadt, p.26.

53. *Textes*, 3, lettre à Maupertuis du 1er décembre 1740. Faut-il prendre littéralement l'indication finale: 'Pour moy j'avertis Mr de Voltaire ...'? Mais si la comtesse écrivit à Voltaire en même temps qu'à Maupertuis, il n'est pas sûr que sa lettre lui parvint avant son départ de Berlin: il reprit le chemin de la Hollande vers le 4 décembre.

54. Journal de Johanne-Sophie de Schaumburg-Lippe, cité par Curd Ochwadt, p.28.

temps grâce aux trésors que le comte Guillaume accumula dans ses campagnes de Portugal à la fin de la guerre de Sept Ans, mais il n'avait assurément rien qui ressemblât, en 1740, au château de Thunder-ten-Tronckh. Le regret qu'on exprima d'accueillir 'M. de Voltaire' dans un 'taudis' sacrifiait trop aux usages de la modestie ou marquait peut-être la nostalgie des grandeurs passées du 'comté de La Lippe'.[55] Bückeburg n'était pas Brunswick ou Hanovre, mais enfin le voyageur n'avait peut-être pas vu mieux à Rheinsberg. Devenu l'un des plus petits états de l'Empire – on y comptait alors moins de trente mille sujets – le pays de Schaumburg-Lippe se trouvait dans la sphère d'influence de ses deux puissants voisins, le Hanovre et la Prusse, mais les seigneurs vivaient, comme en Prusse sinon en Hanovre, à la française. Le capitaine des gardes se nommait La Croisette, le médecin Magnac, le pasteur et 'prédicateur de la cour' Le Maître.[56] Les jeunes comtes avaient été formés à Genève avant d'étudier à Leyde, et leur précepteur Beschefer était aussi d'ascendance française. Le comte Georges savait l'allemand, puisqu'il devait régner, mais son cadet Guillaume y avait consacré moins de temps qu'à l'anglais.[57] Au demeurant, cette présence de la France en pleine Westphalie n'avait rien de curieux pour l'historien du siècle de Louis XIV.

Le comte Albrecht-Wolfgang était du petit nombre de ceux que Frédéric honorait du nom d'amis, depuis qu'il avait été reçu franc-maçon par son entremise en août 1738. Ils étaient restés en correspondance familière, le prince royal lui avait envoyé de sa musique et promis la fortune; il venait, à son avènement, de lui donner une marque signalée de son estime en s'arrêtant à Bückeburg au retour de son inspection du pays de Clèves.[58] Le comte régnant partageait aussi l'admiration de la comtesse de Bentinck pour Voltaire; ses lettres montrent de l'esprit et de la culture, des intérêts intellectuels qui dépassent évidemment les choses du militaire.[59]

On peut douter que la princesse Amélie, l'épouse délaissée, ait beaucoup brillé aux yeux du visiteur. Son français n'était pas impeccable, et surtout elle était fort dévote. Elle croyait aux sorcières et pensait naturellement que le diable possédait la comtesse de Bentinck. Ce qu'elle avait aimé le mieux dans les *Lettres philosophiques*, c'était la profession de foi des quakers à la fin de la première

55. Le mauvais renom de leur pays humiliait évidemment les Westphaliens. On peut rapprocher de l'expression de 'taudis' de la citation placée en tête de ce développement, celle de 'Westphalienne abjecte' que s'applique la comtesse de Bentinck en écrivant à Maupertuis et celle de 'fumiers' qu'elle applique au pays lui-même (*Textes*, 3). Voltaire toucha dans son *Candide* un point fort sensible.

56. Celui-là était Suisse cependant, né à Zurich, et Meister de son vrai nom (Johann Heinrich). Mais il signait 'Le Maître', à la différence de son fils Jakob Heinrich Meister, le correspondant de Rousseau, le continuateur de Grimm, l'ami de Mme de Staël.

57. RAG 399, copie des 'Instructions' paternelles d'Albrecht-Wolfgang, rédigées en français. C'est pourtant le cadet qui succéda à son père, l'aîné étant mort accidentellement en 1742. Voltaire fréquenta Guillaume à Berlin en 1750 -1752.

58. Vingt-six lettres de leur correspondance se trouvent dans l'édition Preuss des *Œuvres de Frédéric le Grand*, dont quatre seulement du comte, la dernière datée du 24 août 1740. Preuss a laissé de côté 'une quantité' d'autres lettres qui vont de 1740 à 1747 (xvi.xxii). Je suppose que ces lettres peuvent contenir des échos des relations de Voltaire avec les Schaumburg-Lippe et je les crois conservées au *Zentrales Staatsarchiv* de Merseburg, mais je n'ai pu en avoir confirmation.

59. Le comte Frédéric, frère d'Albrecht-Wolfgang, qui accueillit Voltaire à son second passage en octobre 1743, ne semble pas avoir été présent à Bückeburg en 1740.

lettre.[60] Les impiétés, s'il s'en dit dans son antichambre en 1740 comme en 1743, lui inspirèrent certainement de 'tristes réflexions' sur 'l'abus des talens de l'esprit'.[61]

La princesse douairière dut aussi vaincre les obstacles de la langue et les préjugés de la religion pour faire honneur à son hôte. Ils avaient cependant un sujet de conversation tout trouvé: elle avait vécu à la cour de Londres auprès de son parent le roi Georges Ier au temps du séjour de Voltaire en Angleterre; sans doute l'avait-il même rencontrée alors, mais vraisemblablement dans une visite de cérémonie, à l'occasion de l'envoi de la *Henriade* à la reine de Prusse.[62] L'histoire de la princesse et de son exil en Angleterre avaient aussi retenu l'attention de Voltaire, comme un signe exemplaire des contradictions du christianisme.[63] Mais ce dernier souvenir, s'il l'avait gardé en mémoire, ne pouvait guère fournir aux entretiens.

Le phénomène rare de la cour de Schaumburg-Lippe, c'était assurément la comtesse de Bentinck. Voltaire n'avait fait que l'apercevoir quatre ans plus tôt dans la bourgeoise Hollande – et la surprise dut être plus grande si l'hypothèse est fausse; il la retrouvait dans une ambiance princière mieux accordée à sa naissance, maîtresse triomphante du seigneur et maître, âme et ornement de ce petit monde. Libérée de la surveillance et des reproches du mari, elle avait déjà recréé autour d'elle, en quelques mois à peine, l'atmosphère d'élégance, de raffinement et de loisir où elle se plut toujours à vivre, et qui scandalisait pour l'heure les princesses du lieu. Ses robes, ses soies et ses dentelles venaient de chez la Duchapt, sa table était fournie de 'vin de Bourgogne d'Aix' et d'oranges de Curaçao, ses appartements étaient meublés de fauteuils tournés dans les ateliers de Paris, de tables en bois des îles, d'écrans à fleurs sculptés par les meilleurs artistes de La Haye. Elle touchait le clavecin, elle chantait joliment les nouvelles ariettes, elle brodait des 'blondes', peignait à l'aquarelle, dessinait à l'encre de Chine. Tous les goûts du jour devenaient les siens à mesure que les romans lui passaient par les mains: il lui fallait des oiseaux des Indes, des chiens d'Ecosse 'de la race du roi Charles'; elle commençait une collection de médailles, elle projetait des plantations d'abricotiers et de cerisiers. Pour avoir plus vite les nouveautés littéraires, elle les faisait venir à grands frais par la poste. Néaulme était souvent en retard de deux ou trois commandes. Ses goûts ne se bornaient pas du reste aux romans, elle lisait aussi Boerhave et Rollin, Locke et Newton, l'histoire de Hollande et les sermons de Butler, et Voltaire restait son auteur de prédilection.[64] Sa dernière passion, à la fin de 1740, la portait vers les sciences:

60. 'J'ay trouvez les lettres philosophiques ici sur la table de mon Lipe ...', passage d'une de ses lettres, recopié par la comtesse d'Aldenburg, RAG 588. Les détails précédents sont tirés de lettres de la princesse Amélie aux Aldenburg (RAG 185c) et de lettres de la comtesse de Bentinck au comte Guillaume (Niedersächsisches Staatsarchiv, F 1 A XXXV, 18. 93).

61. Journal de Le Maître, 23 octobre 1743, cité par Curd Ochwadt, p.34.

62. Voir D339: 'Madame la comtesse de la Lippe m'a remis la médaille dont sa majesté a bien voulu m'honorer'. Voir les textes cités par Curd Ochwadt, pp.15-18.

63. Il en prit note dans un de ses carnets anglais: 'The pope gave leave to a catholic woman of marrying count Schumberg la Lippe, who had another wive, madame de la Lippe mother of the present count la Lippe' (*Œuvres complètes* 81, p.69). Le comte bigame se nommait Frédéric-Christian.

64. Je signale ici les éditions de Voltaire antérieures à 1740 qui sont conservées dans la bibliothèque du château de Bückeburg, titres dont je dois l'indication à l'obligeance de Curd Ochwadt: *La Ligue* (Genève 1723) (*Bengesco* 360); *An essay upon the civil wars of France* (Londres 1728) (*Bengesco* 1551);

nouvelle Emilie du Nord, elle venait de recevoir un télescope de Musschenbroek, elle attendait un microscope triangulaire.[65]

Sa présence faisait de Bückeburg, comme Larrey devait l'avouer lui-même après l'avoir bien sermonnée sur la dépense, 'un château enchanté'. Le galant Maupertuis, qui ne l'avait vue que quelques heures, en avait eu le coup de foudre: de troublantes visions le poursuivaient à Berlin parmi ses travaux académiques – et il allait bientôt lui déclarer cette passion impossible, cet amour 'fou' (*Textes*, 7). Il serait naïf de penser que Voltaire ait pu être insensible à tant de charme et d'aisance, à cette intelligence heureuse, à cette ardeur de vivre, de sentir et de connaître, si proche de la sienne qu'on la dirait inspirée des aimables maximes du *Mondain*. Ses premières impressions se décèlent peut-être encore, cinq ans plus tard, dans la lettre la plus ancienne de leur correspondance, où l'on croit lire comme l'empreinte du souvenir, comme un portrait fait de mémoire: 'une belle âme et baucoup d'esprit', un goût 'sûr', une réflexion dégagée 'des infâmes prejugez' (D3248, 22 octobre 1745).

Ces éloges sont d'un connaisseur, mais le dernier surtout mérite d'être relevé. Il est rare sous la plume de Voltaire, il le fut toujours et l'était particulièrement à cette date; il est marque de confiance et signe d'élection, comme entre initiés. Ces libres discussions sur les choses de la religion, auxquelles il renvoie de toute évidence, on les rattache plus vraisemblablement aux entretiens directs de la rencontre (ou des rencontres) qu'à des échanges épistolaires toujours sujets aux aléas de la poste. Les occasions et les matières ne manquaient certes pas, en décembre 1740, pour philosopher à loisir devant la grande cheminée du château. L'histoire générale d'Allemagne ou l'histoire particulière des La Trémoille, les hardiesses de l'*Anti-Machiavel* ou les doutes modestes de Locke, quelque scène de la nouvelle tragédie de *Mahomet* dont le visiteur régala peut-être ses hôtes,[66] pouvaient y fournir aisément – mais l'évocation se perd en conjectures, puisque rien n'est étranger à la 'philosophie'. Au moins ne peut-on pas douter que cette affinité intellectuelle et personnelle fut alors reconnue: une jeune Westphalienne de vingt-cinq ans, qui pensait fortement, était déjà entrée dans le couvent de Voltaire.

Parti assez brusquement de Bückeburg (peut-être au reçu d'une lettre d'Emilie?), Voltaire adressa le lendemain au comte, de la ville voisine d'Herford, son

Lettres philosophiques (Rouen 1734) (*Bengesco* 1558; c'est l'édition Jore qui compte vingt-six lettres); *Elémens de la philosophie de Newton* (Amsterdam, Ledet, 1738) (*Bengesco* 1570, ii.35-36, édition originale); *Vie de Molière* (Amsterdam 1739) (*Bengesco* 1578); *Œuvres* (Amsterdam (Ledet-Desbordes) 1739), vol.ii et iv (*Bengesco* 2120); *La Métaphysique de Neuton* (Amsterdam, Ledet, 1740) (*Bengesco* 1570, ii.29-30). Je n'ai pu voir ces livres et je ne saurais dire s'ils tiennent aux relations de Voltaire avec la comtesse de Bentinck.

65. Les détails de ce passage sont tirés des lettres de Larrey pour les années 1739-1741 (RAG 698, 363c, 396). Tout ce train de dépense consternait naturellement l'homme d'affaires, qui l'avertit sans cesse de sa ruine prochaine. Elle lui avait confié en 1740, ainsi qu'à sa mère, le soin de l'administration des finances d'Aldenburg, et elle ne gouverna ses terres que d'assez loin jusqu'en 1743. Sa rente annuelle de 3500 écus ne suffisant pas à ses besoins, le comte Albrecht-Wolfgang soutenait son crédit avec difficulté.

66. Il semble qu'il les gratifia au moins d'une copie de sa dernière ode 'Sur la mort de l'Empereur Charles VI'. Huit ans plus tard, en communiquant cette pièce au frère du comte Albrecht-Wolfgang, la comtesse de Bentinck la croit inédite et lui marque qu'elle avait toujours fait l'admiration du comte (RAG 473, lettre non datée, vers 1748-1749). L'ode, qui porte la date du 2 novembre 1740, avait cependant paru entre-temps dans l'édition des *Œuvres* de 1746.

billet de remerciement: il disait le 'plaisir' du séjour et le 'regret' du départ, il renouvelait sa promesse de revoir les jeunes comtes à son arrivée à Leyde, il exprimait enfin ses 'profonds respects à Madame la douairière, et à Madame la princesse et à Madame de benting'.[67] Une légère hésitation semble avoir précédé l'ajout du nom de la brillante favorite à ceux de la mère et de la triste épouse – ou bien n'est-ce pas plutôt le second qui faillit être oublié?

... l'orgueil de recevoir des lettres de l'homme du siècle.[68]

Voltaire ne revit la comtesse de Bentinck, selon toute apparence, que dix ans plus tard, à Berlin. Elle n'était pas à Bückeburg lorsqu'il y repassa en revenant de son second voyage en Prusse; elle ne semble pas s'être trouvée à Bruxelles en même temps que lui en 1741 et 1742, ni aux Pays-Bas pendant les séjours qu'il y fit en 1743.[69] Son existence se confinait alors dans ces contrées.

Mais elle n'était pas femme à laisser tomber une connaissance aussi flatteuse, aussi conforme à ses goûts. Elle avait la ressource d'écrire, elle en usa sûrement. Au grand Maupertuis, qu'elle ne revit pas non plus avant son séjour en Prusse, elle adressa au moins une douzaine de lettres dans le même intervalle, et si leur correspondance ne fut pas plus active, ce n'était pas faute de soins de sa part: quatre lettres suivirent de peu la rencontre, dont deux déjà sont de reproche et d'agacerie sur une 'amitié' trop inconstante; et malgré la difficulté de renouer après la déclaration qu'il avait osé lui faire de la puissance de ses charmes, elle sut encore saisir les occasions convenables de lui marquer la fidélité de son souvenir et le désir de se voir assurée du sien: compliments sur son élection à l'Académie des sciences, félicitations sur son établissement en Prusse, vœux de bonheur à son mariage, communication d'un problème de géométrie, recommandation d'un voyageur qui se rendait à Berlin, sollicitation au sujet de ses affaires, condoléances sur la mort de son père. Le rituel mondain était apparemment plus de son goût que celui de la dévotion. Maupertuis lui répondait avec bonne volonté, mais sans jamais prendre l'initiative, ni fournir de nouvelles matières à leur commerce.[70]

Sa correspondance avec Voltaire n'était pas moins glorieuse pour la vanité de la jeune comtesse. La seule lettre qui en subsiste pour cette période n'en donne évidemment qu'une idée imparfaite. La rencontre de 1740 donna l'occasion de

67. Curd Ochwadt, p.30.

68. D14991, 28 mars 1768. La comtesse se défend d'être encore inspirée par cette 'pation', avant d'avouer: 'J'ay connu il y a 30 ans peutestre cette vanité.'

69. Ceci d'après les lettres de son agent Larrey, déjà citées, qui présentent cependant quelques lacunes, particulièrement pour l'année 1743. Signalons en passant qu'un des objets de la mission diplomatique de Voltaire en 1743 fut d'espionner le parti 'anglais' de Hollande, dont le comte Willem de Bentinck était déjà devenu l'un des chefs. Voir D2830: 'le parti des Benting, des Fagel, des Obdam'. Cf. D2901 et D2917.

70. Voir *Textes*, 1-5, 7 et l'extrait publié dans *RhlF* 76 (1976), p.69. Douze lettres originales de la comtesse de Bentinck à Maupertuis sont conservées à la Bibliothèque nationale dans le recueil n.a.f. 10398, ff.142-68; une autre se trouve en copie dans les archives princières de Bückeburg (F 1 A XXXV 15. 56, 'Varel le 21 juin 1746'). Sept lettres inédites de Maupertuis sont conservées en original au RAG 351a; un autre billet original (1750) se trouve parmi les 'Clarke Papers' du Fitzwilliam Museum à Cambridge (*Textes*, 18).

la commencer, sans doute plutôt de la reprendre. Deux mois plus tard, elle s'informe auprès de Maupertuis de l'adresse de Voltaire: 'Si vous ne me repondez point,' lui lance-t-elle, 'je luy écriray pour luy demander ou vous estes.'[71] C'est là l'indice vraisemblable qu'elle attendait déjà une réponse de Voltaire, c'était même sans doute une petite ruse pour mettre plus de vivacité dans leur commerce: elle piquait d'émulation ses deux illustres correspondants, si par bonheur ils pouvaient se communiquer ce reproche flatteur. Quelques jours passent et elle charge Néaulme, qui est à Paris pour ses affaires, de 'parler' à Voltaire – apparemment pour avoir la primeur d'une nouvelle édition qu'elle croit près de paraître; mais Voltaire était resté à Bruxelles, et Néaulme s'acquitta de la commission en lui faisant écrire (par Thieriot semble-t-il) et en transmettant à la comtesse 'la réponse originale' de l'écrivain.[72] Faut-il en conclure que l'essai de correspondance directe avait échoué? On peut aussi bien supposer que la première lettre n'avait pas encore rejoint Voltaire à Bruxelles ou qu'il tarda à répondre (on connaît pourtant son exacte régularité sur ce chapitre), ou tout simplement que la comtesse n'avait pas voulu ennuyer le grand homme avec de petits détails de librairie.

Le second passage de Voltaire à la cour de Bückeburg n'est sans doute pas sans rapport avec la continuation de cette liaison épistolaire, mais c'est la visite même cette fois, et non l'invitation, qui a laissé des traces dans les archives d'Allemagne. Le pasteur Le Maître, en effet, a dressé une minutieuse relation de ce bref séjour de Voltaire à Bückeburg, en marge de son journal, et pour consigner principalement les conversations qu'il eut avec le célèbre visiteur en ce dimanche 20 octobre 1743.[73] Ce fut la revanche des dévots sur le séjour de 1740. Le comte Albrecht-Wolfgang se trouvait en Hollande pour les dernières manœuvres de la campagne; la comtesse de Bentinck s'était probablement retirée dans ses terres pendant son absence, ils ne sont même pas nommés dans la relation du pasteur.[74] La place était abandonnée aux bien-pensants, à la pieuse Amélie qui damnait sa rivale, au docte Le Maître son directeur.[75]

On pressa Voltaire de questions, on souleva bientôt des points de controverse biblique et patristique, on lui proposa des difficultés sur les rapports de la morale et de la vraie religion, on fit le tour des contestations du paganisme et de la libre-pensée. Pour répondre à Fléchier, à Saint Paul et à Bossuet, Voltaire cita Confucius et Marc-Aurèle; il évoqua les sacrifices juifs et les autodafés du Portugal ('la grillade', lança-t-il). On le félicita perfidement d'avoir adouci les impiétés de l'*Anti-Machiavel*, on le ballota entre l'éloge du déisme et la justification de l'orthodoxie romaine, on le réduisit presque à la défensive – tout cela naturellement sans s'écarter des bienséances, mais la discussion fut vive, et le philosophe paraît n'avoir pas eu le beau rôle devant son adversaire du jour, soutenu par l'auguste approbation de la princesse. La comtesse de Bentinck avait-elle

71. *Textes*, 4, lettre du 11 février 1741.

72. *Textes*, 6, 21 février 1741, et extrait du 2 avril 1741 publié dans *RhlF* 76 (1976), p.69.

73. 'Conversation avec M. de Voltaire', publiée par Curd Ochwadt, pp.36-49.

74. Il est cependant impensable, malgré les silences du texte, que Voltaire ne se soit pas enquis du comte régnant et de sa favorite.

75. La princesse douairière était morte dans l'année. Le comte Frédéric fut présent aux entretiens, mais le récit de Le Maître le réduit au rôle de témoin.

innocemment contribué, en le faisant inviter par le comte régnant, à le faire tomber dans cette embuscade? Il est probable, en tout cas, que revenue à Bückeburg et informée de l'incident, dépitée sûrement des airs de triomphe du pasteur et de la dévote épouse, elle aura pris sur elle de lui marquer ses regrets, sa sympathie et sa fidélité.[76] Le souvenir d'une telle initiative entrait peut-être aussi dans la satisfaction qu'il lui renouvela, deux ans plus tard, de la savoir personnellement 'au dessus des infâmes prejugez'.

Il faut revenir sur cette précieuse lettre du 22 octobre 1745. Elle occupe, dans l'espace encore trop abstrait de ces dix années de relations, une position médiane; elle en est la trace la plus riche, la seule où s'inscrit directement le rapport personnel.[77] Une chose au moins paraît sûre, par défaut, c'est que l'échange dont elle est la réponse ne se détachait pas sur le temps vide de l'indifférence ou de l'oubli: on y trouverait, si c'était le cas, quelqu'une de ces formules rhétoriques par lesquelles se renouaient alors les correspondances interrompues – 'l'honneur de votre souvenir', 'le plaisir de revoir le cachet et la main' – et non ces traits élogieux dont on a déjà recomposé une sorte de portrait moral. La comtesse avait joint à sa lettre la recette d'un 'spécifique' pour les bestiaux et un 'poème allemand' – probablement de Haller[78] – dont Voltaire accuse d'abord réception. L'un et l'autre envoi semble s'inscrire dans une relation assez large, assez vague peut-être, d'horizon 'philosophique' si l'on peut dire. Le premier, qui pouvait répondre précisément à une lettre de Cirey,[79] fut accueilli avec un certain détachement: Voltaire recevait ce remède contre l'épizootie au beau milieu du faubourg Saint-Honoré. Le second envoi est plus intéressant, en ce qu'il inaugurait sans doute l'un des rôles naturels de la comtesse de Bentinck dans ses rapports avec Voltaire, celui d'ambassadrice de la culture allemande. Il s'excusa sur son ignorance de la langue, sur son incapacité de l'apprendre, mais la comtesse gardait la ressource de lui faire admirer en traduction ce beau poème qu'il approuvait déjà sur sa parole, ou quelque autre production de ses contrées.[80] Elle avait dû, d'autre part, lui marquer la crainte, en jouer plutôt, d'avoir bientôt à 'rendre foy et hommage' pour ses terres, elle huguenote et descendante d'une La Trémoille persécutée, au roi très-chrétien récent vainqueur des Flandres. En la rassurant sur la saison fort avancée, Voltaire évoquait cependant la possibilité que Bruxelles fût prise au cours de la campagne suivante et formait des vœux pacifiques pour la réussite du 'congrès' proposé par la

76. D'après le journal de Le Maître, cité par Curd Ochwadt (pp.33-36), le récit fut rédigé dès le lendemain de la visite de Voltaire et soumis aussitôt à la princesse Amélie, puis lu à quelques intimes – d'où l'on peut conclure qu'il eut bientôt fait le tour de la petite cour. D'autre part, l'hostilité du pasteur à l'endroit de la favorite mal pensante ne fait aucun doute: voir sa remarque, dans le *Texte* 8, sur 'le plus digne usage qu'on peut et doit faire des qualitez les plus brillantes de l'esprit'.

77. En termes de critique formelle, on aimerait passer des références de la *situation* aux signes de la *communication* épistolaire; mais si les opérations positives de la datation et du commentaire s'articulent aisément sur la référence immédiate, la description et l'interprétation formelles, en revanche, ne peuvent s'appliquer pleinement qu'à l'échange ou à la série, en travaillant sur des phénomènes étendus de rapport, de code ou de fonction.

78. Voir dans la deuxième partie la discussion de *D3248*.

79. Cf. D3016, Mme Du Châtelet à Cideville, de Cirey le 14 août 1744: 'Nous nous en allons à Paris, la maladie des bestiaux nous chasse.'

80. Elle n'y avait pas renoncé l'année suivante, d'après la lettre déjà citée de Le Maître à Haller (*Textes*, 8).

France: sur cet article politique, si l'occasion s'en présentait (Bruxelles fut justement prise quatre mois plus tard), la comtesse pourrait encore broder quelque nouvelle lettre à lui adresser. C'était là, en somme, une lettre accueillante, qui ne donnait pas directement matière à réponse, mais qui semblait au moins permettre d'autres initiatives – ne fût-ce que par les droits que pouvait donner sur le souvenir et le commerce du maître le beau brevet de philosophie qu'il lui décernait.

Au demeurant, la carrière publique de Voltaire présentait de loin en loin à la comtesse, comme celle de son correspondant géomètre, des occasions convenables de reprendre la plume, et l'on peut supposer sans difficulté qu'elle le complimenta sur son élection à l'Académie, sur son titre d'historiographe du roi ou sur sa charge de gentilhomme ordinaire, sur l'un ou l'autre de ses nouveaux ouvrages, à mesure que les gazettes lui apportaient à Varel ou à Bückeburg la rumeur de ses faveurs et de ses travaux.[81] Un autre échange au moins se trouve indirectement attesté en septembre ou octobre 1746, par une lettre où elle s'inquiéta auprès de Maupertuis de la 'maladie de langueur' dont 'Mr de Voltaire' venait de lui écrire qu'il souffrait 'depuis plusieurs mois'.[82] Question en écho, essai d'une relation triangulaire, message à relais peut-être: ceci donne l'idée d'une forme de correspondance où la discrétion impose des silences et des attentes. Mais Maupertuis avait quitté Paris pour s'établir définitivement à la cour de Frédéric, il reçut la lettre de la comtesse avec du retard et ne semble pas avoir répondu sur l'article de Voltaire. On ne serait pas surpris d'apprendre, en somme, que les formes rhétoriques aient figé peu à peu ce commerce de lettres, s'il eut bien pour fonction essentielle, comme il semble, d'entretenir le souvenir des brèves rencontres anciennes. Avec tout le talent, toute la bonne grâce du monde, une liaison personnelle ne pouvait guère s'approfondir dans la commémoration de l'éphémère, ni les affinités reconnues s'exprimer toujours sans aliments nouveaux.

A la fin de juin 1750, Voltaire entreprit de faire un troisième voyage en Prusse. La comtesse de Bentinck se trouvait alors à Kniphausen. Elle avait quitté la cour de Schaumburg-Lippe depuis deux ans, à la mort du comte Albrecht-Wolfgang – peut-être pour s'éviter, comme le veut la tradition locale, la honte d'assister à la révélation du triste état auquel les largesses de son amant avaient réduit les finances du petit pays. Elle était débordée d'affaires, accablée de procédures, près de se voir chassée de sa dernière terre. Elle se disposait à se rendre elle aussi à la cour de Prusse, pour y solliciter l'appui du roi. Apprit-elle par les gazettes la nouvelle du départ de Voltaire? Regarda-t-elle cette coïncidence comme un jeu du 'hasard', comme un signe de la 'destinée'? Elle lisait justement le dernier ouvrage sorti de sa plume – *La Voix du sage*, je crois. Passerait-il par Bückeburg comme à ses précédents voyages? Elle était restée en bons

81. La comtesse voua une telle admiration à *Mahomet* qu'elle n'en prêtait son exemplaire qu'avec la crainte de le perdre (lettres de Larrey des 10 et 14 février et du 3 mars 1743, RAG 363c). Elle sut presque par cœur le *Poème de Fontenoy*, dont elle fit une parodie burlesque pour divertir le comte Albrecht-Wolfgang (Curd Ochwadt, pp.50-54). Au printemps de 1748, elle s'informe auprès du comte Frédéric qui est à Paris, des raisons de 'la disgrâce de M. de Voltaire' (p.65).

82. *RhlF* 76 (1976), p.70, lettre du 25 octobre 1746.

termes avec le comte Guillaume et avec le comte Frédéric.[83] Elle s'ouvrit à ce dernier, sans doute aussi au jeune comte régnant, de cette éventuelle visite, la souhaita, l'arrangea peut-être. Ecrivit-elle à Voltaire directement? Il n'apparaît pas en tout cas, d'après les informations dont on peut disposer, que le 'beau château' ait eu cette fois l'honneur d'accueillir l'illustre voyageur; la réponse du comte Frédéric était même assez réservée, semble-t-il, sur l'ouverture que lui en avait faite l'ancienne favorite de son frère.[84] Au moins reconnaît-on, jusque dans cette démarche indirecte, cet attachement particulier pour 'l'homme du siècle', cette recherche de prévenances et d'assiduités – dévouement, presque dévotion – opportuniste au risque d'être importune, qui marqua les premières relations de la comtesse de Bentinck avec Voltaire.

83. A la mort de son amant, elle échangea quelques lettres assez sentimentales avec le comte Frédéric (RAG 473). Quant au comte Guillaume, elle l'avait formé au monde, aux manières françaises et à la 'belle conversation'. Plusieurs lettres de leur correspondance (RAG 325 et Niedersächsisches Staatsarchiv, F 1 A XXXV 18. 93) donnent même à penser qu'elle avait été quelque temps sa maîtresse, avec l'aveu du comte Albrecht-Wolfgang; une lettre en particulier, que j'ai vue à Bückeburg, adressée par la comtesse au jeune comte après la naissance d'un fils, en janvier 1745, ne m'a guère laissé de doute sur leur singulier 'triumvirat', selon la joyeuse expression du père. La comtesse de Bentinck revit Guillaume en Prusse et resta en correspondance avec lui jusqu'à sa mort en 1777.

84. 'Si Mr de Voltaire passe par ici,' lui écrit-il, 'je ne manquerai pas d'executer vos ordres a son egard'; il lui rend d'autre part 'mille tres humbles graces pour la communication de la brochure de Mr de Voltaire'. Cette lettre est du 13 juillet et répond à deux lettres perdues du 7 et du 9 (RAG 185b). Deux ou trois jours plus tard, Voltaire quittait Clèves, pour atteindre Potsdam le 21 ou le 22, course très rapide qui laisse supposer qu'il ne s'écarta pas des relais royaux: voir D.app.100.

Annexe
Chronologie du séjour en Prusse

Cette annexe rassemble les données suivantes:

1. Les circonstances marquantes de la vie de Voltaire à la cour de Prusse et celles qui le regardèrent à Paris et à Versailles pendant son absence: les démarches de l'installation, les hauts et les bas dans la faveur de Frédéric II, les sollicitations de Mme Denis auprès du ministère et de la favorite, les incidents du procès avec Hirschel, les démêlés avec La Beaumelle et Maupertuis, les pressions du duc de Richelieu pour le faire revenir, les développements de la querelle de la moindre action, etc.

2. Les activités littéraires de Voltaire, généralement notées à la date de publication des ouvrages, et les représentations de ses pièces de théâtre, à Paris et à la cour de France comme à Berlin.

3. Les déplacements: ceux de Voltaire (entre Potsdam et Berlin), ceux de Frédéric II (voyages à Berlin et tournées militaires), ceux des familiers du roi, ceux de la comtesse de Bentinck (Potsdam, Zerbst, Oranienburg). Sont également notés les projets et les annonces que fait Voltaire, dans ses lettres, au sujet de son voyage à Paris, toujours remis, puis de son retour.

4. Les échanges épistolaires entre Voltaire et la comtesse de Bentinck – compte tenu des nouvelles datations proposées dans la deuxième partie de ce travail: ces lettres sont marquées d'un astérisque, et les numéros imprimés en italique lorsque leur place ne correspond pas au classement de Besterman.

5. J'ai cru bon, enfin, d'insérer dans cette chronologie la mention des incidents les plus notables de l'affaire Bentinck: les démarches effectuées par Voltaire et celles qu'il soutint, en particulier les requêtes de la comtesse au roi; mais aussi, sommairement résumées, les positions et les propositions qui marquèrent, durant ces trois années, le cours général de la négociation. Plusieurs des datations nouvelles, on l'a vu, ont été fixées d'après ces repères, et j'ai pensé aussi qu'un tel calendrier de l'affaire pourrait servir à dater ou à interpréter d'autres lettres ou d'autres pièces, s'il s'en retrouvait.

Juin 1750

25 — Voltaire quitte Paris (D4161). Il doit voyager en Prusse, puis en Italie (D4182 et D4561). Il est muni d'une recommandation du roi de France à tous ses ministres à l'étranger (D5138)

26-28 — Audiences de départ à Compiègne (D4182, D4190 et D4197).

Juillet 1750

2-14? — Clèves (D4166, D4168, D4171).

13 — Lettre de Frédéric II à la comtesse de Bentinck pour l'assurer de sa protection (*Schaer* 8).

21? — Arrivée de Voltaire à Potsdam (D.app.100). Algarotti est en disgrâce à

	Berlin (D4225 et D4377). Le marquis d'Argens est en France depuis le mois de mai; il ne reviendra que l'année suivante.
27-28	A Berlin avec le roi. Le 29, d'Arnaud écrit à un correspondant non identifié, le baron de Marschall très probablement: '[Voltaire] est toujours avec le roi qui en est plus épris que jamais, et il mérite cette bonne fortune' (BN, n.a.f. 14893, ff.24-25).

Août 1750

7	Voltaire écrit à Versailles pour demander la permission de s'attacher au service du roi de Prusse en conservant son titre de gentilhomme ordinaire et sa charge d'historiographe (D4182). Il annonce son projet d'établissement à Mme Denis, il lui fait part de sa démarche, il lui propose de venir vivre à Berlin avec lui (D4192 et D4201).
8	Frédéric II fait demander Voltaire à Louis XV (D4184).
	Arrivée des princes de Bayreuth à Berlin.
11-14	A Berlin avec le roi (*Besuche*, p.109).
14-22	A Charlottenburg avec le roi (D4186-D4187, du 14; D4192, du 21).
c. 15	Mme Denis s'inquiète des suites possibles de la 'transplantation' de son oncle. Elle lui écrit une lettre pleine d'appréhensions, qu'il montrera à Fréderic II en la recevant (D4195 et D4201).
17	Rescrit impérial sanctionnant un arrêt de la Cour Aulique: le roi de Danemark reçoit la commission d'administrer tous les biens d'Aldenburg (MAE, *Prusse*, vol.159, ff.137-48).
21?	Arrivée de la comtesse de Bentinck à Berlin (le 18, elle n'y est pas encore, d'après une lettre de sa mère en date du 2-IX, RAG 403; le 23, elle date de Berlin une requête au comte de Podewils, RAG 704).
22-31	A Berlin avec le roi. Le 25, visite à Tyrconnell (D4199, discussion). Les 25 et 27, carrousel et fêtes.
23	Le ministère français fait notifier au roi de Prusse la permission accordée à Voltaire de 's'attacher' à son service (D4196).
c. 25	Frédéric II rassure Voltaire sur son avenir en Prusse: c'est la 'promesse de bonheur' (D4195).
26	**D4699*.
28	Voltaire se voit notifier la permission de 'passer' au service du roi de Prusse (D4203); mais la charge d'historiographe du roi lui est retirée (D4204).
31	'Lettre intercessionale' de Frédéric II à l'Empereur pour déclarer la protection qu'il a accordée à la comtesse de Bentinck: il demande la cassation de l'arrêt sanctionné le 17-VIII et dénonce la commission danoise (*Pol. Cor.*, viii.67-70).
VIII-IX	Voltaire a renoué connaissance avec la comtesse de Bentinck. **D4696*.
	Révision des *Mémoires de Brandebourg* de Frédéric II (D4191) et de ses poésies (D4214).

Septembre 1750

1	A Berlin; Frédéric II part en tournée militaire en Silésie (*Tageskalender*, p.125).
2 / 9 / 16	**D4326*.
	La comtesse de Bentinck demande au ministère prussien une sauvegarde pour son domaine de Kniphausen (*Pol. Cor.*, viii.71-72).
2 ou 3	Répétition de *Rome sauvée* à Berlin devant la famille royale (D4210).
3 ou 4	A Potsdam avec la margrave de Bayreuth.
	Au comte de Podewils: 'Je retourne à Paris dans peu de semaines pour

arranger mes affaires, et prendre congé de ma première patrie' (D4209).

5-9 (ou 5-8) A Sans-Souci avec la margrave de Bayreuth. La nouvelle de l'établissement de Voltaire en Prusse, de sa pension, de ses faveurs, est publique (*Spenersche Zeitung* du 5-IX, d'après *Utrecht* du 11).

8 ou 9 Retour à Berlin. **D4231*.

10 Assiste à une séance de l'Académie à Berlin (discussion de *D4212*). **D4212*.
La comtesse de Bentinck reçoit l'ordre favorable du roi de Prusse pour la sauvegarde de Kniphausen (RAG 704). Un détachement militaire y est dépêché de la garnison d'Aurich.

12 Voltaire reçoit de Versailles 'des lettres à la glace' (D4233). Il s'aperçoit que ses liens avec la cour de France risquent d'être rompus; il décide de rentrer à Paris en octobre ou en novembre pour éclaircir sa situation (D4218 et D4219).

19 Représentation de *Rome sauvée* chez la princesse Amélie (*Berlin Journal*, f.164). **D4226*.

20-29 König à Berlin. Il voit Voltaire et Maupertuis (*Textes*, 15 et 17).

22 Retour du roi à Potsdam; Voltaire l'y suit (*Utrecht*, 2-x).
Tyrconnell à Puysieulx: 'Mad^{e} de Bentinck est icy pour reclamer la protection de S.M.P. contre les Injustices qu'elle pretend qu'on luy a fait; il me paroit qu'on luy donne quelques esperances' (MAE, *Prusse*, vol.159, f.249).

27 A Berlin avec le roi. Voltaire a appris que son 'historiographerie' était donnée à Duclos (D4250).

28 Représentation de *Rome sauvée* au château (*Berlin Journal*, f.166). **D4664* vers cette date.

29 Voltaire rentre à Potsdam avec le roi (D4234, n.1).

IX-XI Voltaire 'procureur' de la comtesse de Bentinck dans ses démarches auprès du roi et du cabinet.
**D4724* après un entretien 'tête à tête' avec Frédéric II sur les affaires de la comtesse.
**D4700*, **D4732*, **D4720*, **D4322*.

Octobre 1750

4 A Berlin avec le roi (d'après D4234-D4236).

6 Retour à Potsdam avec le roi.

10 Premier rapport de Tyrconnell sur l'affaire Bentinck: 'Elle occasionne un incident entre le Roi de Danemark et le Roi de Prusse' (*Prusse*, vol.159, ff.287-92). Remous diplomatiques à Vienne, Copenhague et La Haye (*Pol. Cor.*, viii.106 et 110; MAE, *Danemark*, vol.123, ff.89-91 et 101-103).

11 Duclos est nommé historiographe en remplacement de Voltaire.

11 ou 12 Voltaire entretient le roi du projet que la comtesse de Bentinck a formé de s'établir dans ses Etats (d'après **D4238*).

12 **D4238*, pour préparer cette démarche.

15 **D4325*, dans le même but.
Lettre du comte de Saint-Florentin à Voltaire pour lui annoncer que sa pension lui est conservée (D4243).

17 A Berlin avec le roi (*Berlin Journal*, ff.182-83).
**D4327*, billet d'arrivée. Durant ce voyage de deux jours, Voltaire aide la comtesse de Bentinck à rédiger une lettre pour déclarer à Frédéric II son désir de demeurer à Berlin sous son bon plaisir et de négocier dans ses Etats un emprunt pour libérer ses terres.

18 Retour à Potsdam avec le roi. **D4277*, billet d'adieu: Voltaire compte partir pour Paris dans un proche avenir.

18? La comtesse de Bentinck adresse à Voltaire sa lettre pour la remettre au roi.
21 Voltaire présente au roi le projet de la comtesse. **D4254* pour rendre compte de cette commission.
23 Réponse très favorable du roi à la comtesse (*Schaer* 9).
24 **D4316*.
27 **D4317*.
Lettre perdue de Voltaire à la marquise de Pompadour (MAE, *Prusse*, vol.159, f.414).
Voltaire a retardé son voyage de Paris (D4248 et D4250).
28 A Berlin avec le roi (*Besuche*, p.110 et n.7).
29 Retour de Frédéric II à Potsdam (*Tageskalender*, p.125).
31 Voltaire rentre à Potsdam. Il était resté à Berlin pour tenir compagnie à la margrave de Bayreuth (D4251, commentaire).
x Voltaire adapte sa *Sémiramis* en livret d'opéra, à la demande de la margrave de Bayreuth (D4237 et D4248).
Entre le 24-x et le 24-xi, **D4411*.

Novembre 1750

8 Voltaire consulte le cabinet sur les affaires de la comtesse. *D4258 rend compte de cette commission.
9 Le prince Ferdinand à la reine mère: 'J'ai été étonné de voir M. de Voltaire. J'avais cru qu'il serait parti le vingt-six du mois passé' (*Besuche*, p.111).
10 A Berlin avec le roi. *Rome sauvée* jouée pour la famille royale (*Besuche*, p.112, n.8). **D4244*, invitation à cette représentation.
11 Rentre à Potsdam avec le roi.
14-20 **D4313*, sur la garantie financière que la comtesse se propose de demander à Frédéric II.
19 Requête de la comtesse de Bentinck au roi pour sa négociation d'emprunt avec les Etats de la Marche. Elle l'adresse à Voltaire.
20 Voltaire porte la requête au roi, avec un 'petit mémoire' qu'il a dressé (d'après **D4276*).
D'Arnaud reçoit son congé, avec ordre de quitter la Prusse dans les vingt-quatre heures (Dawson, *SV* 141, p.202).
21 **D4276*, pour rendre compte de la dernière commission.
22 Réponse assez défavorable du roi à la requête de la comtesse (*Schaer* 10).
23 Voltaire charge Hirschel de lui procurer à Dresde des 'billets saxons'.
23-24 A Berlin avec le roi.
25 Visite à Hanbury-Williams, en rapport avec la rupture diplomatique entre la Russie et la Prusse (*Berlin Journal*, f.234). C'est la démarche que Frédéric II reprochera à Voltaire dans D4400.
26 La margrave de Bayreuth quitte Berlin pour rentrer dans ses états (*Berlin Journal*, f.235). A cette date, le départ de Voltaire pour Paris est toujours fixé au 15-xii (d'après D4291).
29 Voltaire est dénoncé au roi pour ses opérations sur la Steuer saxonne (d'après D4386 et D4388).
fin xi **D4738*, en rapport avec les suites de l'affaire d'Arnaud.

Décembre 1750

1 Le différend entre le Danemark et la Prusse sur l'affaire Bentinck est devenu 'un objet important' (MAE, *Prusse*, vol.160, ff.186-88; *Danemark*, vol.123, ff.138-42 et 146-57). Versailles espère en tirer une bonne occasion d'unir entre elles ces deux cours qui lui sont déjà alliées séparément.

Début XII	**D4253*, en rapport avec le projet, formé dans l'entourage de la comtesse de Bentinck, d'engager le roi de Prusse à créer une 'Académie des Arts' dont Voltaire serait le président (*Textes*, 21).
7	Rescrit impérial contre Frédéric II sur l'affaire Bentinck (MAE, *Prusse*, vol.160, ff.222-34). Le prince Ferdinand à la reine mère: 'Il n'est plus question du départ de M. de Voltaire pour Paris [...]. Je voudrois quasi assurer qu'il passera le temps du carnaval à Berlin' (*Besuche*, p.112).
11	Voltaire a remis au printemps son voyage en France (D4294).
15	Commencement du carnaval à Berlin.
16	A Berlin avec le roi. *D*4299*, billet d'arrivée.
17	Frédéric II à son ministre des affaires étrangères, à propos de l'affaire Bentinck: 'Vous m'avez embarqué dans une affaire qui m'est très désagréable' (*Pol. Cor.*, viii.193).
18	Frédéric II fait engager Hirschel à déposer plainte contre Voltaire au sujet de la commission des 'billets saxons' (d'après D4303). Vers cette date, **D4318*.
19	A Wilhelmine de Bayreuth: 'Je resterai encore près de trois mois dans cette abbaye' (D4302).
25	La Prusse demande officiellement l'arbitrage et la médiation de la France dans son différend avec le Danemark (MAE, *Prusse*, vol.160, ff.350-53).
fin XII	**D4703* et **D5016*, autres échos du projet de fondation d'une 'Académie des Arts'. Voltaire n'approuve pas l'idée et en tout cas il refuse d'en postuler la présidence. **D4699*?
XII-1750/ I-1751	Les revenus de Voltaire sont saisis à Paris sur la dénonciation d'un certain André, pour une 'prétendue dette' de billets de Law (D4372 et D4388). **D4319*, **D4320*, et **D4726*, en rapport avec l'affaire Hirschel.

Janvier 1751

Début I	Sollicitation de d'Argental auprès de Malesherbes en faveur de l'édition Lambert des *Œuvres* (voir D4359).
1	Plainte de Voltaire contre Hirschel.
2	Hirschel arrêté, puis libéré sous caution. *D4331. Voltaire se plaint au ministère prussien des mauvais bruits répandus par d'Arnaud à Dresde et des échos de la 'Gazette de Berlin' sur son affaire avec Hirschel (D4334); le 5, Frédéric II l'envoie 'promener' (D4336, commentaire).
4	Début de l'instruction du procès contre Hirschel. Puysieulx à Lemaire, à propos de l'affaire de Kniphausen: 'Cet objet, quoique de la plus petite considération par lui-même, devient aujourd'hui de la plus grande, par l'intérêt qu'ont des tiers d'en faire peut-être le prétexte d'une nouvelle guerre.' La France propose au Danemark sa médiation (MAE, *Danemark*, vol.123, f.204).
6	Sollicitation directe de la comtesse de Bentinck auprès de Frédéric II sur sa négociation d'emprunt (d'après *Schaer* 11). Vers cette date, avant le 15, **D4328*.
8	Représentation de *Rome sauvée* chez la princesse Amélie. Voltaire annonce sa venue aux d'Argental pour le mois de mars au plus tard (D4342).
12	Départ du chambellan d'Ammon, que Frédéric II envoie négocier à Versailles un traité de commerce (MAE, *Prusse*, vol.164, f.62). Il porte à Paris le manuscrit de *Micromégas*, que Lambert devra faire entrer dans son édition

des *Œuvres* à paraître bientôt (D4381). D'Ammon logera quelque temps dans la maison de Voltaire à Paris. Reviendra à Berlin en avril 1753.

14-15 Voltaire en disgrâce. Vit de plus en plus à l'écart de la cour et des sociétés de Berlin (d'après D4346 et D4348, entre autres).

15 Réponse de Frédéric II à la requête du 6: assurances de bonne volonté, mais sans aucun effet pratique (*Schaer* 11).

16-18 Le roi est à Potsdam. Voltaire reste à Berlin. Vers cette date, **D4368*, commentant *Schaer* 11.

17 ou 24 Voltaire demande au chancelier Cocceji un 'certificat' pour arrêter les mauvaises interprétations de son affaire avec Hirschel: demande refusée (D4353 et discussion).

c. 25 **D4362*.

30 Retour de Frédéric II à Potsdam. Voltaire reste à Berlin. 'Frère Voltaire est icy en pénitence' (D4364). Il est logé au château (D4377).
Voltaire a toujours en projet de se rendre à Paris au printemps (D4364).

I/II **D4321*, **D4366*, **D4668*, **D4673*, **D4674*, **D4676*, **D4718*, **D4719* et **D4721*.
Débit des *Œuvres diverses de M. de Voltaire*, nouvelle édition, 5 vol. (éd. de Trévoux): le *Journal de la librairie* l'enregistre le 4 février 1751 parmi les 'livres nouveaux' (F 22156, f.30).

Février 1751

6-15 **D4367*.
Le Danemark accepte les bons offices de la France, mais refuse sa médiation formelle. Lemaire y voit le signe d'une crainte de l'alliance prussienne. Les Danois veulent que la comtesse 's'exécute volontairement' (MAE, *Danemark*, vol.123, ff.238-49).

12-15 Voltaire fait demander au roi la permission de s'installer pendant quelques semaines au Marquisat, près de Potsdam, en attendant son départ pour Paris, toujours fixé au printemps (D4354 et D4356).

18 A Darget: 'Ma nièce consent à vivre avec moi dans une campagne. Si nous n'avons pas le Marquisat, nous en chercherons une autre' (D4386).
Jugement du procès contre Hirschel.

19-20 Première lettre à Frédéric II depuis la disgrâce de la mi-janvier: Voltaire renouvelle sa demande de permission pour s'installer au Marquisat (D4388).

20-22 Vers cette date, **D4394*, puis **D4395*.

24 Voltaire se fait 'laver la tête' (D4400). Frédéric II lui reproche en particulier ses démarches en faveur de la comtesse: 'Vous vous êtes mêlé des affaires de mad. de Bentinck sans que ce fût certainement de votre département.' Rien sur la demande du Marquisat.

25 Voltaire fait amende honorable: 'Pardonnez moy si je vous ay présenté des lettres de madame de Bentinck. Je ne vous en présenteray plus' (D4401). Renouvelle la demande du Marquisat.

26 Conciliation amiable sur les suites éventuelles du procès Hirschel. 'Enfin ce chien de procès est absolument fini' (D4402, à Darget).

27 Voltaire reçoit la permission de s'établir au Marquisat 'pour ce printemps' (D4403, *in fine*).

II *D4380 et **D4655*.

II/III **D4654*.

Mars 1751

1 Voltaire parle toujours avec insistance de son projet de voyage en Italie et en France (D4409, D4413 et *Besuche*, p.115).

2	La comtesse de Bentinck demande directement la protection de Versailles pour le règlement de son affaire: requête au roi, envoyée par l'abbé de La Ville (*Prusse*, vol.164, ff.307-309).
4-5	Frédéric II vient à Berlin. Entrevue tête-à-tête avec Voltaire, qui en sort 'enthousiasmé' (D4212-D4214, discussion).
6	Voltaire quitte Berlin pour le Marquisat.
8	Vers cette date, **D4465*, du Marquisat. Voltaire s'informe de la terre de Hannen, en Ostfrise, qu'il projette d'acheter. Les tractations se poursuivirent au moins jusqu'à la fin d'avril (*Textes*, 31).
12	Tyrconnell reçoit et communique à Frédéric II un plan danois de règlement de l'affaire Bentinck: cession de tous les biens contre une pension de 6000 écus (MAE, *Prusse*, vol.164, f.364).
14	Frédéric II indique à Tyrconnell qu'il approuve le plan danois, à condition qu'il soit *garanti* par les cours prussienne et danoise, et que la pension soit doublée; mais 'la plus grande difficulté sera toujours de réduire cette femme à la raison et de la porter à un accommodement' (MAE, *Prusse*, vol.164, ff.377 et 386-87).
	**D4467*.
16	Tyrconnell à Puysieulx: 'Il me paroist que la proposition du Dannemarck a mis tout le ministère prussien du côté de Madame de Bentinck' (MAE, *Prusse*, vol.164, ff.383-84).
23	Dans une instruction à son ambassadeur à Copenhague, Frédéric II confirme la nécessité de 'garantir' la pension dont on pourrait convenir (*Pol. Cor.*, viii.306-307).
26	*D4471.
	Contrairement à ce qui est indiqué dans *Tageskalender*, p.126, Frédéric II ne vint pas à Berlin pour les fêtes de l'anniversaire de la reine mère (MAE, *Prusse*, vol.164, f.410).
27	Voltaire à Berlin, d'après les *Souvenirs* de Formey (i.244).
29	Visite à Pöllnitz au château de Potsdam (*Besuche*, p.115).
III	König fait paraître dans les *Acta eruditorum* de Leipzig son étude sur la loi de la moindre action, germe de la querelle qui occasionnera l'*Akakia*.
III/V	**D4468*. Voltaire travaille au *Siècle de Louis XIV*.

Avril 1751

1	Le roi est à Berlin. Voltaire ne semble pas avoir été du voyage.
3	Tyrconnell marque à Puysieulx qu'il serait bon que l'on ôtât à la comtesse toute espérance d'une protection du roi de France et qu'on lui conseillât 'l'abandon volontaire' de tous ses biens (MAE, *Prusse*, vol.165, ff.8-10).
7	*D4438.
	Tyrconnell propose au roi de Prusse que les puissances cherchent entre elles un règlement, que l'on imposerait ensuite à la comtesse (MAE, *Prusse*, vol.165, ff.25-26). Le 9, Frédéric II répond qu'il veut bien faciliter les choses, mais non contraindre la comtesse (ff.29-30).
10	Podewils et Tyrconnell préparent, à l'insu de la comtesse, un plan d'accommodement à proposer au Danemark: cession totale des biens d'Aldenburg au comte de Bentinck, à charge pour lui d'en reprendre les dettes; pension de 8000 écus garantie conjointement par les cours de Berlin et de Copenhague; jouissance de Kniphausen conservée à la comtesse (MAE, *Prusse*, vol.165, ff.41-42).
13	Lettre de Frédéric II à la comtesse, l'assurant à nouveau de sa protection (*Schaer* 13).
15	Le roi est à Berlin.

17 Frédéric II remet définitivement l'affaire de Kniphausen à son ministre Podewils: il lui interdit de contraindre la comtesse, mais lui permet de 'la menacer en termes honnêtes' (*Pol. Cor.*, viii.332).

24 *D4448.

Tyrconnell mande à sa cour que Podewils et lui sont convenus de 'sacrifier mad[e] de Bentinck' aux intérêts d'une alliance à faire entre la Prusse et le Danemark (MAE, *Prusse*, vol.165, ff.109-13).

26 Pressions du ministère français sur Frédéric II pour qu'il termine l'affaire à la satisfaction du Danemark, 'complaisance' que la France saurait faire valoir en vue de plus grands objets (MAE, *Prusse*, vol.165, ff.126-27).

30 Tyrconnell fait entendre à la comtesse de Bentinck que la cession de ses biens est la seule issue: 'J'ay mis tout en usage pour l'effrayer' (MAE, *Prusse*, vol.165, ff.161-62).

IV Perquisitions chez Longchamp, l'ancien secrétaire de Voltaire, à la demande de Mme Denis, après le vol de certains de ses manuscrits (D.app.109, D4446, D.app.112).

IV/V Achèvement de l'édition Lambert des *Œuvres*, en onze volumes (*MF*, avril 1751, p.213 et mai 1751, pp.122-24). *Micromégas* n'a pu y être inséré, Malesherbes l'ayant interdit à la sollicitation de certains amis de Fontenelle (D4542). Accord de Walther pour une nouvelle édition des *Œuvres* (D4459 et D4481).

Mai 1751

Publication de l'édition Lambert des *Œuvres* en onze volumes: le *Journal de la librairie* l'enregistre parmi les 'livres nouveaux' le 13 mai 1751 (F 22156, f.65).

3 Le roi fait déclarer à ses Etats qu'il n'accordera jamais sa garantie financière à l'emprunt demandé par la comtesse: 'Ainsi', écrit Tyrconnell à Puysieulx, 'j'espère que cela la rendra plus facile' (MAE, *Prusse*, vol.165, f.165).

4 Fredersdorff quitte Potsdam pour Paris.

Voltaire à d'Argental, sur l'éventualité du retour en France: 'Il faut que vous ayez la bonté de me préparer les voies' (D4458).

8 Instruction de Frédéric II à son ministre à Copenhague: chercher tout accommodement diplomatique, mais en excluant qu'on puisse user de contraintes avec une femme 'dont on ne peut disposer comme on veut, mais fière et capricieuse au-delà de l'imagination' (*Pol. Cor.*, viii.335).

15-16 **D4423*.

17 **D4421*.

18 La comtesse visite Voltaire au Marquisat à l'occasion des revues de Potsdam. Elle lui remet un projet de cession partielle de ses biens, pour qu'il le communique à Tyrconnell.

**D4314*, en rapport avec cette démarche.

19 Voltaire sollicite auprès de Tyrconnell en faveur de la comtesse (d'après **D4314*).

Le même jour, entrevue de Tyrconnell avec Frédéric II: il travaille à 'effacer de son esprit jusqu'aux moindres traces de prévention' pour la comtesse, et obtient la permission de 'l'effrayer' pour l'amener à céder ses biens contre une pension (MAE, *Prusse*, vol.165, ff.209-10).

20 Voltaire vient à Berlin avec le roi. Entretien de Tyrconnell avec la comtesse: pressions et menaces (*ibid.*).

*D4470.

20-21 **D4455*.

20-25 **D4312*. Voltaire engage la comtesse à montrer moins de résistance aux efforts des diplomates, à tâcher de sauver l'essentiel: 'Défiez vous des séductions d'une imagination brillante, des espérances trompeuses, et surtout de l'idée de pouvoir vaincre des puissances que vous ne pouvez combattre'.

20-27 — *_D4742_.

23 — Visite de Voltaire à Formey (d'après *Souvenirs*, i.244).

25 — La comtesse signe une procuration qui donne à Tyrconnell et à Podewils le pouvoir de négocier pour elle. C'est Voltaire qui a rédigé cette pièce (*Textes*, 39); c'est lui qui l'envoie personnellement à Tyrconnell (*Textes*, 40). Avec ce pouvoir, la comtesse soumet encore un plan de règlement qui lui laisserait la jouissance de sa terre principale de Kniphausen (MAE, *Prusse*, vol.165, ff.223-46).
*D4476.

25 ou 26 — *D4478.

27 — La cour de France soutient officiellement le point de vue danois et désapprouve les difficultés prussiennes sur la garantie de l'accommodement à faire (MAE, *Prusse*, vol.165, f.248).
Voltaire rentre à Potsdam avec le roi.

27 ou 28 — *_D4804_.

vers le 30 — *_D4454_. Frédéric II mande à Tyrconnell, le 30, qu'il regarde l'affaire Bentinck comme terminée grâce à la procuration du 25-V, et il souhaite qu'elle soit bientôt réglée 'conformément aux vues de la cour de France' (MAE, *Prusse*, vol.165, ff.254-55).

31 — Départ de Frédéric II en tournée militaire vers le pays de Clèves et de Magdebourg. Voltaire avait pensé mettre cette absence à profit pour faire son voyage en France, mais il l'a remis à septembre (d'après D4483 et D4511).

V/VI — *_D4472_.
Voltaire demande à Frédéric II la permission d'imprimer le *Siècle de Louis XIV* à Berlin (D4463).

Juin 1751

1-23 — Tournée militaire du roi.
Petits voyages de la comtesse à Potsdam et de Voltaire à Berlin: *_D4431_, *_D4453_, *_D4469_, *_D4472_ et *_D4490_.

12 — Visite à Formey, d'après *Souvenirs*, i.244.

13 — Le ministère français réitère sa préférence pour un accommodement de l'affaire Bentinck à des conditions conformes aux vues du Danemark (MAE, *Prusse*, vol.165, f.290).

18 — Lettre personnelle de Frédéric II à Louis XV sur le projet d'une alliance entre Berlin et Copenhague: tous les obstacles sont levés, y compris le différend sur 'l'affaire de Kniphausen', dont l'accommodement est en vue (MAE, *Prusse*, vol.165, f.332, original autographe).

22 — Tyrconnell mande à Puysieulx que les danois s'en tiennent au plan de donation générale, mais qu'ils font et feront encore des difficultés de détail, vraisemblablement dans la crainte qu'un reglement rapide ne soit l'amorce d'une négociation d'alliance proposée par le roi de Prusse (MAE, *Prusse*, vol.165, ff.308-12).

23 — Le roi rentre de sa tournée.

24 — Voltaire rentre de Berlin à Potsdam (D4913, discussion).

25 — Voltaire propose à Lambert de commencer une édition plus complète de ses *Œuvres* (D4494).

VI/IX — *_D4504_

Juillet 1751

2-3 Voyage du roi à Berlin. Aucune indication sur un déplacement de Voltaire.

2 Tyrconnell a eu un entretien avec Frédéric II: 'Il regarde M^{de} de Bentinck comme une folle et me paroit résolu à transiger pour elle sans la consulter. Mais il exige toujours huit mille écus a present, et l'augmentation de six mille a l'extinction du douaire' (MAE, *Prusse*, vol.165, f.345). Puysieulx à Tyrconnell: si l'accommodement est trop difficile, 'laisser là toute l'affaire et n'en plus parler' (f.334).

9-14 Voltaire à Berlin (d'après D4517 et D4519).

11-24 Avec le roi à Sans-Souci (*Tageskalender*, p.127).

14 (ou peu après) **D4416*.

17 On attend toujours la réponse danoise. 'Pour Mad^{e} de Bentinck elle ignore parfaitement l'etat de notre negociation' (Tyrconnell à Puysieulx, MAE, *Prusse*, vol.165, ff.371-72).

31 Frédéric II à Berlin.
Mme Denis écrit à Cideville que Voltaire ne parle plus de venir en septembre, mais en janvier: 'Nous voulons qu'il soit icy au mois d'8bre' (D4531).

VII Début de l'impression du *Siècle de Louis XIV* à Berlin.

VII/VIII Démarches de Mme Denis pour la reprise de *Mahomet*; agrément de la cour (D4539, D4557 et D4561).
Mme Denis et les intimes exercent des pressions sur Voltaire pour qu'il revienne à Paris: on ne fera pas jouer *Rome sauvée* avant sa venue (D4531).
Disgrâce de Chasot, qui est mis aux arrêts (MAE, *Prusse*, vol.166, f.17).
Voltaire quitte le Marquisat.

Août 1751

Début VIII **D4571*.

3 Le Danemark repousse le plan de cession partielle proposé par la comtesse de Bentinck et exige toujours la cession complète contre une pension de 8000 écus. Et le ministère danois paraît disposé à refuser que le roi de Prusse donne sa garantie à l'arrangement (MAE, *Prusse*, vol.166, ff.8-16).

3-5 Voltaire est à Berlin (d'après D4536-D4537).
**D4656?*

6 Lettre de d'Argental pressant Voltaire de rentrer et l'assurant d'un retour de faveur à la cour: 'On vous regrette sincèrement, on désire vivement votre retour, mais il faut saisir ce moment' (D4539).

9 **D4315*.

10 Mme Denis à Cideville: 'Je commence à désespérer qu'il reviene cet yver' (D4543).

14 **D4544*.

17 Nouvelle difficulté diplomatique: Tyrconnell mande à Puysieulx que Frédéric II tient absolument à garantir l'accommodement recherché. 'Cette difficulté va accrocher toute notre affaire' (MAE, *Prusse*, vol.166, ff.76-78).
Voltaire 'doute fort' d'aller à Paris l'hiver prochain (D4548).

19 ou 20 **D4527*.

22 A Berlin avec le roi.

25 Départ de milord Maréchal, nouvel ambassadeur de Prusse à Versailles. Dans ses instructions, il a ordre de tout faire pour régler l'affaire Bentinck selon les 'avis' de la France, afin de disposer le Danemark à une alliance (*Pol. Cor.*, viii.439-40). Voltaire lui a confié à son départ une nouvelle version de *Rome sauvée* pour Mme Denis (D4557 et D4561).

25-VIII/15-IX Tournée militaire de Frédéric II en Silésie.
De cette période datent: **D4671*, **D4677-D4680*, **D4682* et **D4710*.
Dans **D4678*, Voltaire conçoit un plan pour remettre Versailles dans les intérêts de la comtesse.

c. 26 Retour de d'Argens, qui était absent de Prusse depuis le 25-V-1750.

28 Voltaire reçoit un exprès qui lui apporte des lettres du duc de Richelieu, de d'Argental et de Mme Denis. Tous le pressent de hâter son retour. A d'Argental: 'impossible de revenir de quelques mois' (D4557).

31 Lettre de confidences à Richelieu: il pourrait rentrer en France, si seulement on lui procurait des protections sûres contre les poursuites des dévots et des écumeurs littéraires – c'est ce qu'il faut insinuer à Mme de Pompadour, s'il est vrai qu'elle est fâchée de sa 'désertion' (D4561). Voltaire renouvellera ce plan dans D4206 en septembre et dans D4605 en novembre.

fin VIII Arrivée de la comtesse Poninska à Berlin (d'Arnim à la comtesse de Bentinck, 30-VIII, RAG 127): c'est la 'comtesse polonaise' de D4589-D4592.

Eté 1751 (probablement entre le 25-VIII et le 16-IX): **D4621*, **D4659* et **D4688*.

Septembre 1751

1-15 Voltaire avait pensé faire en septembre le voyage remis depuis le printemps (D4483).
Il est à Berlin, logé au château. Fréquentation assez assidue de Monbijou et de Schönhausen, résidences d'été des deux reines.

8 Versailles propose à ses deux alliés, en manière d'accommodement, que la convention à faire pour terminer l'affaire Bentinck soit 'confirmée' par l'Empereur et 'garantie' conjointement par la Prusse et le Danemark (MAE, *Prusse*, vol.166, f.140).

11 Saint-Contest remplace Puysieulx au ministère des affaires étrangères.

14 **D4712*.

15 Frédéric II revient de sa tournée de Silésie.

16 Le roi rentre à Potsdam et Voltaire l'y suit (*Utrecht*, 24-IX).

22 Mme Denis à Cideville: 'Mon Oncle ne reviendra point cet yver' (D4576).

c. 23 Voltaire rédige le modèle d'une lettre de sollicitation que la comtesse de Bentinck veut adresser au marquis de Saint-Contest pour le mettre dans ses intérêts (*RhlF* 76 (1976), pp.71-72).

25 Lettre de la comtesse à Saint-Contest, selon ce modèle (MAE, *Prusse*, vol.166, f.215).

28 **D4767*.
Vers cette date, D4206 au duc de Richelieu: sa confession de courtisan, avec un plan pour ranimer les bonnes dispositions de Mme de Pompadour. A d'Argental, le 25-IX: le succès de *Rome sauvée* est 'un préalable nécessaire' (D4579).

29 Tyrconnell à Saint-Contest, sur de nouvelles difficultés que la comtesse oppose au projet de cession: 'Ses réponses ont été si extravagantes que je n'ay pas crû devoir les envoyer, et il faut pour terminer cette affaire l'accommoder entre les deux Rois et a l'inseu de cette Dame ou sans cela l'on n'y parviendra jamais' (*Prusse*, vol.166, ff.218-19).

29-IX/6-X 'Avis' de la comtesse à Voltaire, sur une tracasserie dont il serait l'objet à propos d'une prétendue protection accordée à la 'comtesse polonaise' (*RhlF* 76 (1976), pp.72-73). En rapport avec cet incident: **D4589-D4590*, et peut-être **D4593*.

30 Reprise de *Mahomet* à Paris, grâce au crédit du duc de Richelieu (D4576). Débit de la 'nouvelle édition' faite par Lambert (F 22156, f.123). Arrivée de Lalande à Berlin (*Utrecht*, supplément du 8-x).

VIII/X	**D4591*.

Octobre 1751

8-9	Le roi vient à Berlin. Voltaire reste à Potsdam (d'après D4586 et **D4592*).
8 ou 9	**D4592*.
12	Intransigeance du ministère danois dans l'affaire Bentinck: Copenhague repousse toute idée de 'garantie' prussienne, et propose une simple caution bourgeoise (*Pol. Cor.*, viii.482).
c. 15	**D4580*.
19	Réponse de Saint-Contest à la comtesse de Bentinck: vagues assurances de ses bonnes intentions (MAE, *Prusse*, vol.166, f.277; RAG 502).
21	Représentation de *Zaïre* à Fontainebleau (*MF*, décembre 1751, i.172-73).
c. 22	**D4599*.
23	Instructions nouvelles de Frédéric II à milord Maréchal: se plaindre à Versailles du refus insultant que le Danemark oppose à la garantie prussienne, marquer l'insuffisance de la caution bourgeoise proposée, insinuer que le ministère danois signale ainsi qu'il s'éloigne du 'bon système' d'alliance, et s'en remettre cependant à la médiation française (*Prusse*, vol.166, ff.278-81). Tyrconnell commente la situation dans le même sens (ff.282-86).
28	Représentation d'*Œdipe* à Fontainebleau (*MF*, décembre 1751, i.172-73).
	Instruction de Saint-Contest à Tyrconnell: voir si Frédéric II ne pourrait pas renoncer à garantir l'accommodement à faire et accepter, en considération d'un espoir d'alliance avec le Danemark, de contraindre la comtesse à se contenter d'une simple caution bourgeoise (MAE, *Prusse*, vol.166, ff.288-89).
31	Retour de Fredersdorff, absent depuis le 4-V-1751.
Fin X	Départ de Berlin de la comtesse Poninska.
X/XI	**D4598* et **D4626*.
	Voltaire envoie à Mme Denis, à mesure qu'elles s'impriment, les feuilles du *Siècle de Louis XIV* (D4577 et D4595). Il les fait examiner par d'Argental, par le duc de Richelieu et par le président Hénault (D4595, D4605 et D4618).
	Mme Denis se rend à Fontainebleau pour solliciter Mme de Pompadour, vraisemblablement en vue d'obtenir une permission en faveur du *Siècle* (D4601 et D4604).

Novembre 1751

4	Billet de Voltaire à la comtesse, au sujet de ses démarches auprès du ministère français (*RhlF* 76 (1976), p.74).
4-5	Le roi vient à Berlin; Voltaire reste à Potsdam.
7	La Beaumelle arrive à Potsdam; il rend visite à Voltaire (D4603).
9	Mme Denis à Cideville: 'Enfin à quel que prix que ce soit je veux ravoir Mon Oncle et ne point aller en Prusse' (D4601).
	Tyrconnell explique que la situation de l'affaire Bentinck est sans issue diplomatique: la Prusse se montrera ferme sur la garantie, tant qu'elle ne sera pas assurée que le Danemark accepte l'alliance (MAE, *Prusse*, vol.166, ff.323-26).
10	*D4602.
11	Mort de La Mettrie.
12	*D4603.
13	Lettre au duc de Richelieu, renouvelant le vœu du retour: 'Ma nièce veut qu'on vende cette terre. Hélas très volontiers' (D4605).
c. 15	**D4588*.

c. 20	**D4626*. Départ de Chasot pour la France (MAE, *Prusse*, vol.166, ff.349-50).
22	Le roi vient à Berlin. Voltaire reste à Potsdam (d'après **D4609*).
22-25	**D4609*.
25	D'après *Utrecht*, 3-XII, Voltaire serait venu à Berlin avec Algarotti. Cf. cependant **D4609* et *D4613, qui confirment le voyage d'Algarotti et infirment celui de Voltaire.
28	*D4613.
30	Le ministère français avance l'idée que si le Danemark ne modifie pas sa position par rapport à la garantie prussienne, la négociation sera laissée en plan et la médiation française abandonnée (MAE, *Prusse*, vol.166, f.368).
XI	Nouveaux remaniements de *Rome sauvée* (D4604).
XI/XII	Voltaire fait examiner officieusement à Paris son *Siècle de Louis XIV* en vue d'obtenir au moins une permission tacite (D4618 et D4620).

Décembre 1751

5	Début des fêtes du carnaval à Berlin.
6	Arrivée du roi à Berlin. Voltaire est aussi à Berlin dès le 7, d'après le 'Journal du carnaval' de La Beaumelle (BN, n.a.f. 10234, f.54, holographe).
6 ou 7	**D4639*, billet d'arrivée.
après le 6	**D4631*, **D4633* et **D4643*.
7	Visite de La Beaumelle à Voltaire. Vive dispute à propos du passage de *Mes pensées* sur les 'bouffons' du roi de Prusse (BN, n.a.f. 10234, f.56).
9 ou 10	La Beaumelle s'adresse au roi, avec l'aide de Maupertuis, pour son projet des 'classiques français' (D5042a).
11	Lettre perdue de Voltaire à la marquise de Pompadour (MAE, *Prusse*, vol.166, f.395).
	L'Académie de Berlin, à la demande de Maupertuis, somme König de prouver l'authenticité du prétendu fragment de Leibnitz qu'il a utilisé dans la discussion de la loi du minimun (Formey, *Histoire de l'Académie*, vi.58).
18-20	**D4324*.
20	Réponse défavorable du roi à la lettre de La Beaumelle du 9 ou du 10-XII.
	Mémoire sur les affaires de la comtesse de Bentinck, adressé au marquis de Saint-Contest: Voltaire en fut l'auteur ou le réviseur (*Textes*, 52).
25	Voltaire adresse à d'Argental le mémoire du 20, pour le faire présenter à Saint-Contest (D4630).
27	Arrivée à Berlin des princes Louis et Frédéric de Wurtemberg (MAE, *Prusse*, vol.166, f.441).
29	Mort du comte de Rothenburg.
31	Le président Hénault, qui a examiné le *Siècle de Louis XIV*, fait son rapport au comte d'Argenson, et formule le vœu qu'on mette Voltaire 'à portée de revenir': 'cet ouvrage en pourrait être l'occasion' (D4641).
Fin XII	Voltaire découvre des malversations de Henning, libraire du roi de Prusse et imprimeur du *Siècle de Louis XIV*. Il s'en plaint à Frédéric II et dénonce la préparation d'éditions pirates (D4635).
XII-1751/ I-1752	**D4665*.
XII-1751/ II-1752	**D4666* et **D4702*.
1751/1752	**D4783*.

Janvier 1752

c. 1	Voltaire se plaint à la comtesse de Bentinck des procédés de La Beaumelle

	(*D4754).
3	Visite de La Beaumelle à Voltaire, en compagnie de Lalande. Il est très mal reçu (d'après la *Lettre de M. de La Beaumelle à M****, 1753, p.321).
18	Voltaire envoie à Malesherbes le manuscrit du *Siècle de Louis XIV* en partie corrigé selon les remarques de Hénault et demande la permission de le faire imprimer à Paris (D4771). Il fera agir dans le même sens Mme Denis auprès de la marquise de Pompadour (D4642), Hénault auprès du comte d'Argenson (D4780 et D4784) et d'Argental auprès du ministère (D4787).
19	Darget lit à l'Académie de Berlin, dans la séance solennelle pour l'anniversaire du roi, l'*Eloge de La Mettrie* composé par Frédéric II. Voltaire n'assista pas à cette séance (d'après D4775).
22	Frédéric II à milord Maréchal: 'Je ne suis point pressé sur l'affaire de la comtesse de Bentinck; si la cour de Danemark ne la veut point finir, je n'en serai du tout embarrassé et la laisserai telle qu'elle est à présent et peut-être l'oubliera-t-on tout-à-fait avec le temps' (*Pol. Cor.*, ix.13).
24	La Beaumelle est arrêté sur la plainte d'un nommé Cochius qui l'a surpris chez lui en compagnie de sa femme. Il est assigné à résidence à Spandau.
26	Le roi rentre à Potsdam. Voltaire reste à Berlin. Il est alors dans une sorte de disgrâce (d'après D4778 et D4781).
30	Le ministère danois refuse la garantie du roi de Prusse, même en tant que membre du Cercle de Westphalie, et persiste à prétendre que des cautions bourgeoises suffisent pour la sûreté de la comtesse de Bentinck. Saint-Contest soumet ces vues à la cour de Prusse, en les approuvant (MAE, *Prusse*, vol.167, ff.45-46).
	Réponse de Voltaire à une lettre perdue où Frédéric II lui reprochait apparemment de s'attarder à Berlin: 'Quant à madame de Benting elle n'a point de cuisine et j'en ay une icy et une à Paris' (D4781).
	Durant son second hiver en Prusse, Voltaire n'a plus son appartement au château; il a pris pension en ville, chez une dame Bock (D4793, D4794, D4802 et D4805).
I	**D4594*, **D4765*, **D4766* et **D4410*.

Février 1752

Début II	**D4675* et **D4695*.
	Voltaire passe le mois de février à Berlin, alors que le roi l'attend à Potsdam.
I	A Hénault: 'Je compte aller prendre les eaux dès que le soleil fondra un peu nos frimas; mais quelles eaux? je n'en sais rien.' Il souhaite obtenir au moins une permission tacite pour son *Siècle* (D4784).
6	Voltaire remercie d'Argental de s'être chargé de faire remettre à Saint-Contest le mémoire du 20-XII en faveur de la comtesse de Bentinck (D4787).
c. 6	**D4764*.
7 ou 8	La Beaumelle est libéré et rentre à Berlin. On lui rapporte que Voltaire l'a desservi; il s'en plaint à la comtesse de Bentinck (d'après la *Lettre de M. de La Beaumelle à M****, 1753, p.327).
9 ou 10	Réconciliation de Voltaire et de La Beaumelle: 'nous nous promîmes d'oublier tout' (*ibid.*)
c. 11	*D4794.
14	Visite de La Beaumelle à Voltaire: nouvelle dispute à propos de *Mes pensées*, scène violente et brouille définitive (d'après la *Lettre de M. de La Beaumelle*, pp.328-31).
17	La comtesse de Bentinck quitte Berlin pour Zerbst, à l'invitation de son amie la princesse Elisabeth (date fixée par une lettre du baron d'Arnim, RAG 127, 22-II).

19	Tyrconnell à Lemaire à Copenhague: 'Pour moy je regarde cette affaire comme inaccommodable, vû la disposition des parties' (MAE, *Prusse*, vol.167, f.82).
	Projet de dédicace de *Rome sauvée* à Louis XV (D4806 et D4845).
20	Frédéric II repousse la proposition danoise transmise par Versailles le 30-I et ordonne à ses ministres d'attendre une proposition plus raisonnable de la cour de Danemark: 'Nous devons la voir venir, sans paraître pressés' (*Pol. Cor.*, ix.44). Cette nouvelle position est communiquée à Versailles le 22 (MAE, *Prusse*, vol.167, ff.83-84).
24	**D4493* en réponse à une lettre reçue de Zerbst.
	Succès de *Rome sauvée* à Paris: on presse à nouveau Voltaire de revenir (D4814, D4820, D4843).
25-26	Voyage de Frédéric II à Berlin. Voltaire rentre avec lui à Potsdam (*Textes*, 61-62).
II	Voltaire commence à distribuer des exemplaires de son *Siècle*. Il en fait l'hommage à la cour de Vienne (D4947, discussion). Cette démarche déplaira à Frédéric II (D5015).
II/III	Publication du *Dialogue entre un bracmane et un jésuite* dans l'*Abeille du Parnasse* (v.41-47).

Mars 1752

Debut III	Voltaire apprend que son projet d'une édition française du *Siècle* rencontre des obstacles (D4828, à d'Argental). Mais Mme Denis sollicite toujours auprès de Mme de Pompadour (D4829). Frédéric II est au courant de ces démarches et des difficultés (*Besuche*, pp.116-17).
10	A Cideville, D4827:Voltaire projette d'aller en France pendant que le roi sera en tournée militaire.
12	Mort de Tyrconnell à Berlin (MAE, *Prusse*, vol.167, f.106).
14	A la comtesse d'Argental, D4831: 'Je compte bien venir faire cet été un voyage auprès de mes anges.' Même annonce dans D4833 au duc de Richelieu, dans D4837 à Le Baillif, etc.
15 ou 16	Départ de Darget pour Paris (d'après D4836).
18	'Compliment de clôture' prononcé par Lekain à la Comédie-Française: annonce publique du désir de retour de Voltaire (*Textes*, 63).
18-19	Voltaire vient à Berlin (D4839-D4841).
24	**D4653*. Voyage du roi à Berlin.
	A Versailles, nomination du chevalier de La Touche pour remplacer Tyrconnell (MAE, *Prusse*, vol.167, f.120).
25	Voltaire vient à Berlin. La comtesse de Bentinck rentre de Zerbst. **D4658*, à son arrivée.
26	**D4657*.
27	A Fawkener, à propos du *Siècle*: 'My book is prohibited among my dear countrymen' (D4851).
28	**D4415*, en quittant Berlin. Rentre à Potsdam avec le roi.
III	Date probable de l'engagement de Francheville comme secrétaire, d'après D4854.

Avril 1752

1	A d'Argental, D4855: 'J'essayeray cet été de venir embrasser mes anges.' Même annonce dans D4856 et D4858.
3	La comtesse de Bentinck essaie en vain de relancer les pourparlers diplomatiques sur son affaire. Podewils lui conseille de 'se tenir tranquille' et la rassure

sur les dispositions du roi; Le Baillif, chargé de l'intérim en attendant l'arrivée du chevalier de La Touche, agit dans le même sens: 'Je luy ay toujours crû devoir dire, que puisqu'on ne luy parloit d'aucune affaire, elle ne pouvoit mieux faire que de rester tranquille, joüir paisiblement, tant qu'on ne luy disoit rien, des revenus de Kniphausen' (MAE, *Prusse*, vol.167, ff.146-48).

c. 9 — La comtesse adresse à Frédéric II un nouveau plan d'arrangement qui vise à lui conserver ses terres contre le remboursement de ses dettes (d'après la réponse du 11-IV).

10 — Démarche auprès de Malesherbes pour faire interdire à Paris l'édition berlinoise du *Siècle de Louis XIV* (D4862).
Collini entre au service de Voltaire (*Mon séjour*, p.30).

11 — Frédéric II réitère à la comtesse son refus de soutenir les plans de remboursement qu'elle continue de proposer et son désir de s'en tenir au projet de cession négocié avec le Danemark par l'entremise de la France; il passe sous silence la question des garanties, et l'avertit que si elle venait à repousser un tel accommodement, il retirerait sa sauvegarde de Kniphausen sans plus se mêler de ses intérêts (*Schaer* 18).

12 — **D4865*.

13 — **D4440*.
König, n'ayant pu produire les originaux des lettres de Leibnitz qu'il avait citées dans ses réflexions sur la loi du minimum, est condamné comme faussaire par l'Académie de Berlin.

14-15 — **D4323*. Voltaire a eu avec Frédéric II une nouvelle conversation sur les affaires de la comtesse.

15 — Au marquis de Thibouville: il sera à Paris 'avant la fin de l'année' (D4868).

24 — **D4428*. Projet d'un petit voyage à Berlin en mai.

25-26 — Voyage du roi à Berlin. Voltaire est toujours à Potsdam, d'après **D4428*.

30 — La Beaumelle quitte Berlin pour Gotha (lettre à la comtesse de Bentinck, RAG 341a).

IV — Fréron s'en prend à Voltaire dans ses feuilles; Mme Denis le fait interdire (D4901).
Editions de Gotha et de Dresde de *Micromégas*. Envoi d'*Amélie* à Mme Denis (D4868 et D4902).
Voltaire entreprend une édition augmentée du *Siècle de Louis XIV*, que publiera Walther (D4899).

IV/V — Mme Denis veut faire jouer *La Coquette punie*. Voltaire s'en inquiète et essaiera de l'en dissuader (D4885, D4902 et D4940).

Mai 1752

2 — Frédéric II accorde à Maupertuis la permission d'aller en France (*Briefwechsel Maupertuis*, pp.272-73).

3 — A d'Argental, D4885: 'J'espère vous embrasser avant la fin de l'année.'

7 — Saint-Contest à Le Baillif: la diplomatie danoise reste silencieuse; ordre de continuer d'opposer des fins de non-recevoir 'aux differens Projets que produit et produira l'imagination vive et peu reglée de Mad[e] de Bentinck' (MAE, *Prusse*, vol.167, f.191).

23 — **D4896*.

24-29 — Voyage du roi à Berlin. Voltaire reste à Potsdam: **D4896* fut portée par Algarotti.

27 — Départ de Fredersdorff pour les eaux d'Aix-la-Chapelle et de Spa (*Tageskalender*, p.130).

V — Publication de l'édition Walther des *Œuvres* de Maupertuis, annoncée dans l'*Abeille du Parnasse* du 3 juin (v.177-81) et de la *Lettre sur le progrès des sciences* (Berlin), annoncée dans *MF*, mai 1752, pp.114-18 et dans *Utrecht* du 23-v. Départ de Louis de Beausobre pour Paris; il apporte à Mme Denis 'un manuscrit du *Siècle de Louis XIV* avec beaucoup de corrections' (*Textes*, 76).

Juin 1752

1-6	Tournée militaire du roi vers Magdebourg (*Tageskalender*, p.130). Voltaire reste à Potsdam.
6	La comtesse de Bentinck visite Voltaire à Potsdam (**D4514*, discussion).
8	**D4514*.
c. 10	**D4900*: 'Je ne peux faire un pas sans être observé de tout le monde et il m'est impossible d'aller à Berlin.'
	Premiers indices de l'existence du *Sermon des cinquante*? Voir la discussion de **D4900*.
	A Richelieu, D4907: 'J'espère venir vous voir cette année.'
11-12	Frédéric II est à Berlin, Voltaire reste à Potsdam.
12-18	Tournée militaire en Poméranie.
15	**D4920*.
	La comtesse de Bentinck envoie à Voltaire les premiers cahiers de l'*Essay de politique et de morale calculée*, que compose son protégé d'Hancarville: Voltaire révise et corrige cet ouvrage en juin-juillet.
16	**D4921*.
17	Lettre à Moncrif pour qu'il dispose la cour à le recevoir favorablement à son prochain voyage à Paris: D4917.
	D4916 à Mme de Fontaine: 'Je suis obligé de remettre mon voyage à la fin de l'automne [...]. Je resterai constamment jusqu'à la fin de septembre à Potsdam.'
19	**D4893*: 'J'ignore quand mon triste état me permettra d'aller à Berlin.'
25	Mariage du prince Henri et début des fêtes à la cour. Voltaire est resté à Potsdam (d'après D4947).
c. 26	**D4924*.
VI	Voltaire fait annoncer à Paris dans le *Mercure* son édition augmentée du *Siècle de Louis XIV* (*MF*, juin 1752, ii.196-98).
	Débit d'une édition pirate de *Rome sauvée* (F 22157, f.81, 'Livres nouveaux', 1er juin 1752); elle est désavouée par Voltaire ou en son nom le 22 dans les *Annonces, affiches et avis divers* de Paris.

Juillet 1752

1	*D4932. Voltaire confie aux soins de la comtesse de Bentinck un manuscrit en faveur de König, pour l'envoyer à l'intéressé et à Marc-Michel Rey.
c. 3	**D4935*.
c. 6	**D4923*.
8	Maupertuis se dispose à faire son voyage de France, reporté depuis le début de mai: Frédéric II lui adresse de Potsdam un billet de vœux (*Briefwechsel Maupertuis*, p.275).
c. 10	**D4962*: 'J'espère venir vous faire ma cour quand le roy sera dans sa Silésie.'
11-22 (sauf 15-17)	Le roi est à Sans-Souci, et Voltaire avec lui (d'après *D4942 et **D4524*).
14	*D4942.
17	Mme Denis à Cideville, D4948: 'Il me parle bien foiblement de son retour et je crains fort qu'il ne reviene pas si tos que je l'esperois.'
18	**D4524*.

22 — A d'Argental, D4953: 'Je voudrais vous embrasser et je suis retenu par mille chaînes jusqu'au mois d'octobre.'

24 — Arrivée de La Touche, le nouvel ambassadeur de France. Ses instructions ne contiennent aucun article sur l'affaire Bentinck.

VII — L'*Epître au cardinal Quirini* (D4759) est publique à Paris et fait quelque bruit (D4951).

fin VII/ — **D5015*.

début VIII — Voyage de Mme Denis à Versailles, vraisemblablement pour solliciter en faveur du *Siècle* et pour préparer le retour de son oncle (D4829 et D4992).

Août 1752

1-2 — Voyage du roi à Berlin. Voltaire reste à Potsdam (d'après *D5023 et **D5078*).

5 — **D4967*.

8-9 — Le roi est à Sans-Souci et Voltaire avec lui.

11 — *D4974.

12-13 — **D4978*. Espoir de faire prochainement un voyage à Berlin.

c. 15 — Arrivée de l'abbé de Prades à Potsdam.

17 — Première d'*Amélie* à Paris.

19 — Voltaire tombe assez gravement malade. Le 20, il fait donner de ses nouvelles à la comtesse de Bentinck par d'Argens (*RhlF* 82 (1982), p.625).

21-22 — Voyage du roi à Berlin. **D4987*, de Potsdam.

22 — La Touche à Saint-Contest: 'Mad^e^ la comtesse de Bentinck me prépare par ses politesses redoublées a essuyer incessamment de sa part une conversation facheuse sur les affaires de sa terre de Kniphausen, qu'elle veut faire revivre; je vous prie, Monseigneur, de me donner vos ordres pour la conduite que je dois tenir avec cette Dame, qui met toujours beaucoup de chaleur dans ses sollicitations' (MAE, *Prusse*, vol.167, f.364).

25 — *D4991.

29-31 — Voyage du roi à Berlin. Voltaire reste toujours à Potsdam, d'où il n'a pas bougé depuis le mois de mars (d'après *D5023 et **D5078*).

Fin VIII — Publication de l'*Appel au public* de König.
Projet du *Dictionnaire philosophique*? Le 25-VIII, Voltaire demande un Bayle à Walther (D4994); le 5-IX, il écrit au roi que les frères de Potsdam ont 'de beaux projets pour l'avancement de la raison humaine' (D5008).
Voltaire communique à Frédéric II son *Poème sur la Religion naturelle* (D4995).
Compte rendu sévère des *Œuvres de Maupertuis* dans les *Observations sur la littérature moderne* (*Textes*, 78).

VIII/IX — Achèvement de l'édition Walther des *Œuvres*: Voltaire prépare les cartons nécessaires (D4944).
Frédéric II cherche à remplacer Maupertuis, qui paraît mourant, à la tête de l'Académie. D'Argens écrit en son nom à d'Alembert pour lui offrir la place (*Correspondance de Mme Du Deffand*, i.145). D'Alembert décline l'invitation.
Editions pirates du *Siècle de Louis XIV* (éd. des libraires de Trévoux, édition Dessaint et Saillant . . .): enregistrées dans le *Journal de la librairie* le 3 et le 31 août (F 22157, ff.100 et 110).

Septembre 1752

Début IX — Retour de Fredersdorff, absent depuis le 27-V (*Tageskalender*, p.131).

1-19 — Tournée du roi en Silésie. Voltaire reste constamment à Potsdam (d'après *D5023 et **D5078*).

2 ou 3 — Voyage de la comtesse de Bentinck à Oranienburg, où le prince royal donne

des fêtes en l'honneur de la princesse Henri (*Utrecht*, 15-IX, supplément).

4 *D5004.

5 Voltaire envoie à Frédéric II le texte révisé de son *Poème sur la loi naturelle* (avec D5008).
Il est question de reprendre *Rome sauvée* à Paris, avec une nouvelle distribution; Voltaire envoie à Mme Denis 'une nouvelle fournée' de vers (D5007 et D5037).

9 Instruction provisoire de Saint-Contest à La Touche: 'En attendant [les ordres détaillés] ne parlés à la C^sse^ qu'en termes généraux, et ne vous chargés d'aucune sorte d'écrit de sa part ni même de rendre compte de ce qu'elle vous aura dit' (MAE, *Prusse*, vol.168, f.30).

19-20 Le roi rentre de Silésie et retourne à Potsdam.

20-22 La comtesse de Bentinck rentre d'Oranienburg à Berlin (d'après *D5021).

25 *D5021.

25-29 Lettre de la comtesse de Bentinck à Voltaire sur son protégé d'Hancarville (*RhlF* 82 (1982), pp.625-27).

27 Acte de constitution des rentes viagères de Wurtemberg (D.app.120, I).

28 Naissance de l'idée du *Dictionnaire philosophique*, d'après Collini (*Mon séjour*, p.32). Mais voir ci-dessus, fin VIII: Collini se serait-il trompé de mois?

29 *D5023.
Directive de Frédéric II au prince Ferdinand de Brunswick, qu'il a envoyé en mission à Copenhague: exploiter l'échec des pourparlers sur l'affaire Bentinck pour renverser le ministère de Bernstorff (*Pol. Cor.*, ix.220-21).

Fin IX/ Début X La *Réponse d'un académicien de Berlin à un académicien de Paris* paraît dans la *Bibliothèque raisonnée*: c'est le premier engagement public de Voltaire dans la querelle de Maupertuis et de König.

Octobre 1752

2 *D5027.

3 *D5030.
A d'Argental, D5029: 'Depuis huit mois je ne suis sorti de mon apartement que pour aller dans celuy du roy ou dans le jardin.'

4-6 Voyage du roi à Berlin. Voltaire reste à Potsdam.

7 Voltaire annonce au marquis de Thibouville sa venue à Paris pour le printemps suivant (D5037).
Départ de Berlin de Le Baillif, qui porte à d'Argenson le manuscrit de l'*Histoire de la Guerre de 1741* (d'après D5028).

9 *D5039.

11 *D5040. Voltaire communique à la comtesse de Bentinck l'*Extrait de Cologne* contre Maupertuis (*Textes*, 77) pour le diffuser.

27 Richelieu à Voltaire: 'Venés donc, venés donc et ne me trompés plus' (D5047).

28 A d'Argental: 'Mon petit voiage, si je suis en vie, sera pour le printemps' (D5048).

30 *D5050: Voltaire ne compte venir à Berlin qu'en décembre.
Représentation de *Rome sauvée* à Fontainebleau (*MF*, décembre 1752, i.181).

X Publication de l'*Extrait* des *Œuvres* de Maupertuis, dans la *Bibliothèque raisonnée* (juillet-septembre 1752).
La comtesse de Bentinck se lie plus étroitement avec le prince Henri de Prusse et le prince Louis de Wurtemberg.
Impression à Berlin de l'*Essay de politique* de Hugues d'Hancarville, dont Voltaire a revu le manuscrit en juin-juillet.

x/xi — *D5093.
Rédaction des premiers articles du futur *Dictionnaire philosophique*.
Frédéric II met Voltaire en garde contre les suites des 'querelles pour et contre Leibnitz' (D5054 et D5074).
Voyage de Mme Denis à Fontainebleau (D4638).
L'Europe savante fait bon accueil à l'*Appel au public* de König et s'indigne des procédés de Maupertuis à son endroit (D4934, D5014 et D5076).
Frédéric II fait à nouveau écrire à d'Alembert pour lui offrir la survivance de Maupertuis à la présidence de l'Académie de Berlin (*Correspondance complète de la marquise Du Deffand*, i.152-53).

Novembre 1752

c. 1 — *D5060, avec communication d'un manuscrit philosophique.

2-3 — Le roi est à Berlin. Il visite Maupertuis, qui est toujours mourant (MAE, *Prusse*, vol.168, f.173). 'Cette visite a désorienté tous les Konistiens', écrit d'Argens (D5091). Voltaire est resté à Potsdam (d'après *D5078).

7 — Frédéric II fait imprimer sa *Lettre d'un académicien de Berlin à un académicien de Paris*, réponse aux détracteurs de Maupertuis (*Briefwechsel Maupertuis*, p.281).

11 — Frédéric II envoie à Maupertuis un exemplaire de sa *Lettre d'un Académicien de Berlin* (pp.281-82).

12/13 — Voltaire reçoit du comte d'Argenson, en réponse à l'envoi de l'*Histoire de la Guerre de 1741*, une 'lettre charmante' qui lui fait espérer son retour en grâce à Versailles (D5028, D5066, D5083).

13/14 — **D5065*: Voltaire essaie d'obtenir par la comtesse de Bentinck une ordonnance de Lieberkühn pour avoir un congé du roi.

15 — *D5068.
Vers cette date, Voltaire envoie à la marquise de Pompadour le manuscrit de l'*Histoire de la Guerre de 1741* (cf. D5066 et D5080).
Vers cette date aussi, composition de l'*Akakia*.

16-17 — **D5089*: 'Je ne viendray qu'avec le Roy.'
Voltaire a reçu les premiers exemplaires de l'édition Walther des *Œuvres* (D5079).

18 — Saint-Contest à La Touche: 'Le Roy a epuisé les bons procedés et les expediens avec la Cour de Dan^{k} pour l'accomodement de l'affaire de Kniphausen. S M^{té} lui proposa l'année passée [8-IX-1751] le seul moïen de la terminer en sauvant l'honneur de touttes les parties interessées et ce fut M. de Bernstorff qui le fit refuser d'une façon même assez peu décente; ainsi nous n'avons plus rien à dire là-dessus' (MAE, *Prusse*, vol.168, f.183).

18-20 — **D5078*.

22 — Frédéric II autorise Maupertuis à faire réimprimer et à diffuser largement la *Lettre d'un académicien de Berlin* (*Briefwechsel Maupertuis*, p.284).

24 — A d'Argenson, qui lui a renouvelé 'ses anciennes bontés', Voltaire annonce son arrivée à Paris pour le printemps (D5083).

25 — Voltaire envoie le manuscrit de son *Akakia* à l'imprimeur de Potsdam (d'après la déposition de Francheville, D.app.118).

27-28 — Le roi vient à Berlin. Le 27, il parle à La Touche de l'affaire Bentinck et lui marque qu'il s'en remet toujours à la diplomatie française pour en procurer le règlement (MAE, *Prusse*, vol.168, f.210). Voltaire est resté à Potsdam.

27 — L'*Akakia* est découvert. Voltaire signe sous la contrainte un engagement de se conduire en tout selon les ordres de Frédéric II, et de ne pas écrire 'contre le Gouvernement de France' (D5085).

29 — Saisie de l'*Akakia* de Potsdam. Les exemplaires sont brûlés dans le cabinet du roi (*Textes*, 93 et 106).

XI	Débit de l'édition d'*Amélie ou le duc de Foix*, Dresde, 1752. Voltaire en présente des exemplaires au roi de Prusse et à la famille royale vers la mi-novembre (D5068, D5074 et D5076, commentary). Voltaire presse d'Alembert, dans une lettre à Mme Denis, d'accepter l'offre de la présidence de l'Académie de Berlin (*Correspondance complète de la marquise Du Deffand*, i.154). Publication de la *Défense de milord Bolingbroke* à Berlin (*Briefwechsel*, p.385, et D5086).
XI/XII	Débit de l'édition Walther des *Œuvres* en sept volumes (D5095, n.2). Débit de l'édition augmentée du *Siècle de Louis XIV*, chez Walther, à Dresde (D5095, n.2, D5076, D5086).

Décembre 1752

Début XII	D'après une lettre du prince Ferdinand au prince Henri, Voltaire 'fait sa paix' avec le roi et la scène 'aurait apprêté à rire à ceux qui s'y seraient trouvés'; mais 'il continue toujours de faire le malade' (*Besuche*, p.118, lettre du 5 décembre). Frédéric II a obligé Voltaire à écrire en Hollande pour faire remettre au résident de Prusse à La Haye tous les exemplaires d'une édition en cours de l'*Akakia* (d'après D5117, commentary). Le *Tombeau de la Sorbonne* commence à paraître en Hollande, puis à Paris (*Textes*, 85); la *Défense de milord Bolingbroke* à Paris (*Textes*, 86).
2-3	Voyage de Frédéric II à Berlin. Voltaire reste à Potsdam.
6	**D5102*.
6/7	**D5109*.
8	Commencement du carnaval. Arrivée du roi à Berlin. Voltaire est toujours à Potsdam (d'après **D5109* et **D4634*).
9	Représentation de l'*Enfant prodigue* à Versailles (*MF*, décembre 1752, i.181).
13	Arrivée de Voltaire à Berlin. Il loge chez le conseiller Francheville. **D4631*.
15-16	Requête en forme au duc de Richelieu pour la reprise de *Rome sauvée* (D5103). La *Lettre d'un académicien de Berlin* est réimprimée et débitée à Paris (*Textes*, 87).
21	L'*Akakia* se répand dans Berlin et y fait 'un bruit terrible' (*Dreissig Jahre*, p.33).
23	Frédéric II rédige de sa main un communiqué pour dénoncer dans toutes les gazettes d'Allemagne le 'méprisable' libelle de Voltaire contre Maupertuis (*Briefwechsel*, p.391).
24	L'*Akakia* est lacéré et brûlé à Berlin dans les places publiques. Départ de Berlin du prince Louis de Wurtemberg (MAE, *Prusse*, vol.168, f.330).
25-29	Le roi interrompt son séjour à Berlin et passe quelques jours à Potsdam. Voltaire reste à Berlin.
26	**D4661*, **D4662* et **D5156*.
27	'Les conversations générales tournent toujours autour de Voltaire et de Maupertuis' (*Dreissig Jahre*, p.34).
29	La 'lettre à Koenig' (D5076) circule à Berlin: 'terreur panique' de Voltaire qui se voit déjà accablé de nouvelles rigueurs. **D5104*, **D5105*, **D5106* et **D5107*. Voltaire écrit au libraire Gosse à La Haye pour arrêter l'impression de la 'lettre à Koenig' et de la *Séance mémorable* (D5124).
30-31	**D4660*.
XII	On attribue à Paris le *Tombeau de la Sorbonne* à Voltaire. La Condamine, ami dévoué de Maupertuis, est peut-être responsable de cette rumeur; milord

Maréchal la répand également (D5139, D5153 et D5159).

Janvier 1753

Début I	**D5127*, **D4694* et **D4351*.
I	Voltaire remet sa démission au roi de Prusse et demande son congé, en se plaçant sous la protection de l'ambassadeur de France (D5132 et D5134). Frédéric II refuse la démission (D5135).
	Frédéric II rentre à Potsdam (*Tageskalender*, p.132).
2	**D4692*.
5	Lettre circulaire pour désavouer le *Tombeau de la Sorbonne* (D5139).
	On parle dans Berlin d'une réconciliation de Voltaire et du roi (*Briefwechsel*, p.393).
9	Frédéric II revient à Berlin, où il séjourne jusqu'au 30.
13	Voltaire insinue à König de faire publier dans les gazettes sa lettre contre Maupertuis (D5149).
15	Rapport de von Bülow, l'envoyé de Saxe à Berlin: 'M. de Voltaire, sous prétexte d'indisposition, ne sort point de la maison et continue en attendant sa correspondance avec le roi' (cité dans *Briefwechsel* p.393).
16	Voltaire demande à Mme Denis de bien démontrer au comte d'Argenson qu'il n'est pas l'auteur du *Tombeau de la Sorbonne* et de faire comprendre à Mme de Pompadour que le roi de Prusse la méprise (D5159).
18	La *Spenersche Zeitung* publie un désaveu de l'*Akakia* par Voltaire (D5152, commentary).
19	Instruction de Versailles à La Touche: 'ne [se] mêler en aucune façon' des démêlés de Voltaire avec le roi de Prusse (D5168).
22	Rumeur d'un retour en grâce de Voltaire auprès de Frédéric II (dépêche de von Bülow, citée dans *Briefwechsel*, p.394).
27	Frédéric II invite Voltaire à le suivre à Potsdam à son retour, le 30 (D5181 et *Dreissig Jahre*, p.48).
29	Visite de Mylius à Voltaire: il le trouve 'toujours très fâché' du roi (*Textes*, 97).
30	Frédéric II rentre à Potsdam. Voltaire reste à Berlin.
31	Deuxième contrat de rentes avec le duc de Wurtemberg (D.app.120, III).
I	L'édition de Francfort du *Siècle de Louis XIV* annotée par La Beaumelle est débitée. Voltaire l'a à Berlin dans la seconde quinzaine de janvier (D5189 et D5192).
	**D5069* et **D4752*.
I/II	Voltaire rédige et diffuse un mémoire explicatif sur sa querelle avec Maupertuis (D.app.121).
	Tentative d'interception d'une lettre de Voltaire à Mme Denis, présumément sur l'ordre de Frédéric II (*Textes*, 101).
I/III	**D4681*, **D4691*, **D4698*, **D4716*, **D4727*, **D4737*, **D5069*, **D5070* et **D5108*.

Février 1753

I	Voltaire adresse à Walther le manuscrit du *Supplément au Siècle de Louis XIV*, réponse au *Siècle* annoté de La Beaumelle. Arrangement pour son prochain passage à Leipzig (D5189).
2	Départ d'Algarotti pour l'Italie (*Tageskalender*, p.132).
7	L'Académie des sciences de Paris désavoue Maupertuis dans sa querelle avec König (*Textes*, 109).
c. 10	**D4748*.
Fin II	**D5128*

	La Beaumelle travaille à l'histoire de ses démêlés avec Voltaire; il demande à Maupertuis 'un récit un peu circonstancié' des 'noirceurs' de Voltaire (D5196 et D5215).
Fin II/ début III	**D5157*. Voltaire place Francheville auprès de la comtesse de Bentinck.

Mars 1753

1-2	Le roi vient à Berlin (*Tageskalender*, p.132).
2	La comtesse de Bentinck prend à son service le jeune Francheville (RAG 453, lettre du 3-III à un correspondant non identifié).
5	Voltaire fait remettre à la Bibliothèque du roi tous les livres qu'il avait empruntés; il quitte la maison du conseiller Francheville et s'installe dans une maison qu'il a louée aux portes de Berlin (Collini, *Mon séjour*, p.52).
9	Lehndorff note dans son journal: 'Voltaire obtient la permission de retourner en France' (*Dreissig Jahre*, p.59).
11	Voltaire adresse D5229 à Frédéric II pour demander la permission de venir à Potsdam avant son départ pour les eaux de Plombières.
15	Voltaire a reçu son congé par l'abbé de Prades. Il demande à nouveau la permission de revoir le roi à Potsdam avant son départ (D5234). Edition Lambert du *Siècle de Louis XIV*, enregistrée dans le *Journal de la librairie* (F 22158, f.17).
16	Frédéric II fait déclarer à la comtesse de Bentinck qu'elle a mérité sa disgrâce (*Pol. Cor.*, ix.369-70, lettre à Podewils du 16-III).
17	Voltaire se rend à Potsdam. **D5158*. La comtesse de Bentinck écrit au roi pour savoir en quoi elle a déplu.
19	D'après Collini, Voltaire a un entretien de deux heures avec Frédéric II: 'Il y avait deux mois qu'ils ne s'étaient vus' (*Mon séjour*, p.56). Réponse très sèche de Frédéric II à la lettre que la comtesse lui a adressée le 17 (*Schaer* 19).
20	Lettre perdue de Voltaire à la comtesse de Bentinck (d'après *RhlF* 82 (1982), p.630).
21	Francheville, passé au service de la comtesse, se rend à Potsdam à la demande de Voltaire (*ibid.*).
23	Voltaire reçoit trois mille écus de sa pension (D5229, commentary).
24	Voltaire envoie Collini à Berlin pour y prendre des lettres de change (*Mon séjour*, p.57).
25-26	Voyage du roi à Berlin.
25	La comtesse de Bentinck s'adresse au ministre Podewils pour se justifier sur ses liaisons avec Voltaire (*Textes*, 118). Elle écrit à Voltaire pour le prier de retarder son départ (d'après D5496).
26	Voltaire quitte Potsdam 'a 7 heures du matin' (*Textes*, 119).
27	Arrivée à Leipzig (*Utrecht*, 3-IV).

Bibliographie

1. Sources manuscrites

Arnhem

Rijksarchief in Gelderland, 'Familie-archief Bentinck'. Principales liasses utilisées dans ce travail: lettres de la comtesse d'Aldenburg (RAG 395-403-404-405); lettres du baron d'Arnim (RAG 127); lettres de la princesse Elisabeth d'Anhalt-Zerbst (RAG 336-337); lettres de Chelli-Pagani (RAG 166 et 398a); lettres de Hochstatter (RAG 136); lettres de La Beaumelle (RAG 341a); lettres du comte de Lynar (RAG 467); lettres de Maupertuis (RAG 351a); lettres du comte de Rothenburg (RAG 258); papiers d'affaires (RAG 481 et 502)

Berne

Burgerbibliothek, Mss. hist. helv., XVIII. Correspondance de Haller

Bückeburg

Niedersächsisches Staatsarchiv, F A XXXV, archives de la maison de Schaumburg-Lippe

Cambridge

Fitzwilliam Museum, 'Clarke Papers'. Papiers relatifs à la comtesse de Bentinck, non classés

Leipzig

Karl-Marx Universität, Gottsched-Korrespondenz

Merseburg

Deutches Zentrales Archiv. Correspondance du prince Henri de Prusse

Newport

Newport Central Library, 'Berlin Journal' de Charles Hanbury-Williams, ministre d'Angleterre à la cour de Prusse (7 juillet 1750-4 mars 1751)

Paris

Bibliothèque nationale, Ms. F 22156-22158 (*Journal de la librairie*, 1750-1753); n.a.f. 10234, Carnet autographe de La Beaumelle, 214 ff.; n.a.f. 10398, correspondance de Maupertuis, 168 ff. (douze lettres de la comtesse de Bentinck, ff.142-68); n.a.f. 14893, dossier Baculard d'Arnaud, lettres et pièces diverses, 65 ff; n.a.f. 17356, lettres de Frédéric II à Maupertuis

Archives du Ministère des Affaires étrangères:

Série *Correspondance politique*: Autriche, vols 248-53 (1750-1754); Danemark, vols 123-25 (1750-1753); Hambourg, vols 72-74 (1750-1753); Prusse, vols 159-73 (1750-1753)

Série *Mémoires et documents*, vol.533

Yale

Yale University, *Beinecke Rare Book and Manuscript Library*, *Graffigny papers*, vols lii-lix

2. Œuvres de Voltaire

1. Œuvres complètes

Œuvres complètes de Voltaire, nouvelle édition, publiée par Louis Moland, Paris 1877-1882

Les Œuvres complètes de Voltaire, publiées par Theodore Besterman *et al.*, Genève, Banbury, Oxford 1968-

2. Correspondance

Voltaire's Correspondence, edited by Theodore Besterman, Genève 1953-1965

Correspondence and related documents, definitive edition by Theodore Besterman, t.85-135 des *Œuvres complètes* 1968-1977

Voltaire, *Correspondance*, édition Theodore Besterman, adaptée par Frédéric Deloffre, Paris 1977-

Lettres d'Alsace à sa nièce madame Denis, publiées d'après les manuscrits originaux par G. Jean-Aubry, Paris 1937

3. Editions d'œuvres séparées

L'Akakia de Voltaire, éd. crit. par Charles Fleischauer, *Studies on Voltaire* 30 (1964), pp.7-145

Histoire de la Guerre de 1741, éd. Jacques Maurens. Paris 1971

Histoire du Docteur Akakia, éd. crit., avec une introduction et un commentaire par Jacques Tuffet. Paris 1967

Lettres philosophiques, éd. crit., avec une introduction et un commentaire par Gustave Lanson, revue par André-M. Rousseau. Paris 1964

Œuvres historiques, texte établi, présenté et annoté par René Pomeau. Paris 1957

3. Périodiques du XVIIIe siècle

L'Abeille du Parnasse, publiée par Samuel Formey, années 1750-1753

Annonces, affiches et avis divers (Paris), années 1750-1752

La Bibliothèque impartiale, publiée par Samuel Formey, années 1750-1753

La Bigarrure, années 1750-1753

Gazette de Cologne, années 1752-1753

Gazette d'Utrecht, années 1750-1753

Lettres sur quelques écrits de ce temps, publiées par Elie-Catherine Fréron, années 1750-1753

Le Mercure de France, années 1750-1753

Nouvelle Bibliothèque germanique, publiée par Samuel Formey, années 1750-1753

Le Papillon, ou lettres parisiennes, années 1750-1751

Le Petit réservoir, années 1750-1751

4. Ouvrages antérieurs à 1800

Algarotti, Francesco, comte d', *Opere del Conte Algarotti*. s.l. 1791-1794

Argens, Jean-Baptiste de Boyer, marquis d', *Histoire de l'esprit humain, ou mémoires secrets et universels de la République des Lettres*. Berlin 1765-1768

Argenson, René-Louis de Voyer, marquis d', *Journal et mémoires*, publiées par E. J. B. Rathery. Paris 1859-1867

Arnaud, François-Thomas-Marie de Baculard d', *Les Avantages des beaux-arts, épître à M. N****. Berlin 1750

– *A S. A. Sérén. le prince de Lobkowitz, épître*. Berlin 1751

– *Discours de M. d'Arnaud, prononcé à sa réception à l'Académie royale des sciences et belles-lettres, le 18 juin 1750*. Berlin 1750

– *Les Lamentations de Jérémie, odes*. Dresde 1752

– 'Une lettre inédite de Baculard d'Arnaud à Duclos sur l'affaire de Berlin', publiée par R. Duthil et P. Dimoff, *Studies on Voltaire* 6 (1958), pp.141-46

– *Le Mariage de S. A. Royale Mgr le prince Henri, frère de S. M. le roi de Prusse, Poème*. Dresde 1752

– *Œuvres diverses de M. d'Arnaud*. Berlin 1752

Barbeu Du Bourg, Jacques, et Maubert de Gouvest, J.-H., *Le Siècle politique de Louis XIV ou lettre du Vte Bolingbroke sur ce sujet, avec les pièces qui forment l'histoire du siècle de m. F. de Voltaire et de ses querelles avec mrs de Maupertuis et de La Beaumelle*. Siéclopolis [La Haye] 1753

Bentinck Willem, *Aufzeichnungen des Grafen William Bentinck über Maria Theresa, mit einer Einleitung über die österreichische Politik in den Jahren 1749-1750, herausgegeben von Adolf Beer*. Wien 1871

Bernis, François-Joachim de Pierres, cardinal de, *Mémoires et lettres*, publiés par Frédéric Masson. Paris 1878

Bielfeld, Jacob Friedrich von, *Lettres familières et autres*. La Haye 1763
– *Progrès des Allemands dans les sciences, les belles-lettres et les arts*. Amsterdam 1752
Bernstorff, Johan Hartvig Ernst, *Bernstorffsche Papiere, ausgewählte Briefe und Aufzeichnungen die Familie Bernstorff betreffend aus der Zeit 1732 bis 1835*, herausgegeben von Aage Friis. Copenhague 1904-1907
– *Nachträge zu Band I der Bernstorffschen Papiere von Aage Friis* ..., Berlin 1905
– *Correspondance ministérielle du comte J. H. E. Bernstorff, 1751-1770*, publiée par P. Vedel. Copenhague 1882
Catherine II de Russie, *Mémoires de Catherine II, écrits par elle-même*, introduction de Philippe Audiat, texte établi et présenté par Dominique Maroger. Paris 1953
Catt, Henri de, *Unterhaltungen mit Friedrich dem Grossen. Memoiren und Tagebücher von Heinrich de Catt*, herausgegeben von Reinhold Koser. Leipzig 1884
Clément, Pierre, *Les Cinq annees littéraires (1748-1752)*. La Haye 1754
Collé, Charles, *Journal et mémoires de Charles Collé sur les hommes de lettres, les ouvrages dramatiques et les événements les plus mémorables du règne de Louis XV (1748-1772)*. Nouvelle édition ... par H. Bonhomme. Paris 1868
Collini, Côme Alexandre, *Lettres sur les Allemands*. Hambourg 1790
– *Mon séjour auprès de Voltaire et lettres inédites que m'écrivit cet homme célèbre jusqu'à la dernière année de sa vie*. Paris 1807
Dégoûts du plaisir, Les. Frivolité. Lampsaque [La Haye?] 1752
Denina, Carlo, *Essai sur la vie et le règne de Frédéric II, roi de Prusse, pour servir de préliminaire à l'édition de ses œuvres posthumes*. Berlin 1788
– *La Prusse littéraire sous Frédéric II*. Berlin 1790-1791
Du Deffand, Marie de Vichy de Chamrond, marquise, *Correspondance complète de la marquise Du Deffand*, publiée par M. de Lescure. Paris 1865
Duvernet, abbé, *La Vie de Voltaire*. Genève 1786
Formey, Samuel, *Choix des mémoires et abrégé de l'Histoire de l'Académie de Berlin*. Berlin 1767
– *Eloge de M. de Maupertuis*. Berlin 1761
– *Histoire de l'Académie royale des sciences et des belles-lettres de Berlin, avec les Mémoires tirez des registres de cette Académie*. Berlin 1746-1771 (vols vi-ix pour les années 1750-1753)
– *Souvenirs d'un citoyen*. Berlin 1789
Frédéric II de Prusse, *Die Briefe Friedrichs des Grossen an seinen vormalizen Kammerdiener Fredersdorff*, herausgegeben von J. Richter. Berlin 1926
– *Briefwechsel Friedrichs des Grossen mit Grumbkow und Maupertuis, 1731-1759*, herausgegeben von Reinhold Koser. Leipzig 1898
– *Briefwechsel Friedrichs des Grossen mit Voltaire*, herausgegeben von Reinhold Koser und Hans Droysen. Leipzig 1908-1911 (*Publicationen aus des Königlich Preussischen Staatsarchiven*, vols.lxxxi, lxxxii et lxxxvi)
– *Nachträge zu dem Briefwechsel Friedrichs des Grossen mit Grumbkow und Maupertuis*, herausgegeben von Hans Droysen *et al*. Leipzig 1917 (*Publikationen aus den K. Preussischen Staatsarchiven*, vol.xc)
– *Eloge de La Mettrie*. s.l. [1752]
– *Lettre au public* [Berlin 1753]
– *Mémoires de Frédéric II, roi de Prusse*, écrits en français par lui-même, publiés par E. Boutaric et E. Campardon. Paris 1866
– *Mémoires pour servir à l'histoire de la Maison de Brandebourg*, au donjon du château, 1751
– *Œuvres de Frédéric le Grand*, éd. par Johann Erdmann Preuss. Berlin 1846-1857
– *Politische Correspondenz Friedrichs des Grossen*, herausgegeben von J. G. Droysen *et al*. Berlin 1879-1912
Fredericiana ou Recueil d'anecdotes, bons mots et traits piquants de Frédéric II, roi de Prusse. Paris an IX
Frédéric le Grand [Amsterdam 1785]
Hanways, Sir Jonas, *An historical account of the British trade over the Caspian sea, with a journal of travels from London through Russia*. London 1753
Henri, prince de Prusse, 'Mémoire sur la situation présente de Sa Majesté prussienne, par le maréchal Gessler, du 19 novembre 1753', edited by O. Herrmann, *Forschungen zur brandeburgischen und preussischen Geschichte*, vol.xxxiv (1922), pp.246-64
Histoire secrète de Berlin. s.l. 1789
Hugues, Pierre-François, *dit* Hancarville,

Essay de politique et de morale calculée, [Berlin 1752], éd. originale; autre éd. s.l. 1759

Idée de la personne, de la manière de vivre et de la cour du roi de Prusse. s.l. [1753]

Journal historique des fêtes que le roi a données à Potsdam, à Charlottenbourg et à Berlin, à l'occasion de l'arrivée de LL. AA. RR. et SS. de Brandebourg-Baireuth, au mois d'août 1750. Berlin [1750]

Kaunitz, Venceslas-Antoine, comte de, 'Mémoire sur la cour de France (1752)', publié par le vicomte de Dresnay, *Revue de Paris*, vol.iv (1904), pp.441-54 et 827-47

König, Samuel, *Appel au public*. La Haye 1752

– *Défense de l'Appel au public*. La Haye 1753

La Beaumelle, Laurent Angliviel de, *Mes pensées*, sixième édition augmentée de plus de la moitié. Londres [Francfort] 1752

– *Réponse au Supplément du Siècle de Louis XIV*. Colmar[?] 1754. (La 'Lettre sur mes démêlés avec M. de Voltaire' est aux pages 119-51)

– *Vie de Maupertuis*, ouvrage posthume, suivi de lettres inédites de Frédéric le Grand et de Maupertuis. Paris 1856

La Mettrie, Julien Offray de, *L'Anti-Sénèque ou le Souverain Bien*. Potsdam 1750

– *L'Homme-machine*, avec une introduction et des notes par J. Assézat. Paris 1865

– *L'Ouvrage de Pénélope ou Machiavel en médecine*, par Aletheius Demetrius. Berlin 1748-1750

– *Œuvres philosophiques de M. de La Mettrie*. Londres [Berlin] 1751

La Trémouille, Charlotte-Amélie, princesse de, *Mémoires de Charlotte Amélie de La Trémouille, comtesse d'Altenburg (1652-1719)*, publiés par Edouard de Barthélemy. Genève 1876

– *Das Leben der Prinzessin Charlotte Amélie de La Trémoille Gräfin von Aldenburg*, herausgegeben von Reinhard Mosen. Oldenburg 1892

– *The Autobiography of Charlotte Amélie princess of Aldenburg née princesse de La Trémoïlle, 1652-1732*, translated and edited by Mrs Aubrey Le Blond, London 1913

Laveaux, Jean-Charles Thibault de, *Vie de Frédéric II, roi de Prusse* Strasbourg 1787-1789

Lehndorff, Heinrich von, *Dreissig Jahre am Hofe Friedrichs des Grossen, aus den Tagebüchern des Reichsgrafen Ernst Ahasverus Heinrich von Lehndorff, Kammerherrn des Königen Elisabeth Christine von Preussen*, herausgegeben von Karl Eduard Schmidt-Lötzen. Gotha 1907. Même ouvrage, même éditeur: *Nachträge*, Band I, Gotha 1910; Band II, Gotha 1912

Lekain, Henri Louis, *Mémoires*. Paris 1825

Longchamp, Sébastien, et Wagnière, Jean-Louis, *Mémoires sur Voltaire et sur ses ouvrages*. Paris 1826

Luchet, Jean-Pierre-Louis, marquis de, *Histoire littéraire de monsieur de Voltaire*. Cassel 1781

Luynes, Charles-Philippe d'Albert, duc de, *Mémoires du duc de Luynes sur la cour de Louis XV, 1735-1758*, publiés par L. Dussieux et E. Soulié. Paris 1860-1865

Maupertuis, Pierre-Louis Moreau de, *Œuvres de Maupertuis*, avec une introduction de Giorgio Tonelli. Hildesheim, New York 1965-1974

Maupertuisiana. Hambourg 1753

Mémoires pour servir à l'histoire de l'année 1789, par une société de gens de lettres. Paris 1790

Mémoires pour servir à l'histoire de M. de Voltaire. Amsterdam 1785

Montesquieu, Ch.-L, de Secondat, baron de La Brède et de, *Œuvres complètes*, publiées sous la direction d'André Masson. Paris 1950-1955

Montpensier, Anne-Marie-Louise-Henriette d'Orléans, duchesse de, *La Galerie des peintures, ou recueil des portraits en vers et en prose*. Paris 1659

– *La Galerie des portraits de Mademoiselle de Montpensier*, nouvelle édition publiée par Edouard de Barthélemy. Paris 1860

Nicolaï, Christoph Friedrich, *Anekdoten von König Friedrich II von Preussen und von einigen Personen die um ihn waren*. Berlin, Stettin 1790-1792

– *Description des villes de Berlin et Potsdam et de ce qu'elles contiennent de plus remarquable*, trad. de l'allemand. Berlin 1769

Oesterreich, Mathieu, *Description de tout l'intérieur des deux palais de Sans-Souci et de ceux de Potsdam et Charlottenbourg*. Potsdam 1773

Pidansat de Mairobert, Mathieu-François, *La Querelle*. s.l. [1753]

Present state of Europe, explaining the interests,

connections, political and commercial views of its several powers. London 1753

Roques, Jacques-Emmanuel, *Lettre de Jaques Emmanuel Roques ... sur la part qu'il a euë aux démêlés de messieurs Voltaire et La Beaumelle.* Hanovre 1755

Sévigné, Marie de Rabutin-Chantal, marquise de, *Correspondance*, texte établi, présenté et annoté par Roger Duchêne. Paris 1972

Tyrconnell, Richard Talbot, comte, 'Tableau de la cour de Prusse', publié dans le *Journal de l'Institut historique*, t.v (1836), pp.13-30.

Voisenon, Claude Henri de Fuzée de, *Eloge de M. Crébillon.* Paris 1763

Valory, Guy Louis Henri, marquis de, *Mémoires sur les négociations du marquis de Valori.* Paris 1820

Ximenès, Augustin-Marie, marquis de, *Essai de quelques genres divers de poésie.* [Paris] 1761.

5. Ouvrages postérieurs à 1800

Actes de la Journée Maupertuis (Créteil, 1er décembre 1973). Paris 1975

Annandale, E. T., 'The publication of Voltaire's *Dialogue entre un brachmane et un jésuite*', *Romance notes* 21 (1980), pp.76-82

Balcou, Jean, *Fréron contre les Philosophes.* Genève 1975

Baldensperger, Fernand, 'Les prémices d'une douteuse amitié: Voltaire et Frédéric II, de 1740 à 1742', *Revue de littérature comparée* 10 (1930), pp.230-61

Barber, William Henry, 'The genesis of Voltaire's *Micromégas*', *French studies* 10 (1957), pp.1-15

– *Le Dossier Fréron.* Genève 1978

Barr, Mary-Margaret H., *A century of Voltaire study: a bibliography of writings on Voltaire, 1825-1925.* New York 1929

– *Quarante années d'études voltairiennes: bibliographie analytique des livres et articles sur Voltaire, 1926-1965.* Paris 1968

Barthélemy, Edouard de, *Histoire des relations de la France et du Danemark sous le ministère du comte de Bernstorff (1751-1770).* Copenhague 1887

Bartholmess, Christian, *Histoire philosophique de l'Académie de Prusse, depuis Leibnitz jusqu'à Schelling, particulièrement sous Frédéric le Grand.* Paris 1850-1851

Bellugou, Henri, 'Une amie de Voltaire: Mme de Bentinck', *Mémoires de l'Académie des sciences, belles-lettres et arts d'Angers*, huitième série, 7 (1963), pp.29-39

– *Voltaire et Frédéric II au temps de la marquise Du Châtelet: un trio singulier.* Paris 1962

Belouin, Georges, *'Der Franzose' (1747). Contribution à l'histoire des Français en Allemagne au XVIIIe siècle.* Paris 1909

Bengesco, Georges, *Voltaire: bibliographie de ses œuvres.* Paris 1882-1890

Besterman, Theodore, 'Rousseau conseiller familial: deux lettres de John Albert Bentinck à J.-J. Rousseau', *Studies on Voltaire* 1 (1955), pp.175-81

– *Voltaire.* London 1969

– 'Le vrai Voltaire par ses lettres', *Studies on Voltaire* 10 (1959), pp.9-48

Blaze de Bury, *Le Chevalier de Chasot, mémoires du temps de Frédéric le Grand.* Paris 1862

Bouillé, Louis-Joseph-Amour, marquis de, *Vie privée, politique et militaire du Prince Henri de Prusse, frère de Frédéric II.* Paris 1809

Boyé, Pierre, *La Cour polonaise de Lunéville (1737-1766).* Nancy, Paris 1926

Broglie, Albert, duc de, *Le Secret du Roi, correspondance secrète de Louis XV avec ses agents diplomatiques, 1752-1774.* Paris 1888

– *Voltaire avant et pendant la Guerre de Sept Ans.* Paris 1898

Brunet, Pierre, *Etude historique sur le principe de la moindre action.* Paris 1938

– *Maupertuis.* Paris 1929

Brunschwig, Henri, *Société et romantisme en Prusse au 18e siècle.* Paris 1973

Busch, Friedrich, *Schaumburgische Bibliographie.* Hildesheim 1904

Bush, Newell R., 'The present state of studies on the marquis d'Argens', *Romance notes* 14 (1972-1973), pp.309-13

Candaux, Jean-Daniel, 'Un nouvel amour de Voltaire', *Journal de Genève* (3-4 juin 1956), p.5

Carlyle, Thomas, *History of Friedrich II of Prussia.* Leipzig 1858-1865

Caussy, Fernand, 'Lettres inédites à Mau-

pertuis par la marquise Du Deffand', *Le Correspondant* 233 (1908), pp.33-45
– 'Inventaire des manuscrits de la Bibliothèque de Voltaire conservée à la Bibliothèque Impériale de Saint-Pétersbourg', *Nouvelles archives des missions scientifiques et littéraires*, nouvelle série, fascicule 7. Paris 1913
Conlon, Pierre M., *Voltaire's literary career from 1728 to 1750*, Studies on Voltaire 14 (1960)
Couperus, Marianne, *L'Etude des périodiques anciens (Colloque d'Utrecht, 1970)*. Paris 1972
Cuthell, Edith E., *The Scottish friend of Frederic the Great, the last earl Marischall*. London 1915
– *Wilhelmina, margravine of Baireuth*. London 1905
Danzel, Th. W., *Gottsched und seine Zeit*. Leipzig 1848
Dawson, Robert L., *Baculard d'Arnaud: life and prose fiction*, Studies on Voltaire 141-42 (1976)
Desnoiresterres, Gustave, *Voltaire et la société au XVIIIe siècle*. Paris 1867-1876
Droysen, Hans, 'Tageskalender Friedrichs des Grossen von 1. Juni 1740 bis 31. März 1763', *Forschungen zur brandenburgischen und preussischen Geschichte* 29 (1916), pp.95-157
– 'Zu Voltaires letztem Besuche bei König Friedrich', *Zeitschrift für französische Sprache und Literatur* 41 (1913), pp.109-22
Easum, Chester V., *Prince Henry of Prussia, brother of Frederick the Great*. Madison 1942
Flammermont, Jules, *Les Correspondances des agents diplomatiques étrangers en France avant la Révolution*. Paris 1896
Folman, Michel, *Voltaire et madame Denis*. Genève 1957
Fontius, Martin, 'Der Tod eines "Philosophe": unbekannte Nachrufe auf La Mettrie', *Beiträge zur Romanischen Philologie*, VI. Jahrgang (1967), Heft 1, pp.5-28; Heft 2, pp.226-51
– *Voltaire in Berlin: zur Geschichte der bei G. C. Walther veröffenlichten Werke Voltaires*. Berlin 1966
Fransen, J., 'Jean-Jacques Rousseau, directeur de conscience d'une comtesse de Bentinck', *Revue de Hollande* 2 (1916), pp.1378-86
Gaxotte, Pierre, *Frédéric II*. Paris 1972
Gazier, Augustin, 'L'abbé de Prades et Frédéric II, d'après des documents inédits, dont une lettre de Voltaire', *Revue critique d'histoire et de littérature*, nouvelle série, 19 (1885), pp.146-55
Grantham, A. E., *Rococo: the life and times of prince Henry of Prussia, 1726-1802*. New York, London 1939
Grew, Marion E., *William Bentinck and William III, Prince of Orange. The life of Bentinck, earl of Portland, from the Welbeck correspondence*. London 1924
Harnack, Adolf, *Geschichte der Königlich Preussischen Akademie der Wissenschaften zu Berlin*. Berlin 1900
Haupt, H., 'Voltaire in Frankfurt 1753', *Zeitschrift für französische Sprache und Literatur* 27 (1904), pp.160-87; 30 (1906), pp.86-117; 34 (1909), pp.159-211
Henriot, Emile, *Voltaire et Frédéric II*. Paris 1927
Hervé, Georges, 'Les correspondants de Maupertuis: dix lettres de Mme Du Deffand', *Revue de Paris* 5 (1911), pp.751-78
Jansen, G., *Rochus Friedrich Graf zu Lynar*, Oldenburg 1873
Johnston, Elsie, *Le Marquis d'Argens, sa vie et ses œuvres: essai biographique et critique*. Paris 1928
Knowlson, James R., et Betteridge, Harold T., 'The Voltaire-Hirschel dispute: unpublished letters and documents', *Studies on Voltaire* 47 (1966), pp.39-52
Kopreeva, Tatiana H., *Bibliothèque de Voltaire: catalogue des livres*, Moscou, Leningrad 1961
Korff, H. A., *Voltaire in literarischen Deutschland des XVIII. Jahrhunderts: ein Beitrag zur Geschichte des deutschen Geistes von Gottsched bis Goethe*. Heidelberg 1917-1918
Koser, Reinhold, *Geschichte Friedrichs des Grossen*. Berlin 1912-1915
– 'Voltaire und die *Idée de la cour de Prusse*', *Forschungen zur brandeburgischen und preussischen Geschichte* 6 (1893), pp.141-80
Krauss, Werner, 'La correspondance de Samuel Formey', *Revue d'histoire littéraire de la France* 63 (1963), pp.207-16
Lafue, P., *La vie quotidienne dans les cours allemandes au XVIIIe siècle*. Paris 1963
Langford-Brooke, Elizabeth, *The Life of Charles Hanbury-Williams*. London 1929
Lauriol, Claude, *La Beaumelle: un protestant cévenol entre Montesquieu et Voltaire*. Genève, Paris 1978

– et Magnan, André, 'En marge de la querelle entre Voltaire et La Beaumelle: correspondance inédite de La Beaumelle avec la comtesse de Bentinck', *Recherches nouvelles sur quelques écrivains du Siècle des Lumières, II* (Montpellier 1979), pp.19-62

Le Blond, Aubrey, *Charlotte Sophie Countess Bentinck, her life and times, 1715 1800*. London 1912

Lemée, Pierre, *Julien Offray de La Mettrie*. Mortain 1954

Lenel, S., 'Un ennemi de Voltaire: La Beaumelle', *Revue d'histoire littéraire de la France* 20 (1913), pp.101-32; 21 (1914), pp.641-75; 23 (1916), pp.163-210

Le Sueur, A., *Maupertuis et ses correspondants: lettres inédites du grand Frédéric, du prince Henri de Prusse, de La Beaumelle etc*. Paris 1897

McGill, William J, 'The roots of policy: Kaunitz in Vienna and Versailles, 1749-1753', *Journal of modern history* 43 (1971), pp.228-44

Madol, Hans Roger, 'Un ministre des affaires étrangères du Danemark, le comte de Bernstorff', *Revue d'histoire diplomatique* 50 (1936), pp.72-89

Magnan, André, 'Textes inédits pour la correspondance de Voltaire', *Revue d'histoire littéraire de la France* 76 (1976), pp.69-75; 82 (1982), pp.622-38

– et Mervaud, Christiane, 'Sur les derniers jours de Voltaire en Prusse: lecture de deux nouvelles lettres de la comtesse de Bentinck à Voltaire', *Revue d'histoire littéraire de la France* 80 (1980), pp.3-26

Malcolm, Jean, *Table de la Bibliographie de Voltaire, par Bengesco*. Genève 1953

Mangold, Wilhelm Jul., *Voltaires Rechtsstreit mit dem Königlichen Schutzjuden Hirschel, 1751. Prozessakten des königl. preussischen Hausarchiven, mit einem Anhange ungedruckter Voltaire-Briefe*. Berlin 1905

– *Voltairiana inedita*. Paris 1901

Marx, Jacques, 'Une liaison dangereuse au XVIIIe siècle: Voltaire et Formey', *Neophilologus* 53 (1969), pp.138-46

Mass, Edgar, *Le Marquis d'Adhémar: la correspondance inédite d'un ami des philosophes à la cour de Bayreuth*, Studies on Voltaire 109 (1973)

Masson, Frédéric, 'Berlin il y a cent ans', *Revue d'histoire diplomatique* 5 (1891), pp.28-65

Mervaud, Christiane, 'Portraits de Frédéric II dans la correspondance de Voltaire', *Voltaire und Deutschland, Internationales Kolloquium der Universität Mannheim zum 200. Todestag Voltaires*, herausgegeben von Peter Brockmeier, Roland Desné, Jürgen Voss ... Stuttgart 1979

Micha, Hugues, *Voltaire d'après sa correspondance avec Mme Denis: étude sur la sensibilité de Voltaire*. Paris 1972

Mitford, Nancy, *Frederick the Great*. London 1970

Morley, John, 'Voltaire at Berlin', *Fortnightly review* 16 (1871), pp.450-77

Nicolas, Michel, *Notice sur la vie et les écrits de Laurent Angliviel de La Beaumelle*. Paris 1852

Nivat, Jean, 'Quelques énigmes de la correspondance de Voltaire', *Revue d'histoire littéraire de la France* 53 (1953), pp.439-63

Ochwadt, Curd, *Voltaire und die Grafen zu Schaumburg-Lippe*. Bremen, Wolfenbüttel 1977

Olivier, Jean-Jacques, *Les Comédiens français dans les cours d'Allemagne au XVIIIe siècle*. Paris 1902

Orieux, Jean, *Voltaire ou la royauté de l'esprit*. Paris 1966

Paquot, Marcel, 'Voltaire, Rousseau et les Bentinck', *Revue de littérature comparée* 6 (1926), pp.293-320

Pomeau, René, *La Religion de Voltaire*, nouv. éd. Paris 1969

Proschwitz, Gunnar von, 'Lettres inédites de madame Du Deffand, du président Hénault et du comte de Bulkeley au baron Carl Friedrik Scheffer, 1751-1756', *Studies on Voltaire* 10 (1959), pp.267-412

Recueil des instructions données aux ambassadeurs et ministres de France, depuis le traité de Westphalie jusqu'à la Révolution française. t. i: Autriche; t. xiii: Danemark; t. xvi: Prusse; t. xxiii: Hollande. Paris 1884-

Ruestow, Edward G., *Physics at 17th and 18th-century Leiden: philosophy and the new science in the University*. La Haye 1973

Samoyault, Jean-Pierre, *Les Bureaux du secrétariat d'Etat des Affaires étrangères sous Louis XV*. Paris 1971

Sareil, Jean, 'Sur les mémoires de Voltaire', dans *Essays on the French Enlightenment presented to G. R. Havens*. Ohio State University Press 1975, pp.124-50

Schaer, Friedrich-Wilhelm, 'Charlotte

Sophie Gräfin von Bentinck, Friedrich der Grosse und Voltaire. Mit einem Anhang: Handschreiben Friedrichs an der Gräfin Bentinck', *Niedersächsisches Jahrbuch* 43 (1971), pp.81-121

Schazmann, Paul-Emile, *The Bentincks: the history of a European family*. London 1976

Schier, Donald, 'The abbé de Prades in exile', *Romanic review* 45 (1954), pp.182-90

Schiltz, Raymond, 'Lumières nouvelles sur la querelle de Maupertuis et de Voltaire', *Petite revue du bibliophile dauphinois*, 2e série, 5 (1951-1958), pp.59-68

Schlitter, Hanns, *Correspondance secrète entre le comte A. W. Kaunitz, ambassadeur impérial à Paris, et le baron Ignaz de Koch, secrétaire de l'impératrice Marie-Thérèse (1750-1752)*. Paris 1899

Schlözer, Kurd von, *Chasot: zur Geschichte Friedrichs des Grossen und seiner Zeit*. Berlin 1856

Sello, Georg, *Potsdam und Sans-Souci, Forschungen und Quellen zur Geschichte von Burg, Stadt und Park*. Breslau 1888

Smith, D. W., 'The publication of *Micromégas*', *Studies on Voltaire* 219 (1983), pp.63-91

Spink, John S., 'Un abbé philosophe: l'affaire de Prades', *Dix-huitième siècle* 3 (1971), pp.145-80

Stern, Jean, *Voltaire et sa nièce, madame Denis*. Paris, Genève 1957

Strangways, Giles S. H. Fox, and Brooke, H. L., *The Life of Sir Charles Hanbury Williams, poet, wit and diplomatist*. London 1928

Suchier, Wolfram, *Gottscheds Korrespondenten: alphabetisches Absenderregister zur Gottschedschen Briefsammlung in der Universitätsbibliothek Leipzig*. Berlin 1912

Taphanel, Achille, *La Beaumelle et Saint-Cyr, d'après des correspondances inédites et des documents nouveaux*. Paris 1898

Tapié, Victor-L., 'Essais d'alliance entre la France et l'Autriche, 1749-1756 et 1868-1870, étude comparative', *La France au XIXe siècle: études historiques*, Mélanges offerts à Ch. H. Pouthas, Paris 1973, pp.289-309

Teissier, Philippe, 'Une lettre de madame Denis au comte d'Argental sur *Rome sauvée*', *Studies on Voltaire* 176 (1979), pp.41-50

Thiébault, Dieudonné, *Mes souvenirs de vingt ans de séjour à Berlin, ou Frédéric le Grand, sa famille, sa cour, son gouvernement, son académie, ses écoles et ses amis littérateurs et philosophes*. Paris 1804

Thomson, Ann, 'Quatre lettres inédites de La Mettrie', *Dix-huitième siècle* 7 (1975), pp.5-19

Trapnell, William H., 'Survey and analysis of Voltaire's collective editions', *Studies on Voltaire* 77 (1970), pp.103-99

Trousson, Raymond, 'Voltaire et le marquis d'Argens', *Studi francesi* 10 (1966), pp.226-39

Van Huffel, W. C., *Willem Bentinck van Rhoon: zijn persoonlijkheid, en Leven, 1725-1747*, 's-Gravenhage 1923

Varnhagen von Ense, K. A., *Voltaire in Frankfurt-am-Main*. Leipzig 1859

Velluz, Léon, *Maupertuis*. Paris 1969

Vercruysse, Jeroom, 'Madame Denis et Ximenès ou la nièce aristarque', *Studies on Voltaire* 67 (1969), pp.73-90

– 'L'œuvre de *Poéshie* corrigée: notes marginales de Voltaire sur les poésies de Frédéric II', *Studies on Voltaire* 176 (1979), pp.51-62

– *Voltaire et la Hollande*, Studies on Voltaire 46 (1966)

Volz, G. B., *Friedrich den Grossen im Spiegel seiner Zeit*. Berlin 1926-1927

– *Friedrich der Grosse und Wilhelmine von Bayreuth*. Leipzig 1924

Waddington, Richard, *Louis XV et le renversement des alliances: préliminaires de la Guerre de Sept Ans, 1754-1756*. Paris 1896

Zimmerli, G. W., *Knyphausen, Aldenburg, Bentinck*. Wilhelmshaven 1905

Index

Les noms de Voltaire et de Frédéric II se trouvant presque à toutes les pages de ce livre, je ne les fais figurer ici que pour les références à leurs écrits.